'교리와 장정'과
한국감리교회사
1884~1930

'교리와 장정'과
한국감리교회사
1884~1930

추천하는 글

역사에 담긴 보배

박장원 목사 (인천방주교회 설립 · 마가의 다락방기도원 설립)

강흥복 목사의 두뇌는 누가 감히 따를 수 없고 흉내 낼 수도 없는 하나님의 특별 개발품이다. 역사하면 머리에서 연월일이 줄줄이 쏟아져 나온다. 역사의 책을 읽어 내려가는 듯한 느낌이다. 어찌 그리 입력이 정확히 되어있는지 역사의 줄거리… 뿌리까지 캐어대고 있다. 교계의 보배일 뿐 아니라 국보급 존재인 것이다. 그가 또 책 한 권을 탄생시켰다. 귀하고 주옥같은 역사가 담긴 보배가 탄생 된 것을 하나님께 감사드리고 저자의 수고에 깊이 감사하며 소개해 본다.

추천하는 글

마지막 시대의 역사적 도전

이후정 목사 (전 감리교신학대학교 총장)

　존경하는 강흥복 목사님께서 저술하신 『교리와 장정'과 한국 감리교회사』의 출판을 진심으로 축하드리며, 모든 감리교회 신도들, 목회자들, 신학도들에게 추천합니다. 강 목사님은 한국교회, 특히 감리교회의 역사를 관심하게 된 것이 예언자적인 취지였다고 말씀하십니다. 우리가 잘 아는 위대한 초대교회 신학자요 아프리카 힙포의 감독이었던 성 어거스틴은 역사를 보는 관점을 예언자적인 통찰에 두었습니다. 성경을 통해 역사를 읽는 예언자적 통찰 없이는 결코 하나님의 경륜과 역사를 이끌어 가시는 은혜의 손길을 영적으로 파악하고 해석할 수 없다는 것입니다. 그것은 단순히 객관적이고 관념적인 이성적 이해가 아니라 믿음의 눈으로 하나님의 계시와 역사를 통한 구원의 위대한 비전을 볼 수 있는 내면의 시각(in-sight)으로서의 통찰을 말합니다.
　목사님의 저서의 특징은 감리교 교리와 장정에서 몇 줄로 압축된 감리교 역사와 교리를 펼쳐서 감리교인과 목회자, 신학도들이 필히 알아야 할 감리교회의 역사를 알기 쉽게 집필한 것입니다. 그는 민족사와의 관계를 특히 관심하였는데, 그 이유는 한국감리교회가 이 민족과 나라, 나아가서 이 사회의 횃불과 같은 역할을 하였고 앞으로 더욱 그렇게 해야 한다고 믿기 때문인 것 같습니다. 이 민족을 사랑하셔서 복음을 보내주신 하나님의 은혜를 귀하게 존중하는 중요한 관점이라고 하겠습니다. 이 책은 좀 더 평이하게 독자들에게 접근하는데 목적을 가지고 있습니다.

또 한 가지 이 책의 귀중한 점은 기독교의 공헌을 충분하게 서술한 점입니다. 오늘 한국교회의 기독교(개신교)에 대한 적지 않은 부정적인 평가와 비판이 문제되고 있습니다. 물론 거기에는 교회가 다 감당하지 못한 사명에 의한 것, 교회의 구조적 모순과 부패 등의 이유가 있는 것도 사실입니다. 그러나 반대로 그러한 시각에는 기독교가 한국의 민족과 국가, 역사와 사회의 현실에 미친 지극히 선하고 유익한 영향들을 고의로 보려고 하지 않는 실패가 있습니다. 이러한 점에서 본 저술은 한국기독교의 공헌을 책 전체에 걸쳐서 충분히 심도있게 제시하고 있다는 유리한 특징을 가지고 있습니다.

한국감리교회 역사는 세계 감리교회사의 아주 중요한 부분이 된다고 믿습니다. 저희 신학교에서 감리교회사를 전체로서 강의도 하고 창립자인 웨슬리의 신학과 영성을 가르쳐온 저로서 강흥복 목사님의 저술을 기쁘게 환영하고 싶습니다. 많은 노고를 거쳐 귀중한 저술을 낳게 된 목사님의 기도와 열매를 하나님께서 기쁘게 받으시고 많은 독자들이 큰 유익을 얻게 되기를 진심으로 바랍니다.

추천하는 글

거대한 변화의 폭풍 속에서

김병삼 목사 (만나교회 담임목사)

    참 독특한 책이 나왔습니다. 『'교리와 장정'과 한국 감리교회사』입니다. 우리가 사는 세상을 가리켜 '어른이 없는 시대'라 말하는데 좋은 어른이 계셔서 참 좋습니다. 그리고 그 분이 다음 세대를 위해 좋은 길라잡이가 되는 '역사책'을 써 주셔서 더욱 감사합니다.

    개인적으로 저에게는 작은 아버지 같은 분이시니 더욱 고마운 마음이 듭니다. 저의 선친이신 김우영 목사님과 목회의 여정을 같이 걸으셨던 '복음 형제회'가 있습니다. 가장 형님이었던 선친께서 먼저 하늘나라에 불림을 받으셨습니다. 아들의 허전했던 마음을 복음 형제회 동생 목사님이셨던 강흥복 목사님께서 많이 채워주셨습니다. 이제는 저의 허전함 뿐 아니라, 어른을 잃어버린 많은 목회자들의 가슴을 채우고 지혜를 가르쳐 줄 것입니다.

    저자인 강흥복 목사님은 45년 정년을 마치고 은퇴를 하셨으니, 후배 목회자들에게 충분히 선생님 될 자격이 있으신 분입니다. 또한 개척교회를 시작으로 '감독회장'(28회)을 몇 달 역임한 분이시니 교회에 대한 가르침을 주실 수 있는 분이십니다. 뿐만 아니라 협성대학교에서 '한국 교회사' 교수를, 은퇴 뒤에 감신대 객원교수로 '교리와 장정'을 강의하셨으니, 감리교에서 목회하는 후배들에게 길을 보여줄 수 있는 분이십니다.

길이 보이면 어디로 가야할지 방향을 잡을 수 있지 않을까요? 아놀드 토인비는 "역사는 신이 창조한 세계가 움직여 나가는 모습"이라고 했습니다. 코로나 이후 거대한 변화의 폭풍 속에서 갈 바를 알지 못하는 목회자들에게 『교리와 장정'과 한국 감리교회사』는 의미가 크리라 생각됩니다.

'교리와 장정'을 제정하는 목적은 "교인들을 올바로 훈련하고 이끌어 감리교회를 부흥 발전시키는데 있다."입니다. 그러니, 감리교의 역사와 교리, 더욱이 이 민족국가를 이끌어 온 살아 움직이는 감리교회를 살펴본다면 그동안 감리교가 어떻게 부흥하고 발전해 왔는지를 알게 될 것입니다. 1884-1930까지 시대 순으로 감리교의 역사를 민족사와 같이 살펴보는 것은 다시 한번 부흥을 꿈꾸는 세대들에게 아주 흥미진진한 일이 될 것입니다.

추천하는 글

놀라운 역사의 재발견

김외식 목사 (전 감리교신학대학교 총장)

저자는 영등포에서 교회 개척을 한 적이 있고 평생 목회자의 길을 걸어왔다. 또한 목회와 병행하여 협성대학교에서 다년간 〈한국 교회사〉를 강의하였다. 저자를 만나서 대화를 해보면 사실에 확고한 기반을 둔 역사를 중시하였다. 그냥 지나가는 말로 들은 것이 아니라 어떤 책이나 신문기사에 근거하고 있는지 확인하곤 하였다. 기독교 대한 감리회는 물론 한국 교계에 일어나고 있는 일에 대하여 사실 확인을 하려고 저자에게 전화하면 정확한 내용을 알 수 있었다. 은퇴 후에 저자는 모교 감리교신학대학교에서 [감리교 역사]와 [교리와 장정]을 한데 묶은 필수과목을 다년간 강의해 왔다. 이 과목은 주로 감리교회 전직 감독회장 혹은 감독을 역임한 이들이 담당했다. 저자가 비록 짧은 기간이나마 감독회장을 지낸 적이 있기에 강의를 위촉한 것으로 본다.

본서는 초기 한국기독교 역사를 배경으로 기독교 대한 감리교회의 역사 중에서 초기인 1884년에서 1930년까지 46년의 역사를 다루었다. 저자는 젊은 시절부터 우리 말, 우리 글쓰기를 주장해왔다. 그래서 저자의 글은 우리 정서에 와 닿는다. 딱딱하기 쉬운 역사를 이야기하듯 재미있게 써 내려가고 있다. 연관된 인물과 사건에 대하여서 저자는 꼼꼼하게 확인하는 각주(footnote)를 달아 학술서적으로 손색이 없다. 아쉬운 것이 하나 있다면 본서는 1930년에 끝이 난다는 점이다. 다음 작품을 기대하게 만든다.

필자는 돌아가신 윤춘병 감독의 말년 4년간, 한 울타리 안에서 주말을 빼고는 거의 매일 얼굴을 마주 대하는 특권을 누렸었다. 그분이 감리교신학대학교 역사박물관장으로 재임할 때이다. 당시 90세를 바라보는 연세에도 불구하고 그분은 한국감리교회 역사연구에 대한 애정과 열정이 식지 않았다. 이제 저자는 감리교 목회자이자 감독으로서 윤춘병 감독의 맥을 잇는 어엿한 감리교 역사학자의 위치에 올라섰다. 바라고 기도하기는 더욱 열정을 가지고 좋은 작품을 계속 내어놓기를 바란다. 마지막으로 이 책을 읽는 이들이 하나님께서 우리 선배들과 함께 하셨던 놀라운 역사를 재발견하고 새로운 역사 만들기에 동참할 것을 믿기에 직극 추친힌다.

책 머리에

바람직한 교회성장·복음통일을 그리며…

역사는 하나님의 섭리 속에서 펼쳐지는 인간 뜨락이다. 역사의 연구와 과제는 역사를 이끌어 가시는 하나님의 일하심과 이에 사람들이 어떻게 반응했는지를 드러내는데 있다. 토인비(A.J. Toynbee)는 "역사는 신이 창조한 세계가 움직여 나가는 모습"이라고 했다.

구약의 예언자들은 앞을 내다본 역사가들이었다. 오늘날 기독교인들이 사용하는 구약성경은 율법서, 역사서, 성문서, 예언서의 넷으로 배열되어 있지만, '타나크'(תנ״ך Tanakh)라는 유대인 성경은 율법서(תורה, 토라), 예언서(נביאים, 느비임), 성문서(כתובים, 케투빔)의 셋으로 되어있다. 역사서가 예언서에 들어있다. 유대교 전통에서 "역사는 예언"인 것이다. 예언자는 과거와 현재와 미래를 아우르며 인간을 향하신 하나님의 말씀을 전하기 때문이다. 예언의 중점은 '지금 해야 할 일'이지 미래에 있을 일이 아니다.

역사에서 가르침을 얻고 오늘을 읽으면서 바람직한 내일을 설계할 수 있다. 역사를 올바로 알아야 진정한 나도, 이웃도 그리고 발전은 있을 수 있다. 역사는 '어제와 오늘의 대화'(E.H. Carr) 넘어 '올 날'(내일)과의 숨쉬는 이야기이다. 페르낭 브로델(Fernad Braudel) 은 "역사란 미래가 현세대에게 보내는 일종의 빚 독촉장"이며 "오늘의 문을 열고 미래로 나아갈 때 비로소 현재라는 시간은 미래로 연장될 수 있다."고 했다. 어제(역사)를 바꿀 수는 없어도 내일을 바꿀 수는 있다. 과거를 현재로 끄집어내어 올바로 평가하고(비록 추할지라도) 정리·정돈하여 그것을 바탕으로 재해석한다면 그것은 현재에 긍정적으로 작용할 수 있다.

역사는 오늘을 변화시키는 힘이고, 내일을 창조하는 동력이다. 현재를 뜻하는 영어 낱말, 'Present'의 다른 뜻은 '선물'이다. 우리에게 허락된 유일한 선물은 현재이다. 현재와의 만남이 없는 과거는 죽은 과거이다. 그런 뜻에서 역사는 생물이고 '과거의 보존' 넘어 '오늘을 푸는 정답'이고 '내일을 여는 열쇠'이다. 한 국민을 파괴하는 가장 좋은 방법은 역사를 황폐케 하는 일이다. 일제의 식민사학이나 중국의 동북공정도 그러한 수법이다. 역사를 모르는 것은 위험하다. 그보다 더 무서운 것은 잘못 알고 있는 것이다.

세계기독교 선교역사에서 짧은 동안에 한국만큼 교회가 성장하고 부강해진 나라는 단정컨대 없다. 그러나 오늘의 한국교회는 성장의 바늘이 멈췄다. 물론 공통화 현상이다. 그렇다고 위로받을 수는 없다. 위기가 아닐 수 없다. 감리교의 위기는 CORONA-19 이전에 이미 와서 또아리를 틀고 있었다. 앞으로의 전망도 밝지 않다. 단순한

위기가 아니다. 경제 용어로 말하면 대공황이다. 교인들이 교회 밖으로 떠나고 전도의 길은 막혔다. "교인이 떠나가 버린 텅 빈 교회가 무엇으로 세상을 구원하며, 영적인 힘이 없고 사랑의 열심이 식은 신자가 어떻게 이웃을 구원할 수 있겠나?" 일찍이 존 웨슬리(John Wesley)가 지적했다. "나는 메도디스트들이 유럽이나 미국에서나 사라지는 것을 염려하지 않는다. 오히려 그들이 아무런 능력이 없는 종교의 형식주의 곧 죽은 분파로 존재하지 않을까 염려한다."

이런 때에 길을 찾아야 한다. 길이 없으면 만들어야 한다. 위기는 극복하라고 주어지는 축복이다. 교회는 반드시 성장해야 한다. 그것이 하나님의 뜻이고 주님의 분부요 그리고 성령님의 강력한 재촉이시다. 그러기에 살아있는 교회는 오늘도 성장을 계속한다. 교회는 살아있음의 실체이다.

나는 목회 45년을 마치고 정년은퇴를 했다. 섬 마을교회를 출발로 하여 개척도, 강남에서 성전건축도 했다. '감독 회장'(28회)을 몇 달 했다. 협성대학 초기에 '한국 교회사' 교수를, 은퇴 뒤엔 감신대 객원교수로 '교리와 장정'을 강의했다. 이런 경험들을 모아 후배들을 위하여(욕심이지만), 기독교대한감리회를 위하여 무언가 도움이 되는 일을 했으면 싶었다. 그래서 사뭇 수줍은 소녀스러움으로 이 일을 시작했다. 옆에서 친구들의 재촉, 도움이 많았다.

한국감리교회의 뿌리는 두 가닥으로 된 하나이다. 먼저는 영국감리교회이고 다음은 미국감리교회이다. 그러나 이 둘은 하나이다. 영국감리교회나 미국감리교회가 성장했다면 "왜"이며 쇠퇴했다면 그건 또 "무엇" 때문인지를 따져보면 오늘, 우리의 길을 찾을 수 있겠다. 1784년에 창설된 미국감리교회는 웨슬리의 후예답게 '왕성'(행 6:7), '흥왕'(행 12:24)의 사도행전적 부흥성장을 거듭했다. 그리고 19세기 중반, 미국 최대교파로 등극했다. 미국 전체 교인들의 34%를 차지하는 엄청난 숫자였다. 감리교는 19세기를 '감리교의 세기'로 만드는데 성공했다. 그러나 지금은 아니다. "왜"인가?

웨슬리의 감리교는 복음주의이다. 웨슬리의 복음주의 운동은 교회의 부흥은 물론, 사회를 변화시키는 혁신적인 사회개혁의 동력이었다.

이런 복음주의 운동이 그때 거기, 영국을 변화시켰고 미국을 부흥케했다. 이를 한낱 역사적 유물로만 남겨져서는 안 된다. 길 잃고 헤맬 때 역사에서 길을 찾을 수 있다.

나는 초등학교 때부터 역사과목을 무척 좋아했다. 역사만큼 재미있고 정신 번쩍 들게하는 학문도 없다. 어릴 적 재미있는 '옛날이야기'하면 으레껏 역사 이야기가 큰 몫을 차지했다. 사건의 연대만 외우지 말고 그에 관련된 배경까지를 그려가면서 공부하면(복잡하고 더 어려운 것 같지만) 오히려 재미가 솔솔 붙고 이해에 도움을 준다. 연대는 저절로 외워진다. 성경공부도 마찬가지다.

이 글에서는 바람직한 교회 성장의 소박한 꿈을 품고 오늘의 한국감리교회의 실체를 들여다보려고 한다. 그러려면 감리교의 역사와 교리, 그리고 감리교의 운영 실제(장정)까지를 살펴야 하는데 이 모두를 담고 있는 것이 감리교의 '교리와 장정'이다. '교리와 장정'은 기독교대한감리회의 법전(헌법)이다. 거기에는 몇 줄로 압축된 '감리교 역사'와 교리', 그리고 대부분이 '장정(규칙)'들로 채워져 있다. 이 글에서는 '교리와 장정', '제1편 역사와 교리, 제1장 기독교대한감리회 역사'[1]에 압축된 '한국감리교회 역사'를, 풀고 보완하며 거기에 관련된 민족사도 살펴보려고 한다. '감리교회 역사'이니 감리교회의 역사를 다루고 '한국감리교'이니 '한국 감리교'의 터전인 '한국 민족사'를 살피는 것은 극히 온당한 일이라 하겠다. 그리하여 한국교회사가 한국 민족사로부터 떨어져 섬 지역으로 남는 것을 막을 수 있겠다. 그런 뜻에서 할 수만 있으면 교회사와 관련된 민족사 부분을 우리 민족의 주체적 입장에서 간략하게라도 다루려 한다.

민족사와의 관계 한국기독교가 우리 근대사에서 차지하는 비중을 의심할 사람은 아무도 없을 것이다. 기독교가 이룩한 공헌이며 역할은 참으로 엄청나고 찬란한 것이다. 그러나 한국의 민족사적 발전과 기독교와의 관계 차원에서 민족사 측의 평가는 인색한 것이 아닌가 싶다. 교회사 또한 안팎의 빛나는 숱한 연구 노력, 업적에도 불구하고 대개는 민족사와의 관련은 생략한 채 기독교 내적인, 이를테면 선교의 역사나 제도적 발전, 교회의 성장, 또는 영적, 신학적 범주에 속한 것들로, 민족사적 연관 면에서는 소홀하지 않았나 하는 느낌이 든다. 이 글에서는 이 민족의 삶, 구석구석 깊숙이 침투하여 두 팔 걷어붙인 채 함께 숨 쉬고 웃고 울며를 같이 해 온 바로 "그" 기독교를 보려고 한다. 기독교가 이 나라에 '어떤 영향을 미쳤는가'와 더불어 '무엇을 어떻게 했나' 하는 그 자체를 보고자 하는 것이다. 한국기독교사는 박제된 어제의 것이 아니다. 오늘을 뜨겁게 고동치며 올 날(미래)로 힘차게 솟아올라야 할 우리 민족의 소중한 동력이자 자산이다. 더 나아가 오늘의 기독교가 그때, 그 시절 못지않게 다시 왕성할

---

[1] 「기독교대한감리회 교리와 장정」, (재)기독교대한감리회 도서출판kmc, 2022, 21~24.

수는 없을까? 와 함께 민족 통일의 과제도 함께 풀어보았으면 하는 바람이다. '교리와 장정'을 제정하는 목적은 "교인들을 올바로 훈련하고 이끌어 감리교회를 부흥 발전시키는 데 있다"이다.[2]

되도록 우리 말·우리 글을 쓰고 싶다 우리 '얼'이기 때문이다. 초대 문화부 장관을 지낸 이어령은 "장관으로 가장 잘한 것은 '노견'(路肩)이란 행정 용어를 '갓길'로 바꾼 것"이라고 고백했다.[3] 그만큼 그는 내 나라 내 말, 하나하나를 사랑하고 존중했던 것이다. 사실 우리 글, 말을 쓰면 한자를 쓸 때보다 격이 떨어지는 것 같고 웬지 허전하고 정도를 벗어난 느낌마저 든다. 역사학에서는 더욱 그렇다. 이름을 쓸 때도 마찬가지이다. 이에 세종대왕이 똑바로 가르쳐 주었다. 『세종실록 113권』, 세종 28년 9월 29일 조[4]에서이다. 세종 28년이면 1446년이다.

나랏말싸미 듕귁에 달아 문자와로 서르 사맛디 아니할쌔
이런 전차로 어린 백셩이 니르고져 홀배 이셔도
마참내 제 뜨들 시러 펴디할 노미 하니라
내 이랄 위하야 어엿비 너겨 새로 스믈어 자랄 멩가노니
사람마다 해여 수비 니겨 날로 쑤메 편안케 하고자 할 따라미니라.

---

2) 위의 책, 17.
3) 「조선일보」, 2022.2.28. A.20.
4) 『세종실록 113권』, 세종 28년 9월 29일 조. "是月, 訓民正音成° 御製曰: 國之語音, 異乎中國, 與文字不相流通, 故愚民有所欲言, 而終不得伸其情者多矣° 予爲此憫然, 新制二十八字, 欲使人(易)〔易〕習, 便於日用耳."

이를 쉽게 풀이하면 다음과 같다.

(선언) 우리나라 말은 중국말과 다르다. 한자와는 맞지 않는다. 한자로는 일반 국민이 자기의 뜻을 제대로 표현할 수가 없다.
(세종대왕의 마음) 이를 안타깝게 여겨 새로 스물여덟 글자를 만든다.
(목적·목표) 누구나 쉽게 배우고 익혀 맘껏 쓰게 하려는 것이다.

그러자 집현전 부제학 최만리를 비롯, 조정의 중신들이 강하게 반발했다.

중국과 다른 문자를 만드는 것은 사대의 예에 어긋나며 그런 나라는 오랑캐들뿐"이며 "천하고 속된 글을 만드는 것은 중국을 버리고 몽고·서하·여진·일본·서번 같은 오랑캐가 되는 일"로 "어찌 예로부터 시행하던 폐단 없는 문자를 고쳐서 천하고 상스러운 유익하지 못한 글자를 창조하십니까?[5]

그러나 세종은 3년의 교정 기간을 거친 뒤 1446년 9월 훈민정음을 반포했다.

세종대왕은 그림 문자인 한자를 버리고 '하늘은 둥글고 땅은 평평하며 사람은 서 있다'는 3재의 원리[6]를 활용하여 배우기 쉽고 쓰기 편한 한글을 만들었다. 여기에 우리 민족의 뛰어난 독창성·자주성·평등성, 그리고 발전성·세계성 모두가 고스란히 담겨 있는 것이다.

---

5) 何用改舊行無弊之文 別創鄙諺無益之字乎.
6) 『세종실록』, 1446. 9. 29. 정인지 훈민정음 서문.

육영공원과 배재학당의 교수였던 헐버트 박사는 그의 논문, 『한글』(The Korea Alphabet)에서 "한글과 견줄 문자는 세상 어디에도 없다."고 단정하면서 "조선은 영국이 라틴어를 버린 것처럼 언젠가는 한자를 버릴 것"이라며 한국어가 영어보다 우수하다는 결론을 내렸다. 한글(훈민정음)은 창제된 뒤 무려 500년 동안이나 천덕꾸러기가 되어 멸시, 천대를 받았다. 연산군은 한글 사용을 탄압했다.[7] 그때 그들은 말은 한국어로 하면서 글은 한문으로 썼다. 즉 그들의 '모국어'는 한문(한자)이었다. 중화사상에 한글을 내팽개친 것이다.

　한국, 일본, 만주, 베트남 등 한자문화권에서 한자의 지위는 워낙 높다. 한국은 그 비중이 절반을 넘고 문어로 쓸 때는 더 높다. 한자는 수천 년 동안 동아시아에서 기록어였다. 전문적인 어휘는 이미 한자로 정착되어 있다. 영어의 'Society'를 일본에서 '社會'로 번역했는데 그것이 우리말로 되어버렸다. 갑오개혁을 앞뒤로 한글 사용이 크게 늘었고 8·15 해방 뒤에 한자 폐지론, 한글 전용론이 여러 차례 제기되었다. 1970년에는 모든 공문을 한글로만 쓰게 하였고 초·중·고등학교 교과서도 한글로 되어 오늘에 이르렀다.

　YTN 뉴스[8]에 따르면 인도, 넝문 네루 대학교에서 한국어학과 모집 30명에 10만 명이 몰려 3,300:1의 경쟁률을 기록했다. 한국어 배움 열기가 그만큼 세계적으로 뜨겁다. 지금은 지구촌-국제화(global) 시대이다. 내 것만 고집하면 살기 어렵다. 그렇다고 내 것을 버리면 더 어렵다. "내 것을 고집하면 세계가 존중한다!", "가장 한국적인

---

7) 신병주, 『조선을 움직인 사건들』, 새문사, 2009, 102.
8) 2022. 10. 9. 01:24.

것이 가장 세계적!"이란 말도 있다. 편협한 국수주의나 주체성이 없는 세계주의는 똑같이 위험하다. 그러나 내 역사에 뿌리를 두고 남을 이해할 때 생존 능력은 커가는 것이다.

일러두기

1) 본문에서 녹색 부분 안에 실려 있는 문장은 『교리와 장정』의 역사 부분 원문을 그대로 옮겨 놓은 것이다. 그리고 "① <u>주지 못하고 있었다.</u>"에서처럼 ____ 부분은, 그 아래의 "그러므로"의 "줄 수 없었다."로 '개정, 또는 보완'했으면 하는 표시이다. 「교리와 장정」은 2022년 판을 사용하였다.

2) 시대구분은 「교리와 장정」과 보조를 맞추되 수정, 보완했다.
 1. 미감리회 · 남감리회 선교 선교 시대(1884~1919)[9]
 2. 기독교조선감리회 자치 선교 시대(1919~1945)
 3. 기독교대한감리회 자립 선교 시대(1945~). 그러나 '3'의 '(1945~)'를 '(1945~1990)'로 제한했다. 1990년은 한국감리교 탄생 60돌, 환갑이 되는 해이다. 그 뒤를 '4. 세계를 교구로!(1990~)'로 설정했다. 이 글에서는 2. 기독교조선감리회 자치 선교 시대를 2-1(1919~1930), 2-2(1930~1945)의 둘로 나누었고 '1930년, 남북감리교 합동'까지를 '첫 권'으로 묶었다. 그 뒤는

---

9) '교리와 장정'에서는 '1885~1919'로 했으나 이 글에서는 '1884~1919'로 수정했다.

'다음 권'에서 다루려고 한다.

3) 단행본을 표시할 때는 겹낫표(『 』) 정기간행물에는 홑낫표(「 」) 논문은 따옴표(" ")로 표시하였다. 각주, 인용문의 '쪽'이나 'p, pp'는 모두 '. '로 통일했다. (보기, "○○출판사, 2023. '123.'"). '글 쓰는 이'를 가리킬 때, 일반적으로 '필자'로 쓰나 이 책에서는 '나'로 썼다. 또 이 책의 본문을 말할 때에는 '이 글 ○○쪽. …'으로 표시했다.(보기, "이 글 227쪽. (6) 한글, 독수리의 두 날개를 달다".

4) 중국어 표기는 우리말 발음을 따랐다. 현행 우리나라 중국어 표기는 신해혁명(1911) 이전은 우리말 발음(공자 · 맹자 등)으로, 그 뒤는 원음으로 쓰고 있다.(장제스 · 덩샤오핑 등)

5) 자주 인용한 영문자료의 약자는 다음과 같다.
   ARMEC: Annual Report of the Board of Foreign Mission of the Methodist Episcopal Church
   KMEC: Official Minutes and Reports of the Korea Mission (Korea Mission Conferance, Korea Annual Conferance) of the Methodist Episcopal Church
   KMF: The Korea Mission Field
   KM: The Korea Methodist
   BFBS: Britsh and Foreign Bible Soociety
   NBSS: National Bible Society Scotland
   ABS: American Bible Society

차 례

추천하는 글

책 머리에 / 바람직한 교회성장 · 복음통일을 그리며…

1부 미감리회 · 남감리회 선교부 선교 시대(1885~1919)

01 복음의 수용과 선교사의 들어 옴 / 34

1) 19세기 말 한국의 상황 35
2) 서구 개신교의 동아시아 선교 37
3) 조선, 기독교를 요청하다 40
   (1) 민영익과 가우처의 만남 45 (2) '한국의 마게도냐 사람' 이수정 50
   (3) 윤치호, 박영효 들의 요청 52
4) 한국선교의 빗장을 푼 매클레이 54
5) 나라님 고종의 결단 59

02 선교사보다 먼저 들어온 기독교 / 62

1) 한국선교를 위한 시도 62
2) 세례와 성경의 번역 70
   (1) 만주에서의 경우 71 (2) 일본에서의 경우 73
3) 권서들, 선교사보다 먼저 선교하다 74
   (1) 한국선교의 개척자 74 (2) 의주교회 · 솔내교회 80
   (3) 여자 권서 · 전도부인 82

03 미감리회의 한국선교 / 88

1) 아펜젤러 · 스크랜턴의 들어옴 89
2) 교육과 의료, 출판을 통한 선교 96
    (1) 배재학당 창립 96   (2) 감리교신학대학의 기원 99
    (3) 이화학당 창립 101   (4) 시병원 설립 103
    (5) 보구여관 설립 106   (6) 출판사업 108
3) 토착교회 형성을 향한 첫걸음 109
    (1) 한국 최초의 교회-정동제일교회 109
    (2) 계삭회(구역회) 조직을 통한 교회 성립 113
    (3) 속회와 속장, 유사와 탁사 115
    (4) 주일학교 · 엡윗청년회 · 여선교회 117
4) 선교 초기, 기독교의 수난 121
    (1) 위정척사와 천주교 121
    (2) 위정척사에서의 개신교 123
    (3) 금교령 · 영아소동 · 동학당사건 125
    (4) 평양 박해사건 128
    (5) 훼방꾼, 원세개 129
5) 미감리회의 뻗어 나감(정동 이외의 개척) 130
    (1) 중앙교회(종로서점) 130   (2) 아현교회 132
    (3) 상동교회(달성회당 · 미드메모리얼 회당) 133
    (4) 볼드윈 예배당 136   (5) 제물포 지역 138
    (6) 강화 · 연안 지역 142   (7) 평양지역 145
    (8) 영변지역 148   (9) 원산지역 151
    (10) 수원지역 152   (11) 공주지역 154
    (12) 내포지역에 떨어진 복음의 씨앗 156

04 남감리회의 선교 / 159

1) 남감리회의 도착 161
   (1) 윤치호, 미남감리회를 움직이다 161
2) 서울 · 경기지역 164
   (1) 최초의 교회, 고양교회 창립 164   (2) 서울 지역 167
   (3) 개성(송도)지역 169   (4) 배화학당 설립 171
3) 강원 · 원산지역 173
   (1) 하디와 원산 173   (2) 춘천지역 177   (3) 철원지역 179
4) 여성 복지사업(여자 사회관) 181

05 남·북감리회의 발전 / 183

1) 감리회의 의회 183
   (1) 장유회(북감리회) · 당회(남감리회) 183   (2) 지방회 · 감리사 184
   (3) 연회 · 총회 187   (4) 한국사람 최초 목사 안수 188
   (5) 청 · 러 · 일전쟁과 교회 성장 191
2) 초기, 감리교의 선교정책 196
   (1) 감리교의 생리 1-순회 탐색전도 196   (2) 감리교의 생리 2-부흥운동 199
   (3) 알렌의 반발, 도전 201   (4) 감리교의 선교정책 203   (5) 선교지 나눔 210
   (6) 감 · 장의 성장 비교 214
3) 아펜젤러 순직 · 초기 해외선교 219
   (1) 아펜젤러의 순직 219   (2) 초기에 순직한 선교사들 223
   (3) 초기의 해외 선교 232
4) 남 · 북감리회의 교리 · 신학교육 238
5) 감리교의 특성-부흥운동의 부활 242

06 부흥운동과 토착신학 / 245

1) 원산에서 지핀 불 246
2) 서울로 옮겨붙은 불길 253
3) 평양에서 폭발 256
   (1) 1907년 대부흥운동 256 (2) 감리교의 영적 각성 260 (3) 대부흥운동의 성격 264
   (4) 선교사들, 그리고 미국의 변화 270   (5) 백만명구령운동 274
4) 변증신학과 토착화 신학 277
   (1) 토착신학의 선구자, 노병선 · 최병헌 277 (2) 최초의 해방신학자, 전덕기 280

07 민족운동과 사회운동 / 283

1) 일제의 침략 285
   (1) 한일 강제 합병(병탄) 285   (2) 일제의 '식민사관' 287
2) 기독교의 항일민족주의운동 291
   (1) 기도회를 통한 민족운동 291   (2) 무력 행사를 통한 민족운동 292
   (3) 결사를 통한 민족운동 294   (4) 기독교교육을 통한 민족운동 298
   (5) 경제적 항일 민족운동 301
3) 기독교적 민족주의 운동에서의 '상동파' 303
4) 105인 사건 · 신민회 306
5) 캐고 기릴 감리교의 민족운동 313
   (1) 김동수 권사와 두 아우 313
   (2) 구연영—구정서의 아버지와 아들 전도사 314 (3) 박석훈 목사 315
6) 기독교 공동체(이상촌) 설립 317
   (1) 이승훈과 '용동 촌' 317   (2) 김약연과 '명동 촌' '명동학교' 320
   (3) 이회영과 '신흥무관학교' 324   (4) 손정도와 '호조' 326

08 3·1 독립운동과 기독교 / 333

1) 3·1운동의 꿈틀거림 333
2) 신한청년단, '2·8 독립선언' 338
3) 진행과정 340
4) 터지자 밀물같은 "대한독립만세" 347
5) 기독교의 역할 352
　(1) 제암리감리교회 355
　(2) 유관순의 순국 359
6) 3·1운동이 물려 준 것 363
　(1) 하나 된 민족 363
　(2) 기독교가 앞장, 피해도 앞장 364
　(3) 선교사·일제의 변화 365
　(4) 국민의 기독교에 대한 인식 368
7) 상해 임시정부 369
　(1) 현순의 준비 작업 369
　(2) 임시정부를 세움 373
　(3) 애국부인회 379
8) 선교사들의 행로 382
　(1) 정교분리 입장 382
　(2) 우리와 아픔을 같이한 이들 383
　(3) 드러내 놓고 친일 387
　(4) '나쁜 사마리아 사람' 390

09 기독교의 공헌 / 392

1) 기독교가 들어오던 날의 정황 392
　(1) 전통 종교의 현황 392
　(2) 성리학 세계관에 갇힌 조선왕조 395
　(3) 조선왕조의 멸망 401
　(4) 유교문화의 최대 피해자, 여성 403
　(5) 절실한 새정신·새 사람 406
　(6) 처음 선교사들의 조선회상 411
2) 기독교가 한국 근대화에 끼친 영향 415
　(1) 교육, 근대 교육의 선구 415
　(2) 의료, 왕도 백성도 감동하다 417
　(3) 사회개혁, '전통적 사회악'을 깨뜨리다 419
　(4) 민족구원-복음화 운동 424
　(5) 한글, 독수리의 두 날개를 달다 425
　(6) '친미' 관 433
　(7) 천주교측의 입장 436
3) 감리교 선교의 성격·특징(공헌) 443
　(1) 적극적·공세적 선교 443
　(2) 돋보이는 과감한 사회선교 445
　(3) 민주·시민의식을 키움 447
　(4) 별처럼 빛나는 여성교육 451
　(5) 충군·애국의 기독교 민족주의 455
　(6) 한국교회 부흥운동을 주도 459
　(7) 한국교회의 신앙 유형 461

2부 기독교조선감리회 자치 선교 시대(1919~1945)

01 1920~1930년대 민족운동 / 466
    1) 독립을 위한 전투 466
    2) 만주에서의 종교활동 471
    3) 언론 · 계몽운동 473
    4) 농촌 계몽운동 479
    5) 주일학교 연합회 483

02 공산주의의 도전 / 488
    1) 공산주의의 유입 488
    2) 이승만과 공산주의 492
    3) 신간회 운동과 공산주의 498
    4) 조선공산당의 반기독교운동 502
      (1) 마당을 만들어 준 사이또 총독 502
      (2) 기독교의 반응—반공주의 506
      (3) 만주 · 시베리아의 극동 선교 511
      (4) 극동에서 공산당의 공격 513

03 감리교의 민족운동 / 517
    1) 엡윗청년회 재건 517
    2) 남궁억과 나라사랑 519
    3) 최용신과 상록수 523

04 '기독교조선 감리회'의 탄생 / 527

1) 남북감리회 합동 527
2) '기독교조선감리회' 530
3) 감리교의 3대 원칙 534
4) '교리와 장정' 제정 541
  (1) '교리적 선언' 542   (2) 교리적 선언의 논쟁 544
5) 자치시대의 신학(사회복음주의) 546
  (1) 미국에서 대립 되었던 사회복음 546
  (2) 한국감리회와 사회복음주의 550
6) '교리적 선언'에서 '감리회 신앙고백'으로 556
7) 웨슬리는 경건한 복음주의 563
  (1) 웨슬리 신앙과 신학의 전통 563   (2) 웨슬리의 종교강령 568
8) 사회신경 570

05 교회의 영적 갱신과 신학의 발전 / 575

1) 영적 갱신의 촉구 576
  (1) 장로교의 부흥운동 576 (2) 감리교의 부흥운동 581
2) 1930년대 한국교회의 동향 585
  (1) 진보, 보수의 대립 585 (2) 한국 최초의 조직신학자, 정경옥 587
  (3) 보수신학 전통을 계승한 변홍규 591

고마움의 말씀 / 596

찾아보기 / 604

사망의 빗장을 산산이 깨뜨리시고 부활하신 주님께서
이 나라의 백성들이 얽매어 있는 굴레를 끊으사
그들에게 하나님의 자녀가 누리는 빛과 자유를 허락해 주옵소서.

— 아펜젤러 선교사 —

만일 나에게 천 개의 생명이 있다면 그 생명 모두를 한국에 바치겠다.

— 루비 켄드릭 선교사 —

나는 죽는 날까지 한국의 독립을 위해 싸울 것입니다.

— 헐버트 선교사 —

오오! 하나님이여, 이제 시간이 임박했습니다.
원수 왜를 물리쳐 주시고 이 땅에 자유와 독립을 주소서.

— 유관순 열사 —

1부
미감리회 · 남감리회 선교부
선교 시대
(1884~1919)

1. 복음의 수용과 선교사의 들어옴

[1][1] 그리스도의 복음이 이 땅에 들어온 19세기 말, 우리 민족은 봉건적 체제의 붕괴와 외세 침략으로 인한 정치적 사회적 위기를 맞고 있었다. 봉건적 사회 체제를 이념적으로 지탱해 오던 전통 종교는 변화를 갈망하는 민족의 영적, 윤리적 갈증을 해소시켜 주지 못하고 있었다. 이러한 때에 여러 경로로 전파된 복음은 우리 <u>민족을 죄에서 구원하였고</u>, 새로운 역사의 원동력이 되었다.

위 '**민족을 죄에서 구원하였고**'에서 문맥상 '민족구원의 완성'의 완료로 볼 수 있다. 기독교는 본래가 구원의 종교다. 그러나 '민족 구원은 지금도 진행' 가운데 있으며 완성은 아직 아니다. 그러므로 '**민족에게 죄로부터의 구원을 제시하였고**'로 바꾸는 것이 좋겠다.

---

1) 「기독교대한감리회 교리와 장정」, (재)기독교대한감리회 도서출판kmc, 2022, 21.

1) 19세기 말 한국의 상황

　19세기 말, 조선은 강대국들의 놀이터이자 싸움터였다. 그리고 그들의 사냥감이었다. 19세기 후반, 조선은 한 치 앞도 내다볼 수 없는 혼돈과 변화의 소용돌이의 시기였다. 조선 역사에서 가장 어둡고 혼란스러운 때였고 나라를 이끌어 오던 정신세력, 유교는 이미 그 생명력이 바닥 난 상태였다. 대원군 10년(1863~1873)의 내정개혁, 특히 쇄국정책은 역효과만 낸 채 민씨 정권으로 대치되었으나 그동안 누적된 정치, 사회, 경제의 쇠퇴는 악화로만 치달을 뿐이었다.
　'한일수호조약'이라는 불평등 조약이 체결된 것은 1876년이었다. 1882년에 임오군란이 일어났고 2년 뒤에 갑신정변(1884)이 일어났으나 실패했다. 1894년에는 동학농민운동에 이어 청·일전쟁이 일어났다. 내 나라 국모가 내 궁궐 안방에서 시해를 당하는 참사가 벌어졌다.(을미사변, 1895. 10. 8.) 강화도 조약 그 뒤 일본의 정치·경제의 강압적 침투는 갈수록 더해갔다.

　서양을 배척하고 일본을 경멸하는 국수주의에 빠져 세계에서 고립되어 있던 조선은 일본의 침략을 막기 위해서라도 원하든, 않든 서양 열국에 문호개방은 필연적 상황이 되었다. 1866년의 제너럴셔먼호사건을 빌미로 1882년 5월 22일 한미수호조약이 체결되었다. 이 조약을 신호로 1883년 영국, 독일과 조약을 맺었고 1884년에는 러시아, 1886년 프랑스와도 맺었다. 그렇게 500년을 억척스럽게 닫아 두었던 '은둔의 나라'(Kingdom of hermit),[2] 조선의 문은 열리게 된 것이다.
　개항과 더불어 준비도 없이 밀물처럼 닥쳐오는 외세 앞에 나라는

---
2) 민경배, 『한국기독교회사』(개정판), 대한기독교 출판사, 1982, 122.

그만 초점을 잃게 되었다. 당시 정치하는 사람들은 세계정세에 몽매하고 구습에 얽매어 국가를 어떻게 지탱해 나가야 할지를 알지 못했고[3] 오랜 세월을 은둔과 유교의 가르침에만 빠져있었기에 쉽게 적응할 수도 없었다.[4] 그런 속에서 권세가들의 부정, 착취, 집단 이기주의는 날로 더해갔다. 물론 나라를 지키고 혼돈을 바로 잡으려는 시도가 없지는 않았으나 속수무책이었다. 이전의 정치 질서가 가졌던 긍정적인 부분마저 철저하게 외면되었다.

이때 중국, 러시아, 일본은 강력하고 끈질긴 압력으로 경쟁하듯 침투해 왔다. 농민 생활은 극도의 파탄으로 떨어졌고 전국적인 농민 봉기는 하나도 이상할 것이 없었다. 이로써 양반 지배 체제는 봉건주의와 함께 완전히 무너지게 되었다.

깊은 은둔에서 막 벗어난 조선은 서구 문명의 타오르는 불빛 주변을 날아다니는 나방과 같았다. "만일 아주 조심하지 않는다면 필연적으로 빨려 들어가 파멸될 것"[5]같았다. 이때의 조선이야말로 '빈사의 중병환자'의 모습이었다.[6] '국가의 말기적 현상'이라고 진단할 수 있다.

이 무렵, 군사력을 앞세워 후진 국가를 식민지로 삼으려는 서구 열강의 제국주의는 민족주의라는 침략 전 성격으로 변질되어 앞다투어 약소국들을 침범했다. 제국주의의 선봉장 영국은 아시아에서는 인도, 중국에 골몰하느라 한반도에는 소극적이었다. 따라서 한반도를 에워싼 다툼은 청·일로 좁혀졌다. 갑오농민전쟁을 계기로 조선에 진주한 청군과 일군 사이에 전쟁이 벌어졌다. 청·일전쟁

---

3) 『韓國史 20. 近代』, 國史編纂委員會, 1975. 263.
4) Charles D. Stokes(장시철·김흥수 옮김), 『미국감리교회의 한국선교 역사』(1895~1930), 교보문고, 2010. 46.
5) 위의 책, 45.
6) 金鎬逸, 『韓國開港 前後事』, 韓國放送事業團, 1982. 120.

(1884~1895)이다. 이 전쟁에서 승리한 일본은 동북아의 패권을 장악하게 되었고 10년 뒤, 러·일전쟁(1904~1905)에서 역시 이기고 세계 강대국 대열에 서게 되었다. 그리고 조선에 대한 침략 야욕을 본격적으로 드러냈다. 결국 일본은 미·영·러의 사전 승인[7] 아래 을사보호조약(1905)을 체결하고 1910년 조선의 국권을 빼앗았다. 한일병탄, 경술국치이다.(1910.8.29.)

2) 서구 개신교의 동아시아 선교

서구의 교회는 17세기까지만 해도 해외선교에 별관심이 없었다. 18세기에 이르러 비로소 경건주의자들은 해외선교의 필요성을 인식하기 시작했고[8] 19세기 초부터 선교가 본격화되었다. 중국에 들어온 개신교 최초의 선교사는 1807년에 중국 광주에 도착한 영국의 모리슨(R. Morrison)이다.[9] 1876년경에 중국에 파송된 서구선교사는 30개 선교단체에서 300명이 넘었다. 1889년에는 1,300여 명으로 급증했고 중국인 세례교인 수도 37,287명에 달했다.[10]

중국의 본격적인 문호개방은 19세기 중반, 영국과의 아편전쟁(1840~1842)에서 비롯된 남경조약으로 시작되었다. 이 전쟁으로 지금끼지 '잠자는 사자'라던 중국이 '종이 사자'라는 사실이 늘어났다.[11] 중국은 프랑스, 독일 등에도 굴복하여 불평등 조약을 맺었다. 중국의 개방은 서구인들에게 획기적인 충동을 불러일으켰다. 중국

---

7) 미국과 영국은 일본으로 하여금 북진케 하여 러시아의 남하를 저지하고 일본 자신의 남진을 막으려는 대극동정책을 수립했다.
8) 이천석, 『감리교는 무엇을 믿는가?』, 도서출판 kmc, 2014, 148~149.
9) 1782~1834. 잉글랜드 런던선교회 파견 선교사, 중국선교의 아버지라고 한다.
10) 한국기독교역사연구소, 『한국기독교의 역사 I』, 기독교문사, 1989, 129.
11) 김호일, 앞의 책, 38.

의 문화를 비롯, 개발되지 않은 풍부한 자원과 넘치는 인적자원은 서양사람들을 매료시켰고 이들 열강들은 군대를 앞세워 경쟁적으로 중국에 진출했다. 지금까지 천자의 나라, 중화라는 사상 속에 깊이 뿌리를 둔 중국은 서구열강의 침략 앞에서 무기력했다. 그 무렵 중국의 정관응(鄭觀應, 1842~1921)은 "서양인들과 통상해 본 결과 중국의 이권을 빼앗고 소란과 피해가 날로 커지고 있다."고 했다.[12] 그럼에도 그는 경제 관점에서 서양을 배워야 할 것을 역설했다.

미국도 적극적이었다. 미국의 중국 진출은, 미국의 독립전쟁(1775~1783)과 남북전쟁(1861~1865)이라는 안팎의 갈등과 혼란을 수습하기 위한 효과적 방편이기도 했다. 미국은 1845년 텍사스를 합병한 다음 무차별적으로 멕시코 땅, 서부로 진출했다. 1848년 캘리포니아 등 대부분의 서부 지역을 차지했고 그 뒤 서부 전체가 미국의 영토로 편입되었다. 이로써 미국은 대서양 연안에서 태평양에 이르는 대제국을 건설할 수 있었다.[13] 1860년대부터는 대서양에서 태평양을 연결하는 철도를 건설하면서 서부로의 이주가 가속되었다.[14] 광활한 토지와 풍부한 천연자원은 성실성과 야망을 가진 미국 사람들에게 노력하면 성공할 수 있다는 '아메리칸 드림'을 불러일으켰다.[15] 이른바 '개척자(frontier) 정신'이다. 마침 미국은 서부개척이 어느 정도 마무리 시점에 태평양을 건너 동양으로 들어갔다. 미국의 수많은 무역업자들도 태평양을 건넜다.

---

12) 鄭觀應, "論傳敎". 『易言 下』, 1880년에 저술. 그러면서도 그는 경제 관점에서 서양을 배울 것을 역설하고 입헌군주제 실시를 주장했다. 그의 『성세위언』과 더불어 중국 근대화의 지침서이다.
13) 김신호, 『한국교회에 영향을 미친 미국교회사』, 주식회사 부크크, 2020, 147.
14) 후토스 L. 곤잘레스, 『현대교회사』, 194. ; 김신호, 위의 책, 147. 재인용.
15) 김신호, 위의 책, 147.

미국 개신교회 또한 마찬가지였다. 그동안 미국의 개신교는 노예 문제로 큰 상처를 입고 있던 때라 이런 내적 상황을 극복하기 위해서라도 시선을 외부로 돌릴 필요가 있었다. 미국의 대표적 개신교인 미국감리회도 같은 흐름이었다.

미국감리교회는 1784년에 창설된 이래 복음주의 웨슬리의 후예답게 '왕성'(행 6:7), '흥왕'(행 12:24)의 "사도행전적 부흥성장"을 이어갔다. 19세기 중반에 미국 내 최대교파가 되었다.[16] 그러나 1844년 노예 문제로 남북이 갈라섰고 각각 총회를 열어 내부의 혼란을 수습하고 교회의 질서를 안정시켜 나갔다. 바로 이런 즈음에 중국이 개방되었고 감리교는 적극적으로 선교사를 파송하기에 이른 것이다.

아편전쟁으로 문을 연 중국에 쏟아져 들어간 서양인들은 말 그대로 정복자였다. 정치·군사적 정복을 위해서는 관리와 군인들이, 경제적 정복을 위해서는 상인들이 들어갔다. 그리고 사상적, 문화적으로는 기독교 선교사들이 들어갔다.

선교사들의 목적은 선교이기에 중국을 적대하거나 착취하지 않았다. 반대로 근본적으로 중국의 발전을 위해 노력했다. 중국이 야만을 벗어나 서양과 같은 문명을 누릴 수 있도록 서양의 과학기술과 사상을 전했다. 교회에 덧붙여 학교, 병원, 출판사와 고아원 등을 세워 중국의 문화적, 사회적 근대화를 이끌었다. 미국감리교는 1833년 아프리카, 1836년 남아메리카, 1847년 중국, 1856년 인도, 1873년 일본 등에 선교사를 파송했다.

한·중·일 세 나라 중에 미국의 개신교 선교가 가장 먼저 시작된 나

---

16) 위의 책. 187.
17) 「교리와 장정」, 21.

라는 중국이고 한국은 맨 나중이다. 미국에서 한국선교를 위한 준비가 도도히 진행되고 있었다. 국내의 정황도 그 쪽으로 흐르고 있었다.

3) 조선, 기독교를 요청하다

[2] 1. **복음의 수용과 선교사 내한**[18] 1870~1880년대 새로운 사상과 종교를 갈망하던 한국인들은 만주와 일본에서 기독교 복음을 접하고 성서를 우리말로 번역했다. 이들이 해외에서 출판한 한글 성서는 매서인을 통해 국내에 들어와 읽혔고 그 결과 많은 세례 지원자들이 나왔다. 이런 상황에서 1883년 9월 미감리회 볼티모어연회 소속인 가우처(John F. Goucher) 목사는 보빙사절단을 이끌고 미국을 방문 중이던 민영익을 만난 후 한국선교에 깊은 관심을 갖게 되었다. 가우처 목사는 미감리회 국외선교부에 한국선교 착수를 촉구하였고 일본주재 미감리회 선교사 매클레이(Robert. S. Maclay)로 하여금 한국선교 가능성을 모색하도록 했다. 중국과 일본에서 감리회선교를 개척했던 매클레이는 ① <u>1884년 6월 24일 내한해서</u> ② <u>'학교와 병원 선교를 해도 좋다.'</u>는 ③ <u>국왕의 허락을 받았다.</u> 그는 6월 29일에 한국 최초로 개신교 주일예배를 드렸으며 7월 6일에 두 번째 예배를 드렸다. 이에 미감리회 국외선교부는 아펜젤러(Henry G. AAppenzeller) 부부와 스크랜턴(William B. Scranton) 부부를, 국외여선교부는 ④ <u>스크랜턴 대부인(Mary F. Scranton)</u>을 초대 한국 선교사로 임명하였고, 이들 중 ⑤ <u>아펜젤러 부부가 제일 먼저 1885년 4월 5일 부활주일에, 스크랜턴이 5월 3일에 내한했다."</u>

1) 위 ① '1884년 6월 24일 내한해서'에서

(1) 이덕주 교수는 "매클레이는 1884년 6월 19일 나가사키를 출발하여 **6월 20일 부산에 도착했다.**… 매클레이 부부는 부산에 상륙하여 하루 반을 머물렀고 부산을 출발하여 43시간 항해 끝에 **6월 23일 오후 1시 인천에 도착**했으며 이튿날 하선하여 작은 배를 타고 한강으로 해서 **6월 24일 오후 6시에 서울에 도착**했다."[18])라고 했듯이 매클레이가 우리나라에 도착한 것은 1884년 6월 20일이다. 그날 부산에 상륙하여 하룻밤을 묵었다. 그렇다면 **매클레이의 내한은 1884년 6월 20일이다. 6월 24일은 서울에 도착한 날**이다.(1934년 '감리회선교 50주년' 기념행사에서는 '1884년 6월 24일 입국'으로 기록했다.)

(2) 그의 다른 책[19])에서도 "(매클레이는) **6월 20일 부산에 도착**해서 하루 반을 머물렀다. 6월 22일 부산을 출발… 남해안을 돌아 **6월 24일 아침 인천 제물포항에 도착**하였는데 곧바로 서울로 향하여 **그날 오후 6시 푸트 공사의 환영을 받으며 서울에 들어왔다.**"로 썼다.

(3) 인천에 도착한 시간은 차이가 있어도 **부산 도착 시각은 똑같은 1884년 6월 20일**이다. 그리고 부산에 상륙했고 부산에서 하루를 묵기까지 했다. 그러므로 **매클레이의 내한은 1884년 6월 20일**이다. 6월 24일은 서울에 들어온 날이다. 만약에 서울에 들어온 것에 초점을 맞추려면 '내한해서'를 '**서울에 늘어왔나.**'로 써야 한나. 꼭 서울에 와야 우리나라에 온 것은 아니다. 부산도 엄연히 대한민국 땅이다.

2) 위의 ①, ②, ③ 대로면 매클레이가 고종으로부터 직접 선교 윤

---

18) R.S. Maclay, "Korea's Permit to Christianity", MRW, Apr. 1896. 288. ; 이덕주, "누가 먼저 들어가서 문을 열 것인가?" -매클레이의 생애와 선교사역- 『한국선교의 개척자』 가우처, 매클레이, 아펜젤러, 기독교대한감리회 중앙교회, 2015. 210.
19) 이덕주·서영석·김흥수, 『한국감리교회 역사』, 도서출판 kmc, 2017. 18~19.

허를 받은 것이 된다. 그러나 아니다. 매클레이는 일본에서 김옥균이 일본을 방문할 때마다 그를 만났고 매클레이 내외는 그와 친밀하게 사귀었다. 매클레이가 들어온 때는 갑신정변(1884.12.4.) 약 5개월 전으로 국내 정세는 수구파와 개화파의 대립으로 험악한 상태였다. 따라서 매클레이는 김옥균 카드를 매우 유용하게 활용했다. 매클레이는 먼저 김옥균에게 그가 작성한 선교제안서(청원서)를 건네며 윤허를 받아 줄 것을 청탁했고 김옥균으로부터 청원서를 전달받은 나라님은 그의 주체적인 결단으로 이를 받아들인 것이다. 이같은 입장은 다른 교회사가들도 같은 입장이다. 분명한 것은 고종의 확고한 신념은 자주독립국을 건설하고 근대국가로 탈바꿈하는 것이었다. 1883년 11월 22일, 보빙사절단 부단장 홍영식이 고종에게 올린 귀국 보고에서 "우리가 가장 중요시할 것은 교육에 관한 일인데 만약 미국의 교육방법을 본받아 인재를 양성해서 백방으로 대응한다면 아마도 어려움이 없을 것이므로 반드시 미국교육제도의 법을 본받아야 합니다."라고 했다. 서구 문명을 받아들이는 개방정책이 조선을 살리는 길임을 확신했던 고종은 마치 기다리기라도 한 듯, 매클레이의 청원을 수락한 것이다.

① 이덕주, "그(매클레이)는 미국공사관을 통해 한국 정부에 "미감리회 선교사들이 들어와 학교와 병원사업을 하도록 허락해 달라."는 제안서를 고종에게 제출하였다. 마침 외교업무를 관장하던 통리통상사무아문(외무) 협판은 매클레이와 친분을 쌓았던 김옥균 … 매클레이의 제안은 고종에 의해 받아들여졌다.[20]

② 윤춘병, "매클레이는 7월 3일 김옥균을 다시 방문했다. 김옥균

---

20) 이덕주 · 서영석 · 김흥수, 앞의 책, 19.

은 매클레이를 기쁘게 맞이한 후 왕께서 학교와 병원사업을 하도록 윤허하셨다는 것이다."[21]

③ 김명구, "매클레이가 조선 조정과 직접 접촉하지 않고 김옥균을 선택한 것은 현명한 판단이었다.… 자신과 친분이 있는 김옥균이 외위문 주사로 일하고 있고 임금의 총애를 받고 있음도 확인했다."[22]

④ 강흥복, "고종은 보빙사들의 건의를 흔쾌히 받아들였다. 근대문명 보급을 위한 우리나라 최초의 관립 근대학교를 세우기로 했다. 육영공원이다. 육영공원은 1884년 개교할 예정이었으나 갑신정변이 일어나 1886년 9월 23일에야 문을 열었다. 이같이 인재양성만이 조국의 미래를 위한 길임을 확신한 고종은 한시바삐 근대문명을 도입하고 강한 근대독립국가를 만들어야 한다는 절박감으로 매클레이의 제안서를 검토했다. 그리고 그날 밤을 넘기지 않고 "미국인들에게 병원과 학교설립사업을 윤허"한 것이다. 그러므로 "**일본에서부터 친밀하게 지내던 김옥균이 마침 관련 요직에 있었고 고종의 신임을 받고 있었다. 매클레이는 김옥균을 통하여 선교제안서를 왕에게 올렸다. 인재양성만이 조국의 미래를 위하는 길임을 확신한 고종은 매클레이의 제안서를 검토하고 '병원과 학교설립사업을 윤허'한 것이다. 1884년 7월 3일이다. 이렇게 하여 기독교의 한국선교의 문이 열렸고 한국감리교회는 민족구원을 향한 첫 발을 떼어 놓게 되었다.**"로 고쳐 써야 한다.

3) 위 ④ 에서 '허락'은 '윤허'로 바로잡아야 한다. 윤허는 '임금이 신하의 청을 허락함.'을 말하는 것으로 윤허로 쓰는 것이 격에 맞는다. 이덕주 교수를 비롯, 감리교 학자들은 '윤허'로 쓰고 있다.[23]

---

21) 윤춘병, 『한국감리교 교회 성장사』, 감리교출판사, 1997, 46.
22) 김명구, 『한국기독교사 1-1945년까지』, 예영커뮤니케이션, 2018, 76.)
23) 이덕주 · 서영석 · 김흥수, 앞의 책, 19. ; 윤춘병, 앞의 책, 45.

그러나 민경배 교수는 "1884년 6월에 일본에 체재하던 미국감리교 선교사 매클레이(Robert MacLay)가 김옥균을 통하여 상감으로부터 '한국에서 병원과 학교사업을 시작해도 좋다'는 사사로운 허락을 받은 일이 있었다."로 쓰고 있다. 그의 책 『한국기독교회사』에서는 '사사로운'이라는 표현은 온당치 않다고 하겠다. 또 "… 받은 일이 있었다."라는 표현도 듣기에 따라서는 '그냥 지나가는 일', '대수롭지 않은' 느낌을 줄 수도 있다. 이 뜻깊은 국사를 한낱 '사사로운 허락' 정도로 애써 평가 절하할 필요는 없다.

그러므로 **'국왕의 윤허를 받았다.'**로 써야 한다.

4) 위 ④ 의 '스크랜턴 대부인(Mary F. Scranton)'은 '스크랜턴의 어머니'를 가리키는 말이다. 틀린 말은 아니나 '대부인'보다는 **'스크랜턴의 어머니'**, 또는 그의 이름 그대로 **'메리 스크랜턴'**으로 쓰는 것이 좋겠다. 요즈음은 사극을 빼놓고서는 '대부인' 호칭은 낯선 표현이다. '어머니'는 이미 이덕주 교수도 썼다.[24] 개역개정판 성경에서 모친 마리아(마 2:11)를 '어머니 마리아'로, '부친 세배대'를 '아버지 세배대'(마 4:21)로 고쳤다.

5) 위 ⑤ '아펜젤러 부부가 제일 먼저 1885년 4월 5일 부활주일에 스크랜턴이 5월 3일에 내한하였다.'라는 문장은 보완이 필요하다.

그러므로 **'아펜젤러 부부가 제일 먼저 1885년 4월 5일 부활주일 오후에 제물포에 첫발을 내디뎠다. 그러나 서울에는 스크랜턴이 5월 3일에 아펜젤러는 7월 29일에 각각 들어왔다.'**로 써야 한다.

---

24) 이덕주·서영석·김흥수, 앞의 책, 63.

(1) 민영익과 가우처의 만남

　미국과의 조약은 우호, 통상을 내용으로 하는 정치적인 사건이지만 단순히 그것만을 뜻하지는 않았다. 선교 관계를 수립하는 계기도 된 것이다. 조선 정부는 협상 조문에 금교 사항을 넣고자 했으나 그런 문구는 한 군데도 없다.[25] 한미수호조약을 맺은 뒤 미국은 조선에 공사관을 개설하고 1883년 5월 19일 공사 푸트(Foote)를 부임시켰다. 신분은 특명전권공사였다. 영사나 총영사보다 높은 지위이다. 조선을 끝까지 '속방'으로 묶어두려는 청나라를 견제하고 미국이 조선을 독립국으로 인정한다는 사실을 과시하는 신분이었다. 조선은 상설공사관 대신 보빙사절단(報聘使節團)을 미국으로 파견했다. 보빙사는 답례로써 상대방을 방문하는 사신을 말한다. 보빙사 파견은 자주독립국이 꿈이었던 고종의 반청 자주 정책으로 볼 수 있다.[26]

　고종은 미국 정부가 조선에 청, 일과 같은 급의 특명전권공사를 파견함으로써 조선을 독립국으로 인정해 준 사실에 고무되어 "기뻐서 춤을 추었을" 정도였다고 했다.[27] 그의 정책이 일관되지는 않았지만 중국의 속박으로부터 벗어나려는 의지는 분명했다.

　보빙사에 내려진 특명은 미국 대통령에게 감사 인사를 전하는 것과 미국의 각종 문물을 파악하는 것이었다. 24세의 단상 민영익(1860~1914)[28]을 비롯 홍영식, 서광범, 유길준 등 젊은 관료 11명은 1883년 7월 15일 제물포를 떠나 9월 2일 샌프란시스코항에 도착했다. 그들은 비단, 무명으로 만든 흰 두루마기에 갓 쓰고 상투를 틀

---
25) 민경배, 『한국기독교회사』(개정판), 대한기독교출판사, 1982, 127.
26) 손정숙, "한국최초 미국외교사절 보빙사의 견문과 영향." 「한국사상사학」 제29호, 2007, 255.
27) 한철호, "개화기 관료지식인의 미국인식." 「역사와 현실」 제58권, 2005, 36.
28) 고종비 민 왕후의 조카이며 당시 수구파 우두머리요. 민씨세도 정권의 중추이었다.

은 한국식 전통 정장을 했다.[29] 사절단의 단장과 부단장의 성격과 성향은 대조적이었다. 단장 민영익은 민씨 척족세력으로 수구파의 우두머리였고 부단장 홍영식은 김옥균, 박영효들과 같은 급진개화파였다. 민영익을 보빙사의 전권대사로 추천한 것은 김옥균으로 그는 젊은 민씨 척족세력의 실력자를 미국에 보내어 그 나라의 정치, 경제 등 선진 문물을 시찰하고 돌아오면 반드시 부패한 내정을 개혁하고 청의 정치적 기반으로부터 벗어나 자주독립을 실현할 수 있다고 판단했기 때문이었다.[30]

그러나 김옥균의 이같은 바람은 완전히 빗나갔다. 민영익은 돌아오는 길에 유럽을 거쳐 세계 일주를 하다시피 하여 미국, 서구 문명에 충격을 받은 것은 사실이지만 청을 벗어나지는 못했다.

보빙사 파견에 푸트 공사와 미국 측이 적극적으로 지원했다. 푸트는 캘리포니아의 상인들에게 한국 사절들에게 미국에 대한 좋은 인상을 심어주어 한미무역에서 캘리포니아 무역의 몫을 높일 것을 권고했다. '뉴욕 타임즈(New York Times)', '뉴욕 헤럴드(New York Herald)', '보스톤 포스트(Boston Post)'를 비롯한 각 지역의 언론사가 보빙사의 미국 방문을 크게 특필했고 방문 경로까지 상세히 소개했다.[31]

미국 선교부도 보빙사절단의 미국 방문계획을 사전에 알고 있었다. 보빙사들이 제물포를 출발하여 일본에 잠시 머물 때, 미국 성서공회 총무 루미스(Henry Loomis)를 만났다. 루미스는 미국 성서공회본부

---

29) 홍시중, 『상투틀고 미국에 가다』, 홍성사, 1983, 30~31.
30) 장규식, "개항후 미국 사행과 서구 수용의 추이"「중앙사론」24, 2006, 76. ; 閔庚培, 『알렌의 宣敎와 近代韓美外交』, 연세대학교출판부, 1992, 63.
31) 변종하, "1883년 한국사절단의 보스톤 방문과 한미 과학기술 교류의 발단."「한국과학사학회지」제4권, 1982, 6-8.

총무 길맨(E. W. Gilman)에게 다음과 같은 편지를 보냈다.[32]

어제 저는 미국으로 가는 한국의 부총리 민영익을 만났습니다. 그에게 미국 문명의 기독교적 측면을 보게 하는 것이 매우 중요합니다. 제 생각에 한국의 미래는 현재 외국에 나와 있는 자들의 영향력에 의해 크게 좌우된다고 봅니다.
그들은 토기장이의 손에 있는 진흙과 같으며 수백만 명의 운명이 그들의 결정에 달려있습니다. 사절단 대표는 왕비의 오빠라고 들었습니다. 그가 일정 기간 미국에 체류한다면 십중팔구 많은 미국 문명을 한국으로 가져갈 것입니다.

1883년 9월 2일, 500년 된 나라의 사절단이 독립한 지 이제 100년 넘은 나라, 아메리카에 도착했다. 그들은 세계적 미항, 샌프란시스코의 아름다움과 찬란함에 감탄했을 것이다. 기껏해야 청나라를 통해 앞선 문물과 만나고 쇄국정책을 고수하던 수구파들은 서양문명의 발전상을 보고 많은 깨달음을 가졌을 것이다. 일행은 샌프란시스코에서 대륙횡단 열차를 타고 시카고~워싱턴을 거쳐 9월 17일 뉴욕 5번가 호텔에 여장을 풀었다. 다음 날 호텔 대접견실에서 미국 대통령 아서(C.A. Arthur)를 만났다. 이때 화려한 비단 관복을 입은 일행이 대통령 앞에 엎드려 큰절을 올렸다고 해서 가십 거리가 되었다.[33] 이들은 대통령 앞에 옆으로 한 줄로 섰다. 아더 대통령이 만면에 웃음을 머금은 채 악수를 청하려는 순간, 일행은 민영익의 신호에 맞추어 엄숙하게 무릎을 꿇고 손을 이마에 댄 다음 이마가 바닥에 닿도록 엎드려 큰절을 올렸다. 미국에서는 신분이 평등하므로 모두가 악수로 인사했기 때문에 아더 대통령이 오히려 당황했을 일이다.
미국 언론들은 큰절을 올리는 모습을 삽화로 담아 대대적으로 보도

---
32) 옥성득 · 이만열 옮김. 『대한성서 공회사 자료집 제1권』, 44.
33) 「LESLIE'S ILLUSTEATED」, 1883년 9월 29일.

했다.³⁴⁾ 보빙사의 일원으로 함께 파견되고 후에 『서유견문』(1895)을 쓴 유길준이 "악마(devil)의 힘으로 불이 켜진다고 생각했던" 전깃불도 그때 처음 목격했다.³⁵⁾ 그해 말, 부사 홍영식을 포함한 1진이 먼저 돌아오고 민영익 일행은 이듬해 6월 2일에 왔다. 홍영식은 "나는 어지러울 정도로 눈부신 빛 속에 있었다."라 했고 민영익도 말했다.

나는 암흑세계에서 태어나 광명세계로 들어갔다.
그리고 이제 다시 암흑세계로 돌아왔다.

이보다 앞서 일행은 1883년 9월 12일 샌프란시스코에서 시카고로 가는 여정에서 볼티모어대학을 창설한 감리교 목사 가우처(John F. Goucher)와 만났다. 그는 사절단과 3일을 함께 여행하면서 한국의 실정을 자세히 파악할 수 있었다. 이 만남이야말로 신의(하나님의 뜻)에 의한 것이라고 할 수 있다.³⁶⁾ 해외 선교에 깊은 관심이 있는 가우처는 "성령의 지시에 따라 '이디오피아 내시 앞에 나타난 빌립'의 역할(행 8:26-39)"을 감당했다. 가우처는 미국감리회 해외 선교부 위원으로 본래 해외 선교, 특히 동양에 남다른 열정을 갖고 있었다. 이미 인도에 60여 개의 학교를 세웠고 중국과 일본의 감리교 선교의 창시자인 매클레이의 중국, 일본선교에 거액의 선교비를 지원했다.

그는 『하멜표류기』와 1882년에 출판된 그리피스 『조선 : 은둔의

---

34) 「뉴욕타임스」, 1883년 9월 18일. "조선 보빙사의 옷은 오페라 합창단에 등장하는 고위 성직자의 옷차림과 비슷하고 높고 검은 원추형 모자를 썼는데 마치 알프스산맥의 농부가 쓰는 모자와 흡사하다."고 썼다.
35) 1883년 10월 15일 「뉴욕타임스」,; 김원모, 『개화기 한미교섭 관계사』, 단국대출판부, 2003, 528. 재인용
36) 기이브(케이블), "감리교조선선교의 초기", 「신학세계」, 제19권 제4호, 1934, 47.

나라』 등을 통해 조선에 대한 약간의 지식도 갖고 있었다. 민영익은 가우처에게 조선의 상황과 기독교의 필요성을 자세히 설명했다. 가우처는 진지하게 들었다. 가우처는 조선이 이미 1년 전에 미국과 통상조약을 체결하여 문호가 열렸다는 사실을 비롯, 한국선교의 가능성을 확인했다. 그리고 한국선교의 필요성을 절감했다. 1883년 11월 6일 해외 선교 담당 파울러 감독(C.H.Fowler)에 "만일 은둔의 나라, 한국에 선교사업의 정책을 세울 수 있다면 한국에서의 선교는 영구히 확립될 것"이라며 한국선교를 위해 2,000불을 동봉한 편지를 보냈다. 나중에 3,000불을 더 보냈다. 그리고 한국선교를 강력하게 촉구했다.

같은 해 11월 27일 저녁 민영익은 귀국에 앞서 뉴욕의 빅토리아 호텔에서 그리피스(W.E. Griffis, 1843~1928)와 만났다. 그는 동경대학 동양학 교수로 한국에 대한 두 번째 작품, 『한국, 국내외』(Corea, Without and Within)를 준비하고 있을 때였다. 그는 한국선교에 지대한 공헌을 했다.[37] 그들은 한국에서의 기독교 문제를 놓고 오랜 시간 이야기를 나누었다. 민영익은 또 캐나다 선교사 게일과 만남에서도 이런 말을 서슴치 않았다.[38]

조선을 위해 기도해 주십시오. 다른 아무도 우리를 도울 수 없습니다. 하지만 하나님, 그분은 도와주실 수 있을 것입니다.

민영익이 기독교를 요청한 것이다. 진심에서 우러나오는 간청이었

---

37) Charles D. Stokes, 앞의 책, 56.
38) 민경배, 앞의 책, 152. 그때 청년 게일은 기차 안에서 갓 쓰고 상투 틀고 한복 정장을 한 조선 사람을 처음 보고서 큰 감동을 받았다. 5년 뒤, 그는 카나다 토론토 대학 YMCA 소속으로 우리나라에 왔다. 그리고 평생을 한국에서 선교사로 헌신했다.

다. 그는 개화파 아닌, 정반대의 수구파요, 그 우두머리요 사절단 전권대사 단장이었다.

(2) '한국의 마게도냐 사람' 이수정

미국 선교사가 우리나라에 들어오게 된 과정으로 이수정(1842~1886)의 일본에서 활약을 빼놓을 수 없다. 그는 1882년 9월 신사유람단 일행으로 일본에 갔다. 일본의 대표적 농학자이며 일본 최초의 감리교인 쓰다와 만나 교분을 가졌다. 그에게 근대적 농법 · 법률 · 우편제도 등을 배웠다. 그해 성탄절에 이수정은 쓰다의 안내로 기독교 예배에 처음 참석했다. 그리고 1883년 4월 29일에는 동경의 노월정교회에서 야스가와 목사의 집례로 세례를 받았다. 일본에서 세례를 받은 이수정은 최초의 한국사람 개신교 신자가 된 것이다. 그는 미국교회에 호소했다.

한국에도 선교사를 보내 달라.

그는 서한을 미국교회에 보냈고 미국에서 발간되는 각종 선교잡지에 기고했다. 그는 유학생들과 함께 일본에서 한국인 신앙 공동체를 이루고 일본인 선교사의 한국 파견을 막고 그 대신 구미계 선교사의 한국 파견을 강력히 호소한 것이다.[39] 이런 이수정의 호소는 미국 각 교단의 해외 선교부와 선교를 지망하는 젊은이들에게 한국선교 열을 높여 주었다. 그리고 많은 성도들이 선교헌금에 동참하는 계기가 되었다. 그는 '한국의 마게도냐 사람'(Macedonian of Korea)이란 칭

---

39) 이만열, 『한국기독교와 민족』 - 한국기독교사연구논고 - 지식산업사, 1991, 383.

호를 받았다.[40] 그뿐 아니라 1884년 7월 선교사 매클레이를 김옥균에게 소개하여 친교를 가지게 했고 1885년 3월에는 일본에 도착한 선교사 아펜젤러와 언더우드에게 간단한 한국말을 가르치기도 했다. 그는 한국기독교 수용에 다리 역할을 충실하게 감당했다.

북장로교 해외선교부 총무 엘린우드(F. F. Ellinwood) 또한 한국선교는 지금이 시작할 때라는 확신을 갖고 있었다. 그는 기회 있을 때마다 선교지에서 한국선교를 호소했다. 많은 후원금이 들어오면서 그는 구체적으로 한국선교 후보생을 물색했다. 1884년 4월, 의사 헤론(John W. Heron)을 북장로교 파송 한국선교 후보생으로, 언더우드 목사를 선교사로 임명했다. 또한 1884년 9월 20일 중국 남경에 있던 의사 알렌(Horace N. Allen)을 한국으로 전임시켰다. 그는 한국에 들어온 최초의 개신교 의료선교사가 되었다. 알렌이 사역을 시작한 지 두 달만인 1884년 12월 4일 갑신정변[41]이 일어났다. 민영익이 얼굴과 목, 일곱 군데에 칼침을 맞고 쓰러졌다. 곁에 있던 고종의 고문관 묄렌도르프[42]가 그를 부축해서 자기 집으로 데려왔다. 민영익은 생명이 위독했다. 이때 묄렌도르프는 고종에게 알렌을 추천했다. 그의 부상은 한의학으로 치료할 수 있는 정도가 아니고 수술을

---

40) 이덕주 · 서영석 · 김흥수, 『한국감리교회역사』, 도서출판kmc, 2017, 16.
41) 우정국이 개국되어 홍영식이 수뇌로 취임하던 날 저녁에 김옥균 · 박영효 등, 개화파들이 친왕 쿠테타를 일으켰다. 민영목 · 조영하 · 민태호(민영익의 아버지)를 죽이고 민영익은 칼침을 맞았다. 3일 만에 끝났다고 해서 '3일 천하'라고도 한다.
김옥균 · 박영효 · 서광범 · 서재필 등 주동자는 일본으로 도망했고 피신하지 못한 홍영식 · 박영교 등은 죽임을 당했다. 개화파에 가깝다는 이유로 윤응렬 등 에게는 유배형이 내려졌고 윤치호는 상해로 망명했다.
42) Paul George von Möllendorff, 독일 사람으로 청의 이홍장의 추천으로 들어와서 임오군란 직후부터 갑신정변을 거치는 3년을 일했다. 그는 1882년 조선의 인구를 1,000만 정도로 추산, 800개의 초등학교, 24개의 중학교, 서울에 자연과학, 어학 및 공업을 위한 전문학교가 필요하다고 생각하고 있었다. Horace N. Allen(김원모 역), 『알렌의 일기』, 檀國大學校 出版部, 1991, 30.

해야 했다. 스물일곱 군데를 꿰매는 큰 수술로 민영익을 살려냈다. 이로써 알렌에 대한 왕실의 총애가 두터워졌다. 왕은 알렌이 '선교사임을 알면서도' 왕실부의 시의관으로 임명했을 뿐 아니라 갑신정변 때 피살된 홍영식의 재동집을 병원으로 하사했다. 선교사들의 활동을 사실상 인정한 셈이다. 이로써 미국 문명과 의술 등 미국인들에 대한 기대감이 높아졌고 서양인에 대한 적개심은 존경심으로, 배타심은 친밀감을 넘어 의존감으로 바뀌었다.[43] 고종은 1885년 4월 10일 재동(지금의 헌법재판소 자리)에 서양식 근대 의료 기관인 광혜원의 설립을 윤허했고 같은 해 4월 26일 제중원으로 이름을 바꿨다. 규모는 작지만 종합병원의 형태를 갖추게 된 것이다.

(3) 윤치호, 박영효의 요청

미남감리회의 한국선교는 윤치호(1865~1945)로부터 시작되었다. 그는 망명 중, 중국 상해에서 1887년 4월 3일 미남감리회 본넬(W.B. Bonnell) 선교사에게 세례를 받고 최초의 남감리교인이 되었다. 그해 10월 미국 유학길에 올라 벤더빌드대학(신학)과 에모리대학(영문학)에서 공부했다. 그는 1893년 남감리회 감독이 된 에모리 대학교 총장 캔들러(W.R.Candler)에게 선교기금 200달러를 맡기며 한국선교를 요청했다. 청·일전쟁이 끝나고 1895년 2월 13일 귀국한 그는 캔들러 총장을 비롯, 미국의 각계에 한국선교를 다시금 호소했다. 마침내 1895년 10월 11일 중국에 있던 헨드릭스(E. R. Hendrix) 감독과 리드(C. F. Reid) 선교사가 제물포에 도착했다. 헨드릭스 감독은 한국선교 동기를 이렇게 밝혔다.[44] "우리 남감리교인

---

43) 이덕주·서영석·김흥수, 앞의 책, 69.
44) 송길섭 외, 『한국감리교회 성장백년사』(Ⅰ), 기독교대한감리회 본부교육국, 1987. 80.

윤치호의 간곡한 요청이 있어 한국에 관심을 갖게 되었다. 그가 기부한 200달러가 한국선교 기금이 되었으며…" 또한 헨드릭스 감독은 미국 대리공사 알렌의 주선으로 고종을 알현했다. 그리고 그 자리에서 고종이 요청한다.[45]

한국에 온 것을 대단히 환영한다. 한국에 교사들을 보내 달라.

박영효(1861~1939) 또한 갑신정변 이후 망명하여 일본에 있을 때 한국을 향해 부임 도중에 있는 스크랜턴에게 요청했다.[46]

우리의 재래 종교는 지금 기운이 진했습니다. 한국민이 기독교로 돌아오게 할 수 있는 길은 지금 환히 열려 있습니다. 우리가 합헌적인 개혁을 하기 전에 반드시 교육과 기독교화를 서둘러야 합니다.

이보다 나중의 일이지만 제물포와 강화지역 선교를 담당했던 스크랜턴이 1893년 본국 선교부에 보낸 보고에서 다음과 같은 전망을 했다.[47] "제물포와 이웃에 있는 섬인 강화에는 7만 명의 주민이 있는데 우리에게 들어오라고 충동하고 있습니다.…" 이런 예는 여러 곳에서 보인다.

이같은 애씀, 호소 그리고 '한국의 마세노냐 사람', 이수정의 간곡한 요청은 하나도 헛되지 않았다. 기독교의 한국 수용은 확실히 우리 편에서 절실했고 급박했다. 그만큼 우리 민족을 둘러싼 나라 안팎의 환경은 새 정신, 새 능력, 새 인간을 요구하고 있었다.[48] 그러므로 기

---

45) 이덕주·서영석·김흥수, 앞의 책, 72.
46) 『韓國史 20, 近代』, 國史編纂委員會, 1975, 263.
47) 박인환, 『오상교회 90년사』, 기독교대한감리회 오상교회, 1995, 196~197.
48) 『韓國史 20, 近代』, 國史編纂委員會, 1975, 263.

독교의 한국수용은 확실히 한국 편에서 더 열렬했고 요청을 넘어 적극 수용 쪽이었다.

4) 한국선교의 빗장을 푼 매클레이

가우처는 선교본부로부터 한국선교는 아직은 시기상조라는 회신을 받았다. 그렇지만 그는 물러서지 않았다. 이듬해(1884) 1월 31일, 그는 일본 주재 미감리교 선교사 매클레이(R.S. Maclay, 1824~1907)[49]에게 한국을 방문하여 "그 땅을 정탐하고 선교지를 정하자"는 제안을 했다.[50]

당신은 한국을 여행하여 그 나라를 답사하고 선교부를 설치할 만한 시간을 낼 수 있겠습니까? 그럴 수만 있다면 우리는 이교도 땅에 최초의 개신교 교회를 세우는 사람이 될 것입니다. 당신이 그 영예스러운 일을 맡는다는 것은 아주 적절한 것이며 당신이 그 사역을 개시할 수 있다면 그것은 이미 당신이 교회에서 지금껏 해온 봉사에 걸맞는 보탬이 될 것입니다.

매클레이는 이 제안을 '하나님의 소명'으로 받아들였다. 그는 고종에게 제출할 선교제안서(청원서)를 지니고 1884년 6월 9일 아내와 함께 요코하마를 출발했다. 나가사키를 거쳐 6월 20일 부산에 도

---

49) 그는 1846년 미감리교연회에서 목사안수를 받고 1847.8.30. 중국 선교사로 25년 동안 중국선교를 개척했다. 그 뒤 1873년부터 15년을 초대 일본선교관리자로 전임되어 일본선교의 토대를 쌓았고 1884년 한국선교의 물꼬를 텄다.
일본에서 조선의 유학생, 망명객들과 사귀기에 바빴고 이수정에게 영향을 끼쳤으며 김옥균과 친분을 두터이 했다. 그 뒤 본국으로 돌아가서 동생과 함께 매클레이 신학교(클레어몬트 신학대학원의 전신)를 설립, 학장으로 사역했다. 1908.8.18. 81세를 일기로 세상을 떠났다.
50) R.S.Maclay, "Korea's Permit to Christianiry", The Missionary Review of the World Vol.9, No.8, 1895, 287. ; 유동식, 『한국감리교의 역사』 1884~1992, 기독교대한감리회, 1994, 35~36.

착했다. 6월 22일 부산을 출발, 6월 24일 아침 제물포에 내렸다. 곧바로 서울로 향하여 오후 6시경 푸트(L.H. Foote) 공사의 환영을 받으며 서울에 안착했다.[51] 그는 개신교회가 공식으로 파송하여 한국을 방문한 최초의 선교사가 되었다. 6월 29일 서울에서 첫 주일예배를 드렸다. 한국에서의 최초 개신교 공식 예배이다.[52]

매클레이는 다음날(1884.6.30.) 김옥균을 찾았다. 매클레이 내외는 김옥균이 일본을 방문할 때마다 정성껏 맞았고 친분을 쌓아 두었었다. 당시 김옥균은 개화당의 거물이며 외위문 승지로 왕의 신임을 받고 있었다. 매클레이 부부가 서울에 들어올 당시(1884.6.24.) 국내 분위기는 갑신정변 5개월 전으로 기독교를 반대하는 수구당과 개화당과의 갈등이 심각했다. 매클레이는 정부 접근이 쉽지 않았지만 김옥균을 통하여 선교 청원의 글을 국왕에게 올렸다.[53] 매클레이는 7월 3일 다시 김옥균을 방문했다.

1884년 7월 3일 주권국가의 나라님, 고종(1852~1919)이 기독교를 '윤허'한 아주 특이한 사건이 발생했다. "병원 선교와 교육을 허용한다"는 명을 내린 것이다.('朕許美國人設病院及學校事')[54] 국왕의 선교 윤허가 떨어진 것이다. 청원 3일 만이다. 그 자리에는 초대 주한 미국공사 푸트와 통역관 윤치호도 함께했고 그들도 적극적으로 노왔다. 윤치호는 그날을 일기에 이렇게 적었다.[55]

주상께서 미국 상선의 내해 항해와 미국인들의 병원과 미국인들의 학교를 설

---

51) 이덕주 · 서영석 · 김흥수, 앞의 책, 18~19.
52) 양주삼, 「감리회보」, 1934.6.10 발행(제2권 6호), 15. 7월 6일, 주일에는 2차 예배를 드렸다.
53) 白樂濬, 『韓國改新敎史』, 연세대학교 출판부, 1973, 217~218.
54) R.S. Macly, 앞의 책, 278~289. ; Charles D. Stokes(장시철 · 김흥수 옮김), 앞의 책, 57쪽. 재인용.
55) "朕許美商航內海事 及許美國人設病院及學校事 及許設電信事", 『윤치호일기』 1권, 국사편찬위원회, 1973, 81.

립하는 일, 전신설치의 일을 허락하시다.

매클레이의 고백이다.[56]

김옥균은 매우 정중하게 맞아 주었으며 이어서 국왕이 지난밤에 나의 편지를 신중하게 검토하고 나의 요구와 일치되게 우리 선교부로 하여금 한국에서 병원과 학교사업을 시작할 수 있도록 재가했다고 전해 주었다.…
호의적인 반응이 매우 빠르고 훌륭했으므로 나는 그 허락이 마치 하나님께로부터 온 것이라고 새겨보지 않을 수 없었다. 나는 김옥균에게 나를 위해 이룩해 준 그의 훌륭한 업무수행에 충심으로 감사를 드린 후에 복잡한 거리로 나와 거닐면서 자신에게 '나는 허락을 얻었다'고 몇 번이나 되풀이 했다.

이는 우리 민족에게 영원히 잊지 못할 기념비적 사건이다.[57] 매클레이는 7월 8일 큰 기쁨을 안고 일본으로 돌아갔다. 지체없이 가우처 박사와 감리교회 선교부의 파울러 감독에게 보고했다.[58] 이수정에게 부탁하여 감리교 교리문답 교본을 한글로 번역하여 아펜젤러가 일본에 도착할 무렵 1천 부를 발간해 놓도록 일을 진행시켰다. 8월에 열린 일본감리회 연회에서 한국선교를 확정하고 "조선 선교는 우리의 책임이며 이를 위해 교사 1명과 의사 1명을 파견해 줄 것을 희망한다."고 해외선교부에 보고했다.

매클레이가 선교 윤허를 받았다는 소식은 곧바로 미국교회에 알려졌다. 미국 내에는 만주와 일본에서 성경이 번역된 일, 이수정의 호

---

56) R.S.Maclay, "Korea Permit to Christianity", The Missionary Review of the world, Vol.9, 1896, 287~290. ; 윤춘병, 『한국감리교 교회성장사』, 1997. 46.
57) 윤춘병, "한국선교의 문을 연 매클레이 박사의 생애와 사업", 『기독교세계』, 제669호, 1983. 6. 민경배 교수는 단순히 고종의 '사사로운 허락'으로 보고 있다.(민경배, 앞의 책, 131.)
58) G.H. Jones, 『The Korea Mission of M. E. Church』, 22.

소, 아서 대통령이 민영익 사절단을 영접한 사실들이 신문을 통하여 이미 알려져 있었다.

고종의 윤허 소식은 한국선교에 불을 당겼다. 미감리교 선교부는 한국선교를 호소하는 글들을 감리교 선교지「The Gospel in All Lands」에 실었다.「Christian Advocate」와「Gospel in All Lands」는 한국인의 생활과 관습을 다루고 선교의 시기가 무르익었음을 설명하는 논문과 사설을 실었다.[59] 선교헌금이 줄을 이었다. 상황이 급진전 된 것이다. 국왕의 윤허를 받은 이상 한국선교를 더 미룰 까닭이 없었다.

매클레이가 한국선교의 물꼬를 텄고 모판을 마련한 것이다. 이로써 매클레이는 '조선 선교의 양아버지'[60]로 존중받는다.

그는 이미 1853년「Church and Asia」에 기고하면서, 아시아선교의 중요성을 말하며 구체적으로 한국을 언급했다. 그 뒤 1867년, 매클레이는 제너럴셔먼호사건 처리를 위해 강화에 출정했던 슈펠트 제독을 홍콩에서 만나 한국 상황을 전해 들었다. 1871년 신미양요 직후에는 한국선교를 촉구하는 글을 미감리회 기관지「The Christian Advocate」에 올렸다. 1873년 선교지를 일본으로 옮긴 뒤에도 미국 군함과 부역선 승무원들로부터 한국 소식을 자주 들었다. 특히 친분이 있는 슈펠트가 1882년 3월 인천에서 한미수호조약을 맺자 확신을 가졌다.

한국선교를 시작할 때가 되었다.

---

59) Charles D. Stokes, 앞의 책, 56.
60) Annual Report of the Methodist Episcopal Church, 1885, 235. ; H.A.Rhodes, K.M.F.-The First Korean Embassy United States of America-Arpril, 1935, 84.

매클레이 부인은 1882년 8월 김옥균의 부탁을 받고 그가 서울에서 데려온 유학생들에게 영어를 가르쳤다.

매클레이의 서울 방문(1884.6.)을 앞뒤로 주한 미국공사 푸트는 미국무성으로부터 자국민 보호와 신앙 자유에 어려움을 당하지 않도록 영향력을 발휘하라는 지시를 여러 차례 받았다. 국무장관 프레링 휘센(Freling Huysen)은 미국 시민들이 조선에서 자유롭게 종교를 믿고 모든 선교사들이 "친절하게" 대접받도록 한국정부에 영향력을 발휘하라는 지시였다. 푸트는 매클레이에게 여러 편의를 제공했으며 고종에게 찾아가 자국민의 종교 자유와 보호를 위해 노력했다. 매클레이가 받은 윤허는 선교사 관점으로 보면 교파의 구분이 분명하여 감리교 선교로 볼 수 있다.[61]

그동안 미국의 한국선교에 대한 인식은 부정적이었다. 대원군 시절, 한국은 악명 높은 기독교 거부국으로 수많은 순교자를 내었기 때문이다. 이런 천주교회의 수난과 순교를 익히 알고있던 당시 선교사들의 가장 큰 관심은 한국 정부가 과연 기독교 선교를 승인할 것인가 하는 것이었다. 그러나 이제는 아니다. 미국감리교와 장로교는 "오늘이야말로 한국선교의 황금의 때이다."라는 부푼 기대를 가졌다.

그리고 젊고 유능한 선교사들을 서둘러 선발하고 파송하기 시작했다. 미국감리교의 창설이 1784년, 100주년인 1884년에 한국감리교 선교의 문빗장을 풀어낸 것이다. 당장은 교육, 의료에 국한되었지만 선교사들의 입국이 허락된 것만으로도 큰 의미가 있는 것이다.

---

61) 소요한, 위의 논문, 180.

5) 나라님 고종의 결단

　근대 한국의 뿌리는 1897년에 수립한 '대한제국'이다. 나라님 고종의 강렬한 신념은 자주독립국을 건설하고 근대국가로 탈바꿈하는 것이었다. 고종은 1897년 10월 12일 환구단(원구단)에서 천지에 제사를 올리고 황제 즉위식을 가졌다. "국호를 대한이라 하고 임금을 황제"로 칭했다. 대외적으로 중국과의 주종관계를 털어버리고 열강의 간섭으로부터 벗어난 독립국임을 선포하고 대내적으로 자존·자긍 의식을 일으키는 용단이었다. 나라 이름은 우리 민족을 가리키는 고유 이름 '한'에다 '대'자를 부쳐 나라의 큰 통합을 이루고 황제가 다스리니 '대한제국'이라고 한 것이다. '한'은 종교적, 정치적 의미가 복합적으로 어우러져 고대로부터 내려온 순수한 우리말로 '하나', '하늘', '크다'의 뜻이다. '전체를 통합', '아우름'을 일컫는다. 앞의 왕들이 중국의 제후국을 자처하던 것과는 완전히 달랐다.

　이성계가 고려를 무너뜨리고 명 태조 주원장에게 허락받은 나라 이름이 '조선'이다. 그때 주원장은 '기자조선'을 염두에 두었던 것이다. 기자조선이란, 중국 '은'나라의 기자가 단군조선을 이었다는 '설'로 현재 학계에서는 부정되고 있다. 이는 숭화사상에 입각하여 중국이 고조선까지도 그들의 역사로 포함 시키려는 의도가 담겨 있는 것이며 당시 성리학을 지배 이념으로 삼았던 조선왕조가 오히려 명예스러운 일로 여겨 수용했다고 보기 때문이다.[62] 그러므로 '조선'은 황제국의 이름으로는 전혀 맞지 않았다. 오히려 부끄러울 뿐이

---

62) 강영수 엮음, 『재미있는 한국사여행』, 예문당, 1994, 16.

다.[63]

고종은 서구 문명을 받아들이는 개방정책이 조선을 살리는 길임을 깨달았다. 1880년 12월 개방정책 기구인 통리기무아문을 설치한 것도 그 때문이었다. 국가의 새로운 모델을 찾기 위해 중국에 영선사를, 일본에 신사유람단을, 미국에는 보빙사절단을 파견했다. 1883년 7월, 미국에 파견된 보빙사절단은 조선의 급선무가 인재양성임을 절감했다. 부단장 홍영식은 서둘러 귀국하고 1883년 11월 22일 고종을 알현했다. 그리고 조선의 미래를 위해 서구 문명 도입과 특히 미국의 교육제도를 본받아 인재양성을 해야 함을 강하게 역설했다.[64]

上 曰(고종) : 그 나라를 처음 가보았는데 마땅히 그 장점을 취할 바 있겠나
英植 曰(홍영식) : 신 등이 그곳에 도착한 이래 언어가 불통하고 문자가 같지 아니하여 이목으로 보고 들어서 파악할 수는 있어도 도무지 잘 이해하지 못했습니다. 그러나 기기의 제조 및 배·차·우편·전보 등은 어느 나라를 막론하고 급선무가 아닐 수 없습니다.
특히 우리가 가장 중요시 할 것은 교육에 관한 일인데 만약 미국의 교육방법을 본받아 인재를 양성해서 백방으로 대응한다면 아마도 어려움이 없을 것이므로 반드시 미국교육제도의 법을 본받아야 합니다.

고종은 보빙사의 건의를 흔쾌히 받아드렸다. 근대문명 보급을 위한 우리나라 최초의 관립근대학교를 세우기로 했다. 육영공원이다. 육영공원은 1884년 개교할 예정이었으나 갑신정변이 일어나 1886년 9월 23일에야 문을 열었다. 교수는 모두 미국에서 초빙했고 1894

---

63) 그러나 고종은 1864년 1월 21일(음력 1863.12.13.) 등극하고 그해 10월 9일 청 황제로부터 국왕에 정식으로 책봉되었다. '승정원일기'(1864년 음 9월 9일)에 "(고종은) 특별히 황제 허락을 받아 고칙(誥勅:번국의 왕을 봉하는 황명)을 반포하게 되었나이다. 황은이 하늘같이(皇恩如天) 보답할 방도를 모르겠나이다." 했던 것이다.
64) 홍영식(김원모 역), "見美使節 洪英植復命問答記", 『史學志』 15, 1981, 216.

년까지 헐버트(H.B. Hulbert) · 길모어(G.W. Gilmore) · 번커(D.A. Bunker)가 가르쳤다. 이 학교는 양반 고관 자제들을 수용하여 근대교육으로 인재를 키웠다. 1894년 정부의 재정난으로 학교는 폐교되고 대신 영어학교를 신설해 영어 교육만을 담당하는 기관이 되었다.

인재양성만이 조국의 미래를 위한 길임을 확신한 고종은 빠른 시일 내에 근대문명을 도입하고 강한 근대국가를 만들어야 한다는 절박감으로 매클레이의 제안서를 검토했다. 그리고 "미국인들에게 병원과 학교설립사업을 윤허"한 것이다. 1884년 7월 3일이다. 이렇게 고종이 윤허한 병원과 학교설립을 통해 선교의 길이 열렸다.

한국 선교는 시작되었고 한국감리교회가 그 시발점이다.

기독교는 천주교와는 달리 지하교회를 조직하지 않고 공개적인 선교를 할 수 있는 법적 근거가 마련된 것이다. 이것이 개신교가 빠른 성장할 수 있는 지름길이 되었다. 다른 나라의 경우, 복음의 전래는 거의 제국주의 침략으로 강제적으로 이루어졌다. 그러나 한국만은 달랐다. 독특했다. 나라님의 주권적 결단에서였다. 세계 선교 역사상 유례가 없는 일이다. 곧 부국강병을 열망하며 자주, 자강을 꿈꾸는 고종의 용단과 미국기독교의 준비, 그리고 자빌직으로 복음을 수용하였던 한국 사람의 열정이 하나 되어 일어난 쾌거였다. 이런 역사적 사실이 오늘의 대한민국을 일궈낸 것이다. 그러므로 한국기독교 시발의 세 주인공은, 미 감리교 매클레이 선교사, 나라님 고종, 그리고 한국 사람 스스로라고 말할 수 있다.

2. 선교사보다 먼저 들어온 기독교

1) 한국선교를 위한 시도

　개신교가 우리나라에 들어오려는 노력은 적어도 50여년 이상 걸쳐 시도되었다. 맨 처음은 1832년 화란 선교회 소속 독일 목사 구츨라프(karl A.F. Gutzlaff)로 중국선교의 아버지로 알려진 선교사 모리슨(Robert Morison)의 친구다. 그는 통상을 요구하러 온 영국 동인도소속 배를 타고 우리나라 서해안 고대도에 상륙했다. 한 달을 머물면서 성경을 비롯, 감자 등을 나눠주며 전도했다. 그는 통역관 겸 의사였지만 목적은 선교였다. 순조 31년(1831년) 12월에 공충 감사 홍희근의 장계에 "6월 25일, 어느 나라 배인지 이상한 모양의 돛이 세 개 달린 '삼범죽선' 한 척이 고대도(충남 보령시 오천면 고대도)에… 총 67명이었는데… 6품 거인은 隨生甲利…"[1]라고 썼다. 그가

---

1) 이능화(국기독교사료연구소 역주), 『이능화 조선기독교와 외교사 귀출라프의 내한 이후부터』, 2010. 16. 27~29.

구츨라프다. 그는 그의 항해기에 조선 서해안 항해사실을 기록으로 남겼다.[2]

조선 사람들은 매우 비종교적인 성품을 가진 것 같다. 더구나 이들은 생사에 대해서 위로를 줄 구속의 교리에 접할 생각은 전혀 하지 않고 있다.… 그러나 한 가지 확실한 것이 있다. 그것은 이들에게 기독교가 전혀 근접할 수 없는 것은 아니라는 진리이다.

그의 다음과 같은 기록도 있다.[3] "1832년 7월 17일 거센 바람에 밀려가다 보니 조선이 나타났다. 자비하신 하나님께서 중국 해안을 거닐 때 수많은 위험에서 우리를 지켜 주셨으니, 오, 참으로 감사함이여… 그곳은 중국에서 조선이라고 하는 고려라는 별칭도 있는데 만주에서 삼림지대로 분리되어 있다.… 우리가 본 이 나라의 지방은 대단히 비옥하고 또 물도 풍족하였으나 주민들은 얼마 없었고 개발도 안 되었다.… 이 왕국은 자체적으로 독립하여 통치할 능력이 충분히 있었으나 1년에 4번 조공을 중국에 바쳐 복종하여왔다."

그는 1832년 8월 7일 순조 왕에게 성경 두 권을 보낸 사실도 알려졌다.[4] 그러나 8월 7일 그의 일기에는 국왕에게 바쳤던 편지가 되돌아왔다.[5]고 했다.

다음으로는 병인년(1866)에 런던선교회 소속으로 조선에 왔다가 9월 5일 목숨을 잃은 우리나라에서의 최초의 개신교 순교자 토마스(R.J. Thomas, 1839~1866)선교사이다. 영국에서 회중교회 목사

---

2) 민경배, 『한국기독교회사』 (개정판), 대한기독교출판사, 1982, 101.
3) 이진호, 『동양을 섬긴 귀츨라프』, 도서출판 에이멘, 1989, 46~47.
4) 김진환, 『한국교회 부흥운동사』, 크리스챤비전사, 1976, 63.
5) 그때 선물 내역은 넓은 천, 여러 색깔로 된 고급 천 4필과 낙타 모직물 14필, 망원경 2, 유리그릇과 꽃병 6개 등에 사자 무늬 단추 12 타스, 여러 가지 책과 성경전서 2질, 지리, 천문학, 과학책인데 중국 사람들에게 배포하려고 가지고 왔던 것들이다.

2. 선교사보다 먼저 들어온 기독교 63

의 아들로 태어났다. 선교사의 꿈을 키우던 그는 1863년 런던선교회의 파송을 받아 상해로 갔다. 상해에서 사역 중 아내를 잃었다. 고통을 견디다 못한 그는 선교사를 사직하고 중국 해상세관에 통역으로 취직했다. 그는 "나의 이 지위를 정신적으로는 나의 선교사직으로 생각한다."[6]며 일에만 전념했다. 그러던 중 우연히 북경에서 조선 천주교인들의 수난 소식을 듣게 되었다. 그의 마음이 다시 뜨거워졌다. 스코틀랜드 성서공회의 윌리암슨(A. Williamson)의 주선으로 그는 1865년 9월 3일 지푸를 떠나 황해도 옹진 부근 자라리에서 약 2개월 넘게 전도하다가 돌아갔다.[7]

그때 그는 언젠가 다시 조선에 들어올 날을 소망했는데 마침내 때가 왔다. 제너럴셔먼호의 통역의 기회가 온 것이다. 토마스는 윌리암슨의 도움으로 스코틀란드 성서공회의 파견원 자격을 얻었고 셔먼호에 탑승하여 황해도로 향했다.[8]

나는 상당한 분량의 책들과 성서를 가지고 떠납니다. 조선 사람들한테 환영받을 생각을 하니 얼굴이 달아올라 희망에 부풉니다.…
(런던선교회) 이사들이 이 성서의 교리를 전하기 위해, 아무 일 간의 과오와 혼합되지 아니한 심정으로 미지의 나라로 떠나는 나의 노력을 언젠가는 반드시 시인해 주리라 믿으면서 나는 갑니다.

셔먼호는 미국인 소유로 목적은 무역이었다. 1866년 6월 18일, 배는 중국 천진을 출발, 황해를 거쳐 7월 7일 대동강 하류 황해도 황주목에 도착했다. 황주 목사(牧使) 정대식이 문정(問情)하자 토마스는

---

6) Thomas' Letter to Dr. Tidman, 1865sus 1월 31일자, Livingstone House Library(L.H.L.), Central China Letters. 書類番號 B. 2. 3. ; 민경배, 앞의 책, 141. 재인용.
7) 이성삼, 『한국감리교회사』, 기독교대한감리회 교육국, 1975, 17~18.
8) Thomas' Letter, 1866, 8월 1일자, Records, C.5. 1. ; 민경배, 앞의 책, 143.

"우리 배는 조선의 종이, 쌀, 금, 인삼 등의 산물과 우리가 싣고 온 양포와 그릇과 교역하기를 원하며 조선을 침해할 뜻이 전혀 없고 물물교환이 끝나면 곧 돌아갈 것이지만 만일 그렇지 못할 경우에는 다시 왕경으로 가서 교역을 하겠다."[9]고 했다. 황주 목사는 "(그것은) 국법으로 금지하고 있으니 더 이상 전진할 수 없다"고 했다. 셔먼호는 이를 무시하고 마침 장맛비로 불어난 강물을 타고 평양 만경대까지 올라왔다. 이에 군중들이 항의하자 셔먼호는 뱃머리를 돌려 내려와 양각도 서변에 이르렀다.

그들은 대동강 수위가 항상 높은 줄 알고 올라왔으나 비가 그치자 수위가 줄어들어 배는 모래톱에 걸렸고 운항이 불가능하게 되었다.[10] 셔먼호 승조원들은 초조함을 이기지 못하고 중군[11] 이현익을 납치하는 등 난폭 행위를 했다. 그때 셔먼호는 무역선에 어울리지 않게 무장을 하고 있었고 토마스도 소총과 환도를 소지하고 있었다.[12]

결국 평양 군·민과 충돌이 벌어졌다. 1866년 7월 24일 평양감사 박규수의 화공으로 배는 불 타 버렸다. 강 언덕으로 끌려 나온 토마스는 자기의 목을 치는 병사와 주민들에게 성경을 건네주며 전도했다. 이때 토마스는 백기를 들고 구명을 요청했으나 조선군은 토마스 이하 승무원 모두를 살해했다.[13] 나이 27세였다.

그러나 첫 순교자 토마스가 흘린 피는 결코 헛되지 않았다. 불타버린 셔먼호의 행방을 찾던 미국은 그 사건이 조선에서 있었다는 사실을 알게 되었다. 미국은 셔먼호사건의 문제와 조선을 개화시키겠다

---

9) 『日省錄』, 高宗 3年 7月 15, 18日條.
10) 김호일, 『한국개항전후사』, ㈜ 한국방송사업단, 1982, 52.
11) 중군(中軍) : 조선시대에, 각 군영에서 대장이나 절도사, 통제사 등의 밑에서 군대를 지휘하던 장수.
12) 민경배, 『한국기독교회사』 (개정판), 대한기독교 출판사, 1982, 104.
13) 『承政院日記』, 高宗 3年 7月 25, 27日條.

는 결심으로 조선 침입을 감행했다. 1867년 1월 군함 워츠세프호, 5월 세난도호가 조선 해안에 나타났고 그때, 조선과는 관헌들과 문정한 사실이 있었다. 그 뒤 1871년 5월 22일 로저스(J. Rogers) 제독은 군함 5척을 이끌고 영종도를 침입했다. 전투가 벌어졌다. 이 전투에서 조선 측은 53명이 전사하고 24명이 부상했다. 미군 측은 3명의 전사자와 16여 명의 부상자를 냈다. 신미양요다.[14] 광성보를 점령한 미군은 막대한 군수품을 노획하고 거의 모두를 소각·파괴했다. 그들은 보복이 끝난 다음 날 철수했다. 당시의 광경을 헐버트는 "조정의 관리들과 양반들은 서로 다투어 대원군에게 전쟁을 극복한데에 대한 축하의 말을 올렸고 또 모든 외국인을 배척하고 앞으로도 옛날처럼 쇄국을 할 수 있을 것"이라고 했다.[15]

당시 프랑스나 미국은 한국을 무력으로 점령하여 영토로 삼으려는 의도는 없었다. 다만 통상을 실현하려는 것이었다.[16] 이런 과정을 거친 뒤 결국 1882년 5월 22일 한미수호조약이 체결된 것이다. 이 조약은 조선 땅에서 복음의 문을 여는 결정적인 계기가 되었다.

1882년 한미통상조약이 체결된 뒤 미국의 각 교단은 조선에 선교사 파송을 본격적으로 준비했다.

한국이 세계에 알려진 것은 9세기경 아랍인들의 신라 언급에서 시작되었다고 보기도 한다. 그러나 실제로는 그보다 훨씬 이른 1세기경으로 올라간다. 예수께서 승천하신 뒤에 열두 제자들이 각각 자기들의 전도지역을 결정할 때에 도마는 발데아(Partia, 지금의 이란과

---

14) 김호일, 앞의 책, 114.
15) H.B. Hulbert, The History of Korea, Vol. 1, 1905, 215.
16) 김호일, 앞의 책, 60.

인도) 지역을 맡게 되었다.[17] 도마에 의하여 인도와 중국에 복음이 전해졌다는 기록은 교회사가들의 여러 책에서 찾아볼 수 있다. 같은 맥락에서 도마의 가야국[18] 전도설이 거론되고 있어 마음을 설레게 한다. 가야는 신라에도, 백제에도 속하지 않은 부족 연맹체로 신라, 백제, 왜와 교류했다.[19] 가야에는 일찍이 토기, 철기, 동기가 발달되었고 중국, 인도 등과도 무역이 잦았던 것으로 알려졌다.[20] 당시 신라의 무역이나 문화는 당을 넘어 페르시아나 아라비아까지 확장되고 있었다. 그렇다면 그들의 문화 또한 가야에 들어왔음은 틀림없는 사실이다.

도마의 전도설과는 달리 중국 당나라에 '네스토리우스'파[21] 기독교가 전파되었다(635). '밝은 교리', '빛나는 진리'라는 뜻에서 '경교(景敎)'라고 했다. 수도사 알로펜(Alopen) 일행이 당의 수도 장안에 들어갔을 때 당 태종이 이들을 맞아들였고 3년 뒤 638년에는 태종의 칙령으로 공인했다. 그때 경교는 중국 사람들에게 외래종교로 소외됨을 면키 위해 기독교의 중요 교리들을 번역하면서 불교의 범어, 도교와 시경 기타 고전의 낱말들을 채용하는 방법을 썼다.[22] 성령을 정풍(淨風), 그리스도를 세존(世尊), 천사를 천신(天神), 메시야를 미시아(彌施訶), 삼위일체를 3·1분신(三一分身), 삼위를 삼신(三神), 하나님을 불(佛) 또는 천존(天尊), 사제를 승려, 주교를 대덕(大德), 대주교를 법주(法主), 교당을 사원(寺院)이라고 했다. 그리고 충

---

17) 오윤태, 『한국기독교사』, 경교사 편, 혜선문화사, 1973, 68. ; 행 2:9 '바대인'
18) 1세기경, 경상남북도 낙동강 하류 지역에 세워졌던 12 부족 연맹체의 고대국가이다. 일명 6가야국이다. 『동아대백과사전』 (1), 1982, 183.
19) 일본은 이 지역에 자신들의 '임나일본부'를 두었다고 터무니없는 주장을 하고 있다.
20) 조헌식, 「소가야의 소고」, 동서, 52~53. 소가야는 경상남도 고성군에 세워졌던 6가야 가운데 하나이다. 신라 유리왕 19년(42년)
21) 네스토리우스는 431년 에베소 공의회에서 이단으로 단죄되고 에베소에서 추방되었다. 그러자 그의 제자들과 신도들은 동쪽 페르시아, 에뎃사에 정착하여 교세 확장에 힘썼다.
22) 이장식, 『아시아고대기독교』, 기독교문사, 1990, 267.

효 사상을 강조, 제사 문제 용납, 일부다처제 묵인 등 중국 전통사상과 일치성을 가시화시켰다. 제도와 용어 면에서 중국의 토착 종교와 다를 바 없이 기독교 본래 모습은 찾아볼 수 없게 되었다. 토착화가 도를 넘은 것이다.

그 뒤 경교는 중국의 한족이 일어나 원을 멸망시키고 명을 세우면서 소멸되었다.[23] 경교가 당에서 흥왕하던 때는 635~845년으로 신라의 삼국통일(668) 시기와 맞물린다. 그때 라·당 관계는 매우 밀접했고 신라의 문화는 당을 넘어 페르시아, 아라비아까지 미칠 정도였다. 당의 문물 또한 속속들이 신라에 들어왔다.

중국 경교의 한국 전래 가능성에 대하여 가장 먼저 연구에 착수한 이는 영국의 고고학자 고든(E.A. Gorden) 여사다. 그는 1950년을 전후하여 한국에 4년을 머물면서 전국 사찰을 조사 검토했다. 1년 동안 금강산 장안사에 머물면서 불교와 기독교의 접목설을 연구, 제시하여 주목을 받았다. 그는 경주 불국사 석굴암의 신장, 관음상, 나한상, 제석천상 등이 페르시아 경교의 모습이라는 것이다. 그 뒤 그는 중국 장안에 세웠던 '재진경교유행중국비'[24]의 모조비를 만들어 금강산 장안사 경내에 세우기도 했다.[25] 김양선은 고든을 이어 1956년 경주 불국사 경내에서 발굴된 석제 십자가와 동제 십자가, 마리아상 등을 증거물로 제시하며 신라 시대 당의 경교 유입설을 주장했다. 당 말년 경교가 박해받을 무렵인 869년 당에 유학했던 최치원 전기에 따르면 "致遠自以西學多所得 及 來將行己志 而哀季多疑忌不能容 出爲大山郡太守"(치원자이서학다소득 급 래장행기지 이애계대의기불

---

23) 윤춘병, 앞의 책, 29.
24) 중국 대진사(大秦寺)에 세워진 경교의 중국 전래를 전하는 비석이다.
25) 위의 책, 28.

능용 출위대산군태수)[26]라고 했다. 많은 깨달음을 얻었다는 말로 최치원이 여기에서 말하는 서학은 경교가 틀림없다.

그 후로 한국은 서구인에게는 묻혀진 나라였다. 임진왜란 이전, 서구선교사들은 조선을 매우 잔인하고 야만적인 섬나라로 왜곡, 기술했다. 조선을 네 차례 방문하고 『한국과 그 이웃 나라들』(1897)이란 책을 쓴 영국의 여류 여행가이며 지리학자인 비숍(Isabella Bird Bishop)은 그가 조선으로 떠날 때 사람들은 '코레아'가 적도나 지중해, 흑해 어디에 있는 정도로 여겼다고 했다. 그만큼 당시의 코라이(한국)는 서양에 알려지지 않았다.

한국에 최초로 발을 들여놓은 서양사람은 1582년(선조 15년) 제주도에 표착한 마릴리(Ma Ri-Li)다. 그 뒤 1593년 12월 27일, 임진왜란 때, 왜장 천주교도 고니시 유키나가(小西行長)의 요청에 따라 종군신부로 들어온 세스페데스(Gregoriode Cespedes, 1551~1611)[27]가 있다. 그는 임진왜란을 직접 목격한 유일한 서구사람이다. 그는 조선 땅에서 서간문, '선교사들의 이야기'를 기록하여 '코라이'(한국)를 서양에 알렸다.(1601년) 다음으로는 1604년(선조 37년) 통영 앞바다에 표착한 멘데스(Juan Mendes)가 있다.

그로부터 20여 년이 지난 1627년(인조 5년), 일본으로 향하다가 풍랑을 만나 제주도에 표착한 벨테브레(박연, John J. Veltevre)와, 1653년 8월 15일에 같은 네덜란드 상인 하멜(Hendrik Hamel) 일행 36명이 있다. 벨테브레는 일생을 한국에서 보냈다. 하멜 일행은 제주도에 표착해 13년 동안을 억류되어 있다가 구사일생으로 탈출하여

---

26) 『三國遺事』, 列傳 崔致遠 傳 참조.
27) 이만열, 『한국기독교와 민족』 -한국기독교사연구논고- 지식산업사, 1991, 383.

견문기 『하멜표류기』(1668)를 남겼다. 하멜은 장로교인으로 한국 사람의 종교생활에 깊은 관심을 가지고 있었으며 "한국에서 종교인은 노예보다 못한 취급을 받고 있다."고 보았다.[28]

이 표류기는 조선을 유럽에 본격적으로 알린 최초의 문헌으로 유럽 각국어로 번역되었다. 조선의 지리·풍속·정치·교역, 군사·형제·관료제·가옥·교육·산물·상업 등 조선의 사정을 자세히 기록했고 조선으로 가는 항로도 적혀 있다.

19세기 후반, 닫혔던 나라의 문이 열리자 '은자의 나라', 조선에 대한 서양의 관심과 연구가 폭발적으로 늘어났다. 조선에 관한 서양 서적 출간도 급증했다. 이 기간에 『하멜의 표류기』(1668)와 함께 조선 관련 3대 역작이라고 하는 달레의 『조선교회사 서론』(1874), 그리피스의 『은자의 나라 한국』(1882)이 출간되었다.

2) 세례와 성경의 번역

1870~1880년대 한국인들은 새로운 사상과 종교를 갈망하고 있었다. 이런 때에 성큼 들어선 것이 기독교였다. 기독교가 한국에 들어오고 성장한 것은 매우 신비스러운 일이다.

기독교 역사상 이런 전례가 없다. 선교사가 들어오기도 20년 전, 1864년 4월에 이름을 알 수 없는 세 사람이 중국 상해에서 세례를 받은 기록이 있다. 또한 만주와 일본에서도 세례자가 나왔고 성경이 번역되어 출판까지 되었다. 외국에서 출판된 한글 성경은 권서인을 통하여 국내에 들여와서 읽혔고 그 결과 많은 세례 지원자들이 생겨

---

28) 민경배, 앞의 책, 135.

났다. 선교사들이 들어온 뒤에는 선교사에게 찾아가 세례를 받는 사람들이 줄을 이었다. 그뿐이던가? 적어도 2곳 이상의 교회까지 세웠던 것이다. 말할 것도 없이 한국사람 스스로의 힘으로 였다.

그러므로 한국은 선교사가 들어오기도 전에 벌써 기독교가 들어와 있었던 것이다. 1889년 언더우드가 의주에 갔을 때 33명이 세례를 받겠다고 나서서 강을 건너 중국 땅 안동에서 세례를 베풀기도 했다. 이를 '요단강 세례'라고도 한다.[29] 이것은 천주교도 마찬가지로 외국의 신부가 들어오기도 전에 벌써 실학자들이 중국으로부터 들여온 책을 읽고 신자가 되었던 것처럼 자발적으로 교회를 세운 것이다.

(1) 만주에서의 경우

스코틀랜드 장로교 선교사인 매킨타이어(John MacIntyre, 1837~1905)와 로스(John Ross, 1842~1915)의 사역은 한국 복음 전도를 위한 가장 중요한 사역이었다. 그들은 1872년부터 만주지역 선교에 나섰다. 로스는 1874년 한·중 교역 장소인 고려문[30]을 찾았다. 그는 의주 상인들을 만나 한문 성경을 나눠주며 전도했다. 그런 가운데 의주 청년 이응찬을 만났다. 로스는 그를 자기 집으로 데리고 가서 성서 교리를 가르쳤다. 그리고 그를 자기 한국어 선생으로 채용하여 그에게 한국어를 배우며 그의 도움으로 성경 번역에 늘어갔다. 로스는 이내 한글의 우수성을 깨닫고 극찬을 아끼지 않았다.

한국의 글자는 현존하는 문자 가운데 가장 완전한 문자이다.

---

29) 이덕주·서영석·김흥수, 앞의 책. 39.
30) 조선과 청국의 국경이자 두 나라 사이의 합법적인 교역이 이루어지던 관문.

1879년 백홍준, 이응찬 그리고 이름을 알 수 없는 두 사람을 포함, 네 사람이 맥킨타이어에게 세례를 받았다. 그리고 이들의 전도로 서상륜, 김진기, 최성균, 이성하도 세례를 받고 성경 번역에 합류했다. 한국의 갈릴리와 같은 변경 의주에서 태어나 서울 양반들로부터 천대받던 이들 장돌뱅이들은 이미 국경무역을 통해 '자립적인 중산층'으로 성장하고 있었고 개신교를 자발적으로 수용했다.[31] 그리고 의주교회를 비롯 한국교회의 초석이 되었다.

1882년 중국 심양에서 첫 번째 한글 성경 '예수성교 누가복음전서'와 '예수성교 요한복음전서'가 출간되었다. 1887년에는 신약 전체, '예수성교전서'가 간행되었다. 서상륜은 1882년 10월 6일 대영성서공회 최초의 한국 사람 권서로 임명되었고 간행된 성경을 의주를 거쳐 서울로 들여왔다.(1883.1.) 서상륜에 이어 백홍준은 압록강을 건너기 전 국경 경비가 삼엄한 것을 알았다. 당시 상황이다.[32]

> 그는 여관에 들어가 성경 한 장 한 장씩을 떼어 낸 다음 그것을 말아 노끈을 꼬고 다시 그것을 합쳐 긴 끈을 만들었다. 헌책을 사다가 그 끈으로 묶어 고서를 사 오는 것으로 가장하고 국경을 넘었다. 이렇게 의주 반입에 성공하고 이제 종이 끈 하나하나를 풀어서 성경을 복원했다.

얼마나 가슴 벅찬 놀라운 일인가! 하나님의 특별한 간섭이고 은혜였다. 권서 활동의 착안은 로스에 의한 것이었고 가장 유능한 한국 수행자들을 개종시킨 것도 그였다. 우리나라 최초의 성경 번역이 로스와 맥킨타이어 그리고 10여 명의 한국 사람의 힘으로 이루어졌다는 사실, 또한 한국 최초의 복음서가 한국 청년들의 손으로 국내에

---
31) 민경배, 앞의 책, 169.
32) 옥성득, "존 로스와 한국 개신교" – 로스의 첫 한글복음서 출판 140주년에 부쳐– 존로스 한글성경변역 140주년기념 학술 심포지엄, 2022. 4.26. 12.

전달되었고 그 성경이 선교사가 들어오기도 전에 상당수 읽히고 있었다는 것은 한국 교회사의 영광이요, 큰 자랑이 아닐 수 없다.

(2) 일본에서의 경우

1883년 세례를 받은 이수정은 그해 5월 12일, 자기 신앙의 핵심이 요한복음 14장에 있음을 밝히는 신앙고백문을 발표했다. "내가 아버지 안에 있고 아버지는 내 안에 계시다."(10절), "너희가 내 안에 내가 너희 안에 있다."(11절)라는 말씀에 눈물 흘리던 이수정이 넘치는 감격과 위로를 받은 것이 분명했다.[33] 성경에서 겨레의 소망을 보았기 때문이다. 더욱이 18절, "내가 너희를 고아와 같이 버려두지 아니하고 너희에게로 오리라"는 말씀에서는 솟구치는 자신감과 함께 새로운 빛을 보았을 것이다. 이수정이 세례를 받자, 한국선교의 가능성을 내다본 일본주재 미국성서공회(ABS) 총무 루미스(H. Loomis)는 이수정에게 성경 번역을 제안했다. 이수정은 깨달았다.

성경 번역이 나에게 맡겨진 시대적 사명이다.

그는 동경유학생들에게 전도하며 조국에 대한 선교의 길을 모색하던 가운데 먼저 한문 성서에 토를 단 『현토한한신약전서』를 간행했다.(1884) 이 한글 성서가 1885년 4월 처음 들어온 아펜젤러와 언더우드의 주머니 속에 들어 있었다. 이수정은 몇 편의 교리서를 번역했고 한국 문학과 천주교 관계 저서와 글도 남겼다.

그리고 매클레이의 부탁으로 감리교 교리문답 교본을 한글로 번역

---

33) 그는 1883년 로스로부터 권서인 직임을 받았다.
　　김광수, 『한국기독교전래사』, 기독교문사, 1974, 268.
　　김대연, 『간추린 한국교회사』, (사)기독문서 선교회, 2021, 44.

했다. 이런 역본들은 한국의 개척 선교사들에게 유용하게 사용되었고 불완전함에도 크게 활용되었다. 이어서 1884년 순수 우리말로 된 『신약 마가젼 복음셔 언회』가 1천 부 출판되었다. 이 성경은 유학생과 국내 지식인들에게 반포되어 큰 환영을 받았다. 현토성경은 1887년 미국성서공회가 국내 성경 반포사업을 시작하여 제물포와 서울을 중심으로 반포되었고 1891년 1천 5백 권이 일본에서 발송되었다. 이수정은 계속해서 나머지 성서번역에 착수했다. 그러나 끝을 맺지는 못했다. 한문 성경에서는 '하나님'을 '상제', 일본어 성경에서 '가미', 이수정은 '천주'로 번역했다.[34] '세례'는 '밥테슈마'로 그리스도는 '크리슈도스'로 음역했다. 헬라어 원문에 충실 하려 한 것이다. 만주에서의 성경 번역이 한국 사람들이 선교사들과 협력함으로였고 일본에서의 경우, 제안과 출판은 선교사들 몫이었지만 번역은 이수정 단독 몫이었다.

3) 권서들, 선교사보다 먼저 선교하다

(1) 한국선교의 개척자

한국에서 기독교는 선교사들이 들어오기도 전, 이미 들어와 있었다. 그것도 한국 사람들이 주체적으로였다.[35] 제물포와 강화지역 선교를 담당했던 스크랜턴이 1893년 본국 선교부에 보낸 보고다.[36]

제물포와 이웃에 있는 섬인 강화에는 7만 명 주민이 있는데 우리에게 들어오라고 충동하고 있습니다.

---

34) '천주'는 천주교에서 이미 사용하고 있었기에 그대로 사용한 것으로 보인다.
35) 한국기독교역사연구소 편, 『한국기독교의 역사 I』, 기독교문사, 2012, 142~156.
36) 박인환, 『오상교회90년사』, 기독교대한감리회 오상교회, 1995, 196~197.

성경이 반포되었으면 많은 사람들에게 읽혀야 한다. 그러려면 성경이 보급되어야 한다. 바로 이 사명을 짊어진 이들이 권서들이다. 권서들이 선교사들 보다 먼저 이 땅에 복음의 씨를 뿌린 주인공이다. '권서'(colporteur)라는 말은 불어의 'col'(목)과 'porteur'(운반한다)에서 유래했다. 목이나 어깨에 봇짐을 지고 물건을 운반한다는 뜻으로 행상인을 가리킨다.[37] 초기에는 주로 '매서'로 통용되다가 1916년경부터 '권서'라는 말로 정착되었다. 그들은 성서공회에 고용되어 성경책과 전도 책자를 메고 다니며 팔았고 뒤에 가서는 성경책을 사서 읽도록 권하는 사람, 성경책이나 전도 책자를 파는 행상인의 의미로 발전했다.

한국 최초의 권서는 서상륜(1848~1926)이다. 그는 1882년 10월 6일 '대영성서공회'의 권서가 되었다. 그해 가을 스코틀란드 성서공회는 그에게 500권의 단권 성경과 기독교 관계 소책자를 주어 평안도 의주로 들어가게 했다.[38] 그는 1883년 봄부터 이듬해 말까지 2년 동안 성경과 전도 책자들을 가지고 비밀리에 전도했다. 그 결과 나라 안에 70여 명의 개종자가 생겼다. 서상륜은 여러차례 로스에게 편지하여 이들에게 세례를 베풀어 줄 것을 요청했다. 로스가 1885년 3월 8일자로 영국 성서공회(BFBS)에 보낸 편지이다.[39]

그가 2년 동안 노력한 결과 현재 70여 명이 넘는 세례 청원자가 있으며 그 가운데 몇 명은 주목할 만한 사람들입니다. 그가 개종시킨 사람들 중 한 명이 세례 받기 위해 함께 이곳으로 왔는데 그의 말을 빌리면 그는 서울의 서쪽에 있는 한 도시에 '설교당'을 개설하였고 그곳에 18명의 신자가 있는 것으로 보입니다.

---

37) 이만열, 『기독교와 민족의식』, 지식산업사, 1991, 113. 위와 같음. '권서'라는 말이 등장한 뒤에 '매서'라는 말이 완전히 사라진 것은 아니었다.
38) 김명구, 『한국기독교사 1-1945년까지』, 예영커뮤니케이션, 2010, 191.
39) 김양선, "Ross Version과 韓國 Protestantism", 『白山學報』, 제7권 4호, 1962, 113.

또한 서울 남쪽의 한 도시에 다른 한 개종자는 20명 이상의 세례 청원자를 가지고 있다고 합니다.

여기에서 말하는 "서울의 서쪽에 있는 한 도시"는 의주로, "서울 남쪽의 한 도시"는 솔내로 보인다. "20명 이상의 세례 청원자"를 가졌다는 사람은 서경조로 여겨진다. 서경조는 서상륜의 아우다. 그는 형의 전도로 1884년 말에 회심하고 고향 솔내 주민들에게 전도했다.
초기의 성경 번역·권서 사업과 관련하여 백홍준이 의주를 중심하여 평북지방에, 서상륜이 서울과 솔내 등지에서 복음전파에 힘을 기울였다는 것은 이미 알려진 사실이다. 서상륜의 활동으로 70여 명이 세례받기를 희망하여 기다리고 있었다는 것이다. 1885년 초에는 20명이 넘는 구도자를 얻었다. 앞의 편지는 선교사가 한국에 도착한 1885년 4월 5일보다 약 1개월 앞서 작성된 것이다(1885. 3. 8). 선교사들이 들어오기도 전에 일이다. 따라서 한국의 기독교 수용은 선교사보다 한발 앞서 자발적으로 그리고 자주적으로 한국 사람들에 의해서였다.

로스의 또 다른 편지[40]에는 만주에서 간행된 누가복음·요한복음이 여러 한국 사람들에 의하여 반입되었는데 류순천은 무보수, 자발적으로 수백 권의 단권 성경을 팔거나 배포했다는 것이다.
류순천은 로스의 식자공(인쇄하기 위해 인쇄 활자를 식자하는 사람)이었다. 그는 1883년, 고향 평양에 계신 어머니를 병문안하고 다시 봉천으로 돌아와서 로스에게 특별히 부탁하여 평양 전도를 자원했다. 그는 복음서 두 상자를 메고 평양으로 가서 성경을 보급하며

---

40) 1882년 10월 9일 자, J.Ross의 편지 ; BSMR, 1883.2. 31.

전도했다. 그의 전도는 토마스 선교사 이후 실질적인 최초의 평양 전도였다.[41] 아펜젤러, 언더우드보다 2년이 빨랐다. 이는 한국 선교는 선교사들이 들어오기 전에 이미 한국 사람들에 의해서 시작되었다는 사실을 확실하게 입증해 준다.

1884년 11월, 로스가 동료선교사 웹스터(James Webster)와 서간도 즙안현의 한인촌에 도착했을 때, 그곳 조선 사람들로부터 열렬한 환영을 받았다. 성경 간행 때에 식자공으로 활동했던 김청송이 로스의 첫 전도인(조사)으로 이미 그곳에 가 있었다. 두 선교사는 서간도의 한인촌에서 75명에게 세례를 베풀었다.[42] 1885년 방문 때에는 중국인들의 박해로 많은 조선 사람들이 마을을 떠난 상황이었지만 14명의 남자들이 세례를 받았다.[43]

선교사들의 입국은 한국기독교의 성장을 촉진시키는 계기가 되었다. 선교사들이 본격적으로 선교사업을 벌였던 1892년부터는 그 기세가 맹렬하여 불과 몇 해 안에 개신교는 대단한 세력으로 성장하게 되었다.[44] 이는 복음을 수용하는 한국인들의 열정이 사명감에 불타던 선교사들의 노력과 어우러져서 이룬 마땅한 열매였다. 당시에 한국을 방문했거나 한국에서 일하고 있는 외국 사람들은 한국의 교회발전에 놀라움을 감출 길이 없었고 찬사를 아낄 줄 몰랐다. 10여 년 나중 일이지만 헐버트는 감탄하며 이렇게 쓰고 있다.[45]

---

41) 이만열, 앞의 책, 120.
42) John Ross, "The Christian dawn in Korea," The Missionary Review of the World, 1890, 243. 당시 즙안 한인촌에는 3,000여 명의 한인들이 살고 있었으며 로스는 여기에서 세례 받으려고 대기하고 있는 600명의 예비신자들이 있음을 확인했다. 김명구, 앞의 책 82.에서 재인용.
43) 白樂濬, 앞의 책, 100.
44) 이광린, "개화기 관서지방과 개신교", 『한국의 근대화와 기독교』, 숭전대학교 출판부, 1983, 32.
45) H.B. Hulbert, 『The History of Korea』, vol. II, 1905, 325~326.

장로교 선교회의 관할 아래 있는 한국 북부지역은 세계에서 가장 성공한 선교지역으로 널리 주목을 받고 있다. 그것은 단지 교회와 관련을 갖고 있는 사람 수가 많다는 것 때문만이 아니라, 그들 스스로가 독자적으로 교회를 운영하고 있다는 놀랄만한 결과 때문이다.

당시 북장로회 본부 총무 스피어(Robert E. Speer)는 "관서지방의 교회발전은 세계 어느 곳에서도 볼 수 없을 만큼 확대되었고 교회당은 넘쳐났고 확장의 기회는 무제한이다."[46]라고 했다.

한국교회의 성장사를 연구한 쉬이러(Roy E. Sheare)가 "한국교회는 선교사들보다 앞장서서 선교했다."[47]고 한 말은 오히려 모자람이 있다. 밀러((H.Miller)는 말했다.[48]

권서는 초기에는 한국 선교사업의 개척자들이었고 현재는 선교사의 선구자이다. 그는 씨를 뿌리고 선교사는 그 수확을 거둔다.

선교사들은 씨를 뿌리러 왔으나 오히려 추수하기에 바쁘다고 비명을 질렀다. 언더우드의 고백도 마찬가지였다. "지금은 씨를 뿌릴 시기임에도 불구하고 이미 뿌려진 씨의 열매들을 거둘 수 있었다." 여기에서 주님의 말씀이 떠오른다. "너희는 넉 달이 지나야 추수할 때가 이르겠다 하지 아니하느냐. 그러나 나는 너희에게 이르노니 너희 눈을 들어 밭을 보라 희어져 추수하게 되었도다."(요4:35)

초기선교사역의 '최전방'에 서 있던 권서들은 한국 교회사에서 '빛도 없이 이름도 없이' 헌신한 선구자요, 한국교회의 창건자이고

---

46) 백락준, 앞의 책, 285.
47) 서명원(이승익 역), 『韓國敎會成長史』, 大韓基督敎書會, 1966, 53.
48) H.Miller, "Scripture Distribution", The Korea Mission Feild, 1911, 10, 283.

한국 민족구원의 개척자들이다. 당시 한국감리교 선교사요, 미국성서공회 한국지부 총무였던 베크(S.A. Beck)는 권서의 사명을 이렇게 썼다.[49]

권서의 사명은 한 사람 한 사람의 손에 성서를 들려주어 각 사람이 예수 그리스도와 인격적으로 만나 하나님의 참된 말씀을 받아들이게 하려는데 궁극적인 목적이 있다.
권서는 복음의 능력을 증언하는 설교자이며 누구라도 구원할 수 있는 분에게 자신의 삶을 맡겨 보라고 권면하는 자이다. 이렇게 권서는 개척자요, 선구자이다. 이들이 닦아놓은 터 위에 주님의 일꾼들이 주님의 선한 사업을 활발히 벌일 수 있었다.

권서들의 수고와 노력으로 성경은 전달되지 않은 곳이 없을 정도였다. 구한말처럼 외국 종교의 수용과 외국 사람의 활동이 엄격하게 제한된 상황에서 권서들의 활약은 매우 효과적이었다. 그들은 사람들이 밀집한 장터나 교도소와 병원, 나환자수용소, 매춘굴과 도박판, 아편소굴 그리고 궁궐과 가게를 통과했다. 성경은 추악한 거지소굴과 산중의 절간, 가난한 초가집, 어부의 거룻배와 뱃사공의 나룻배 그리고 학교와 대학까지 들어갔다. 이런 모든 곳에서 '중생한 사람들'이 나타나고 있었다.

한국기독교는 성경중심의 기독교로 시작되었던 것이다.

권서를 통해 성경을 읽은 많은 사람들이 하나님께로 돌아왔고 그런 경우, 권서들은 그 지역에 적당하게 모일 장소를 마련하고 모임을 인

---

49) 윤춘병, 앞의 책, 274.

도했다. 이것이 교회로 자라갔다. 권서들 가운데 나중에 한국교회 지도자가 된 인물이 많다. 남감리회의 경우 1924년까지 목사 37명 중 15명이 권서 출신이다.[50] 권서들은 사람들이 가난하다는 것을 잘 알았지만 성경을 무료로 주지는 않았다. 돈이 없으면 곡식이나 생선, 계란, 옷, 생강, 성냥, 가위, 짚신 등을 받고 성경과 바꿔 주었다. 권서들은 말씀을 전파하고 교회를 설립하는 일에만 머무를 수 없었다.

권서들은 전국 곳곳을 누비면서 사회의 혼란·부정부패는 물론, 일제의 수탈현장을 직접 확인할 수 있었다. 그들은 복음으로 민족을 위로하고 소망을 주려고 애를 썼다. 그리고 독립운동 소식을 전하고 독립군을 위한 군자금 모금과 전달에도 힘을 기울였다. 그들은 민족 수난기의 역사 현장에서 하나님의 말씀만이 조국을 구원할 수 있다는 확신을 갖고 있었다. 그러기에 그들은 끈질기게, 악착같이 성경을 전했다. 권서들은 복음전파도, 애국운동도 동시에 감당했던 것이다.

(2) 의주교회 · 솔내교회

서상륜이 권서로써 두 번째로 국경을 넘은 것은 1885년이었다. 첫 번째는 1882년 10월 6일, 그때 국경을 넘다가 검거되었으나 검사관에게 주소를 알려주고 풀려났다. 그 뒤 의주에서 약 3개월 동안 전도

---

50) 윤춘병. 위의 책, 274. 19세기 말에는 평균 30명대를 밑돌던 권서가 1908년에는 70명대에 이르렀고 1910년에는 238명에 육박했다. 그들은 하루에 100~150권의 책을 '복음 궤짝'이란 상자나 봇짐에 넣어 짊어지고 다니면서 팔았다. 조금 여유가 있으면 당나귀나 자전거를 타고 다니기도 했지만 대부분은 걸어 다녔으며 점심은 아침에 준비한 찬밥과 짠지로 때웠다. "주 예수를 믿으라. 그리하면 너와 네 집이 구원을 얻으리라."를 힘껏 외치며 확신을 갖고 전했다.
한글을 모르는 사람에게는 한글을 가르쳐서라도 성경을 쥐어주었다. 저녁 식사 뒤에는 '사랑방 전도모임'을 가졌고 개종자가 생기면 근처 교회에 연결시켜 주고 그 지역 담당 권서가 계속해서 돌보아 주었다. 그들은 하루 평균 20Km 이상을 걸어 다녔다. 특히 닷새에 한 번씩 서는 장터는 그들의 단골 방문지였다. 장터 한구석에 성경과 카렌다. 쪽 복음. 교리문답 등을 펼쳐놓고 힘차게 찬송을 부르며 전도했다.

활동을 한 것으로 보인다. 이듬해 1월경, 서울로 올라와 전도의 기회를 엿보던 가운데 5월 22일 제2 식자공인 평양 출신의 청년에게 요한복음 300권과 누가복음 100권 그리고 소책자를 전달받았다. 이것으로 그는 연말까지 6개월 동안 전도할 수 있었다. 국내에 약 70명의 개종자가 생긴 것은 바로 이 시기였다. 그래서 로스에게 편지하여 세례를 베풀어 주기를 요청했으나 이루어지지 않자 그는 1884년 직접 로스를 찾아가 간청했던 것이다. 그러나 여러 정황으로 쉽지가 않았다. 기회를 보던 서상륜은 다시 성경을 짊어지고 봉천을 떠나 의주로 향했다. 때는 1884년 12월 갑신정변을 계기로 국내 정세는 보수화가 더욱 강화되고 야소교나 서양인의 침투를 경계하고 있었다. 이런 배경에서 서상륜은 검거되어 의주 감옥에 투옥되었다. 그러나 친척 관리들의 도움으로 야간도주했을 것으로 보인다.[51] 그는 신변의 위협을 느껴 곧바로 동생, 경조가 살고 있는 솔내 마을로 피신했고 그때 서경조는 형의 전도로 신앙을 갖게 된 것이다. 앞의 1885년 3월 8일자 로스의 편지에서 밝혔다.[52]

  서울의 서쪽에 있는 한 도시에 '설교당'을 개설하였고 그곳에 18명의 신자가 있는 것으로 보입니다.

  "서울의 서쪽 도시"를 의주로 볼 때, 의주에 한국 최초의 프로테스탄트교회가 설립되었고 솔내에는 두 번째의 신앙공동체(예배처소)가 설립되었음을 알 수 있다.[53]
  솔내교회는 1884년 말에서 1885년 3월 이전에 설립되었다. 따라

---

51) 이만열, 『한국기독교와 민족의식』, 지식산업사, 1991, 80.
52) 김양선, "Ross Version과 韓國 Protestantism", 『白山學報』, 제7권 4호 1962, 113.
53) 이만열, 앞의 책, 82. (주) 43)의 중간.

서 솔내교회를 한국교회의 시작으로는 볼 수는 없겠다.[54] 서상륜과 동생 경조의 전도로 신앙을 갖게 된 솔내 마을 주민들이 처음에는 가정집에서 예배를 드리다가 신도가 불어나자 자발적으로 예배드릴 집을 지었다. 한국사람에 의한 자생 교회이다. 외부의 도움은 전혀 없었다. 백락준 박사의 말처럼 솔내는 "한국 프로테스탄트의 잊을 수 없는 요람지"이다. 비록 작은 초가일지라도 '예배당'은 예배당이다. 교인들 스스로의 힘으로 지었고 운영되었다. 마을 주민 58세대 중, 50세대가 교인이었다.[55]

(3) 여자 권서 · 전도부인

'권서', '매서'와 더불어 '여자 권서" 또는 '전도부인'이라 부르는 사람들이 있었다. 이들의 활약은 남자 권서보다 6년쯤 뒤였다. 남자 권서는 선교사들이 들어오기 전이고 여자들은 들어온 뒤이다. '여자 권서' 이들 또한 한국교회의 뿌리요, 교회 성장의 어머니였다.

"여성에게 여성이 복음을 전한다"는 방침으로 1869년 설립된 미감리회의 해외여선교회에서 파송한 여선교사들은 "한국 여성에게는 한국 여성이 전하게 한다."는 선교 이념으로 선교 활동을 폈다. 1901년도 미국공회 월례보고서에는 부인 권서들이 일을 잘하고 있으나 기대에 못 미치고 있기 때문에 부인성경학교(biblewoman school)를 개설했다는 스크랜턴의 말이 소개되어 있다.[56] "기대에 못 미친다"는 말은 처음에는 여성들이 모르는 것도 많고 서툴러서 성과가 부족했다는 말로 들린다. 그러나 여자 권서는 곧 기대에 부응했다. 그때

---

54) 송길섭, "韓國敎會 100년의 始發點", 「기독교세계」, 제 669호, 1983.6, 9~10, 33.
55) 민경배, 앞의 책, 172.
56) A.Kenmure, "Our Bible in Korea", 1901, 4, 88. ; 이만열, 앞의 책, 132, 주) 49.

남성들은 여성들과 함부로 대화할 수도, 남의 집안에 들어갈 수도 없었지만 여자 권서는 제약을 받지 않았다. 전도에서 개인이든 가정이든 훈련받은 여성 전도자는 큰 몫을 감당할 수밖에 없었다. 부녀자들에게 성경을 전하기 위해서는 여인들의 방으로 또는 부엌으로 찾아가야 했다. 스코틀란드 성서공회 연례보고서의 설명이다.[57]

권서들은 종종 자기들이 접근할 수 없는 집들을 발견한다. 그러나 부인 권서들은 다르다. 모든 문이 그들에게는 열려 있다. 비록 그들이 부녀자들을 만날 수 있는 유일한 곳이 부엌이라도 그러하다.

전도부인 명칭이 처음 나타나는 것은 1888년 1월로 스크랜턴 어머니가 여성 주일학교를 시작하면서부터였다. 스크랜턴 어머니는 이의 활성화를 위해 성경반 학생(부녀자) 가운데 두 사람을 택하여 전도부인으로 세웠다. 그해 3월 12일에는 기독교 교육을 목적하고 부인 성경공부반을 시작했다. 1890년 기록에는 이경숙과 사라가 전도 활동을 시작했다. 이화학당 최초의 한국인 교사였던 이경숙은 초년 과부가 되어 숱하게 고생하던 가운데 스크랜턴 어머니를 만나 교사이면서 달성교회에 소속된 전도부인이 되었다. 1898년 스크랜턴 어머니와 함께 일한 전도부인은 8명이나 되었다.[58]

황메례(여메례, 양메례)는 세례명 메리로 알려진 활동이 왕성한 초기의 전도부인이다. 그는 단명할 것이라는 점괘가 나와 태어나서 곧바로 부모로부터 버림을 받은 뒤 메리 스크랜턴에게 맡겨졌다. 보구여관에서 열심히 일하여 홀 부인으로부터 "우리의 더없이 신실한 전도부인이며 병원 조수"라는 칭호를 받았다. 간호원으로 또 전도부인

---

57) NBSS AR for 1912, 62. ; 이만열, 앞의 책, 168. 재인용.
58) 윤춘병, 앞의 책, 290.

으로 그는 매일 아침 기도회와 성경 읽기 시간을 가졌고 여자 권서로 책과 문서를 판매하기도 했다.[59] 수원·공주지역을 맡은 스웨러의 보고이다.[60]

전도부인들이 이룩한 업적이 과소평가되어서는 안된다. 실제로 이들이 아니었더라면 이 구역의 여성들이 그리스도와 접하게 될 기회를 얻지 못했을 것이다. 한국 여성들은 암흑 속에 갇혀 있다. 암흑은 너무나 짙어 한 줄기 빛이나 희망도 뚫고 들어올 수 없을 정도이다. 전도부인들이 효과적으로 일하고 있다.

평안도 강서에 살던 양반 부인 전삼덕은 스스로 선교사 홀을 찾아가 복음을 영접하고 주일마다 80리 길을 가마를 타고 예배에 참석했다. 그는 세례를 받고서는 자원하여 전도부인이 되어 강서·함종·삼화 등지에서 전도했다. 그의 전도로 믿게 된 사람이 6백여 명에 달했다.[61] 1895년 전삼덕은 스크랜턴으로부터 세례를 받았다.

해주지방의 대표적 전도부인은 주눌루이다. 그는 예수 믿는다고 정신병자 취급을 받았다. 시집에서 온갖 고초를 겪었다. 그러면서도 끝까지 믿음을 지켰다. 1907년 힐만 선교사로부터 전도부인으로 요청을 받고서 강녕·백천·연안·해주에서 활동했다.[62]

1908년 10월 남북감리교회는 전도부인 육성을 위한 전도인 단기강습회(1908. 10~1909. 6)를 개최하고 여성 지도자를 배출했다. 여성 전도인은 복음 전파와 함께 한글 교육을 실시하여 교인 심방과 교육 성과를 동시에 이루었다. 또한 복음전파라는 궁극적 사명 외에 문화적 변혁을 가져왔다.

---

59) Annual Report of WFMS of MEC, 1895, 72. ; 윤춘병, 위의 책, 289. 재인용.
60) 윤춘병, 위의 책, 290.
61) 전삼덕, "내 생활의 약력",「승리의 생활」, 6~13. ; 윤춘병, 앞의 책, 291. 재인용.
62) 주눌루, "예수는 내 생활의 피난처",「승리의 생활」, 95~111.

복음 전파과정에서 여성이 얼마나 위대한 힘을 발휘했는지는 말로 다 할 수 없다. 그들의 활약이 없었다면 오늘의 한국교회의 기적은 존재하지 않았을 것이다. 여성들은 처음부터 한국교회 대부흥운동의 동참자들이요, 주역이었다. 그리고 대부흥운동의 최대 수혜자였다.

한국기독교가 선교 초기부터 놀라운 발전을 이룩한 데에는 이처럼 '남녀 권서'의 눈부신 헌신이 중요한 요인이 되었고 또 그래서 가능했다. 그들은 한국교회의 오늘을 위해 개척의 최선봉에 선 사람들이다. 그들은 목숨 걸고 거친 시련과 모진 풍상을 온몸으로 겪으며 성경을 보급하며 전도했다. 이들이 바로 '권서, 전도부인들'이다. 이들이야말로 '한국'이라는 황무지를 개척한 믿음의 선구자들이다.

한국기독교는 처음부터 신비가 아니고 무엇인가? 선교사가 들어오기도 전에 나라 밖에서 성경이 번역되어 있지, 번역된 성경은 한국사람들 스스로 목숨을 걸고 짊어지고 들어와 보급되고 읽히지, 신자가 생겼지, 세례 받으려고 줄을 섰지, 스스로 교회까지 세웠지, 심지어는 첫 선교사들은 해외에서 번역된 성경을 그들의 주머니 속에 넣고 들어 왔지…

놀랍게도 한국에는 선교사 이전에 이미 기독교가 들어와 있었던 것이다. 그리고 그(한국에 들어온 기독교)가 마치 선교사들에게 "어서 들어 오라"고 손짓, 발짓 다해가며 애걸하고 고대하는 형국이었다.

"마게도냐로 건너와서 우리를 도우라"고 강청했던 사도행전 16장 9절이 아닐 수 없다. 그런데 그 '마게도냐 사람'은 혼자였지만 한국에서는 국왕을 비롯하여 여러 사람들이었다. 따라서 한국기독교는 눈부시게 빠른 속도로 부흥, 성장을 거듭할 수 있었다. 분명 '한국판 사도행전'이요, '사도행전 29장'이다.

"한국기독교는 이처럼 선교사의 입국에 앞서 만주로부터 기독교가 주체적으로 수용되었음은 거의 정설화하고 있다."[63]라고 하기보다 더 구체적으로 이렇게 쓰는 것이 옳다.

한국기독교는 선교사의 입국보다
먼저 한국사람 스스로가 주체적으로 복음을 영접했다.

확실히 권서들은 선교사들보다 먼저 이 땅에 복음의 씨를 뿌린 세례요한이었다. 기독교가 한국에서 이토록 급성장할 수 있었던 것은 첫째, 하나님의 크신 섭리이고 축복이요. 둘째, 한국인이 주체적, 자발적으로 복음을 수용하고 전도하여 옥토로 터를 닦았음이요. 셋째, 이런 터 위에 아펜젤러, 언더우드 같은 우수하고 열정적인 선교사들의 헌신으로 하나님의 뜻이 하늘에서 이루어진 것같이 한국 땅에서도 이루어진 것이다. 그리고 하나 더 있다. 남녀 권서들의 눈부신 헌신이다. 이들은 선교사 이전이나 그 뒤에나 한결같이 "이름도 없이 빛도 없이 감사하며… 아골 골짝, 빈들, 소돔 같은 거리에도 복음 들고… 죽음인들 막으랴."의 주인공들이다.

이들 권서들이 겪었던 육체적, 경제적 고통이 얼마나 컸던지 그들은 순직하거나 병들거나 일찍 은퇴해야 하는 경우가 많았다.[64]

---

63) 한국기독교역사연구소 편, 『한국기독교의 역사 I』, 기독교문사, 142~156. 참조.
64) 이만열, 앞의 책, 163.

1887년 10월, 언더우드가 개성, 솔내, 평양을 거쳐 의주까지 다녀오는 4주간의 선교여행을 한 일이 있었다. 그때 언더우드는 세례를 기다리던 솔내교회의 4명에게 세례 준 것을 비롯 모두 20명 이상에게 세례를 베풀 수 있었다.[65] 1889년 3월 14일, 언더우드는 신혼여행 겸 3번째 전도여행에서 압록강변의 마을을 두루 다니며 의주에 들렀다가 서울로 돌아오는 여정이었다. 이 여행에서 세례를 받고 싶어하는 100여 명의 의주 사람들을 만났다. 언더우드는 1889년 4월 27일, 세례 지원자 33명을 배에 태우고 압록강을 건너 중국령에 이르러서 세례를 베풀었다.[66]

이런 일 모두는 권서들이 뿌려놓은 씨가 자란 열매들이었다. 이때 세례를 받는다는 것은 목숨을 내어놓는 일이었다. 그러나 그들은 세례받았다는 이유로 국왕이 그들을 처형한다 해도 세례받기를 원한다고 말함으로써 기독교 신앙에 대한 그들의 강력한 의지를 내보이고 있었다.[67]

---

65) H.G. Appenzeller's Diary May, 1, 1887.
66) 김명구, 앞의 책, 152.
67) L.H. Underwood가 미북장로교 선교부 총무, Ellinwood에게 보낸 1887년 1월 22일자 편지 ; 이만열, 앞의 책, 83, 383.

3. 미감리회의 한국선교

[3] 2. **미감리회의 한국선교**[1] 미감리회의 선교는 교육과 의료, 문서 사업으로 시작되었다. 배재학당과 이화학당은 한국 근대 교육의 요람이 되어 많은 지도자를 배출하였으며 시병원과 보구여관은 한국 근대 의료사업의 요람이 되었다. 감리회 출판사에서 펴낸 성서와 서적은 복음 전도에 유효한 도구가 되었고 한글문화의 발전을 촉진시켰다. 스크랜턴과 아펜젤러는 1885년 5월과 7월에 정동에 각각 처소를 마련하였고 1885년 10월 장로교 선교사들과 함께 한국에서 최초의 성찬식을 거행했다. 1887년 7월 24일 배재학당 학생 박중상에게 첫 세례를 ① <u>거행하였으며</u> 1887년 10월 9일 남대문 안에 '벧엘예배당'이라는 이름으로 별도의 예배처소를 마련하여 선교의 영역을 확장했다. 1897년 ② <u>서울과 인천, 평양</u>에서 엡윗청년회가 창설되었는데 이는

---

1) 「교리와 장정」, 22.

오늘의 감리교 청년회, 청장년선교회, 남선교회, 여선교회의 모체다. 선교 초기부터 신학반과 신학회를 조직하고 한국인 목회자 양성을 추진하여 1901년 최초 한국인 목사로 김창식 목사, 김기범 목사를 배출했다. 미감리회에서는 1902년 하와이 이민 선교를 시작으로 북만주와 몽골, 일본 지역에 선교사를 파송했다.

1) 위 ① '거행하였으며'는 '**베풀었으며**'로 쉬운 우리말로 바꾸는 게 좋겠다.
2) 위 ② '서울과 인천, 평양'에서 '엡웟청년회' 창설을, 그 순서대로 말하면 맨 처음은 제물포(내리교회)이고 그 다음이 달성(상동교회) 교회이다. 세 번째가 평양(남산현)교회이고 그 다음이 정동제일교회이다.[2] "(4) 주일학교 · 엡웟청년회 · 여선교회" 참조 ; 그러므로 '**제물포교회(내리), 달성교회(상동), 평양(남산현), 정동제일교회**'로 써야 한다.

1) 아펜젤러 · 스크랜턴이 들어옴

미국감리회는 1818년 뉴욕 교역자대회에서 '성서와선교회'(The Bible and Missionary Society)를 조직했고 1819년 감리교 총회에서 '감리교선교회'(The Missionnary of the Methodist Episcopal Church)를 조직하여 아프리카, 남아메리카, 인도, 중국, 멕시코, 말레시아와 불가리아에 선교사업을 폈다. 당시의 미국은 대각성운동(1735~1755, 1795~1855)과 무디(M.L. Moody, 1837~1899)의 부흥운동으로 해외 선교에 대한 열정이 높아졌고 많은 선교단체들이

---

2) 윤춘병, 앞의 책, 352~353. ; 이덕주 · 서영석 · 김흥수, 앞의 책, 167~168.

조직되었다. 미감리회 해외여선교회는 1869년에 조직되었고 1882년 새로 조직된 미감리회 국내외여선교회와 연합하여 국내외 여성사업부로 통폐합되었다. 1870년에서 1939년까지 70년 동안 세계 각국에 파송한 선교사는 1,572명에 이른다.[3]

매클레이로부터 한국에 두 명의 선교사(교사 1명, 의사 1명) 파송 요청을 받은 미감리회 해외선교부는 네 명(남 2명, 여 2명)의 선교사를 파송했다. 교육선교사는 아펜젤러(Henry G. Appenzeller, 1858~1902) 부부, 의료선교사는 스크랜턴(William B. Scranton, 1856~1922) 부부였다. 그리고 미감리회 국내외여선교회에서 특별히 여성 사업 담당으로 스크랜턴의 어머니, 메리 스크랜턴(Mary F. Scranton, 1832~1909)을 파송했다.

어머니 스크랜턴은 아들보다 먼저 해외 선교에 관심을 가졌고 아들을 설득했다. 스크랜턴 어머니는 1832년 매사추세츠주 베처타운에서 뉴잉글랜드의 전통있는 감리교 목사 벤톤(E. Benton)의 딸로 태어났다. 이름은 메리 벤톤(Mary Benton)이다. 남동생과 조카도 감리교 목사였다. 그의 동생이 감리교 해외선교국 총무로 일한 바 있다. 메리는 공장주였던 스크랜턴(W. Scranton)과 결혼해서 아들을 낳았다. 그가 스크랜턴(William T. Scranton)이다. 메리는 40세에 남편을 잃었다. 아들은 의사가 되었고 1882년 암즈(Loulue W. Arms)와 결혼했다. 개업하여 안정된 삶을 누리고 있었다. 사실, 스크랜턴 일가가 선교사 집안이 되리라고는 꿈에도 생각지 못했다. 그런데 1884년 초여름 스크랜턴 박사는 지독한 장티푸스에, 딸도 병에 걸렸다. 둘 다 중태였으나 회복이 되었다. 하나님의 은혜였다. 이 사

---

3) 윤춘병, 앞의 책, 49.의 주2) 참조.

건은 스크랜턴으로 하여금 해외 선교를 결심하는 계기가 되었다. 이미 외국선교사 교섭을 받았던 어머니는 한국선교에 생을 바치기로 결심하고 자원했다.

그는 여러 해 감리교 해외여선교회 서기로 일했었다. 그는 52세의 적지 않은 나이에 한국 선교사로 들어와서 77세로 삶을 마칠 때까지 25년을 일하면서 누구보다도 위대한 선교의 발자취를 남겼다. 이화여자대학, 이화여자고등학교와 협성여자신학교를 설립했고 수원, 광주, 이천, 여주 등 경기도 남부 일대에 수십 교회를 세웠다. 그는 이경숙을 아예 수원지방 전도부인으로 파송하여 수원을 비롯 남양, 오산을 넘어 충청도 내포와 해미, 덕산까지 복음을 전하도록 했다.[4]

스크랜턴이 미감리회 해외 선교부로부터 한국에 의료선교사로 임명을 받은 날은 1884년 12월 4일이다. 개화당의 쿠테타가 일어난 날이었다.(갑신정변, 1884.12.4.) 이때 스크랜턴은 목사 안수를 받고 뉴욕 동부연회에 소속되었다.[5]

아펜젤러는 18세이던 1876년 10월 1일, 한 부흥회에 참석했다가 깊은 체험을 했다.

깊은 감동 속에 철저한 회심이다.

그는 이날을 영적 생일로 정하고 해마다 기념했다. 이 신생체험은 그의 일생을 가르는 중요한 전환점이 되었다.[6] 중생을 체험한 그는 개혁교회(장로교)에서 감리교회로 교적을 옮겼다. 그리고 일기에 이렇게 썼다. "나는 감리교회에 가입하는 것이 나의 의무라고 생각하

---

4) 이덕주 · 서영석 · 김흥수, 앞의 책, 62.
5) 백락준, 『한국개신교사』, 연세대학교출판부, 1973, 117~118.
6) 김낙환, 『아펜젤러 행전 1885~1902』, 영상복음, 2022, 141.

며 오늘날 내가 한 일은 오로지 하나님의 영광을 위하여 한 것 이라고 생각한다."[7] 아펜젤러가 칼빈주의를 떠나 웨슬리언이 된 것에 대하여 회상했다.[8]

나는 너무나 기쁘고 행복해서 '할렐루야'를 외치고 싶었습니다. 하지만 장로교에서는 그렇게 외칠 수가 없었습니다. 그래서 나는 마음껏 소리칠 수 있는 감리교회로 옮겼습니다.

그는 1882년 프랭크린 마샬대학을 졸업하고 '감리교 사관학교'로 불리는 드류신학교에 입학했다.[9] 신학교 시절, 한국은 본래 아펜젤러의 선교 희망지였다. 그러나 기숙사 동료인 워즈워드가 먼저 한국선교를 지원했다. 그런데 동료가 신체검사에서 탈락하면서 아펜젤러의 소원대로 되었다. 그는 웨슬리적 부흥운동을 좋아했고 웨슬리적 사회성화운동에 깊은 영향을 받았다. 1881년 2월 26일 자 일기에 이렇게 썼다.[10]

나에게 야망이 있다면,
주님께 봉사하는데 나 자신을 온전히 바치는 것이다.

아펜젤러는 1884년 11월 엘라 닷지(Ellar G.Dodge)와 결혼하고 12월 샌프란시스코로 갔다. 1885년 2월 2일 샌프란시스코에서 파울러 감독으로부터 집사 목사와 장로 목사 안수를 동시에 받았다. 아펜젤러를 한국 선교사로 결정하기까지 선교부에서는 심사숙고했다. 그

---

7) 아펜젤러, 「일기」, 1879년 4월 20일.
8) Appenzeller, Fleming H. Revell Co. 이만열 역편 「아펜젤러-한국에 온 첫 선교사」, 연세대학교 출판부, 1985. 230. ; 유동식, 「한국 감리교회 사상사」, 전망사, 1993. 33.에서 재인용.
9) 김신호, 「한국교회에 영향을 미친 미국교회사」, 주식회사 부크크, 2020. 187.
10) 이만열, 앞의 책, 73.

것은 첫째, 한국이 정치적으로 혼란했고 둘째, 선교사업에 경험이 있든가 아니면 다년간 목회 경력이 있는 사람으로 선택해야 된다는 원칙 등이 있었기 때문이었다. 아펜젤러는 나이 26세로 신학교 재학 중에 선교사를 지망했다. 그는 선교 경험도 목회 경험도 없었지만 다행히 사범학교를 마치고 단기간이나마 교직에 있었던 경험과 파울러 감독의 적극 추천으로 한국 선교사로 결정되었다.[11]

스크랜턴·아펜젤러 일행은 일본으로 향하는 배를 탔다. 메리 스크랜턴은 52세, 스크랜턴은 29세, 아펜젤러는 27세였다. 아펜젤러 부부와 스크랜턴 가족 3명으로 이루어진 감리교 개척 선교단 5명[12]은 1885년 2월 3일 샌프란시스코를 출발하여 2월 27일 일본 요코하마에 도착했다. 그들은 동경으로 가서 매클레이의 영접을 받았다. 매클레이 집에서 3월 5일, '한국선교회(Korea Mission)'를 결성했다. 3월 31일 파울러 감독은 한국선교회 관리자로 매클레이, 협동 관리자에 아펜젤러, 스크랜턴을 회계로 임명했다.[13]

매클레이는 선교사들을 두 팀으로 나누었다. 선발대인 1진은 자녀가 없는 아펜젤러 부부, 2진은 스크랜턴 가족이었다. 선발대는 3월 23일 요코하마를 떠났다. 고베를 거쳐 3월 28일 나가사키에 도착하여 배를 갈아타고 3월 31일 부산으로 출발했다. 고베에서 장로교의 언더우드가 함께 탔다. 배는 4월 2일 부산항에 도착하여 하루를 머물렀다. 아펜젤러 부부는 부산항에 잠시 상륙하여 처음으로 한국 땅을

---

11) W.E. Griffis, H.G. Appenzeller : A Modern Pioneer in Korea, Flemimg H. Revel Company, New York, 1912, 85~91. ; J.M. Reid's Letter to H.G. Appenzeller, Dec. 20, 1984. ; 유동식, 『정동제일교회 역사』, 정동 제일교회 역사편찬 위원회, 1992, 30.
12) 실제는 6명이었다. 스크랜턴의 2살 된 딸이 있었다.
13) 이덕주·서영석·김흥수, 『한국감리교회역사』, 도서출판kmc, 2017, 24.

밟았다. 그때의 첫인상을 아펜젤러는 이렇게 남겼다.[14]

　한국의 오랜 마을인 부산을 3마일 정도 걷기 시작했다. 도로는 두 사람이 나란히 걸을 수 있을 정도로 좁았다. 두 개의 가파르고 울퉁불퉁한 언덕길을 올라 여기저기 흩어져 있는 경작지를 내려다 보았다.… 외관을 훌륭하게 갖춘 넓은 어깨의 건장한 남성들이 전혀 아무 일도 하지 않은 채 모여 있는 것을 여러번 보았다.
　돌 위에다 옷을 놓고 방망이로 두드리면서 개울에서 빨래하는 여인들을 보았는데 그들은 한결같이 얼굴을 돌렸다. 땅은 마치 경작된 것처럼 매우 비옥하다. 그러나 남자들의 무관심과 절대 나태가 이 나라의 빈곤과 불행의 가장 큰 요인이다. 기근이 오면, 자신들을 돌봐줄 아내가 없는 홀아비들이 많이 죽는다고 한다.

　4월 3일 아침 부산항을 출발한 배는 1885년 4월 5일 부활절 오후 3시경 제물포에 도착했다. 아펜젤러 내외와 언더우드가 우리나라에 들어오는 최초의 선교사로 영광스럽게 아펜젤러의 아내가 첫발을 내딛었다. 아펜젤러는 그의 아내가 론치(launch, 작은 배)에서 내려 한국 땅을 밟은 최초의 사람임을 매우 자랑스럽게 여겼다.[15] 선교사 연례보고서에서 "내 아내(Mrs. Apenzeller)가 먼저 한국 땅을 밟았다"며 자랑했다.[16] 장로교 선교사 곽안전은 "세 사람이 서로 손을 잡고 동시에 뛰어내리니 셋이 다 그 영광의 첫 자리를 차지했다."고 적었다.[17] 그러나 아펜젤러의 전기를 쓴 그리피스(William Elliot Griffis)가 분명하게 밝혀주었다.[18]

---

14) Annual Report of the Board of Foreign Miision of the Methodist Episcopal Church, 1885, 236.
15) ME Report, 1885, 236. ; Charles D. Stokesz, 앞의 책, 63.
16) Annual of Report MEC, 1885, 236. ; 윤춘병, 앞의 책, 58.
17) 곽안전(심재원 역), 『韓國敎會史』, 대한기독교서회, 1961.
18) W.E. Griffis, H.G. Appenzeller : A Modern Pioneer in Korea, Flemimg H. Revel Company, New York, 1912, 59~80. ; 윤춘병, 앞의 책, 58. 주) 12.

드디어 4월 5일 그들(아펜젤러 부부, 언더우드)은 제물포에 도착했다. 1620년 미국으로 처음 이민 온 사람 중에 칠톤(Mary Chilton)이 프리머스 바위 위에 첫 발을 내디딘 것처럼 한국 땅에 첫발을 디딘 사람은 아펜젤러 부인이었다.

고종의 윤허가 있은 지 9개월 만이다. 제물포에 상륙한 아펜젤러는 이렇게 기도를 드렸다.[19]

사망의 빗장을 산산이 깨뜨리시고 부활하신 주님께서 이 나라의 백성들이 얽매어 있는 굴레를 끊으사 그들에게 하나님의 자녀가 누리는 빛과 자유를 허락해 주옵소서.

한국교회에 잘 알려진 '언더우드의 기도'[20]는 그의 기도가 아니다. 정연희 작가가 쓴 소설 『양화진』(1992, 홍성사)에서 인용된 내용이다. 사실 언더우드의 기도는 잘 알려진 것이 없다. 위의 아펜젤러의 기도가 한국을 향한 최초의 기도이다.

아펜젤러는 총각 언더우드와는 달리 서울로 곧장 들어오지를 못했다. 갑신정변 그 뒤의 국내 사정이 녹록하지 않았기 때문이다. 미국 대리공사 폴크(Foulk)는 "정치적 상황이 좋지 않기 때문에 서울로 들어오지 말고 항구를 벗어나지 않는 것이 좋다"는 충고를 했다. 아펜젤러는 기회를 찾다가 결국 4월 10일 일본 나가사키로 돌아갔다. 한편 도쿄에서 기회를 보던 스크랜턴은 혼자서 4월 20일 요코하마를 출발하여 4월 22일 나가사키에 도착했다. 나가사키에서 스크랜턴과 아펜젤러는 만났다. 스크랜턴은 아펜젤러로부터 한국 상황을 자세히

---

19) Annual Report of MEC, 1885. 235-237. ; 1885년 4월 9일 자 아펜젤러 편지, 이만열 편 『아펜젤러』. 연세대학교 출판부, 1985. 270.
20) "주여! 지금은 아무 것도 보이지 않습니다. …보이는 것은 고집스럽게 얼룩진 어둠 뿐입니다. … 조선 남자들의 속셈이 보이지 않습니다. … 지금은 예배드릴 예배당도 없고 학교도 없고… 주여! 오직 제 믿음을 붙잡아 주소서!"

듣고 4월 28일 나가사키를 출발하여 5월 3일 제물포에 내렸다. 다음 날 서울에 올라온 스크랜턴은 당분간 알렌의 병원 일을 돕기로 했다. 한편, 아펜젤러 부부와 스크랜턴의 가족은 6월 20일 제물포에 입항했다. 스크랜턴 가족은 곧바로 서울로 올라와 6월 21일 알렌의 집에 여장을 풀었다. 그러나 아펜젤러 부부의 입경은 여전히 순조롭지 않았다. 그는 39일을 제물포(지금의 내리교회 주변)에 더 머물면서 조심스럽게 복음을 전했다. 그가 제물포를 떠나 서울에 도착한 것이 7월 29일, 이날을 내리교회는 그 시발점으로 본다.[21]

2) 교육과 의료, 출판을 통한 선교

(1) 배재학당 창립

아펜젤러가 서울에 도착한 지 5일째 되는 날인 1885년 8월 3일, 제중원 직원인 고영필과 이겸라가 영어를 배우러 찾아왔다. 서양 의술을 배우고 싶어 했던 이들에게 먼저 영어부터 배우라고 스크랜턴이 보낸 것이다.[22] 아펜젤러는 그날부터 그들에게 영어를 가르쳤다. 학교가 정식으로 시작된 것은 이듬해 1886년 6월 8일이다.[23] 그는 작은 방에서 두 학생에게 날마다 한 시간씩 영어를 가르쳤다. 학생들이 점점 늘어났다.

아펜젤러보다 서울에 먼저 들어 온 스크랜턴은 알렌의 초청으로 5

---

21) 인천 내리교회는 1885년 7월 29일을 창립 기념일로 지키고 있다. 1885년 7월 7일 일본에서 주문한 오르간이 수화물로 제물포에 도착했다. 아펜젤러는 한국 최초의 오르간 연주를 했다. 그의 부인 엘라가 친구에게 쓴 편지에 "오르간이 방금 도착했는데 다 괜찮아. 좋아. 약 1시간 전에 해리(아펜젤러)가 '만복 근원 주 하나님' 찬송 등을 연주했단다. 이것은 한국 상공에 울려 퍼진 최초의 감리교 찬송이지. 한국의 모든 땅에서 어서 빨리 이 찬송을 들었으면 해." 이 연주는 제물포에서였다.
22) 김명구, 앞의 책, 104.
23) 유동식, 『한국감리교회의 역사』(1883~1992), 기독교대한감리회, 1994, 62.

월 22일부터 알렌의 병원(제중원) 일을 함께했다. 그 사이 의사 헤론(John W. Heron, 1856~1890)이 들어왔다. 스크랜턴은 6월 24일 제중원[24]을 사임하고 정동에서 9월 10일 상동교회의 모체인 시병원을 시작했다. 메리 스크랜턴은 1886년 5월 31일 이화학당을 세웠다. 세 곳 모두 왕궁이 있는 정동이다.

아펜젤러가 1886년 6월 8일에 시작한 학교는 7월 2일에 첫 학기를 끝냈다. 등록생은 6명이었다. 그러나 얼마 안 가서 한 학생은 '시골에 볼일이 있어서', 또 한 학생은 '배우기 힘들다'며 포기했다. 또 다른 한 명은 '집안에 초상이 나서' 등교할 수 없었다. 그해 9월 1일 단 한 명이 등교한 가운데 다시 문을 열었다. 10월 6일에는 재적 20명에 18명이 출석하고 있었으며 거의 매일 입학 신청을 하는 학생들이 있었다.

그는 학교를 통해 예수를 전하는 기회를 달라고 기도하며 눈에 잘 띄는 곳에 성경을 놓아 학생들이 읽게 했다. 1887년 2월 21일 국왕은 '배재학당(培材學堂)'이란 교명을 내렸다. 이 사실이 알려지자 6월 방학 때는 재적생이 43명으로 불었고 1년 동안 등록한 학생 수가 63명이었다. 관료로 출세하고 싶은 학생들이 몰려왔고[25] 졸업생들은 관료로 임명되었다. 배재학당은 정부 관리의 등용문이 되었다. 학생들은 대부분 개화파나 몰락한 양반 가문, 중인 그룹이었다. 당시 영어를 배우고 서양식 근대문명을 배우는 것은 출세의 지름길이었고 영어를 말한다는 것은 사회적 신분의 상승이었다. 학당 안에 영어학부, 한문학부, 공학부를 두었다. 나중에는 의학부까지 설립할 계획이었다. 아펜젤러는 배재학당을 미국의 대학 수준으로 육성할 마음이었다.

---

24) 2월 29일 서울의 재동(지금의 헌법재판소 자리)에 서양식 근대 의료 기관인 광혜원을 설립하도록 윤허했다. 광혜원은 같은 해 3월 12일 제중원으로 이름을 바꾸었다.
25) 이덕주, 『한국기독교의 역사』 제30호, 2009년 3월. 40.

아펜젤러는 미국선교본부에서 보내온 2천 달러로 르네상스식 교사를 정동 언덕에 벽돌 단층으로 아담하게 지었다. 1886년 8월에 공사를 시작하여 그해 11월 1일에 완공했다.[26] 학교는 갈수록 발전했다. 학교는 정치적 야망을 가진 젊은이들과 지식계층에게 인기였다. 선교사들은 기독교 문명론에 입각하여 근대화를 추구하는 선교정책을 폈고 한민족 근대화와 사회변혁의 과제를 중요하게 여겼다.[27] 배재학당의 당훈은, '욕위대자 당위인역(慾爲大子 當爲人役)'으로 마태복음 20장 26절 말씀이다. "누구든지 크고자 하는 자는 너희를 섬기는 자가 되라"

학생들은 서양의 근대학문과 서양인 교사와 접촉을 통하여 국제적 감각을 갖게 되었고 기독교의 개인의식, 평등의식, 노동의 존엄성을 처음으로 깨닫게 되었다. 이런 깨달음은 대한제국 말기와 일제 침략 통치기에 민족의 자주독립과 사회변혁운동의 중요성을 인식시켜 주었고 민주주의적 근대독립국가 사상으로 연결되었다. 이승만을 비롯한 배재 출신들이 적극적으로 독립사상과 민주주의사상을 주장했던 것은 모두가 교육의 열매였다.[28]

감리교는 총명한 학생들을 배출하였고 독립협회와 만민공동회, 협성회를 통하여 민주시민운동에 앞장섰다. 나무는 산에서 자라지만 지도자는 교회에서 자라고 있었던 것이다. 아펜젤러는 복음주의 입장에서 교육사업, 의료사업, 사회사업을 통하여 개인, 가정, 사회, 문화는 변혁된다는 확신이 넘쳤다. 그런 점에서 그는 전통적인 감리교 신앙의 소지자요, 실천가였다. 한편 정부는 배재와, 시병원에 '기수'를 배치했다.[29]

---

26) 김세한, 『培材八十年史』, 培材學堂, 1965, 92~93.
27) 이만열, 『아펜젤러』, 연세대학교 출판부, 1985, 475.
28) 김명구, 『한국기독교사 1-1945년까지 예영커뮤니케이션, 1992, 107.
29) 이덕주 · 서영석 · 김흥수, 앞의 책, 31.

(2) 감리교신학대학의 기원

아펜젤러는 들어올 때부터 필요한 인재를 양성해 달라는 한국 정부의 부탁을 받고 배재학당을 시작하면서 미국의 대학을 염두에 두었다. 그리고 토착인 목회자 양성을 위한 신학교육에 착수했다. 1887년 국왕으로부터 학교 이름(배재학당)을 받고 나서는 한층 더 자신감을 갖고 종교교육을 추진했다. 1887년 9월 배재학당에서 한국개신교 최초로 신학 과목을 강의했다. 감리교신학대학교의 기원이다. 아펜젤러의 '1887년 배재학당 보고'[30]이다.

> 우리 신학부는 아직 종교의 자유가 없는 관계로 공식적으로는 문을 열지는 못했습니다. 그러나 간절한 마음으로 말씀을 배우고 싶어 하는 학생 8명이 있어 방과 후에 선생들이 개별 지도를 하고 있습니다.

그러나 신학교육은 이듬해인 1888년 4월의 종교집회 금지령과 영아 소동으로 벧엘예배당 집회와 배재학당의 신학공부도 중단되었다. 그렇지만 목회자 양성을 위한 신학교육은 선교사들이 개인적인 차원에서 토착 전도인에게 성경과 교리를 가르치는 형태로 바뀌었다.[31] 1888년 9월에 작성한 아펜젤러의 선교사 연례보고서에 배재학생 가운데 과외로 지원자 8명을 받아 신학반을 편성하고 신학 과목을 가르쳤다고 했다.[32] 이 신학반이 1893년 배재대학 신학부로 이어졌고 한국감리교의 공인 신학교가 된 것이다. 아펜젤러는 미국 선교본부에 1888년부터 1890년까지 3년간 신학반을 계속하면서 신학교 1곳, 교사 3명, 학생 7명으로 보고하고 있다. 학생은 7명, 혹은 8명이 있

---

30) Annual Report of Missionary Society of the Methodist Episcopal Church(1888), 339. ; 139.
31) 이덕주 · 서영석 · 김흥수, 앞의 책, 140.
32) Annual Report of MEC, 1888, 344.

은듯하며 성경, 십계명, 사도신경, 그밖에 교리서 등을 교수했다. 아펜젤러는 1891년에는 제물포 주재책임자로 1892년 6월에서 1893년 6월까지는 안식년을 가졌다. 그동안 스크랜턴이 아펜젤러 후임으로 한국 감리사직을 맡았다. 스크랜턴의 1893년 5월 6일자 편지의 일부이다.[33]

　우리는 학교 안에 이런 취지에서 학생들을 훈련시킬 한 반(a class)을 개설해 장차 우리 사역자로 양성하는 것이 현명하다는 사실을 깨달았습니다. 이것이 신학교의 시작입니다.
　아펜젤러가 돌아오면 이 학교를 출범시킬 것으로 생각합니다. 현재 가장 지성적인 그리스도인들로 12명이 선발되어 있는데 그들이 1주일에 2~3일 정도 오후마다 모여 공부하고 있습니다. 과목은 성경, 설교학, 구원론, 성경개론 등입니다.

　규칙적인 신학교육을 계속하며 학생도 12명으로 늘어났다. 장로교의 신학교육은 1892년 언더우드 자택에서 기포드에 의해 2주간 7명을 모아 놓고 시작한 성경반을 사경반, 신학반 등의 형태로 구성되었다고 기록하고 있다.[34] 감리교보다 5년 뒤이다.
　아펜젤러가 안식년 휴가를 마치고 돌아온 뒤에 1893년 8월에 열린 미 감리회 한국선교회 19차 연회에서 아펜젤러를 '배재대학 학장 겸 신학부 부장'으로 임명하여 '본처전도사 과정'으로 신학교육을 실시했다. 그동안 '신학부', '신학교', '신학반'으로 불렀던 신학반을 1899년 5월 '신학회'로 이름을 바꾸고 과정도 4년으로 개편했다. 교육 장소도 서울 아닌 지방이었다. 지원자들이 급속히 늘어났다. '신학회'는 교역자 양성을 위해, '사경회'는 평신도지도자 육성을 위해 각각 나누어 교육했다. 신학회는 1907년 남감리회와 연합하

---

33) W.B.Scranton Letter to Dr. A.B.Leonard, May 6, 1893. ; 윤춘병, 앞의 책, 365.
34) 민경배, 『대한예수교장로회백년사』, 대한예수교장로회 총회, 1984, 81.

여 협성신학교가 되었다. 감리교신학대학의 전신이다.

미감리회 선교부는 1900년 12월부터 신학회 교재로 순 한글 월간 잡지 「신학월보」를 간행했다. 한국교회사에서 최초 신학잡지[35]로 신학회에서 가르치는 성경과 교리, 일반 역사, 상식도 수록했다. 「신학월보」는 사경회와 신학회의 차이를 이렇게 설명했다.[36] "우리 교회에 긴급한 일은 교우들을 가르침이니 이 일로 사경회도 보며 신학회도 볼지니라. 사경회란 거슨 각 교회 본 등지에서 볼거시니 그 지방에 잇는 직분 가진 형제를 한 회로 모혀 성경과 교책과 교법례를 공부할 거시며 신학회란 거슨 전도사들과 권사들과 및 장차 전도 직분 맛흘 형제만 참례하고 공부하는 회니 이 두 회를 비교하건대 사경회는 소학이요, 신학회는 대학이니라. 근래에 사경회와 신학회 둘 다 힘써 보니 그 효험이 큰지라."

(3) 이화학당 창립

1885년 6월 20일 서울에 들어온 메리 스크랜턴은 도착하자마자 곧 바로 여성사업을 시작하고 여학교를 개설했다. 그러나 학생을 구할 수 없었다. 10월에 스크랜턴의 집 뒤 성벽 바로 안쪽에 있던 초가집 19채와 일대 언덕 부지를 구입했다. 이듬해 1886년 5월 31일 밤에 한 여성이 찾아왔다. 첫 학생이었다. 그러나 병으로 3개월 만에 그만두었다.[37] 한 달 뒤에 두 번째 학생이 왔다. 그마저 학교를 그만두려 했다. 선교사들이 미국으로 데려갈지 모른다는 염려와 이웃의 비난 때문이었다. 세 번째 학생은 서대문 밖에 버려진 별단이[38]로 이같

---

35) 이덕주·서영석·김흥수, 앞의 책, 140.
36) "신학회와 사경회", 「신학월보」, 1권 2호 (1901년 1월).
37) 김명구, 앞의 책, 116.
38) 이 글, 103쪽, "(4) 시병원 설립" 참조.

은 아이들로 학교가 시작되었다. 그해 11월에 'ㄷ'자 형 교사를 지었다.[39] 조선시대에 궁궐에서나 볼 수 있는 2백여 칸이나 되는 기와집으로 정동 일대에서 제일 큰 집이었다. 공사비는 미국의 일리노이주의 교인 블랙스톤(W.E. Blackstone)이 보낸 3천 달러와 미감리회 여선교회 뉴욕지회에서 보낸 7백 달러로 충당했다.[40] 그러나 "여자는 가르칠 필요가 없다"는 봉건적 분위기 속에서 더군다나 선교사가 운영하는 여학교에 딸을 보내는 부모는 없었다.

초창기의 여성교육은 배재학당 초창기보다 더 어려웠다. 결국 무료로 가르쳐 주고 먹여 주고 입혀준다는 조건에 가난한 집 딸들과 버려진 아이들로 시작한 학교는 1887년에 7명이 되었다. 메리 스크랜턴의 말이다.

> 그들 부녀자들을 여기에서 우리 외국인의 생활 양식과 의복제도와 생활 환경으로 살도록 만들려고 하지는 않는다. 이따금 미국에서나 한국에서 우리 학생들의 생활 전부를 바꾸어 놓는 줄로 생각하는 것은 오해이다.
> 우리는 한국인이 보다 좋은 한국인이 되는 것만을 기뻐한다. 우리는 그들이 한국적인 것을 자랑스러워 하고 나아가서는 한국이 그리스도와 그의 교훈을 통하여 훌륭한 한국인이 되기를 원하고 있다.

그해(1887.2) 왕후가 '이화학당(梨花學堂)'이라는 현판을 보내왔다. 그러자 학교는 사정이 달라졌다. 이는 사액서원[41]에 비견되는 것으로 이화학당이 국가로부터 공식적인 인정을 받은 여학교임을 뜻하는 것이었다. '이화'는 "배꽃같이 순결하고 아름다우며 향기로운 열매를 맺으라"는 뜻을 담고 있으며 조선 시대 왕실을 상징하는 오

---

39) Anual Report of WFMS of MEC, 1887, 50. ; 윤춘병, 앞의 책, 173.
40) 유동식, 앞의 책, 66.
41) 왕이 서원의 이름이 적힌 현판을 하사 하는 것.

얏 꽃과 비슷하여 이화학당은 명예로운 이름이 되었다. 교육과목은 언문, 한문, 영어 이외에 태도, 청결, 정돈 등의 기본예절을 가르쳤다.[42] 1888년 1월부터 이화학당 주일학교를 시작했다. 한 달 뒤에는 부인들을 모아 성경과 교리공부를 시작했다.

아펜젤러와 함께 이 땅에 들어온 언더우드가 감리교처럼 학교를 세우겠다고 국왕에게 청원을 올린 것은 그가 입국한 지 4년이나 지난 1889년의 일이다. 그러나 한마디로 거절이었다. 청원은 1888년 9월 8일, 1889년 1월 18일, 1889년 7월 22일과 27일의 모두 4차례 했다.[43] 거절이유는 "美國과 우리나라 敎가 본래 不同하기 때문에 사사로이 敎誨[44]하는 것을 바라지 않는다. 敎育兒童할 뿐 耶蘇敎를 不誨한다.…"이었다. 그러면서도 감리교에 대한 교육사업은 계속 지원되었고 배재학당, 이화학당의 학교 이름까지 내린 것이다.

(4) 시병원 설립

스크랜턴은 아펜젤러보다 서울에 먼저 들어왔다. 1885년 5월 3일 홀로 제물포에 내린 스크랜턴은 알렌의 초청을 받아, 5월 22일부터 알렌의 병원(제중원) 일을 함께했다. 그 시기에 의사 헤론(John W. Heron, 1856~1890)이 들어옴으로 스크랜턴은 6월 24일 제중원을 사임하고 정동에 병원 설립을 서둘렀다. 미 공사관 바로 옆에 있는 한옥과 땅을 사서 병원으로 꾸미고 9월 10일부터 진료를 시작했다. 대문에 '미국인 의사병원'이란 간판과 함께 "남녀노소를 불문하고 어떤 병에 걸렸든지 빈병을 가지고 와서 미국 의사를 만나시오"라는

---

42) 김폴린, 『한국기독교 교육의 역사』, 대한기독교서회, 1992, 77.
43) 민경배, 앞의 책, 131.
44) 교회(敎誨)의 '敎'는 '가르치다'는 의미가 강하고 '誨'는 배우는 사람에게 스스로 '깨닫게 하다'는 의미가 강하며 도덕적인 훈계 이외에 전문 지식 전수에 사용한다.

안내판을 내 걸었다.[45] 이때 정부의 도움을 받지 않았기 때문에 병원은 독립적으로 운영할 수 있었고 환자에게만 집중할 수 있었다. 비용이 아주 적은 데다 양약의 효과에서도 "한국사람들에게 일대 선풍을 일으키고 있어" 환자들이 몰려들었다.[46] 병원 건물이 절실했다. 이듬해 1886년 봄, 스크랜턴은 자기 집과 붙어 있는 기와집 한 채를 사서 병원으로 개조했다. 미국에서 보내온 의료기기와 약품이 도착하자 6월 15일 정식으로 병원문을 열었다. '정동병원'이라고 했다. 한국 최초의 사립 의료원이다. 스크랜턴의 병원은 "서양 의술은 죽은 사람도 살린다"는 소문이 퍼졌고[47] 가난한 이들은 무료로 치료해 줌으로 병원의 인기는 날로 치솟았다. 제중원과는 대조적으로 환자들은 "제일 불쌍한 계층"의 극빈자들이었다. 새 병원 첫 환자는 '버려진' 환자였다. 스크랜턴의 증언이다.[48]

첫 환자는 풍토 열병에 걸린 중환자였는데 우리는 그녀가 서대문 근방 성벽에 내팽개친 채 버려져 있는 것을 발견했다. 환자 옆에는 네 살배기 딸이 있었다. 우리가 '패티'라 불렀던 그 환자는 작년에 죽었지만 '별단'이라 불리는 딸은 지금 학교에 다니고 있다.

넉 달 반 동안 환자가 842명이나 되었다. 스크랜턴은 1886년 7월 1일부터 1887년 7월 1일까지 1년간 혼자서 무려 2,000명의 환자를 치료했다.[49] 고종은 1887년 6월 15일, '시병원'이라는 이름을 내렸

---

45) '움막을 치고 살거나 그것마저도 없이 살며 아주 버림받아 빌어먹고 사는 제일 불쌍하고 가난한 사람들'을 위하여 진료가 시행되었다. ; M.E. Report for 1886, 272, 274.
46) Annual Report of the Foreign Missions of the Methodist Episcopal Church, 1886, 268~269.
47) Annual Report of MEC, 1894, 245.
48) W.B. Scranton, "Historical Sketch of the Korea Mission of the Methodist Episcopal Church", The Korean Repository (JUL, 1898), 258.
49) 이덕주·서영석·김흥수, 앞의 책, 30~31.

다. 왕이 감동한 것이다. 그것은 스크랜턴이 선교 본부에 알린 보고에서 알 수 있다.[50] "우리 여선교부에 통문이 배달된 며칠 후 아펜젤러가 관리하고 있는 학교에도 '기수'가 배치되었고 그 몇 주일 후에 병원에도 같은 조치가 취해졌습니다. 병원 이름이 한자(施病院)로 되어있어 그 단어를 정확하게 번역하기는 쉽지 않지만 우리는 그것을 영어로 '유니버셜 병원(Universal Hospital)'으로 부르기로 했습니다. 뜻은 온갖 은덕을 널리 베풀라. 모든 환자를 치료하라. 가난하고 병든 자를 먹이고 입히라는 것입니다. 이처럼 짧은 시간에 우리 사업이 정부의 인정을 받은 것은 그 결과가 좋았기 때문이라고 생각합니다."

가난한 자에게 기쁜 소식을! 포로 된 자에게 해방을! 억눌린 자에게 자유를! 병든 자에게 고침을! 고통받는 자에게 평안을! 스크랜턴의 신조였다. '기수'가 배치되었다는 것은 이 기관을 정부가 공인할 뿐 아니라 보호하고 있다는 징표였다. 스크랜턴의 보고이다.[51] "우리가 상대해서 일한 사람들은 거의가 극빈자들이었으며 종종 버림받은 자들도 돌보아 주어야 했습니다. 특히 버림받은 사람들이 그 몸의 상태가 도저히 일할 수 없는 형편이 되었을 경우에는 치료받는 동시에 생활비 전체를 우리가 부담해야만 했습니다."

스크랜턴이 선교본부에 보낸 보고서이다.[52]

병원은 이곳 사람들의 편견을 무너뜨리는 쟁기이다. 이 나라에서는 의사가 어느 곳이든 신상의 위협을 받지 않고 들어갈 수 있다.… 나는 한국 8도에 1명씩 파송할 의사가 8명만 있으면 한다.… 이들은 먼저 들어가 주민들의 편견과 낡은

---

50) W.B. Scranton's letter to J.M. Reid (Apr. 21. 1887).
51) 한국기독교역사학회, 『한국 기독교의 역사 1』, 기독교문사, 2011. 195.
52) Annual Report of the Board Foreign Mission of the Methodist Episcopal Church" (1893), 255.

구습의 장애물을 무너뜨린 후 전도자들이 들어가 잘 준비된 토양에 씨를 뿌릴 수 있을 것이다.…

학교는 땅을 고르고 부드럽게 만드는 써레다. 언젠가는 학교가 병원보다 훨씬 큰 사역을 감당할 날이 올 것이다. 그러나 지금은 아니다. 쟁기로 땅을 고르게 할 수 없듯 써레로 쟁기질을 할 수는 없다.

1888년 스크랜턴은 상동에 약 2,000평의 땅을 사들였다. 그리고 그곳에 약국을 열고 의료사업을 추진한 것은 새로 부임한 의사 맥길(W.B. McGill)이었다. 그는 1890년 10월부터 의료사업을 진행했다.[53] 그해 스크랜턴은 안식년으로 미국으로 돌아갔다.

(5) 보구여관 설립

스크랜턴은 의료선교 책임자로서 의료사업과 함께 전도사업에 큰 관심을 갖고 있었다. 곧 진료와 전도를 겸해야 한다는 것이 그의 신념이었다. 스크랜턴에게 진료는 복음을 전하는 도구이고 환자들은 전도의 대상이었다. 병원은 복음 전도의 접촉점이요, 선교기지였다. 같은 의사라도 알렌과는 선교관이 달랐다.[54] 알렌은 한국을 변화하기 위해서는 의료선교와 같은 사회봉사만으로도 충분하다고 믿었다. 스크랜턴에게 진료소를 낸다는 것은 곧 교회를 개척한다는 의미였다. 스크랜턴 어머니 또한 아들 못지않게 전도열에 불타 있었다. 아펜젤러의 선교가 엘리트 지향적이었다면 스크랜턴은 민중 지향적이었다. 스크랜턴은 병원 이름을 하사받고 나서 선교본부에 보고했다.

나는 국왕의 환심보다는 민중의 환심을 사기를 더 원합니다.

---

53) ARMEC, 1891, 275. ; 유동식, 앞의 책, 60~61. 재 인용.
54) 김명구, 앞의 책, 101.

이때 큰 문제가 생겼다. 환자는 남자만은 아니었다. 사회 풍속에서 남자가 여자를 진료한다는 것은 생각조차 할 수 없는 일이었다. 그리고 몰려오는 환자들을 혼자서는 감당할 수 없었다. 일손이 턱없이 부족한 스크랜턴은 본국 선교부에 여성 의사를 시급히 요청했다. 1887년 10월 31일, 여성 선교사로 로드와일러(L.C. Rothweiler)와 하워드(M. Howard)가 파송되어 들어왔다.

로드와일러는 이화학당, 하워드는 시병원에서 일했다. 하워드는 1887년 이화학당 구내에 부인진료소를 세웠다. 한국 최초의 여성 전용병원이다. 하워드는 첫해 10개월 동안 1,137명을, 다음 해에는 1,423명을 치료했다. 그는 질병이 귀신의 저주라는 샤머니즘 의식을 바꾸어 놓았다. 또한 여성에게도 남성과 똑같이 하나님으로부터 받은 특별한 권리가 있음을 똑바로 그리고 강력하게 일러주었다. 이같은 하워드의 헌신에 감동한 고종 비는 1888년 4월, '보구여관(普救女館)'이라는 병원 이름을 내렸다.[55] "널리 여성을 구하는 집"이란 뜻이다.

그러는 동안 하워드는 건강을 잃게 되어 1889년, 2년 만에 본국으로 돌아가야 했다. 1년 뒤 1890년 그를 대신하여 여의사 로제타 셔우드(Rosetta Sherwood)가 들어왔다. 그녀는 1890년 10월에 여성을 위한 '의료강습반'을 설치하고 1892년 동대문에 분원을 설치했다. 미국 오하이오주 클리블랜드의 볼드윈 여사(L.B. Baldwin)를 기념하여 '볼드윈 시약소'라 이름했다. 이 병원이 이화여자대학교 의과대학 병원으로 발전한 것이다. 보구여관에서 의료보조원으로 일하던 김점동을, 남편 홀의 장례를 치르고 미국으로 돌아갈 때 그를 데리고 가서 우리나라 최초의 여성 의사로 키웠다. 박에스더 박사가 바

---

55) 이덕주 · 서영석 · 김흥수, 앞의 책, 67.

로 그녀다. 우리나라 최초의 여성 의학 박사이다.[56)]

1902년에는 에드먼즈(M.E. Edmens)가 간호원 양성소를 설립했다.[57)] 미국북감리교 1891년도 연례보고서에 따르면 전년도에 정동병원에서 5,360명, 부인병원에서 1,576명(9개월간), 애오개진료소에서 상반기 6개월간 297명, 남대문병원에서 2개월간 300명 등 총 7,533명을 진료한 것으로 나타났다.[58)]

(6) 출판사업

아펜젤러는 한국선교에서 출판과 문서사업에 크게 비중을 두었다. 이를 전담할 선교사가 필요했다. 1888년 1월 아펜젤러의 요청으로 올링거 선교사가 파송되어 왔다. 올링거는 배재학당에서 가르치면서 문서선교 활동에 주력했다. 그는 배재학당 안에 삼문출판사라는 근대적 출판사를 설립했다.[59)] '삼문'이란 한국어, 영어, 중국어의 3문으로 출판한다고 해서 붙인 이름이다. 1892년 삼문출판사 사옥을 양옥으로 짓고 초기의 기독교 서적과 전도지의 대부분을 인쇄했다. 1893년 그가 한국을 떠나고 뒤를 이어 헐버트가 맡았다. 그의 포부다.[60)]

> 우리는 앞으로 복음서들과 서신서들, 그리고 『천로역정』 및 각종의 문서들을 인쇄해야 한다. 성경 전체의 인쇄가 뒤따를 것이다. 우리 앞에는 앞으로 10년 동안의 일거리들이 있음을 본다. 그때에는 전국이 기독교 사업의 대상이 될 것

---

56) 장광영(역사위원회 엮음), 『한국감리교』, 인물사전 기독교대한감리회, 2002, 536.
57) 민경배, 앞의 책, 198.
58) 이만열, "초기선교사들의 활동-선교초기의 의료사업", 『한국기독교와 민족운동』, 종로서적, 1998, 274.
59) "Trilingual Press"라고 했는데 김양선은 '삼음출판사'로 이호운은 '삼국어출판사'로 백낙준은 '삼문출판사'로 각각 옮겼다. 이 글에서는 '삼문출판사'로 쓰기로 한다.
60) Gerald Bonwick, "The Birth of the Korean Reliogious Tract Society", KMF, Vol.10 No.1, Jan, 1914. ; 유동식, 앞의 책, 279. 재인용.

이며 지금은 수천 명의 필요에 응하고 있지만 수백만이 문서를 요구할 것이다. 삼문출판사는 더이상 실험 단계에 머무를 수 없다.

출판사는 점점 확장되었고 1900년에는 '한국감리교출판사'로 개칭했다. 감리교출판사는 성경, 찬송을 비롯 기독교 서적은 물론 영문잡지와 「독립신문」, 「협성회보」, 「매일신문」, 「죠션크리스도인회보」, 「신학월보」등을 출판했다.[61] 복음 전도에서 가장 중요한 것은 성경이고 다음은 기독교 문서였다. 감리교회는 문서선교에서도 단연 앞장이었다. 이에 반해 장로회 측 잡지로는 평양신학교에서 계간으로 발행하는 「신학지남」(1918) 하나가 있을 뿐이었다.(주간지 제외) 아펜젤러는 기독교서회를 시작했고 연합사업에도 앞장섰다. 1898년 아펜젤러는 서재필에 이어 독립신문을 윤치호와 함께 편집하고 이 출판사에서 인쇄하게 했다. 아펜젤러는 한민족의 미래를 위한 교육사업과 지식문화를 넓히는 출판에 막대한 지원을 했다.

3) 토착교회 형성을 향한 첫걸음

(1) 한국 최초의 교회-정동제일교회

1887년 2월, 배재학당 학생 한용경이 아펜젤러를 찾아왔다. 배재학당에서 얻은 최초의 구도자이다. 그 뒤 구도자 2명을 더 얻었다. 그중 한 명인 박중상이 7월 24일 아펜젤러를 찾아와 신앙을 고백하고 세례를 받았다. 첫 감리교 세례요, 첫 감리교인이다. 10월 2일에는 한용경이 세례를 받았다. 1887년 9월, 정동에 작은 집 한 채를 샀

---

61) 「엡윗청년회보」(정동감리교회 엡윗회, 1904), 「성경강론 월보」(정동교회, 1906), 「가뎡잡지」(1907, 상동교회 청년학원), 「공도」(정동교회 장로 강매, 1914) 「신학세계」(협성신학교, 1916) 「감리회보」(1917), 「주일학교연구」(한석원, 1918), 「선민」(강매, 1919) 등이 있다.

다. '벧엘예배당'이라고 이름했다. '벧엘'은 '하나님의 집'이란 뜻이다. 10월 9일 벧엘에서 첫 예배를 드렸다. 정동제일감리교회의 출발이며 한국 감리교회의 시초이다. 공교롭게도 이날은 '한글날'로 한글과 생일이 겹치게 되었다. 참석자는 아펜젤러 말고 4명 모두 한국 사람이었다. 이 역사적인 사건을 아펜젤러는 그의 일기에서 이렇게 말하고 있다.[62]

10월 9일 주일, 나는 벧엘에서 오후 예배를 시작했다. 벧엘은 우리가 성서 활동을 위해 사들인 집이다. 지난주에 만주 목단의 존 로스 목사가 이곳을 방문했는데 두 명의 한국인 기독교인과 같이 왔다. 그중의 한 명은 학교 학생이고 또 한 명은 지금껏 만나 본 한국인 중에 가장 좋은 사람이라고 하며 나에게 추천했다. 나는 그를 두 번째 권서인으로 채용했다.
예배에는 네 명의 한국인이 있었는데 두 명의 권서인과 강씨 그리고 진리를 믿고 추구하는 최씨의 부인이었다. 우리는 8평방 피트의 방에 한국식으로 앉았고 내가 영어로 기도함으로 폐회했다. 나는 이것이 하나님의 뜻을 이루는데 한 위대한 센터가 되어지기를 간절히 바라며 기도한다.

한국 사람 네 명은 로스 목사가 최성균과 함께 추천한 장씨, 그리고 최씨 아내와 다른 여인 강씨였다. 이 예배는 지금까지의 선교사 중심의 연합교회와는 달리 순전히 한국 사람들만 모인 '토착'교회였다.[63] 그 다음 주일(1887.10.16.)에는 한국인 최초의 여성 세례자가 나왔다. 권서인 최성균의 아내이다. 아펜젤러의 선교사보고서에 권

---

62) 아펜젤러, 「일기」, 1887년 10월 11일 자. ; 유동식, 앞의 책, 73.에서 재인용.
63) '연합교회'란 1885년 6월 28일, 알렌의 사택에서 알렌 부부, 헤론 부부, 그리고 스크랜턴 식구들이 모여 첫 주일예배를 드렸다. 그 뒤 7월 서울에 들어온 아펜젤러 부부가 함께했으며 기도회와 주일예배가 정기적으로 진행되었다. '서울연합교회'의 시작이다.
1885년 10월 11일 주일예배에서는 한국에서의 첫 개신교 성찬식이 거행되었다. 집례자는 아펜젤러와 언더우드였다. 1886년 11월 3일, 정식으로 "서울연합교회"를 조직하고 아펜젤러를 담임목사로 선임했다. 유동식, 앞의 책, 68, 70.

서인 최씨에 대한 기록이다.[64] 전도인 최씨는 의주 사람 최성균이다. 한국 첫 여성으로 세례받은 분은 전도인 최씨 부인으로 남편에게서 이미 전도 받아 복음에 접한 분이었고 교리를 공부한 분이었다. 이들 부부는 1887년 10월 9일, '벧엘'의 첫 공중예배 때 참석한 4명의 한국인 중 첫 부부였다.

당시 여성이 남성에게, 그것도 서양 남자에게 얼굴을 드러내놓고 세례를 받는다는 것은 있을 수 없는 일이었다. 길이 안 보이면 길을 찾던가, 아예 없으면 길을 만들란 말이 있듯이 여기에서 기발한 방법이 창출되었다. '휘장 세례'였다. 휘장 한가운데 머리 하나 들어갈 만한 구멍을 내고 여성의 머리를 내민 다음 세례예식을 가졌던 것이다. 23일 주일에는 첫 성찬(1887. 10. 23.)을 가졌다. 11월 추수감사절에는 방이 꽉 찼다. 성탄절에는 아펜젤러가 처음으로 한국말로 설교를 했다.

새문안교회는 1887년 9월 27일 화요일 저녁, 정동의 언더우드 목사의 사랑채에서 언더우드 목사 주재로 한국인 서상륜 등 세례교인 14인과 존 로스 목사가 참석한 가운데 첫 예배가 시작되었다. 정동장로교회(새문안교회)의 창립이다.[65] 첫 성찬식은 1887년 성탄절에 새문안교회에서 가졌다. 민경배는 이를 한국 최초의 역사적인 성찬식이라고 기록했다.[66] "그러나 2개월 전 이미 정동제일교회에서 첫 성찬식이 있었다.(1887. 10. 23.)"

미감리교회는 정동에 배재와 이화의 두 학당, 시병원과 보구여관

---

64) 아펜젤러,「일기」, 1887년 10월 11일 자.
65) John Ross "Christian dawn in Korea", The Missionary Review, Apr. 1890, 247쪽. ; 김명구, 앞의 책, 144. 에서 재인용.
66) 민경배, 앞의 책, 175~176.

그리고 정동교회를 세우므로 정동 일대는 감리교 지역이 된 모습이었다. 정동은 1897년부터 대한제국의 황제가 사는 정궁, 덕수궁이 있는 곳이다.

1887년 12월 4일에는 배재학당 학생 유치겸과 윤동규에게 세례를 주었다.[67] 1888년 1월 13일 주일예배에는 10명이 참석했다. 배재학생 문세익에게 세례를 주었다. 때는 남녀 구별이 엄격한 시절이라서 방 한가운데에 휘장을 치고 예배를 드렸다. 3월 11일 주일예배에는 14명이 참석했다. 이날부터 아펜젤러는 자기 집에서 배재학당 학생들을 중심으로 첫 주일학교를 시작했다. 메리 스크랜턴이 여성을 위한 저녁 예배를 시작한 것도 이날이었다. 다음날 12일, 아펜젤러는 한용경의 결혼식을 주례했다.[68] 한국 최초의 개신교 결혼예식이다.

그러나 곧바로 예배가 두 달간 중단되었다. 영아소동(p125, 참조) 때문이었다. 두 달 후, 영아소동이 해결되자 남자는 주일 오후에 배재학당이나 아펜젤러 사택에서, 여자는 주일 저녁에 이화학당이나 스크랜턴 사택에서 예배를 드렸다. 시간이 흐르면서 주일예배 참석자가 배재·이화학당 학생, 교사, 선교부에서 일하는 한국인 직원들 이외에도 더 있었다.

1888년 선교보고서에 교회 2개 처, 성도 203명이었다. 입교인 11명, 세례인 27명, 원입인 165명이고 주일예배 참석자는 평균 55명이었다. 회심자가 34명, 장년 세례인 34명이었다.[69] 그리고 신학교 하나와 교사 3명, 배재, 이화학당의 학교 둘과 교사 7명에 학생 87명이며 주일학교는 둘에 교사 7명이었다.

---

67) 아펜젤러, 「일기」, 1887년 12월 11일 자.
68) 아펜젤러, 「일기」, 1888년 3월 15일 자.
69) Annual Report of MEC, 1888. 344.

(2) 계삭회(구역회) 조직을 통한 교회 성립

아펜젤러는 명동성당 사건으로 벧엘예배당 집회를 중단한 지 4개월 만인 1888년 9월부터 다시 집회를 시작했다. 선교사들은 의료와 교육사업의 간접 선교방식에서 직접 선교로 과감하게 바꿔 나갔다. 1889년 12월 7일, 감리교회의 양식에 따라 한국 최초의 구역회가 조직되었다. 아펜젤러의 1890년 선교 보고다.[70]

> 지난 12월 선교회(월례) 모임에서 한국 처음으로 계삭회를 조직했습니다.… 우리는 현재 교회 한 곳, 구역회라고도 부를 수 있는 정규적이고 공식적인 조직을 갖게 되었는데 이로써 우리는 우리 교회법에 따라 우리 사업을 추진해 나갈 수 있게 되었습니다.
>
> 이는 우리 개척 선교사들이 한국을 향해 고향을 떠난지 5년도 안되어 이룬 일로서 우리는 정규적으로 조직된 하나의 교회 혹은 구역회를 갖게 되었습니다.

이때의 정식 명칭은 '서울구역교회'(Seoul Circuit or Church)였다. 정동구역회 안에 정동, 이화학당, 종로가 포함되어 있었다. 1893년부터는 '정동계삭회' 또는 '정동회(Cheong Dong Charge)'라는 이름으로 부르다가 1897년에 교회당을 건축하고서 '정동교회'라는 이름을 사용했다. 공식 이름은 '서울제일감리교회'이다. 기록상으로는 1906년 연회록부터 '정동제일감리교회'라는 이름이 나타나고 있다.

구역회의 조직은 교회와 선교사업이 선교사 중심에서 토착교회 중심으로 옮겨지고 있음을 뜻한다. 구역회가 조직되면서 토착 교인들의 신앙을 지도할 속장과 교회재정을 감당할 유사가 선정되었다. 이들은 선교사들의 기대 이상으로 활약했다. 아펜젤러의 보고이다.[71]

---

70) 윤춘병, 앞의 책, 475.
71) Charles D. Stokes, 앞의 책, 100.

"유사들은 교회운영에 필요한 일에 착수하였습니다. 내가 알기로 어떤 이는 자기 수입의 십분의 일 이상을 내고 있습니다. 난방비가 충분하지 못할 때에는 차라리 찬 방에서 예배를 드릴지언정 빚을 내지는 않겠다고 합니다. 아직은 회중이 전도사들 생활비를 담당하지 못하고 있습니다.… 1, 2년 지나 교인 수가 좀 더 늘어나면 정식으로 목사 한 사람을 초청하여 처음부터 교회가 생활비를 책임질 수 있을 것입니다."

구역회 조직 이후 교인들의 뜨거워진 신앙 열정은 예배당 건축으로 이어졌다. 1894년 12월, 건축헌금을 시작했다.

남녀가 한 지붕 아래서 함께 예배드릴 수 있는 건물을 마련하자.

이화학당구역의 지도자와 유사회의 회의에서 건축헌금 650원이 처음으로 작정되었다.[72] 예배당부지는 시병원이 남대문 상동으로 옮겼으므로 그곳으로 정했다. 1895년 8월 7일 공사를 시작하여 9월 9일에 정초식을 가졌다. 서양식 벽돌 예배당을 2년 만에 완공했다. 아펜젤러는 머릿돌에 "이 교회는 1889년 12월 7일 계삭회를 구성함으로 조직되었다. 설교와 기도회는 2년 전에 시작되었다."라고 새겼다.[73] 1897년 12월 26일 봉헌식을 올렸다.

---

[72] 유동식, 앞의 책, 110. 당시 교회의 직분을 가진 사람들의 명단은 다음과 같다. 목사: H.G. 아펜젤러, 본처 전도인: 최병헌 노광옥 김창식, 권사: 송기용, 유사: L.C. 로드와일러 E.A. 루이스 L.E. 프라이 M.W. 해리스 최병헌 이무영 조한경, 탁사: D.A. 벙커 G.O. 페인 노광옥 송기용 한용경.

[73] 머릿돌 상자 속에는 다음과 같은 물건들을 넣었다. 신·구 찬미가, 한문성서 한 권, 언문판 마태·마가·요한복음, 사도행전, 감리교 예식서, 감리교 장정 1892, Korean Repository, 1895년 1월호, 한국 돈, 세례문답서, 감리교 교리서, 성경문답서, 교리문답서, 1895년도 선교회의록, 남·여선교부에서 파송된 초기부터의 선교사 총 명단.

(3) 속회와 속장, 유사와 탁사

한국선교 초기에 미국감리교회가 강조한 특징은 속회조직이다. '속회'는 감리교의 자랑이고 핵심이다. 속회 제도는 1742년 2월 15일 웨슬리가 처음 시작했다. "속회 부흥이 곧 교회 부흥"이었다. 속회가 활성화되어야 교회가 활성화된다는 뜻이다. 1889년 2월 12일 저녁, 아펜젤러의 사회로 한 부인 집에 모여 속회를 조직했다.[74] 벧엘예배당이 폐쇄되었을 때에도 이화학당을 중심하여 여성 속회는 활발하게 진행되었다.

1890년 판 「미이미교회 강령」이다.[75]

20쪽에 "한 반열에 열두 사람씩 두고 그중에 한 사람을 속장이라 칭할지라."
20~21쪽에 "속장의 임무는 7일에 한 번씩 자기 속의 회우를 찾아보고 다음 3가지를 알아볼지니라."
  1) 각 회우의 영혼이 자라고 아니 자람을 알아 볼 것이요
  2) 성경을 좇아 교훈하며 꾸짖으며 안위하며 권면할 것이요
  3) 목사의 보조금을 도와주는 일과 가난한 사람을 구제하는 돈을 거두어 받을지니라. 또한 속장은 이레에 한 번씩 전도사와 유사가 함께 모여 할 일이 두가지가 있으니
  1) 교우 중에 질병이 있던지 교훈을 듣지 않는 자가 있으면 목사에게 보고할 것이요
  2) 이레에 수전(헌금 모우기)할 것이 있으면 유사에게 줄지니라.

목사가 부족하던 시절, 속장은 교인을 심방하고 교인들의 영적 성

---

74) 유동식. 위의 책. 90.
75) 1910년 판 「강령과 규칙」 42~43쪽에 속장을 택정하는 목적은 "1항. 목사의 시찰하는 조례를 세워 교인에게 효력이 미치게 할 것. 2항. 기도회와 간친회를 자주 실행하여 교육도 하며 권장도 하며 권고도 하여 모든 회우가 은혜를 얻게 할 것. 3항. 헌금을 모을 일이 생기면 잘 거둘 것. 4항. 속장은 계삭회에 속 형편을 보고한다." 이다.

장을 돕고 성경을 가르치며 재정적인 일도 감당했다. 속장이 작은 목사로 활동한 것이다. 웨슬리는 속회를 회원들의 신앙생활과 영적 상태를 파악하는 제자훈련 소그룹으로 삼았다.

브리스톨 감리회관 건축 때 부채를 갚기 위해 속장(class leader)은 회원 집을 방문하여 매주 1페니씩 헌금을 받아 유사(steward)에게 전달하였고 가난해서 내지 못하면 속장이 대신 부담하기도 했다. 웨슬리는 속회의 기원에 대하여, "나는 진지하면서도 예민한 몇 사람을 지정하여 함께 회의하면서 내가 목회자로서 돌보아 주기를 바라는 사람이 누구인지를 알기가 어려운 일이라는 것 뿐 아니라 그것 때문에 오랫동안 내가 고심하고 있다."고 설명한 뒤 장시간 회의하고 합의된 사항을 브리스톨에서와 같이 속회로 나누어 "내가 가장 믿을 수 있는 사람들로 하여금 돌보게 하는 길 밖에는 더 좋은 방도가 없다는 것이었다."고 하면서 "이것이 런던에서 감리교 속회의 기원이다."라고 했다. 이어서 "이 제도가 말할 수 없이 유용하다고 하는 것은 그 뒤로 시간이 갈수록 더욱 명백해졌다."고 했다.[76]

유사제도 또한 웨슬리 때부터 있었다. 유사의 직무는 ① 신도회의 일반 사무처리 ② 각 속장들의 헌금 수금 ③ 소요금액 지출 ④ 빈자 구제금 지출 ⑤ 건물관리 ⑥ 재정 수지상황과 장부 기재 보관 ⑦ 신도회 규칙 엄수되는지 목회자에게 보고 등이다. 유사의 수칙은 다음과 같다. ① 절약하라 ② 빚지지 마라 ③ 외상을 오래 끌지 마라 ④ 남을 도와줄 때 찌프린 안색이나 불평하지 마라. 도울 수가 없을지라도 도움받으려는 사람을 불쾌하게 마라 ⑤ 감사하다는 말을 들으려

---

[76] Wesley, 「일기」, 1742년. 3월. 25일.

마라 ⑥ 보조자의 하수인임을 기억하고 항상 결백한 태도로 말하라.

아펜젤러는 구역회를 조직한 뒤 교회를 자립적으로 운영하려는 토착 교인들의 선교 열정과 의지를 높이 평가했다. 이들은 선교사들이 기대했던 것 이상으로 활약했고 교회재정과 운영을 담당하는 유사들이 선교사들을 감동시켰던 것이다.[77]

> 유사들은 교회를 유지하는데 드는 비용을 충당하기 위해 약정 헌금을 받으러 나갔습니다. 지난 6월에는 속장과 유사 연합회를 열었습니다.… 유사 중 1명이 스크랜턴 박사에게 '박사님, 박사님도 돈을 내셔야 합니다. 얼마를 내시겠습니까?'

1973년 '교리와 장정'을 개정하면서 유사는 재정부, 탁사는 관리부로 변경했다.

(4) 주일학교 · 엡윗청년회 · 여선교회

주일학교하면 오늘의 유초등부를 생각하나 여기에서 말하는 주일학교는 청년을 대상으로 하는 청년주일학교이다. 청년주일학교의 효시는 1885년도에 시작한 정동 주일학교이다. 1886년 선교보고서에 따르면, 한 주일학교에 학생 12명이었고 다음 해, 1887년에는 주일학교 둘에 학생 20명이었다. 1888년 보고서에는 주일학교가 셋으로 늘어났고 학생도 43명이 되었다.[78] 초기 선교사들이 운영하던 주일학교는 모두 교회로 발전했다.

오늘날과 같은 주일학교를 처음으로 시작한 이는 선교사 노블의 아내 매티(Mattie W. Noble, 1872~1956) 이다. 그는 주일학교 교육 전문가로 남편의 임지에서마다 주일학교 개척에 큰 공을 남겼다.[79]

---

77) "Interesting from Korea",The Christian Advocate, Mar. 19, 1891.
78) Annuuual Report MEC, 1888, 344.
79) 윤춘병, 앞의 책, 342.

남편이 배재학당 교사로 시무할 때에 정동교회 주일학교 청년부를 조직하고 교사로서 가르치던 이 정동교회 청년반이 한국교회 최초의 주일학교 청년부이다.

두 번째로는 1888년 1월 15일, 메리 스크랜턴이 이화학당에서 이화학생 12명, 부인 3명, 여교사 4명으로 주일학교를 시작했다. 이 역시 한국 최초의 여성주일학교이다. 메리 스크랜턴의 기록이다.[80]

1888년 1월에 우리는 주일학교를 조직했다.… 주일학교는 소녀 12명, 여성 3명, 선교본부의 4명으로 시작했다.

2월에는 주일 밤에 부인반을 시작했다. 학생은 3명이었다. 학당에서 필요로 하는 성경 교사 양성을 위해서였다. 가을에 학생 3명이 세례를 받았다. 교육 활동은 사회 교육으로 이어졌고 미신과 질병에 시달리고 있던 시대에 새로운 삶을 소개하는 도전적인 일이기도 했다. 아펜젤러는 1888년 3월 11일, 자기의 가정에서 또 하나의 주일학교를 시작했다.[81]

벧엘에 참석하는 숫자는 늘어나고 있다. 어제는 14명이 참석했다. 어제부터 나는 내 집 한 채에서 영어로 가르치는 주일학교를 시작했다. 그것은 학생들을 위해 계획된 것으로 당분간은 영어로 해야 할 것 같다. 시간은 30분으로 제한되어 있다.

오늘날과 같은 유초등부인 주일학교를 처음으로 시작한 것도 선교사 노블의 아내 매티(Mattie W. Noble, 1872~1956) 이다. 1893년

---

80) M.F. Scranton, "Woman's Work Korea", The Korea Reporsitory, 1888. 1. 5.
81) 웨슬리, 「일기」, 1888년 3월 12일.

9월부터 노블 목사가 아현교회로 파송되자, 매티는 아현교회에서 먼저 부인반을 조직하고 성경을 가르쳤다. 그리고 어린이들을 모아 그림 딱지(카드)를 나눠주며 어린이들을 가르쳤다.[82] 유년주일학교(오늘의 유초등부)의 창립이다. 그때는 서양의 그림이나 카드는 처음 보는 것이어서 무척 인기가 많았다. 장로교 최초의 주일학교는 1907년경으로 본다.[83]

정동교회 교인의 대부분은 배재, 이화학당 학생들로 구성되어 있었다.[84] 따라서 예배 외 교회 활동은 청년운동이 중심이 되었다. 청년운동은 주일학교와 엡윗(Epworth) 청년운동의 두 방향으로 펼쳐졌다. 엡윗청년회는 1889년 미국에서 창설된 감리교 특유의 청년단체이다. 엡윗은 웨슬리가 태어난 고향 마을의 이름이다.

제13회 미감리회 선교연회(1897.5.5~10)가 조이스(I.W. Joyce) 감독의 주재로 서울에서 열렸다. 이 선교연회에서 조이스 감독은 엡윗청년회의 설립을 권면했고 회원들이 이를 받아들여 엡윗청년회 설립이 결정되었다. 제일 먼저 제물포교회 나인데청년회를 시작으로 1897년 9월 5일 달성교회 말랄류청년회, 같은 해 9월 22일 평양 남산현교회 굿셀청년회, 정동교회는 그해 10월 28일 남(워렌청년회), 10월 31일 여(조이스청년회) 청년회가 각각 조직되었다.[85] 6개월 만에 미감리회 선교거점인 인천·서울·평양에 5개의 청년회 지회가 설립되었고 회원 수도 150명에 이르렀다. 5개 청년회 이름은 한국을 다녀간 감독을 기념하는 뜻에서 그들의 이름을 붙였다. 엡윗청년회

---

82) 『기독신보 영인본』, 제2권 339.
83) 민경배, 『대한예수교장로회백년사』, 대한예수교총회, 1984. 290.
84) 유동식, 앞의 책, 115.
85) 윤춘병, 앞의 책, 52~353.

는 강화·수원·진남포 등, 전국으로 뻗어 나갔다. 남감리회도 1903년 개성 남부교회를 비롯, 1909년 원산, 1914년 종교교회에서 엡윗청년회를 조직했다.

정동교회는 남녀가 동시에 구성되었다. 남성지회는 배재학생과 남신도들을 중심으로 '월은회'로, 여성회는 이화 학생과 부인 신도들로 '조이스회'라 이름했다.[86] 조이스회는 한국교회사뿐 아니라 민족근대사에서 최초로 조직된 여성단체로 엡윗청년회의 정동제일교회 여성지회이다. 두 번째로 여자청년회가 조직된 곳은 제물포교회였다.

엡윗청년회의 강령이다.[87] 첫째, 경건한 신앙훈련. 둘째, 교육 활동. 셋째, 선교 활동. 넷째, 사회봉사이다.

엡윗청년회는 오늘의 감리교 청년회와 청장년선교회, 그리고 남·여 선교회의 모체가 되었다. 엡윗청년회는 20세기에 들어서면서 교회의 감독에서 벗어나 독자적인 단체로 흐르는 경향이 짙게 되자 미감리회에서는 1924년에 남감리회에서는 1930년에 총회 교육국 산하단체로 제도화시켰으며 이름도 감리교 청년회(Methodist Youth Fellowship)로 바꿨다.[88]

메리 스크랜턴이 이화학당에서 여성 주일학교를 시작한 것은 1888년 1월이다. 그는 여성 주일학교를 여성성경반으로 발전시킨 뒤 여성 신앙공동체를 조직했고 참석자는 늘어났다. 이때 문제가 생겼다. '남녀칠세부동석'이기에 여성들 앞에서 누가 설교하느냐 하는 것이었다. 메리 스크랜턴이 기발한 방법을 고안해 냈다. 여신도와 설

---

86) 위의 책, 352~354.
87) 유동식. 앞의 책, 117.
88) 그러나 한국감리교회에서 MYF 제도를 도입, 청소년 활동을 벌인 것은 그로부터 50년이 지난 1950년대 후반이었다. ; 윤춘병, 앞의 책, 351.

교자 사이에 휘장을 치는 것이다.[89] 여성교회는 계속 발전하여 1890년에는 90명이 되었고 그해 2월에는 9명이 세례를 받았다.

스크랜턴 어머니는 이때 전도부인 제도를 도입했다. 교인 중에서 믿음이 있고 성경 지식이 있는 두 사람을 택하여 전도부인으로 세웠다.[90] 이경숙과 사라로 한국교회 최초의 전도부인이다. 전도부인 제도는 한국교회 건설에 지대한 공헌을 했다. 1908년 10월, 남북감리교회는 전도부인 육성을 위한 "전도인 단기강습회"(1908. 10~1909. 6)를 개최하고 여성 지도자를 배출했다. 여성 전도인은 복음전파와 함께 한글교육으로 교인 심방과 교육성과를 이루었다.

4) 선교초기, 기독교의 수난

(1) 위정척사와 천주교

천주교는 처음에 '실학'에 몰두하던 불우한 남인 계열에서 단순히 학문적 관심으로 연구되었다. 그러다가 점차 체제에 불만을 품은 지식인들 사이에 급격히 퍼져나갔다.[91] 당시 집권층이나 사람들은 이를 단순한 학문이나 종교만으로는 볼 수 없었다. 그러므로 '서학'이 불러일으킨 첫 반응은 정치권력의 위기의식이었다. 그들은 서양 종교가 조선의 전통문화를 파괴한다고 보았다. 그 대신 우리 민족 문화의 우수성을 주장하며 성리학의 다른 이름인 주자학을 '정'으로 존중했다. 결국 천주교는 유교지배 이념에서 '위정척사'라는 배척 논리에 따라 비정통 '사'로 규정되었고 처참하고도 잔혹한 박해를 받게된 것이다. 조선왕조의 뿌리 깊은 전통사상은 쉽게 외래종교를 받아들

---

89) 윤춘병. 위의 책, 103.
90) Annual Report of MEC, 1888, 340.
91) 유홍렬, 『한국기독교사』 한국문화사대계, 고대민족문화연구소, 1964, 477.

이지 않았다.[92] 국왕은 '척사윤음'[93]을 내기에 이르렀다.

역사적으로 볼 때 이질 문화가 침투할 때면 반드시 전통문화는 위기를 맞게 되는데 이 위기의식은 일반 민중보다 지배층에 팽배하기 마련이다. 그러므로 조선왕조는 천주교를 말살시키려 했고 그것을 당연한 권리로 여겼다. 이런 상황에서 조선 천주교회는 양심과 종교의 자유를 수호하기 위해 차라리 순교를 택했던 것이다.[94] 선교역사의 대가인 로빈슨(O.H. Robinson)이 이렇게 밝혔다.[95]

고대 로마제국의 교인들이 19C 초의 70년간에 겪은 한국인만큼 수난을 겪었는지 확실히 말하기 어려운 것 같다.

결코 과장이 아니다. 교회가 무자비한 박해를 받을 때 평신도들이 떼죽음을 당하며 순교했던 것이다. 이장식 교수는 "아프리카 땅을 서양 선교사들의 무덤이라고 하는 말은 그들이 말라리아와 같은 열대 풍토병에 걸려서 많이 죽었기 때문이지만 아시아 땅은 고대 그리스도인들이 신앙을 강직하게 지키다가 떼죽음을 당한 순교자들의 무덤이라고 말할 수 있다. 지구의 구석진 한반도도 예외가 아니다. 로마제국 시대에 그리스도인들이 받은 박해는 과거 아시아교회가 받은 박해에는 비교도 안된다."[96]고 했다. 1886년 한불조약이 체결될 때까지 천주교는 공적인 금교로서 참담한 박해를 받았다. 1886년의 한불수호통상조약에서 '교회'(敎誨)란 낱말을 프랑스는 종교의 자유를 말하는 것으로 여겼고 조선은 이 말이 갖는 올바른 뜻을 분명하게 이

---

92) 김용덕, 『한국사의 탐구』, 을유문화사, 1980, 178.
93) 국왕이 국민에게 내린 훈유의 문서. '척사 윤음'은 1881년(고종 18), 그리스도교신자 가운데 풍속을 해치는 사람이 있음을 염려하여 척사귀정의 요지로 내린 것이다.
94) 이광린, 위의 책, 32.
95) O.H. Robinson, History of Christian mission, Edinburgh T&T Clark, 1981, 249.
96) 이장식, 『세계교회사 이야기』, VERITAS PRESS, 2011, 8.

해하지 못한 채 조인했음이 틀림없다.[97]

(2) 위정척사에서의 개신교

개신교는 전파과정에서 숱한 순교자를 내었던 천주교보다는 순조로 왔다. 개신교가 한국선교를 본격적으로 시작할 무렵에는 선교가 어느 정도 허용되던 때였고 오히려 기독교에 대한 기대가 컸다. 그렇다고 환영만 받은 것은 아니다. 천주교와 견줄 바는 못되어도 금교령, 영아소동, 동학계로부터의 반발, 천주교로부터 오는 핍박,[98] 위정척사 명분에 휘말려 배척을 면할 수가 없었다.

한미수호조약 체결을 앞둔 준비 과정에서 청의 이홍장(李鴻章)이 김윤식에게 조문 속에 청의 '속국' 문구를 넣자고 하자 김윤식은 "폐방[99]은 오랫동안 중국의 속국이고 각국의 관계에서도 역시 주지가 바르고 사리에 맞는다."고 했다. '속국'을 당연하게 여겼고 고수까지 하는 입장이었다. 일본, 미국은 한국과 수교하면서 자주외교를 권고했지만 한국은 그런 의지가 없었다. 고종이 미국 대통령에게 보낸 서한에서도 한국이 청의 속국임을 명시하여 미국을 당혹케 했다. 그러면서도 '기독교 조항'은 넣지 않으려 했다. 외국과 조약을 맺으면서까지 속국이란 문제보다 반기독교에 더 큰 비중을 두었던 것이다.[100]

한미조약이 맺어졌다고 하여 기독교가 공식적으로 들어온 것은 아니었다. 그러나 이 조약을 통해서 기독교는 이 땅에 들어왔고 이 땅에서 중화 질서가 무너졌으며 한반도가 새로운 질서로 진입하는 시

---

97) 유홍렬, 『고종치하 개화사상연구』, 일조각, 1979, 202.
98) 민경배, 앞의 책, 180~183.
99) 말하는 이가 자기 나라를 낮추어 이르는 말이다.
100) 이광린, 『한국개화사상연구』, 일조각, 1979, 202.

동을 건 동력이 되었다. 결국 '한미수호통상조약'은 한국 복음화를 위해 울려 퍼지는 나팔소리였다. 그리고 한반도를 대륙의 문화에서 해양의 문화로 전환시키는 중요한 계기가 되었다.

미국과 한미수호통상조약을 맺은 것은 1882년 5월 22일이었다. 그 해 8월 국왕이 개혁정치를 시행한다는 '교서'를 내렸다. '서양의 종교' 즉 기독교는 그릇된 것으로 거리의 노랫가락이나 여자에 대한 것처럼 멀리하고 서양의 기술은 이용후생에 도움이 될 수 있다고 했다.[101] 이른바 '동도서기론'이다. 교서에 대한 많은 상소가 있었다. 유선학은 서양기술은 배우되, 도는 우리 것을 지켜야 된다('學器守道論')고 주장했다. 전통적인 정신문화는 그대로 둔 채 서양문화에서 기술과 사상을 분리시켜 '부국의 술, 강병의 기'만은 배우자는 것이다. 역시 '동도서기론'이다.

황준헌(黃遵憲, 1848~1905)은 청나라 외교관으로 일본에서 활동하면서 '조선책략'을 썼다. 알맹이는 '親中國結日本 聯美國'으로[102] 조선의 안전은 청·일과 3국 동맹을 맺고 미국을 끌어들여 러시아를 막는데 있다는 것이었다.

또한 황준헌은 "유학에 주자학과 양명학이 있듯이 개신교와 천주교는 근원은 같을지라도 파가 다르며 전교를 허락한다 해도 해가 없을 것"이라는 논지를 폈다. 이에 척사파는 개신교와 천주교의 관계를 감히 성현 주자(朱子)와 육상산(陸象山)에 비교했다는 사실 그 자체가 몹시 못마땅했다. 1880년 2월 10일 병조 정랑이던 유원식은 "(그것은) 머리카락을 곤두세우게 하고 쓸개를 흔들게 하며 마음을

---

101) 『承政院日記』, 고종 19년 12월 22일 조.
102) 『修身使記錄』, 國史編纂委員會, 1958, 166.

서늘하게 하고 뼈를 떨리게 한다."며 격노했다. 『독립신문』에 따르면, 새로 학부대신이 된 신기선이 상소했다.[103]

> 머리 깎고 양복 입는 것은 야만이 되는 시초요, 국문을 쓰고 청국 한문을 폐지하는 것은 사람을 짐승으로 변하게 만드는 일이요, 서양 태양력을 쓰고 청국 황제가 준 음력을 폐하는 것은 도리가 아니라…

신기선은 『유학경위』에서 "구라파가 아시아의 서북쪽에 있으며 사람들은 장목, 심목… 수조 같으며…"했다. 구라파를 우리만 훨씬 못한, 이른바 야만시하면서 야소교를 변론할 가치조차 없다고 통박한 것이다.[104] 이것이 당시 지도층의 국정과 세계정세에 대한 인식이며 방향이었다. 중국을 문명의 중심으로 흠모하고 서구나 일본을 야만국으로 얕잡아본 위정척사파의 이분법적 세계관과 존화사대주의가 조선의 정신세계를 지배하고 있었다. 학부대신은 오늘의 교육부장관이다.

(3) 금교령 · 영아소동 · 동학당 사건

한국천주교는 1784년, 명례방(지금의 명동) 언덕의 역관 김범우의 집에서 이승훈과 정약전의 3형제, 권일신 형제 등이 종교모임을 가짐으로써 창설되었다.[105]

1882년 한미수호 조약의 체결로 종교의 자유를 갖게 될 것을 예견한 천주교 제7대 교구장 블랑(Marie.J.G. Blanc)은 김범우 집을 매입했다. 성당을 지을 계획이었다. 한불수호통상조약(1886년)이 체결된 이듬해 1887년 5월, 주변의 대지마저 구입하고 그해 겨울부터 언

---
103) 「독립신문」, 1896년 6월 4일 자.
104) 신기선, 『儒學經緯』, 학부도서(고려대학교 도서관 소장), 1896, 41~42.
105) 유홍렬, 『한국기독교사 한국문화사대계』, 고대민족문화연구소, 1964, 477.

덕을 깎아 내렸다. 조정에서는 궁궐보다 높은 건물이 올라간다는 것에 분개하여 작업 중지와 토지권 포기를 요구했지만 천주교 측은 강행했다. 이에 격노한 조정은 1888년 4월 28일 금교령[106]을 발표하여 천주교뿐만 아니라 개신교까지 착고를 채웠다. 예배도, 배재나 이화 학생들의 종교 교육도 모두 중단되었다. 공사는 한동안 지연되었다. 조정과의 부지 소유권 분쟁에서 결국 성당은 토지소유권을 인정받아 건축이 이루어졌다. 1892년 8월 5일 정초식을 갖고 착공하여 1898년에 완공되었다. 금교령은 위정척사파의 압력 때문이었으며 천주교나 개신교는 똑같이 위정척사로 몰려 배척을 면할 수가 없었다. 이들 척사파의 개신교관은 '洋夷觀(양이관)', '無父無君(무부무군)의 敎'로 집약될 수 있다.[107]

"서양 도깨비 물러가라."[108] 군중 소요가 일어났다. 선교사들이 어린애들을 잡아다가 눈알을 뽑아 약으로 쓰거나 사진 렌즈로 쓴다는 것이었다. 유아들을 유괴하여 외국에 팔거나 그들로 남색을 즐긴다고도 했다. 선교사들이 육식도 한다는 유언비어도 퍼졌다. 프랑스공사관에 근무하던 오봉엽이 아이들의 살과 피를 먹는 외국인들을 보았다고 소문을 퍼뜨렸던 것이다. 성만찬의 오해에서 온 것이었다. 이같은 오해는 기독교 초기, 로마의 박해 시절에도 있었다. 이런 소문은 삽시간에 도성 안에 퍼졌고 서양인의 신변과 선교 기관에 큰 위협이 아닐 수 없었다. 군중들은 흥분하여 거리에 몰려다니며 외국인을 위협했고 그들의 사택, 병원, 학교를 습격했다. '영아 소동'이

---

106) 고종의 요구에도 불구하고 불응한 천주교의 불손을 직접적인 동기로 본다. ; 유홍렬, "고종 치하 서학수난의 연구". 「한국문화총서 제10편」, 을유문화사, 1962, 371.
107) 이만열, 「한말기독교와 민족운동」, 평민출판사, 1981, 74.
108) 이덕주, 「한국교회 처음 이야기」, 홍성사, 2021, 84.

다.(1888) 이 또한 수구파들의 계획된 소요였다. 이 일로 벧엘예배당 집회와 배재학당의 신학 공부도 중단되었다.

이에 미국, 러시아, 프랑스 등 서구 공사관들이 개입하여 한국 정부에 항의하고 외국인 보호를 요청했다. 정부에서는 고시문을 발표하고 순찰을 강화하여 군중의 소요를 진정시켰다. 보름 만에 진정은 되었지만 선교사들의 병원과 학교 사역을 재개하기까지는 3개월이 걸렸다. 정부의 적극적인 조치로 시민들이 선교사와 그들의 사업에 대한 오해와 편견은 해소될 수 있었고 국가의 선교사역에 대한 치외법권이 보장되어 오히려 선교 발전의 요인이 되었다.[109]

'동학당 사건'은 1893년 들어 거세게 일어난 척왜양(斥倭洋) 운동을 말한다. 서울의 외국 공관과 교회당에 외국사람을 배척하는 방문(벽보)이 붙여졌다. 2월 14일 (양력 3월 31일) 밤 장로교 선교사 기포드 학당(경신학교) 문에 방문이 붙어 있었다. '서학은 경천(敬天)이 아니라 패천(悖天)이다.' 18일(약력 4월 4일)에는 감리교 선교사 존스의 교회당에 목사 퇴거 방문이 첨부되어 있었다.[110] 당시 주한 총영사 허드(A. Heard)는 독판교섭통상아문 조병직에게 즉시 범인 색출과 징벌[111]을 요구했다. 그리고 미군함의 파견을 요청하여 군함 한 척이 4월 18일 인천에 도착했다 이런 벽보는 기독교의 저항세력이었던 동학계(동학당) 말고도 전통 유학계에서 나왔을 것으로 보는 견해도 있다. 그 정도의 비판은 갑신정변 뒤 강해진 유교의 입장에서도 가능했기 때문이다. 동학계의 벽보사건이 교회에 직접 피해를 입힌 것은 없었다. 1894년 7월 동학당의 목표는 왜인진멸(倭人盡滅)이었고

---
109) 이덕주 · 서영석 · 김흥수, 앞의 책, 46.
110) 『구한국외교문서』, 제10권, 美案 1, 719~720.; 윤춘병, 위의 책, 153. 재 재인용.
111) 위의 문서, 719.

척양은 들어있지 않았다.[112]

(4) 평양 박해사건(1894)

초기 교인들이 받는 박해에는 제사문제가 큰 원인이었다. 기독교인들이 비밀리에 세례를 받지만 제사 때가 되면 절하는 문제로 쉽게 들통이 났다. 그러면 가족에게는 물론 주민들로부터 매를 맞거나 돌팔매질을 당하기 일쑤였다. 자녀를 기독교 학교에 보내면 서양풍에 물든 사람이요, 한국인의 얼을 잃은 자라 하여 사회적으로 소외당하기도 했다. 지방관리들이 자신의 권익이나 착취의 수단으로 기독교인을 괴롭히는 일도 자주 있었다.

유교 존숭과 협잡배의 방지라는 명분을 내세운 평안도 관찰사 민병석은 엄령을 내렸다.

<blockquote align="center">서양 사람은 잡을 수 없은즉 조선 교인만 잡으라.</blockquote>

그는 명성황후의 친척으로 권세가 막강했다. 이에 감리교의 김창식, 장로교의 한석진 등 8명이 체포되고 배교를 강요하면서 갖은 고문을 했다. 한석진과 김창식은 몸을 가늠 못할 만큼 난타를 당했다.[113] 민 관찰사는 회유와 함께 금품을 요구했다. 이에 항의하고 불응하자 그는 대노하여 사형을 명했다. 결국 미국 공사가 나서서 국왕에게 직접 구명을 아뢰었고 그 간청으로 이들은 석방되었다.[114] 두 사람은 "구타당해 죽기 직전의 상태"에서 가까스로 석방될 수 있었다.[115] 평양

---

112) 『동학란기록』, "東徒罪人 全琫準初問目", 開國五百四年二月初九日, 國史編纂委員會, 1959, 529.
113) 민경배, 앞의 책, 78.
114) 윤춘병, 앞의 책, 158.
115) 셔우드 홀(김동열 역), 『닥터 홀의 조선회상』, 좋은 씨앗, 2003, 127.

에서 사형선고를 받고 목숨을 건진 경우는 이들이 처음이었다.

(5) 훼방꾼 원세개

  기독교 선교 초기 정부는 의료, 교육 이외 외국인의 직접 전도는 금했다. 개방과 개혁을 반대하는 수구세력이 버티고 있었기 때문이고 또 청나라 원세개(袁世凱, 1859~1916)가 커다란 훼방꾼이었다. 우리 민족의 명운을 가른 19세기 후반기에 악랄한 국권 침탈과 가혹한 경제 수탈로 나라를 멸망케 한 외세의 선봉장으로 일본 이토 히로부미(伊藤博文, 1841~1909)를 꼽는다. 그보다 앞서 하나 또 있다. 중국(청), 원세개이다. 1882년 임오군란이 일어나자 청은 수사제독 오장경(吳長慶)에게 병력 3천명을 주어 조선에 파병했다. 청군의 파견은 병자호란 뒤 처음이었다. 원세개는 그의 보좌관이었다. 조정이 갈피를 못잡고 있을 때, 그는 민비의 정적이며 임오군란의 수괴로 지목된 흥선대원군을 납치하여 청나라로 압송하고 연금하여 반군을 진압했다.[116] 원세개의 나이 23세, 애숭이였다. 1884년 갑신정변이 일어나자 그는 개화파와 이를 지원하는 일군을 격파하고 '삼일천하'를 평정했다.[117] 중국은 광서제(1871~1908)가 임명한 원세개를 앞세워 1882~1894년 동안 노골적으로 조선을 침탈했다. 원세개는 공공연히 말했다. '조선은 청의 속국이다.'

  중국은 사상 최초로 내정간섭을 감행, 강도 높은 경제침탈을 도모했다. 그는 외국과의 외교 활동을 방해하고 수구파 관리들을 부추겨 이를 활용했다. 도성 안팎에서의 선교사역에 대한 박해도, 천주교 대

---

116) 『고종실록』 19년(1882), 9월 23일.. ;
    박영규, 『한 권으로 읽는 조선왕조실록』, 도서출판 들녘, 1996, 444.
117) 이양자, 『감국대신 위안스카이』, 한울, 2020, 62.

성당 건립 방해도 그 때문이었다.[118] 그는 총독같은 권세를 부렸고 사람들은 그를 '감국대신'(나라를 감독하는 대신)으로 불렀다. 그는 조정에서 하려는 일은 모두 반대했다. 국왕 폐위 문제 모의를 비롯, 왕 위에 군림하여 고종을 겁박하며 윽박지르기 일쑤였다.[119] 출세에 눈이 어둡던 사대부들은 사실상 '조선 국왕'인 그에게 잘 보이려고 혈안이 되어 있었다. 주권확립을 위한 마지막 기회를 잃어버린 조선은 바로 이어 일제 식민통치시대에 빠지게 되었다.

그는 모사꾼으로 추진력, 정세 판단이 뛰어났으며 중국 역사상 손꼽힐 만큼 교활하고 음흉한 훼방꾼이며 조선, 청을 망하게 한 중국 최악의 매국노로 불린다. 청과 조선은 명목상 종주국의 관계였지, 중국의 관리가 직접 주재하여 국정 전반을 농락하며 경제적 침탈을 자행하는 총독 행세를 한 것은 원세개가 처음이자 마지막이었다. 그는 청·일전쟁(1894년) 직전까지 체류하면서 조선의 자주적 근대화의 길을 가로막았다. 1911년 중국에서 신해혁명이 일어났고 손문(孫文)이 임시대총통에 올라 중국 최초의 공화정인 '중화민국'을 수립했다. 원세개는 청의 황제를 퇴위시킨다는 조건으로 대총통 자리를 넘겨받더니 스스로 '중화제국' 황제라며 공화 혁명을 배신했다.

5) 미감리회의 뻗어 나감(정동 이외의 개척)

(1) 중앙교회(종로서점)

벧엘에서 종교 집회를 갖는 자체가 아직은 국법에 어긋나는 일이었다. 그럼에도 아펜젤러는 정동, 이외의 지역에 의욕적으로 교회 개척

---

118) Charles D. Stokes(장시철·김흥수 옮김), 『미국감리교회의 한국선교 역사』(1895~1930), 교보문고, 2010, 54.
119) 이양자, 위의 책, 85. ; 『고종실록』 21년(1884), 11월 26일.

을 시도했다. 곧 종로와 제물포, 그리고 평양이다.

1890년 1월 아펜젤러는 서울의 한복판인 종로통에 집 세 채를 구입하고 서점, 신학교, 예배당으로 쓸 계획을 세웠다. 예배처로 쓰려고 매입한 집은 길 건너편 이문골, 골목 안 향정동에 있는 기와집이었다. 서점용으로 구입한 집은 종각 근처 남쪽 길가에 있는 기와집이었다.[120] 먼저 책방을 열었다. 감리교 서점이지만 나중에 종로서적센터로 더 알려진 '대동서시'이다. 아펜젤러는 종로에서 바로 집회를 갖고 싶었지만 1890년 11월 10일이 되어서야 비로소 시작할 수 있었다. 중앙교회의 창립이다.[121] 아펜젤러의 보고이다.[122]

1890년 가을에 나는 지리적으로나 상업적으로나 서울의 중심인 종로에서 집회를 가지기 시작했다. 우리는 저녁에 모였다. 그러나 근처의 술집을 드나드는 이들과 비교해 볼 때 우리 예배에 참석하는 이들은 그 숫자가 적었으며 그나마 규칙적으로 참석하지도 않았다.
봄(1891년)에 우리는 예배처소를 중심가에 있는 서점으로 옮겼다.… 그들은 구원의 도리에 무지한 상태로 있는 것을 더 좋아한다. 그들은 빛 보다는 어둠을, 의보다 죄를 더 좋아하기 때문이다. 그러나 하나님 나라의 복음은 온 세상에 전파되어야 한다. 그리고 이 복음전파는 우리의 기쁨이요 특권이다.

이곳은 워낙 상점과 유흥가로 싸여 있는 지역이라서 1891년 봄에 예배처를 서점으로 옮겼다. 그래도 별다른 변동은 없었다. 게다가 아펜젤러는 1891년 6월부터 제물포구역 담임자로 파송되었고 이듬해 안식년 휴가로 미국으로 돌아가는 바람에 종로집회는 서점을 관리하

---
120) 이덕주, 『종로 선교 이야기』, 진흥, 2005, 25~26.
121) 이덕주 · 김병태 · 조선혜 · 하희정, 『한국선교의 개척자 가우처, 매클레이, 아펜젤러』, 기독교대한감리회 중앙교회, 2015, 302.
122) Annual Report of the oard Foreigne Miision of the Methodist Episcopal huech, 1891, 270~271.

는 토착 전도인 중심으로 이루어지게 되었다. 신도가 생기게 되어 중앙교회로 성장하게 되는 것은 1894년 최병헌이 맡으면서부터이다. 아펜젤러는 최병헌을 향정동집에 살게 하면서 서점과 집회를 인도하도록 했다. 최병헌은 서점에 '대동서시'란 간판을 달고 신학문에 관련된 책과 성경을 비롯한 기독교 서적을 팔면서 복음을 전했다. 교인이 늘어나자 1895년 독립구역이 되었다. 중앙교회는 1903년 황성기독청년회(YMCA)의 산실[123]이었다. 1916년에는 중앙유치원을 개원했고 1922년 중앙대학교의 전신인 중앙보육원을 개원했다.[124] 1919년 3·1운동에 박희도, 김창준 두 전도사가 33인 민족대표로 참여했다. 그들은 중앙교회 전도사였다.

(2) 아현교회

의사는 환자가 많은 곳에 있어야 한다. 스크랜턴은, 병원은 곧 예배당이 되어야 한다는 생각이었다.[125] 그래서 서울 변두리와 성곽 주변의 가난한 환자들과 전염병 환자들을 위한 시약소를 두고 싶었다. 궁극적 목적은 교회개척이다. 시약소 부지로 서대문 밖 애오개 언덕(아현), 남대문 시장 언덕(상동), 그리고 동대문 성벽 언덕길의 세 곳을 선정했다. 먼저 애오개에서 사업을 시작했다.

그곳은 조선 시대, 도성 안의 병자와 오갈 데 없는 사람을 치료하고 음식을 나누어 주던 '활인서'가 있던 곳이다.[126] 서소문을 지나 시체가 지나는 앞 언덕에 어른과 아이 시체를 묻었는데 특히 아이들을 많

---

123) 송건호, "민족수난의 YMCA", 『한국 YMCA 운동사』, 종로출판, 1986. 15.
124) 이상금, 『한국 근대 유치원 교육사』, 이대출판사, 1987. 74.
125) Annual Report of MEC, 1895. 244.
126) '애오개'라는 이름은 도성과 마포나루를 오갈 때, 남쪽에 만리나 되는 높고 긴 고개도(만리재), 북쪽에 작은 고개도 있는데 이 고개는 아이처럼 작다는 뜻에서 아이 고개, 또는 애고개라고 부르다가 애오개가 되었다고 한다.(서울 서부교육청 편, 『우리 고장의 연구』, 1973. 31. ; 엄문용, 『阿峴七十年』, 아현감리교회, 1975. 64.

이 묻은 언덕이라서 '애오개'로 불렀다고도 한다. 1887년 8월 12일 스크랜턴은 집 한 채를 구입하여 시약소로 꾸미고 진료를 시작했다. 처음 7개월 동안 721명을 진료했고 시약소에 성경책을 비치해 놓고 환자들이 복음과 만날 수 있도록 했다. 1888년 의사 맥길(William McGill)이 애오개교회(아현교회)와 진료소 2대 담당자가 되었다.

아현교회는 1891년 올링거(F. Ohlinger) 선교사에 이어 1893년 8월 노블(W.A.Noble, 1876~1913) 선교사가 파송되었다. 노블 부인은 부인반을 조직하고 문맹의 여성과 아이들에게 기독교 교리와 한글을 가르쳤다. 어린이들을 모아 유년주일학교도 시작했다. 한국개신교 최초의 유년주일학교이다. 교회는 1894년 교인 100명이 넘었다.[127] 그러나 청·일전쟁으로 교인이 흩어지고 천주교인들의 방해가 대단하여 교인이 줄기 시작했다. 게다가 노블 부인이 건강 문제로 일시 귀국하자 애오개 집회는 침체에 빠졌다. 그러나 여성 교인들의 요청으로 1897년 애오개에 매일학교가 개설되면서 복음 전도도 되살아났다. 매일학교는 아현여학교를 거쳐 아현여자보통학교로 발전했다.

(3) 상동교회(달성회당 · 미드메모리얼 회당)

스크랜턴은 1888년 남대문 안쪽의 전망 좋은 언덕, 상동에 여러 채의 한옥이 딸린 2천 2백여 평의 땅을 구입했다. 상동은 교통의 요시요, 서민들의 밀집 지대였다. 1890년 10월 시약소를 시작했다.[128] 남대문병원, 또는 상동병원이다. 두 번째 의료선교사로 들어온 맥길(W.B. McGill, 1859~1918)은 그해 10월부터 8개월 동안 2천 명을 진료했다. 전도인 노병일을 상주시켜 복음을 전했다. 스크랜턴은 1

---

127) 윤춘병, 앞의 책, 93.
128) 『상동교회 일백년사』, 1988, 81.

차 안식년을 다녀오고 나서 1894년 정동병원을 상동병원으로 옮겨 둘을 합쳤다. '시병원' 간판도 옮겼다. 그의 주택도 구내로 옮겼다. 시약소 건물 안에서 집회를 시작했다. 상동교회의 출발이다.[129] 주일에는 특별집회를 열었다. 처음부터 10~30명 정도가 모였다. 그 뒤 병원은 버스티드(J. Bernard Busteed) 선교사가 담당하고 스크랜턴은 교회 일에만 전념했다. 의사 스크랜턴이 목사 스크랜턴으로 변한 것이다.

스크랜턴의 어머니는 아들의 목회를 도우려고 1894년 봄, 상동 시약소 건너편, 옛 달성위 궁[130] 저택을 사서 주거를 옮겼다. 아예 상동교회 전도부인을 자원했다. 본래 원하던 전도사업에 본격적으로 나선 것이다. 달성위궁 안에 있는 큰 기와집 하나는 예배당으로, 하나는 매일학교로 사용했다. 상동교회는 교회와 병원을 분리하여 달성궁에서 예배를 드렸다. 그래서 "달성교회"라고 했다. 1895년 5월 말, 예배당 공사에 착수해 350여 명을 수용할 수 있는 예배당을 건축했다.

1893년에 17명이던 교인이 2년 만에 131명이 되었다.[131] 특히 늘어난 여성 신도를 수용할 수 없어 주일마다 마당에 천막을 쳐야 했다. 5년 만에 출석 교인 500명이 되었다. 스크랜턴은 1898년 11월에 1년 4개월의 2차 휴가를 마치고 돌아왔다. 이때 상동교회 당면 문제는 예배당 증건축이었다. 여기에서 스크랜턴은 선교정책을 바꾸는 구상을 했다. 경비가 많이 드는 간접적인 병원 선교보다는 직접 복음 사업에 전념하자는 것이었다.[132] 미국 선교본부에서도 선교비를 삭감해야 할 형편이었다. 1900년 7월 상동병원이 세브란스병원과 통합

---

129) 이덕주 · 서영석 · 김흥수, 앞의 책, 54.
130) 당시 남대문 안에는 한국은행 본점 뒤편 언덕에 '달성위 궁'이 있었다. 선조의 딸 정선 옹주가 결혼하며 남편이 '달성위'에 봉해짐으로 그의 저택을 "달성위 궁"이라 했다.
131) Annual Report of MEC, 1896, 244~245. ; 윤춘병, 앞의 책, 97, 주) 61.
132) 윤춘병, 앞의 책, 99.

되자, 그 자리에 교회당을 건축하기로 결심했다. 문제는 건축비였다. 스크랜턴 어머니가 또 큰일을 했다. 그는 미국의 친구들에게 이 사실을 알렸다. 코네티컷주의 미드 양(Miss Mead)이 그의 어머니 이름으로 헌금한 4천 5백 달러[133]를 비롯, 그 밖에 모금한 5백 달러를 보내왔다. 이에 힘을 얻은 상동교회 교인들 313명이 253원 56전을 헌금했다. 1900년 7월 30일 오후 6시 교회는 역사적인 기공식을 갖고 이듬해 5월 공사가 완공되었다. 미드 양을 기념하여 미드메모리회당(Mead Memorial Chapel)이라고 이름했다. 상동 시약소 자리에 1천여 명을 수용할 수 있는 벽돌 예배당을 지은 것이다.

상동교회는 남대문 시장을 중심 한 민중 선교의 본거지요, 한강 이남 남부 지역선교의 거점이 되었다. 남대문 시약소는 스크랜턴이 가장 심혈을 기울였던 곳이다. 그는 1890년 10월 남대문 시약소를 개설할 때부터, 장차 진료소와 요양소를 갖춘 종합병원과 의학교를 설립하여 '감리교 의료선교기지'로 육성할 계획이었다. 그 이유는 이곳이 서울 시민들이 가장 많이 모이는 시장 한복판으로 가난하고 힘없는 서민들의 거주지였기 때문이었다. 그가 비교적 안전한 '외국인 거주지' 정동을 포기하고 치안이 불안한 남대문 시장 거리로 병원을 이전한 그의 높은 뜻이었다.[134]

교회가 있어야 할 주소는 강도 만난 사람이 있는 곳이어야 한다.

상동교회 출신인 전덕기는 1907년 목사안수를 받았다. 1907년 6월 21일 스크랜턴 목사는 한국감리교 선교사직을 사면하고 정부와

---

133) Official Minutes of MEC, 1901, 48., 67. ; 윤춘병, 위의 책, 99.
134) 이덕주 · 서영석 · 김흥수, 앞의 책, 52.

협의한 뒤 부산에서 개인 병원을 개설하면서[135] 전덕기가 그 후임으로 상동교회 담임목사가 되었다.

(4) 볼드윈 예배당

스크랜턴은 1889년 9월 홍인지문 쪽에도 부지를 확보했다.[136] 그곳은 가죽신을 만드는 갓바치와 무당 같은 천민들이 모여 사는 성벽 아래 마을이다. 1892년 8월 선교부는 동대문에 작은 집을 사서 시약소 겸 예배 장소로 사용하게 했다. 이화학당 교사 로드웨일러(L.C. Rothweiler)의 말이다.[137]

> (1891년) 1월 4일 우리는 주일 오후 두 곳에서 외부 집회를 시작했다. 한 곳은 스크랜턴 여사가 출국하기 직전까지 담당했던 곳이요, 다른 한 곳은 우리 부인진료소(주, 동대문진료소)로서 내가 틈틈이 가서 인도하던 곳이다.… 집회 참여 총수 4백 76명이요, 평균 16명이 모이고 있는 곳이다.

스크랜턴 일가는 1891년 3월 안식년 휴가를 떠나기에 앞서 그해 첫 주일 1월 4일, 주일 오후(밤) 두 곳에서 집회를 시작했다. 한 곳은 정동여성교회이고 다른 한 곳은 동대문진료소이다. 동대문진료소는 매주 16명이 한 주에 2회씩 모였는데 그곳에서 최초 예배는 1890년 10월경에 드렸다. 이를 근거로 동대문교회는 1990년 10월 15일 1백주년 기념식을 가졌다.[138] 이때의 동대문진료소교회는 여성교회였다.[139] 부인 신도들은 자기들의 불신 남편을 인도하는 운동을 벌였

---

135) Official Mitutes of KMC, 1907, 84.
136) 이덕주·서영석·김흥수, 앞의 책, 54.
137) Annual Report of WFMS of MEC, 1890, 52~53.
138) 윤춘병, 앞의 책, 105.
139) 정동여성교회는 한 주에 낮, 밤 두 번의 집회를 가졌는데 그중 몇 사람은 낮에만 참석하고

다. 상동교회는 반대로 신자 남편이 불신 아내를 인도했다.[140] 동대문교회는 남자들이 계속 늘어났고 어느덧 남녀가 함께 모이는 교회가 되었다. 그러나 예배는 별도로 드렸다. 문제는 예배당을 짓는 일이었다. 이를 위해 간절히 기도했다. 곧 기쁜 소식이 왔다. 미국 오하이오주 클리블랜드에 사는 볼드윈 부인(Mrs.L.B. Baldwin)이 거액의 기부금을 보내준 것이다.[141] 공사에 들어갔고 공사는 순조로웠다. 벽체는 벽돌로 쌓고 지붕은 조선식 기와를 올린 동서양 절충식이었다.

남녀 사이에 병풍을 쳤을 뿐
남녀가 '한 지붕 아래서' 예배를 드리는 첫 예배당이 되었다.

볼드윈 부인을 기념하여 '볼드윈 예배당', '볼드윈 진료소'로 이름했다.[142] 볼드윈 예배당은 지방에서 올라온 사람들이 동대문을 통과할 때면 제일 먼저 보게 되는 '명물'이 되었고 서울의 동부 지역을 비롯, 경기 동북부 지역선교의 거점이 되었다.[143] 그곳에서 생명 치료와 영혼구원사역의 혜택을 받은 사람들은 자기 고향에 돌아가 복음을 전했다. 동대문교회 주위에 10여개 교회가 설립되었고 동대문진료소는 이화여자대학교 의과대학병원으로 발전되었다.

1885년에서 1890년까지 서울에는 정동, 아현, 상동, 동대문, 중앙의 다섯 교회가 설립되어 있었다. 장로교는 새문안교회 하나였고 곤당골교회(승동, 1893), 연못골교회(연동, 1894)[144]가 그 뒤에 생긴 정도였다.

또 두 세 사람은 성문 밖에서 왔는데 이들은 동대문 교인일 가능성이 높다. 그렇다면 동대문 교인이 독자적으로 모일 때까지는 정동여성교회에 출석한 것이다. 윤춘병, 위의 책, 106.
140) 윤춘병, 위의 책, 106.
141) 윤춘병, 위의 책, 107.
142) Annual Report of MEC, 1893, 252.
143) 이덕주·서영석·김흥수, 앞의 책, 54.
144) 정인용, 『연동교회 80년사』, 연동교회, 1974, 288.

장로교회는 만주에 로스의 한글 성경으로 이미 개종자가 많은 관서 지역에 마펫, 스왈른, 그레이엄 리 등 유력한 세 선교사를 보내어 평양을 선교 본거지로 삼아 정착했다. 감리교회는 서울을 선교거점으로 굳히고 제물포, 수원 등 경기 남부, 충청 남북지역으로 뻗어 나갔다. 그 결과 교세가 '감남장북' 양상으로 굳어지게 되었다. 그러므로 장로교는 평양에 삼숭(숭전, 숭실, 숭의여)과 신학교를 세워 본부로 삼았고 감리교는 서울에 배재, 이화, 협성신학교를 세우고 총리원을 두었다.[145]

(5) 제물포 지역

원래 인천의 중심지는 인천도호부가 있던 문학산을 중심한 관교동, 문학동 일대였다. 1883년 개항과 함께 제물포(인천역 주변)를 감독하는 '서'가 설치되면서부터 제물포는 사실상 정치·경제·사회·문화 등의 중심이 되었다. 제물포는 1884년 매클레이와 1885년 아펜젤러, 언더우드가 상륙한 관문이다. 1950년 9월 15일 미군의 인천상륙작전은 한국전쟁의 운명을 바꾸어 놓았다.

아펜젤러는 제물포에도 서울과 같은 교회를 개척하고 싶었다. 1887년 9월에 존스(G.H. Jones)가, 12월 중국선교 17년의 경륜을 지닌 올링거(F. Ohliger)[146]가 들어와 아펜젤러의 배재 사역을 도왔다. 올링거는 배재학당 안 감리교인쇄소와 출판사를 맡았다. 1891년 6월 미감리회 한국선교연회 연회를 주재한 굿셀(D.A. Goodsell) 감독은 당시 하나였던 구역회를 서울과 제물포의 둘로 나누고 서울구역은 올링거와 존스에게, 새로 시작하는 제물포구역은 아펜젤러에게 맡겼다.

---

145) 윤춘병, 앞의 책, 173.
146) 그는 1887년 한국에서 두 아이를 잃고 부인 역시 선교지 환경에 적응하지 못하는 가운데 1893년 여름, 선교사직을 사임하고 귀국했다. 이덕주·서영석·김흥수, 앞의 책, 61.

아펜젤러는 노병일 권서로 하여금 성경과 기독교 서적을 보급하면서 전도하는 것으로 제물포교회의 창립기초를 세웠다. 아펜젤러는 1891년 제물포 용동(내리) 언덕에 한옥 두 채를 구입하여 예배처소를 마련하고 1891년 11월 22일부터 예배를 드리기 시작했다. 제물포교회, 곧 내리교회이다. '한국의 스데반'이라 불리는 노병일은 충청도 서산 출신이다. 그는 서울에 와서 예수를 믿었다. 당시 전도 금령이 내려진 상황에서 초창기의 선교 활동사에 선구자적인 전도 활동으로 전도의 시금석 같은 존재가 되었다.[147] 그의 포부다.

> 전도는 나의 본분이니 복음을 안 전 할 수 없다.

그는 필묵 행상으로 꾸미고 장터에 나가 전도했다. 1901년 5월, 김창식과 함께 한국사람 최초로 목사 안수를 받은 김기범은 이때, 노병일의 전도로 얻은 제물포 최초의 결신자이다.[148] 그는 전도하다가 관리들에게 잡혀가 심한 매를 맞아 거의 죽게 되기도 했다.[149] 그 뒤에도 5, 6년을 더 전도하다가 병이 도져 상동 스크랜턴 병원에서 삶을 마쳤다.

아펜젤러는 토요일마다 일곱 시간을 말을 타고 인천으로 가서 주일을 지키고 월요일 오전에 서울로 올리와 배재학당에서 가르쳤다. 1892년 아펜젤러가 안식년으로 떠나고 존스가 뒤를 이었다. '제물포교회와 존스'의 관계는 '정동교회와 아펜젤러', '상동교회와 스크랜턴'의 관계와도 같다.[150] 그해 한국 최초로 교회 안에서 여자 매

---

147) 「대한그리스도인회보」, 광무 3년(1899), 5월 10일부, 제19호.
148) 이철, 『한국교회 큰 머슴들』, 기독교대한감리회, 2021, 77.
149) 신홍식, 『인천내리교회역사』, 1923, 4~5.
150) 유동식, 앞의 책, 99.

일 학교를 시작했다.(제물포 여자 매일학교) 영화학교이다. 인천에 최초의 공립학교(창영 초등학교)가 개교된 것은 1907년이다. 이어 5월 남자 어린이를 가르치는 제물포 남자 매일 학교도 시작했다. 존스는 1892년부터 인천지방 감리사로 44개 교회를 관리했으며 인천, 강화, 황해도 일부, 시흥 지역을 포함하고 있었다.

매클레이를 "한국선교의 양아버지"라고도 하듯 존스를 "내리의 아버지"라고 한다.[151]

존스는 먼저 자신의 어학 선생인 강재형[152]과 그의 부인을 제물포로 보냈다. 같은 해에 미감리회 해외여선교회 역시 내리교회에 백헬렌[153]을 전도부인으로 파송했다.

열정적이고 헌신적인 백헬렌은 방물장수로 위장하여 집집마다 방문하며 여인들에게 쉽게 접근했다. 원하는 물건을 싸게 팔아 마음을 열게 한 다음 쪽 복음서를 팔며 복음을 전했다. 그는 친밀해진 여성들을 강재형의 아내가 인도하는 모임으로 이끌었다. 조그만 방이 꽉 찼다. 당시에는 남·여가 함께 모일 수 없었다. 1894년부터 모이기 시작한 여성들의 예배는 강씨 집에서 모였다. 그해 여신도들은 자발적으로 헌금 26원을 모아 여성 전용예배당 4칸 반을 건축했다.[154] 스톡스 선교사는 제물포교회의 자력 정신을 높이 평가하여 "1894년 제물포 신도들은 최초 감리교 예배당을 건축했다. 이것은 감리교 선

---

151) 홍기표, 『내리백년사』, 내리교회, 1985, 108. ; "인천, 강화지방의 선교원조, 『한국감리교회를 세운사람들』, 도서 출판 에이맨, 1988, 153.
152) 그는 제주도 출신이다. 1886년 기독교에 관한 작은 책자를 얻어 읽은 뒤 배재학당에 들어와 교인이 되었다. 그의 아내가 1887년 10월, 정동교회의 첫 예배에 참석한 최초의 교인 중 하나이다.
153) 백헬렌(혹은 변헬렌)은 황해도 곡산 출신의 과부이다. 스크랜턴 대부인의 감화로 신앙을 갖고 전도부인이 되었다. 이덕주, 「한국감리교 여선교회의 역사」, 기독교대한감리회 여선교회전국연합회, 1991, 86. ; 『內里百年史』, 내리교회, 1895, 113~117.
154) 申洪植, 앞의 책, 9~12.

교에 기록할 만한 교회다."고 했다.

제물포 여성예배당 건축은 중요한 의미를 갖고 있다. 정동여성교회 예배는 휘장을 치고 그 뒤에서 설교하므로 신도들은 인도자의 목소리만 들으며 예배를 드렸고 동대문교회는 남녀 좌석 사이에 휘장을 쳐서 여신도들이 설교자(남자)만을 볼 수 있게 했다. 정동여성교회보다 한 걸음 더 현대화된 셈이다. 당시 예배당은 대개가 'ㄱ'자로 건축하여 남녀 좌석을 분리시켰다. 그러나 제물포교회는 아예 남녀 예배당을 달리 했던 것이다. 그렇지만 1907년 케이블 선교사가 안식년을 마치고 돌아왔을 때, 제물포교회는 가운데 휘장을 치고 남녀가 함께 모여서 한국 서지방 환영예배를 드리게 되었다. 담임목사 김기범은 케이블 감리사 부부의 환영예배이니만큼 휘장을 치우자고 제안했다. 아무도 반대하는 이가 없었다. 드디어 휘장을 치우고 남녀가 함께 예배를 드린 것이다. 장로교는 이보다 4년 뒤에야 안동교회가 휘장을 철폐했다.[155]

청·일전쟁(894~1895)은 제물포교회가 교회다운 교회로 발전하는 계기가 되었다. 교회는 전쟁의 공포로부터 보호받을 수 있는 유일한 곳이었다. 교회는 치외법권을 소유한 미국인의 기관이어서 청·일 모두는 교회를 보호해 주려고 했다.[156] 청·일전쟁은 인천주민들의 교회에 대한 인식을 확 바꾸어 놓았다.

제물포교회는 1900년 정동교회를 닮은 고딕 양식의 벽돌 예배당을 건축하고 웨슬리회당으로 이름했다. 내리교회는 인천뿐 아니라 강화와 부평, 옹진, 남양 등 서해안 지역과 황해도 연안, 해주 등의 지역을 아우르는 서부 지역선교의 장대한 거점이 되었다.

---

155) 윤춘병, 앞의 책, 120~121.
156) 윤춘병, 앞의 책, 332~333.

(6) 강화 · 연안 지역

존스는 제물포에 부임하고서 강화, 연안(황해), 시흥의 인근 지역 일대에 역동적인 선교 활동을 폈다. 그 결과 1년 만에 제물포를 비롯, 강화, 부평, 연안 4개 지역으로 확대되었다.[157] 1898년 보고된 제물포구역 교회 현황을 보면 위 4개 지역 외에 교황, 홍의, 고부, 담방리(만수교회), 굴재(부평), 남신당, 나무골 등에 예배처가 개척되어 성장했다. 제물포교회에는 이미 계삭회가 조직되어 있었고 1897년 12월에 강화의 교황교회, 홍의교회에서도 잇달아 계삭회가 조직되었다. 당시 인천지방 일대의 교인 수는 500여 명에 이르렀다.[158]

'강화' 하면 얼른 떠오른 말이 '역사와 문화의 고장', '지붕 없는 박물관'이다. 강화 군지인 '강도지(江都誌)'에 "강화도는 작은 한국이다"라는 말이 인상적이다. 강화를 확대하면 한국이 된다는 말이다. 한국의 모든 것이 강화 섬에 들어 있다는 풀이가 가능하다.[159] 강화는 역사와 문화의 고장일 뿐 아니라 감리교에는 특별하다. 이런 말까지 나오기에 이르렀다.[160] "감리교 선교의 요람이요, '감리교 1번지'이다."

주목할 것은 강화 기독교는 타인에 의해서가 아니라 강화 토박이들에 의해서 전파되고 세워졌다. 당시 한국선교를 관리하고 있던 스크랜턴의 1892년 12월 21일 자 서한에서, "존스형제는 최근에 제물포로 여행하면서 강화에 들렸습니다. 강화는 한강 어구에 있는 큰 섬입니다. 그가 보고한 바에 따르면 강화는 80평방 마일 되는 곳에 인구

---

157) 최신성, 『계산중앙교회 110년사』, 1900~2010, 기독교대한감리회 계산중앙교회, 2010, 79.
158) Official Minutes of 14th Annual Meeting of Korea Mission of Methodist Episcopal Church, 1898, 28. ; 유동식, 앞의 책, 99~100. 재인용.
159) 박성수, "마리산 역사적 고찰", 『토박이 신앙』, 대한기독교출판사, 1992, 199. ; 박인환, 『오상교회 103년사』, 기독교대한감리회 오상교회, 2007, 151. 재인용.
160) 박인환, 『오상교회 103년사 (1905~2007)』, 기독교대한감리회 오상교회, 2007, 155, 199.

7만 명이 살고 있습니다. 이 섬은 선교사들에게는 처녀지입니다."라고 했다. 그렇다면 존스의 1차 강화방문은 1892년 이전이었다는 말이다. 스크랜턴은 1893년 본국 선교부에 선교 상황을 보고하면서 다음과 같은 전망을 했다.[161]

제물포와 이웃에 있는 섬인 강화에는 7만 명의 주민이 있는데 우리에게 들어오라고 충동하고 있습니다. 강화를 얻게만 된다면 우리에게 값진 보화가 될 것입니다. 사실 발판은 이미 열어 놓았습니다.

1894년 존스는 보고문에서 "제물포구역은 제물포와 강화도의 시루미에서만 진행시키고 있다."고 했다. 시루미가 강화도의 첫 번째 열매라는 말이다. 시루미는 오늘의 '교산' 마을이다.

이 마을 출신 이승환은 제물포에서 술집을 하고 있었는데 예수를 믿게 되었다. 그 길로 그는 술집을 정리하고 고향으로 돌아가 농사를 지었다. 그에게는 늙은 어머니가 계셨는데 어머니를 전도하여 존스에게 세례를 요청했다. 그러나 자신은 세례받을 자격이 없다고 생각했다. 존스는 주민들의 반대로 마을에 상륙할 수 없었다. 그러자 이승환은 밤중에 어머니를 등에 업고 시루미 앞바다 배 위로 올라가서 기어코 '선상 세례'를 받았다. 그들이 강화 최초의 기독교인이다.[162]

당시 예수 믿는 사실이 발각될 경우 집까지 불살라진다는 위협이 있었으나 그것을 무릅쓰고 비밀리에 선상세례까지 받은 이승환 가정은 말할 것도 없고 마침내 강화지역이 급속도로 전도되게 되었다. 존스는 제물포 교인 이명숙을 전도인으로 파송했고 이승환의 집을 거점으로 강화에 복음을 전하기 시작했다. 이로써 강화의 첫 감리교 신

---

161) 박인환, 『오상교회 90년사』, 기독교대한감리회 오상교회, 1995, 196~197.
162) 박인환, 『오상교회 90년사』, 기독교대한감리회 오상교회, 1995, 196~197.

앙공동체가 탄생했다. 이것이 서사교회, 교황교회, 교산교회, 양사중앙교회 등으로 불리다가 현재 '교산교회'로 불리는 강화 첫 감리교회이다.

기독교와 박해는 언제나 수레의 앞뒤 바퀴이다. 여성이 교회에 다닌다고 해서 박해를 당한 경우는 이루 다 말로 할 수 없다. 강화 교동에서 있었던 한 사례이다.[163] 이는 강화에서만이 아니다. 전국 어디에서나 마찬가지였으며 이보다 더한 사실도 얼마든지 많다.

교동지역에서 부인들은 여러 번 자주 매를 맞았고 천정에다 거꾸로 발을 묶어놓고 때리기도 하였는데 그런 악독한 일은 모두 부인들이 기독교를 받아들이고 예배를 드린다는 이유 때문이었다. 그러다가 결국은 남편의 격심한 분노로 부인들은 친정으로 쫓겨났고 무서운 박해는 계속되었으며 이런 비종교적인 광란은 자기 부인을 죽이기까지 했다.
이와 같은 남편의 광란적 핍박 앞에서 (교동의)부인은 남편에게 말하기를 '비록 당신이 나를 죽인다 해도 나는 주를 섬기며 교회 나가는 것을 포기할 수 없다. 그러니 나를 때리지 말고 당신도 함께 교회에 나갑시다.' 라고 애원을 했다. 그 남편은 부인의 확고한 결심을 알고 처가에 가서 부인에게 집으로 가자고 했지만 부인은 남편이 교회에 나가지 않으면 안 가겠다고 거절하며 여러 번 설득한 끝에 남편이 부인에게 양보하였고 그 후로는 그 가정이 독실한 기독교인의 가정이 되었다.

황해도 지역은 제물포구역 존스 목사의 지도로 해주, 연안 지역을 김기범, 이명숙, 복정채, 하춘택 등이 1897년 이전부터 무시로 순회하며 전도했다. 연안교회 속장 정봉운, 변여문과 교인 명태섭 등의 활동으로 1889년 황해도 관찰사가 주재하는 해주 지역에 예배처가 생겼다. 1890년 제물포 강화·연안 구역, 둘로 편성했다가[164] 1891

---

163) 박인환, 앞의 책, 19.
164) Official Minutes of MEC, 1900, 24.

년 제물포구역, 강화구역, 황해구역의 셋으로 개편했다. 1904년 선교사 크리케트(C. Crichett)를 황해지역 전도사업으로 파송하고 해주에 주재시켜 해주 선교부를 설치했다.

(7) 평양지역

아펜젤러의 평양을 중심한 북부지역에 대한 관심은 다른 지역 못지않았다. 그는 1887년 10월 권서인 최씨와 장씨를 북쪽으로 파송했고 다음 해 4월, 감리교 선교사로는 처음으로 평양을 직접 방문했다. 1888년 11월에는 본처 전도인 한 명을 평양에 상주시켰고 1892년 8월, 1891년 12월에 입국한 의료선교사 홀(William James Hall, 1860~1894)을 주재 선교사로 파송했다. 홀은 그해 6월 조선에서 최초로 국제결혼식을 올렸다. 신부는 미국 여성 의사 로제타 셔우드(Rosetta Sherwood, 1868~1951) 양이다. 예식장은 스크랜턴 여사의 아름다운 정원이었고 주최국은 조선이었다.

홀은 토착 전도인 김창식을 내세워 평양 서문 안 언덕의 기와집 두 채와 초가집을 구입했다. 한 채는 시약소와 학당으로 또 한 채는 예배처소로 개조하여 선교사역을 시작했다.

1894년 5월, 홀 선교사는 서울 보구여관에서 의료 선교하던 신부 로제타가 평양 선교사로 파송되면서 홀과 로제타는 비로소 신혼생활을 시작하게 되었다. 서양 여자를 처음으로 보게 된 주민들은 '서양 귀신'을 구경하려고 날마다 줄을 지어 몰려들었다. 홀은 모여드는 구경꾼들을 10명씩 조를 짜서 방으로 들여보내 5분 동안 아내와 아기를 구경하도록 했다.[165] '평양 기독교박해 사건'이 생긴 것은 이 무렵이었다.

---

165) 위의 책, 109.

1894년 7월 청·일전쟁이 터졌다. 평양은 최후 결전장이 되었다. 주민 대부분은 피난을 갔다. 피난을 가지 못하고 남아 있던 사람들은 당황했고 그 가운데 반은 죽거나 도망쳤다. 홀과 김창식은 평양을 떠나지 않고 교회를 지켰다. 예배당에는 교인들은 물론 주민들로 꽉 차 있었다. 교회는 피난민수용소가 될 수밖에 없었다. 홀과 김창식은 그들 모두를 정성껏 보살폈다. 양측 군대는 십자기가 내걸린 예배당은 공격하지 않았다. 교회로 피신한 사람들은 안전하게 생명과 재산을 보호할 수 있었다. 청·일전쟁 뒤, 기독교 선교사들에 대한 의뢰와 미국에 대한 기대감은 더 높아졌다.

홀 박사와 함께 평양을 지킨 김창식 전도사의 기록이다.[166]

1894년 일청전쟁때 일이다. 이때 평양은 일청 두 나라 군인의 전쟁터가 되엿섯다.… 셩즁은 인심이 물 쓸틋하여 엇지할 줄 모르고 피란하는 자 무슈하엿스나 나는 하나님을 의지하는 가운데 조금도 두려워 아니하고 피란할 생각을 바리고 셩즁에 남아 잇는 뭇사람의 령혼을 구원의 길로 인도함이 나의 의무로 깨다렀다. 나는 셩즁에 남아 잇는 사람들에게 육신의 위로까지도 줄 기회가 잇섯슴으로 그때부터 예수 밋는 사람이 만히 생기고 교회도 몃 곳에 새로 설립되었다.

부부 의사인 그들은 자신들의 몸을 돌볼 겨를이 없었다. 환자와 부상자들 진료에 전념했다. 청·일전쟁 뒤에는 심한 전염병까지 번졌다. 서울의 영사관에서는 철수를 권고했으나 이들은 몸을 아끼지 않고 환자들을 돌봤다. 홀은 시체가 매장되지 않고 널려있는 평양에서 과로와 병균 노출로 그만 장티푸스에 걸렸다.[167] 서울로 후송은 되었지만 닷새 만인 1894년 11월 24일, 그는 눈을 감았다.[168] 한국에서

---

166) 김창식, "나의 교역생활", 「승리의 생활」, 3.
167) 매티 윌콕스 노블(손현선 옮김), 「매티 노블의 조선회상」, 좋은 씨앗, 2011, 89~90.
168) 셔우드 홀(김동열 옮김), 앞의 책, 47.

희생된 첫 번째 감리교 선교사이다.

그의 아내 로제타 홀은 남편의 장례를 치루고 미국으로 돌아갔다. 3년 뒤에 평양으로 다시 왔다. 평양 최초의 병원 기홀병원, 맹인 농아학교, 한글용 점자 도입, 어린이 병동을 설립했다.[169]

청·일전쟁과 홀의 희생은 평양시민들의 기독교에 대한 부정적인 생각을 결정적으로 바꾸어 놓았다. 평양을 지켰던 김창식은 홀을 이어 평양선교를 전담했다. 평양을 방문했던 여행가 비숍(I. Bishop) 여사는 당시의 상황을 이렇게 전해준다.[170]

평양성은 파괴되었으며 6, 7만 명이던 평양 인구는 15,000명으로 줄었다.… 그런데 전쟁 후에 큰 변화가 일어났다.… 28명이 새로 세례를 받았는데 노골적으로 사악한 생활을 하던 중인 계층 사람 몇 명, 그리고 너무 못되게 굴어서 기피 대상이던 남성들이 상당수 변하여 깨끗하고 바른 생활을 하면서 교회지도자로 활동하기 시작했다.
교육을 받고 있는 학습인이 140명이나 되는데 그들은 세례를 받기 전까지 긴 기간 교육과 훈련을 받아야만 한다. 임시 예배처소는 교인들로 차고 넘쳐서 상당수는 예배당 밖에서 예배를 드려야 했다.

교회는 부흥하여 1895년 말, 성도 50명이 넘었고 1896년 남산재 언덕 수옥리(아영동)에 100명이 모일 수 있는 한옥 예배당을 지었다. 이때부터 남산재회당은 남산현교회로 불렸다. 그 뒤 교회는 폭발적으로 성장하여 3년 만에 출석 교인 800명을 넘겨 두 차례 증축 공사를 해야 했다. 미감리회 지원을 받아 1903년 5월, 1천 명을 수용할 수 있는 고딕 양식의 벽돌 교회를 지었다. 북한지역 최초의 서양식

---

169) 김동열, 앞의 책, 47. 그는 미국에서 '뛰어난 미국 여성 200인 중 한 사람'으로 뽑혔다.
170) I. Bishop, Korea and Her Neighbours, London ; John Murray, 1905, 158. ; 이덕주, 『독립운동의 요람 남산재 사람들』, 출판사: 그물, 2015, 44~45.

건물이다. 교세는 더욱 불어나서 교인이 2천 명에 다다랐다.[171]

서문 안에 있던 미감리회 선교부를 남산재로 옮겼다. 남산재에는 남녀 선교사 사택과 기홀병원, 광혜여원, 광성학교와 정의학교 그리고 맹아학교가 자리 잡았다. 서울의 정동이 교회-선교사 사택-학원과 병원의 3각 편대를 이루어 감리교 타운처럼 되었듯이 남산재는 감리교 평양선교의 구심점이 되어 평안남도의 진남포와 강서·순천, 평안북도의 영변과 운산·태천 등의 관서 지역으로 선교 지경을 넓혀 나갔다. 홀을 이어 노블 선교사가 평양으로 왔다. 노블은 김창식을 '평양의 영웅'이라고 칭송했다.[172] 1900년 평양교회는 파격적으로 성장했다. 노블의 기록이다.[173]

지난해 우리는 600석의 예배당이 필요하다고 말했다. 그런데 이제는 적어도 1천 2백 명이 수용되는 예배당이 필요하다. 그러한 사람들이 들어갈 정도의 재래식 건물을 건축한다 해도 3천 달러 정도는 있어야 한다.…
평양에 교회를 짓는다는 것은 여러 가지 의미가 있다. 이곳은 선교정책상 북쪽 지방의 중심이다. 많은 교인들이 그들의 분수에 넘는 큰 예배당에서 예배드리고 싶어한다.… 무어 감독의 설교를 들은 후 교인들은 새 예배당을 위해 1천 2백 34원을 헌금했다. 그들은 열광적으로 교회당을 지으려 했다. 그 다음날 교인들은 새로운 교회 터에 첫 삽을 뜨게 되리라는 소망으로 찬송과 기도를 드렸다.

(8) 영변지역

영변지역의 개척사업은 김창식, 벙커(B.A. Bunker) 선교사, 김더커스, 전도부인 리수산나 등의 활약으로 시작되었다. 벙커 선교사 부

---
171) 이덕주·서영석·김흥수, 앞의 책, 59.
172) 이철, 앞의 책, 123.
173) Official Minutes of MEC, 1901, 30, 31.

부는 1898년 미국사람이 운영하는 운산의 광산에서 1년 반을 있으면서 이웃 마을에 교회를 세웠다. 영변교회이다. 교회는 급속도로 성장하여 남녀 6백 명이 모였다.

다음으로 세워진 교회는 운산군에 인접한 북진교회이다. 1893년 평양 초대 선교사 홀 박사의 전도로 예수를 믿은 오석형의 형, 오석경과 리수산나 부부가 노블 감리사의 파송으로 평북 북진에 세운 것이다.[174]

영변지방 형성의 교두보로 등장한 교회가 평안남도 안주교회이다. 주인공은 김더커스이다. 그녀는 집안에 신당을 짓고서 서른셋의 신을 극진히 섬겼다. 선교사 노블의 전도로 둘째 아들 신화가 먼저 교회에 다녔다. 그로부터 전도를 받아 온 집안이 1899년 한 해에 학습, 세례를 받았다. 그녀는 이름조차 없었으나 더커스는 세례명으로 받은 이름이다. 그녀는 열성으로 신앙생활하며 교회를 섬겼다. 한글을 배우고 노블 부인의 성경반에서 2년을 공부했다. 노블 감리사로부터 권서 겸 전도부인으로 택함을 받았다. 그가 맡은 지역은 평남의 평양, 상서, 증산, 함종, 삼화, 용강, 진남포, 중화, 순안, 안주, 성천, 숙천이며 평북의 영변, 태천, 운산, 희청, 정주, 박천, 그리고 황해도의 수안, 신계, 서흥, 봉산, 황주 등이다 총거리는 2천 9백 리가 넘었다.

복음 보따리를 짊어지고 전국 3천 리를 누빈 셈이다.[175]

1899년 순행전도사로 파송된 김창식은 평안북도 운산, 덕천, 개천,

---

174) 리수산나, "회상록", 「승리의 생활」, 114.
175) 윤춘병, 앞의 책, 196.

양덕, 맹산, 영변, 희천 일대를 순회하며 성서와 교리 서적을 팔면서 전도했다.[176] 영변지역은 관서지방에서 보기 드문 감리교 선교현장이 되었다. "더커스, 리수산나, 김창식 등이 뿌린 복음의 씨에 물을 주고 가꾼 것은 모리스(Charles David Moris) 선교사이다."

모리스에 앞서 한국 토착 전도인들이 영변 산악지역에 밭(마음)을 갈고 파종을 주도한 것이다. 모리스는 1900년에 우리나라에 들어와서 처음에는 평양에서 살다가 1905년 영변으로 옮겼다. 영변을 주변지역의 선교 중심지로 만들었다. 한때 북장로회도 영변에 선교활동을 벌인 바 있었다.

1907년 감·장 선교지를 나눌 때에 감리교의 기득권이 인정되어 감리교지역으로 이양되었고 감리교 중심지역으로 줄곧 발전하였다. 1905년 한국북지방을 평양지방과 영변지방, 둘로 나누면서 모리스는 영변지방 감리사를 맡아 전력을 쏟았다. 영변을 중심으로 희천, 태천, 운산, 순천, 개천, 성천, 양덕, 맹산지역으로 뻗어 나가 많은 열매를 거두었다. 영변지방은 10구역, 예배당 설립 49개, 신자 3,193명이 되었다. 그러나 그는 1926년 11월 강원도 동해안을 순회 가운데 병을 얻어 이듬해 1월 세브란스 병원에서 삶을 마쳤다. 그는 26년 동안 한국선교에 그의 모두를 바쳤다.

영변의 주변 산은 험하기로 유명하며 병자호란 때나 홍경래의 난 때도 점령 못할 만큼 요새 중의 요새이다. 주변에는 묘향산이 있다. 또한 흐드러지게 피어나 봄을 알리는 김소월의 '진달래꽃'의 도시이기도 하다. 약산은 1킬로 정도 떨어져 있다.[177]

---

176) 김창식, "나의 교역생활", 「승리의 생활」, 기독교창문사, 1927. 4.
177) 오늘의 영변은 3만kw 규모의 실험용 원자로가 핵무기 원료를 축적하기 위한 곳으로 잘 알려져 있다.

(9) 원산지역

의료선교사 맥길이 원산지역으로 파송된 것은 1892년이었다. 이듬해 맥길 부부는 원산에 정착했다. 시약소를 차리고 환자를 치료하면서 복음을 전했다. 원산 선교는 북장로회 게일이 맥길보다 1년 앞섰다. 맥길은 의사라서 환자들도 많았지만 여러 계층의 사람들이 접근해 왔다. 이권을 위해 찾아오는 사람들도 없지 않았다. 맥길의 보고이다.[178]

하루는 시장에 나가 책과 전도지를 팔고 있노라니 몇몇 사람들이 다가와 살 집과 먹을 음식을 주면 교리를 배우겠노라고 했다. 또 하루는 한 소년이 찾아와서 예수교 교리를 배우고 싶다고 했다. 그러나 다음날 그는 나의 마구간 열쇠를 훔쳐 달아나 버렸다. 한 날은 이씨가 와서 공부를 하고 싶다기에 사람이 필요하던 터여서 우선 그에게 일을 맡겼다. 그는 진심으로 예수를 믿겠다고 고백까지 하고서도 역시 내게서 돈 10원과 키니네 두 병을 몰래 가져갔다. 나는 그에게 책을 팔도록 부탁하고 여러 권을 주었는데 들리는 말에는 그 책을 뜯어 자기 집 벽에 도배를 했다고 한다.

맥길은 찾아오는 환자도 치료해 주어야 하고 왕진도 해야 했지만, 성경과 교리 책을 메고 순행전도에 나서는 시간이 더 많았다. 그 결과 1년 만에 학습교인 15명과 함흥, 안변 지역의 학습인을 포함하여 2백 19명을 확보하기에 이르렀다.[179] 원산, 선교는 네 지역에서 이루어지고 있었다. 하나는 원산이고 다른 한 곳은 북쪽의 학익동이며 세 번째는 남쪽의 석왕사 근처, 사기동이요, 네 번째는 봉눈이다. 이 네 지역에서 1년 만에 얻은 신자가 2백 19명이나 된 것이다.

---

178) 윤춘병, 앞의 책. 146.
179) Annual Report of MEC, 1896, 240.56.

새 신자가 늘어남에 따라 넓은 예배당과 성실한 일꾼이 절실했다. 1898년 맥길이 안식년을 맞아 돌아가고 제물포교회 김기범 전도사가 파송되어왔다. 1년 뒤에 맥길이 복귀했다. 김기범은 존스의 요구로 제물포로 돌아갔다. 그 뒤 복음 사업으로 브룩스(A.M. Brooks)가 파송되었으나 곧 일본으로 전임되었다. 맥길 혼자서는 도저히 감당할 수 없었다. 결국 미감리회 선교부는 1900년 5월의 선교회에서 원산지역 선교를 남감리회 측에 이양하기로 결의했다. 그대신 서해안 쪽으로 방향을 돌리기로 했다.[180] 남감리회에서는 이 제안을 좋게 여겨 하디를 파송하고 원산지역 선교를 인수했다.[181]

(10) 수원 지역

서울에서 공주로 내려가는 첫 교회설립은 1893년 수원군(현 화성시) 동탄면 장지내에서 이루어졌다. 1893년 12월 12일, 스크랜턴은 동탄면 장지리 구도자들의 방문 요청을 받았다. 스크랜턴은 주민들이 보는 가운데 시냇가에서 교인 3명에게 세례를 베풀었고 주일 집회를 인도했다. 수원지방 최초인 장지교회의 출발이다. 장지교회를 거점으로 인근 용인과 시흥, 여주, 이천 등지로 선교영역을 넓혀 나갔다.

1894년 3월 스크랜턴의 어머니는 이화학당 교사 이경숙과 장지내 교회를 다녀오는 길에 수원읍과 오산까지 순회 여행을 했다. 그 뒤 이경숙을 수원지방 전도부인으로 파송하여 수원과 남양, 오산을 넘어 충청도 내포와 해미, 덕산에까지 복음을 전파하도록 했다.

1896년 연회에서 수원과 공주를 하나의 구역으로 묶어 스크랜턴을

---

180) Official Minutes of MEC, 1900, 10.
181) 양주삼, 「조선남감리회30주년기념보」, 남감리회전도국, 1930, 23.

구역 담임자로 파송했다. 그해 수원·공주 구역을 맡으면서 그는 의료선교보다 복음선교에 더욱 힘쓰리라 다짐했다.

분명, 곤경에 처한 육신을 돕는다는 것은 기쁜 일입니다. 그러나 영혼을 돕는 일은 가장 기쁜 일입니다.

1895년 장지내교회의 전도사업은 이웃 용인에 교회를 세우게 되었다. 아실리(용인)교회이다. 아실리교회의 영향으로 1899년 3월 이천군 오천교회와 덕돌교회 설립을 보게 되었다.[182] 덕돌교회는 박해석의 주선으로 세워졌으며 이천지역 중심교회로 성장했다. 다시 덕돌교회에서 남쪽으로 80리 지점에는 1901년에 설립한 청주교회가 있는데 8개 마을에 2백 명을 개종시켜 교회를 세웠다. 진천, 충주, 청주교회는 모두 덕돌교회 박해석이 세운 교회들이다.

1899년 5월 스크랜턴이 파견한 감리교인 '서너 명'이 수원 읍내로 이사와 정착했다. 그때 수원 감옥에 갇혀 있던 기독교인들이 감옥 안에서 신앙공동체를 형성했다. 1901년 12월 전도인으로 파송된 이명숙은 북문 안 보시동(북수동 116번지)에 13칸짜리 초가집을 매입하고 예배당을 설립했다. 수원종로교회이다. 2년 만에 교인, 160명이 되었다. 교회 안에서 남자 매일학교와 여자 매일학교를 운영했다. 이 학교는 근대 수원 교육의 효시가 된 삼일여학교와 삼일남학교로 발전되었다.

1907년에는 신유사옥과 병인박해로 피 흘린 순교의 터인 종로 네거리로 교회를 이전했다. 수원지역은 1914년 연회에서 이천지방과 분리하여 수원, 안산, 남양, 제암, 오산의 6구역으로 나누었고 1915

---

182) 덕돌은 오늘의 이천시 덕평이다.

년 9월 15~16일에는 수원읍교회당(수원종로교회)에서 최초로 지방회를 열었다.[183]

(11) 공주지역

수원지방 선교가 활기를 띠면서 선교는 자연히 경기도 남부와 충청지역으로 확장되어 나갔다. 스크랜턴이 1897년 5월, 그의 어머니와 처음으로 공주를 방문할 때 그들은 수원에서 공주에 이르는 도로 주변 13개 보수적인 마을에서 3백여 명의 사람들이 관헌들과 유지들의 박해를 받아가면서도 예배를 드리고 있음을 확인했다.[184]

자생적으로 예배를 드리는 공동체였다.

스크랜턴 감리사가 파송한 권서 두 사람이 충청지역을 순회하며 해변과 산간지역의 외딴 마을까지 찾아다니며 복음의 씨를 뿌렸던 곳이다.[185]

1903년 연회에서, 원산에서 철수한 맥길을 공주 개척 선교사로 투입했다. 맥길은 하리동(현 중학동) 언덕에 초가집 두 채를 사서 시약소와 예배처소로 개조하고 사역에 들어갔다. 1905년 맥길이 선교사직을 사임하고 미국으로 돌아감에 따라 샤프(R.A. Sharp) 부부가 파송되었다. 샤프는 1905년 11월 선교부 언덕에 벽돌로 2층 양옥집을 지었다. 사람들은 그 집을 '천당집'으로 불렀다. 샤프 부부는 그 집에서 남녀 학생들을 모아 가르치기 시작했다. 영명학교의 시작이다.

샤프는 천당집에서 3개월밖에 살지 못했다. 1906년 2월, 은진에

---

183) 이진호, 『무지내교회104년사』, 무지내교회, 2001, 40.
184) 이덕주 · 서영석 · 김흥수, 앞의 책, 62.
185) 윤춘병, 앞의 책, 203.

서 사경회를 인도하고 돌아오다가 깜깜한 밤, 억센 진눈깨비를 피하려고 길옆의 한 작은집으로 들어갔다. 집안에는 며칠 전에 발진티푸스 전염병으로 죽은 사람의 장례를 치른 상여가 있었다. 상여집이었다. 그로 인하여 전염병에 감염된 샤프는 그해 3월 4일 눈을 감았다. 그의 시신은 하리동 선교부 뒷산에 안장되었다. 남편을 잃은 부인(Alice H. Sharp)은 미국으로 돌아갔다가 충청지역의 성도들을 잊지 못하고 1908년 말 다시 공주로 돌아왔다. 1939년까지 충청지역의 여성 전도와 교육사업에 온갖 힘을 기울였다. 그리고 유관순을 키웠다. 그 뒤 공주 선교부는 충청지역 선교의 구심점이 되었다.

샤프 후임으로 선교사 윌리암스 부부가 1906년 9월 29일 우리나라에 들어왔다. 그는 '전도·애국·개화·민주주의' 이념을 바탕으로 선교에 열중했다. 그러면서도 경제와 교육, 건강과 위생 등 생활에 필요한 사항들을 중요하게 다루었다. 농촌현장에서는 한글 교육, 농업교육을 실시하고 찬송가 부르기를 권장했다. 그의 선교정책은 불신자 스스로가 발길을 교회로 향하도록 하는 것이었다. 미국에서 농학석사 학위를 받은 그는 당시 한국 최고의 농업전문가요 교육자였다.[186] 겨울 농한기에 전국을 다니며 사경회를 열어 말씀 사역과 함께 농업 기술을 포함한 농촌지도반을 육성했다. 이들 부부는 다섯 자녀를 모두 한국에서 낳았다. 두 딸은 일찍이 잃었고 아들 3형제, 맏이 광복(George), 둘째 홍복(Howard), 셋째 귀복(Robert)을 키웠다. 맏아들 광복은 해방 뒤, 군정을 위해 진주한 미 해군 군의관이 되어 태어난 나라 한국에 들어왔다. 그는 군의관임에도 군정 책임자 하지(John Reed Hodge) 사령관의 특별보좌관으로 발탁되었다. 실질

---

186) 서만철·임연철, 『구한말에서 6.25 전쟁까지 '쌀과 종교'로 한국을 구한 우리암과 우광복 이야기』, 2022. 6.

적 비서실장으로 인사와 정책 수립에 깊숙이 관여했다. 그는 미군 고위층의 요청으로 미 군정 초기, 미군정 내각 부서에서 일한 한국사람 총 50명 가운데 영명학교 출신을 비롯 35명의 기독교인으로 구성되도록 했다.[187]

서울에서 공주로 내려가는 전도행로는 또 다른 길이 있었다. 1895년 설립된 시흥군 무지내교회, 안양 덕고개교회, 1897년 설립된 범고개, 안산, 남양 등 교회가 있는데 남양은 강화에서 뱃길로 내려와 설립된 교회로 알려지고 있다. 예산의 삽다리교회도 같은 해에 세워졌다. 해미와 홍주(홍성)는 1899년에 세워졌고 논산 가야올[188]을 지나 비로서 공주읍에 교회가 들어갈 수 있었다. 그러나 정작 공주를 점령한 것은 이천, 청주로 내려 온 길이었다.[189]

(12) 내포지역에 떨어진 복음의 씨앗

이 지역은 너른 들판에 땅이 기름져서 흉년을 모를 정도로 소출이 많아 먹거리가 넉넉한 곳이다.[190] 반면, 외부의 잦은 침략은 필연이었다. 어제는 고구려, 오늘은 신라, 내일은 중국이다. 따라서 쉽게 적을 식별하기 어려웠다. 자연히 직설적이지 않고 은근하게 속내를 드러내었다. 한 자락 깐 듯하고 빙빙 돌리는 듯 말투가 느리고 애매함 같은 것은 지금 생각 가운데 있다는 즉 '현재 진행형'이란 뜻이다. 느린게 아니라 서두르지 않는 삶의 지혜요, 침착함이다.

충청도 하면 양반이다. 그만큼 선비들이 많았고 급할 것 하나 없이

---

187) 위의 책, 7.
188) 논산시 가야곡면 육곡리, 오늘의 연무지방 육곡교회.
189) 윤춘병, 앞의 책, 205.
190) 이중환(이익성 역), 『擇里志』, 을유문화사, 2002. ; 김용덕, 『한국사수록』, 을유문화사, 1984, 334~335.

성품이 점잖으며 실세 양반이 존재할 수 있는 지리적 여건을 갖추었다. 충청도를 멍청도라고도 하나 '멍'은 '충'과 통한다. 유난히 열사, 장군이 많이 나온 까닭이다.

충청남도에서 가야산을 중심한 바다와 닿아 있는 8개 시, 군(당진 · 보령 · 서산 · 아산 · 서천 · 예산 · 태안 · 홍성)을 내포지역이라고 한다. '내포'의 순수한 우리말은 '안 개'(안쪽 바다)이다.

내포지역 당진의 면천은 아산만에 인접한 조선 시대 군사요충지이고 충남의 북부 당진, 신창, 덕산, 예산을 연결하는 길목이다. 1914년까지 면천군, 면천읍성[191]이었으나 일제가 행정을 개편할 때에 당진군의 1개 면으로 격하되었다. 면천에서 멀지 않은 곳에 김대건 (1821~1846) 신부의 생가, 솔뫼(우강면 송산리)가 있고 해미읍성이 있다. 1866년 초, 대원군은 해미읍성 조산리 '여숫골' 골짜기에서 천주교인 1,000여 명을 처형 또는 생매장했다. 병인박해[192]이다.

지금 당진은 감리교 도시가 되었다. 하나의 시일뿐인데 4개 지방, 116 교회가 분포되어 있다.[193] 부흥에는 이유가 있었다. 류제가 그 사람이다. 그는 지역 주민을 온전히 섬기고 내포의 복음화에 기둥돌이었다. 「그리스도인 회보」,[194] 제1권 제40호 1897년 (광무 원년) 11월 3일 자 기사이다.

덕산에 거하는 전 면천군수 류제는 근본 서울 사람으로 천성이 인선하고 마

---

191) 읍성은 평야 지대에 사람들이 사는 집을 둘러서 쌓은 성으로 산성과 다르다.
192) 그해 천주교 신자 수천 명과 프랑스 신부 12명 중 9명을 학살했다. 병인박해(병인사옥)이다. 그러자 주중 프랑스 함대사령관 로즈(P.G. Roze)가 대함대를 이끌고 무력보복에 나서며 한 · 불 군사적 충돌이 일어났다. 병인양요이다. 병인사옥이라고도 한다. 이이화, 『한국사이야기 17』, 한길사, 2009. 125.
193) 당진 · 당진동 · 당진서 · 당진북의 4개 지방이다. 「2022 교회주소록」, 기독교대한감리회, 2022. 601~611.
194) 오세종 외 정주, 「조선 그리스도인 회보」, (1897년-1897년 12월), 한국기독교사료연구소, 2014. 353~355.

음이 온유하여 4, 5년 전에 쌀을 무곡(장사하려고 많은 곡식을 사들임) 하고자 하여 내포 등지로 갔더니, 흉년을 당한 백성들이 유리함을 보고 불쌍히 여겨 수십만 냥의 무곡한 쌀을 흩어 내포 등지 십여 고을 거민에게 주었으며 갑오년동란 때에 선유별관(임금의 훈유를 백성에게 널리 알리는 관리)을 하여 또한 사람을 많이 살린지라.

그런고로 열읍(여러 고을) 백성들이 내부(1895년, 고종 32년 '내무아문'을 고쳐 부른 이름)에 청원하여 면천 군수를 하였으며 돌비를 각처에 세워 류제의 은덕을 칭송하더니… 면천 원을 갈린(퇴임) 후에 덕산 한내(예산군 고덕 대천리)라 하는 촌에 거하여 하나님을 공경하고 사람을 사랑하는 예수 도를 행할새…

류제는 서울에서 아펜젤러 영향으로 예수를 믿었다. 면천 군수로 부임하고는 1895년 초가 8칸의 예배당을 마련했다. 면천감리교회의 시작이다. 1908년에는 면천감리교회에 면양학교(현 면천초등학교)를 열었다.[195] 충청남도 최초로 평신도에 의해 세워진 면천감리교회가 중심이 되어 당진 최초로 면천초등학교를 설립했고 내포권 발전의 초석이 되었다. 1892년의 선교지역 분할(초기협정)에 따라 충남, 내포지역은 감리교 선교 구역이 되고 1899년 해미교회가 설립되었다. 면천감리교회는 지역사회의 구심점이 되었다. 류제는 군수직을 끝낸 뒤 한내에서 복음을 전하며 살았다.[196]

---

195) 면천초등학교 연혁자료
196) 「죠선 크리스도인 회보」, 1897년 11월 3일.

4. 남감리회의 선교

[4] 3. **미감리회의 한국선교**[1] 남감리회 선교의 시작은 개화파 지도자 윤치호가 망명 중이던 1887년 4월 중국 상하이에서 세례받고 한국 최초의 남감리교인이 되면서부터이다. 그는 미국에 유학할 때부터 남감리회 국외선교부에 한국선교를 촉구했다. 이에 1895년 10월 ① 18일 중국에 있던 헨드릭스(E.R. Hendrix) 감독과 리드(C.F. Reid) 선교사가 내한하였고 이듬해 8월 리드 부부가 서울에 정착하여 선교 활동을 시작했다. 그 결과 1897년 5월 2일 고양읍에 첫 남감리교회가 설립되었다. 남감리회에서도 배화여학교, 한영서원, 호수돈여학교, 구세병원 등 학교와 병원을 설립하였고 태화여자관을 비롯하여 개성, 원산, 춘천 등지에 여자사회관을 설립하여 한국 근대 사회복지사업의 문을 열었다. 남감리회는 선교 초기부터 ② 신학교육에 있어서

---

1) 「교리와 장정」, 22~23.

> 미감리회와 협력하였고 1907년에 두 교회 연합으로 협성신학교를 설립했다. 남감리회는 1907년 동만주 선교를 시작으로 만주, 시베리아에 선교사를 파송했다.

1) 위 ① 18일은 논란이 있을 수 있다.("1895년 10월 13일 상해를 출발"설도 있다).

(1) 윤춘병, "헨드릭스감독은 그 해 10월 13일 리드 박사를 대동하고 서울에 도착했다."[2]

(2) 이덕주, "헨드릭스와 리드는 1895년 10월 13일 내한하여…"[3]

(3) 김명구, "1895년 10월 13일, 미국 남감리회 아시아 선교감독 헨드릭스(Eugene R. Hendrix)가 중국에서 17년 동안 활동하고 있던 리드(C.F. Reid)와 함께 조선에 오면서 남감리교회의 선교가 시작되었다."[4] 그러므로 '**13일**'로 고쳐야 한다.

2) 위 ② "신학교육에 '**있어서**'"의 '**있어서**'는 일본 말 투이다.

(1) 일본 말의 후치사 'における'로 일제의 잔재이다.

(2) 순수한 우리말은 '…의', '… 에서'이다.

보기를 들면, "독도에 있어서"는 "독도의", "독도에서"로 쓰면 된다. 그것이 우리 말이다.

그러므로 '**신학교육에서**' 로 바로 잡아야 한다.

---

2) 윤춘병, 앞의 책, 80.
3) 이덕주 · 서영석 · 김흥수, 앞의 책, 71.
4) 김명구, 앞의 책, 175.

1) 남감리회의 도착

(1) 윤치호, 미남감리회를 움직이다

미국 선교사가 한국에 들어오도록 결정적인 역할을 한 사람이 있다. 윤치호이다. 미남감리회의 한국선교는 윤치호(1865~1945)로부터 시작되었다. 그는 1881년 4월, 17세에 신사유람단 어윤중의 수행원으로 일본에 갔다가 게이오의숙에 입학했다. 신학문과 일어, 영어를 공부하고 개화사상으로 성장했다. 이듬해 조미수호통상조약에 따라 조선에 부임하는 초대 주한공사 푸트(L.H.Foote)의 통역으로 돌아왔다. 그는 고종을 알현하고 개화의 필요성을 아뢰었다. 그러나 윤치호는 갑신정변에 연루되어[5] 일본을 거쳐 1885년 1월 상해로 망명했다.

윤치호는 상해에서 미국 남감리회가 운영하는 중서서원 중등과에 입학했다. 그리고 1887년 4월 3일 중서서원 교수인 본넬(W.B. Bonnel) 목사에게 세례를 받았다. 조선 최초의 남감리교 세례교인이다. 그는 그 날을 회상한다.[6] "일생에서 제일 큰 날이었다."

윤치호는 1888년 중서서원을 졸업하고 교장 알렌(Y.J. Allen)과 본넬 교수의 추천으로 미국의 밴더빌트대학 신학과 영어 과정에 입학했다. 1890년 조지아주의 에모리대학에서 인문과 사회분야를 공부했다. 그는 미국이 기독교의 원리를 좇았기 때문에 세계 최고가 되었다고 믿었다. 그리고 이런 일이 한국에서도 일어날 수 있다는 확신을

---
[5] 직접 가담은 않았지만 주동자들과 친분이 있었고 거사 장소에도 미국공사 통역관으로 현장에 있었고 그의 아버지 윤웅렬이 개화파가 수립한 정부의 형조판서로 이름이 올라갔다는 사실 때문에 화를 피할 수 없었다. 윤웅렬은 능주로 유배되었고 윤치호는 본국으로 돌아가는 푸트 공사를 따라 1885년 1월 19일, 형식은 외국 유학이지만 실은 해외 망명이었다.
[6] 윤치호, 「일기」, 1887년 4월 3일 자.

가졌다. 그가 미국에서 공부하면서 절실하게 깨달은 것이 바로 이 점이었다. 그리고 기독교 복음은 개인 구원은 물론 한국을 개조시킬 수 있다는 것이 그의 신념이 되었다. 당시 우리나라의 상황은 어둡기가 짝이 없었다. 그의 진단이다.[7]

수백만의 생령이 자유로이 생각하고 행동하지 못하는 곳, 능력이 발휘되지 못하고 포부가 실현되지 못하며 애국심이 발휘되지 못하는 곳…,
지옥 같은 전제정치가 몇 세대에 걸쳐 굴종과 빈곤과 무지를 낳게 하고 부추기는 곳, 사람들이 삶 속에 죽어가고 죽음 속에서 살아가는 곳, 도덕적, 물질적 부패와 더러움이 해마다 수천의 생명을 앗아가는 곳…

그는 조국의 이런 캄캄한 현실 앞에서 결코 탄식이나 절망, 또는 문제의 제기나 지적만으로 끝나지 않았다. 극복의 길을 밝혔다. 그는 그 진리를 이렇게 설명했다.[8]

스스로 가르치는 바를 성취하지 못하는 종교는 무종교보다도 악하다. 이런 종교는 다만 우리들의 영적 능력을 무산시키고 새로운 진리에 대해 무감각하게 만들 뿐이다. 나는 모든 종교들 가운데 기독교를 선택한다. 기독교는 그 가르치는 바를 성취하기 때문이다. 나는 삼위일체 하나님을 믿고 가르치는 종파 중에서도 감리교회를 선택한다. 그것은 그들이 목적한 바를 실천하고 성취하기 때문이다.

기독교는 철저한 자기부정의 신앙적 결단을 촉구한다. 곧 '십자가의 도'이다. 그리하여 부활에 동참하는 새 사람으로 거듭나는 것이다. 그러면 더 이상 어제의 내가 아니다. 십자가는 부활의 전주곡이다. 여기에 도덕성의 회복이 있고 민족을 개화하고 나라를 살릴 수

---

7) 윤치호, 『일기』 3권, 273. ; 1893.12. 29.
8) 윤치호, 『일기』, 3권, 1894 1. 1. 243.

있는 길이 있다. 내가 거듭났으면(구원) 이웃-사회-국가를 변화(구원)시켜야 한다. 그리하여 윤치호가 믿은 구국의 길은 기독교의 복음을 받아들이고 새롭게 거듭나는데 있었던 것이다.

    윤치호는 미국에서 1893년 에모리대학 캔들러(W.R. Candler) 총장에게 200달러를 맡기면서 한국선교를 간청했다.[9] 귀국해서도 같은 요청서를 캔들러 총장, 상해 중서서원 알렌 교장에게 보냈다. 캔들러 총장은 이런 요청을 "마게도냐로 건너와서 우리를 도와주시오."(행 16:9)와 같은 성령의 역사라고 하는 한국선교의 필요성을 교회 기관지에 발표했다.[10] 윤치호는 아펜젤러와 스크랜턴과도 상의했고 그들 역시 선교 인력 부족으로 고민하던 때였다.[11]
    중국의 헨드릭스 감독은 윤치호의 거듭된 요청을 "거역할 수 없는 하나님의 섭리"로 여겼다. 1895년 10월 13일 헨드릭스 감독과 리드(C.F. Reid) 선교사는 선교탐색차 제물포에 도착했다. 리드는 당시 중국선교 16년 차였다. 헨드릭스는 미국 대리공사 알렌의 주선으로 고종을 알현했다. 고종은 닷새 전 민비가 시해되어(1895.10.8. 을미사변) 정황이 없음에도 헨드릭스를 기꺼이 만났고 그에게 "한국에 온 것을 대단히 환영한다."며 "한국에 선교사들을 보내 달라"는 부탁까지 했다. 헨드릭스 감독은 스크랜턴의 안내로 달성궁 동편 남송현(한국은행 본점 자리) 한옥과 부지를 구입했다. 그리고 그때 한국선교를 결정하고 리드를 개척자로 임명했다. 선교탐색이 선교 시작으로 바뀐 것이다. 그는 한국선교 동기를 이렇게 밝혔다.[12]

---
9) 梁柱三, 『朝鮮監理敎會 30年 紀念報』, 朝鮮監理會傳導局, 1926, 73.
10) 기독교대한감리회본부교육국 편, 『한국감리교회사』, 1982, 102.
11) 이덕주 · 서영석 · 김흥수, 앞의 책, 71.
12) 기독교대한감리회본부교육국 편, 『한국감리교회사』, 1982, 103. ; 홍석창, 앞의 책, 65. 인용.

우리 남감리교인 윤치호의 간곡한 요청이 있어 한국에 관심을 모으게 되었다. 그가 기부한 200달러가 한국선교 기금이 되었으며…

리드는 중국으로 돌아갔다가 1896년 5월 28일 다시 들어와서 남송현 선교부에 자리를 잡았다. 집수리를 마치고 상해로 돌아간 그는 그해 8월 14일 가족과 함께 남감리회 최초 선교사로 정식 부임했다.

2) 서울·경기지역

(1) 최초의 교회, 고양교회 창립

1897년 1월, 두 번째 한국 선교사로 임명받은 선교사 콜리어(C.T.Collyer)가[13] 상해에서 윤치호와 함께 들어왔다.[14] 10월에는 남감리교 해외여선교회의 파송으로 중국에서 캠벨(J.P.Camphell) 부인이 들어 왔다. 리드나 콜리어, 캠벨은 모두 오랫동안 중국에서 풍부한 선교경력을 쌓은 실력자들이었다. 1896년 남감리회 선교사들이 들어올 때의 상황은 첫 선교사들이 들어 올 때와는 많이 달랐다.

남감리회의 한국 도착은 북감리회나 다른 교파보다 10여 년이 늦었다. 이 시기는 먼저 들어온 교파들에 의하여 기독교가 자리를 잡아가던 즈음이었다. 이것이 남감리회가 교통과 삶의 환경이 열악한 선교의 처녀지 강원도 지역을 맡게 된 까닭이기도 하다. 이때는 청·일전쟁(1894~1895)이 끝난 뒤로 기독교는 한국민에게 소망이었던 때였다. 따라서 남감리교 선교사들은 선교의 순서를 바꾸어 먼저 복음을 전하고 교회를 개척하는 일부터 시작했다. 교육, 의료사업은 점차적으로 펼쳐 나갔다.

---

13) Charles D. Stokes, 앞의 책, 12.
14) 이덕주·서영석·김흥수, 앞의 책, 72.

스크랜턴은 리드에게 상동교회의 김주현과 김흥순을 보내주었다. 김주현은 리드의 어학교사로, 김흥순은 남감리회 최초 권서인으로 임명되었다. 리드는 이들, 토착 전도인들을 앞세워 사역을 시작했다. 1896년 12월 김흥순, 김주현의 전도로 고양읍에 교인이 생겼다. 리드는 장년 24명, 유년 3명에게 세례를 베푼 뒤 1897년 5월 2일, 고양에서 처음으로 교회를 조직했다.[15] 집 한 채를 사서 예배당으로 사용했다. 윤치호가 바친 것이다. 남감리회 최초의 교회이다. 고양에서 불붙은 남감리교회 전도사업은 벽제, 문산포, 적성, 연천, 강원도 김화 등으로 퍼져나갔다. 1898년 1월 16일 주일, 제1회 서울구역회를 고양읍교회에서 열었다. 리드는 장년 12명, 어린이 9명에게 세례를 주었고 성찬식을 집례했다. 남감리회의 한국 최초의 성찬식이었다.[16] 백사겸은 김흥순과 김주현의 전도의 열매였다. 백사겸은 직업이 복술인, 맹인이었다.

사람들은 그를 '전설적인 전도자', '조선의 삭개오'라고 불렀다.

그는 남감리교회 고양교회의 창립과 더불어 기념할만한 사람이다.[17] 그는 점술로 돈을 많이 모았고 풍족하게 살았다. 그러나 마음의 갈등을 심하게 겪던 가운데 예수를 믿게 되었다. 그는 그동안 죄악으로 모은 돈을 남에게 다 나눠 준 뒤, 두 아들을 앞세우고 걸식하며 전도에 나섰다. 가는 곳마다 간증부흥회를 부탁받았고 마귀의 종이 하나님의 종으로 거듭났기에 크게 환영을 받았다. 그는 리드의 전도사가 되어 30년 동안 철원, 김화, 평강, 장단, 풍덕, 고양, 파주를

---

15) 梁柱三, 앞의 책, 21.
16) 「신학세계」, 제19권 제4호 1934, 59. 윤치호일기」.
17) 유동식, 앞의 책, 139.

비롯하여 서울과 경기도 북부지역에 전도의 문을 열었고 이는 파주와 문산, 장단을 거쳐 개성으로 연결되었다.[18] 대표적인 교회가 장단, 감암리, 개성 남부교회 등이다.[19] 주위에서 불량배 소리를 듣다가 백사겸의 전도로 개종한 벽제의 윤성근(윤승근), 고량포의 이덕수도 탁월한 전도인이 되었다. 윤성근은 적성·마전·연천·포천·김화로 이어지는 도로를 따라가며 복음의 씨를 뿌렸다. 1899년 12월에는 강원도 동해안 통천과 간성·양양·강릉을 거쳐 울진까지 다녀왔다. 윤성근은 '남감리회소사'에서 그의 순교적인 전도활동을 기록하여 초기 민중선교의 역사를 보여주고 있다.[20]

또 고양군 벽제에서도 교인이 不少히 生起는 중에 윤승근이라는 '不悖類'가 主의 사죄하여 주신다는 복음을 듣고 진심으로 회개했다. 윤씨가 회개하고 信主한 그날부터 각처로 다니면서 복음의 권능을 전파하며 증거하야 신자가 만히 생기엇거니와 강원도 등지에 가서 冬節에 風雪을 무릅쓰고 순행전도하다가 傷寒肺結核이 되어 1904년에 금화군 학사리(새술막)에서 별세했다.

이덕수는 고량포에서 이름난 술주정뱅이에다 도박꾼이요 불량배였으나 백사겸이 전해준 전도책자를 읽고 새사람이 되었다. 그는 만나는 사람마다 전도하여 고량포의 "예수 도를 하는 사람"으로 불렸다. 고량포교회 속장이 되고 전도에 물, 불가리지 않았다. 남감리회의 기초를 닦은 것은 이렇게 민중계층이었다. 이러한 민중들로 말미암아 복음은 3~4년 안에 강원도에까지 전파될 수 있었다. 그리고 그들은 처음부터 자립정신을 길러주어 예배당을 완전히 자력으로 짓도록 지도했다. 문산포와 송도교회는 선교부의 도움없이 자립으로 지었다.[21]

---

18) 이덕주·서영석·김흥수, 앞의 책, 75.
19) 박소천, 『숨은 보배』, 경성 동양선교회 성결교회 출판부, 1938, 59. : 양주삼, 앞의 책, 53.
20) 양주삼, 앞의 책, 53.
21) Official Minites of MEC, 1898, 17.

(2) 서울지역

남감리교회 한국선교 관리자 리드의 가슴은 희망에 부풀어 있었다.[22] "우리 남감리교회는 서울에도 강력한 교회, 한두 곳은 가져야 한다. 그것이 서울의 요구요, 선교부의 의무이다."

남송현은 달성궁 동편(한국은행 본점 자리)으로 남감리회가 선교본부를 둔 곳이다. 스크랜턴 가족이 살고 있고 또 1천여 명이 모이는 상동교회(달성 회당) 부지와는 담장 하나로 붙어 있다. 고양전도에서 자신감을 얻은 리드는 수도 서울에도 교회를 세우고 싶었다. 마침 고양에서 이사 온 교인 두 가정이 있어서 1897년 6월 20일, 남송현선교부 자택에서 첫 예배를 드렸다. 설교는 윤치호가 했지만 마음이 불편했다. 그도 그럴 것이 남송현 선교부지는 똑같은 감리교회인 상동교회(달성회당)와 담 하나 사이이고 더욱이 스크랜턴이 지금까지 전적으로 도와왔는데 스크랜턴에 배신감을 줄 수도 있었기 때문이었다. 그 뒤 스크랜턴과 리드는 사이가 멀어졌다.[23] 고양읍교회를 세운 지 한 달 만이었다. 남송현 서울교회이다. 고양읍교회 다음으로 세워진 남감리회 두 번째 교회이다. 교회는 1년 만에 출석 교인 50명 이상으로 성장했다.

1897년 9월 10일 남송현 선교부에서 제1회 한국지방회가 열렸다. 그때 선교지역을 경성구역, 송도구역 둘로 나누었다. 경성구역은 리드가, 송도구역은 콜리어가 각각 담당했다. 그해 12월 8일에는 남송현 서울교회에서 남감리회한국선교회 제1차 연회를 열었다.[24] 리드 내외, 콜리어, 캠벨부인, 윤치호, 5명이 참석했다. 연회에서 서울구역

---
22) 하리영, "남감리교조선선교회", 「신학세계」, 제19권 제4호, 1934, 59.
23) 이덕주 · 서영석 · 김흥수, 앞의 책, 78.
24) Official Minites of MEC, 1897, 4.

2개 교회 교인 115명, 개성구역 2개 교회 교인 47명이 보고되었다. 1898년 통계에는 입교인이 48명에서 105명, 학습인 108명에서 200명으로 총 156명에서 305명으로 100%가 늘어났다.[25]

캠벨((Josephine Eaton Peel Campbell, 1853~1920)[26] 부인은 경복궁 건너 자골(고개나무 골), 침례교 계통의 선교부 땅을 매입했다.[27] 1898년 8월 1일 여선교부를 그리로 옮겼다. 여선교부는 날로 부흥하고 있었으나 남송현의 남선교부와 서울교회는 반대였다. 리드의 귀국에다, 윤치호가 덕원[28] 감리로 임명되어 떠났고 1903년 권서인 김주현이 러시아정교회로 교적을 옮기면서 상당수 교인들을 데리고 나갔기 때문이다. 결국 남송현 선교부는 사직동으로, 서울교회는 광희문 근처로 옮겼다. 광희문은 한양 성곽의 4개 소문 중 하나인 남소문으로 오간수문, 이간수문에 가까웠고 수구문으로도 불렸다. 도성의 상여가 나가는 문이라서 시구문이라고도 했다. 2년 동안 건축헌금을 모아 1904년 6월 서양식 벽돌 예배당을 지었다. 광희문교회, 또는 수구문교회라고 했다. 교회는 활기가 넘쳤다. 주일 오후 1시 예배를 마치면 남성 교인들은 근처에 있는 자선병원(혜민서)과 '거리 예배당'에 가서 전도했다. 거리 예배당이란 청계천 수표교 근처, 묵정동의 빌린 교인 집을 말한다. 1909년 수구문교회 담임으로 파송된 하디는 미국 미주리주 컬럼비아 지역 엡윗 청년회원들이 보내온 선교비로 그 집을 사서 정식 예배당으로 사용했다.[29] 수표교교회이다.

---

25) 위의 책, 80.
26) 나이 28세에 남편과 자녀를 잃고 시카고에서 간호학교를 졸업한 뒤 남감리회 여선교사로 중국, 상해, 소주 등지에서 10년을 사역하다가 1897년 10월에 들어왔다. ; 기독교대한감리회본부교육국 편, 앞의 책, 106.
27) 해방 후에는 내자호텔이 있었고 지금은 서울 경찰청이 들어서 있다.
28) 원산의 옛 이름.
29) 이덕주 · 서영석 · 김흥수, 앞의 책, 92.

이듬해, 1910년 서대문 밖 금화산 옥천동 골짜기에서 흘러내리는 개울의 작은 돌다리 곁에 교회를 세웠다. 자골교회에 출석하는 교인 몇 가정이 속회 형태로 집회를 시작한 것이다. 석교교회이다. 이렇게 남감리교회는 서울에 종교, 자교, 광희문, 수표교, 석교교회의 5개 교회를 세우게 되었다.

(3) 개성(송도)지역

리드는 개성에 특별한 관심을 가졌다.[30] "우리의 사업은 개성에 중점을 두어야 한다. 개성은 부와 번영의 도시요, 인구가 많고 한국의 중앙지대에 해당한다. 개성에서 북으로 올라가면 동해안에 국제항이 있다. 우리가 그곳을 점령해야한다. 점령할 가능성도 넉넉히 있다. 아직도 처녀지로 남아있는 강원도의 여러 도시가 있다. 우리가 씨뿌려 가꿔야 할 순수한 마음 밭들이다."

1897년 6월, 리드는 김흥순과 함께 고양과 파주, 문산을 거쳐 개성에 도착했다. 개성에 이르는 동안 이미 복음을 받아드리고 자체적으로 집회를 하고 있는 많은 교인들을 만날 수 있었다. 개성에서도 개인적으로 신앙생활을 하는 교인을 만났다. 리드의 증언이다.[31]

그날 오후 개성에 머물고 있었는데 양반 신분의 한 씨가 나를 찾아와서 기독교를 주제로 많은 대화를 나누었다. 놀랍게도 그는 구약과 신약 성경에 대해 많은 것을 알고 있었고 내 앞에서 십계명과 주기도문, 사도신경을 외울 뿐 아니라 개인적으로 만들었다는 기도문도 외웠다. 그는 그날 저녁 식사 후 다시 와서 자신은 그리스도를 확실히 믿고 있으며 자기를 세례 지원자 명단에 올려달라고 했다.

---

30) 하리영, "남감리교조선선교회", 「신학세계」, 제19권 제4호, 1934, 59.
31) C.F. Reid, "Interating in Korea" ,The Methdist Review of Missions(Oct.1897), 197. 재인용.
 ; 이덕주 · 서영석 · 김흥수, 위의 책, 76.

개성지역 전도의 본격적 시작은 콜리어가 개성 개척 선교사로 임명되고 나서부터이다. 콜리어는 1897년 11월 15일 가족과 함께 개성으로 이사했다. 이건혁[32] 씨의 도움으로 송도 도성이 한눈에 내려다보이는 언덕, 산지현에 삼포막을 구입하여 선교기지를 만들었다. 삼포막은 인삼을 재배하는 사람들이 인삼을 가꾸고 저장하는 공간이다.

콜리어는 불과 한 달 사이에 9명의 학습인을 얻었다.[33] 원입인도 많았으나 첩을 둔 사람은 지체없이 돌려보냈다. 감리교 초기 신자의 생활규범은 그만큼 엄격했다. 이 교회가 뒤에 북부교회로 성장했다. 1906년에는 교인 600여 명을 수용할 수 있는 교회로 성장했다.

1899년 전도사 백사겸의 전도로 남부교회가 조직되었다. 교인이 자꾸 늘어나자 그해 개성의 남부에 별도의 건물을 마련하고 예배를 드렸다. 남북 두 교회는 개성과 인근 지역 복음 운동의 중심교회가 되었다. 이곳을 근거지로 다음 해에는 문산포, 고량포, 등지에도 교회를 개척했다. 콜리어는 다른 삼포막 하나를 교실로 개조하여 남학생들을 가르치기 시작했다. 뒷날 윤치호에 의해 한영서원이 되었다가 송도고등보통학교로 발전했다.[34] 콜리어가 떠난 뒤에 하디가 파송되었다. 그는 이곳을 병원 겸 예배처소로 삼았다. 사람들은 '예배당 병원'이라고 했다.

캐롤(M. Carroll)[35]은 개성에 최초 기숙 여학교인 '개성여학당(1904.12.12.)'을 설립했다. 1909년 미국 홀스턴 연회 여선교회 회원들이 보내준 헌금으로 서양식 벽돌 건물을 지었다. 호수돈여숙이

---

32) 개성 사업가인 그는 윤치호의 이모부이다. 1895년 당시 학부 참의 윤치호를 통하여 "한국에 와서 선교해 달라."는 청원서를 남감리회 중국 선교부에 전달했던 것이다. ; 이덕주 · 서영석 · 김흥수, 앞의 책, 67~68.
33) "Report of Songdo Circute", MAKMS, 1897, 11~14.
34) 이덕주 · 서영석 · 김흥수, 앞의 책, 77.
35) 1899년 9월 남감리회 해외여선교회 파송으로 들어와 개성에서 여성사업을 전담.

다. 호수돈여숙은 호수돈여자보통학교, 호수돈여자고등보통학교, 호수돈유치원으로 발전하였다. 이 학교는 개성지방 최초의 근대 여성교육 기관으로 많은 여성지도자들을 배출했다. 1906년에는 기혼여성과 미망인을 위한 미리흠여학교가 설립되었다. 미리흠도 건축비를 대준 메리 홈(Mary Holm)의 이름을 딴 것이다. 이로써 개성은 개척 10년 만에 교회와 학교, 병원으로 이어지는 3각 선교체제를 구축하고 경기도 북부와 황해도지역의 선교거점으로 자리매김했다.[36] 이로써 개성은 남감리회 선교 중심지로 자리를 굳혀 갔다.

(4) 배화학당 · 종교교회 · 자교교회 설립

캠벨은 자골의 여선교부에서 1898년 10월 2일 기숙학교를 열었다. 교육을 통한 기독교 복음전파와 여성계몽을 목적으로 2명의 여아와 3명의 남아로 초등교육을 시작했다. 초기에는 국어 · 한문 · 성경 등을 중심으로 가르쳤다. 1902년 미국 사우스캐롤라이나와 노스캐롤라이나 주일학교 학생들이 보내준 선교비로 서양식 2층 벽돌 건물을 지었다. 그래서 학교 이름을 캐롤라이나학당이라고 했다.

1903년 12월 대한제국 학부로부터 인가를 받으면서 배화학당 또는 배화여학교로 불렸다.[37] '배화'는 이 학당의 교사였던 윤치호가 지었다. "꽃을 기른다"는 뜻이다. 1902년부터 기숙사생 이외에 외부 학생의 입학을 허용하여 학생 수가 30명으로 늘어났다. 교사는 여선교사들이었고 한문만은 남자 선생이 맡는 경우가 있었다. 그런 경우, 남자 선생은 항상 뒤로 돌아앉아 여학생이 묻는 것에만 대답하거나 교사와 학생 사이에 병풍을 치고 수업을 했다. 1914년 일본인 교

---

36) 위의 책, 83.
37) 이덕주 · 서영석 · 김흥수, 앞의 책, 85.

사의 일어 수업을 거부했고 1919년 3·1운동 당시 「독립선언문」 배포, 1920년 기숙생들의 만세사건, 1930년 광주학생사건 때의 격문사건[38] 등으로 많은 교사와 학생들이 구속되기도 했다.

경술국치 후, 남궁억(1863~1939)은 1910년 10월 교사로 부임하여 여학생들에게 남학생 못지않은 민족의식과 독립사상을 불어 넣어 주었다. 그는 조선 13도를 무궁화로 수놓는 자수 본(틀)을 고안하고 태극기를 수놓아 독립의 얼을 가꾸는 무궁화운동을 펼쳤다.[39] 일제가 우리의 민족정신을 말살하기 위해 그들의 일장기와 벚꽃을 보급하고 장려하는 정책에 대한 항거요, 우리의 민족정신을 일깨우기 위해서였다. "꽃을 기르는 학교, 배화"가 "나라꽃 무궁화"를 키우는 것은 지극히 마땅한 일이었다. 매일 새롭게 피고 지고 또 다시 피는 '무궁(無窮)'의 특징을 민족의식과 연결지어 독립의 의지를 나타내고자 한 것이었다. 그가 기회 있을 때마다 제자들에게 간곡히 부탁했다.[40]

나는 독립을 위해 일하지만
너희는 반드시 독립을 볼 것이니 독립 후의 일을 위해 준비하라!

자골 배화학당에서 서울에서의 두 번째 남감리교회가 생겼다. 1900년 4월 15일 부활주일부터 자골(잣골)학당 기도실에서 여성들만의 집회를 시작했다. 쌍둥이 교회인 종교교회와 자교교회의 시작이다. 자골교회는 1년 만에 주일예배 참석자가 70명이 넘었다. 독자적인 건물이 필요했다. 캠벨 부인은 미국 루이스 워커의 후원으로 2

---

38) 일제의 탄압을 비판하고 백성을 독려하고 일깨우는 글을 벽보에 올린 사건.
39) 현재호 엮음, 『삼천리반도 금수강산 하나님 주신 동산』, 홍천군, 2006. 5. 1.
40) 현재호, 앞의 책, 120~121.

층 벽돌 예배당을 지어 봉헌했다.(루이스 워커 예배당) 그리고 남성 선교를 전담할 목회자 파송을 요청했다. 1902년 9월 연회에서 하운셀(C.G. Hounsell) 선교사를 파송했다. 점점 남자 신자도 증가했다. 특히 원산부흥운동의 주인공 하디가 1904년 3월, 자골교회에서 부흥회를 인도했다.[41] 교회가 더욱 부흥하여 루이스 워커 예배당은 비좁아, 새 예배당을 현재의 여선교부 밖으로 옮겨 짓기로 했다. 우선 종침교 부근의 도렴동에 한옥을 사서 예배당으로 꾸미고 1908년 4월 26일 주일부터 예배를 드렸다. 교회는 빠른 속도로 성장하여 교인이 5백여 명이 되었다. 자골교회 교인들은 선교부의 지원을 받아 도렴동에 5백 명을 수용할 수 있는 고딕식 십자형 벽돌 예배당을 지었다. 이름을 종교교회로 바꿨다. 그러나 자골교회가 도렴동으로 이사할 때(1908) 자골에 그대로 남아있던 교인들이 있었다. 그들은 1910년, 마침 미국 조지아주에 사는 독지가의 헌금이 있어 경복궁 서문 영추문 밖 창성동에 한옥을 구입하여 예배처소로 사용했다. 그리고 교회 이름을 자교교회라고 했다. '자골(또는 잣골)'이라는 마을 이름과 인근의 '자수궁 다리'에서 따온 이름이다. 이렇게 1900년 4월 15일 자골 배화학당 기도실에서 시작한 자골교회는 10년 만에 도렴동 종교교회와 창성동 자교교회로 각각 발전했다.

3) 강원도 · 원산지역

(1) 하디와 원산

남감리회의 의료사업은 하디(R.A.Hardie, 1865~1949)로부터 시작되었다. 하디와 원산은 인연이 깊다. 하디는 1890년 9월 캐나다

---

41) 이덕주 · 서영석 · 김흥수, 앞의 책, 87.

대학생선교회의 독립선교사로 들어와 부산, 원산에서 6년을 사역했다. 휴가로 돌아갔다가 1898년, 5월 남감리회의 의료선교사로 임명받고 다시 들어왔다. 그는 리드의 안내로 개성의 병원 후보지를 둘러본 뒤 서울로 왔다.[42] 1899년 9월 17~21일 서울 남송현 선교부에서 열린 남감리회한국선교회 제3차 연회에 참석하여 개성에 세울 병원 계획을 설명했다. 하디 가족은 10월 초 개성으로 이주했다. 그는 부산이나 원산에서처럼 개성에 처음 정착한 의료선교사였다. 콜리어가 1년 전에 지은 '쌍둥이' 집, 그 한쪽에서 살았다. 삼포막은 병원으로 쓰기엔 불편했지만 진료실을 꾸미고 환자를 받기 시작했다. "서양 의사가 왔다."는 소문을 듣고 환자들이 몰려왔다. 그러나 하디는 6개월 만에 개성선교를 마감해야 했다. 서울의 리드 가족이 갑자기 귀국했기 때문이다. 서울로 올라온 하디는 의료 사역은 거의 하지 못했다. 1년의 반 이상을 지방을 순회하며 교회와 교인들을 관리했다.

1900년 9월 21일~25일, 제4차 연회에 제출한 하디의 서울구역 통계보고에 따르면 서울의 남송현과 자골, 고양의 고양읍과 용두리·대원리, 파주의 새술막(광탄)과 양지동·술마치, 문산의 문산포와 자장리·고랑포 등지의 20여개 교회에 학습인 187명, 입교인 236명, 도합 423명을 기록했다. 서울지역 교인은 130명이었다.

2년 만에 한국을 다시 찾은 월슨 감독은 하디의 보고에 고무되어 서울과 개성에 이어 원산에 세 번째 선교부를 개설하여 함경도와 강원도 북동부지역 선교거점으로 삼기로 했다. 하디는 1년 6개월 만에 다시 원산으로 옮겨야 했다. 그가 적임자였던 것이다.

---

42) 이덕주, 『한국교회 부흥의 아버지 로버트 하디』, 신앙과 지성사, 2023. 52.

원산은 외국인 거주와 활동이 어느 정도 자유로운 개항장[43]으로 하다가 독립선교사 시절 3년을 사역하던 곳이다. 원산에는 이미 미북장로회, 캐나다장로회, 미감리회 선교사들이 들어가 있었다. 월슨 감독의 권면으로 하디는 원산 부임(1900.12.15.)에 앞서 그해 중국 상해에서 열린 중국연회(1900.11.14.~20.)에 참석하여 월슨 감독에게 집사와 장로 목사안수를 동시에 받았다. 그는 신학교육을 받지는 않았지만 그만큼 기대와 신뢰를 보여준 것이다.[44] 당시 감리교 전통에서 신학교 졸업은 목사 안수의 필요조건은 아니었다.[45] "하디는 어머니 뱃속에서부터 감리교인이었다."[46]

마침 윤치호가 1899년 덕원(원산) 감리로 발령받아 원산을 비롯하여 함경도 일대를 관장하고 있어 선교에 큰 도움이 되었다.[47] 하디는 처음 석 달은 미감리회의 맥길이 인도하는 교회에서 예배를 드리다가 1901년 4월부터 별도로 예배를 드리기 시작했다. 7월에는 시약소를 차리고 의료사업을 폈다.

한편 북감리회는 충청도 선교에 집중할 계획으로 원산선교부를 남감리회에 넘겼다. 사실 같은 지역에서 같은 감리교끼리 같은 사역을 경쟁적으로 벌일 필요는 없었다. 결국 두 선교부는 협정을 맺어 1901년 미감리회 선교부는 원산선교부에 속한 산제동 선교부지와 남촌에 있는 상리교회(원산중앙교회)는 물론 교인 등 일체를 남감리

---

[43] 1876년 강화도 조약 때 부산, 인천과 함께 개항된 주요 항구도시이다. 원산은 덕원 부의 작은 포구였다가 일제 때 원산으로 이름이 바뀌었고 그 뒤 관북지방 제일의 도시로 발전하여 오늘의 원산시가 되었다.
[44] 김칠성, "하디 Robert A. Hardie", 『대한민국을 세운 위대한 감리교인』, 도서출판kmc, 2016, 160.
[45] 이덕주, 『영의 사람 로버트 하디』, 신앙과 지성사, 2021, 58.
[46] 김칠성, 앞의 책, 161~162. ; 이덕주 · 서영석 · 김흥수, 앞의 책, 79.. ; 그는 감리교 속장인 어머니 뱃속에서부터 감리교인이었고 그의 아내도 감리교인이었다.
[47] 윤치호는 민중 운동가에 대한 대대적인 탄압으로 은신하던 중, 1899년 덕원 감리 겸 덕원 부윤에 임명되었다. 나중에는 외부 협판(외교부 차관)이 되었다.

회에 인계하고 원산을 떠났다. 그 대신 충청지역 선교에 전념했다. 남감리회는 하디와 함께 일할 선교사들을 파송했다. 1901년 의료선교사 로스(J.B. Ross)를 파송했다. 이때부터 하디는 의료에서 손을 떼고 교회선교만 전담하게 되었다.[48]

하디는 1901년 11월 23일 원산시 중앙에 마련한 새 교회당에서 구역회를 조직했다. 구역회에는 원산항교회를 비롯하여 학익동, 사기동, 봉눈, 지경터, 새술막교회로 이루어졌다. 남감리회가 서울구역, 개성구역, 원산구역으로 발전한 것이다.

로스는 처음 4년은 개성과 원산을 오가며 사역하다가 1905년부터는 원산에 정착했다. 산제동 선교부에 벽돌 건물을 짓고 정식 병원을 시작했다. 구세병원이다. 해외여선교회에서는 노울즈(M.H. Knowles)와 조세핀 하운셀(J. Hounshell)을 파송하여 여자 기숙학교를 시작했다. 1907년에는 학생이 70명을 넘었다. 마침 미국 노스캐롤라이너 여선교회장인 루시 거닝햄(Cunningham) 부인이 보내준 건축비로 4층 서양식 석조 건물을 짓고 루씨건닝금학교라고 했다. 줄여서 루씨여학교다. 노울즈는 1906연 남촌 예배당 아래 초가집을 구입해서 반열방이란 이름으로 교회에 나오는 부인들에게 한글과 성경을 가르치기 시작했다. 미국남감리회 총무 앨리스 콥(Alice Cob) 부인이 건축비를 지원해 주어 1909년 산제동 선교부 안에 서양식 건물을 지었다. 처음에는 원산성경학원이라 부르다가 1926년 보혜성경학원으로 이름을 바꾸었다.[49]

원산 선교부는 교회와 병원, 여학교와 여자성경학원을 갖춤으로 동해안 지역 선교거점이 되었다. 원산은 서울, 개성에 이어 남감리회의

---

48) 위의 책, 229.
49) C.T.Collyer, "Report of Chun Chun Circuit", Minutes Meaning of MECS, 1905, 37.

세 번째 선교거점 도시가 된 것이다.

(2) 춘천지역

원산 선교부를 거점으로 강원도 영동지역 선교가 추진되는 것과 함께 춘천을 거점으로 하는 강원도 중서부 지역 선교가 알차게 진행되었다. 하디는 1900년 연회보고에서 "춘천지방 12개 마을에 12~15명의 구도자가 세례받을 준비가 되어 있다."고 했다. 당시 강원지역 전도는 서울구역 소관이었다. 강원도 지역에 본격적으로 전도를 시작한 것은 1904년 무스(J.R. Moose)가 지경터구역과 춘천지역을 맡으면서부터이다.

무스는 1900년 리드 후임으로 한국 지방 장로사가 되어 한국선교 관리와 서울구역 담임 겸 강원지역 선교 책임을 맡았다.[50] 그는 남송현 서울교회와 자골교회를 담당하면서 소관 지역인 춘천과 강원도를 순회했다. 1901년 4월 서울을 출발하여 춘천과 강릉을 거쳐 원산까지 다녀오는 37일의 선교여행을 강행했다. 그는 특히 춘천에 관심을 두었다. 춘천은 강원도의 중심이며 강원도 관찰부가 있는 곳이다. 춘천지역에 순회구역이 형성된 것은 선교사들이 파송한 토착 전도인들의 열성적인 노력의 열매였다.

1898년부터 서울(남송현)교회 나봉식, 정동렬 등 권서들이 집집마다 다니며 복음을 전하면서 성경과 전도 책자를 팔았다. 그 결과 이곳저곳에 믿는 가정이 하나둘 늘게 되었다. 퇴송골(퇴계동)에 믿는 이들이 생겼고 이들로 속회를 조직했다.[51] 춘천읍교회의 씨앗이다. 무스는 춘천지역 선교가 활발해 짐에 따라 춘천에 상주하는 토착 전

---

50) 윤춘병, 앞의 책, 225.
51) 이덕주 · 서영석 · 김흥수, 앞의 책, 100.

도인을 찾았다. 쉽지가 않았으나 마침내 자원하는 걸출한 토착 전도인을 맞이했다. 고랑포의 이덕수이다.

이덕수는 기꺼이 무스와 함께 춘천 전도에 나섰다. 무스의 둘도 없는 선교동역자가 되었다. 그는 지게에 성경책과 전도 책자를 잔뜩 짊어지고 서울에서 춘천까지 3백 리 길을 걸었다. 장날이면 성경 지게를 지고 장터마다 누볐다. '지게꾼 전도자'가 되었다. 1902년 그는 춘천의 봉의산 자락 아동리 언덕에 초가집을 마련했다. 고향의 식구들을 이사 시켜 주택 겸 예배당으로 꾸몄다. 퇴송골에 모이던 교인들이 이덕수의 집으로 옮겨와 예배를 드렸다. 교인들은 권사가 된 이덕수의 설교를 들었다. 지게꾼 전도는 가평, 양구, 홍천, 양구, 인제, 화천, 원주는 물론 경기도 가평, 충청도 제천까지 뻗었다. 그의 이런 거침없는 헌신으로 춘천지역 교세가 급성장했다. 1904년 9월 춘천지역 교회들만으로 구성된 춘천구역이 서울구역에서 독립했다. 1905년에는 원주에 교회를 설립하는 등 3개 도에 12개 처 순회구역을 형성했다.[52]

1년 전(1904) 8개 교회에 입교인 665명, 학습인 109명이 3년 뒤 1907년, 48개 교회에 입교인 1,202명, 학습인 1,814명으로 불어났다. 부흥의 폭발이었다.

이덕수의 활동으로 남감리회는 춘천에 남감리회 4번째 선교거점 선교부를 두기로 결정하고 무스를 책임 선교사로 임명했다. 무스는 예배당에서 교인 자녀들을 대상으로 학교를 시작했다. 남학교는 한영지서원으로, 여학교는 정명학교로 발전했다. 1905년 춘천구역을 담당했던 콜리어가 선교회에 보고한 춘천구역 상황이다.[53]

---

52) 윤춘병, 앞의 책, 233.
53) 이덕주·서영석·김흥수, 앞의 책, 99.

이 구역에는 3개의 도[54]에 12개 순회구역이 형성되어 있습니다. 이 지역은 대체로 지형이 울퉁불퉁하고 산이 많은데 그래도 평야가 있고 토지가 비옥한 곳이 있습니다. 어떤 지역에는 큰 도시는 없는데도 인구가 오밀조밀하게 모여 있는 곳이 있습니다. 이 순회구역에서 제일 큰 곳은 천 가구가 사는 원주이며 다음은 원주보다 몇백 가구가 적은 홍천과 제천 순입니다. 강원도 도내에는 75개 처의 기도처가 조직되어 있습니다.

위 보고서에 도내에 75개소의 확실한 기도처가 있다고 했다. 웬만한 군 소재지나 마을에는 거의 기도처가 조직된 것을 알 수 있다. 몇 년 사이에 이루어진 큰 성장이다.

(3) 철원지역

강원도 전도에서 철원지역 또한 중요했다. 철원의 서쪽 김화에는 1898년 지경터와 새술막에 이미 강력한 예배처가 세워졌고 이웃으로 뻗어 나갔지만 정작 철원읍에는 감리교가 비어 있었다. 그것은 남감리회 선교부가 원산 선교에 집중하느라 그 길목인 철원에 큰 관심을 기울이지 못한 탓도 있지만 그보다는 토착 전도자 윤성근과 관련이 깊다.

윤성근은 파주와 문산을 거쳐 강원도 철원과 김화에 전도를 했다. 그 결과 김화 새술막(현재 하사리)에 신자가 생겼다. 리드는 윤성근의 안내로 1898년 2월 파주와 문산을 거쳐 새술막에 가서 어른 셋, 아이 하나에게 세례를 베풀었다. 이렇게 강원도 지역에 교인이 생겨나자 강원도 선교를 구체화하기로 했다.[55]

원산에 온 하디는 이듬해(1901) 3월, 거의 한 달을 철원 지경터에

---

54) 3개 도는 강원도, 경기도, 충청북도를 말한다. 가평(경기도), 제천(충북)이 춘천구역에서 전도한 구역으로 들어 있기 때문이다.
55) 이덕주 · 서영석 · 김흥수, 앞의 책, 95.

머물러 있었다. 하디가 철원읍을 놔두고 지경터를 먼저 찾은 데에는 그럴만한 까닭이 있었다. 지경터는 남감리회 토착전도인들이 자주 전도여행을 다니는 지역이었다. 백사겸 전도사가 송도, 장단, 고랑포 등지에서 전도했고 그의 전도로 개종한 윤승근이 적성, 마전, 연천, 포천, 김화로 이어가며 복음의 씨를 뿌렸다.

하디는 이곳에 씨를 뿌리러 간 것이 아니라 거두러 간 것이었다. 그는 사경회를 인도하고 교회를 설립했다. 지경터교회다. 남감리회 선교부가 강원도에 설립한 최초의 교회이다. 하디는 이어 인접 마을 새술막에도 속회를 조직했다. 이 속회가 성장하여 김화읍(새술막)교회가 되었다. 이후 1904년 2월 지경터와 새술막교회에서 하디의 부흥회가 열렸다. 은혜받은 교인들이 큰 소리로 울며 각각 자기의 죄를 고백했고 부흥회 몇 일 후, 새술막교회 윤승근(양심전[56]의 주인공, 걸어 다니는 성구사전)전도사는 폐결핵 환자임에도 불구하고 추위와 눈발을 무릅쓰고 전도하다가 금화 학사리 거리에서 쓰러져 그만 순직하고 말았다. "순교자의 발자취가 있는 지경터가 되었다."[57]

1907년 선교구역 나눔협정에 따라 미북장로회는 철원은 남감리회에 원주는 미감리회에 넘겨주어 강원도 전체가 감리교 선교지역이 되었다. 이 협정으로 철원읍 교회와 교인들을 이양받은 남감리회는

---

56) 윤성근(일명 윤승근) 전도사가 1903년 원산 부흥회에 참석하고 새술막으로 돌아오는 길에 과거(기독교인이 되기 전) 인천조폐국에 근무하던 시절, 월급 8원을 더 받았던 것을 기억하고 회개했다.
1904년 새술막부흥집회를 마치고 돌아가는 하디에게 그 돈을 주어 되돌려 줄 것을 부탁했고 하디는 그 돈을 윤치호에게 전달했다. 윤치호는 그 돈을 탁지부(해체된 조폐국 기능을 수행)에 되돌려 주고 영수증을 받아 하디에게 주었고 이를 하디가 알리면서 '양심전'(良心錢) 운동이 시작되었다. 남의 물건을 훔치거나 횡령한 것을 되돌려주는 운동으로 번져갔다.
57) 양주삼, 앞의 책, 53.

1910년 9월 연회에서 강원도 서북부 지역을 관활하는 지경지방회를 신설했다. 남감리회는 서울, 개성, 원산, 춘천, 철원의 전국에 다섯 개의 선교부를 설치했다.

다이아몬드식 선교부를 설치한 셈이다. 1926년 양주삼 목사가 한국인 최초로 남감리교 철원지방감리사로 임명되었다. 한국인 목사가 감리사에 임명되었다는 것은 한국사람의 위상이 그만큼 커졌음을 말해주는 것이다.

4) 여성 복지사업(여자 사회관)

남감리회의 여성 복지사업은 남달리 탁월했다. 이는 다른 어느 교파에서도 찾아볼 수 없었다. 개성고려여자관, 춘천여자관, 원산보혜여자관, 서울태화기독교사회관 등 여성사회사업관을 설립하여 한국 근대 사회복지사업의 문을 열었다.[58]

미감리교 여선교부는 이화(유치원, 소학교, 중.고 대학교) 학교와 동대문 부인병원 그리고 여자관으로 원주여자사회관 하나가 있었다.

당시 남감리회의 사회복지사업은 구미 각국에서 도입한 한국 최초의 사업으로 여성 개화와 복음화 운동에 뛰어난 공헌을 했다. 이들 기관은 당시 열악, 그보다 더 열악한 부녀자들의 복지와 계몽운동에 아낌없는 투자와 투신을 했다. 장로교에서는 1886년부터 경영해 오던 언더우드의 고아원마저 폐쇄되고 감리교 선교사 벙커 부인이 된 애러스(Annie Ellers)가 운영하는 여아 고아원 하나 있을 뿐인 그때, 감리교회는 교육과 문화, 여성사업 등 한국 근대화 사업의 첨단을 걷

---

58) 당시의 소유주는 이완용으로 명월관 지점으로 사용되었었다. 남감리회에서 20만 원에 구입했다.

고 있었다.[59]

태화관은 1919년 3월 1일 정오, 민족대표가 모여 3·1독립선언문을 낭독하여 역사적, 민족적인 현장이다. 태화관은 당시 명월관 지점으로 매국노 이완용의 소유였으나 남감리회 여선교회에서 20만 원에 구입했다. 그때 20만 원이면 오늘의 수십억이 훨씬 넘는 상당한 금액이다. 남감리회의 여성 사업은 아무리 칭송해도 모자란다. 이광수는 '야소교의 조선에 준 은혜'라는 글에서 기독교가 여성 개화에 끼친 역할을 이렇게 평가했다.[60]

제4는 여자의 지위를 높힘이외다. 남존여비는 동양 윤리의 전과요 특히 조선에서는 여자는 견 마나 다름 없었오. 그네는 교육을 받을 권리가 없었고 자기의 인격을 주장한다던가 독립한 생활을 영위함은 몽상도 못하였소. … 같이 회당에 출석하여 같이 찬송 부르게 되매, 상제의 앞에 평등한 자녀라는 사상을 얻게 됨은 야소교의 덕이외다. 그네는 남자와 같이 교회 직원의 선거권이 있고 남자와 평등하게 교회를 유지하는 의무를 부담하오. 교인 명부에는 여자도 남자와 같이 일개인의 자격을 유하오. …

---

59) 윤춘병, 앞의 책, 249.
60) 『靑春』, 제9호, 1917.7. ; 『李光洙全集』, 제17권, 三中堂, 1962, 18.

5. 남·북감리회의 발전

1) 감리회의 의회

(1) 장유회(북감리회)·당회(남감리회)

　초기 북감리회는 의회를 총의회(총회), 년회(평신도선연회, 선교회), 지방회, 계삭회, 직인회, 장유회로 구분했다.[1] 북감리회는 '장유회'[2]를 두었고 몇 교회가 구역을 조직하여 '계삭회'를 이루었다. 이때는 교회가 선교부 재정으로 운영되던 시기로 계삭회에서는 각 분야의 교회재정 감사가 철저했다. 다시 여러 구역이 모여 '지방회'를 조직하고 지방회가 모여 '연회'가 성립되었다.

　남감리회는 1919년 판 『도리급 장정』 제2장 의회[3]에 "총회, 매연

---

1) (미 감리교회) 대강령과 규칙, 1910년 판. 「교리와 장정. 총회록 영인본」, 기독교대한감리회본부, 1993. 98. 7~9.
2) (미 감리교회) 대강령과 규칙, 1910년 판. 「교리와 장정. 총회록 영인본」, 기독교대한감리회본부, 1993. 99.
3) 기독교대한감리회본부, 「교리와 장정 총회록 영인본(총회록 10권, 교리와 장정 13권」, 1993. 15~45.

회, 선교매연회,[4] 지방회, 계삭회, 당회"로 규정했다. 다섯 의회로 구분한 것이다.

당회는 남감리교회 조직의 밑바탕이며 교회의 기초다. 당회는 속회 활동을 중심으로 확대된 조직이다.[5] 구성은 입교인과 교회 연회원으로 하며 계삭(계절 초)마다 모였다. 당회는 교회의 1년을 정산하는 모임이다. 운영된 정확한 시기는 알 수 없으나 1919년 이전부터 정착되었다.[6]

(2) 지방회 · 감리사

지방회는 감리교의 핵심 조직이며 감리사가 관할한다. 지방회의 회장은 지금은 감리사이지만 선교 초기에는 감독이었다.[7]

1889년 서울구역회를 조직한 뒤 1개 지방 9개 구역을 1901년 제17회 한국선교회에서 한국 남지방, 한국 북지방, 한국 서지방의 3지방[8], 23구역으로 넓혔다. 그해 11월 1일 인천에서 제1회 한국서지방회, 12월 1일 평양에서 한국북지방회, 1902년 5월 1일 서울에서 한국남지방회가 각각 열렸다. 1905년 제1차 한국선교연회에서 3개 지방이 4개 지방으로 확장되었고 1906년에는 서울지방, 제물포지방,

---

4) 외국이나 국내 어떤 지방에 인종과 방언이 같지 않고 또 선교부에서 관할하며 아직 선교 매연회를 설립하기에 적합하게 발전되지 못한 곳에 선교처를 조직하였다.
5) 기독교대한감리회 총회록 영인본(제1회 총회록, 1930, 29. ; 김광우, 앞의 책, 138~139.
6) 감리교의 당회와 비슷한 장로교의 의회는 '제직회' 이다. 회원은 개체교회의 교적을 보유하고 있는 모든 '입교인' 이며 개체교회의 교역자도 포함이 된다.
  장로교회의 '당회' 는 개체교회의 최고 의결기구로 장로들의 모임이다. 목사도 포함된다. 둘은 이름만 같을 뿐 내용은 전혀 다르다. 장로교는 '교리와 장정'을 '헌법'이라고 한다. "헌법 제2편 정치 제4장 교회의 직원 제22조 항존직" "항존직은 장로 집사, 권사이며, 장로에는 두 가지가 있으니 1. 설교와 치리를 겸한 자를 목사라 하고 2. 치리만 하는 자를 장로라 한다." 즉 목사는 '가르치는 장로'로 목사도 장로다.
7) 「기독교대한감리회 교리 장정 영인본」, (제1권, 대강령과규칙), 기독교대한감리회, 1910, 84.
8) 감리사는 한국 남지방-스크랜턴, 한국 북지방-노블, 한국서지방-존스.

평양지방, 영변지방, 공주지방의 5개지방이 되었다.[9] 1910년 서울의 3개 교회 교인 수는 상동 1,739명, 정동 1,347명, 동대문 1,193명 순이었다.[10]

감리사(superintendent)는 웨슬리가 만든 이름이다.[11] 웨슬리는 1784년 9월 12일, 코크(T. Coke)를 미국으로 파송하면서 '감리사'로 안수하며 이 말을 처음 사용했다. 미국에 가서 평신도 설교자들에게 성직 안수를 베풀라는 권한을 부여한 것이다. 직능은 감독이다. 웨슬리는 감독이란 말 대신 굳이 감리사로 썼다. 왜냐하면 첫째, 영국국교의 타락하고 경건치 못한 권위주의적 감독 이미지를 메도디즘(methodism)에 적용하기 싫었고 둘째, 가만히 앉아서 교회를 명령하고 통치하는 교권주의적 직능이 아니라 감리사는 직접 복음 전도의 일선에서 설교하며 목회자들을 훈련하고 신도회를 돌보는 실천적이고 헌신적인 직무를 의미하기 때문이었다. 코크는 1784년 크리스마스 총회 설교에서 이같은 웨슬리의 의도를 설명했다.[12]

우리에게 감리사란 감독에 해당하는 것입니다. 우리 감리사는 감독처럼 모든 일에 운영권을 가집니다. 우리는 그 이름이 더 좋다고 생각합니다. 왜냐하면 오늘날 감독들은 마치 자기가 예수님이 된 것처럼 행세하며 양 떼를 삼키고 사람들에게는 저주스런 존재들이고 그 이름만 들어도 시겁기 때문입니다.

코크는 계속해서 목소리를 높였다. "대부분의 감독들은 삯꾼 목자

---

9) Official Minutes of the Korean Misson Conference of Methodist Episcopal Church (미감리교회 한국선교연회록), 1905, 25~27.
10) Official Journal: Minutes of the Korean Misson Annual Conference of the Methodist Episcopal Church(미감리교회 한국연회록), 1910, 192.
11) 김홍기, 앞의 책, 감리교, 470.
12) 김진두, 『존 웨슬리의 생애』, 도서출판 kmc, 2012, 444.

들이고 정치만 일삼는 백해무익한 존재들"이고 "우리의 신앙의 아버지인 존 웨슬리가 감리사란 이름을 사용한 것이 얼마나 잘한 일이냐!"[13] 그러나 1787년 미국 감리교 총회에서 애즈베리와 코크는 감리사란 명칭을 감독으로 바꾸고 자신들의 교회를 '아메리카 감독교회'(Methodist Episcopl Church of America)라고 이름했다. 웨슬리는 이 사실을 알고 몹시 불쾌했고 극도로 마음이 상했다. 화가 잔뜩 난 웨슬리는 즉시 애즈베리에게 편지하여 감독 칭호를 취소하고 감리사 명칭을 회복하라고 명했지만 통신수단이 열악했던 시대라 편지는 늦게 전달되었고 이미 탄생한 아메리카의 감독교회는 자기의 길을 가고 있었다. 감리사를 감독으로 바꾼 것에 대해 웨슬리는 부들부들 떨었다고 웨슬리의 편지들 중에서 중요한 것들을 편집한 조지 이어스(G. Eayrs)는 전했다.[14] 웨슬리는 사도 바울처럼 영광 받는 것에는 어리석은 자가 되기를 원한다고 늘 말했다. 1788년 9월에 애즈베리에게 보낸 편지이다.[15]

나의 친애하는 형제들이여, 나는 당신들이 나와 다른 길을 가고 있는 것이 몹시 걱정스럽습니다. 나는 작게 되고자 애쓰는데 당신들은 크게 되고자 애쓰는군요.… 나는 아무것도 아니게 하고 그리스도가 모든 것의 모든 것이 되게 하시오.… 그렇게도 감독이 되고 싶습니까? 나는 생각만 해도 몸서리쳐집니다.
나는 사람들이 나를 무뢰한, 바보, 불량배, 악당이라고 부른다 해도 만족합니다.… 하나님을 위해, 그리스도를 위해, 그리고 나를 생각해서라도 제발 그것을 없던 일로 하십시오.

찰스(웨슬리의 동생, 목사)도 코크와 애즈베리가 자기 형님이 늙었

---

13) 위의 책, 444.
14) 김홍기, 『감리교회사』, kmc(기독교대한감리회), 2013, 470.
15) 김진두, 앞의 책, 445.

다고 해서 무시하고 그렇게 했다고 하면서 두 사람의 오만함을 통렬하게 비난했다.[16]

(3) 연회 · 총회

1884년 3월 일본에서 매클레이가 조직한 '조선선교회'는 1904년 20회로 마감했다. 그해 미국감리회의 4년 총회에서 해리스(M.C. Harris)가 한국과 일본 관리 감독으로 선출되었다.[17]

1901년 5월 9일부터 14일까지 상동교회에서 열린 제17차 선교회에서 평양의 김창식, 인천의 김기범 두 전도사가 집사(deacon) 목사 안수를 받았다. 1902년 5월에는 평양에서 연회를 열 수 있었다. 그만큼 교회가 확장된 것이다.[18] 1905년 6월 '조선선교회'에서 '조선선교연회'가 조직되었고 1908년 드디어 '조선선교연회'가 '조선연회'(Korea Conference)로 승격되었다.[19] '선교'자가 떨어진 것이다. 김창식 목사와 현순 목사가 최초로 연회 정회원이 되었고 김창식 목사는 지방감리사로 임명되었다.

교세는 5개 지방, 66개 구역, 교회 241개, 교인 3만 8천 488명, 장로 목사 11명, 집사 목사 66명, 본처전도사 120명, 주일학교 167곳, 학생 1만 4천 417명, 선교사 16명, 선교사 부인 14명, 여선교사 16명, 여선교부 소속 한국인 농역자 33명, 한국인 설교사 140명으로 성장되어 있었다. 감독은 총회와 연회, 지방회를 주관(회장)하며 감리회의 영적 지도자로 정책과 행정을 이끄는 대표자이다. 연회에서 목사 안수를 하며 교회에 파송한다. 감리회의 부흥을 위한 규칙을 총

---

16) 위와 같음.
17) 이덕주 · 서영석 · 김흥수, 앞의 책, 64~65.
18) 유동식, 앞의 책, 227.
19) 윤춘병, 앞의 책, 477.

회에서 제정하고 개정하며 정책 사업을 주관한다.[20]

1912년에는 감리교 총회가 조직되어 한국기독교는 장로교와 함께 감리교의 양대 축을 중심으로 성장을 가속화 했다. 1914년, 한국교회는 185,000명으로 성장했다. 우리보다 먼저 복음이 전파되었던 일본, 중국보다 높은 성장이다.

(4) 한국사람 최초 목사 안수

무어(David H. Moore) 감독 집례로 제17차 조선선교회(1901. 5.9.~14, 상동교회)가 열렸다. 연회 마지막 날인 5월 14일 오후 2시 평양의 김창식, 인천의 김기범 두 전도사가 집사(deacon) 목사 안수를 받았다.[21] 한국 사람 최초이다. 한국인 목사 시대가 활짝 열린 것이다. 장로교의 첫 안수는 1907년이다.[22]

김창식(1856~1929, 황해도 수안)은 16세까지 고향에서 한문 공부를 했고 29세까지는 농사와 행상을 했다. 당시 서양사람들이 조선 아이들을 잡아먹는다는 야만성을 확인하려고 선교사 올링거의 집에 문지기로 들어갔다.[23] 그는 올링거의 식구가 되어 함께 생활하는 가운데 감화를 받고 기독교인이 되었다. 그 뒤 아펜젤러에게 세례를 받았다. 1891년에 올링거가 출국하자 이듬해 8월 선교사 홀과 함께 평양지방에 파송되어 순회 전도를 시작했다. 평양에서의 선교 활동이 처음에는 순조롭게 진행되던 가운데 1894년 7월 청·일전쟁이 터졌다. 평양은 전쟁터가 되었고 주민 대부분은 피난을 갔다. 김창식 전

---
20) 「기독교대한감리회교리와 장정영인본」(제1권, 대강령과 규칙, 1910), 21~34.
21) Official Minutes of KMC, 1901, 21. ; 윤춘병, 앞의 책, 373. 재인용.
22) 이덕주·서영석·김흥수, 앞의 책, 64.
23) 위의 책, 142.

도사는 평양을 떠나지 않았다. 십자가를 내걸고 예배당을 지켰고 주민들을 돌보며 선교에 힘써 몇 곳에 교회를 세웠다. 그중의 하나가 평양제일교회(남산현교회)이다. 1894년의 평양 박해사건 때에는 투옥되어 모진 고문을 받았다.[24] 혼미 상태에 이르도록 그가 받은 박해는 결국 평양에 복음 전도의 길을 활짝 열게 했다. 이때 김창식은 미국 「만국복음」지에 크게 소개되었다.[25]

한국의 사도바울!

그는 안수받고서 삼화교회·평양제일교회와 신계·연안·운산·덕천·양덕·맹산·영변·회천·원산·제천 지방의 순회 전도에 진력했다. 이렇게 전국을 누비며 각처에 48개 교회를 세웠고 많은 사람들에게 세례를 베풀었다. 한국인 최초로 지방감리사로 임명되어, 1904년부터 1910년까지 평안북도 영변 지방감리사로, 1912년에는 평양 지방 감리사로 시무했다.[26] 노블 부인은 그를 '평양의 영웅'이라고 했다.[27]

그가 아니었다면 이 도시에서 우리 사역은 오래 전에 파산 났을 것이다. 청·일전쟁 동안 그는 이 기지를 신실하게 지켰고 우리 회합은 날마다 강건하게 자라고 있다.

김기범(1868~1920, 황해도 연안)은 일찍 고향을 떠나 제물포에서 상업에 종사했다. 1890년에 노병일의 전도로 내리교회 첫 번째 교인

---

24) 이 글 128쪽. "(5) 평양기독교 박해사건(1894)" 참조.
25) 이만열, 앞의 책, 361~363.
26) 이철, 앞의 책, 76~79.
27) 매티 윌콕스 노블(손현선 옮김), 『매티 노블의 조선회상』, 좋은 씨앗, 2011, 108.

이 되었다.[28] 그 뒤, 과정을 거쳐 1896년 제물포구역 본처전도사로 파송되었다. 존스를 도와 우각동(창영동)과 용동, 답방리, 영종도, 부평, 김포, 강화를 비롯 옹진, 연안, 해주 지역을 순회하며 전도했다. 1898년 원산 선교 책임자 맥길이 안식년을 맞아 돌아감에 그는 원산 선교 책임을 맡았다. 김기범은 자신의 몸을 돌볼 줄 모르는 열정으로 맥길이 비운 자리를 잘 감당했다. 1년 만에 맥길이 복귀하자 김기범은 제물포로 돌아왔다. 존스의 요청이었다. 제물포의 일꾼은 원산에서도 그 어디에서도 마찬가지였다. 그는 황해도 연안 지방에서 순회 전도를 할 때 혹독한 박해를 받았다. 그런 일은 늘상 있는 일이었다. 그는 감리교의 지방회에서 개최하는 신학회를 제1회로 졸업하고 목사 안수 과정을 밟아 1901년 목사 안수를 받았다. 1903년 제물포, 내리교회 최초의 한국인 목사로 섬기면서 황해도 연안 구역 담임자로 파송되어 연안과 배천, 평산 순행전도를 했다. 1908년, 한국인으로는 처음 내리교회 담임목사가 되었다. 당시 내리교회는 입교인 320명, 성인 세례 423명, 유아세례 253명, 학습인 287명, 원입인 317명으로 총 1,600여 명이었다.[29] 교회재단의 영화학교 교장으로 교육 사업에도 힘을 기울였다.

김창식 · 김기범의 안수는 미감리회가 한국에 선교를 시작한 지 16년 만이었다. 1년 뒤 1902년 5월, 평양 남산현교회에서 열린 연회에서 최병헌(1858~1927)이 무어 감독에게 안수를 받았다. 그는 김창식, 김기범과 함께 안수를 받게 되었으나 집안에 초상이 생겨 1년이 늦은 것이다. 고향이 충북 제천인 그는 전통적인 양반 선비 가문 출

---

28) 이덕주 · 서영석 · 김흥수, 앞의 책, 143.
29) 이철, 앞의 책, 76~79.

신이었다. 여러 번 과거에 낙방한 뒤 서울에 올라와 훈장을 했다. 친구소개로 1888년 존스 선교사의 어학교사로 일하며 배재학당 한문교사가 되었다. 그는 유교에 대한 자부심이 강해서 세례받기까지 5년이 걸렸다. 1899년 정동교회 전도사로 파송되었다.

1903년 이은승, 1905년 전덕기와 강인걸, 1907년 손승용, 홍승하, 권신일, 김우권, 1908년 박원백, 장락도, 이익모, 현순이 집사목사 안수를 받았다.

(5) 청, 러·일 전쟁과 교회 성장

동학농민운동, 청·일전쟁 동학농민혁명은 교조 최제우의 신원운동과 1892년 전라도 고부(정읍시 일부) 군수로 부임한 조병갑의 비리가 도화선이었다.[30] 조병갑은 매우 악랄한 탐관오리로 수단, 방법을 가리지 않고 백성의 피를 뽑았다. 고부뿐만 아니라 전라도 백성들의 증오와 원성이 치솟았다. 견디다 못한 고부군 사람들은 훈장 전창혁을 대표로 탄원서를 냈다. 이때 곤장 백 대를 맞은 전창혁은 한 달 만에 목숨을 잃었다. 그의 아들 전봉준(1855~1895)은 고부 군민들을 모아 봉기를 일으켰다. 봉기군은 고부성 점령에 성공했다. 백성들의 분노와 울분이 폭발한 것이다. 농민들은 세도정치와 탐관오리들의 수탈에 짐승처럼 시달리던 때라 동학은 새로운 빛으로 떠올랐다. 더욱이 옛부터 전라도는 곡창 지대로 넓고 풍요로운 들판은 줄곧 피를 부르는 요인이었다. "나라를 어려움에서 구하고 백성을 편하게 한다."(보국안민)는 기치로 농기구와 죽창으로 무장한 전봉준의 동학군은 1894년 4월 27일 황토현(정읍시 덕천), 정읍, 고부, 무장을 거쳐

---

30) 박영규, 『한 권으로 읽는 조선왕조실록』, 도서출판 들녘, 1996, 436.

전라 감영이 있는 전주성에 무혈입성했다.[31] 전라도 전역이 동학군의 손에 완전히 들어갔다.

동학농민전쟁은 고종·민씨 척족 정권의 탐학이 낳은 비극이었다. 고종은 세계에 무지했고 국가 경영에 무능했으며 백성에게는 모질었다. 그는 백성과 국가보다 자신과 척족세력의 '권력 유지'만을 챙기는 이기적인 권력가였다.

동학농민전쟁으로 위기에 처한 조선은 어전회의를 열었다. 고종이 "민란은 외국군을 불러서 진압하자."고 제안했지만 격렬한 관료들 저항에 부딪쳐 이를 철회했다.[32] 톈진(천진)조약[33]에 의거, 일본군이 진입할 빌미를 내줄 수 있다며 강력하게 반대했던 것이다. 그러나 고종과 민씨 일족이며 실권자였던 병조판서 민영준은 "청군이 먼저 들어올텐데 일본군이 어쩌겠는가?"하며 이를 무시했다. 그는 차병을 반대하는 대신들에게 "청나라 군대가 오면 청나라 속국이 될 가능성은 높지만 조선의 정권은 우리들이 계속 잡을 수 있다. 동학군에 의해 정권을 잃는 것보다 청의 속국이 되더라도 계속 정권을 잡는 것이 중요하다."며 파병에 반대하는 대신들을 회유, 무마시켰다.[34]

1894년 5월 5일 청군이 아산만에 들어왔다. 그런데 바로 다음 날, 일본군도 기다렸다는 듯 톈진조약을 명분으로 제물포에 전격 들어왔다. 일군은 1894년 7월 23일 경복궁을 공격해 고종 친위대를 무장해제했다.[35] 그리고 이틀 뒤, 7월 25일 아산만 풍도 앞바다에서 일 해군은 청 해군을 격파했다. 이어 일본은 평양성 전투와 황해해전에

---

31) 강준만, 『한국 근대사 산책 2』 –개신교 입국에서 을미사변까지–, 인물과 사상사, 2007, 272.
32) 『고종실록』, 1893년 (음) 3월 25일
33) 1885년, 청일 두 나라가 규정한 것으로 "일군은 조선에 대해 청과 동일한 파병권을 갖는다." 는 내용.
34) 강문호, "동학농민혁명과 청군" 『동학연구』, Vol. 17, 한국동학학회, 2004, 109.
35) 박종근, 『청일전쟁과 조선』, 일조각, 1989, 64~65.

서 압승하고 청의 요동 반도와 여순을 점령하면서 청군을 궤멸시켰다. 이 승리로 일본은 동북아의 패권을 장악하게 되었다.

동학의 진전은 지배층의 체제 유지가 불가능해졌고 봉건체제가 붕괴되는 결정적 국면을 맞은 것을 단적으로 말해 준다.[36] 동학농민운동은 근대적 자유 평등사상으로 각성된 농민을 중심한 반유교질서, 반봉건운동이며 전근대적인 정치체제, 사회제도를 개혁하고자 하는 혁명이었다. 또한 일제든, 서구든 외세에 저항한 민족주의 운동이었고 근대민족주의운동에 자각한 독립운동의 선구였다.[37]

러 · 일 전쟁 한반도와 만주를 차지하려고 벌인 전쟁이 러 · 일 전쟁(1904~1905) 이다. 19세기에 들어서면서 러시아는 부동항을 확보하려고 세계 곳곳에서 남하를 시도했다. 그때마다 영 · 러 두 나라는 대립했다.[38] 갑신정변(1884) 뒤, 조선은 러시아의 힘을 빌어 일본의 간섭에서 벗어나려 했다. 민비는 청 · 일전쟁으로 일본이 세운 친일내각을 내리고 친러파를 앉혔다. 그러자 일제는 민비를 시해하는 만행을 저질렀다. 을미사변이다.(1895) 신변의 위협을 느낀 고종은 1896년 2월 11일, 왕세자와 비밀리에 러시아 공사관으로 거처를 옮겼다.(아관파천)[39] 고종은 1년을 그곳에 머물면서 러시아의 강한 영

---

36) 한국사연구회편, 『韓國史硏究入門』, 1981, 445.
37) 김호일, 앞의 책, 208.
38) 두 나라는 전 지구를 상대로 싸워 왔는데 이를 '그레이트 게임'(Great Game)이라고 한다.
39) 고종은 1년 동안을 그곳에 머물렀으며 러시아의 강한 영향력 밑에 놓이게 되었다. 러시아는 재정과 군사고문을 보내어 우리나라의 내정에 간섭했다. 탁지부 고문으로 있던 알렉세예프(K. Alexeev)는 재정을 농락하였다. 그리고 이 시기에 러시아를 비롯한 미국, 일본 등 여러 나라는 경쟁적으로 광산 채굴권, 철도부설권, 삼림채벌권 등 많은 이권을 빼앗아갔다. 1897년 2월 25일, 고종은 러시아의 영향에서 벗어나려고 러시아 공관을 나와 경복궁이 아닌 경운궁(지금의 덕수궁)으로 돌아왔다. 그로부터 약 7달 뒤인 1897년 10월 12일, 고종은 새롭게 황제국을 선포하고 나라이름을 '대한제국'으로 바꾸었다.

향력 밑에 있었다. 러시아는 이참에 조선에서 부동항을 획득할 작정이었다.(함경도 영흥만) 그러자 영국은 1885년 4월 거문도를 불법 점령했다. 포대와 병영을 구축하면서 본격적으로 요새화를 시작했다. 그러나 영 · 러 사이에 현안이던 아프카니스탄 문제가 해결되어 영국은 거문도에서 철수했다.

1900년 중국에서 의화단 운동이 일어났다. 러시아는 '자국민 보호'를 명분으로 150,000명의 대군을 만주로 보내어 만주를 점령하고 시베리아 철도 건설을 시작했다. 조선은 러 · 일간의 급박한 사태를 감안하고 1904년 1월 23일 국외 중립을 선언했다. 일본은 이를 무시하고 조선에 군대를 상륙시키고 요충지를 차지했다. 일본 함대는 1904년 2월 8일 러시아의 여순군항을 기습했다. 러시아함대가 전멸했다. 2월 23일, 일제는 조선 정부를 강압하여 공수동맹을 전제로 한 '한일 의정서'[40]를 체결했다. 겉으로는 황실의 안전과 대한제국의 독립, 영토보전을 담고 있지만 실제로는 대한제국의 정치적, 군사적, 외교적 자주권을 제약하는 조항들이었다. 이는 대한제국을 식민지화하는 서막이었다. 해를 넘겨 1905년 1월 2일 러시아군이 백기를 들었다. 전승국 일본은 9월의 포츠머스조약에 따라 러시아에게 한국의 독점적인 지배를 확인받았다.

청 · 일, 러 · 일전쟁 사이의 10년은 조선에 매우 중요한 시기였다. 내부적으로 자강에 집중하고 외부적으로는 '팍스 브리태니카'[41] 라는 국제적 흐름에 국익을 조율하는 지혜가 절대 필요한 시기였다.

임진왜란에서 해양세력에 국기가 이미 흔들렸음에도 조선은 여

---

40) 대한제국 정부는 1월 23일 국외중립선언으로 피하려고 했지만, 러일전쟁의 발발로 실패했다.
41) Pax Britannica, 19세기 대영 제국이 세계의 패권을 차지하여 세력을 떨쳤던 황금기를 이르는 말. 이시기에 영국은 전 세계에 식민지를 건설하여 "해가 지지 않는 나라"로 일컬어졌다.

전히 해양력을 경시하며 중국만 의지하고 집안싸움에 열중하다가 나라를 망친 것이다.

폭발적 교회성장 청, 러 두 전쟁 모두에서 이긴 일본에 의한 조선 정부의 와해 과정은 백성을 극도의 불안과 절망으로 몰아넣었다. 이때에 교회야말로 세상에서 지치고 절망하고 흑암에 앉아 있는 백성에게 소망과 빛이었고 안식처였다. 교회의 배경에는 막강한 서양 세력이 있어 안전하고 또 교회는 신의를 중시하여 반드시 생명과 재산을 지켜줄 것이라는 소문은 청·일전쟁 때부터 나돌았다. 실제로 교회는 치외법권을 소유한 미국사람의 기관이어서 청·일 모두는 교회를 보호해 주려고 했다.[42] 백성들은 외국인에게는 무력하고 백성에게는 약탈이나 일삼는 썩은 정부보다 구국의 희망을 기독교에 거는 심정이었다.[43] 따라서 기독교는 놀랄만한 성장을 보이게 되었다.

1904년 조선선교회에서 노블 감리사는 보고했다.[44]
"지난해 동안 늘어난 전체 신자 수는 비록 그들 중 많은 이들이 원입인들이었지만, 약 3천명 정도이다. 이것은 지금까지 우리 교회 참석자들의 42%가 넘는 수이다. 이중 약 90%가 러·일전쟁 이후에 늘어났다."
케이블 선교사는 경탄하기를 "우리는 지금 우리 앞에 열려 있는 훌륭한 기회와 성공에 당황하고 있다."[45]고 했고 하운셀은 "앞으로 10년간은 한국민이 불교인이 되든지 무신론자가 되든지 아니면 기독교

---
42) 윤춘병, 앞의 책, 332~333.
43) 윤춘병, 앞의 책, 478.
44) OMKMC, 1904, 24~25.; 유동식, 『한국감리교회의 역사』, 1884-1992 Ⅰ. 230.
45) OMKMC, 1904, 31.; 유동식, 위의 책, 231.

인이 되든지 결정하는 시기가 될 것이다. 모든 증거로 볼 때 이때는 교회의 시대가 될 것이다."라고 했다.[46] 그 무렵 스크랜턴이 김 목사라는 분에게 보낸 편지이다.[47]

요사이 대한에 난리가 있는 것은 대단히 섭섭하거니와 큰바람(소원)도 있으니 환란 후에는 교회가 흥왕할 것을 증거하는 것이라.… 대한을 세 나라가 먹으려 하니 일본과 아국(러시아)과 천국(하나님 나라)이라. 비록 일본과 아국(러시아)이 대한을 먹는다 하여도 필경은 천국이 다 먹을 줄 아노라.

"19세기 말에서 1910년 국권 상실의 시기에 교회에 나오는 사람들이 폭발적으로 증가"[48]했다는 말은 조금도 과장이 아니었다.

3) 초기, 감리교의 선교정책

(1) 감리교의 생리 1-순회 탐색전도

아펜젤러나 스크랜턴은 처음 1, 2년은 주로 서울에서 교육과 의료활동으로 한국의 실정과 민심을 파악하며 한국 사람들의 신임과 친밀감을 쌓아 나가는데 주력했다. 배재, 이화학당을 통한 교육 과정에서 기독교를 이해시키려 힘을 썼고 정동, 애오개, 상동, 동대문 병원에서 환자를 치료하면서 전도했다. 감리교병원에서는 주로 가난한 계층의 환자를 진료했다. 1886년 하루에도 수 백명씩 죽어가는 콜레라가 유행했을 때, 한방의학으로는 속수무책이었으나 스크랜턴은 위험을 무릅쓰고 5백여 명이나 살려냈다.[49] 이런 선교사들의 헌신적인

---

46) C.G.Hounsel, "Come Over and Help Up", The Korea Methodist, 1905.2. p.36.
47) "시목사 편지", 「신학월보」, 『영인본 제4권』, 189~190.
48) 서명원(이승익 역), 『韓國敎會成長史』, 大韓基督敎書會, 1966, 53.
49) Annual Report of mec, 1888, 341. ; 윤춘병, 앞의 책, 113. 246.

노력과 성과에 국왕을 비롯 국민들은 기독교에 더 이상 적대감이나 거부심을 가질 수 없었다. 오히려 감사하고 감격할 따름이었다. 그래서 국왕은 '배재학당', '시병원', 왕비는 '이화학당', '보구여관' 이름을 지어 현판을 내린 것이다. 그동안 이른바 탐색전도를 편 것이고 그리고 성공한 것이다.

나라의 이런 정서를 알아차린 선교사들은 교회를 세우기 시작했다. 장로회 새문안교회, 감리회 정동, 상동, 동대문, 종로, 아현교회를 세웠으며 선교사들은 전국 8도를 답사했다. 1890년까지도 기독교 포교 금지령은 존속되어 있었으나 사실상 죽은 문서에 지나지 않았다. 왕이나 관료들은 기독교 선교가 활성화되고 있음을 알면서도 모른 체했다. 1892년 미감리회 한국선교 관리자 스크랜턴은 이 나라 끝까지 일꾼을 보내리라고 했다. 세계는 나의 교구라는 존 웨슬리의 정신과 맥을 같이하는 선교 정신이다. 스크랜턴의 말이다.[50]

우리는 각지 주민에게 열심히 전도하여 풍성한 수확을 거둬야 합니다.…이론가의 원리로서가 아니라 부흥가의 원리를 사용하여 사람들에게 신앙의 결단을 재촉해야 합니다.… 우리들은 앉아서 전도방법과 수단만을 토론할 것이 아니라 현지에 나가 실제로 일해야 합니다. 비판자들의 시비를 막는 가장 좋은 방법은 더욱 일을 많이 하는 것입니다.

감리교 선교정책의 큰 원칙은 탐색 순회전도였다. 이런 방법은 웨슬리를 비롯하여 감리교 전도자들과 부흥사들이 쓰던 단골 방법이고 감리교의 생리이다. 아펜젤러나 존스, 리드는 지방 순회전도의 찬란한 본보기들이었다. 선교사들은 평민과 가난한 대중을 상대로 전도나 의료사업을 내지(내륙)로 확대시켜 나갔다. 이 기동성 넘치는 감

---

50) Annual Report of mec, 1892, 284. ; 윤춘병, 위의 책, 114.

리교의 선교는 한국감리교의 정신적 기동성, 곧 진취성을 배양하였음에 틀림이 없다.[51]

1784년 볼티모어 '크리스마스 연회'에서 탄생한 미국 감리교회는 '미 대륙을 개혁하고 성화를 전하자'는 목표를 세웠다. 감독으로 선출된 애즈베리는 복음이 전파되지 않은 지역 사람들에게 복음을 전해야함을 강조하면서 목회자의 순회제도를 정착시켰다. 그는 평생을 독신으로 지내면서 45년 동안 말을 타고 48만 킬로미터에 이르는 광대한 지역을 순회하며 복음 전도의 본을 보였다. 미국판 존 웨슬리였다.

웨슬리는 사도 바울에 비견되는 전도 여행으로 전설적인 수준으로 존경받고 있다.[52] "세계가 나의 교구!"였던 웨슬리는 말을 타고 1년에 4~5천 마일의 전도 여행을 했다. 평생 대략 25만 마일(40만 킬로미터)로 지구의 10바퀴에 해당한다.[53]

애즈베리는 사람들이 모이는 곳을 찾아 집회하고 교회를 세웠다.[54] 그의 집회에서는 고함을 지르고 슬피 울며 경련을 일으키는 종교적 현상들이 많이 나타났다.

감리교는 1850년, 미국 전체 교인의 34 퍼센트를 차지하는 엄청난 숫자에 이르렀다. 이때 미국 최대 교단이 되면서 19세기를 '감리교의 세기'로 만드는데 성공했다.[55]

순회 탐색전도는 웨슬리 시절부터 낙오지 지역에 중점적 선교를 하던 관례대로 한국선교 역시 섬이나 해안지역에 교세가 강한 편이다.

---

51) 민경배, 앞의 책, 197.
52) 이후정, 『기독교 영성 이야기』, 신앙과 지성사, 2017, 이후정, 299.
53) 김홍기, 『감리교회사』, 150.
54) 김신호, 『한국교회에 영향을 미친 미국교회사』, 주식회사 부크크, 2020, 182.
55) William Mcloughlin, Revivals Awakening, and Reform, 98. ; 김신호, 우-의 책, 187. 재인용.

감리교는 처음 들어온 인천을 비롯해서 서울·경기도·충청도(서해안)·강원도 지역에서 강세를 보이고 있다.

(2) 감리교의 생리 2-부흥운동

부흥운동은 감리교의 특성이고 생리다. 그리고 초기 한국감리교의 성격이다. 존 웨슬리는 1738년 5월 24일 밤, 올더스게잇 집회에서 확신이 생겼다.[56]

내가 그리스도를 신뢰하며 그리스도만이 구원이시며 그분이 나 같은 죄인의 죄를 사하시고 죄와 사망의 법에서 나를 구원하셨다.

이 체험으로 웨슬리는 이전에 가졌던 추상적이고 이성적, 교리적인 믿음에서 벗어나 그리스도를 직접으로 대면하는 체험적 믿음을 강조하게 되었다. 1739년 1월 1일, 페터레인의 밤샘 기도에서는 하나님의 능력이 강하게 나타나면서 그들은 울면서 회개하고 경련을 일으키고 소리를 지르고 바닥에 쓰러지는 종교적 현상이 나타났다.[57] 웨슬리는 치유, 방언, 기적 등의 성령의 은사들을 존중했으며 감리회 모임에서는 정규적으로 이런 종교적, 황홀경 현상들이 나타났다.

감리교는 은혜의 체험을 강조함으로 '가슴의 종교'라고 불렸고 영국교회는 열광주의 혹은 광신주의라는 비판을 더 했다. 그러나 웨슬리의 가슴속에 붙은 성령의 불은 영국교회를 개혁하는 불이 되었다. 이 불이 영국 사회를 성화시키고 해방시키며 그리고 구원하는 불로 붙어 갔다.[58]

---

56) 박창훈, 『존 웨슬리, 역사비평으로 읽기』, 대한기독교서회, 2007. 58~59.
57) 위의 책, 66~67, 81.
58) 김홍기, 『세계교회이야기』, 신앙과 지성사, 2009. 215.

아펜젤러는 1876년 10월 1일, 18살이던 때에 한 부흥회에 참석했다가 '깊은 감동 속에 철저한 회심'을 체험했다. 이 신생 체험은 그의 일생을 가름하는 중요한 전환점이 되었다.[59] 그는 본래 회중교(장로교)였으나 감리교의 뜨거운 성령 운동에 사로잡혀 감리교로 옮겼다. 뚜류신학에서 훈련을 받고 한국선교를 자원했다. 아펜젤러가 칼빈주의를 떠나 웨슬리언이 된 것을 이렇게 말했다. "나는 너무나 기쁘고 행복해서 '할렐루야'를 외치고 싶었다. 하지만 장로교에서는 그렇게 외칠 수가 없었다."[60] 언더우드도 "고함치는 감리교도(the roaring Methdist)"[61], "장로교 선교부의 감리교 설교가"[62]라는 별명을 들을 정도로 감리교적 기질을 갖고 있었다.

아펜젤러는 조선에 온 지 1년이 되었을 때에 이런 고백을 했다.[63]

우리가 지금 필요로 하는 것은 죄를 깨닫게 하고 회심시키는 능력을 가진 강력한 성령의 세례이다. 나는 조선의 죄인들이 그들의 죄로 인해 경악하는 것을 보기 원한다.…마귀는 여기서도 모든 흉계를 쓰고 있다.… 다른 어떤 방법도 이 은자의 나라를 결코 구원할 수 없다.

아펜젤러는 체험적 신앙의 소유자요, 기도의 사람이었다. 구원의 능력, 부활, 하나님의 섭리를 믿는 웨슬리의 경건주의적 복음주의자였다. 한국에 온 초기 감리교 선교사들 대부분이 부흥회적 웨슬리 후예들이었고[64] 신앙의 기질이 한결같이 순수한 복음주의자들이요, 부

---

59) 김낙환, 『아펜젤러 행전』, 141.
60) 이만열 역, 『아펜젤러』, 연세대학교 출판부, 1985, 230.
61) 민경배, 앞의 책, 200. 'roaring'을 민경배는 '고래고래'로 김홍기는 '꽥꽥 소리지르는'으로 김신호는 '고함지르는'으로 각각 옮겼다.
62) 김홍기, 『감리교회사』, 511.
63) 박대인, "한국감리교의 개척자 헨리 G. 아펜젤러- 그의 생애와 사상에 관한 예비적 보고", 『神學과 世界』 第7號, 1981.10, 209 재인용.
64) 김신호, 『한국교회에 영향을 미친 미국교회사』, 부크, 2020, 187.

흥회적인 감리교적 생태의 선교사들이었다.[65]

(3) 알렌의 반발, 도전

여기에 정면 반발한 이가 있었다. 알렌이다. 한국선교 초기, 선교사들은 두 진영으로 나뉘어 있었다. 알렌의 장로교와 아펜젤러·스크랜턴·언더우드의 '감리교적' 감리교였다. 알렌은 전형적인 장로교인으로 칼빈주의적 입장에서 국가와 교회의 당연한 본질적 연결을 전제하고 있었다. 이 말은 "전형적인 근대선교정신인 경건주의와 부흥회 타입의 감리교적 생리와는 거리가 멀었다."는 말이다. 그는 감리교의 탐색순회전도를 거부했고 이런 방법을 쓰는 장로교 선교사들을 함께 몰아서 '감리교적'이라고 혹평했다.[66] 그러나 선교사들은 달랐다. 언더우드도 알렌과 의견이 맞지 않았다. 언더우드의 거리에서나 지방에서의 전도에 알렌은 반박할 근거가 많았다. 조약문에 전도의 관용이 명시되지 않았다는 점, 설치고 다니며 (복음을) 외쳐 전파하는 것의 무모함, 그리고 장로교인 마저 이런 경로를 밟는다는 것을 알렌은 이해할 수가 없었다.

1888년 금교령이 내려지자 알렌은 순회 전도에 있던 언더우드를 서울로 불러들이고 "경거망동한 순회전도가 기본적 원인"이라며 언더우드에게 윽박질렀다. 그리고 그런 식의 선교나 전도에서 손 떼고 의료사업과 교육에만 당분간 치중할 것을 종용했다. 게일도 알렌과 맞지 않았다. 게일은 "내 생각에는 알렌의 이름을 선교사 명부에서 아예 빼버려야 마땅하다."고 서슴없이 말했다.

드디어 알렌은 선교사들에 대한 인신공격을 퍼부었다. "미국의 선

---
65) 민경배, 앞의 책, 148~149.
66) 민경배, 위의 책, 196~197.

교본부는 너무나도 많은 훈련받지 못한 비신사적인 광기의 열광주의자들을 한국에 보냈다. 이들은 미 본토에서는 돈을 벌어먹을 수 없어서 여기까지 왔다."

물론 반드시 훌륭한 선교사만이 한국에 왔을 리는 없다. 헤론 부인(Harriet Elizabeth Gibson Heron)은 왕과 몹시 친근했는데도 워싱턴의 한 신문에 한국의 왕은 3 백여 명의 첩이 있다면서 이 죄의 나라의 구원을 위해 자기는 한국에 와 있다고 했다. 무어(F.S. Moore)라는 장로교 선교사는 고종에게 무례한 편지를 써 '회개하라'고 호령하고 왕궁에 가서는 "전능자의 사자"라면서 왕을 만나 회개시키겠다고 소란을 피운 적도 있었다.[67]

그러나 이는 일부의 그릇된 견해일 뿐이다. 선교 일반에 냉소적이었던 비숍 여사도 한국 선교사들의 "성실과 헌신, 그들이 하고 있는 일에 대한 열의와 넘치는 희망, 피차 다른 교파 사이에 편만한 조화와 일치의 정신, 한국 사람에 대한 경애와 동정"[68]을 높이 추켰다.

감·장 공동으로 상류계급보다는 노동자와 하류층을 선교 목표로 다짐했는데도 왕실과의 친근은 더욱 두터워졌다. 감리교의 엘러스(Miss Annie Ellers)는 민비의 시의직을 맡아 왔고 그를 이어 언더우드의 아내 호튼(Miss Lillias S. Horton)이 그의 시해 때까지 시의로 일했다.[69] 알렌은 왕실의 총애를 한 몸에 받았으면서도 정작 선교의 자유는 얻어내지 못했다. 1887년 가을, 고종이 박정양을 초대 주미공사로 임명하면서 알렌을 조선공사관 참관에 임명했다. 박정양 일

---

67) 위의 책, 200~201.
68) I.Bishop, Korea and Her Neighbours, Soul, Yunonsei Uiversity Press, 1970(orig., London, 1898), 346. ; 민경배, 앞의 책, 202. 재인용.
69) 이호운, 『한국교회초기사』, 대한기독교서회, 1970, 92~93.

행을 안내하는 역할이었다. 결국 알렌은 선교사직을 사직했고 이후 관직을 사임하고 1905년 11월 2일 조선을 떠났다.

(4) 감리교의 선교정책

감리교는 탐색 순회전도·부흥운동의 원칙 아래 다음의 정책들을 폈다.

자립정책 한국은 외국 사람을 경계하는 정책이어서 외국 사람들(선교사)이 직접 나서는 전도보다는 한국사람 전도는 한국사람 스스로에게 맡겨야 한다는 자립전도 정책을 폈다. 『은둔의 나라』를 쓴 그리피스는 아펜젤러의 전도정책을 이렇게 썼다.[70]

> 한국은 긍극적으로 한국의 목회자에 의해 복음이 전파되어야 한다는 것이 아펜젤러의 확고한 신념이었다. 한국교회는 외국의 옷을 벗어버려야 한다.

이런 정책에서 선교사들이 쉽게 가까이할 수 있는 사람들은 집안에 고용된 일꾼들이었다. 먼저는 이들을 전도하여 전도자로 세우는 것이다. 당시 선교사들은 가정마다 6~7명의 고용인을 두고 있었다. 가정부, 수위, 서기, 유모, 집사, 어학교사 등이었다. 김창식은 영아소동이 일어났을 때 사실을 탐지하려고 올링거 선교사 집에 늘어갔다가 감화를 받고 한국 최초의 목사가 되었다. 스크랜턴의 잡역을 맡았던 머슴 전덕기 등… 이같은 사례는 헤아릴 수가 없다.

아펜젤러는 배재 학생들에게 기독교를 전하려고 힘을 썼다. 그 결과 1887년 7월 24일 학생 박중상이 세례를 받았고 그를 이어 한용

---

[70] W.E.Griffis, H.G.Appenzeller : A Morden Pioneer in Korea, Fleming H. Revel Company, New York, 1912, 222. ; 윤춘병, 위의 책, 241.

경, 유치겸, 윤동규가 세례를 받았다. 그리고 신학을 공부하는 학생까지 나오게 되었다. 아펜젤러가 배재학당에서 학생들을 통해 조심스럽게 토착 전도인을 양성하고 1890년부터 전도인으로 활동한 배재 출신은 김동현, 문경호, 유치겸, 한용경, 노병선 등 여러 명이 있다.[71] 스크랜턴 어머니는 1888년 3월 13일에 부인들을 모아 성경 교육반을 개설했고 평양에서 역시 1897년 노블 부인이 부인성경반을 개설하고 수료자를 전도인으로 썼다.[72]

아펜젤러는 경제면에서도 당연히 자립정책을 썼다. 아펜젤러의 기록이다.[73]

우리는 선교 초기부터 가능한 자조정책을 도입하려고 한다. 그러나 처음에는 약간의 외부 도움을 주지 않을 수 없다.

감리교는 특별한 경우를 빼놓고서는 스스로 교회를 세우고 자급으로 교회를 운영했다. 선교사의 권고 없이도 스스로 자진 전도, 자립 경제를 실천하는 교회가 많았다. 시흥의 삼막골 교회는 교인들 스스로 세웠고 제물포교회, 평양교회, 창천교회 예배당도 교인들이 자급으로 세웠다.[74]

강화 교황교회, 홍의교회도 스스로 예배당을 마련했고 전도인의 생활비를 충당했다. 충주·공주지역에서도 자립으로 예배당을 지었다. 철원 지경터 교인들은 자발적인 헌금으로 예배당을 마련해 놓고 세례받기를 기다리고 있었다.[75] 문산포와 송도교회는 선교부의 도

---

71) 윤춘병, 위의 책, 243.
72) 윤춘병, 위의 책, 243~244.
73) Annual Report MEC, 1886, 267. ; 이만열, 『아펜젤러』, 연세대출판부, 1985, 291.
74) 윤춘병, 『한국감리교 교회성장사』, 감리교출판사, 1997, 244~245.
75) 이덕주·서영석·김흥수, 앞의 책, 97.

움없이 독립으로 지었다.[76] 광희문교회는 2년 동안 건축헌금을 모아 1904년 6월 서양식 벽돌 예배당을 지었다.

무지내교회의 경우, 예배당을 대부분 한국 교인들의 헌금으로 지었고 거의 스스로의 자금으로 지은 학교 건물과 목사관을 갖고 있었다.[77] 당시 무지내교회는 입교인 19명, 학습인 68명, 새신자 20명으로 모두 1백 10명에도 미치지 못하면서 예배당, 목사관, 남녀학교, 순행목사가 묵을 방, 관리인의 집까지 건축했다.[78]

오월 십팔일에 새 예배당을 하ᄂ님끠 밧치는 례식을 힝ᄒᆞᆫ듸… 또 회당 엽헤 션교목사 리왕하실 때 거쳐ᄒ실 방과 회당 직힐 사ᄅᆞᆷ의 집을 지엇ᄉ오며 또 회당압흐로 녀학교를 셜립할ᄎᆞ로 륙간을 지엇ᄂ이다.

시흥 삼막골교회 지은 이야기, 또한 감격스럽다.[79]

하영홍 씨는 삼년 십이월부터 예수 밋기를 작뎡ᄒ고 셩경공부를 힘써 ᄒᄃᆞ니…예수 말씀 즁 보물을 ᄯᅡ에 두지 말나 ᄒ신 계명을 밋고 ᄌᆞ긔 넉넉지 못한 뎐답을 풀아 일빅팔십원 ᄌᆞ비하야 교회당 초가 륙간을 아람다히 셰엿ᄂᆞᆫ듸…

초기 예배당은 대개 자립으로 건축했다. 그만큼 자립정신이 뛰어났던 것이다.[80] 병원이나 학교 같은 대형 예배당을 짓거나 재난을 당했을 경우는 특별한 때로 선교비를 후원했다. 그런데 선교비를 후원하게 되면서부터 자연히 선교부를 의지하는 습관이 나타나기 시작했다.

---

76) Official Minites of MEC, 1898. 17.
77) Official Mititutes MEC, 1902. 45.
78)「신학월보」, 1901. 8. 영인본 353~354.
79)「신학월보」, 1901. 8. 영인본 355.
80) 윤춘병, 앞의 책. 245.

교육정책 감리교는 교육 분야에 장로교보다 훨씬 차원 깊은 관심을 갖고 있었다.[81] 아펜젤러는 한국에 온 지 넉 달 만에 학생 둘을 놓고 학교를 시작했다. 장로교가 "젊은이들을 교육해서 각각 출신 교회로 보내서 힘있는 전도자적 크리스천을 양성함"을 최후의 목적으로 삼은 것에 반해, 감리교는 교육 일반에 주력함으로써 그것으로 복음 전도의 수단으로 삼는 폭넓은 방법을 사용하고 있었다.[82] 특히 여성교육에서 감리교는 장로교에 비해서 훨씬 많은 여 선교사가 활약했으며 아울러 여성 사업에 탁월한 공헌을 했다.[83]

1893년 선교 인력의 분배

교 파	복음전도	교육	의료	문서	부인	계
감리교회 부부	1½*	2	3½*	1	8	16
장로교회 부부	8	1	2		9	20
감리교회 여자	3		2			5
장로교회 여자	3					3

(*표시된 의사는 복음전도 사역에 자신의 시간 반을 내었다)

「죠선그리스도인회보」는[84] "하느님이 남녀를 내실적에 엇지 남자는 귀하고 녀인은 천하게 하셧으리요."하고 남녀가 하나님 앞에 동등임을 말하고 부부는 "가사를 서로 다사리고 서로 도와주어 서로 알지 못하는 일이 업고 서로 의론치 안는 것이 없어야 규문(여성이 거

---

81) 민경배, 앞의 책, 197.
82) 서명원, 『한국교회 성장사』, 기독교서회, 1966, 506.
83) 민경배, 위의 책, 197.
84) 「죠선그리스도인회보」, 제1권, 27호, 논설.

처하는 안방)안에 화평한 덕행이 능히 온 집안을 창성케 하나니 부부지별이 엇지 큰 례별이 아니리오."했다. 서재필은 "집안이 흥함과 나라의 부함과 백성이 강함이 여인을 교육시키는데 달렸거늘…"[85] 여성교육을 강조했다.

당시 한국 여성들은 암흑 속에 갇혀 있었다. 그 암흑은 너무나 짙어 한 줄기 빛이나 희망도 뚫고 들어갈 수 없을 정도였다.[86] 감리교회에는 여선교사가 많았기 때문에 여권신장에 절대적 공헌을 했다. 또한 이들이 발탁하고 키워 낸 전도부인들은 각 가정의 안방 출입이 자유로워 부인전도에 절대적 몫을 했다. 특히 귀신(무당)의 세력을 꺾는 유일한 존재로[87] 무당 종교를 당해 내는데 결정적 역할을 했다. 실제로 이들이 아니었더라면 당시의 여성들이 그리스도와 접하게 될 기회를 얻지 못했을 것이다.

스크랜턴 어머니는 1886년 5월 이화학당을 세웠고 1887년 10월, 여의사 하워드 양은 이화학당 구내에 여성 전용병원, 보구여관을 세웠다. 1890년 10월에는 여의사 셔우드가 여자 의료강습반을 열고 조선 최초의 의학박사 에스더 박을 길러냈다. 1903년, 에드먼즈가 보구여관에서 간호원 양성소를 개강하여 1908년 김마다, 이그레이스가 졸업하고 한국 최초의 대관식(간호사 모자를 쓰는 의식)을 가졌다.[88] 1898년 장애 여성의 지위를 높이려고 여의사 셔우드는 평양에 맹아학교를 시작했다.

남감리회에서는 한국 어느 교파에서도 찾아볼 수 없는 여성사회사업관을 운영했다. 개성고려여자관, 춘천여자관, 원산 보혜여자관, 서

---

85) 「죠선그리스도인회보」, 제3권, 7호, 1899. 2. 15., 5.
86) Official Minutes of MEC, 1899, 35, ; 윤춘병, 앞의 책, 290.
87) 이우정, 『한국기독교 여성 백년의 발자취』, 민중사, 1985, 45.
88) 라빈니아·이스벨 스투웰, 조성환 역, 『看護史』, 조선간호부회, 1938, 287.

울태화기독교사회관이다. 미감리교회에서는 공주 일반보건과 유아 복지관, 원주 기독교여자관이 있었다.[89] 공주의 경우 우량아 양육사업으로 정기 건강검진, 매일 우유 공급, 자모 강습 등을 실시했고[90] 부녀자들에게 양잠강습과 계절학교를 통하여 육아법, 과일즙 만드는 법 등을 가르쳤으며 농번기 탁아소 설치를 위해 보모학교를 열었다. 당시 사회복지사업은 구미 국가들로부터 도입한 한국 최초의 사업이었다.[91]

> 한국의 초기 여성 교육은 기독교의 독점물이었다.

여성 교육이야말로 여권운동과 더불어 기독교의 빛나는 업적 가운데 업적이었다. 여성의 해방과 인간적 존엄성을 찾아준 최초의 운동이 기독교로부터였다. 구한말, 감리교가 세운 여학교가 8개교나 되는데 관립학교는 하나도 없었다.[92]

민중전도 1885년 5월 서울에 온 스크랜턴 박사는 그해 10월 자신의 주택에 감리교병원을 설치하고 애오개 성벽에 버려진 여인을 데려다 치료하는 것으로 개원식을 가졌다. 알렌의 국립 제중병원은 정부 관리, 양반 계층이 이용했지만, 스크랜턴의 정동병원(시병원)은 소외당한 자, 눌린 자, 가난한 자, 버림받은 자를 위한 병원이었다.[93]

제중병원은 환자가 찾아오는 병원이었으나 감리교병원은 찾아가는 병원이었다. 가정으로부터 버림받은 사람에게는 치료와 함께 의식까

---

89) 윤춘병, 앞의 책, 248~249.
90) 「주일학교잡지」, 제5권 6호, 1929, 19~20.
91) 윤춘병, 앞의 책, 249.
92) 김형석, 앞의 책, 311.
93) Annual Report of MEC, 1887, 313.

지도 도와주어야 했다.[94] 상동교회는 남대문의 노동자와 농민을 위해 존재했고 애오개·동대문교회도 병든 사람을 찾아 구원시키는 교회였다. 민중계층의 노동자, 농민, 소외당한 자, 병든 자들이 감리교 선교사업의 대상이었다. 1898년 상동교회를 담임했던 스웨어러 목사는 이런 보고를 했다.[95]

이 교회는 대부분이 가난한 사람들입니다. 우리는 그들이 굶어 죽지 않도록 최선을 다 해야만 할 것입니다. 겨울 동안에도 이런 목적으로 모금한 결과 30원이 걷혔습니다. 또 우리 교인들 중에 극빈자들이 죽을 경우 장례비를 마련해야만 했습니다. 그 몫으로 쓸 돈 10~12원이 준비되어 있습니다.

감리교 선교부는 각 지방 중심도시에 선교부를 설치했다. 선교부가 하는 일은 첫째, 시골 마을마다 교회를 설립하는 복음 전도사업이요. 둘째는 선교부마다 초등 교육기관을 세워 보통학교 과정을 교육하고 유능한 학생은 서울 배재·이화·배화, 송도 한영(송도고등학교)·호수돈, 원산 루씨, 평양 광성·정의, 영변 숭덕, 공주 영명 등의 고등학교에 진학시켰다. 그 가운데에서 유망한 학생은 신학교 또는 전문학교로 진학의 길을 열어줬다. 셋째, 지역에 간이 진료소를 설립하여 환자를 치료하고 중환자는 서울 세브란스, 개성 남성병원, 평양 기독병원, 해주 구세병원을 이용하게 했다.

이런 취지에서 미감리교회에서는 제물포·평양·영변·해주·공주·수원에, 남감리교회에서는 개성·원산·춘천·철원에 각각 선교부를 설치했다.[96]

---

94) 정충량, 「이화80년사」, 이화80년사편찬위원회, 1967, 45.
95) Annual Report of MEC, 1900, 31. ; 이덕주, "스크랜턴 가족의 선교활동", 「상동교회를 중심으로 활동한 나라와 교회를 빛낸 이들」, 상동교회, 1988, 33.
96) 윤춘병, 앞의 책, 190.

(5) 선교지 나눔

 미국의 감리교와 장로교를 비롯해서 캐나다, 호주 등 세계 각국 선교사들이 몰려들면서[97] 경쟁하는 양상을 피하는 방법을 강구하며 나아가 한국교회 수난에 대응할 선교사들의 입장을 밝히는 정책 설정을 미룰 수 없게 되었다.[98] '영아소동'을 비롯한 선교사 배척운동에 공동대처도 절실했다.[99] 또한 효율적인 선교공동체의 기준을 정하여 불필요한 경쟁과 재정의 낭비를 막고 토착민들에게 과열 선교에서 오는 오해를 막고자 하는 것이었다. 1888년 아펜젤러는 한국선교의 효과적 진척을 위해 장로교와 감리교의 선교지 나눔 의견을 제시했다. 1892년 1월, "장로교 선교지 분할위원회"가 조직되고 같은 해 6월 11일 장로교와 감리교 대표협의회에서 선교지 분할협정 초안이 작성되었다.

 1905년, 장·감연합공회가 결성되면서 나눔협정은 궤도에 올랐다. 5천 명(읍 정도) 이상의 대도시와 개항장은 각 선교부가 공동으로 선교하고[100] 그 이하 지역에서는 기득권을 서로 인정한다는 선에서 지역을 나누었다. 이렇게 해서 북감리회는 서울과 경기·충청남도·충청북도 일부와 평안북도 일부, 남감리교는 송도·강원도 그리고 미감리회로부터 함경도 원산을 양도받아 서울·원산·강원도 일부를 선교지역으로 삼았다. 장로회에서는 4개 파가 조직한 연합공의회에서 선교지역을 자체 협정했다. 호주장로회는 경상남도, 남장로회는 전라남북도, 북장로회는 경상북도·서울·황해도·평안남북도, 캐

---

97) 1885년 미 북감리회, 미 북장로회를 시작으로 호주 장로회와 침례교(1889), 성공회(1890), 미남장로회(1892), 미남감리회(1896), 캐나다 장로회(1898), 정교회(1900), 안식교(1904), 성결교(1907), 구세군(1908)이 차례로 들어왔다.
98) 민경배, 앞의 책, 191.
99) 김명구, 앞의 책, 182.
100) 위와 같음.

나다 장로회는 함경남북도를 맡게 되었다.[101] 이 과정에서 제일 문제가 되었던 지역은 강원도 원주·영월·평창·울진이었다. 본래 이 지역은 남감리교회에서 교회를 개척했으나 선교사가 감리회보다 장로회가 많다는 이유로 감리회의 기득권을 무시하고 북장로회로 넘긴 것이다. 그러나 해리스 감독의 강력한 항의로 1909년 9월 16~17일, 서울 YMCA회관에서 열린 감·장 지역분할 협정위원회에서 다시 감리교회로 정하고 회의를 종결했다.[102] 이로써 선교지 나눔협정이 조인되고 발전해 나갔다.

기독교 선교는 경쟁 아닌 상호보완과 상호협력 관계이다.

그러나 선교지 나눔 정책은 좋은 뜻에서 출발은 했지만 폐단도 많았다.

첫째, 한국교회 분열의 지방적 배경과 상통한다는 사실이다.[103] 지방색의 가속화 현상이다. 특히 영남과 호남의 지역적 특징이 강화되면서 상호 배타적·경쟁적 관계가 짙어진 것이다. 또 특정 교파 신학의 지역적 고착화와 특정 지역 중심의 교권세력이 형성되면서 지역갈등구조의 기반이 되기도 했다. 1930년대에 들어와서 서북지역 교회들에 의힌 교권의 독점현상이 나타났고 이에 비서북지역 교회들이 반발함으로써 교회 안의 지역 갈등문제가 표면화되었다. 이런 지역적 갈등은 해방 뒤 북한 기독교인들의 대대적 월남으로 더욱 복잡한 양상을 띠었고 결국 장로교 분열의 중요한 요인이 되었다. 만일 기독교가 유럽으로부터였다면 한국은 단일 기독교 국가가 될 수도 있었

---

101) 윤춘병, 앞의 책, 472~473.
102) 「신학월보」, 제7권 제2·3호, 1909. 4.
103) 민경배, 앞의 책, 193~194.

을 일이다.

둘째, 1925년 캐나다 연합교회의 자유주의적, 진보적 신학이 관북, 간도 지방에 유입되면서 서북지역의 근본주의적 보수신학과 마찰을 빚게 되었다. 캐나다선교회 관할 지역은 진보성향의 이념적 성향이 굳어지면서 비타협, 배타적 성향을 띠게 되었다. 반면 북장로교 선교지역과 남장로교와 호주장로교 지역은 강한 보수집단으로 굳어갔다. 하나의 신학 사상만을 간직하다 보니 그 신학 사상이 그 지역을 지배하는 신학적 성향이 된 것이다.

셋째, 장로교와 감리교, 두 교단 사이에 이루어진 대형교단의 독식 형태가 되어 그 밖의 작은 교단들은 협의 과정에서 배제되는 폐단을 낳았다. 침례교는 충청도를 기반으로 생존했지만 구세군, 영국성공회, 정교회 같은 교단은 크게 성장하지 못하는 한계점이 있었다. 그 뒤에도 지역의 조정은 혼란을 빚은 것도 사실이다. 수백, 수천의 교인이 하루아침에 난데없이 다른 교단의 교인이 되기도 하고 교회의 재산 일체가 한꺼번에 명의가 변경되는 이변도 있었다.

선교회별 선교지역[104]

선교회	도	도시 및 지방
북감리회	경기	서울 인천 수원 안산 남양 교동 강화 부평 여주 광주 이천 음죽 양근 양천
	충북	진천 음성 충주 제천 청풍 영춘 단양 괴산
	강원	원주 횡성 평창 영월 정선 강릉 삼척 울산 평해
	황해	웅진 강녕 해주 연안 배천 평산 신계 봉산 수안 서흥

---

104) 김명구, 앞의 책, 184.

선교회	도	도시 및 지방
북감리회	평남	평양 양덕 함종 삼화 맹산 선천 개천 은산 순천 강서 증산 강동 용강
	평북	태천 운산 회천 연변
남감리회	경기	서울 송도
	강원	춘천 철원 양구 이천 지경대
	함남	원산 회양 안변 용동
북장로회	경기	서울 고양 파주 교하 양근 광주 과천 용인 양지 진위 양성 안선 시흥 김포 죽산 통진 지평 양주
	충북	연풍 청주 문의 영동 회인 청산 보은 청안 옥천 황간 괴산
	경북	전 역
	황해	봉산 수안 곡산 황주 은율 문화 장연 신천 송화 풍천 안악 재령 평산 서흥
	평남	평양 안주 숙천 영유 순안 강동 자산 삼등 중화 상원 영원 덕천 개천 순천 은산 맹산 성천 강서 중산 용강
	평북	의주 용천 철산 선천 곽산 정주 초산 위원 강계 자성 후창
남장로회	충남	대전 부여 목천
	전북	전 역
	전남	전 역
	제주	전 역
호주장로회	경남	전 역
캐나다장로회	함남	원산 성진 문천 등 북부 지역
	함북	전 역

(6) 감·장 성장 비교

1884년 감리교 선교사 매클레이가 선교의 빗장을 풀고 나서, 감리교와 장로교의 한국선교는 시작되었다. 고종의 윤허로 개신교는 천주교와 달리 지하교회를 조직하지 않고 공개적인 선교를 할 수 있는 법적 근거가 되었으며 빠른 성장을 이룰 수 있는 동력이 되었다. 그런데 두 교파가 같은 때에 같은 선교를 시작했는데 양적 성장 면에서는 장로교가 감리교보다 앞선 것이 사실이다. 선교 초기에 감리교와 장로교는 대등한 성장률을 보였다. 특히 남감리회의 경우 다른 교파보다 10여 년이나 늦게 들어온 데다 적은 숫자의 선교사로 그것도 주민들의 생활 여건이 불편한 강원도 산악지대를 담당하고서도 다른 교파와 차이 없는 성장률을 보였다.[105] 그러나 전체적인 면에서 장로교가 두드러진 성장률을 보인 것이다. 그 까닭을 살펴보자.

첫째, 무엇보다도 선교사 수를 들 수 있다. 장로교는 세 나라 4개 교파(미북장로회, 미남장로회, 캐나다장로회, 호주장로회)에서 선교사들이 들어 왔고 감리회는 한 나라 두 교파였다는데 근본 원인이 있다. 그 결과 선교지 나눔에서도 감리교는 경상도, 전라도, 함경북도, 제주도에서는 원하는 선교를 못했다. 그 곳에는 선교사를 못 보냈다.

둘째, 장로교는 복음 전도 위주의 적극적인 전도 프로그램을 채택했고 의료나 교육 또는 다른 형태의 사회적 사역은 크게 강조하지 않았다. 다른 어떤 활동보다 복음전도 활동이 빠른 시간 안에 개종자들을 많이 얻을 수 있었던 것은 당연한 일이었다.[106] ① 선교사를 복음

---

105) 윤춘병, 앞의 책, 269.
106) Charles D. Stokes(장시철·김흥수 옮김),『미국감리교회의 한국선교 역사』(1895~1930), 교보문고, 2010, 163.

선교와 사회선교의 둘로 나눌 때에 그 비율에서 감리교는 복음 선교사가 장로교보다 낮았다. 감리교는 전체 선교사 수에서도 장로교보다 훨씬 적으면서 많은 인적, 재정 지원을 사회선교에 배치했다. 사회선교의 궁극의 목적은 물론 영혼구원이다. 10년 동안 장로교 선교사들은 한 사람이 506명을 신자를 얻었는데 비해 감리교는 258명으로 장로교의 절반 정도였다.[107] ② 선교사의 남녀 비율에서 여성선교사 비율이 감리교는 장로교보다 훨씬 높았다. 감리교는 감리교 선교회와 감리교 여성해외선교회의 두 파송기관이 있었다. 감리교 선교회는 거의 예외없이 남자와 그 가족만을 지원했고 여성해외선교회는 여성들만 후원했다. 이 두 선교회가 협력은 하였으나 통제와 재정면에서는 서로 독립되어 있었다. 선교에 뛰어난 헌신을 보인 여성 선교사들의 공로를 높이 평가하면서도 한국에서 복음 전도자로서는 남자들이 더 효과적이었던 것이 사실이다.

셋째, 또 하나 중요한 사실은 장로교는 이 시기에 주로 한국의 북쪽(관서 3도)에 선교 역량을 집중했다. 헐버트는 "장로교 선교회의 관할 아래 있는 한국 북부지역은 세계에서 가장 성공한 선교지역으로 널리 주목을 받고 있다.… 그들 스스로가 독자적으로 교회를 운영하고 있다는 놀랄만한 결과 때문"[108]이라며 감탄했다.

그만큼 이 지역의 기독교 성장률이 높았던 것이다. 그것은 이 지역의 역사적, 지역적, 사회적 환경, 그리고 인간성과도 깊은 관계가 있다.

조선왕조 때부터 이 지역은 줄곧 차별대우를 받아 왔다. 그러나 이곳은 국경지대에 자리하고 있어 일찍부터 외래문화, 문물을 받아들

---

107) 위와 같음.
108) H.B. Hulbert, 『The History of Korea』, vol. II, 1905, 325~326.

여 정신적으로 깨어 있었고 당연히 진취적 기질이 형성되어 있었다. 상권이 발달하여 스스로 자립경제를 이루었고 역량을 모아 교육에 힘을 썼다. 이런 까닭으로 천도교나 기독교를 다른 지역보다 앞서서 적극적으로 받아들인 것으로 볼 수 있다.[109] 또한 청·일전쟁, 러·일전쟁의 전쟁터가 바로 이 지역이었고 이곳은 북장로교 선교지역이었다. 이때 북장로회는 평양과 선천에 미션스테이션을 세웠다. 장로교의 1904년의 보고서에는 전체 세례교인이 1,868명인데 이 가운데 1,414명이 두 미션스테이션과 관련되어 있다.[110] 감리교는 이곳에 충분한 선교사들을 배치하지 못했다.[111] "동양의 예루살렘"이란 말은 이때 생겼으며 그것은 평양을 일컬었다.

넷째, 스톡스 선교사에게 계속 귀 기울여보자. 그는 먼저, 존 로스 목사가 번역한 한글 성경을 국내로 들여와 전도한 결과 곳곳에 많은 개종자가 생겼는데 그들은 모두 장로교였다는 것이다.

다음은 감리교회에는 여선교사 비율이 많았음을 들고 있다. 여선교 사들은 여권신장에 결정적인 역할을 했다. 그런데 한국의 가정은 남성 위주의 가정이어서 남편이 먼저 신자가 된 경우에는 가정전도가 쉬운 편이지만 반대로 아내가 먼저 신자가 된 경우, 남편을 끌어내기란 결코 간단한 일이 아니었다. 결과적으로 전도부인들의 역할은 '끌어들이는 자라기보다 영글게 하는 자'[112]였던 것이다. 그 다음으로는 역시 선교사 수에서 큰 영향을 미쳤다고 보았다. 장로교 선교사

---

109) 차기벽, '한국민족주의와 기독교'. 한국기독교문화연구소 편, 「한국의 근대화와 기독교」, 숭전대학교 출판부, 1983, 65.
110) Charles D. Stokes (장시철·김흥수 옮김), 「미국감리교회의 한국선교 역사」(1895~1930), 교보문고, 2010, 164.
111) Charles D. Stokes, 앞의 책, 65.
112) 서명원, 「한국교회성장사」, 대한기독교서회, 1966, 212.

는 4개 교파에서 1907년 8월까지 1백 21명인데[113] 감리교는 39명이었다. 장로교가 82명이 많았다. 그 가운데 북한지역에 배치된 선교사는 장로교 24명, 감리교 13명으로 감리교는 장로교보다 11명이 적었다. 그래서 장로회는 넓은 선교지를 할당받았고 관서지역에 단연 우세했다. 선교지 분할이 의미가 없어진 오늘날까지도 감리회가 중부지역에 강세를 보이지만 장로회는 전라도, 경상도를 포함한 남부지역에서 압도적 강세를 보이는 이유는 바로 이것 때문이다.

1905년 현황[114]

감리회								장로회	
미감리회				남감리회				세례	총계
입교	학습	세례	총계	입교	학습	세례	총계	총계	
2,457	5,339	1,234	9,030	751	269	457	1,477	10,507	8,431	37,408

위 표에서 감리교는 10,507명, 장로교가 37,408명으로 장로교는 감리교의 약 3,5배에 해당한다. 그러나 그 뒤에는 격차가 더욱 벌어졌다.

감리교와 장로교의 성장비교(1905년과 2020년)

년 도	감리교	장로교	비 교
1905(선교 20년)	10,507 명	37,408 명	약 3.5배
2020(선교 135년)	1,304,856 명	7,189,376 명	약 5.5배

(2020년은 한교총 제공, 장로교-합동 통합 백석 고신 개혁의 5교단, 실제는 더 많음)

---

113) 민경배, 앞의 책, 60~64.
114) 감리교는 1905년 연회록, 장로교는 『한국기독교와 역사』 (1)에 의한 것임. 단, 총계에 학습인, 입교인이 포함 되었는지는 알 수 없다. '윤춘병, 앞의 책, 252. 재 인용.

이런 상황에서 감·장은 미국 선교본부에 복음 선교사 증원을 요청했다. 북장로회는 21명의 선교사 보충을 받아 평양·선천에 10명을 파송하여 선교가 더욱 확장되었다. 그러나 북감리교회는 그렇지 못했다. 까닭은 알 수 없으나 유형기 박사 증언에 따르면 "미국 감리교회는 대교파였던 만큼 한국감리교의 대교파 형성에 정신을 쓰지 않았으나 미북장로교회는 소교파였던 관계로 피 선교지 교회나마 대교파 형성에 힘썼다."[115]는 것이다. 선교정책에서 1차 사업은 단연 복음전도사업이지만 교육사업 즉 문화·사회·경제 전반에 걸쳐 폭넓은 기독교적 지도자 양성 교육에[116] 중점을 두었던 감리교는 교회성장에는 약점으로 작용 되었을 것으로[117] 보인다.

남감리회는 선교정책에서 북감리회와는 달리 교회사업에 중점을 두었다. 한국선교관리자 리드는 중국선교 16년을 체험하며 선교사업의 성공은 기관사업보다 복음사업에서 빠른 결과가 있음을 실감했던 것이다. 그의 고백이다.[118]

나는 봉사활동보다는 차라리 복음전도사업을 우리 선교부의 주된 특징으로 삼고자 한다. 중국에서 여러기관, 즉 학교, 병원 등이 우리의 가장 유능한 사람들과 돈을 소비했다. 좋은 학교와 병원은 물론 훌륭한 기관사업이다.
그러나 나는 일반적으로 그런 사업 가운데 극히 적은 비율만이 교회 안에 보존되어 있는 것을 보아 왔으며 또 복음전도사업에 치중하는 선교부가 수천의 신도들을 헤아리는 데 반하여 기관사업에 치중하는 선교부는 겨우 수백의 신도들을 헤아리고 있다는 것을 보았다.

---

115) 윤춘병, 위의 책, 263.
116) C.A.Sauer, Methodist Korea, The Christian Literature Society, 1973, 32. ; 윤춘병, 앞의 책, 263. 재인용.
117) Charles D.Stokes, 앞의 책, 112. ; 윤춘병, 위의 책, 263. 재인용.
118) 서명원, 『한국교회성장사』, 대한기독교서회, 1966, 252. 윤춘병, 앞의 책, 250. 재인용.

두 교단의 성장률에 대한 감리교의 대응은 두 가지로 나타난다. 하나는 감리교는 양적면 하나만을 놓고 보면 장로교를 앞지르지는 못했으나 질적으로는 바람직하게 성장했다는 것이다.[119]

감리교회는 한국이라는 민족, 국가를 위해 출혈을 감수하며 섬기고 헌신했다는 사실이다. 즉 교육, 의료, 출판의 사회선교, 그리고 민족운동에 몸을 던졌던 것이다. 장로교가 기독교(특히 장로회)를 살찌우는데 힘을 모았다면 감리교는 민족과 국가를 바람직하게 살찌우는 데에 힘을 모았다고 할 수 있다.

기동성 넘치는 감리교회의 선교는 한국의 정신적, 시대적 진취성을 배양하였음에 틀림없다.[120] 감리교는 한국 젊은이를 비롯하여 민족에게 '바디매오 현상'을 일으켜 '코페르니쿠스적 전환'을 재촉했다고 볼 수 있다. 그러나 그럼에도 교회는 성장해야 한다. 그것이 교회의 생명이다. 성장하되 바람직하게 성장해야 한다.

4) 아펜젤러 순직 · 초기 해외선교

(1) 아펜젤러의 순직

아펜젤러(1858~1902)에게 결점(?)이 있다면 한국을 너무나 사랑했고 한국을 위해 전적으로 헌신, 희생했다는 점이다. 아펜젤러기 두 번째로 제물포에 들어왔을 때, 39일(1885.6.20.~7.29.)을 초가집에서 머물렀다. 한국에 처음 방문했을 때 머물던 호텔[121]이나 외국 사람 거주지역이 아닌 초가집에서, 어느 날은 지붕에서 새는 비를 피

---

119) 서명원, 앞의 책, 205.
120) 민경배, 앞의 책, 197.
121) 처음의 1885년 4월 5~10일은 대불호텔에서 였고 "호텔 방은 편안할 정도로 넓었다. 테이블에 앉자, 잘 요리되어 먹기 좋은 서양 음식이 나왔다."고 했다.

하느라 애를 먹었다.[122] 그는 "장마가 시작되기 전까지 이 집은 안전했습니다. 그러나 비가 오기 시작하자 정말 무서울 지경이었습니다.… 비가 새기 시작하여 우리는 할 수 있는 모든 그릇을 물이 떨어지는 곳에 받쳤습니다. 얼마 지나지 않아 우리는 비가 새지 않는 공간을 발견하고는 그곳에 가서 앉거나 서 있을 수 있었습니다."

젊은 아펜젤러는 웨슬리의 후예답게 처음부터 선교 열에 불타 있었고 한국을 진정으로 사랑했다. 서울에 와서 4개월 만에 학교를 세우고 2년 만에 궁궐 바로 옆에 우리나라 최초의 근대식 건물, 배재학당을 지었다.(1887)

그는 한국에서 두 가지 일에 분노했다. 하나는 외세의 한국 이권 탈취와 침략, 또 하나는 관리들의 민중에 대한 억압과 착취였다.

아펜젤러는 1900년 10월 2차 안식년 휴가(1차는 1891년)로 한국을 떠났다가 1년 만에 돌아왔다. 그때 고종황제는 그의 노고를 치하하며 선물을 내리기도 했다.

1902년 6월 11일, 목포에서 있는 성서번역자 회의에 참석하려고 여객선 쿠마가와마루를 타고 목포로 향했다. 비서 조한규와 목포가 고향인 정신 여학교 학생이 동행했다. 그날 밤 10시 30분경, 칠산 외항 어청도 근처에 이르자 사방을 분간 못할 만큼 안개가 자욱했다. 아펜젤러가 타고 있던 배가 맞은 편에서 오던 배와 충돌했다. 피할 겨를도 없이 배는 2분 만에 가라앉았다. 1등실에 있던 아펜젤러는 바로 구조될 수 있었다. 물은 허리까지 차올랐는데도 그는 동행한 한

---

122) 최신성, 『계산중앙교회 110년사』 1900~2010, 기독교대한감리회 계산중앙교회, 2010, 74. ; Daniel M.David, 『The Life and Thought of H.G.Appenzeller(1858-1902), Missionary to Korea』, 153. 재인용.

국인을 찾기 위해 갑판 아래 3등실로 내려가는 바람에 그만 배와 함께 침몰하고 말았다. 같은 배에 탔다가 아펜젤러를 마지막 본 보울비(Mr. Bowlby)[123]는 그가 물이 허리 위에 찬 갑판에 서서 무엇인가를 끌어안으려고 애쓰고 있었다는 것이다.[124]

목숨을 구할 수 있는 골든타임 단 3~4분! 그는 한국인 비서와 어린 소녀를 살리려다가 희생된 것이다. "사람이 친구를 위해 자기 목숨을 버리면 더 큰 사랑이 없다."(요 15:13)는 말씀을 그대로 옮긴 것이다. 아펜젤러의 전기를 쓴 그리피스는 아펜젤러를 이렇게 평가했다.[125]

한국인의 절실한 필요를 채워주고
한국의 정신적, 정치적 질병을 치료했다.

아펜젤러는 비록 44세의 젊은 나이에 삶을 마감했지만 한국에서의 17년 동안 첫째, 한국 민족의 복음화를 위해 몸과 마음을 다 쏟았다. 정동교회를 비롯 한국선교의 초석을 놓았다. 둘째, 한국의 근대화 전반에 크나큰 영향을 끼쳤다. 최초의 근대교육으로 500여 명의 젊은 이들을 길러냈다. 그들이 독립협회와 만민공동회에서 주도적 역할을 했고 그들을 아낌없이 후원했다.[126] 이는 우리 민족사에 끼친 가장 위대한 공헌이다. 이승만도 그가 아끼는 배재의 제자였다. 이승만이 만민공동회에서 활동하다가 체포되어 종신형을 받고 투옥되자 아펜젤러는 그와 그의 가족들을 정성껏 돌보았다. 이승만이 아펜젤러에

---

123) 그는 평북 운산 금광에서 일하던 미국인 광산업자였는데 인디애나주에 있는 고향으로 가기 위해 아펜젤러가 탄 선박에 몸을 실었다.
124) H.G.Appenzeller(조성환 옮김), 『H.G.아펜젤러의 보고서』, 배재대학교 출판부. 1997. 96, 100.
125) 전용재, 『대한민국을 세운 위대한 감리교인』, 도서출판kmc, 2016. 78.
126) 전용재, 위의 책, 78~79.

게 보낸 편지다.[127]

저에게 값진 담요를 보내주시고 제 가족에게 쌀과 연료를 보내주신데 대하여 뭐라고 감사의 말씀을 드려야 할지 모르겠습니다. 동시에 저처럼 보잘 것없는 죄 많은 사람을 예측 못할 감옥생활의 상황에서 구원해 주시고 도움받을 길 없는 제 가족들에게 살 소망을 주시는데 대해 하나님께 감사드립니다.

그리피스의 추도사이다.[128]

아무도 밟지 않은 툭 트인 바다 밑 묘지
많은 사람들이 함께 묻힌 무덤 속에
헨리 게하르트 아펜젤러는 잠들어 있다.
그는 '그의 품에 영혼을 안고' 천국에 들어갔다.

양화진에는 우리나라에서 선교 활동을 하다가 목숨을 바친 167명이 안치되어 있는데 아펜젤러의 빈 무덤[129]과 그 자녀들이 한국 땅, 이곳 양화진에 묻혀있다. 아펜젤러는 서해바다 밑 차디찬 곳에 수장되어 있다.

아펜젤러나 헐버트만큼 한국의 운명에 대해 깊은 관심을 가지고 적극적으로 한국을 변호한 사람은 없었다.[130] 그가 간 지 33년이 지난 1935년 정동교회 마당에 기념비가 세워졌다.

---

127) 헨리 G.아펜젤러(노종해 옮김), 『자유와 빛을 주소서-H.G. 아펜젤러 일기 1886-1902)』, 대한기독교서회, 1988, 143.
128) 이만열, 『아펜젤러, 한국에 온 첫 선교사』, 연세대출판부, 1995, 254.
129) 김낙환, 『우남 이승만 신앙연구』, 영상복음, 2022, 363.
130) 류대영, 『초기미국선교사연구 (1884~1910)』, 한국기독교사연구소, 2001, 179.

(2) 초기에 순직한 선교사들

데이비스의 경우 호주 출신으로는 조선에 제일 먼저 들어온 선교사이다. 데이비스(Joseph Henry Davis, 1856~1890)는 1889년 10월 2일 부산으로 들어왔다. 그때 33세였다. 누이 메리 데이비스(Miss Mary T. Davies, 1853~1941)와 함께 왔다. 부산에서 복음을 전하기 원했던 그는 먼저 서울로 올라와서 5개월 동안 우리 말을 배웠다. 더듬거리며 우리 말 설교를 할 수 있게 되었다. 그는 서울에서 부산까지 걸어서 전도하며 내려가기로 마음먹었다. 1890년 3월 14일 서울을 떠나 20일을 걸어서 4월 4일에 부산에 도착했다. 그런데 안타깝게도 바로 그 다음 날, 천연두로 그는 세상을 떠나고 말았다.[131]

토마스 선교사가 조선에 뿌려진 '첫 번째 한 알의 밀알'이라면 데이비스 선교사는 조선에 뿌려진 두 번째, '또 하나의 밀알'이 된 것이다.

그는 부산으로 내려오는 동안 마을마다 들러서 전도했다. 전염병이 발생한 마을에도 들어갔다가 그만 천연두와 폐렴에 감염되었다. 1890년 4월 5일 오후 1시경 데이비스는 평화로운 모습으로 조용히 눈을 감았다. 서울에 있던 누이 메리 데이비스는 충격을 받고 호주로 돌아갔다. 한국에 들어온 지 6개월 만이었다. 데이비스 선교사의 이런 소식이 호주에 알려지자 그를 따르려는 자원선교사들이 대거 생겨났다. 데이비스 선교사의 죽음이 땅에 떨어져 죽은 한 알의 밀알이 되었기에 그를 이어 해방 전까지 78명의 호주 선교사들이 한국에 들어오는 큰 열매를 거두었던 것이다. 호주 선교사들은 경남 지방을 중심으로 선교활동을 폈다.[132] '선교지역을 나눌 때', 데이비스 선교사

---

131) 민경배, 앞의 책, 157.
132) 김해연, 『한국교회사』, 성광문화사, 1997, 100.

를 추모하여 부산·경남 지역은 호주 선교회에 일임한 것이다.

헤론의 경우 선교사 헤론(John W. Heron, 1856~1890)도 데이비스와 같은 해, 1890년 7월 26일에 서울에서 이질로 순직했다. 의사 시험 준비를 하던 그는 어느 부흥회에 참석하여 성령으로 거듭나는 체험을 했다. 그는 기도 가운데 음성을 들었다.

이제 준비가 끝났으니 땅끝으로 가라!

1884년 4월 선교사를 자원했고 미국 장로교의 최초 한국 선교사로 임명되었다. 1884년 봄, 해리어트 깁슨과 결혼식을 올리고 한국을 향해 출발하여 1885년 6월 21일 서울에 들어왔다. 헤론 부부는 나가사키에 머물던 아펜젤러 부부가 두 번째로 들어올 때 스크랜턴 가족과 같은 배를 탔다.[133] 그는 주님의 음성에 순종하여 드디어 땅끝, 한국 땅을 밟고는 그는 한없이 울었다. 감격의 눈물이었다. 그는 언더우드보다 출발은 먼저 했으나[134] 일본에서 오래 지체하는 바람에 일찍 출발한 언더우드가 한국 상륙 1호 장로교 선교사가 되었다. 헤론은 그동안 일본에서, 이수정을 만나 조선말을 배우고 조선의 풍속을 익혔다. 알렌이 선교사직을 사직하고 1887년 11월 주미 한국공사 박정양의 수행원으로 떠남에[135] 헤론이 알렌을 이어 2대 제중원 원장에 취임했다. 그는 양반층뿐 아니라, 가난한 백성들(평민, 백정)도 정성껏 돌보아 주었다. 당시 조선의 위생 환경은 매우 불결했다. 천연

---

133) 이덕주·서영석·김흥수, 앞의 책, 27.
134) 선교사 임명은 헤론이 1884년 4월 28일, 언더우드는 7월 28일, 그러나 실제로 이들은 알렌보다 늦게 들어왔다.
135) 윤춘병, 앞의 책, 173.

두나 장티푸스 같은 전염병이 연례행사처럼 창궐해서 수많은 목숨을 앗아 갔다. 이런 열악한 환경으로 일부 선교사는 바로 되돌아가기도 했다. 헤론은 제중원 입원 환자들을 간호사에게 맡기고 100여 리 이상 떨어진 시골 지역을 다니며 전염병을 치료했다. 자신의 몸은 돌보지 않고 하나님의 사랑으로 많은 환자들을 돌보던 그는 결국 이질에 걸려 쓰러졌다. 1890년 7월 26일 한국에 들어온 지 5년 만에 34세의 젊은 나이로 주님의 품에 안겼다.[136]

매켄지의 경우   매켄지(William J. McKenzie, 1861~1895)는 캐나다 장로교 출신으로 캐나다 사람으로는 맨 처음이며 개인 자격으로 들어온 열정의 청년이었다.[137] 1893년 12월 15일 제물포로 들어와서 이듬해 2월 3일, 황해도 솔내에 도착했다. 한국 사람만을 상대함으로 말을 빨리 익히고 한국 문화와 풍속에 숙달키 위해 일부러 시골, 벽촌을 택한 것이다. 그는 솔내에서 주민들처럼 한복을 입고 한식을 먹으며 짚신을 신고 다녔다. 이, 벼룩, 빈대, 모기에 물려가면서도 선교 활동에 집중했다. 그러던 무더운 어느 한여름, 무리한 햇빛의 노출, 영양결핍, 극심한 과로 등으로 몹시 지친 나머지 일사병에 걸렸다. 정신이상 증세까지 생겨 그만 목숨을 잃었다.[138] 그가 한국에 온 지 1년 반, 솔내 생활 10개월 만인 1895년 7월 23일, 34살 나이로 삶을 마감한 것이다.[139] 그의 고백이다.

---

136) 3대 제중원 원장인 빈턴(Charles C. Vinton)은 부인과 세 자녀를 조선 땅에서 잃었다. 양화진의 외국인 묘소에는 이름도 없이 'infant(젖먹이)'라고만 적은 묘비가 수십 기 있다. 열악한 조선의 위생 상태와 의료 시설 탓에 태어나고 얼마 되지 않아 죽은 선교사 자녀들의 묘비인 것이다.
137) 민경배, 앞의 책, 157.
138) H.G. Underwood, The Call Korea, Fleming H. Revell Company New York, 1908, 141.
139) 이호운, 『한국교회초기사』, 대한기독교서회, 1970, 191.에서 인용.

조선을 제2의 고향으로 삼아서 그들과 같이 살다가 마지막 나팔 소리를 들을 때까지 그들과 같이 일하리라.

그는 캐나다의 풍요한 삶을 뒤로하고 조선의 복음전파를 위해 죽도록 충성하다가 희생제물이 된 것이다. 이런 매켄지 소식이 그의 고국 캐나다에 전해지자 캐나다 장로교 선교부는 1898년 9월, 공식으로 3명의 선교사를 파송하여 한국선교에 불을 붙였다. 그 뒤로 많은 캐나다 선교사들이 함경도와 북간도 지역 선교를 담당하며 복음을 전파했다. 결국 그의 순직은 캐나다 장로교회 선교사들의 입국과 활발한 선교 활동을 펴는 동기가 되었다.[140]

홀의 경우 의료선교사 홀(William James Hall, 1860~1894)은 1891년 12월에 들어왔다. 그리고 이듬해 6월 한국에서 최초로 국제결혼식을 올렸다. 신부는 미국 여성 로제타 셔우드 양(Rosetta Sherwood, 1868~1951), 주례는 올링거 선교사, 예식장은 스크랜턴 여사의 아름다운 정원이었고 주최국은 조선이었다. 결혼하고 나서 신랑 홀은 평양선교 책임자로 파송되어 평양으로, 신부 로제타는 본래 일하던 정동의 보구여관으로 갔다. 두 사람은 2년 동안 각각 떨어져서 서울과 평양에서 일해야 했다.

로제타는 의료선교사로 홀보다 1년 앞선 1890년 10월, 서울에 왔다. 보구여관의 하워드 선교사가 건강 악화로 사임해서 그 후임으로 왔다. 로제타는 보구여관 부임 10개월 동안에 무려 2,350명의 여자 환자를 치료했고 82번을 왕진했다.[141]

남편이 있는 평양으로 옮겨 갈 때(1894)까지 보구여관을 이끌었다.

---

140) 김명구, 앞의 책, 169. 3명은 Robert G. Grierson부부, W.R. Foote, D.M. Macrae 이다.
141) 김명구, 앞의 책, 103.

평양에서 홀은 토착 전도인 김창식을 내세워 평양 서문 안 언덕의 기와집 두 채와 초가집을 구입했다. 한 채는 시약소와 학당으로 한 채는 예배처소로 개조하여 사역을 시작했다. 1894년 5월 로제타가 평양 선교사로 파송되어 옴에 따라 둘은 비로소 신혼의 삶을 시작했다. 그러나 신혼 생활은 한 달 만에 끝났다. 청·일전쟁이 터진 것이다. 평양은 최후 결전장이 되었다. 주민 대부분은 피난을 갔다. 피난을 가지 못한 사람들의 반은 죽거나 도망쳤다. 홀과 김창식은 평양을 떠나지 않고 교회를 지켰다. 예배당에는 교인들은 물론 시민들로 꽉 찼다. 평양은 심한 전염병이 번져 환자들과 부상병, 그리고 거리에 시체들이 즐비했다. 서울의 영사관에서 철수를 권고했으나 홀은 몸을 아끼지 않고 밀려드는 부상자와 환자들을 돌봤다. 홀은 시체가 널려있는 평양에서 과로에다 병균 노출로 그만 장티푸스에 감염되었다.[142] 서울로 후송 되었지만 닷새 만인 1894년 11월 24일, 숨을 거두었다.[143]

한국에서 희생된 감리교 첫 번째 선교사이다.[144]

로제타는 남편의 장례를 치루고 미국으로 갔다. 3년 뒤에 로제타는 남편과 딸을 잃은 평양으로 돌아왔다. 다시 일어선 로제타는 1933년 68세 노인이 되어 미국으로 돌아갈 때까지 43년을 가난하고 병든 조선 사람들을 치료하며 돌보아 주었다. 남편과 딸을 기념하여 평양 기홀병원(Hall Memorial Hospital)을 세웠다. 여성을 전문으로 치료하는 광혜여원을 설립하여 여성과 어린이들을 위한 의료선교에도 힘

---

142) 매티 윌콕스 노블(손현선 옮김), 『매티 노블의 조선회상』, 좋은 씨앗, 2011, 89-90.
143) 셔우드 홀(김동열 옮김), 앞의 책, 47.
144) 두 살된 딸 Edith M. Hall과 잉태된 아들 Sherwood Hall이 있었다.

을 쏟았다.[145] 특히 선교 도중 만난 맹인 소녀를 위해 국내 첫 시각장애인 학교인 평양여맹학교를 세웠고 우리나라 최초의 한글 점자법을 개발하여 맹인을 위한 교육을 시작했다.[146] 광혜여원이 불타 없어지자 새로 세워지기까지 평양 주변 농촌과 산촌을 찾아다니며 소외된 이들을 치료하며 보살폈다. 그는 우리나라 여성 의료인 양성에 초석을 놓았다. 보구여관에서 의료보조원으로 일하던 김점동을 남편 홀의 장례를 치르고 미국으로 돌아갈 때 그를 데리고 가서 우리나라 최초의 여성 의사로 키웠다. 박에스더 박사가 바로 그녀다.[147]

로제타는 남편을 잃었을 때가 결혼한 지 3년도 안 되었고 딸은 돌이고 배 속엔 둘째가 자라고 있었다. 그 딸마저 세 살 때 이질로 갔다. 남편과 딸을 한국 땅에 묻은 것이다. 그는 평양 23년의 사역을 마치고 1917년 서울의 '동대문 부인병원'(이대부속병원)을 경영하면서 1920년에는 여자 의학강습소를 설립했다. 이를 경성의학교로 발전시켰고 후에 고려대학교 의과대학의 모체가 되었다.[148] 남편의 뜻을 잇기 위해서 그는 인천에도 분원을 창설했다. 그녀는 미국에서 '뛰어난 미국 백인 여성 200명 중 한 사람'으로 뽑혔다.

아버지, 어머니를 이어 의사가 된 아들 셔우드(Sherwood Hall)와 며느리 매리언(Marian Bottomley)도 20년이 넘게 평양에서 의료선교사로 헌신했다. 특히 조선인을 괴롭힌 결핵 퇴치에 앞장섰고 결핵 사업을 돕는 '크리스마스씰'을 처음으로 발행했다.

---

145) 이덕주 · 서영석 · 김흥수, 앞의 책, 59.
146) 위의 책, 58~59.
147) 장광영(역사위원회 엮음), 『한국감리교』, 인물사전 기독교대한감리회. 2002, 536.
148) 위의 책, 537.

로제타 여사는 1935년 선교사를 사임하고 귀국했다. 1951년 그는 숨을 거두며 남편과 딸이 있는 한국 땅에 묻어달라고 했다. 1991년 세상을 뜬 아들 셔우드[149] 박사 부부도 양화진 묘역에 묻혔다. 셔우드 박사는 유언을 남겼다.

아직도 나는 한국을 사랑한다.

대한민국의 오늘의 모습은 한국이 가장 암울했던 시기에 한국인보다 한국을 더 사랑한 홀 집안의 70년 봉사 덕분이기도 하다. 유복녀로 태어나서 3년 만에 하늘나라로 간 딸 에디스(Edith M. Hall, 1895~1898)와 양화진 외국인 묘역에는 홀 집안 다섯 식구가 잠들어 있다.[150]

이들과 거의 같은 시기에 이 땅에서 한 알의 복음의 밀알로 생명을 바친 선교사들이 여러 명 있다. 그 가운데 감리교 선교사들만을 꼽아 본다.

루비 켄드릭(Rubye Rachel Kendrik, 1883~1908) 양은 텍사스 엡윗청년회의 대표로 택함을 받아 1907년 한국 선교사로 왔다. 그러나 한국에 온 지 9개월 만에 맹장염으로 삶을 마감했다.(1908.6.19.)[151] 그가 텍사스 엡윗청년회에 보낸 편지 끝에 이렇게 썼다.

---

149) 청·일전쟁 당시 평양에서 순직한 선교사 홀의 아들로 내외가 의사인 그는 해주 구세병원장으로 헌신하였고 한국 최초로 결핵요양원과 결핵위생학교를 세웠다. 윤춘병, 앞의 책, 193.
150) 장광영, 앞의 책, 539.
151) 양주삼, 『조선남감리교회30주년기념보』, 남감리교회 전도국, 1930, 27.

만일 나에게 천 개의 생명이 있다면 그 생명 모두를 한국에 바치겠다.

켄드릭의 희생정신과 한국 사랑의 마음은 그곳 젊은이들의 마음을 사로잡았다. 외국선교사 지망자가 20명이나 나왔고 켄드릭 기념 선교헌금이 계속되어 한국 복음전파사업에 요긴하게 쓰였다. 그는 천국에서도 계속 한국을 위해 일하고 있었던 것이다.[152] 양화진 그의 묘지에는 "만일 나에게 천 개의 생명이 있다면 그 생명 모두를 한국에 바치겠다."는 묘비가 세워져 있다.

여의사 해리스(L. Harris, 1863~1902) 양은 1897년 11월에 우리나라에 들어왔다. 언니 메리 해리스와 함께 자매 선교사로 일했다. 동대문 보구여관에서 4년을 일하다가 로제타 셔우드 홀(Rosetta Sherwood Hall) 부인이 안식년을 맞자 1901년 5월부터 평양 광혜여원[153]으로 옮겼다. 그는 자신의 몸을 돌볼 겨를도 없이 환자 진료에 전념했다. 그러다가 장티푸스에 걸린 여환자를 치료해 주고 그 병이 자신에게 옮았다. 환자는 살렸지만 자신은 37세의 나이로 하나님 품에 안겼다. 언니 메리에게 마지막 남긴 말이다.[154]

오 하나님! 주님이 우리와 함께 하시니 얼마나 좋은지!

그녀는 평양에 마련된 외국인 묘지에 처음으로 묻혔다. 1912년 동대문 보구여관은 건물을 새로 짓게 되었다. 보구여관 의료선교사였

---

152) 이봉구, "한국을 사랑한 켄드릭", 『한국감리교회를 섬긴 사람』, 감리교사학회, 1987, 123.
153) 1894년 평양에 첫 번째로 설립된 감리교 여성병원.
154) Fifty Year of Light, WFMS of the MEC, 1938, 7. ; W.A.Noble, "Memoris of Dr. Lillian Harris", Official Minutes of MEC, 1902, 86~87.

던 엠마 언스버거는 안식년으로 미국에 머물면서 모임을 열고 연설을 다니며 "한국 여성들을 위해 힘을 보태 달라"고 요청했고 그에 감동한 코웬(Mrs. Cowen) 부인이 거액을 기부했다. 새로 짓는 병원에 코웬이라는 이름을 쓰려고 했으나 코웬 부인은 한사코 거절하며 "해리스 의사의 이름을 써야 한다"고 했다. 그래서 주님의 발자취를 따른 해리스를 기리며 '릴리안 해리스 기념병원'으로 이름지었고 뒤에 이대부속 병원으로 발전했다.

샤프(R.A. Sharp, 1872~1906) 선교사는 캐나다 출신으로 1903년 들어왔다. 배재학당 교사로 일하면서 YMCA 창립, 초대 이사도 지냈다. 그는 1905년 5월 공주지역으로 파송을 받아 순회 전도에 힘썼다. 1905년 11월 선교부 언덕에 벽돌로 2층 양옥집을 지었다. 사람들은 그 집을 '천당집'으로 불렀다. 샤프 부부는 그 집에서 남녀 학생들을 모아 가르치기 시작했다. 영명학교의 시작이다. 샤프는 천당집에서 3개월밖에 살지 못했다. 1906년 2월, 은진에서 사경회를 인도하고 돌아오던 중 깜깜한 밤, 억센 진눈깨비를 피하려고 길옆의 한 작은집으로 들어갔다. 그 안에는 며칠 전, 발진티푸스 전염병으로 죽은 사람의 장례를 치른 상여가 있었다. 상여집이었다. 전염병에 감염된 샤프는 그해 3월 4일 눈을 감았다. 그의 시신은 히리동 선교부 뒷산에 안장되었다. 한국에 온 지 만 3년, 공주선교를 맡은 지 만 1년이었다.

그 뒤 남편을 잃은 그의 아내(Alice Hammond Sharp, 1871~1972)는 미국으로 돌아갔다가 충청지역의 성도들을 잊지 못하고 1908년 말 다시 공주로 돌아왔다. 1940년 일제에게 추방당하기까지 충청지역의 여성 전도와 교육사업에 온 힘을 기울였다.[155] 그리고 유

---

155) 윤춘병, 『한국감리교회 외국인 선교사』, 감리교사학회, 1989, 88.

관순과 전밀라 한국 최초의 여성 목사를 키웠다.

한국교회는 토마스(Robert Jermain Thomas, 1839~1866.9.5. 26살) 선교사의 순교에 이어 데이비스(J. Henry Davis, 1856~1890.4.5. 34살), 헤론(John W. Heron, 1856~1890.7.26. 34살), 매켄지(William J. McKenzie,1861~1895. 7.23. 34살), 홀(William James Hall, 1860~1894.11.24. 34살), 아펜젤러(1858~1902.6.11. 44살) 같은 탁월한 선교사들을 잃었다. 그러나 이같은 선교사들의 밀알의 헌신으로 한국과 같은 작은 나라에 1885년 북감리회와 북장로회선교사가 들어온 이래 1897년까지 9개 교파에서 선교사를 파송했다. 그리고 해방 전까지 1,500여 명의 선교사들이 순교자적 충성을 다했던 것이다.

(3) 초기의 해외선교

하와이 이민선교 사탕수수가 주 산업인 하와이는 많은 노동력이 필요했다. 처음에는 중국인 노동자들을 고용했고 이어 일본인 노동자가 일했지만 그들 모두 문제가 많았다. 이런 이유로 한국으로 눈을 돌렸다.[156] 한국에서 지원자를 모집했으나 나서는 사람이 없었다. 이때 인천 내리교회 목사 존스가 설득작업에 나섰다. 내리교회 교인 남녀 50여 명과 노동자 20여 명이 자원했다.[157]

첫 이민단은 1902년 86명이었고 3차에 걸쳐 모두 7천 2백 29명이었다. 그 뒤에는 일본의 방해로 이민이 중단되었다. 1902년 12월 22일 한국감리교회는 한국교회 최초로 하와이에 선교사를 파송했다.

---

156) 玄圭煥, "韓民族의 美州移民", 『韓國流移民史』 (上), 어문각, 1976, 794.
157) 玄楯, 『布哇遊覽記』, 1909. 5. ; 유동식, 앞의 책, 379. 인용.

내리교회에서 선교사로 파송한 홍승하, 배재학당 출신 민찬호, 전도사로는 이경직, 윤병구, 장경화, 김이제, 문또라 외에도 30여 명이 더 있었다. 한인이 있는 곳에는 늘 전도사가 따라갔고 교회를 세웠다. 교회는 예배처일 뿐만 아니라 생활의 터전이었다. 1903년 7월 4일 목골라 농장에서 김이제 전도사의 인도로 첫 예배를 드렸다.[158]

에봐농장교회는 그들이 최초로 건축한 교회이다.(1905.4.) 1905년 말까지 13개 교회를 세웠고 기도처는 35개소였다.[159] 그들은 노동계약이 완료된 뒤로 1천여 명이 미 본토로 진출했다.[160]

그들은 가는 곳마다 힘써 교회를 세웠다. 1904년 로스앤젤러스, 1905년 샌프란시스코, 1914년 오클랜드, 1917년 피아블로와 맨티카, 1919년 시카고, 1921년 뉴욕, 1922년 스탁튼 등에 교회를 설립했다. 또한 남미 멕시코 메리다에(1908), 쿠바 마단시스(1908)에 감리교회를 설립했다.[161]

1905년 을사늑약이 체결되자 통분한 교포들은 여러 단체들을 '한인협성협의회'로 통합하고 「협성회보」를 발행하며 민족운동을 활발하게 전개했다. 친일파 스티븐스를 사살한 장인환, 해방 뒤 호놀룰루에서 한국 총영사를 지낸 주영화, 미주리대학교 교수를 거친 신성려 등이 하와이 이민 노동자 출신이다. 정한경 박사, 민찬호 목사, 현순[162]

---

158) 현순. 위의 책. 5.
159) 김수안. "한인 미국유학생 및 초기 이민교육 실태 100년 약사(Educational History for Korean Students & Immigrants for 100 Years)", 『미주이민 제2권』, 미주한인이민역사 편찬위원회, 1980. 30.
160) 1905년부터 1910년까지 1천여 명이 귀국했고 40명이 죽었으며 1천여 명이 미 본토인 캘리포니아로 들어갔다. Bong Youn Choy, Korea in America, Chicago, 1979. 74.
161) 윤춘병. 앞의 책. 420.
162) 1878~1968. 그는 역관 가문에서 태어났다. 관립 영어학교에서 공부하고 1899년에 일본으로 유학을 갔다. 1901년 일본에서 교회에 다녔다. 1903년 7월 이민단의 통역관으로 하와이로 갔다. 호놀루루에서 몇몇 사람들과 한인감리교회를 세웠다. 그 지방회의 교역자 반에서 목사 과정을 마쳤다. 1907년 귀국하여 배재학당에서 영어, 수학 등을 가르쳤

목사, 윤병구 목사 등, 감리교인들이 미주 한인 사회를 지도했다.

북만주 · 시베리아 · 몽골선교 지금은 남의 땅이 되어 있지만 만주는 옛적부터 우리와 직접 관련이 있는 데다 한반도의 6배나 되는 광활한 땅이다. 우리와 국경이 맞닿아 있어 한국인들의 이주가 끊이지 않았다. 처음에는 홍수와 흉년, 탐관오리들의 학대와 착취에 시달리던 국경 주변의 주민들이 주인공이었다. 병탄 뒤에는 일제의 토지 수탈정책으로 삶의 터전을 잃은 이들이 대거 살길을 찾아 이주해 갔다.[163] 또 있다. 만주는 일제의 탄압을 피할 수 있는 최적의 장소로 주목되어 독립운동가들의 집결지처럼 되었다. 이주민이 1890년 6만여 명, 1900년에 7만 5천 명, 1910년에는 10만 5천 명이 되었다. 1920년에는 46만 명, 1930년에 61만 명, 1940년에는 100만 명을 넘더니 해방 당시에는 200여만 명에 이르렀다.[164] 만주지역은 동만주, 남만주, 북만주로 구분된다. 동만주는 간도로 불리는 지역으로 우리에게는 더욱 친숙하다. 이 지역은 길림성의 연길현, 왕칭현, 훈춘현, 하중현을 가리키며 백두산 주변으로 오늘의 조선족 자치주에 해당한다. 북만주는 할빈 일대, 남만주는 지안, 단동 주변이다.

오늘날 연변으로 일컫는 북간도 지역에는 국경이 맞닿아 있는 함경도 사람들이 서간도 지역에는 평안도 사람들이 주로 이주했다. 그 뒤 경상도, 충청도, 강원도 등지의 사람들은 서 · 북간도를 피해 새로운 개척지인 흑룡강성, 길림성 지역으로 이주했다.

다. 1907년 평양대부흥운동 집회에서 통역을 담당했다. 1908년 미감리회 선교연회에서 목사안수를 받았고 정동교회와 상동교회 부목사를 거쳐 정동교회 3대 담임목사가 되었다.(1914) 1915년 한국감리교회 주일학교 총장(총무)으로 자리를 옮겼고 전국을 돌며 각 교회에 주일학교를 세웠다. 또한 부흥사로 크게 활동했다. 1919년 상하이로 망명하여 상하이 임시정부 수립에 주도적 역할을 했다.
163) 유동식, 「한국감리교회의 역사」, 1883-1992, 도서출판 기독교대한감리회 유지재단, 1994, 382.
164) 이덕주 · 서영석 · 김흥수, 앞의 책, 292.

만주선교는 남감리회가 선봉이었다. 북감리회보다 약 2년 빨랐다. 남감리회 최초의 선교사는 전도사 이화춘(1871~1956) 이다. 그는 1908년 전도사 직첩을 받음과 동시, 북간도 선교사로 파송되었다. 그가 선교사로 파송된 것은 원산의 성령운동에서 비롯되었다.[165] 그는 권서 이응현, 함주익과 함께 9월, 간도의 중심, 용정을 기지로 삼아 눈부신 활약을 펼쳤다. 한 해 만에 예배처 9곳, 교인 500여 명이 되었다. 그러나 남감리회의 만주선교는 여기에서 작별해야 했다. 1909년 남감리회와 캐나다 장로회가 선교 협정으로 남감리회는 강원도 지역 안의 캐나다 장로회 선교지역을 이양받고 캐나다 장로회는 남감리회의 간도 선교지역을 넘겨받기로 했기 때문이다. 이로써 선교 1년 만에 이화춘 선교사는 아쉬움을 간직한 채 만주선교를 일단락 지어야 했다.

미감리회는 1910년 국내선교회를 국내외선교회로 이름을 바꾸고 1911년 첫 선교사로 손정도 목사를 할빈에 파송했다.[166] 2년 전 안중근 의사가 이토를 암살(1909.10.26.)한 곳이다. 그의 선교의 특징은 한인동포는 물론 현지인, 즉 토착민을 대상으로 하는 것이었다.[167] 선교는 성공적이었다. 1년이 안되어 교포 40여 명과 중국인 4명의 교인이 생겼다. 모금하여 3백여 평의 땅을 매입하고 목조 2층 양옥을 지었다. 2층은 교회로 1층은 교실로 사용하여 학생 20여 명을 모아 가르쳤다. 일제가 이를 보고만 있을 리 없었다. 일제는 1912년 만주로 오는 가쓰라(桂太郎) 공작 암살 모의사건을 조작하고 손정도를 억지로 연루시켰다. 그리고 만주에서 가장 멀리 떨어진 진도로 1년 유

---

165) 이호열, 『만주 대륙의 역사와 기독교』, 한우리, 2015, 758.
166) 이덕주, 『손정도 자유와 평화의 꿈』, 신앙과 지성사, 2020, 142. ; 이덕주 · 서영석 · 김흥수, 앞의 책, 204.
167) 이덕주 · 서영석 · 김흥수, 앞의 책, 208.

배를 보냈다. 만주선교는 잠시 중단되었다.[168] 그러나 이 지역 선교 활동이 중요하다는 사실을 인식한 미감리회는 2차로 1918년 6월 시베리아 선교를 재개하기로 결정한다.

북감리회는 몽골지방에도 흩어진 교포들의 요청으로 선교에 착수했다. 1924년 감리교회 연회에서 만주 봉천교회 목사 및 내·외몽고 선교사로 최성모 목사를 파송했다. 그는 2년 동안 만주를 비롯하여 외몽고 내몽고에 활발하게 선교를 펼쳤으며 독립투사들을 찾아다니며 신앙과 애국정신으로 동지들을 위로하고 격려했다. 그는 가끔 국내에 숨어들어와 군자금 또는 비밀문서를 전달하기도 했다.

일본선교 청·일 전쟁, 특히 을사늑약 뒤에 일본을 배우려는 민족주의 성향의 젊은 유학생들이 늘어났다. 상당수가 기독교인이었고 이들을 중심으로 일본에서 신앙공동체가 조직되었다.[169]

서울의 황성기독청년회는 1908년 부총무 김정식을 동경에 파송했다. 김정식은 백남훈, 조만식 등 유학생들을 규합하여 도쿄조선기독교청년회를 조직하고 초대 총무로 취임했다. 1909년 당시 도쿄의 한국 유학생은 713명으로 110명이 기독청년회에 가입했다. 그중 60명 정도가 성경공부 모임에도 참여했고 이 모임이 신앙집회로 발전했다. 유학생의 다수가 장로교로 한국장로교회에 선교사 파송을 요청했다. 한국장로교회는 1907년 장로교 최초로 목사 안수받은 7명 중 한 명인 한석진을 선교사로 보냈다. 그는 1909년 10월부터 도쿄에서 석 달을 목회하며 유학생 중심의 한인교회를 설립했다. 1910년 이후

---

168) 「제6회 조선선교매연회일지」, 1913. 9. 4. ; 윤춘병, 앞의 책, 579.
169) 이덕주·서영석·김흥수, 앞의 책, 200.

감리교 출신 유학생들이 늘어나면서 상황은 달라졌다. 감리교 학생들도 본국에 감리교회를 세워 줄 것을 요청한 것이다.[170] 이 문제로 유학생 교인 사이에서 논란이 일자, 감리교인들이 제안했다.[171]

우리가 일본인들이 보는 앞에서 따로 예배를 드리는 것은 수치스러운 일이다. 일본에 머무는 동안 교파를 따지지 말고 연합교회를 세워 함께 예배드리자.

이같은 유학생들의 의견에 본국의 감리회와 장로회도 찬성하여 1911년부터 교회 이름을 '재일본동경 조선예수교연합교회'라고 했다. 이런 보기는 일본의 다른 지역에서도 채택되었으며 해방 뒤 '재일본대한기독교회'라는 초교파 단일교회 전통을 세웠다. 초기 일본 선교는 교단을 초월하여 아름답게 협력한 연합 선교였다.

1912년 장로교는 주공삼 목사를 파송했고 1914년에 감리교 선교사 오기선 목사가 뒤를 이었다.[172]

세계 제1차대전 후, 일본경제는 호황으로 노동력이 부족했다. 일제의 수탈정책으로 농지, 토지 등을 잃은 한인들이 일본으로 건너갔다. 1920년대에는 30만 명이 넘었다. 그들은 일감을 찾아 고베와 오사카의 관서지방을 중심으로 일본 전역에 흩어졌다. 이들을 중심으로 교회가 설립되었다. 전도의 대상이 유학생에서 노동자로 도쿄에서 전국으로 대상과 지역이 확장되어 갔다. 한국기독교의 일본선교는 나라 잃고 식민지배국에서 살아가는 소망 잃은 동포들에게 민족정신의 산실이 되었고 고난 속에서 위로를 받을 수 있는 유일한 피난처였다.

---

170) 위의 책, 201.
171) 위의 책, 200.
172) 1917년에 장로교 선교사 이여한 목사가 1년을, 임종순 목사가 1921년까지 사역했다. 1921년에 감리교 오기선 목사가 다시 파송되어 1924년까지 사역했고 1924년 장로교 서상현 목사가, 1927년부터 감리교 신공숙 목사가 1929년까지 사역했다.

특히 일제가 한국을 식민통치하고 있을 때 한국기독교가 일본 땅에서 선교했다는 데에 의미가 크다.

세계기독교 선교 역사상 유례가 없는 성장의 기적을 이룬 한국교회는 선교 20년이 채 되기도 전에 나라 밖으로 역량을 뻗친 것이다. 자립이 안된 상태에서 그것도 내 나라도 복음화 초창기인데 나라 밖으로 선교 역량을 뻗은 것이다. 1902년 하와이를 시작으로 중국, 만주와 시베리아지역과 몽골, 일본에 선교사를 보낸 것은 '사도행전 29장'이 아닐 수 없으며 '선교행전'이다.

5) 남·북감리회의 교리·신학교육

교리 선교 초기 한국교회는 교리, 예배 양식에서 모 교회인 미국교회의 신앙과 조직의 연장 선상에서 운영되었다. 미국교회의 '교리와 법'에서 필요한 부분을 발췌하여 사용했다. 미감리회 것으로는 '미이미교회 강령'(1890), '대강령과 규칙'(1910), '교리와 도례'(1921), '법전'(1923)이고 남감리회는 '장정'(1899), '장정 규칙'(1915), '도리급 장정'(1919) 이다.[173]

'삼위일체 하나님', '하나님 아들의 참 사람 됨', '그리스도의 부활', '성령' 등, 23개조에서 남북은 모두 일치한다. 하나님의 말씀인 성경에 기초하고 개신교의 전통적 기독교 신앙을 고백한다. 선행으로 의롭게 된다는 것(카톨릭)에 반대하며 믿음으로 의롭게 됨을 분명히 하고 있다.

웨슬리는 기독교 복음을 쉽게 그리고 분명하게 전달한 신학적 목회

---
173) 표용은, 앞의 책, '해제'에서.

자, 또는 목회적 신학자였다.[174]

그는 교회 현장이나 교인들의 구체적인 삶의 자리를 떠난 사변적 신학, 이론적 전개에는 관심이 적었다. 그는 어떻게 하면 타락한 인간을 치유하고 구원하나? 하는 실천적 성화 문제와 씨름하면서 늘 사역에 힘썼다.

이 점이 다른 종교개혁자들에게서는 볼 수 없는 웨슬리만의 독특성이다. 이것이 하나님의 창조적 사랑이고 외아들을 세상에 보내신 이유이다. 그리고 이것이 기독교의 핵심이다.

기독교는 하나님과의 관계를 이웃과의 관계로 확장시켜 나가는 힘이다. 곧 사랑의 관계이다. '선행하시는 하나님의 은혜'(선행은총, 선재적 은총) 아래 인간의 '자유의지'에 따라 누구든지 그리스도의 피 공로를 믿기만 하면 멸망하지 않고 구원을 받는 오직 죄인 구원이요, '만인 구원'이다. 예정과는 아무런 관계가 없다. 그래서 웨슬리는 이를 경계했다.[175]

예정론은 가장 위험한 교리이다. 가공할 망언으로 기독교의 계시사상을 전적으로 뒤엎는 사상, 하나님을 '전능하신 폭군'으로 만드는 것이다.

예정론을 치료하는 특효약은 "값없이 주시는 은혜"(free grace)[176]라고 했다. 웨슬리는 구원에서 하나님의 주권적인 은총과 인간의 책임, 의무를 동시에 강조했다. 하나님의 선재적 은총으로 구원을 체험했으면 중생에서 머무를 것이 아니라 하나님의 형상을 회복하는 성

---

174) 랜디 매덕스 편(이후정 옮김), 『웨슬리 신학 다시 보기』, 기독교대한감리회 홍보출판국, 2000, 31.
175) G.C. 셀(송흥국, 김소영 역), 『존 웨슬리의 재 발견』, 대한기독교출판사, 1982, 158.
176) 김진두, 『존 웨슬리의 생애』, 도서출판 kmc, 2012, 335.

화의 단계까지 나아가야 한다. 웨슬리는 하나님의 선행적 은총에 의해 모든 사람에게 하나님의 은혜가 주어진다는 믿음 아래 칼빈주의의 예정론을 반대했고 인간은 자유의지를 통해 하나님의 은혜에 응답할 수 있는 존재임을 강조하는 알미니안 주의를 지지한 것이다.[177]

신학교육 신학교육하면 1887년으로 올라간다. 아펜젤러는 1887년 고종이 학교 이름을 지어 보내자 자신감을 갖고 종교교육을 구상했다. 그래서 배재학당 안에 한국 최초로 신학부를 설치했다.[178] 1900년 5월 17일 아펜젤러가 미감리회 선교회에 보고한 신학반 내용은 다음과 같다.[179]

신학반(Theological Class)
일시 : 1900.1.23.~2. 3.(12일간)
장소 : 제물포(인천)
과목 : 심리학, 조직신학, 설교학, 역사신학, 교리장정, 신학개론
수강자 : 17명(지방 전도사 8명, 준회원 4명, 일반 청년 5명)

신학반 수업은 서울, 평양, 인천 등에서 이동식으로 진행되었다. 1905년부터는 입학시험제도를 도입하여 입학 고사를 치뤘다. 1906년 11월 신학부 교육 22명, 12월 지도자 양성교육(평양) 198명, 1907년 1월 지도자 122명이 양성교육을 이수했다.

1907년 남북감리회는 협력하여 '협성성경학원'을 설립했다. 1910년에는 학교체제를 개편하여 일반제도를 개선하고 '협성신학교'라

---

177) 케네스 콜린스(박창훈 역), 『진정한 그리스도인: 존 웨슬리의 생애』, 서울신학대학교출판부, 2009, 152~153.
178) 이덕주 · 서영석 · 김흥수, 앞의 책, 139.
179) 이성삼, 『한국감리교회사』, 기독교대한감리회 교육국, 1982, 285~286.

고 이름했다. 그해 10월 37명의 신입생과 함께 정규신학교육을 시작했다. 1910년 냉천동에 5천 평 부지를 마련하고 이듬해 2층 벽돌 교사와 학생 기숙사, 교수 사택을 지었다. 학교 이름도 '감리교 협성신학교'로 바꿨다. 1911년 12월 20일 제1회 졸업생 40명을 배출했다. 그 가운데는 이미 신학회 수업을 받고 목사 안수를 받은 전덕기, 최병헌, 현순, 홍승하, 그리고 남감리회의 김흥순, 정춘수, 주한명 목사를 비롯하여 6명이 포함되어 있었다.[180]

남감리회는 일찍이 1899년부터 미감리회의 신학회 과정에 목회 지망생들을 보내 훈련받도록 했다. 그리고 선교사들이 자격과 실력을 검증하여 연회에서 전도사 직첩을 주었다. 남감리회의 첫 번째 목사(집사)는 1911년 10월 연회에서 머라(W.B. Murrah) 감독에게 안수받은 김흥수와 정춘수, 주한명 3명이다. 이듬해(1912년)에 홍종숙, 이화춘이 안수를 받았다. 협성신학교는 장로교의 평양신학교와 함께 한국의 중요한 신학교육의 요람으로 자리매김했다.

여성신학교는 메리 스크랜턴이 1890년대에 시작했다. 여성 목회자(전도부인) 양성과 신학교육을 위해서였다. 남감리회에서도 미감리회처럼 선교사들이 개인적 차원에서 교회 여성들을 훈련하여 전도부인으로 활동했다. 1908년에는 미감리회 시역에 동참하기로 하고 이름을 '연합부인성서학원'이라고 했다. 이 학원은 1917년 서대문 밖 죽첨정(충정로)에 3층 벽돌교사를 마련했다. 1920년부터는 교수진과 운영비를 남북감리회가 50대 50으로 부담하기로 하고 이름을 '협성여자신학교'로 했다. 1929년부터 협성여자신학교 안에 농촌사업과를 설치했다. 그해 1월 미국 유학을 마치고 돌아온 황애덕

---

180) 이덕주·서영석·김흥수, 앞의 책, 146.

이 주임교수로 부임했다. 이 과정에서 최용신이 황애덕에게 발탁되어 농촌운동가로 활동하게 되었다.[181] 1929년 협성신학교는 여성신학교와 통합하여 '감리교신학교'를 설립하고 신학교육을 강화했다. 1935년 빌링스 교장[182]은 예과 2년, 본과 3년의 5학년제로 개편하여 신학교육의 내실을 꾀했다. 1937년 중·일전쟁 뒤 일본의 압력으로 1940년 10월 3일, 정춘수 감독이 무기 휴교령 선포로 학교는 폐교되었다.

6) 감리교의 특성–부흥운동의 부활

한국교회 부흥회는 노블(W.A. Noble, 1876~1913)과 존스(G.H. Jones, 1867~1919) 선교사에 의해 도입되었다. 그들은 모두 무디(D.L. Moody)의 부흥운동에 영향을 받은 선교사들이다. 1896년 평양에 부임한 노블은 사경회에 부흥회의 성격을 더해 다음 해부터 부흥사경회를 시작했다. 감리교의 특성인 웨슬리식 부흥회가 한국에서 부활한 것이다. 노블은 1899년 12월, 인천과 강화에서 사역하고 있는 존스를 초청하여 평양 서문밖교회에서 함께 부흥회를 인도했다. 집회 분위기가 너무나 뜨거워 시간을 연장해야 했다.

존스는 1900년 9월 강화 서사교회에서 부흥회를 인도했다. 다음 해 11월 7일부터 강화 잠두교회에서 부흥회 뒤에 기도회를 인도했을 때, 참석한 사람들은 온 힘을 다해 기도했고 "성신을 충만히 얻어 모든 영광을 하나님께" 돌리며 은혜받은 내용을 간증했다. 1901

---

181) 위의 책, 251.
182) 초대교장은 존스가 3년을, 1910년 2대 교장으로 케이블이 1914년 하디가 3대 교장으로 10년을 사역했다. 이덕주·서영석·김흥수, 위의 책, 146.

년 10월 북감리교와 남감리교가 연합으로 서울에서 개최한 신학회에서 참석한 사람들은 "성령이 강력하게 임재"하는 경험을 했다. 1902년 12월 4일 개성에서 열렸던 사경회에는 개성뿐만 아니라 풍덕·금천·장단·평산·배천·연안해주·신천·인천 등지에서 교인들이 몰려왔다. 다음 해 1월 개성 남감리교 선교회 신년 사경회가 열렸을 때, 문경호는 이날의 영적 각성 움직임을 다음과 같이 증언하고 있다.[183]

송도 북부 교회당에서 전도했는데 아침에는 11시부터 12시 반까지 전도하고 저녁 7시부터 아홉시까지 기도회를 열고 형제자매들이 각각 간증을 하게 했다. 교인들이 날마다 점점 늘어 교회 안에는 앉을 틈이 없을 정도로 모여서 예배를 드렸다. 이때에 성신님이 예전의 오순절 일백이십 인에게 감화하시듯, 이 예배당에 모인 형제자매들에게 각각 감화하셨다.
하루는 전도할 시간에 온 회중이 눈물을 흘리고 슬피 우는 것을 보고 또 하루는 형제 중에 가슴을 치고 대성통곡하는 것을 보고 또 하루는 기도할 때에 갑자기 마음이 비감해져서 울면서 기도를 했으며 또 하루는 간증할 때에 각각 울면서 간증함으로 온 회중은 서로 비감해져서 얼굴을 숙이고 눈물을 머금었다. 또 하루는 서로 원수로 지내었던 것을 오늘 모두 주 앞에서 풀고 서로 사랑하고 지내자며 서로 위로하고 서로 불쌍히 여기며…

집회에 참석했던 사람들 사이에 용서와 화해가 있었고 사랑을 체험했다. 두 사람씩 짝지어 개성과 인근 마을들을 다니며 전도와 간증을 했다. 거리에는 천국이 가까웠다고 외치는 소리와 이들이 부르는 찬송이 그치지 않았다. 개성 백성 모두가 하나님의 백성이 될 것이라는 확신이 가슴에 가득했다. 이것을 목도한 선교사들은 흥분을 감추지 못했다. 어느 누구도 기대하지 못하던 성령의 역사였다.

---

183) 「신학월보」, 1903년 1월, 제3권 1호, 27~28.

1903년 1월, 서울에서 북감리교 선교회와 남감리교의 연합사경부흥회가 열렸다. 존스의 인도로 두 주간의 집회에서 모두는 뜨거운 체험을 했다. 선교사들은 전형적인 웨슬리 예배를 경험했다며 흥분을 감추지 못했다.[184] 수십 명의 간증자들이 죄를 앞다투어 고백했다. 감리교 부흥운동의 모습이 선교사들 눈앞에서 재현된 것이다.
  스웨워러(W.C. Swearer)는 존스의 사경부흥를 이렇게 진술했다.[185]

> 집회의 열기가 뜨거웠고 성령의 분명한 임재와 능력이 나타났다.

  하디 이전, 존스를 통해 영적각성의 사건이 이미 일어난 것이다. 존스는 웨일즈 가계의 성향을 지니고 있었다. 선교사 사이에서 존스는 부흥사요 '감리교 열정의 소유자'로 알려져 있었다. 존스의 강화 사경부흥회는 강화지역 부흥의 씨앗이 되었다. 그 뒤로 강화의 교회들은 해마다 부흥사경회를 당연히 열어야 하는 것으로 여겼다.

---

184) Official Minutes of the Korea Mission Methodist Episcopal Church, 1903, 45.
185) W.E. Swearer, "Training Classes", Official Minutes of MEC, 1903, 45.

6. 부흥운동과 토착신학

[5] **3. 4. 부흥운동과 토착신학**[1] 1903년 원산에서 남감리회 선교사 하디(Robert A. Hardie)의 회개로 시작된 부흥운동은 1907년 평양대부흥운동을 거쳐 1909년 백만명구령운동으로 연결되었다. 한국인들은 이 부흥운동을 통해 회개와 중생과 성결을 체험하였고 기독교적 가치와 윤리 의식을 바탕으로 하는 새로운 공동체를 형성했다. 이러한 신앙체험을 바탕으로 복음을 주체적으로 해석하려는 토착 신학이 감리교 신학자들에 의해 수립되었다. 노병선 전도사는 기독교를 동양과 서양을 포괄하는 '하늘의 종교'이자 한국의 근대화를 촉진시킨 '은혜의 종교'로 변증했다. 최병헌 목사는 동양 전통종교와의 대화를 통해 '기독교의 절대성'을 규명했다. 이같은 토착 신학은 성서와 기독교 신앙전통에서 동양의 문화·종교 전통을 새롭게 해석하여 수구세력의 기독교에 대한 오해와 편견

---

1) 「교리와 장정」, 23~24

을 해소시켰으며 기독교가 민족 문화와 종교 전통 속에 뿌리를 내릴 수 있는 문화선교의 길을 열어 주었다.

1) 원산에서 지핀 불

지금까지 한국기독교의 초기 부흥운동은 주로 1907년의 평양대부흥회를 중심으로 연구되었고 이 운동이 한국교회를 비정치화시켜 탈역사적 교회로 전락시키고 내세 지향적이 되게 했다고 평가해 왔다.[2] 정말 그런가? 다이나마이트가 폭발하는 원리는 먼저 도화선에 불을 지핀 다음, 그것이 목표점에 이르러 터지게 하는 원리이다. 평양대부흥운동'은 '한국판 오순절 성령운동'(Pentacostal Movement)으로 불린다. 그 도화선은 1903년 원산의 남감리교 여선교사들의 성경공부 모임(8.24~30)에서 였다. 그것이 도화선에 지핀 불이 된 것이다.

감리교 여선교사 캐롤과 노울즈, 하운셀, 화이트[3]와 여기에 캐나다 장로회 매컬리가 함께했다. 이들 여선교사들은 밤마다 산제동의 남감리회 여선교부 사택에 모여 '성령의 임재와 능력'을 간구하는 기도회를 가졌다. 이들은 휴가철이 끝나는 8월 마지막 주, 8월 24일부터 한 주간 사경회(성경공부)를 갖기로 했다. 원산 최고참 선교사 하디에게 인도를 부탁했다.

하디는 북 감리회로부터 선교부를 인수받았지만 교인들 통합은 쉽지 않았다. 그는 1902년 9월 연회에서 원산교회 상황을 보고했다.[4]

---

2) 閔庚培, 『한국기독교회사』 (개정판), 대한기독교서회, 1972, 213. ; 閔庚培, 『한국민족교회 형성사론』, 延大出版社, 1980, 36.
3) 중국에서 사역하던 남감리회 화이트(Miss Mary Cutler White)양이 1900년 의화단 사건으로 원산으로 오게 되었다.
4) 이덕주, 『영의 사람 로버트 하디』, 신앙과 지성사, 2021, 63.

"지난 1년 동안 발전된 면이 없지는 않지만 교인들의 영적 상태는 대단히 실망스럽습니다. 주일을 지키지 않았다는 이유로 학습인은 물론 세례교인들을 징계한 것이 여러 차례입니다. 교인 한 명은 착복과 방종 혐의로 제명하였고 다른 한 명은 부도덕한 행위로 무기한 출석 금지령을 내렸습니다."

하디는 원산교인들의 '영적 상태'를 "대단히 실망스럽다."고 했다. 원산 바깥 지역은 더 한심했다. 원산 북서부지역에 맥길이 관리하던 속회 넷 중 세 곳만 합류했다. 그 세 곳도 실망스럽기는 마찬가지였다. 한번은 세례 교인 23명으로 조직된 학익동 속회를 예고 없이 찾았는데 속장은 '이교도 집안 잔치'처럼 술상을 차려놓고 속회를 인도하고 있었다. 원산의 유명한 사찰 석왕사 입구에 있는 사기동 교인들은 1902년 교인들 사이에 분쟁이 일어나 교인 한 명이 살인 혐의로 구금되었다. 하디가 그래도 기대한 지역은 지경터였다. 그러나 그곳에도 문제가 있었다. 당시의 교인들 가운데에는 여전히 점을 보고 첩을 얻고 간음, 노름, 절도, 흡연과 음주를 즐기는 사람들이 적지 않았다. 교인들은 선교사의 세력, 치외법권을 빙자한 교폐를 일으키기도 했다.[5] 성경의 지식이 삶으로 연결되지 않았고 교회 규칙과 성경의 규범은 애초부터 알려고도 하지 않았다. 주일성수도 제대로 하지 않았다. 여전히 제사를 고집하고 교회 돈을 횡령하는 신자들도 있었으며 심지어는 이런 일도 있었다.[6]

교회를 술집에 팔아먹었다!

---

5) 박찬식, "한말 천주교회와 향촌사회: '교안'의 사례분석을 중심으로", 서강대학교박사논문 (사학), 1996.
6) 이런 상황에서 올링거(Franklin Ohlinger)나 마펫(Samuel A. Moffet)처럼 징계하고 출교하거나 교육을 통하여 교화하거나 부흥회를 통한 영적 회심 유도의 3가지 방식이 있었다. 하디는 의사 출신답게 엄격한 규범과 원칙을 바탕으로 치리했다. 처음에는 영적으로 진보가 있는 듯했으나 이내 한계에 부딪혔다.

인간 하디는 한계를 느꼈다. 자신도, 의욕도 없어졌다. 절망감이 스며들었다.

북미선교에 실패한 웨슬리(J.Wesley)의 심정이었고 키엘케고르(Kierkegaard)의 '단독자'의 실존이 아니었겠나. 바로 이런 때 하디는 강사 초청을 받은 것이다. 그는 말씀 준비를 위해 성경을 묵상했다. 하나님께서는 그를 요한복음 14:12~14, 15:7, 16:23~24절 말씀으로 인도하셨다. 그 말씀은 응답받는 기도의 세 가지 요소로 1) 그리스도를 믿음 2) 그리스도 안에 거함 3) 오순절 체험이었다.[7] 그는 설교를 준비하면서 기도하지 않을 수 없었다. 기도 속으로 들어갔다. 기도는 점점 깊어졌다. 기도 속에서 하디는 비로소 자신을 발견하게 되었고 하나님이 원하시는 것을 깨달았다. "의사는 병든 자를 위해 존재할 뿐!" 순간 회개가 터져 나왔다.

한국인은 거짓말에 능하다고 소리를 질러 왔는데 정작 정직하지 않은 것은 자신이었다. 하나님의 도우심과 성령의 능력을 입으로만 외쳤지, 자신은 그렇지 못했다. 자신의 목적을 이루기 위해 주의 이름을 불렀을 뿐, 주님께 온전히 자신을 굴복시킨 적도 없었다.

하디는 비로소 자신의 무능과 '영력(Spiritual power)'의 결핍을 깨달았다. 죄책감으로 괴로워 할수록 기도는 더 간절해졌다. 그는 순간 모든 죄가 씻겨졌다는 믿음에서 나오는 평안을 느꼈다. 성령을 받았다는 확신이 들었다. 그 순간 "능으로도 안 되며 힘으로도 안되나 오직 나의 신으로 되느니라"(슥 4:6)는 말씀이 들려왔다. '평안', '확신'이 그를 사로잡았다.[8]

---

7) 이덕주, 『영의 사람 로버트 하디』, 331.
8) Official Minutes OF MEC, 1905, 39~44.

성령체험이다! 하디의 회심이다!

그는 사경회에서 그동안 자신의 교만과 잘못을 선교사들 앞에서 고백했다. 그러자 참석한 선교사들도 하디와 같은 체험을 했다. 주일이 왔다. 하디는 원산교회의 주일예배를 인도하며 자신의 위선을 고백하고 눈물로 용서를 구했다. 그것은 선교사들 앞에서 했던 것과는 또 다른 것이었다. 체면도, 자존심도 내던진 발가벗긴 것보다 더 큰 수치였다.[9] 선교사를 '완벽한' 인물로, 백인의사를 우러러 보던 토착교인들 앞에서 자신의 결점과 오만 그리고 믿음 없음은 물론 선교비를 착복한 사실까지도 진솔하게 털어놓았다. 게다가 자신의 말과 행동으로 상처를 입은 교인들에게 용서를 빌었다.

저는 의사라는 자부심과 백인 우월주의에서 벗어나지 못했습니다. 저는 사역에 실패했습니다. 그것은 저 자신 때문입니다. 저는 교만했습니다.

부끄럽고 굴욕스런 고백이었지만 마음은 평안했다. 참석한 모두는 큰 감동을 받았다. 동시에 마음 문들이 열렸다. 앞 다투어 그들도 죄를 고백했다. 남의 돈을 유용했던 전도자들은 주인에게 갚았고 교인들은 곳곳을 다니면서 훔친 물건과 돈을 돌려주면서 용서를 빌었다. 비로소 평안을 얻었다. 한국의 역사상 이런 일을 지금까지 없었다.[10]
이들은 처음으로 죄책과 회개가 어떤 것인지를 구체적으로 체험한 것이다.[11]

---

9) 김명구, 앞의 책, 262~263.
10) W.N.Blair, Gold in Korea H.M Ives & Sons, Topeka, Kansas, 1946, 65. 김명구, 앞의 책, 263. 재인용
11) R.A.Hardie, "God's Touch in the Great Rivlval", KMF Jan. 1914. 22., 이덕주, 앞의 책, 333~334.

이런 과정을 거쳐 하디는 '진정한 기독교인'이, '진정한 감리교인'이, '진정한 웨슬리언'이 된 것이다.[12] 감리교 신앙은 회개와 중생을 거쳐 성화에 이르는 것이다. 그것은 이성과 과학을 초월한다. 하디는 이어서 원산에서 '3주 동안' 부흥회를 인도했다. 시간마다 성령의 불이었다. 그는 원산을 비롯하여 송도, 서울, 평양, 제물포에서 부흥회를 인도했다. 하디의 '감리교적' 회심은 전국으로 파급되었다. 그해 10월, 스웨덴의 프란손(Rev.F. Franson) 목사가 원산을 방문하고 감·장·침연합사경회를 인도할 때 회개와 부흥의 열기는 더욱 뜨거웠다.

미지의 땅이던 한국이 한순간에 세계 선교역사의 모범으로 바뀌기 시작했다. 프란손이 돌아간 뒤에도 하디는 서울과 평양에서 계속 집회를 인도했다. 1904년 1월 5일부터 원산 남산동교회 사경회에서 전계은과 정춘수 등 참석자 모두가 '성령충만'을 받고 헌신을 다짐했다. 1월 25일 원산지방 연합사경회에서 캐나다 장로교의 롭(A.F. Robb)이 울면서 죄를 통회했다.[13] "난생 처음 하나님의 권능과 역사를 체험했다."

세계가 놀랐던 1907년 평양대각성운동은 이렇게 불타오른 것이다. 이제 원산은 한국 부흥운동의 발상지가 되었고 하디에게 한국교회 부흥운동의 아버지라는 칭호가 붙었다.[14] 이로써 한국교회는 첫 부흥시기를 맛보게 된 것이다.

---

12) 이덕주, 『영의 사람 로버트 하디』, 336~337.
13) 차재명, 『조선예수교장로회 사기』 상, 한국기독교사연구소, 179~180. : 박용규, 『평양대부흥운동』, 생명의 말씀사, 2007, 57.
14) 이덕주·서영석·김흥수, 앞의 책, 112.

하디의 부흥운동은,

첫째, 하디가 정리한 대로 '기도와 하나님의 말씀공부'로부터 였다.[15] 기도와 말씀은 둘이 아닌 하나이다. 그래야 균형 잡힌 올바른 신앙생활을 할 수 있다.

둘째, 성령충만은 철저한 회개로부터이다. 진정한 회개에는 성령충만의 역사가 따른다. 곧 변화의 역사이다. 그러므로 성령충만은 새롭게 변화되는 '새 힘'이다. 나는 더이상 어제의 내가 아니다. 변화 받은 새로운 '나'다. 그리고 회개는 개인에서 가정으로 가정에서 교회로, 사회로 확산되고 나아가 마침내 민족과 국가를 변혁시킨다.

셋째, 초대교회 '오순절 성령운동'(Pentecostal Movement)의 재현이었다. 성령을 받으면 권능을 받고 땅끝까지 이르러 증인이 된다.(행 1:8) 이것이 사도행전이고 웨슬리의 복음주의다. 남감리교의 한국선교는 출발은 늦었지만 원산부흥운동 뒤 원산과 개성을 중심으로 엄청난 성장을 가져왔다. 1906년 남감리회의 '20만을 그리스도에게로'의 전도운동과 평양대부흥운동에 가장 민감하게 반응하면서 교세가 놀랍도록 성장했다. 흔히 '교회가 부흥한다'는 말은 숫자적인 성장을 뜻하나 하디는 이미 예수 믿는 사람들에게 회개를 통해 능력으로 성령이 오시는 사건, 즉 성령세례를 뜻했다.

넷째, 초교파적 교회일치운동(Ecumenical Movement)을 낳았다. 웨슬리처럼 하디의 '감리교 체험'은 믿음 안에서 개방적이고 포용적이었다. 하디는 자신의 선교 구역인 원산, 철원, 김화, 서울과 개성은 물론 미감리회 선교구역인 인천, 북장로회와 미감리회 선교구역인 서울과 평양의 교파를 넘나들며 부흥회를 인도했다. 그것은 성령 안에서 '하나'되게 하시는 오순절의 역사였다.

---

15) R.A.Hardie, "God's Touch in the Great Rivival", KMF Jan. 1914. 22.

원산 부흥운동의 열기가 한창 뜨겁던 1905년 선교사들과 토착교회 지도자들은 한국에서만큼은 '단일' 개신교회를 조직하자는 운동을 펴기 시작했다. 장로교와 감리교 선교사들은 1905년 6월 25일 서울에서 남장로교 레이놀즈(William D. Reynolds)의 동의를 만장일치로 가결했다.[16]

이제 때가 성숙하였으니 하나의 한국인 민주교회를 창설하여 그 이름을 '한국기독교회'로 하리라.

이런 기운에 따라 '선교공의회'에서도 복음주의적인 단일한 한국 교회의 설립을 반드시 성취한다는 목표를 세웠다. 비록 본국 교회로부터 지지를 얻지 못하여 실패로 끝은 났지만 이를 계기로 한국에 있는 교파들이 '한국복음주의선교회 연합공의회'를 조직했다. 성경과 찬송가 등 기독교 문서 발행, 병원과 학교 운영 등 대규모 사업에서 교파 간 경쟁과 독점을 지양하고 상호 연합과 협력을 지향하기 시작했다.

다섯째, 하디의 부흥운동은 복음토착화의 길을 열었다. 원산과 평양 부흥운동이 일어난 시기(1903~1907년)는 복음이 들어온 지 20년쯤 되던 때였다. 선교사들은 우리나라 문화와 정서에 익숙하지 못했고 토착 교인들 또한 기독교와 토착 종교를 올바로 구별하지 못한 채 기복적 신앙이 우세했었다. 그러나 원산 부흥운동으로 서로를 깊이 이해하게 되었고 다같이 기독교의 '본질 체험'을 하게 되었다. 하디가 그랬듯이 비로소 '참 그리스도인'이 된 것이다. 선교사들은 이제 더이상 이방인이 아니었다. 이렇게 하여 기독교의 복음이 우리 민

---

16) 민경배, 앞의 책, 249.

족, 우리 역사와 문화 속에 뿌리를 내리게 된 것이다. 복음의 토착화이다.[17] 또한 영적구령을 앞세우는 하디의 전통과 신학을 바탕으로 하는 기독교적 가치와 윤리 의식은 새로운 공동체를 형성하게 되었다. 이는 한국 토착교회의 성장과 함께 신앙과 신학의 성격과 내용을 결정지은 사건이 되었다.[18]

2) 서울로 옮겨붙은 불길

새 힘을 받은 하디의 부흥운동은 전국으로 번져갔다. 전국이 마른 잔디 위의 불이었다. 서울이라고 예외가 아니었다. 하디는 1904년 3월(15일간) 서울 자골교회(종교교회)에서 부흥회를 인도했다. 교인들뿐만 아니라 배재학당 학생들과 지방에서 올라온 사람들도 성령의 역사를 체험했다. 온갖 추한 죄를 자백했고 훔친 물건은 돌려주었다. 거듭남의 의미를 몰랐던 많은 사람들이 성령의 능력으로 마음의 성결을 경험했다.[19] 선교사들도 미국에서 경험했던 영적각성운동의 감동을 다시 맛보았다. 집회 뒤에도 새벽예배와 철야기도회가 계속되었고 금식과 열정적 기도가 뒤따랐다.

이어서 하디는 캐롤라이나 학당(배화학교)에서 집회를 인도했다. 하운셀 선교사는 "우리 학교에 베푸신 하나님의 선물 가운데 최고의 선물은 4월의 부흥회"였다고 흥분했다. 학생들도 학교가 새로워졌다며 놀라움을 감추지 못했다. 하디의 부흥회는 러·일전쟁 동안에는 열리지 못하다가 1904년 9월 20일부터 19일간 동안 정동제일교회

---

17) C.D.Stokes, History of Methodist Missions in Korea 1885~1930, 1986, 188.
18) 이덕주, 『한국 토착교회 형성사 연구』, 한국기독교역사연구소, 2000, 제 3장(한국교회 초기 부흥운동 참조)
19) J.R.Moose, "Report of the Seoul Circute, 41.

에서 서울지역 연합으로 열렸다. 하디는 첫 주간은 회개를 주제로 둘째 주간은 성령의 책망을 주제로 설교했다.[20] 사람들은 구원의 체험과 확신을 갖게 되었고 주저 없이 자기 마음속 깊은 곳에 숨겨 놓았던 죄를 고백했다. 개화 지식인들과 신진 엘리트들이 회개했고 정동교회 담임목사 최병헌도 공중 앞에서 죄를 고백했다.[21] 당시 「코리아 메소디스트」(The Korea Methodist)의 보도이다. "이 부흥회는 본래 정동에 있는 두 남·여학교(배재와 이화) 학생들을 위한 것이었는데 교인들에게도 번져 마침내 서울에 있는 감리교인들이 모두 모여들게 되었다. 성령의 움직임으로 많은 이들이 공중 앞에서 자기 죄를 고백하고 진정한 회개를 했다."[22]

지적인 회심밖에 몰랐던 점잖은 교인들이 죄와 그리스도의 용서를 알게 되었다. 그들은 한국인 선생과 함께 새로운 믿음이 시작되었다.

1904년 남감리교 제8차 연회에서의 서울 구역장 무스(J.R.Moose) 선교사의 보고이다.[23] "이 집회는 놀라운 집회였다. 사람들이 가장 깊은 곳에 있는 부끄러운 죄까지도 고백하였으며 잃어버린 선함을 회복시킨 집회였고 구원의 체험과 확신을 이룬 집회였다."

이 기간에 있었던 또 하나의 특별한 일은 한국교회 새벽기도의 시작이다. 우리나라의 새벽기도는 기록상으로 이화학당 학생들이 처음 시작했다. 1904년 9월(9.22.~10.9.) 정동제일교회에서 열린 서울

---

20) "정동회당에서 부흥회로 모힘." 「신학월보」, 1904년 제4권 11호, 371~372.
21) 김명구, 앞의 책, 267.
22) 1904년 11월 10일 자.
23) J.R.Moose, Minutes, 1904, 39~42.

지역 연합부흥집회에서이다. 종교마다 나름대로 기도가 있고 기도를 중요하게 여긴다. 같은 기도라도 새벽의 기도는 더욱 그렇다. "(예수께서) 새벽 아직도 밝기 전에… 한적한 곳으로 가사 거기서 기도"하셨고 40일 금식기도를 하셨다. 밤샘 기도를 습관에 따라 하셨다. "너희는 이렇게 기도하라."고 기도를 직접 가르치고 강조하면서 기도의 본을 보이셨다. 그러므로 "기독교는 기도교"이다. 1904년 당시 이화학당장 프라이(L.E.Frey) 의 보고를 들어보자.[24]

　학교가 개학되자 재학생 외에도 신입생 20명 정도가 들어왔다. 신입생 대부분도 물론 신자 가정의 자녀들이다. 하디 박사께서 정동교회에서 이화와 배재 두 학교의 학생을 위해 부흥회 인도를 쾌히 허락해 주시므로 우리는 부흥회가 열리기 2주 전부터 매일 3차례씩 예배를 드렸다.…
　우리는 학생들이 이른 아침(in the early morning)에 문빗장을 열어 몰래 예배실로 들어가 기도하는 것을 보았다. 그 후 그들에게 언제, 어떻게 죄사함을 받았는가? 고 물었더니 그들 대부분은 아침 예배실에서 '기도하는 중에 사죄의 확신을 얻었노라'고 대답했다. 정식으로 부흥회가 열렸을 때에는 매일 새벽, 오전, 오후, 저녁의 4차례 집회를 가졌다.

　'이른 아침의 기도'는 곧 '새벽기도'이다. 이것이 한국교회 부흥회로 정착된 것이다. 한국기독교 토착화이다.[25]

　하디의 집회가 끝난 뒤, 정동교회는 교인이 급격히 늘었다. 집회 뒤 2년이 채 안 되어 주일학교 학생을 포함하여 2,825명의 교인이 되었다. 최병헌 목사는 이들을 다 감당할 수 없어 성 밖에 새로운 설교처

---

24) L.E.Prey, "Ewa Haktang, Seoul", Annual Reportof the Korea Woman's Conferance of MEC, 1905, 5.
25) C.D. Stokes, History of Methodist Missions in Korea 1885~1930, 188.

와 교회들을 개척해야 했다. 서부 지역에 창내(창천)교회, 만리현교회, 서강교회, 공덕리교회가 세워졌고 이들 교회에 의하여 삼개교회(마포교회), 백련동교회(흥남교회), 수색교회, 녹번리교회, 양천 신정리교회, 신월리교회, 염창교회가 개척되었다.

3) 평양에서 폭발

(1) 1907년 평양대부흥운동

1906년 8월 평양지역의 감·장선교사들이 휴가에서 돌아온 하디를 초빙하여 기도회를 가졌다. 10월 14일부터 부흥회를 열었다. 흔히 '교회가 부흥한다'는 말은 숫자적인 성장을 뜻한다. 그러나 하디에게는 이미 예수 믿는 사람들에게 다시금 능력으로 성령이 오시는 사건, 즉 성령세례를 뜻했다. 1903년 8월 원산의 부흥 경험을 일컬어 하디는 이렇게 표현했다.

> "나는 성령세례를 받았다."

이 감리교적 부흥운동이 장로교로 퍼져나갔고 평양대부흥운동이 터짐으로 절정에 이르렀다.[26] 1906년이면 을사늑약 다음 해로 그 충격으로 부흥의 불길은 더욱 확산되었다. 1906년 케이블(E.M.Cable)은 선교 보고에서 "한국 정치계의 커다란 움직임에 따라서 영적 세계의 각성운동이 일어나게 되었고 교회로 모여들게 되었다."고 했다.[27] 이 집회에서 장로교의 블레이어(W.N. Blair)와 리(Graham

---

26) 김신호, 앞의 책, 187~188.
27) Official Minutes of the Korea Mission Conference, M.E.C. 1906, 32.

Lee)²⁸⁾ 선교사가 성령체험을 했다. 한국 사람으로는 장로교의 길선주와 감리교의 이은승이 성령을 받고 이들이 1907년부터 일어난 지방의 부흥회를 주도했다.

1907년 대부흥운동을 말할 때에 보통은 널다리골(장대현) 교회의 부흥회만을 일컬어 왔는데 엄밀하게 말하면 1907년 1월 2일부터 두 주간의 장로교 장대현교회의 부흥회와 이어서 2월 4일부터 두 주 동안 열린 감리교 남산현교회의 부흥회의 둘로 나누어 살펴보아야 한다. 이 두 집회에서 성령의 임재가 폭발적으로 나타났으며 비로소 '평양영적대각성'이라는 이름을 얻을 수 있게 되었다. 그리고 전국으로 번져나갔다.²⁹⁾

1907년 1월 2일부터 2주 동안 장대현교회에서 장로교회 연합 평안남도 도사경회가 열렸다. 장소의 한계로 남자들만 모였다. 여자들은 별도로 모였고³⁰⁾ 아이들은 기독교 학교에서 따로 모였다. 남자 사경회에 1,000여 명이 몰렸다. 원산이나 개성사경회와 마찬가지로 성경공부에 주력했고 오후에 전도, 저녁에는 전도집회로 열렸다. 강사는 선교사들이고 길선주도 섰다. 분위기는 사뭇 뜨거웠다. 교인들은 자신의 죄를 통회하고 용서를 빌었다. 지금까지 평양에서 있었던 장로교사경회와는 다른 방식이었다. 여기에 성령의 오심의 역시가 있었다.³¹⁾ 헌트(W.B. Hunt)가 설교한 뒤, 리(Lee)가 "우리 다같이 기

---

28) Graham Lee(1861~1916). 평양선교에 지대한 공헌을 했다. 마펫과 평양선교부를 개설하고 장대현교회를 개척, 담임했으며 평양 전역에 많은 교회를 분립했고 평양선교의 기적을 창출했다. 그가 없었다면 "평양선교의 기적과 평양대부흥은 일어나지 않았거나 다른 모습으로 진행됐을지 모른다."고 말할 정도이다.
29) 신학월보 1907,5권 2호 512~520. ; 김명구, 앞의 책, 290.
30) 여성들은 사창골교회, 산정현교회, 남문외교회, 서문 밖에 있던 사랑채에 분리해서, 선교사 아내들의 인도로 별도의 저녁 집회를 계획했다.
31) W.B.Hunt, "Impression of Eye Witness." Korea Mission Field, M.,1907, 37.

도합시다"하자, 곧바로 남자들로 꽉 찬 실내는 기도소리로 가득 찼다.[32]

대부분의 남자들이 크게 소리내어 기도했다. 그것은 장관이었다.… 그중 얼마는 울부짖으며 하나님 앞에 자신들이 지은 죄를 구체적으로 열거하면서, 그 죄들을 용서해 달라고 간구했다. 모든 사람들이 성령충만을 간구했다. 그 자리에는 너무도 큰 기도소리로 가득 찼지만 어떤 혼란도 없었다. 다만 하나로 통제된 완벽한 조화만 있을 뿐이었다.

저녁집회 현장에 있었던 맥큔(G.S. McCune)은 증언했다. "온 회중의 통성기도가 있었지만, 그 요란한 소리가 괴성으로 들리지 않고 하늘과 땅의 하모니로 들렸다. 부끄럼도 모르고 사람들은 공개적으로 죄를 고백하고 예외 없이 눈물을 흘렸다."[33]

1월 14일 저녁 집회에서 설교한 리(Lee)가 통성기도를 요청했을 때 폭포수와 같은 강력한 기도가 터져 나왔고 그 폭발적 기도는 거센 회오리가 되어 세차게 밀어붙이는 듯했다. 예외 없이 흰 바지저고리를 입은, 예배당을 가득 메운 교인들은 무릎을 꿇고 기도했다. "그 열정과 강도는 마치 파도처럼 고조되었다가 수그러지기를 계속했다." 그들의 울부짖음은 회심의 몸부림이었고 윤리적 결심과 다짐이었다. 많은 사람들이 공개적으로 자신들의 지은 죄를 고백했다. 주먹으로 가슴을 치기도 했고 마룻바닥에 엎드려 울부짖기도 했다.[34]
머리를 쥐어뜯으며, 알아들을 수 없는 소리(방언)를 내며 몸을 떠는

---

32) William N. Blair, Changsung's Confession(Topeka, Kansas: H.M.Ives and Sons,1959), 99. ; 김명구, 287. 재인용.
33) 위와 같음.
34) W.L.Swallen's letter to Brown, Jan. 18. 1907.

이(진동), 도박과 횡령과 절도, 간음과 강간… 상상조차 할 수 없는 현상과 고백들이 터져 나왔다. 그들은 밤을 꼬박 새웠고 이는 자연히 새벽으로 이어졌다. 신자가 되기 이전, 그들이 늘상 해오던 장단에 따른 새벽 치성·예불 대신 기도로 직결되었다. 새벽기도이다. 이처럼 새벽, 오전, 오후, 밤까지 열심히 기도하는 광경은 1904년 하디의 서울 집회와 같았다.[35] 평양대부흥운동은 열광적, 비이성적, 감정적 현상들이 많이 나타나면서 웨슬리 부흥운동과 유사하다는 평가를 받았다.[36]

마지막 날 밤 설교자는 길선주 장로였다. 그는 회개와 고백을 강력하게 촉구했다. 그의 얼굴과 언어는 그의 것이 아니었다. "나는 아간입니다. 1년 전에 친구가 임종 직전 나를 불러 재산관리를 맡겼는데 미화 100불 정도를 떼어먹었습니다. 나는 하나님의 일을 방해해 온 자입니다. 내일 아침에 친구 부인에게 모두를 돌려 드리겠습니다." "저는 형제들을 질시했을 뿐더러 선교사, 특히 방위량(W.N. Blair)을 죽도록 미워했습니다." 이 진솔한 참회와 고백은 모두의 통렬한 회개를 촉발시켰다.

"모두는 하나님의 부르심을 피할 수 없었고 이전에 경험하지 못한 죄에 대한 공포가 임했다."[37] 회중은 통곡했고 자신들의 깊은 내면에 감추어진 죄악들을 낱낱이 토해냈다. "장로와 목사들의 죄악이 드러났고" 선교사들도 상상 못했던 죄들을 고백했다.

마지막 심판대 앞에 선 것처럼, "통회하며 몸부림"쳤다.[38] 그들의

---

35) L.E.Frey, "Revival at Ewa", The Korea Mission Feild, May. 1910. 133. 박용규, "평양대부흥운동과 산정현교회(1901~1910), 「신학지남」 74. 2007. 102.
36) 이덕주, 『한국 토착교회 형성사 연구』, 한국기독교역사연구소, 2000. 97., 100~103. 116. 165. ; 박용규, 『평양대부흥운동』. 생명의말씀사 2007. 174. ; 민경배, 앞의 책, 289.
37) 박용규, 위의 책, 247.
38) The Holly Spirit Pyeng Yang Korea Mission Feld, Jan. 1907. 2.

눈물, 콧물, 땀물은 터진 봇물이었다.

한 선교사의 기록에는 "저런 고백들! 그것은 마치 지옥의 지붕을 열어젖힌 것이나 다름이 없었다. 살인, 강간, 그리고 상상할 수도 없는 모든 종류의 불결과 음욕, 도적, 거짓, 질투… 사람의 힘이 무엇이든 이런 고백을 강제할 수는 없을 터이다. 많은 교인들은 공포에 질려 창백해지고 그리고 마루에 얼굴을 가리었다."[39)]고 평가했다.

도대체 누가 무슨 힘으로 이렇게 엄청난 일을 할 수 있겠는가? 성령님의 강권적 역사하심이 아니고서는 절대로 있을 수 없는 일이다. 장대현교회 남성사경회에 이어 장대현교회의 수요예배에서 장로 주공삼은 괴로워하며 간음과 공금을 유용했음을 통회 자복했다. 김찬성은 과거에 아내를 죽였다는 충격적인 고백까지 토해냈다.[40)] 장대현교회 남성사경회에서 나타난 통회의 물결은 장대현교회 부속학교인 숭덕학교와 숭의여학교를 거쳐 교회 전체로 퍼져나갔다. 1월 16일 숭덕학교와 숭의여학교에서 부흥회가 열렸고 1월 17일부터 1주 동안은 장대현교회 여자 사경회가 열렸다. 사경회 뒤에도 장대현교회 교인들은 특별 부흥회를 열고 부흥운동의 열기를 계속 이어갔다.

(2) 감리교의 영적 각성

장대현교회의 흐름은 남산현 감리교회의 부흥회로 연결되었다. 그것은 숭실학교 부흥회가 계기가 되었다. 1905년 9월, 가을학기부터 장로교의 숭실학당과 감리교의 청년학교는 장로교와 감리교가 연합으로 운

---

39) W.W.Baird, The Spirit Aomong Pyeng Yang Students K.M.F. Vol. III, 1907, May, 66. ; 민경배, 앞의 책, 253.
40) 윌리암 블레어(김흥만 역), 『천성의 고백』, 옛적 길, 2001, 180~181.

영되는[41] '연합 숭실중학교'로 바뀌었다. 숭실학교 부흥회는 2월 4일부터 1주 동안, 건축을 끝낸 감리교 남산현교회(격물학당)에서 열렸다. 방학 때라서 많은 학생들이 참석할 수 있었다. 숭실중학교 부교장 베커의 증언이다.[42]

우리는 도저히 시간을 통제할 수 없었다. 기도회 때마다 집회가 종료되었음을 몇 번이고 광고했어도 학생들은 성령에 감동되어 울부짖으면서 '할 말이 있어요'라고 외쳤다. 어떤 경우엔 낮부터 한밤중까지 집회를 계속해야 하는 고역을 치르기도 했고… 어느 날 밤에는 학생 네 명이 예배당을 떠나지 않고 밤새 기도하는 것을 보았다.
이번 부흥회를 통해 학생 열 명 중 아홉이 큰 은혜를 받고 거듭났다. 적지 않은 학생들이 십자가 열정에 불이 타 전도자로 나서 부흥의 불길을 인근 지방과 도시 교회로 나가 전했는데 멀리 인천과 공주까지 가서 부흥회를 인도했다.

베커의 증언처럼 학생 90%가 '거듭나는' 체험을 했고 그 자리에는 학생 손정도[43]와 동기생 조만식도 있었다.
2월 10일 남산현교회 담임목사 이은승이 인도한 주일예배에서도 같은 현상이 나타났다. 이은승은 11일부터 한 주간, 예정도 없는 특별부흥사경회를 열었다. 설교자 이은승은 이를 '평양의 오순절'이라고 불렀다.[44]

1907년 2월 10일은 주일인데 이날에 성신께서 우리 평양 남산현교회에 임하셨으니… 각 교우들의 마음에 빛을 비추사 죄를 나타나게 하시고 각 마음을 책

---

41) 이덕주·서영석·김흥수, 앞의 책, 128.
42) W.A.Noble, "Report of Pyeng Yang Distrit", KMEC, 52~53.
43) 손정도는 '학생전도자'로 1907년 3월, 남산현교회 담임 이은승 목사와 함께 인천 내리교회에서 강사로 집회를 인도했다. 이때 평양에서와 같은 성령의 강력한 역사가 나타났다.
44) 이은승, "교회수긔, 평양 오슌절략스", 「신학월보」, 1907년 2월 55~56.; 이덕주, 위의 책, 90.; 김명구, 앞의 책, 291.

망하사 진노하심을 나타나게도 하시며 각 마음을 떨리게 하사 그 죄를 심히 애통하게도 하시며 각 마음을 찌르사 가슴이 터지는 것 같게도 하시며 각 마음에 눈을 밝히사 십자가에 달리신 구주를 능히 바라보게도 하실 때, 어떤 사람들은 식음을 전폐하고 여러 날을 지내며… 또 어떤 사람은 대마석(다메섹) 길에 엎어졌던 사울과 같이 하나님 앞에 엎어져 삼일동안 금식 통회하는 이도 있고… 어떤 이는 미친 것이나 술 취한 것과 같거나 염치없는 사람같이 정신을 차리지 못하다가 다시 똑똑해져 정신을 차리는 사람처럼 되었던 이도 있었다.…

교인들은 죄를 고백하며 예배당 바닥에 쓰러졌고 엎드려 하나님의 자비를 구했다. 통성기도 소리는 하늘을 찌를듯 했고 회심의 절규가 예배당에 가득찼다. 현장에 있던 존스(G.H Jonse)는 "이런 모습의 회개 장면이 매일 반복"되었다고 알렸다. 그는 "이 세상에 교회의 태동을 가져다 준 오순절"이었고 "놀라운 하나님의 성령의 권능이 임한 것"이라고 믿었다. 그리고 한국에 하나님의 교회가 확실하게 탄생한 날이었다며 감격했다.[45]

마침 '신학회'(협성신학 전신)가 2월 22일부터 한 달 예정으로 계획되어 있었다. 남산현교회에서 일어난 성령의 임재는 자연스럽게 신학회로 연결되었다. 전국에서 신학생 목회자 118명이 참가했다. 이들 역시 같은 성령체험과 부흥운동을 체험했다.[46] 교실은 기도실이 되었고 학생들의 입에서는 "하나님이 교사가 되셨고 직접 목사가 되셔서 자신들의 현재와 장래의 사명을 위해 양육하고 계신다"며 흥분했다. 누구나 성령의 역사를 체험했음을 간증했고 머지않아 한국이 '하나님의 나라'가 될 것이라고 확신했다.[47] 신학생들은 '엄청난

---

45) George Heber Jonse, The Korean Revival (New York: The Bodard of Foreign Mission of the Methodist Episcopal Church, 1910), 6~7.
46) 이덕주, 앞의 책, 90.
47) 김명구, 앞의 책, 292.

능력을 지닌 복음 전도자'들로 변화되어 자기의 사역터로 돌아갔다. 그동안 의구심을 갖고 바라보던 선교사들의 눈이 한순간에 교정되었다. 다음은 노블의 진술이다.[48]

> 한국교회에 나 자신이 지금까지 목격하지 못했고 듣지도 못했던 가장 놀라운 성령 부어 주심의 현시가 있었는데 아마도 사도시대 이후 이보다 더 놀라운 하나님의 권능이 나타나심은 없었을 것이다. 매 집회에서 주님의 권능이 교회 전체와 때로는 밖에까지 임했다.
> 남녀가 회개의 역사로 쓰러지고 의식을 잃었다. 전 도시는 마치 죽은 자를 위해 통곡하고 있는 듯했다. 많은 사람들이 탄식하며 자신들의 죄사함이나 아직 회심하지 않은 사람들을 위해 기도하며 온 밤을 지새웠다.… 수백 명이 드리는 기도 소리는 수많은 악기가 내는 화음보다 더 훌륭한 조화를 이루었고 교회에 가득 찼다.

1907년의 평양대부흥운동은 장로교와 감리교의 집회로 1903년 원산에서 지핀 불이 1904년 서울의 감리교회를 거쳐 1907년 평양에서 폭발한 것이다. 한국교회가 부흥의 계절을 맞은 것이다. 이와 같은 운동이 영국 웨일즈(1904), 미국 아주사(1906)에서도 일어나고 있었다. 1907년의 대부흥운동을 「런던타임스」의 세실 경은 웨슬리적인 부흥운동이라고 말하면서 당시의 이야기는 웨슬리의 일기에 나오는 부흥운동의 이야기와 매우 흡사하다고 했다.[49]

주님의 복음 사업에 몸을 바쳐 일하겠다는 사람이 수십 명 생겨났고 성경을 공부하려는 열심이 일어나 어떤 사경반에는 2천여 명이 참석하여 공부했으며 또한 수천 명이 성경읽기를 시작하고 의심되는 것은 물으며 술주정꾼, 노름꾼, 도적, 간음하는 자, 살인자, 스스

---

48) "Importance of Daily Prayer." Korea Mission Field., 1907. 43.
49) 김홍기, 감리교회사. kmc(기독교대한감리회), 2013, 511.

로 의로운 체하는 선비, 아무 자각도 없는 중들, 수많은 무당 믿던 사람들이 그리스도 안에서 새로 거듭나게 되었으니 옛것이 사라진 것이다. 그 뒤 '평양대부흥운동'의 불길은 남으로 공주와 대구, 목포로 번졌고 1908년 압록강을 건너 만주와 북경의 중국교회로 전파되어 중국교회에 불을 붙였다. 그리고 1909년 남감리회의 '20만을 그리스도에게로'의 전도운동과, 전국 '백만명구령운동'으로 직결되었다.[50]

서울에서도 마찬가지였다. 북감리교회는 서울을 두 구역으로 확장 편성했다. 서울 동부구역과 서울 서부구역이다. 서울 서부구역은 정동교회와 상동교회가 연합하여 적극, 전도해 나갔고 서대문 밖으로 뻗어 나갔다. 서부구역은 또 서강교회, 창내(창천)교회, 공덕리교회, 염창교회, 마포교회와 서대문 밖 기도처들로 형성되었다. 동부구역은 동대문교회를 중심으로 왕십리교회, 중곡동교회, 미아리(돈암)교회, 용두리교회, 삼청교회와 동대문 밖 기도처들로 구성되었다.[51] 감리교는 그 뒤로 성령운동에 힘입어 더욱 성장했다.

스톡스는 이 부흥회를 가리켜[52] "웨슬리의 특별했던 부흥회의 재현이다."라고 평했다.

(3) 대부흥운동의 성격 · 결과

첫째, 부흥운동의 가장 큰 특징은 무엇보다도 통렬한 회개였다. '영적대각성'이다. 회개는 먼저 하나님 앞에서 그리고 다음이 사람이다. 진정한 회개는 '회'(뉘우침) + '개'(고침)이다.(마 3:8) 회

---

50) 이 운동으로 1905년에 비해 1907년 교세가 급증했다. 교회수(321→642), 전도소(470→1,045), 세례 교인(9,761→18,964), 학습 교인(30,136→99,300), 헌금 (13,528.67→53,197.85)으로 늘어났다.
51) Official Minutes of K. M. C. 1908, Annual Report, 30~35.
52) C.D.Stokes, Methodist Mission in Korea, 1947, 140.

개했으면 반드시 거기에 합당한 열매를 맺어야 한다. 열매(행함) 없는 믿음은 죽은 믿음이다.(약 2:26) 삭개오가 속여 빼앗은 것은 변상하고 보상했듯이(눅19:8) 그들은 훔친 물건은 주인에게 돌려주고 잘못한 일은 당사자를 찾아 용서를 빌었다. "돌아온 둘째"(눅 15:11~32)가 다시 세상으로 뛰쳐나가겠나? 회개를 뜻하는 헬라어 '메타노이아'($μητανοια$)는 '행동으로 나타나는 내적 변화'를 뜻한다. 뉘우침만으로는 진정한 회개가 못된다. 이렇게 윤리적으로 '변화된 삶'을 보여준 교인과 지도자들은 사회에서 '영적 권위'를 인정받게 되었고 민족 수난의 때에 소수이면서도 민족운동과 사회운동에서 지도력을 발휘할 수 있었다.

이 부흥운동을 통하여 한국 사람들은 진정한 회개와 중생, 성결을 체험한 것이다. 그것이 기독교의 본질이다. 이는 한국 사람뿐 아니라 서구 사람(선교사)도 마찬가지였다. 동양 따로 서양 따로가 아니다. 이런 영적구령을 앞세우는 하디의 전통과 신학을 바탕으로 하는 기독교적 가치와 윤리 의식은 새로운 공동체를 형성하게 되었다. 이는 한국 토착교회의 성장과 함께 신앙과 신학의 성격과 내용을 결정지은 사건이 되었다.[53] 선교사와 한국 교인들 사이의 장벽도 허물어졌다.

둘째, 기독교의 신앙이 깊으면 깊을수록 뜨거우면 뜨거울수록 오직 여호와 하나님, 한 분만 섬기고 그 분께만 신앙을 고백한다. 이때는 을사늑약(1905.11.17)의 14개월 뒤로 외교권을 박탈당한 상태에서 앞으로 밀어닥칠 이른바 일본 천황과 일본 이데올로기와는 처음부터 대립하게 되어 있었다. 기독교인들은 직접적으로 정치적 활동

---

53) 이덕주, 『한국 토착교회 형성사 연구』, 한국기독교역사연구소, 2000, 제 3장(한국교회 초기부흥운동 참조)

을 하지 않고 저항을 하지 않더라도 그 신앙 자체가 벌써 일제에 대한 강력한 저항이었다.[54] 평양대부흥운동은 기독교 신앙 옹호대회요, 그 현장이라고 말할 수 있다. 그런 까닭에서 1909년의 '백만인 구령운동' 때에 부르던 찬송, 곧 "십자가 군병들"을 일본의 신에 맞서는 100만 명의 군대로 해석하기도 했다.

1905년 을사늑약 뒤, 일본의 바람대로 교회의 영역과 정치의 영역이 확연히 분리되었다. 정교분리의 실현이다. 을사늑약으로 한국에서 모든 외교 공관이 철수했다. 이런 상황에서 기독교는 서구와 한국을 이어주는 유일한 매개체였다. 그런데 을사늑약 약 14개월 뒤에 '영적대각성운동'이 폭발한 것이다. 기독교를 국권 회복과 근대 이데올로기로 이해했던 사람들은 이를 강하게 비판했다. 교회가 민족운동의 구심체 역할을 하지 않고 '영혼 구원'만 내세워, 국가와 민족의 존망을 외면한다고 보았기 때문이다.[55] 1907년 이전, 한국 정계와 지식사회는 기독교의 복음을 근대문명의 이데올로기 정도로 생각했었다. 선교사가 세운 교회를 단지 서구와의 정치 통로로 여겼다. 또한 적지 않은 사람들이 "보호와 힘을 기대하는 동기"로 교회에 들어왔다.[56] 그러나 대부분의 교회는 이런 인식들을 철저히 배제했다. 교회에 들어오기 위해서는 오직 신앙의 영역만 존중해야 했다. 교회는 비정치 기관이요, 교회 생활은 오직 신앙적 영역만이 있어야 한다는 생각이 각인되었고 민족의 장래는 역사의 주재자이신 하나님께 의뢰했다. 정치적 동기로 교회에 들어온 사람들은 교회를 떠나야 했다. 그런데 한국교회는 일제로부터 가장 강력한 반일적, 혁명적 집단

---

54) 김명구, 앞의 책, 310~311.
55) 위의 책, 313.
56) C.E.Sharp, "Motives for seeking Christ", Korea Mission Feild, Aug. 1906, 182. 김명구, 위의 책, 312.

이라는 의심을 받았다. 의심은 사실이었다. 기독교 신앙은 절대로 일본 신을 용납할 수 없었던 것이다.

셋째, 우리 민족을 향하신 하나님의 온전하고 선하신 뜻을 확신했다. 곧 민족구원이다. 곧 나라 사랑이다. 당연히 이 부흥운동은 민족 수난의 때를 대비하는 체계와 힘을 갖추게 했다. 한국기독교는 1910년 한일병탄 뒤 일제의 모진 박해를 견디며 3·1 민족운동, 사회운동을 주도해 나갔다. 선교사들이 정교분리를 고집하며 교회가 민족운동에 개입하는 것을 막으려 했지만 헛일이었다. 당면한 역사적, 민족적 현실 한복판에서 기독교는 민족운동의 원동력이 되었다. 민족의 십자가를 앞장서서 당당하게 짊어졌고 민족교회의 성격을 다졌다.[57] 부흥운동이 한국교회를 비정치화시키고 탈역사적 교회로 전환시켜 내세 지향적인 교회로 전락시켰다 함은 일방적, 또는 전체 아닌 부분적 면일 뿐, 분명한 것은 한국기독교 특히 감리교는 민족운동에 전적 투신하고 몸을 던졌다. 존스는 언명했다.[58]

> 이 위대한 사건으로 한국 민족교회의 정신적인 역사가 출발했고 한국교회가 나름대로 남다른 독특성을 소유하게 되었다.

이 영적대각성운동은 당연히 항일의 사상적 근원을 제시했으며 한국의 독립에 절대적인 공헌을 한 것이다. 나라를 사랑하는 것은 당연한 하나님의 뜻이고 하나님을 사랑하는 길이고 방법이었다.

그리고 부흥운동의 시작은 선교사들이 주도했으나 나중은 길선주,

---

57) C.D.Stokes, History of Methodist Missions in Korea 1885~1930, 1986, 188.
58) G.H.Jonse, "The Growth of the Church in the Mission Feild", The International Review of Missions, Edisburgh, Vol. No.3 1912, 416. ; 김명구, 앞의 책, 95.

김찬성, 정춘수, 이은승, 전계은 같은 한국 지도자들이 이어받았다. 이들은 순회부흥사가 되어 전국을 휩쓸었다. 한국교회가 선교사 중심에서 토착인 중심으로 이동하게 된 것이다. 선교사와 한국 교인들 사이의 장벽도 허물어졌다. 그리스도 안에서 모두는 하나되며 형제임을 체험하였다.[59]

넷째, 놀라운 교회 성장이다. 당시의 시대적 상황은, 기존의 중국 의존의 중화사상이 무너져 천지가 개벽되는 경악을 금치 못했고[60] 청·일전쟁의 승자 일본은 침략의 고삐를 더욱 바짝 죄어 왔다. 전통적 정신세력 유교는 진작에 생명력을 잃었고 정부는 백성을 보호하기는커녕 존폐가 경각에 달려있어 민심이 흉흉하고 참담했다. 이런 때, 믿고 기댈 곳은 오직 교회뿐 이었다. 신앙과 민족구원은 별개가 아니었다. 이는 하나님만을 전적 의지하려는 민족구원 의식과 더불어 신자가 폭발적으로 증가하는 계기가 되었다. 한국을 기독교로 뒤덮으려는 듯 싶었다.

청·일전쟁(1894~1895), 러·일전쟁(1904~1905), 을사늑약(1905)을 거치면서 교회는 그때마다 숱한 구도자를 맞이하게 되었다. 교회만이 유일한 피난처이고 안식처였다. 러·일 전쟁 무렵 교회에는 십자기와 성조기를 함께 게양하는 사례가 있었다. 선교 기관은 외국인의 치외법권 구역임을 표시하는 상징이었다. '십자기'는 "이 집은 외국인 선교사가 관여하는 곳이다."하는 메시지를 담고 있었다.[61] 1905년 대비, 교회 200%, 교인 267%, 헌금 약 400%의 증가

---

59) C.D.Stokes, History of Methodist Missions in Korea 1885~1930, 189.
60) 이선근, 「한국사 최근세편」, 을유문화사, 1961, 243.
61) 이덕주, 「한국교회 부흥의 아버지 로버트 하디」, 신앙과 지성사, 2023, 64~65.

율로 증명되었다.[62] 그것을 도표로 보면 다음과 같다.

감 · 장 성장 보기

교파	1906	1907	1908
감리교	12,791	23,455	24,244
장로교	25,162	45,956	58,308

이토록 폭발적인 교회성장은 초기 선교사들의 고민을 해결해 주었다. 선교사들의 사명은 교회성장이다. 교육, 의료선교는 간접선교로 최종 목적은 교회성장이다. 그런데 한국교회가 눈부시도록 부흥, 성장한 것이다. 그것은 교육이나 의료선교로는 이룰 수 없는 것들이었다.

이제 한국교회의 독립성과 독자성이 확보되기 시작했다. 자급, 자립의 길도 길러졌다. 이는 세계 교회사에 획기적인 사건으로 기록되었고 그 유례가 없어 세계로부터 이목이 집중되었다. 에딘버러 국제선교협의회는 평양대부흥회를 경이롭게 보고 경의를 표했다.[63]

한국교회는 죄의 심각한 성격과 그리스도의 구원의 능력, 기도의 효과 그리고 하나님의 임재를 알게 되었다고 선언했다. 이제 강직, 사랑, 신생… 한국교회의 독자적인 정신의 역사가 시작되었다.

1907년의 신학은 한국교회 신학의 원형이 되었다. 그리고 1915년에 시작된 산상기도회와 신유집회, 노상집회, 심령부흥회의 효시

---

62) U.G.Underwood, The Call of Korea, Fleming H. Revell, 1908, 146~148, 참조.; 김명구, 앞의 책, 294.
63) World Missionary Conference, Carrying the gospel to all the non-Christian World, Vol. I , New York Fleming H. Revell Company, 1910, 77.; 김명구, 위의 책, 295. 재인용.

가 되는 강화 마리산(마니산)부흥회, 1920년대 김익두의 신유집회, 1930년대의 이용도의 신비주의적 영성에까지 영향을 미쳤다.

(4) 선교사들, 그리고 미국의 변화

평양의 감리교 선교사 무어(John Z. Moore)[64]는 1907년 평양대부흥운동에 대단히 의미 깊은 고백을 남겼다.[65]

> 작년까지만 해도 나도 은연중 '서양은 서양이고 동양은 동양이다'는 식의 바람직하지 못한 관념에 사로잡혀 있었다. 동양과 서양이 함께 만날 수 있는 근거나 둘 사이에 어떤 유사성도 찾을 수 없다고 생각했다. 다른 선교사들과 마찬가지로 나도 한국인들은 서양인들이 하는 그런 종교체험은 할 수 없을 것으로 생각했다.
> 이번 부흥회는 내게 두 가지를 깨우쳐 주었다. 첫째, 표면적으로 본다면 한국인이 서양인과 정반대되는 것이 수천 가지가 넘지만 본질로 들어가 근본적인 것을 따지면 서양인과 한국인이 한 형제이며 하나라는 점이다. 둘째, 부흥운동에서 깨달은 바는 동양인들의 경건한 생활이나 기도에서 보여주는 단순하면서 어린아이 같은 순진한 신앙이 풍부할 뿐 아니라 깊이가 있어 그것을 우리 서양인들이 배워야 한다는 점이다.
> 우리가 이런 것을 배우지 않고는 그리스도의 복음을 완전히 파악했다고 말할 수 없을 것이다.

그는 두 가지 사실을 깨달았는데 먼저는 서양사람과 한국사람은 본

---

64) 1874~1963. 미국 펜실바니아 피츠버그의 3대 목사 집안에서 출생한 그는 1903년 뜨루신학을 졸업하는 길로 선교사로 들어왔다. 1905년 Alpha Roney 양과 결혼했으나 사별하고 1915년 마운트유니온 신학교에서 신학박사를 하고 다시 들어왔다. 1910년 이미 한국에 나와 있는 Ruth Benedict양과 재혼한 뒤 40여 년 동안 평양 광성고등학교, 정의여자 고등학교, 평양 요한 학교, 평양 여자 고등학교를 설립, 인재 양성에 힘쓰며 전도교육 사회사업에 종사했다. 1940년 일제로부터 강제 추방되어 귀국했다. 손정도 목사의 후견인이었다.
65) J.Z.Moore, "The Great Rivival Year", Korea Mission Feild, Aug. 1907, 118. ; 김명구, 위의 책, 308.

질적으로 한 형제라는 사실이고 다음은 한국사람의 어린아이 같은 순진한 신앙을 서양사람들이 배워야 한다. 그렇지 않으면 그리스도의 복음을 제대로 알지 못한 것이라는 것이다. 무어는 한국사람의 신앙을 서양사람들이 본받아야 한다고 강조했다. 이 또한 무어의 진솔한 회개요, 회심이었다. 더욱이 1907년 현장에 있었던 대부분의 사람들은 양반, 식자층보다는 주로 민초에 속한 사람들이었다.[66] 무어에게 1907년은 선교사들의 백인이라는 우월의식과 잘못된 시대정신을 교정시켜주고 어린아이와 같이 단순할 때 신앙이 깊어진다는 근본 진리를 생생하게 일러준 한 해였다.

당시의 거의 모든 선교사들은 한국사람들 보다 자기들이 우월하다고 생각했다. 그들은 서구 중심적 문명관과 우월의식을 갖고 있었던 것이다. 그것이 그때의 서구사람들의 공통된 관념이었다. 그들은 근대문명의 정도를 네가지로 규정했다.

자기들은 세상에서 가장 높은 '문명'이고 다음은 '반개화', '미개화' 가장 낮은 단계를 '야만'으로 규정했다. 한국은 반개화 국가로 보았다. 우상숭배와 미신, 게으름, 노동 의욕의 부재, 부패 문제[67] 등 때문이었다.

당시 서구의 근대문명 국가들은 우월한 인간, 우월한 국가, 우월한 인종을 만들기 위해 인종 간의 투쟁은 불가피하며 자연도태 역시 당연하다고 생각했다. 곧 **사회진화론**[68] 논리이다. 즉 우월한 인종이 열

---

66) 김명구, 앞의 책, 307.
67) "인종과 개화의 등급." 「그리스도 신문」, 1901년 9월 12일자. ; "Editional" The Independendant, 1896년 11월 12일 자. ; 김명구, 앞의 책, 307, 주) 194).
68) '문명진화론'은 다윈(C.Darwin)의 '생물 진화론'보다 앞서 제시되었다. 다윈은 1859년에 『종의 기원』에서 처음으로 생물진화론을 언급했지만, 사회과학자 맬서스(T.Malthus)는 1798년, 『인구론』에서 적자생존의 원리를 논하였고 '진화'라는 개념을 널리 보급시

등한 인종을 지배하는 것을 자연의 법칙으로 주장함으로써 '제국주의'를 정당화하며 약소국들을 식민지 삼는 '약육강식'의 논리가 기승을 부렸던 것이다.

그런데 1907년의 영적대각성운동은, 한국에서만큼은 이런 사회진화론적 논리와 주장, 인식을 극복하게 했다. 성령의 임재와 강력한 회심의 체험이 한순간에 한국 기독교인들의 위상을 바꾸어 놓은 것이다. 선교사들은 의료나 교육 등의 방법으로 문제를 해결하려 했으나 영적 회심 체험의 결과가 교육이나 의료 선교의 업적과 비교될 수 없을 만큼 강렬했던 것이다.[69] 따라서 1907년 영적대각성운동은 선교사들의 문명론적 인식을 극복, 교정시켜 주었다.

1907년 영적각성운동은 을사늑약 뒤, 한국을 버리고 떠난 미국을 돌아오게 했고 그리고 일본과 대립하게 했다. 그만큼 미국교회를 자극했고 미국정부의 대 한국정책을 수정하게 했다. 따라서 일방적으로 일본에 기울었던 미국의 일본 우선정책을 바꾸는 계기가 되었다. 영적대각성운동이 한국 독립에 결정적 동기를 제공한 것이다.[70] 다시 무어의 고백이다.[71]

나는 올해 한국을 방문한 많은 유명인사들 중 한 사람에게 한국의 기독교에 대해 어떻게 생각하느냐고 물어보았다. 평양에서 5~6천 명의 기독교인들이 모여서 예배를 드리는 것을 보고 한 주일을 보냈는데 그들은 "원더풀! 원더풀!"이라고 대답했다. 목사들과 선교회 총무들뿐만 아니라 여러 신문 특파원들과 사

켰다. '적자생존'이라는 말을 처음 사용한 사람은 영국의 철학자이며 사회학자인 스펜서(H.Spencer)였다. 그는 1852년에 발표한 논문 「발전가설」에서 문명진화론을 피력하였다. 1870년대 뒤, 우월한 인종이 열등한 인종을 지배하는 것을 자연의 법칙으로 주장함으로써 제국주의 정당화에 기여한 이론이다.
69) 김명구, 위의 책, 309.
70) 위의 책, 316.
71) J.Z.Moore, "The Great Rivival Year", Korea Mission Feild, Aug. 1907, 118~119. ; 김명구, 위의 책, 316.

업가들도 그 사실에 동의하며 한국에서의 기독교의 놀라운 결과에 경이를 표하고 있다. 그들은 비기독교인들이나 한국인들의 유일한 구원의 소망이 기독교에만 있다는 것을 깨달았다.

무어는 당시 1907년의 영적 대각성의 결실을 확인하고 싶어 적지 않은 사람들이 한국을 찾았다고 말했다. 그들은 교계 인사만이 아니라 세계 거대신문사의 특파원들, 경제계 사람들을 포함한 세계 명사들로 그들의 방문이 넘쳤다. 이들은 영적 대각성운동의 결과와 선교의 결실, 복음의 강력한 힘을 확인하고 싶어 국권을 빼앗긴 나라, 한국을 찾은 것이다. 방문객들은 한국에서 사도적 기독교가 되살아났다며 흥분했고 한국이 아시아의 "지배적인 세력"이 될 것이라며 탄성을 질렀다.[72] 확실히 한국은 방문객들에게 강력한 힘을 보여준 나라였다.[73] 아울러 미국 정부의 생각이 달라지기 시작했다. 세계 선교 역사에서 미국[74] 이외의 지역에서 1907년 운동의 결실만큼 뛰어난 선교 결과를 가져온 예는 없었다. 그것은 곧바로 미국교회의 업적과 자랑이 되었다. 당시 미국에 있던 이승만은 미국에서 한국교회가 어떻게 되고 있었는지를 설명하고 있다.[75]

세계의 모든 교회가 말하기를 하나님이 한국 백성을 이스라엘 백성처럼 특별히 택해서 동양 처음으로 기독교 나라를 만들어서 아시아에 기독교 문명을 발전시킬 사명을 맡기시려는 것이라고 했다. 그러므로 이때에 한국교회를 돕는 것은

---

72) W.T.Ellis, "Koeea The Unique Mission Feild", The Missionary Review World, February 1908, 98. ; 김명구, 앞의 책, 316.
73) 민경배, 『글로벌시대와 한국, 한국교회』, 대한기독교서회, 2011, 185.
74) 미국에서 대각성운동은 1차(1730~1755) 조나단 에드워즈, 조지 휫필드 그리고 찰스 피니의 2차(1790~1840)로 구분한다. 김신호, 앞의 책, 93~105., 157~174.
75) The Outlook, 1912년 12월 4일 자. ; 이승만, 『한국교회 핍박』, 신한국보사, 1913. 1. ; 김명구, 앞의 책, 317.

장차 일본과 중국을 문명화 시키는 기초가 된다고 하여 각 교회에서 발행하는 신문, 월보, 잡지에 한국교회의 소식이 그칠 때가 없으며 교회 순례자들의 연설이나 보고에 한국교회에 대해 칭찬하지 않는 것이 드물 정도이다.

1916년 5월, 미감리회 총회는 한국과 일본, 북중국 관리 감독으로 선출된 웰치(H. Welch)가 살 곳을 서울로 정했다. 웰치 앞의 해리스(M.C. Harris)는 일본에 살았다. 그동안 미국교회는 일본을 아시아의 전초기지로 여겼고 막대한 선교 자금을 보냈다. 그러나 1907년 뒤로는 아니다. 미국교회의 입장과 정책이 바뀌었다. 한국을 일본 대신 아시아의 선교 중심지로 지목한 것이다.[76] 선교사들은 한국의 정황을 비밀리에 미국교회에 알렸고 미국교회는 한국의 정황을 미국 정계와 사회에 알리며 한국의 입장을 대변했다. 특히 미연방 상원 원목이요, 워싱턴D.C 파운드리 감리교의 목사 해리스(Frederick B. Harris)[77]는 한국 독립을 위해 미국 정치가들을 설득했던 사람 가운데 하나였다.[78] 상당수의 미국교회 목사들과 교회 지도자들은 미국 정치 지도자들에게 한국의 독립을 호소하고 설득했다. 그것이 나중의 미국 정부의 한국독립 결정으로 연결될 수 있었다.[79]

(5) 백만명구령운동

부흥의 열기가 전국으로 퍼져나가던 1908년 여름, 남감리회 선교사

---

76) 김명구, 위의 책, 320.
77) 그는 미국 역사상 가장 오랜 기간인 24년을 상원 원목으로 재직했다. 미국 정계를 움직이는 영향력 있는 기독교인이었다. 이승만은 파운드리감리교회에 1939년부터 45년까지 출석했다. 이승만과의 관계를 통해 한국을 위한 '그림자 대사'(a shadow ambassador) 역할을 충실히 수행했다.
78) 유지윤, "F.B.해리스와 이승만의 관계가 대한민국 건국에 미친 영향", 서울신학대학교 현대기독교역사연구소, 1917년 8월 14일, 제2차 코로키움 발표고. ; 김명구, 320, 주) 320. 재인용.
79) 이승만, 앞의 책, 44~45.

스톡스(M.B. Stokes, 1882~1968), 하디, 쿠퍼, 화이트 양은 한국교회 부흥운동의 발상지 원산에 모여 중요한 결단을 했다. 이들은 교회는 늘었지만 하나님의 사업은 제대로 이루어지지 않았다고 판단하고 6주 동안 성령 받기를 위해 기도하기로 했다. 남감리교 선교사들을 중심으로 또다시 부흥운동이 일어날 조짐이 보인 것이다. 1909년 초, 송도에서도 남감리회 선교사들이 모임을 갖고 자신들이 신령한 생활을 제대로 못하고 있음을 자책하며 참석자 15명이 1주 동안 특별기도회를 가졌다. 마침내 다음날 이들은 성령을 받았고 한 선교사는 환상을 보았다.[80] "주께서 손을 뻗어 한국을 축복하는 장면을…"

이들은 계속 금식기도에 힘썼다. 스톡스는 자신의 구역(송도 북부와 이천) 소속 전도사 20명과 함께 또 산에 올라갔다. 4일 뒤 모두는 성령 충만을 받았고 그 뒤 다른 25명 전도사들도 같은 방식으로 성령을 받았다. 모두 45명의 전도사들이 성령을 받고 자기구역으로 돌아갔다.

그해 9월 서울에서 열린 남감리회 제13차 선교연회에서 성령을 받기 위한 특별기도회를 열었다. "이 해에 20만 영혼을 그리스도에게"(200,000 Souls for Christ This Year)라는 표어를 걸고 전도에 전혀 힘쓰기로 결의했다. 그해 10월 서울에서 감·장 복음주의 선교부 연합공의회가 열렸다. 그 자리에서 리드는 남감리회의 "이 해에 20만 영혼을 그리스도에게" 전도 운동을 설명하고 이 운동을 감·장 선교회의 공동 목표로 정하자는 제안을 했다. 이 제안이 만장일치로 결의되어 분과위원회에 회부했고 리드가 위원장에 선출되었다. 이들은 앞으로 1년 동안의 표어를 정했다.[81]

---

80) G.T.B.Davis, Korea for Christ, 1910, 6~10. ; 윤춘병, 『한국감리교 성장사』, 433.
81) W.T.Reid, "1,000,000 Seouls for Christ This Year", The Korea Mission Feild, 1910, 11, 196~197. ; 윤춘병, 위의 책, 434.

100만 영혼을 그리스도에게!

그리고 선교 50주년까지 북장로교 70만명, 북감리교 40만명, 남장로교 26만명, 캐나다장로교 26만명, 호주 장로교 20만명, 남감리교 18만 명의 영혼을 구해내겠다는 목표를 정했다. 과업을 달성하겠다는 참석자들의 사명의식은 하늘을 찌를 듯했다. 베어드는 한발 더 나아가, 백만 명이 아니라, "백만 가정의 복음화 운동"으로 확대하자며 「그리스도의 행적」이라는 작은 책자를 만들어 개인 전도용으로 배부했다.[82] 이 운동을 위해 채프만(J.W. Chapmann), 알렉산더(C.McCallon Alexander), 학니스(R. Harkkness) 등 세계적인 부흥사들, 미북장로교의 해외선교부총무 브라운(A.J. Brown), 남감리회의 호스(E.E.Hoss) 감독, 가우처(J.F. Goucher) 박사가 들어왔다. 이들은 전국을 순회하면서 집회를 인도했다.

'백만명구령운동'은 10만 명에 달하는 전도인과 수백만의 전도지, 70만 권이 넘는 마가복음이 배포된 거대한 전도 운동이었다. 선교사들은 당시 한국의 정치 상황을 전도 운동의 기회로 연결했다. 서울에서 교파와 계층을 초월한 대전도단이 조직되고 수만 명이 참가하는 전도 집회를 열었다. 이때 또한 특별한 전도운동이 등장했다.

물질적인 연보 외에 시간을 연보 하는 '날 연보' 전도 운동이다.

수많은 신자들이 기독교인으로서의 자긍심과 공동체 의식을 가졌다. 국가의 존망이 위태로운 때에 백만 명이 그리스도에게로 나오면 국권을 보존할 수 있다는 희망찬 메시지는 큰 촉진제가 되었다. 대

---

[82] 변동헌, 『그리운 방위량 선교사』 (대구: 도서출판한빛 연대미상), 23. ; 김명구, 앞의 책, 298. 재인용.

구 등지에서는 매일 저녁 천명에 가까운 비기독교인이 예배당을 가득 메우고 4, 5백 명의 개종자가 생겨났다는 보고도 있다.[83] 한 연구에 따르면, 1905년~1910년 사이에 미북감리회가 180%, 미북장로회가 250% 성장했음에 비해 남감리회는 700%나 성장했다는 것이다.[84] 이런 성장은 한국 기독교인들이 나라 잃은 설움과 시련을 하나님을 의지하는 신앙으로 전환시켰기 때문에 가능했다. 또한 장로교 총회가 대대적으로 비정치적 복음화 사업을 계획하고 이를 조직적으로 실천하기 위해 전도대 조직과 축호 전도를 본격화시킨 것도 큰 몫을 했다.

4) 변증신학과 토착화 신학

(1) 토착 신학의 선구자, 노병선 · 최병헌

한국 사람들은 부흥운동을 통해 회개와 중생과 성결을 체험했고 기독교적 윤리 의식을 바탕으로 새로운 공동체를 형성했다.[85] 이런 신앙체험을 바탕으로 복음을 주체적으로 해석하려는 신학이 감리교 신학자들에 의해 수립되었다. 곧 토착 신학이다.[86] 그것은 한국(동양)의 전통 종교와 문화에 대한 기독교적 해석을 시도하는 작업이다. '토착'은 "그 땅에서 대대로 살고 있음", 또는 "한 생명체가 새로운 장소로 이동하여 그곳에서 살아가는 삶"을 말한다.

---

83) James E.Adams, Annual Personal Report to the Board of Foreign Missions of the Presbyterian Church U.S.A.(Taegu, Korea, 1910~1911) ; 서명원(이승익 역), 『한국교회성장사』, 대한기독교서회, 1977, 79~80.
84) 서명원(이승익 역), 위의 책, 218.
85) 이철, 『기독교대한간리회 교리와 장정(2021년)』, (재)기독교대한감리회 도서출판kmc, 2022, 23.
86) '토착 신학' 하면 윤성범 교수이다. 그는 토착 신학의 대명사이다. 1960년대 이후에서 다루기로 한다.

'토착화'(Indigenization)란 복음이 효과적으로 수용될 수 있도록 문화(전통, 종교, 관습, 풍속 등)와의 동일화를 모색하는 과정이다. 토착화 신학의 핵심은 "어떻게 하면 기독교 복음을 토착민에게 효과적으로 전할 것인가?"이다. 하나님께서 왜 친히 사람이 되셨나? 사람을 구원하기 위해서다. 사람이 되신 예수님은 '참 하나님'이시며 동시에 '참 사람'이시다. 하나님이 구원의 대상인 사람에게 자신을 나타내신 것이다. 감리교는 기독교 초기부터 복음의 사명을 더 잘 감당하려고 토착 문화와 상황에 적응하는 선교를 추구했고 한국의 전통종교와 문화에 대한 기독교적 해석을 시도했다.

한국기독교 토착 신학의 선구자는 노병선(1871~1941) 전도사와 최병헌 목사이다. 노병선은 기독교를 동양과 서양을 총괄하는 '하늘의 종교'로 변증했다. 그의 『파혹진선론』(1897)은 한국 개신교 역사상 한국인이 최초로 쓴 기독교 변증론이다. 그 뜻 "의혹을 파하고 착한대로 나아가게 함"이다.

그는 왜 선교사들이 자기 돈을 써가며 남의 나라에 와서 희생하면서 선교 활동을 하는가? 하는 질문에서 출발한다. 그리고 기독교가 서양 종교라는 일반관념을 부정하고 "대저 도의 근원은 하늘로부터 난 것이라. 어찌 서양 하늘과 동양 하늘이 다르다 하리오" 하면서 기독교를 동양과 서양의 도를 아우르는 '하늘의 종교'요, 한국의 근대화를 촉진 시킨 '은혜의 종교'로 변증했다. 장로교 길선주 (1869~1968) 목사의 '해타론'(1904)[87]도 있다.

최병헌(1858~1927) 목사는 기독교는 불교, 유교, 도교와는 비교

---

87) 성취국으로 가는 길을 막는 흉측한 짐승이 '해타'이며 예수님의 인도로 영생국으로 가야 하는데 게으른 사람들은 해타에게 잡아먹힌다는 줄거리이다. 해타를 극복하고 성취국에 들어간 사람으로 요·순임금, 공자 등을 사도 바울과 함께 꼽았다.

될 수 없는 완전한 종교임을 효과적으로 변증했다. 그의 『성산명경』(1912), 『만종일련』(1922)은 토착 종교의 잠재적 가능성을 인정하면서 그것이 복음의 빛으로 변혁될 때에 비로서 완전해진다는 것이다. 동양 종교의 부족한 부분을 기독교가 완성시켜 준다는 논리로 종교 간의 대화를 통하여 '기독교의 절대성'을 규명한 것이다.

그는 전통적인 양반 선비 집안 출신으로 유교에 조예가 깊은 학자였다. 중국 서적을 통하여 서양문명과 발달상, 그 정신적 지주가 기독교라는 사실을 알고는 아펜젤러 목사를 찾아가 처음으로 한문 성경을 얻어 읽었다.[88] 그는 성경을 탐독하다가 개종했고 유교에 대한 자부심이 남달랐기에 세례받기까지 5년이 걸렸다. 어려서부터 종교에 관심을 갖고 공부해 왔으며 기독교의 전도인이 되어서도 계속 연구하고 책을 썼다.[89]

1916~1920년까지 협성신학교 교지 『신학세계』에 "종교변증론"을 연재했다. 이것이 단행본으로 출간된 것이 『만종일련』이다.(1922) 그는 유교·불교·선교·바라문교·회회교·유태교·라마교·인도교·애굽고교·희랍고교·천주교·희랍 정교·야소교 등 세계종교를 모두 다루었다. 단군교의 별칭인 대종교와 최수운의 천도교, 강중산의 태을교, 그밖에 태극교(여영조), 태종교(김일부), 경천교(정광덕) 등 한국의 신흥종교까지를 다루었다. 이는 한국 초유의 세계 종교사이다. 유동식 교수는 "이능화[90]와 함께 한국종교 사학의 조상이

---

88) 유동식, 『한국감리교회의 역사』 1883-1992, 기독교대한감리회, 1994, 304.
89) 1907년에 『성산유람기』에서 유불선과 기독교를 논했다. 1909년부터 1910년 자신이 편집을 맡고 있던 「신학월보」에 공자교·이슬람교·힌두교·불교 등을 논한 「사교고략」을 연재했다.
90) "1928년에 간행된 이능화 선생의 『기독교사』는 남이 걸어가지 않는 황무지를 더듬는 선구적인 문헌이었음은 더 말할 바 없다."고 했다. 홍이섭, 『韓國史의 方法』, 탐구신서 35(탐구당), 1981, 447.

되었다."[91]고 했다. 그가 『만종일련』에서 유교와 불교를 파헤치고 나서 내린 결론이다.[92] 若使孔夫子로 基督의 理를 見하셨다면 必信從이시오, 釋迦氏로 損己利人의 善果를 嘗하였더면 苦行林中에 六年風霜을 虛勞치 아니실지라. (동양의 성현들이 구하던 진리가 모두 그리스도 안에서 성취되었다는 말이다.)

최병헌은 타종교에 대하여 배타적이지 않았다. 그렇다고 상대주의도 아니었다. 선교적 입장에서 타종교와 대화를 나눔으로 변증법적 긍정과 부정을 통하여 그들과 창조적 접근을 시도한 것이다. 이같은 토착화 신학은 성서와 기독교 신앙전통에서 동양의 문화·종교 전통을 새롭게 해석하여 수구세력의 기독교에 대한 오해와 편견을 해소시켰으며 기독교가 민족 문화와 종교 전통 속에 뿌리를 내릴 수 있는 문화선교의 길을 열어주었다.

(2) 최초의 해방신학자, 전덕기

전덕기(1876~1914)는 17살 때 스크랜턴(W.B. Scranton) 선교사의 가정 집사로 들어갔다. 그뒤 상동교회 속장, 권사를 거쳐 1902년 전도사가 되고 1905년에 목사 안수를 받았다. 1907년, 스크랜턴을 이어 상동교회 담임목사가 되었다. 그는 스크랜턴에게서 성령이 하시는 일을 똑바로 배웠다. 그것은 "가난한 자에게 복음을, 포로 된 자에게 자유를, 눈먼 자에게 다시 보게 함을, 눌린 자를 자유롭게"(눅4: 18) 하는 것이었다. 그는 평생을 가난하고 소외된 민중을 위한 목회를 했고 연고자가 없는 사람들의 장례를 치러주었다. 그는 복음

---

91) 유동식 앞의 책, 316.
92) 崔炳憲, 『萬宗一臠』, 91. ; 유동식, 앞의 책, 324. 재인용.

을 국권회복운동으로 해석했다.

그는 1904년 교회 안에 상동청년회를 조직하고 부속기관으로 상동청년학원, 공옥학교를 설립했다. 학생들에게 끓어오르는 애국정신을 불러일으키며 학교를 당당한 민족운동의 요람지로 키워나갔다. 학교를 본거지로 양기탁, 이동녕, 주시경, 안태국, 이동휘, 박용만, 정순만, 이시영, 이희영, 김구, 장지영, 이준, 조성한 등 대표급 우국지사들이 결집했다. 이들을 '상동파'라고 부른다. 그들의 사상이다.[93]

일본의 압박을 달갑지 않게 여기는 자는 모두 와서 십자가 앞에 모여 십자가 보호 밑에 크게 세력을 양성하여 장차 십자가 군병을 일으켜 일본의 세력을 조선에서 몰아내자.

전덕기는 독립운동과 목회는 하나로 신앙과 애국을 한 나무에 달린 두 열매로 보았다.[94] 그는 기독교 신앙을 토대로 한 철저한 기독교적 민족주의자로 초점은 국권 회복이었다. 극한 상황에서는 이동휘처럼 무력투쟁도 마다않는 '급진적 행동파'[95]의 면모도 보여준다. 나라 없이 신앙생활할 수 없고 신앙없이 나라 사랑할 수 없다. 참 교인일수록 참 애국자가 되어야 한다. 그는 성직자이기에 좌절이나 남을 탓하지 않았고 또 남이 해결해 주기를 앉아서 기다리지 않고 몸소 기도가 나가고, 행동이 나가고, 삶이 나갔다. 곧 예수 그리스도의 십자가의 삶이다.

이같은 전덕기의 삶은 웨슬리의 '사회적 성화'(Social sanctification) 사상의 표출이다. 개인의 성화를 이루었으면 그것은 사회 구원으로

---

93) 김창수·김승일, 『해석 손정도의 생애와 사상연구』, 넥서스, 1999, 49.
94) 송길섭, 『일제하 감리교회 3대성좌』, 성광문화사, 1982, 141.
95) 안병욱, "기독교와 민족사상" 한국기독교문화연구소 편, 『한국의 근대화와 기독교』, 숭전대학교출판부, 1973, 75~76. ; 유동식, 앞의 책, 208.

이어져야 한다. 세상, 그 속에서 '빛, 소금'이 되어야 한다. 이는 피할 수 없는 그리스도인의 사회에 대한 책무이다. 개인 구원이 사회 구원으로 연결되어야 한다는 웨슬리의 사회 성화 개념에 충실했던 전덕기에게 기독교 신앙과 구국운동은 어느 하나 포기할 수 없는 가치이다. 즉 그것은 둘이 아닌 하나였기 때문이다. 전덕기는 진정한 웨슬리의 후예로써 구국이라는 사회적 책임을 짊어졌던 것이다.

1907년 3월 12일자 민족주의 언론, '만세보'에 실린 그의 연설문이다.

> 서울역을 출발한 기차가 한강을 건널 때에 자격 없는 기관수가 기차를 몰면 모두가 불행하게 되므로… 자격없는 기관수를 교체해야 한다. 나는 전도인이라 악의가 있어 이렇게 말하는 것이 아니라 오직 우리가 사망의 우환을 면코자 함이다.

독일의 루터교 목사요 신학자인 본회퍼(1906~1945, Dietrich Bonhoeffer)가 떠오른다. 그는 세계 2차 대전 당시(1943), "미치광이가 운전대에 앉아 광란의 질주를 하는데 차를 멈추려면 강제로라도 그를 끌어내야 한다."며 히틀러 암살 모의에 가담했다.

"전덕기 목사는 한국의 본회퍼요, 한국기독교 최초의 해방신학자였다."[96]고 말하기보다는 "본회퍼는 독일판 전덕기 목사."라고 말해야 마땅하다 하겠다. 전덕기 목사가 본회퍼보다 30세나 위다.

---

96) 웨슬리복음주의협의회, 『웨슬리복음주의 총서』 제Ⅱ집. 도서출판 광림. 1994. 153.

7. 민족운동과 사회운동

[6] **5. 민족운동과 사회운동**[1] 일제의 침략과 지배에 저항하는 감리교인들의 민족운동은 구국기도회로 시작하여 다양한 항일투쟁으로 발전했다. 전덕기 목사는 상동교회 엡웟청년회와 상동청년학원을 중심으로 많은 민족운동가들을 규합하여 국권회복운동과 애국계몽운동을 ① 전개했다. 1907년 경기도 이천지방 구연영 전도사는 교회 청년들로 구국회를 조직하여 민족계몽운동을 벌이다가 아들과 함께 일본군에 체포되어 희생되었고 같은 해 강화읍교회 김동수 권사도 의병운동과 관련되어 두 동생과 함께 일본군에 희생되었다. 1911년 105인 사건 때 ② 윤치호, 서기풍, 안경록 등이 체포되어 옥고를 치렀고 3·1운동 때 ③ 이필주 목사, 신홍식 목사, 정춘수 목사, 최성모 목사, 오화영

---

1) 「교리와 장정」, 22~23.

<u>목사, 신석구 목사, 박동완 전도사, 박희도 전도사, 김창준 전도사</u> 9명이 민족대표로 참여하여 옥고를 치렀다. 3·1운동 당시 교회는 만세운동의 구심점이 되었고 그로 인한 희생도 컸다. 수원지방의 제암리와 수촌리, 화수리를 비롯하여 많은 교회당이 일본군의 방화로 불탔고 교인들이 희생되었으며 이화학당 학생 유관순과 평양 남산현교회 부목사 박석훈 등이 옥중 순국했다. 3·1운동 이후에도 감리교인들은 상하이 임시정부와 독립운동단체, 애국부인회 등 민족운동단체에 적극 참여하였고 농촌계몽운동, 절제운동 같은 민족주의적 사회운동을 전개했다.

1) 위 ① "전개했다."에서

"전개했다." 다음에 **"곧 '상동파' 이다."** 를 넣어 **"전개했다. 곧 상동파이다."** 로 하는 것이 좋겠다. '상동파'는 다른 교파에서는 찾아볼 수 없는 감리교만의 자랑이며 민족사에서도 높게 평가하며 존중한다. 당시 전덕기 목사를 중심으로 별처럼 빛나는 애국지사들이 몰려들었다. 이들을 '상동파'라고 불렀다. 존 웨슬리의 후예답게 전덕기 목사는 '사회적 성화'를 실천했던 것이다. '상동파의 활약사'는 단순히 한 특정 교회만의 역사가 아니라 우리 '감리교의 항일 민족운동'이요, '민족독립운동사의 하나'인 것이다.

2) 위 ② **"윤치호, 서기풍, 안경록…"** 은 **"윤치호, 임치정, 서기풍, 안경록, 정주현, 김응조…"** 로 고치는 것이 좋겠다. 왜냐하면 105인 사건에서 체포된 감리교 사람은, 윤치호·임치정·서기풍·안경록·정주현·김응조 모두 6명이다.(105인 사건 참조) "황해도지역 교회 탄압에 성공했다고 자부한 총독부는 서울에 있으면서 전국적인 민족운동

에 영향력을 가지고 있는 윤치호, 임치정, 전덕기의 3인을 위시하여 평안도지역의 막강한 기독교 세력을 탄압하려고 계획한 것이 '105인 사건'이라는 가상 시나리오이다."[2]

3) 위 ③ "이필주 목사, 신홍식 목사, 정춘수 목사, 최성모 목사, 오화영 목사, 신석구 목사, 박동완 전도사, 박희도 전도사, 김창준 전도사"는 나이순으로 쓰는 게 좋겠다. 나이순으로 정리하면 **이필주 목사, 신홍식 목사, 최성모 목사, 정춘수 목사, 신석구 목사, 오화영 목사, 박동완 전도사, 박희도 전도사, 김창준 전도사**이다. 참고로 이들의 태어난 해를 적어본다. 이필주(1869), 신홍식(1872), 최성모(1874), 정춘수(1874), 신석구(1875), 오화영(1879), 박동완(1885), 박희도(1889), 김창준(1890)이다.(3·1 운동 당시 감리교의 주역들 참조)

1) 일제의 침략

(1) 한일 강제 합병(병탄)

1876년 일제와의 불평등 조약은 1905년 을사보호조약을 거쳐, 1910년 한일병탄[3]으로 이어진다. 러·일 전쟁은 한국과 만주의 지배권을 놓고 벌인 싸움이었나. 종전이 되기도 전, 1905년 7월 9일, 미·일은 가쓰라·태프트 밀약을 맺었다. "미국은 필리핀을 지배하고 일본의 한국 병합을 인정한다."는 것이다. 태프트는 루스벨트를 이어 1909년 대통령이 되었다. 1905년 9월 5일 미국 뉴햄프셔주 포츠머스에서 강화조약이 체결되었다. 내용의 첫째가 한국에 대

---

2) 윤춘병, 앞의 책, 494.
3) '아울러 삼킨다'는 뜻으로 남의 재물이나 나라(영토, 주권)를 강제로 제 것 삼는 것을 말한다. 일본의 공식 이름은 '한국 병합에 관한 조약'이다.

한 일본의 지도·보호·감리권의 승인이다. 이 조약으로 미국·영국·러시아는 일본의 한국 지배를 국제적으로 확인한 것이다. 한국 침략의 준비 작업을 마친 일본은 한국 정부와 강제로 을사보호조약(1905.11.17.)을 체결하여 한국의 외교권을 빼앗았다. 을사늑약이 체결된 뒤 이완용은 고종에게 상소를 올렸다. "새 조약에 대하여 말하자면 제국이라는 명칭도 그대로이며 종묘사직은 안녕하고 황실도 존엄합니다. 다만 외교상 한 가지 문제만 잠시 이웃 나라에 맡긴 것입니다." 이완용의 간교함이다.

을사조약이 체결되자 사방에서 의병들이 일어났다. 일제는 한국의 외교권과 영사권을 영구히 박탈하려고 통감부를 설치했다.(1906.2.1.) 이토히로부미(伊藤博文, 1841~1909)가 첫 통감이다.(1906.3.2~1909.6.14.)

이토의 지시로 총리대신 이완용 내각은 1907년 7월 6일, 고종의 헤이그 밀사 사건의 책임을 추궁하는 내각 회의를 열었다. 농상공부대신 송병준은 "헤이그 밀사 사건은 일본 정부나 이토히로부미 통감도 격분하고 있으며 이대로 둔다면 어떠한 중대사가 일어날지 모르니 폐하께서 사직의 안위를 염려한다면 차제에 자결함으로써 사직의 위기를 구할 수밖에 다른 도리가 없다."고 임금을 겁박했다. 송병준[4]은 "만일 자결하지 못한다면 도쿄에 가서 일본 천황 폐하에게 사죄하거나 그렇지 못한다면 일전하여 항복한 후 하세가와 대장에게

---

4) 그는 이용구와 함께 일진회를 동원해 고종의 양위를 선두에서 지휘했다. 7월 고종이 강제 퇴위당하고 정미조약(한일신협약) 체결에 앞장서 '정미칠적'으로 지탄받는다.
오늘날 그는 이완용과 함께 친일파, 매국노의 수괴로 대표된다. 무관으로 활동하다가 김옥균 암살 밀명을 받고 일본에 건너갔다가 오히려 김옥균에게 감화되었고 그의 동지가 되면서 개화파가 되었다.; 강준만, 『한국근대사산책 2』, 인물과 사상사, 2007, 132. 그러나 뒤에 친일파로 변절하여 일진회등의 조직과 한일신협약체결, 한일 합방에 적극 가담하여 활동하였다. 오늘날 그는 이완용과 함께 친일파, 매국노의 수괴로 대표된다.

비는 수 밖에 없다."고 밀어부쳤다. 고종·순종 양위식(1907.7.20.)은 두 황제 없이 두 내관이 대신했다. 그리고 7월 24일에는 정미7조약이 성립되었다. 1910년 8월 22일에는 이완용과 3대 통감 데라우치(寺內正毅) 사이에 한일병합 조약이 조인되었다. 일제는 한국민의 동요를 염려하여 공식 발표는 8월 29일에 했다. 조약문은 전문 7개 조로 제1조가 '한국 황제 폐하는 한국 전체에 관한 일체 통치권을 완전히 또 영구히 일본 황제 폐하에게 양여 함'이다. 통감부는 총독부로 바뀌었다. 이렇게 대한제국은 멸망하고 일본의 식민지가 되었다.

이때에 우리 민족의 오직 하나의 염원은 국권 회복이고 이를 위해 투쟁하는 것이었다. 그러기에 일제 식민사는 곧 항일독립운동사이다. 우리 민족의 모든 노력과 역량이 이 하나에 초점 되어있었다.

(2) 일제의 식민사관

통감에서 조선 초대총독이 된 데라우치(寺內正毅)는 단군사적을 지우기에 주력했다.

> 먼저 조선 사람들이 자신의 얼, 역사, 전통을 알지 못하게 하라. 그럼으로써 민족혼, 민족 문화를 상실하게 하고 그들 조상의 무위, 무능, 악행을 들추어내 그것을 과장하여 가르치라.
> 조선인 청소년들이 그들의 선조들을 경시하고 멸시하는 감정을 일으키게 하여 하나의 기풍으로 만들라.… 반드시 실망과 허무감에 빠지게 될 것이다. 그때 일본의 문화, 일본의 위대한 인물들을 소개하면 동화의 효과가 지대할 것이다. 이것이 제국 일본이 조선인을 반일본인으로 만드는 요결인 것이다.

데라우치는 전국을 샅샅이 뒤져 우리의 역사 서적들을 거둬들였다. 고대 조선 관련 서적, 조선지리, 애국충정을 고취하는 위인전기, 열전류 등 51종 20여만 권 이상을 압수해 일부만 남기고 모두 불태웠다. 이렇게 단군조선을 없애고 기자, 위만조선에 이어 한사군의 중국 지배로 한국사가 시작되었다고 강조했다. 이로써 북방 동족은 우리와 관계없는 민족이 되었고 그 역사는 없어졌다. 그리고 한국인은 게으르고 더럽고 분열만 일삼는 하등민족으로 묘사했다.

1915년 일제는 『조선반도사』 조작 작업에 들어갔다. 총독부에 '조선사편수회'를, 경성제국대학에 '조선사학과'를 두고서 식민정책을 위한 역사학을 연구했다.[5] 서술의 중심은 한국은 옛부터 중국의 속국이며 사대주의로 일관해 왔다거나 일본 민족의 우위성을 고취하여 한국 사람의 민족의식을 없애려는, 즉 우리 얼을 말살시키려는 것이었다. 그들은 우리 역사를 그들 멋대로 지우거나 교묘하게 뜯어 고쳤다.

그러나 1919년 3월 1일, 한국민의 자각과 각성에 바탕한 민족저항운동이 일어나자 일제는 놀라며 크게 당황했다. 이를 계기로 일제는 정치적 유화정책을 쓰는 한편, 우리의 민족혼을 빼어버린 빈 껍질의 역사 『조선사』 편찬을 서둘렀고 1938년 『조선사』(전 37권)를 완간했다. '조선사 37권은 우리 얼도, 독창성도 모두 빼 버린 저들 식민사관에 따른 하나의 조작품이다.' 한국사의 뿌리인 고대사는 '삼국이전'으로 간단히 요약해 놓음으로 고대 조선을 부정했다.

한 국가를 파괴하는 가장 좋은 방법은 역사를 황폐시키는 일이다. 일제의 식민사학이나 중국 동북공정도 같은 수작이다. 일제가 한국 침략의 이데올로기적 무기[6]로 삼고자 그들, 어용학자들을 동원하여

---

5) 金龍德, 『韓國史隨錄』, 乙酉文化史, 1984, 29.
6) 김용덕, 앞의 책, 40.

꾸며낸 거짓 역사관이 이른바 '식민사관'이다. 그것은 우리의 역사에서 우리 민족의 독창성·자주성·찬란성·위대성들은 애써 지우거나 왜곡하고 그 대신 약점, 허물에만 초점을 맞추어 확대하여 마치 그것이 전부인 양 선전, 선동한 것이다. 아래는 식민사관의 알맹이다.

일선동조론 한국민족의 독자성을 부정하는 이론으로 일본 신공황후의 신라정복설, 임나일본부설(고대 일본이 한반도 남부를 지배했다는 설)을 계승한 것으로 일제의 식민지 침략을 정당화하고 한민족 말살 정책의 논리적 근거로 삼았다. 한일합병은 침략이 아니라 갈라진 민족을 하나로 합치는 일이며 일한동역의 복고이고 온정 깊은 일본의 배려라는 것이다.

타율성론 한국사의 독자적 발전과 주체성, 독창성은 최대한 줄이고 타율적, 종속적 면에 초점을 맞추어 확대한 것이다. 한국은 유사 이래 독립을 해 본 적이 없고 줄곧 외세의 지배와 영향을 받아 왔다는 것이다. 개국도 중국인 기자에 의해서였고 한사군 설치 뒤 중국에 조공을 바치는 속국이었으며 남한에는 임나일본부가 수백 년간 통치했다는 것이다.[7] 타율성론은 일제의 침략과 지배를 숙명적으로 받아들이게 하려는 침략미화론으로 연결했다.

정체성론 19세기 말엽 조선의 사회발전 단계는 일본의 10세기경, 고대 노예제 사회의 촌락경제단계에 머물러 있다는 것이다. 조선 사회는 한없이 정체되어 있고 이 늪에서 빠져나올 힘도 없어 이대로 놔두면 사회는 저절로 몰락하는데 일본의 적극적 역할이 필수적이라는

---

7) 위의 책, 29.

것이다. 일본은 한국을 근대 자본체제로 빠르게 발전시키고 근대화를 여는 구세주적 역할을 하며 철도부설, 전신·전기의 이용 등 근대화로의 변모는 일본의 덕이요 천황의 은혜라는 것이다.

타율성론을 강조하려고 내놓은 논리가 **반도적 성격론과 사대주의론**이다. 한반도는 지정학적으로 대륙의 끝자락에 붙은 반도 국가로 특성상 본류 세력에 지배될 수밖에 없었다며 한국사의 성격을 부수성·주변성으로 규정했다. 한반도의 땅 모양을 놓고도 일제는 '약삭빠르기는 하나 나약한 토끼 모양'[8]이라며 애써 깎아내렸다. 한국사는 어차피 타율적, 종속적 역사이니 일본의 지배를 받는 것은 숙명이란 것이다. 또 일제는 **당파성론**을 추가로 제기했다. 한민족의 민족성은 병적으로 분열증이 강하여 항상 혈연, 학연, 지연성과 배타성으로 당파를 짓고 자기들만의 이해에 따라 정쟁을 일삼고 정권 쟁탈에만 집착했다는 것이다.

결국 식민사관은 한국사람에게 패배주의의식을 심어주어 스스로 체념하고 좌절함으로 그들의 식민통치를 감수하게 하려는 의도였다.

이같은 식민주의 역사학에 대항하여 민족적이고 과학적인 근대 역사학을 확립한 것이 '주체적 민족사관'이다. '주체적 민족사관'은 우리 민족의 역사를 우리 자신의 입장에서 우리의 눈으로 보는 것을 말한다. '주체적 민족사관'이라는 말 자체가 민족주의적 개념이라기보다는 한국사의 인식에서 지금껏 뿌리 깊이 작용해온 식민사관을 일소하는 것, 즉 일제가 짜 놓은 틀을 깨뜨려 버리고 벗어나는 식민사관의 대립개념이다.[9]

---

8) 나는 초등학교 5학년 때이던가, 사회 교과서에서 "한국의 땅 모양은 토끼 같아서 약삭빠르기는 하나 나약하다."는 글을 읽은 기억이 난다. 이것도 일제 식민사관이 꾸며낸 거짓이다.
9) 김용덕, 『韓國史의 探求』, 을유문화사, 1988, 183.

2) 기독교의 항일 민족주의 운동

1876년 일제의 강요로 한일수호조규(강화도조약)라는 불평등 조약을 맺은 뒤, 을사늑약, 한일병탄을 거치면서 한국사는 망국의 역사인 동시에 우리의 근대사이다. 또한 항일독립운동사이다.[10] 우리 민족의 모든 노력과 역량이 여기에 초점이 맞추어져 있었다. 이때의 교회의 사업 또한 한결같이 민족운동이요, 민족운동이 교회의 사업이었다. 교회는 이 일에 당연히 앞장섰고 교회는 샛별같이 빛나는[11] 수많은 민족지도자들을 배출했다.[12]

교회는 인재의 위대한 저수지다!

이상재 · 이승훈 · 손정도 · 조만식 · 남궁억 · 이승만 · 전덕기 · 김구 · 안창호 · 윤치호 등은 모두가 개신교 출신이다. 교회는 위대한 인재발전소였다.

(1) 기도회를 통한 민족운동

기독교는 공식적이거나 제한된 종교활동만이 아니었다. 새로운 민족운동, 민권운동을 일으켰다. 1903년 원산 부흥운동 후, 성령체험을 한 교인들은 새벽기도를 비롯하여 여러 기도모임을 갖기 시작했다. 이들은 선교사의 지시나 간섭을 받지 않고 자발적으로 기도회를

---

10) 위의 책, 258.
11) 흔히 써온 일본 말은 '기라성' 이다. 순수한 우리말은 '쟁쟁한' 이나 '한다하는' 으로 바꿀 수 있다. '샛별같이 빛나는' 또는 '은하수처럼 빛나는' 으로 바꾸어 쓸 수도 있으나 그것들은 일본 말의 번역 투이다.
12) 안병욱, "기독교와 민족사상", 한국기독교문화연구소편 『한국의 근대화와 기독교』, 숭전대학교 출판부, 1983, 75~76.

열었다. 대표적인 보기가 1904년 정동교회 여성교인들의 '골방기도회'였다. 을사늑약이 발표되자 이화학당 교사와 학생들이 매일 오후 3시 교내에 모여 '구국기도회'를 갖기 시작했고 곧바로 전덕기, 정순만의 인도로 상동교회에서 1,000여 명이 날마다 모여 기도회를 가졌다.[13]

이런 기도모임은 전국 각처에서 유기적 관련을 갖고 진행되었으며 그 뒤에도 계속되었다. 1909년, 순종황제 때에 평양의 교회들이 가진 기도모임에서 애국, 애족심을 크게 고취시켰으며 일제 치하에서도 계속된 기도모임은 민족정신을 보존하는데 크게 이바지했다. 이 역시 전국교회가 유기적인 관계를 갖고 있었다.

길선주는 1905년 11월 전국교회가 7일간 나라를 위해 기도하는 운동을 폈다. 이들은 교회건, 특별한 장소이건 따질 것 없이 모이면 눈물이요, 땀이요 시간 가는 줄 모르고 목놓아 나라 독립을 위해, 교회부흥을 위해 하나님께 부르짖었던 것이다.

(2) 무력행사를 통한 민족운동

기독교인들 중에 무력행사(암살, 테러)를 통해 항일운동에 앞장 선 이들이 있었다.[14] 장인환은 독실한 기독교인으로 친일행각을 벌린 외교관(일본 외무성) 스티븐스를 암살했다. 스티븐스는 1908년 3월 21일 본국에 귀국하여 기자회견 중에 "한국 황실과 정부는 부패했고 한국인은 우매하여 독립할 자격이 없다"는 요지로 회견했다. 이에 격분한 장인환은 이틀 후 샌프란시스코에서 권총으로 그를 저격 사살

---

13) 송길섭, 『일제하 감리교회 3대성좌』, 성광문화사, 1982, 169~170.
14) 위의 책, 124.

했다.

1년 6개월 뒤, 이토 히로부미 암살을 준비한 우연준[15]이다. 그는 열렬한 상동파로 안중근과 함께 이토 암살을 위해 할빈역과 채가구(蔡家溝)역에서 대기하고 있었다. 안중근은 할빈역에서, 우덕순은 채가구역에서 각자 자신들의 임무를 기대하고 있었다. 10월 26일 아침 이토의 일행을 태운 열차는 채가구역을 지나 할빈역으로 달렸다. 임무는 안중근의 몫이었다. 천주교 신자인 안중근은 저격 후 "천주님이여! 마침내 내가 죽였습니다. 감사합니다!"라고 했다.

같은 해, 12월에 테러사건이 기독교 청년에 의해서 있었다. 그는 대한제국이 국권을 빼앗긴 뒤, 일제가 죽인 첫 사형수가 되었다. 1910년 23세의 일기로 경성감옥에서 생을 마감한 이재명이다. 을사오적 이완용 습격사건이었다. 1909년 12월 22일 명동성당 앞에서 이완용을 칼로 허리와 어깨부위 세 곳을 찔러 중상을 입혔지만 그는 살고 인력거를 끌던 박문원은 죽었다.

평생을 무력투쟁으로 항일운동을 주도했던 이동휘도 기독교 출신이며 서울역 앞에서 1919년 9월 2일, 사이토 총독을 살해하려 한 강우규도 기독교인으로 그의 나이 60세였다.[16]

스스로 목숨을 끊음으로써 항일 민족운동을 펼친 지사들도 여러 명 있었다. 1907년 이른바 '정미7조약'으로 고종이 강제로 퇴위하자 항일운동은 더욱 맹렬하게 불붙었다. 그해 6월 30일, 박영효의 국내부대신 취임 환영연이 열리는 날이었다. 그 모임에 참석할 이토를 살

---

15) 그는 그의 동지 안중근에게 "앉을 때나 섰을 때나 앙천하고 기도하길, 살피소서! 살피소서! 주 예수여! 살피소서! 동반도의 대제국을 내 원대로 구하소서. 오호! 간악한 노적아! 우리 민족 이천 만을 덕 닦으면 덕이 오고 죄를 범하면 죄가 온다"는 시를 지어 보냈다. 그는 우덕순으로도 불린다.
16) 송건호, "한국민족주의와 기독교", 기독교서회 편, 「기독교사상」 제29호(1983년 5월), 57.

해하기로 한 기독교인 정재홍은 그가 나타나지 않자 스스로 목숨을 끊었다. 목사가 자살한 사건도 발생했다. 양주의 양태순 목사는 고종의 퇴위 다음 날(1907.7.22.) 대한문 앞에서 목숨을 끊었다.

1923년 1월 23일, 종로경찰서 폭탄 투척사건 끝에 순국한 김상옥은 독실한 감리교인이었다. 그는 동대문감리교회 담임목사 손정도의 가르침을 받고[17] 권서인으로 충청도, 경상도, 전라도 등을 다니며 성경을 전달하고 판매했다. 손정도 목사의 설교를 통해 '하나님 사랑', '나라 사랑'에 크게 감동받고 결국 독립운동에 투신하여 의열단[18]이 되었다. 1923년 1월 12일 밤 8시 10분경, 독립운동 탄압의 본산으로 악명 높았던 종로경찰서에 폭탄을 던지는 의거를 단행했다. 10여 명이 부상을 입고 형사부장 마에무라(前村)가 죽었다. 1월 22일 김상옥은 일제의 압축 망을 뚫고 피신하던 중 포위되자 일 군경 1,000여 명과 3시간 동안 총격전으로 일 군경 15명을 사살하고 11발의 총알을 맞고 마지막 한 발 남은 총알로 자결했다. 장렬한 순국이었다. 백락준은 감리교의 선교는 언제나 적극적이라고 말한다.[19]

장로교인들은 보수적이었고 감리교인들은 공세적이다.

(3) 결사를 통한 민족운동

협성회 기독교인들은 조직적인 정치 활동을 통해 항일운동을 전개했다. 1896년 5월 21일부터 배재학당에서 서재필이 특강을 했다. 이때 이승만을 비롯한 학생들은 민주주의와 국제정세에 눈을 떴고 그때

---

17) 김창수·김승일, 『해석 손정도의 생애와 사상연구』, 넥세스, 2014, 94.
18) 1919년 11월, 김원봉의 주도로 길림성에서 조직된 항일 무장 투쟁 결사대. 일제 고위층에 대한 암살, 주요시설 파괴 활동을 함으로써 조국 광복을 달성하고자 했다.
19) 윤춘병. 앞의 책, 272.

배재학당 안에 조직된 학생회가 협성회이다.[20] 처음은 쟁론회였으나 나중에는 일반 시민들과 관리들도 입회하여 한때는 재적 회원이 600명에 이르렀다. 이들 회원 중에는 독립협회에 가담하여 활동을 했으며 정치, 언론, 문화, 의료계의 선구자가 된 이들이 많았다. 독립협회는 이들의 정치 운동의 돌파구였다. 특별히 만민공동회는 그들의 신념을 펼 수 있는 최고의 공동토론 마당이었다. 협성회의 설립목적은[21] "충군애국지심의 함양, 회원 간의 친목 도모, 학습과 선행실천, 전국 동포의 계몽"이다.

이는 민족운동으로 이어졌고 해방 뒤에는 정치계로 연결되었다. 협성회는 복음의 이름으로 창설은 되었지만 근대 이데올로기의 영역이 보다 강조되었다.

독립협회 독립협회는 우리나라 최초의 근대적인 사회정치단체로 1896년 7월 서재필·윤치호·이상재·남궁억 등 기독교인들을 중심으로 전개한 단체이다.[22] 1896년 2월, 고종의 '아관파천'은 일본의 침략을 저지하는데는 성공했으나 고종이 아관에 머무는 동안 러시아는 커진 영향력으로 이권만을 챙겼고 조선의 개혁에는 적대적이었다. 아울러 러시아, 미국, 일본, 독일, 프랑스, 영국 등 열강은 광산·철도·어장 등 각종 귀중한 이권을 빼앗아갔다. 국가적으로 이를 긴급히 저지하고 자주독립을 강화해야만 했다. 이때 독립협회가 설립되었다.

독립협회는 독립문, 독립공원, 독립관 건립을 결의하고 1896년 11월 21일 영은문을 헐어 버리고 그 자리에 '독립문'을 세웠다. 중국

---

20) 「독립신문」, 1989년 5월 23일 자. 참조.
21) 윤성렬, 『도포입고 ABC, 갓쓰고 맨손체조』, 학민사, 2004, 156.
22) 송건호, 앞의 글, 55.

의 속박에서 벗어난 것을 기념하기 위해 세운 것이다. 영은문은 중국 사신을 접대하던 모화관의 정문이었다. 독립문은 서재필이 조직한 독립협회의 발의로 고종의 동의를 얻어 3,825원을 모금했다. 1896년 11월 21일 정초식을 갖고 이듬해 11월 20일 완공했다. 또한 독립협회는 친러수구파의 반대를 물리치고 1897년 2월 20일 고종의 경운궁으로의 귀환에 성공했다.

독립협회는 기독교의 근본인 인간의 존엄성과 권리, 자유평등 사상에 따라 종교활동은 물론 항일민족운동을 적극적으로 펼쳤다. 그리고 국민교육과 민주훈련, 민중계몽, 충군 애국을 부르짖으며 대중운동의 성격을 짙게 했다. 1898년 12월 칙령으로 독립협회가 해산된 뒤, 이승만, 박용만, 이동녕, 이동휘 등 1천여 명의 적극적인 행동파들은 상동교회로 모였고 지식인으로 관직에 있던 이상재, 유성준, 김정식 등 6~7명은 승동교회에 적을 두고 YMCA로 모였다.[23]

만민공동회 독립협회가 마련한 시민, 단체회원, 정부 관료 등이 참여한 대중집회를 말한다. 1898년 2월, 러시아가 친러정권을 통하여 지하자원 개발권 및 철도부설권을 소유하려 하자 독립협회는 이런 비자주적 외교를 강력하게 반대했다. 이 시기에는 친러구파가 집권은 했으나 독립협회의 개혁 운동으로 수세에 몰렸다.[24] 그해 3월 종로 한복판에서 러시아인 탁지부(오늘의 재무부) 고문과 군부 교련 사관의 해고를 요구하고 이승만·홍정후 등의 청년 연사가 열렬한 연설로 여론을 일으켰다. 그 결과 러시아의 군사고문관, 한러은행 등이 폐지되었다. 그해 8월 29일부터는 매주 1회씩 종로 네거리에서 민

---

23) 윤춘병, 앞의 책, 320.
24) 한국사학회 편, 『韓國史硏究入門』, 1981, 456.

중토론회를 열었다. 열강의 경제침탈과 정부 고관들의 부패를 신랄하게 공박했다. 10월 28일~11월 2일까지 6일 동안 당시의 정치, 외교, 사회 등의 문제를 개혁하기 위한 대집회를 열었다. 여기에는 서울 시민은 물론 독립협회, 국민협회, 일진회와 정부대표로 의정부 참정 박정양 등이 참석했다.

둘째 날인 10월 29일, 6개 항의 국정개혁 원칙을 결의하고 황제에게 헌의하기로 했다. 헌의 6조이다.[25] 중추원 의장 한규설 등에게 '헌의 6조'를 전달받은 고종은 이의 실행을 약속했다.[26] 중추원을 의회로 개편하기 위해 중추원 의원(50명)의 절반은 독립협회에서, 절반은 관선으로 한다고 공포했다. "이날 관리와 백성이 협의한 사건은 나라 세운 지 500년 이래 처음 있는 일이다"

한규설도 감동했다. 그러자 조병식 등 수구파는 자기들이 정권에서 배제될 것을 두려워하여 4일 밤, 광화문 곳곳에 독립협회를 모함하는 글을 게시했다. 그리고는 고종을 찾아가 '독립협회가 박정양을 대통령으로 하는 공화정을 실시하려 한다'고 모략했다. "국가의 앞날에 새로운 빛이 비치는 듯한" 순간, 고종은 '익명서 사건'에 격분하여 약속을 무효화하고 독립협회 지도자 체포령을 내렸다. 독립협회의 주요 인물들이 체포되고 이승만도 체포되었다.(1899.1.9.) 서재필은 국외(미국)로 추방되고 독립협회는 강제해산 당했다. 그리고 조병식을 중심으로 하는 친러 내각을 세웠다. 고종은 관민이 뜻을 모으고 자신이 신민들과 한 약속을 저버린데 이어 자격 미달자를 중직에 앉힌 것이다. 새로운 나라에 대한 부푼 기대가 물거품되는 순간이었다.

---

25) 헌의 6조는 첫째, 일본인에게 의부하지 말 것. 둘째, 외국과의 이권 계약을 대신이 단독으로 하지 말 것. 셋째, 재정을 공정히 하고 예산을 공표할 것. 넷째, 중대 범인의 공판과 언론·집회의 자유를 보장할 것. 다섯째, 칙임관의 임명은 중의에 따를 것. 여섯째, 기타 별항의 규칙을 실천할 것 등이다.
26) 전용재, 「대한민국을 세운 위대한 한국인」, 기독교대한감리회 출판국, 2016, 76.

YMCA 기독교 정신에 입각한 청년 운동체로 1844년 영국 런던에서 시작된 YMCA는 1903년 선교사들이 중심되어 청년층의 영적 각성과 신앙 훈련을 목적으로 황성기독교청년회(YMCA)라는 이름으로 조직되었다. 독립협회 사건으로 체포되어 옥중에서 개종한 이상재를 비롯하여 김정식, 유성준, 이원긍, 이승만, 신흥우 등 개화파 지식인들이 합류하여 1903년 민족운동단체 성격을 띠고 시작된 것이다. 이상재는 YMCA 운동에 투신하여 기독교 지도자로, 사회지도자로 활약했다.

YMCA는 민족주의적 기독교인의 집합체로 일제 식민지 민족운동 · 계몽운동 · 농촌운동 · 사회운동을 주도했다.

1911년 105인 사건으로 윤치호가 투옥되고 김규식 · 이승만 등 지도자들의 해외망명으로 조직이 약화 되었으나 1914년 기독청년운동의 연대와 확산을 위해 조선기독교청년회전국연합회를 창립했다. 1920년 신흥우가 총무에 취임하면서 각종 국제대회에 참석하여 독자성 확보에 나섰고 1921년 『청년』을 창간했다. 민립대학설립운동 · 물산장려운동에 적극 참여했고 1924년 세계 YMCA 연맹에 가입했다. 1925년 산하에 농촌부를 설치하면서 전국적으로 농촌사업을 전개했다. 특히 협동조합 · 소비조합 · 저축조합 등의 설립에 큰 관심을 쏟았다. 1927년 신간회 결성을 비롯한 각종 민족운동에서 YMCA 연맹 회원들이 중요한 역할을 감당했다. 해방 뒤에는 전국에서 다양한 시민사회운동과 민주화운동, 평화통일운동을 전개했다.

(4) 기독교 교육을 통한 민족운동

우리나라의 근대화를 촉진시킨 중요한 운동은 교육 보급으로부터 출발했다.[27] 1895년 1월 7일, 고종은 우리나라 최초의 헌법으로 볼 수 있는 '홍범 14조'를 공포했다. 제11조에 "국 중에 총명한 자제를 널리 파견하여 외국의 학술과 기예를 전습시킨다."[28]고 명시했다. 본래 우리의 신교육은 "아는 것이 힘이요, 배워야 산다", "교육이 곧 구국"이라는 정신에서 시작되었다. 이것이 1895년부터 사립학교 교육으로 발전하게 되었다. 그러나 기독교는 이미 1885년 배재학당을 비롯, 여러 학교를 세웠다. 한일병탄 이후, 기독교 학교는 금지된 국사 교육을 실시하며 국권 회복을 위한 투사를 양성하려고 애를 썼다. 기독교 학교는 관립학교이지만 일반 사립학교보다 더 강하게 민족주의 교육에 앞장섰다.[29] 일제의 안목으로 볼 때 기독교 학교는 통치의 가장 큰 걸림돌이었다.

> 기독교는 '불령선인[30]의 소굴'이고
> '독립운동의 소굴'이며 통치의 화근이다.[31]

1908년 안창호가 평양에 대성학교를 세웠고 이승훈은 정주에 오산학교(1907)를 세웠다. 이 두 학교는 배일 독립정신을 기본으로 했다. 이같은 정신이 강력한 기독교계 학교로는 평양에 숭실중학교, 선천에 신성중학교가 있었다. 그러나 일제의 교육의 기본정책은 우리의 민족정신을 말살하고 문화의 개발을 막으며 맹종을 강요하는 노예교

---

27) 김형석, "한국의 근대화와 기독교육", 한국기독교문화연구소 편, 「한국근대화와 기독교」, 숭전대학교출판부, 1983, 306.
28) 1895.1.7. 고종에 의하여 선포된다. 김형석, 위의 책, 306.
29) 김형석, 위의 책, 312~314.
30) 불령선인(不逞鮮人), 일제 강점기에 "불온하고 불량한 조선사람"이라는 뜻으로 일본 제국주의자들이 자기네 말을 고분고분 따르지 않는 한국 사람을 일컫던 말.
31) 김용덕, 「한국사의 탐구」, 172.

육이었다. 당시 대한매일신보는 이렇게 개탄했다.[32]

> 다수 학생이 실내에 집하면 일인 교사가, 일어로 교수할새… 일본만 찬미하며 마음이 어린 한국 아동은 그것만 국앙하고 이를 믿고 자국에 대한 정신은 쇠퇴하며 자국을 위하는 기개는 퇴폐하여 표연히 자괴하며…

그러나 기독교 민족주의 정신은 그럴수록 오히려 더욱 강인해졌다. 특기할 것은 여성교육과 이에 따른 여권운동이다. 여성교육이야말로 기독교교육으로부터 첫걸음을 시작했다. 여성의 해방과 인간적 존엄성을 찾아준 최초의 운동이 기독교로부터였다. 구한말, 기독교계 여성학교가 8개교나 세워졌는데 관립학교는 없었다. 한국의 초기 여성교육은 기독교의 독점물처럼 되었고 여성 교육은 단연 기독교의 빛나는 업적 가운데 큰 업적이었다. 한국 역사에 "교육 혁명"이라고 일컬어지는 만큼,[33] 기독교의 남, 여 학교의 설립과 증가는 폭발적이었다.

기독교 계통 학교 보기

연대	학교	교파	세운곳	연대	학교	교파	세운곳
1885	배재학당	감리교	서 울	1904	덕명학교	감리교	원 산
〃	경신학교	장로교	〃	〃	호수돈여학교	〃	공 주
1886	이화학당	감리교	〃	〃	진성여학교	장로교	원 산
1887	정신여학교	장로교	〃	〃	의창학교	감리교	해 주
1894	광성학교	감리교	평 양	1905	영명학교	〃	공 주
〃	숭덕학교	〃	〃	1906	계성학교	장로교	대 구

---

32) 「대한매일신문」, 1906. 6. 6일 자.
33) Samuel Hugh Moffett, The Christians of Korea, 146. 박용규, 「한국기독교회사」 I, 553.에서 재인용.

연대	학교	교파	세운곳	연대	학교	교파	세운곳
1894	정의여학교	감리교	평양	1906	신성학교	장로교	선천
1895	일신여학교	〃	동래	〃	보성여학교	〃	〃
〃	정진학교	〃	평양	〃	의명학교	안식교	순안
1896	공옥학교	〃	서울	〃	한영서원	감리교	개성
1897	숭실학교	장로교	평양	〃	미리흠학교	〃	〃
〃	신군학교	감리교	서울	〃	숭덕학교	〃	영변
〃	영화여학교	〃	인천	1907	낙현학교	장로교	광주
〃	영화학교	〃	〃	〃	수피아여학교	〃	대구
1898	배화여학교	〃	서울	〃	신명여학교	〃	
〃	맹아학교	〃	평양	1908	기전여학교	〃	전주
〃	명신학교	장로교	재령	〃	신흥학교	〃	〃
1902	삼일학교	감리교	수원	〃	창신학교	〃	마산
〃	매향여학교	〃	〃	〃	숭정학교	감리교	평양
1903	숭의여학교	장로교	평양	1909	의정학교	〃	해주
〃	루씨여학교	감리교	원산	1885~1909년까지 통계[34]			
〃	정명여학교	장로교	목포				

(5) 경제적 항일 민족운동

각종 세금의 납부를 거부하는 세금 불납운동도 기독교 항일운동으로 구체화 되었다. 1910년 평남 순천에서 시장세 반대투쟁이 일어났고 안주, 영변 등지에서도 연쇄적으로 일어났다. 이 투쟁은 강렬한 항일민족운동으로 기독교의 항일의식에서 비롯되었다. 이 사건으로 검거된 다수가 기독교 신자였다. 함경도 경성군 서면 신향동의 예수 교인들은 일치단결하여 담배 경작세·주세 등의 납부를 거부했다.

국채보상운동 일제의 교활한 술수로 나라가 진 빚을 국민들이 대신 갚겠다고 일으킨 외채 갚기 운동이다.(1907)[34] 시작은 기독교인이 아니었으나 진행 과정에서 교회와 여성, 기독교계 학교의 역할은 컸으며 전국에서 적극 전개되었다. 민중들은 국채보상회를 조직하고 황성신문사·대한매일신문사·보상사가 중심이 되어 전국 각지의 성금을 접수했다.

상동청년회는 교회 안에 수전소를 설치하고 헌금을 수납했다. 부녀자들이 금·은 장식품을 내놓았고 시골의 농부들은 땔감 나무판 돈을 내놓기도 했다. 삼화항(원산)의 예수교인들도 국채 보상에 적극적으로 나섰는데 그들은 금, 패물, 식기, 의복 등을 팔았고 교회 소학교의 학생들에게 학부모를 권면하여 1개월 혹은 2개월 치 월사금을 미리 청구하여 모금토록 했다. 또 남녀 학생들은 거리에 나가 국채 보상에 관한 계몽운동을 벌였다. 이런 운동은 단순히 일본에 빚을 갚는 것만이 아니라, 기독교도들이 주동한 항일운동이었다.[35]

교회여성들도 국채보상운동에 적극 참여했다. 인천지역교회 여성들은 끼니마다 쌀을 뜨며 "이 애국미를 수합하여 국채를 보상하고 국권을 회복하여 주옵소서." 기도하고 그것을 매주 교회로 가져가서 국미적성회에 내는 형식으로 국채보상운동에 동참했다. 기존의 성미

---

34) 1905년 대한제국의 외교권을 박탈한 일제는 대한제국의 경제를 일본에 예속시킬 의도로 반강제적 차관을 제공했다. 사실상 이 차관은 일본이 한국의 지배력을 강화하는데 사용되었고 1907년에 이르러 1300만 원에 이르렀다. 대한제국은 이를 갚을 능력이 없었다. 이에 1907년경 경상도 대구 등지에서 국채보상운동을 일으켰다.
35) 이만열, 위의 책, 127.

정신이 민족적 위기 상황에서 국권회복운동으로 이용된 것이다.[36)]

  기독교는 1895년 즈음부터 금주와 담배 끊기의 필요성을 강조했다. 담배는 건강에도 해롭지만 술은 건강과 재산의 막대한 손실을 가져옴으로 집안이 망하는 지름길로 술이 무서운 짐승보다 더 악함을 알렸다.[37)] 남자들은 술, 담배를 끊고 그 비용을 국채보상금으로 보탰다.

3) 기독교적 민족주의 운동에서의 '상동파'

  전덕기는 근대 민족운동사에서 중요한 자리를 차지한다. 그가 전국적인 인물로 또 상동교회가 민족운동의 중심으로 부각 된 것은 1903년 '엡웟청년회' 회장을 맡고 나서다.[38)] 그는 1904년 교회 안에 상동청년회를 조직하고 부속기관으로 상동청년학원, 공옥학교를 설립했다.

  학생들에게 끓어오르는 민족정신을 불러일으키고 당당한 애국자로 세우는 민족운동의 요람지이다.

  주시경은 한글을, 최남선은 국사를, 남궁억은 영어를 가르쳤다. 군 출신 이필주는 체육 담당으로 학생들에게 정복을 입히고 나무를 깎아 만든 총을 들고 군사훈련을 시켰다. 학교를 본거지로 양기탁, 이동녕, 주시경, 안태국, 이동휘, 박용만, 정순만, 이시영, 이희영, 김구, 장지영, 이준, 조성한 등 대표급 우국지사들이 결집했다. 이들을

---

36) 이덕주 · 서영석 · 김흥수, 앞의 책, 255.
37) "술이 무서운 짐승보다 더 함", 「대한그리스도인회보」, 1899년 2월 8일 자.
38) 엡웟청년회는 1897년, 선교사들이 선교를 목적으로 조직한 교회의 청년 부서이다. '엡웟'(Epworth)은 존 웨슬리(John Wesly)가 태어난 마을 이름이다. 미국에서 1889년 5월 처음 조직되었다.

'상동파'라고 불렀다. 그들은 타오르는 용광로였다. 용광로에만 들어가면 모두는 녹아져 정금이 되어 나왔다. 그에게서 신분, 학벌, 이념, 출신은 하나로 녹아졌다.

전덕기에게는 나라를 사랑하는 자면 누구나 하나요, 동지였다. 그에게 '하나님 사랑은 곧 나라 사랑'으로 그것은 '둘 아닌 하나'였다. 그는 기독교 정신으로 무장하고 기독교의 힘으로 반봉건의식과 충군 애국적 자주독립의식을 갖고 민권과 국권 운동을 폈다. 항일 시위운동·테러운동·충군 애국기도회 등 모든 방법을 동원했다. 이런 민족운동의 진원지가 상동교회였다. 전덕기의 이런 민족운동은 사람들에게 큰 감동을 주었다.

고종황제의 밀명에 따른 네덜란드 헤이그 만국평화회의(1907.6)의 밀사 파견은 헐버트 선교사의 제안이었다.[39] 전덕기, 이준, 이상설, 이위종이 상동교회에서 밀의했다. 헐버트는 고종 황제의 부탁을 받고 헤이그로 먼저 가서 이준, 이상설, 이위종 등 밀사들의 외교활동을 도왔다.[40] 상동교회 속장 이준은 먼 길을 떠나가기에 앞서 전덕기 담임목사로부터 특별기도를 받았다. 그날 이준은 대한자강회의 초청강연회에서 청년들에게 민족의 생존을 위해 분발할 것을 연설했다. 그리고 한 청년의 질문에 대답하며 위대한 인물이 될 것을 당부했다.[41]

나는 항상 이런 생각을 가지고 있습니다. 큰 나라라 하는 것은 땅덩이가 크고 사람이 많은 것보다 위대한 인물이 나는 나라야 한다고 생각합니다. 설령 땅덩

---

39) 유동식, 앞의 책, 221.
40) 위의 책, 186.
41) 조이제, 앞의 책, 198.

이가 손바닥만 하고 사람이 적은 나라라 할지라도 이런 나라는 큰 나라라고 하고 싶습니다.

전덕기의 삶은 웨슬리의 '사회적 성화'(Social sanctification) 사상의 실현이다. 개인 구원은 사회구원으로 이어져야 한다. 개인의 성화를 이루었으면 반드시 세상, 그 속에서 '빛, 소금'이 되어야 한다. 이는 피할 수 없는 그리스도인의 사회에 대한 책무이다. 전덕기는 진정한 웨슬리의 후예로서 구국이라는 사회적 책임을 짊어졌던 것이다.

을사늑약(억지로 맺은 조약)이 체결되자 전덕기는 엡윗청년회를 중심으로 무효투쟁운동을 일으켰다. 김구는 전덕기 목사를 회고하기를 "철저한 신앙 실천과 철저한 애국심을 강조했으며 과제를 앞에 두고는 결코 미온적인 태도를 보이지 않았다"고 했다. 을사늑약 직후, 도끼 상소를 결의하던 때의 김구의 증언이다.[42]

이때에 나는 진남포 엡윗청년회 총무로서 대표의 임무를 띠고 경성대회에 출석하게 되었다. 대회는 상동교회에서 열렸는데 표면은 교회사업을 의논한다 하나 속살은 순전한 애국운동의 회의였다. 의병을 일으킨 이들이 구사상의 애국운동이라면, 우리 예수교인은 신사상의 애국운동이라 할 것이다. 우리가 회의한 결과로 작성한 것은 도끼를 메고 상소하는 것이었다. 1일 2회로 4, 5명씩 연명으로 상소하여 죽든지 잡혀 갇히든지 몇 번이고 반복하자는 것이었다.

이때 상동교회에서 일주일간 구국기도회를 가졌다. 서울은 물론 전국에서 1,000여 명이 몰려왔다. 교파를 초월했고 불신자들도 적지 않았다. 기도회는 도끼 상소로 이어졌다. 엡윗청년회 총무, 정순만[43]

---
42) 김구, 『백범일지』, 삼중당, 1983, 139~140.
43) 1876~1911, 전덕기와 쌍두마차였다. 그는 일제에 온 몸을 던져 항쟁했다. 그는 감옥에서 이승만·박용만과 동지가 되어 '3만'이라 불렸다.

은 을사오적 이완용 송병준 등 앞잡이들을 척결하려고 평안도 장사들로 암살단을 조직하고 교회 안에서 합숙 훈련을 했다.

전덕기 목사는 일제의 조작 사건인 1911년, 105인 사건으로 체포되었다. 모진 고문 끝에 1914년 3월 23일, 39세의 젊은 나이로 숨을 거두었다. 당시 남대문 시장의 상인은 물론, 기생, 걸인들까지 통곡하며 상여꾼을 자청했다. 그 인파가 10리 밖까지 이어졌다.

3·1운동을 주도한 민족대표 33인 중 최석모, 오화영, 이필주, 신석구, 4명이 상동교회 출신이다. 상동파는 만주에서도 독립운동 차원에서 전도를 시작했다.[44] 홍이섭 교수는 "상동교회는 우리 민족운동의 요람지로 만들고 그로 하여금 한국민족 운동사상 특기할 인물이 되게 한 것은 모두 상동교회를 비롯…"[45]이라고 했다.

4) 105인 사건 · 신민회

안악사건 한국을 병탄한 일제는 그에 반항하는 민족주의 세력을 뿌리채 뽑으려고 안간힘을 썼다. 반일민족세력의 온상으로 부각된 것은 한국교회였다. 그리하여 일제는 모진 기독교탄압에 들어갔고 '안악사건'과 '105인 사건'을 조작해 냈다.

황해도 역시 평안도 지역과 마찬가지로 일찍이 기독교가 들어갔다. 여기에서 많은 민족지도자들이 나왔고 활발하게 민족운동을 펼쳤다. 그들은 학교를 세워 민족을 깨우치고 산업을 장려하여 국력을 배양하는 것이 구국의 길임을 자각했다. 1908년 김구, 최광옥, 도인권,

---

44) 이호열, 『만주 대륙의 역사와 기독교』, 한우리, 2015. 751.
45) 홍이섭, "민족운동사에 나타난 기독교", 「기독교사상」, 대한기독교서회편, 1965. 4. 103.

이승길, 김홍량 등 기독교 지도자들을 중심으로 '해서교육총회'를 조직했다. 그들은 1개 면, 1개 교회를 목표로 내걸고 강습소를 열어 계몽운동에 힘을 썼다.

　일제의 무자비한 탄압에서도 계속 발생하는 일본 사람 암살사건과 그 저항에 일본은 공포심을 갖지 않을 수 없었다. 기독교의 비밀결사대, 반일민족운동 세력이 있을 것으로 판단한 일경은 기독교 민족운동 세력을 세심히 주시하고 있었다. 그리고 이를 완전제거하려 했다. 기회를 노리던 일제에게 마침 구실이 생겼다. 이토를 처단한 안중근의 사촌 동생 안명근이 서간도에 무관학교를 세우려고 그의 고향 황해도 안악과 신천 지역에서 모금 활동을 펴고 있었다.(1910. 11) 이때 한 밀고자가 생겼다. 일제는 안명근과 황해도 교육총회원 전원, 160명을 내란미수죄로 몰아 잡았고 혹독한 고문을 했다. 안명근은 종신형 김구, 김홍량 등 7명은 5년, 도인권 10년, 40여 명은 울릉도, 제주도에 유배되었다. 이를 안악사건, 또는 안명근 사건이라고 한다.

105인 사건 　안악사건으로 황해도지역 교회 탄압에 성공했다고 자부한 총독부는 서울에 있으면서 전국적인 민족운동에 영향력있는 윤치호, 임치정, 전덕기의 3인을 위시하여 평안도지역의 박상한 기독교 세력을 탄압하려고 계획한 것이 '105인 사건'이라는 가상 시나리오다. 105인 사건은 일제가 평소 경계해 왔던 서북지방의 반일 민족인사와 비밀결사인 신민회, 그리고 그 지역에 확산되어 있는 기독교 반일세력을 한꺼번에 제거할 의도에서 "조작된 대규모 날조 사건이다."[46]

---

46) 윤경로, 『105인 사건과 신민회 연구』, 일지사, 1990, 276.

평안도야말로 교회 세력이 가장 강한 곳이었고 교회를 바탕으로 한 민족운동 단체인 신민회의 강력한 발판이었다. 기독교 세력이 강할수록 민족운동은 정비례했다. 통감 이토는 일찍이 영국 세실 경을 만난 자리에서 이렇게 토로한 일이 있었다.[47]

일본에게 최대의 위험한 존재는 조선의 기독교이다.
조선에서 기독교와 조선은 공존할 수 없다.

그들에게는 기독교가 그들의 한국통치를 가로막는 항일, 반일단체로만 보였던 것이다. 심지어는 백만명구령운동이 전개되자 이를 반일 구국을 목적한 '백만인의 십자가군병운동'으로 이해하기도 했다.[48]

안악사건의 심문과정에서 일제는 신민회의 실체를 파악하게 되었다. 그리고는 안명근의 모금이 1910년 12월 28일 압록강 철교 준공식에 참석하는 총독 데라우치(寺內正毅)를 총살하려는 군자금이며 신민회가 배후라고 날조했다. 이렇게 그들의 각본에 따라 일제는 1911년 9월 윤치호를 필두로 이승훈, 양기탁, 유동열, 안태국, 옥관빈 등 전국적으로 600여 명의 애국지사를 검거했다. 일경은 온갖 야만적인 고문과 수단으로 이들에게 허위 자백과 사상 전환을 강요했다.[49] 그리고 윤치호를 비롯한 123명을 기소하고 재판을 추진했다.

---

47) Peget Wilken, Missionary in Joy's Japan, London, 1916, 142. ; 유동식, 앞의 책, 337~338, 재인용.
48) 윤경로, 『한국근대사의 기독교사적 이해』, 역민사, 1992, 182., 193.
49) 당시 신성중학교 학생으로 체포되어 모진 고문을 당하면서도 끝까지 굴하지 않았던 선우훈 씨의 수기로 고문 장면이다. 저들은 두 손가락 사이에 쇳대를 끼우고 손끝을 단단히 졸라 맨 후 문턱위에 높이 달아매고 때때로 줄을 잡아 당겼다. 온몸이 저리고 쏘고 사지가 끊어져 오고 땀은 줄줄 흐르고 숨결은 가빠지고 견딜 수 없어서 몸을 이리 틀고 저리 틀었다. 쇳대에 잘린 손가락은 뼈가 드러나고 피는 흘러서 온몸을 적시었다. 눈보라치는 혹한 삭풍에 몸은 얼기 시작하여 동태같이 되었다. 온몸은 얼음같이 차고 굳어졌다. 부젓갈을 달

1912년 10월 11일, 1심에서 105인에게 유죄 선고를 내렸다. 그래서 '105인 사건'이다. 신민회의 간부와 회원, 독립운동을 일으킬 가능성이 있는 애국지사들까지 사전에 일망타진하려는 심산이었다. 105명 가운데 장로교인이 82명, 감리교인은 윤치호, 임치정, 서기풍, 안경록, 정주현, 김응조이었다.[50] 감리교인으로 1심에서 윤치호, 임치정은 징역 10년, 안경록 징역 6년, 김응조, 서기풍, 정주현은 징역 5년의 징역형을 받았다. 그러나 1913년 3월 20일 최종 공판에서 윤치호, 양기탁, 임치정, 이승훈, 안택국의 5명에게 징역 6년, 옥관빈에게 징역 5년이 선고되었고 나머지 99명에게는 무죄가 선고되었다. 신민회에 참여한 감리교인은 서북 지역의 장로교인들에 비하면 수적으로는 적었지만 신민회 회장으로 추대된 윤치호, 지방 총감이었던 전덕기와 임치정, 이승만, 남궁억, 서기풍, 안경록 등 감리교 지도자들의 활약이 두드러졌다.[51] 조선총독부를 대변하던 매일신보나 경성일보 등에서는 이를 미국 선교사들의 선동에 의한 것으로 몰아갔다. 한필호, 안세환, 김근형, 정희순 등은 일제의 악독한 고문을 견디지 못해 목숨을 잃었고,[52] 최광옥과 전덕기, 길진형은 그 여파로 병사했고[53] 많은 사람이 불구자가 되었다.

윤치호가 체포되사 남감리교 스웨어러(W.C.Sweare), 케이블(E.F.Cable) 등은 미국 선교부 총무 쿡크(E.F.Cook)를 비롯, 뉴욕의

궈서 다리를 지졌다. 그러나 돌같이 굳어진 몸에 감각이 통할 리 만무다. 담뱃불로 얼굴을 지졌다. 혀를 빼고 목구멍에 담배 연기를 불어 넣었다. 그래도 아무 반응이 없다. 윤경로, "百五人事件의 一硏究 —기소자 122인의 인물분석을 중심으로—", 「漢城史學」 제1집 33. 재인용. ; 김명구 앞의 책, 329.
50) 윤춘병, 앞의 책, 495. ; 이덕주·서영석·김흥수, 앞의 책, 211.
51) 이덕주·서영석·김흥수, 앞의 책, 186.
52) 이성삼, "105인 사건과 신민회", 「대전여자대학 논문집」, 1975, 14~15.
53) 민경배, 「한국기독교회사」, 333. 길진형은 길선주의 장남이다.

각 해외선교부 총무들에게 이 사실을 알렸다. 그의 체포 소식은 미국 기독교계를 경악시키기에 충분했다. 세계기독교계가 이 사실을 주시하게 되었다.[54] 그만큼 당시 윤치호의 명성은 대단했다. 사실 이 사건이 터졌을 때, 처음에 한국의 선교사들이 급전을 보냈을 때만 해도 미국의 해외선교부의 움직임은 소극적이었다. 그러나 1912년 2월 12일과 13일, 이틀에 걸쳐 「뉴욕 헤럴드」가 이 사건을 대대적으로 보도한 것을 시점으로 태도가 급속히 바뀌었다. 더구나 일본이 예비심문 과정에서 '선교사 연루설'을 흘렸기 때문에 적극적으로 대응하지 않을 수 없었다. 미국 각 선교부 총무들이 나섰고 1912년 4월 3일 미 장로교회, 남북감리교회, YMCA 국제위원회 대표들은 함께 대응 전략을 모색하고 공동으로 대응하기로 방침을 세웠다.

1912년 10월 11일 1심에서 105인에게 유죄 판결이 나오자, 뉴욕 5번가 알딘클럽(Aldin Club)에서 미국 교계와 학계, 언론계 사람들이 모였다. 이들은 일본 정부에 이 사건을 공정하게 처리해 줄 것을 요구했다.[55] 그리고 각 선교회 총회는 워싱턴에 대표를 보내 일본 외교관들을 만나 도움을 요청하고 서울에는 대표자들을 특파하여 총독부 관리들을 만나 재판을 지켜보도록 했다.[56] 일이 이쯤 되자 일본은 더이상 세계의 비난을 감수하기가 어려웠다. 결국 2심부터는 일본의 태도가 달라졌다. 105인 가운데 윤치호, 양기탁 등 여섯을 제외한 99사람을 무죄로 석방하고 나머지 사람들도 특사 형식으로 풀려났다. 이는 일제가 이 사건의 허위성을 자인한 것이며 동시에 영·

---

54) 김명구, 앞의 책, 333.
55) 미 북장로교 해외선교부총무 브라운(A.J.Brown)은 이 내용을 The Korea Conspiracy 의 제목으로 발행했다. 김명구, 위의 책, 334~335. 재인용.
56) 미 남가리회에서는 선교부 총무 핀손(W.W.Pinson)을 특별히 서울로 파견하여 이 재판이 끝날 때까지 서울에 머물도록 해서 사실을 직접 챙겨 보고 보고하도록 했다.

미 등 각국 여론 그리고 선교사들의 주장에 굴복했다는 사실을 그대로 보여준 것이었다. 일본은 알딘클럽에서 작성한 권고문을 가볍게 여길 수 없었다. 거기에 모인 사람들은 미국 사회의 거물들로 막강한 영향력을 갖고 있었기 때문이다.

105인 사건은 한국과 일본의 있는 그대로를 서구에 보여준 사건이 되었다. 105인 사건으로 일제의 실체, 죄악상이 손바닥 보듯 드러나게 되었다. 무자비한 고문 사실이 전 세계에 폭로되었고 기독교에 대한 일본의 강한 적개심도 들추어졌다. 일본은 기독교를 박해하는 야만국임을 세계에 입증한 셈이다. 재판 일정이 공포될 때마다 각국 언론들은 재판장으로 몰려들었다.[57]

이 사건을 계기로 한국의 문제는 미국 정부와 사회로부터 주목받게 되었다. 그리고 한국민은 배후에 미국과 세계가 버티고 있다는 사실을 확인하게 되었다. 미국에 대한 한국 사람들의 생각은 더욱 우호적으로 바뀌게 되었고 동시에 한국의 생존에 기독교의 힘과 보호가 절대적이라는 사실도 새겨 주었다.

105인 사건에 연루된 사람들은 민족의식의 뿌리가 더욱 깊어졌다. 이 사건의 연루자 중 국외 망명자는 만주, 상해 등지에서 신민회의 복적대로 국외 독립군기지 선설에 주력하는 등 나라 밖에서 활동을 계속했다.[58] 국내에 남은 자의 80%가 일제의 감시 속에서도 3·1운동의 주도적 참여자가 되어 민족운동의 맥을 이어가고 있었다.[59]

105인 사건의 조작 목적은 반일민족세력과 그의 온상으로 부각된

---

57) 윤경로, 『105인 사건과 신민회연구』, 일지사, 1990, 167.
58) 신용하, "신민회의 창건과 그 국권회복운동", 『한국민족독립운동사연구』, 을유문화사, 1986, 100~123.
59) 윤경로, 앞의 책, 175~176.

기독교를 뿌리 채 뽑아내려는 전략이었으나 오히려 교회는 더욱 발전했으며 한국교회의 존재 의의를 세계에 알리는 좋은 계기가 되었다. 이승만은 이 사실을 가리켜 "한국교회의 능력을 세계에 드러냈다."고 했다.[60]

신민회 신민회는 흔히 안창호가 창립한 것으로 알고 있으나 실은 1907년 안창호가 미국에서 돌아오기 전부터 이른바 '상동파'가 이미 활동하고 있었다.[61] 즉 신민회는 상동파를 토대로 안창호를 영입하여 확대된 것이다. 신민회는 국권 회복을 위한 비밀결사였기에 점조직으로 종적인 관계, 위와 아랫사람만 알 뿐 옆은 모르게 되어있었으며 조직과 활동사항을 자세히 알 수 없었다. 1911년 터진 105인 사건으로 그 내용이 비로소 알려졌다. 일본 경찰 측 조사 자료에 따르면 회원은 400명에서 800명으로 추산된다. 70% 정도가 기독교인이었으며 상동청년학원과 평양 대성학교와 숭실중학교, 정주 오산학교와 같은 기독교계 청년학생 단체가 조직 기반이었다. 상동학원은 신민회의 기관학교였다. 전덕기는 '신민회' 조직에 처음부터 중심 역할을 했다. 신민회 목적이다.

① 국민에게 민족의식과 독립사상을 고취
② 동지를 발견하고 단합하여 국민운동과 역량을 축적
③ 교육기관을 각지에 설치하여 청소년 교육을 진흥
④ 각종 상공업기관을 만들어 단체의 재정과 국민의 부력을 증진할 것 등이다.

창립 당시 회원으로는 전덕기를 비롯 이동녕 · 이동휘 · 이승훈 · 안

---

60) 이승만, 『한국교회 핍박』(건국대통령 이승만의 외침), 청미사, 1913, 117.
61) 송길섭, "전덕기목사와 신민회조직 및 한국상황", 『한국교회학회지』, 성광문화사, 1979, 61.

태국·양기택 등이었고 이들이 독립운동을 이끌었다. 이렇게 볼 때, 상동파는 3·1운동의 기본정신과 폭발원인이 되었다고 말할 수 있다. 신민회는 '105인 사건'으로 국내 신민회 조직은 와해되었다.[62]

5) 캐고 기릴 감리교의 민족운동

(1) 김동수 권사와 두 아우

감리교 안에 일제에 굴복한 변절자들이 있었지만 그러나 이들과는 정반대로 투옥은 물론 일제의 온갖 모진 악행 속에서 굴하지 않고 순교로써 끝까지 신앙의 정절을 지킨 이들이 있다.

1907년 의병운동과 관련하여 강화읍교회 김동수 권사는 두 동생과 함께 일본군에 희생되었다. 1907년 정미7조약으로 한국군이 해산되자 이에 항의하는 의병이 전국에서 일어났다. 강화에서는 무장해제를 당한 군인들이 이동휘를 중심으로 거센 저항운동을 벌였다. 일진회 회원인 강화군수 정경수를 처단하고 갑곶에 주둔하고 있던 일 병사 여러 명을 사살했다. 인천에 주둔해 있던 일본 헌병대가 출동했다. 헌병대는 가담한 병사는 물론이고 일진회를 비판했던 민족주의자들까지 체포했다. 그중에는 강화읍교회 김동수 권사와 그의 동생 김영구, 사촌 동생 김남수 권사가 있었다. 이들은 평소에 반일적 언사로 일진회의 주목을 받아 왔고 결국 의병 진압군을 안내하는 일진회원의 밀고로 체포된 것이다. 조사를 받기 위해 서울로 압송되던 중 김동수 권사 3형제는 갑곶나루 아래 더러미 갯벌에서 총살을 당했다.[63] 뚜렷한 죄목도 없이 재판도 거치지도 않은 채 일제의 만행에

---

62) 박찬승, 『한국독립운동사』, 역사비평사, 2014, 78–84.
63) 이덕주·서영석·김흥수, 앞의 책, 188.

희생된 것이다. 1907년 8월 21일이었다. 이 일로 강화에서 기독교는 나라 사랑하는 종교로 인식되어 입교하는 이들이 늘어났다.

(2) 구연영-구정서, 아버지와 아들 전도사

김동수 권사 3형제가 순국한지 사흘 만인 1907년 8월 24일, 경기도 이천에서 구연영(1865~1907) 전도사와 맏아들 구정서(1882~1907) 전도사(동대문 교회)가 일 헌병대에게 공개 처형되었다.[64]

구연영은 1895년 이천에서 김하락, 김태원, 조성학, 신용희 등과 양근(양평)과 지평에서 3백여 명의 의병을 모집하고 의병대 중군장으로 활약했다.[65] 이듬해 1월 18일, 일군 수비대 1백여 명과의 첫 전투에서 매복 작전으로 적을 섬멸시켰다. 그러나 2월 증강된 일군에게 패했다. 전열을 가다듬은 다음 전투에서는 동료의 변절로 또 패퇴했다. 그는 무력으로는 항일민족운동이 성과를 낼 수 없다는 사실을 절감했다. 의병대를 해산하고 다른 방도를 찾았다. 1897년 2월 그는 상동교회 스크랜턴을 찾아가 스스로 기독교인이 되었다. 그의 본래 의도는 구국운동에 힘있는 기독교를 이용하려는 것이었다. 전덕기와 함께 엡윗청년회 운동과 신앙생활을 하면서 마침내 하나님의 은혜를 체험하고 삶의 변화를 가져왔다. 그는 고향(노곡리)으로 내려가 자기 집을 예배처로 삼아, 집 앞에 십자가를 세우고 예배를 드렸다. 노비 문서를 불태우고 상인과 노복들에게 존칭을 썼다. 당시 양반으로 엄두도 못 낼 일이었다. 결국 그는 집에서 쫓겨났다. 1899년 3월, 세례를 받고 권서인이 되어 전도 활동에 전력했다. 의병운동을 함께 했던 동지들이 기독교인이 되었다. 악령에 시달리던 한 여인이 그의 기도

---

64) 위의 책, 189.
65) 장광영, 『한국감리교 인물사전』, 기독교대한감리회, 2002, 32.

로 치유되기도 했다. 그의 1902년 보고서이다.

> 지난 1년 동안 1천 5백 마일을 여행하며 성경만 6백 권을 팔았고 그 외에도 상당한 분량의 교리서와 전도문서를 팔았다.

그의 전도로 이천, 광주지역에 복음이 빠르게 전파되었고 곳곳에 교회가 설립되었다. 그는 '신학회'에 참석하여 신학교육을 받았다. 1905년에는 정식 전도사로 임명되어 이천읍교회를 비롯, 광주, 여주, 음죽, 용인, 안성에 이르는 광범위한 지역의 교회들을 순회하며 돌보았다. 대한자강회 회원이던 아들도 전도사 직책을 받고 내려와 아버지를 도왔다.

구연영은 복음 사역과 민족의식을 고취하는 일에 힘을 쏟았다. 전덕기처럼 1905년 을사조약이 체결되자 교회마다 청년들을 중심으로 '구국회'를 조직하여 신앙훈련과 민족계몽운동을 전개했다. 이천, 장호원, 여주, 광주를 돌며 을사조약 철폐를 주장했다. 일진회의 정체를 폭로하는 강연과 국채보상운동도 추진했다. 1907년 8월 이천 장터에서의 예수교 대회에 약 2천 명의 군중이 모였다. "구연영만 없으면 기독교도 없어질 것이요, 배일자도 근절될 것이다." 일본 헌병대 기밀문서의 기록이다. 의병을 진압하러 이천에 들어온 일본군이 구연영 부자를 우선 체포하여 공개 처형했다. 구연영의 나이 44세, 아들은 25세였다.

(3) 박석훈 목사

평양지역에서 3·1 운동으로 천도교나 장로교는 큰 피해를 입었다. 그러나 감리교회는 이보다 더 심각했다.[66] 3·1 운동 뒤 평양지

---

66) 이덕주·서영석·김흥수, 앞의 책, 234.

방회가 열렸을 때 한국인 목사는 1명뿐이었다. 그래서 감옥에 목회자가 더 많이 있으니 차라리 감옥에서 지방회를 열자는 말이 나올 정도였다. 평양지역 독립운동을 주도한 곳은 남산현교회였다. 담임목사는 신홍식이었다. 그는 민족대표 33인으로 서울로 갔고 평양에서의 역할을 부목사인 박석훈 목사에게 맡겼다.

  3월 1일 오후 1시 평양지역 감리교인들은 남산현교회에 모여 독립선언식을 가졌고 박석훈 목사가 독립선언문을 낭독했다. 식을 마친 교인들은 시내로 행진했고 천도교 교인과 장로교 교인들도 각각 식을 마치고 시내로 행진했다. 시내 한복판에서 만난 이들은 애초 계획대로 평화적으로 시위를 이어나갔다. 그러나 일제는 이들을 폭력으로 진압했고 박석훈 목사 등 시위 관련자들을 체포했다. 결국 박석훈 목사는 혹독한 고문으로 옥중 순국했다.(1919.11.15.)[67]

  1911년 105인 사건 때 윤치호, 서기풍, 안경록 등이 체포되어 옥고를 치렀다. 3·1 운동 때 이필주 목사, 신홍식 목사, 정춘수 목사, 최성모 목사, 오화영 목사, 신석구 목사, 박동완 전도사, 박희도 전도사, 김창준 전도사 9명이 민족대표로 참여하여 옥고를 치렀다. 3·1 운동 당시 교회는 만세운동의 구심점이었고 그로 인한 희생이 컸다.

  유관순, 전덕기, 신석구, 손정도 목사, 남궁억, 김상옥 등은 목숨 바쳐 나라를 지킨 신앙인들이다. '신사참배순교'하면 주기철 목사가 떠오른다. 우리나라 대표적 순교자이다. 이런 신앙인이 감리교에 여러 명이 있다. 다만 캐지 못하고 기리지 않아 묻힌 채 있을 뿐이다.

---

67) "평남 평양지방회", 「기독신보」, (1920년 10월 27일)

6) 기독교 공동체(이상촌) 설립

(1) 이승훈과 '용동촌'

민족혼을 살리기 위해 선각자들이 기독교공동체를 세웠다. '용동촌'은 '겨레의 스승'으로 불리는 이승훈(1864~1930)이 1899년 친인척들을 집단 이주시켜 세운 이상촌이다. 당시 조선 제일의 거부였던 이승훈은 처음엔 유교적 이상촌 건립을 꿈꾸었다. 매우 가난한 가정에서 태어난 그는 8개월 만에 어머니를 여의었고 10세이던 1873년, 어머니 대신 자신을 길러주던 할머니와 아버지가 2달 간격으로 세상을 떠났다. 5세 위의 형과 고아가 된 것이다. 승훈은 유기상을 하며 부자가 된 아버지의 친구를 찾아가서 그곳 심부름꾼이 되었다. 워낙 성실했던 그는 제법 돈을 모았고 1887년에는 놋그릇공장을 세웠다. 사업이 날로 번창하더니 기업가로서의 면모를 보였다. 그러나 1894년 동학농민운동이 일어나고 이어 청·일전쟁이 터지면서 상점과 공장은 잿더미가 되었다. 그 후 그는 가까스로 상점과 공장을 재건했다. 1901년 평양에 진출, 본격적으로 무역업에 힘썼고 진남포에 지점까지 설치했다. 서울·인천을 왕래하며 사업을 확장시켜 마침내 조선 제일의 거부가 되었다.

을사늑약(1905년)으로 나라를 잃을 위기에서 이승훈이 크게 당황하고 있을 때, 그를 일깨워 준 것은 기독교인 안창호와 유영모였다. 이승훈은 1907년 평양에서 안창호(1878~1938)의 '교육 진흥론'이란 강연을 들었다. 당시 그의 연설을 듣노라면 추종하지 않을 이가 없었다. 이승훈도 주체할 수 없는 큰 감명을 받았다. 14세 위인 이승훈은 즉각 금연, 금주, 단발을 결행했고 신민회에 가담했다. 개인의 영달

보다 민족을 구해야겠다는 굳은 결심을 했고 용동으로 돌아와 주민들의 미신, 투전, 주색 등을 금하고 근면한 생활로 이끌었다. 그리고 서당을 개편하여 소학교과정의 신식교육을 위한 강명의숙을 설립했다. 그해 11월 24일 중등 교육기관으로 민족운동의 요람인 오산학교(1907)를 개교했다. 오산을 세운 취지이다.[68]

"내가 이 학교를 경영하는 것은 오직 우리 민족에 대한 나의 책임감 때문입니다. 내가 학교를 경영하거나 모든 일을 할 때 신조로 삼고 나가는 것은 첫째, 민족을 본위로 하라'는 것과 둘째, '죽기까지 심력을 다하라'는 것입니다."

오산은 조선의 오랜 옛 전통에서 벗어난 하나의 새로운 공동체로 민족 교육사상 금자탑을 이루었다. 이승훈은 총, 칼을 드는 사람도 있어야 하지만 그보다 더 급한 일은 사람을 깨우치는 것이므로 만분의 일이라도 나라에 도움이 될까 하여 학교를 세운다고 했다.[69] 오산학교는 안창호의 대성학교와 함께 이 지역 민족주의 교육의 두 축이 되었다. 이승훈은 모든 학교 일에 교사들의 솔선수범을 강조했다. 자신부터 모범을 보였다. 변소에서 사무실에 이르기까지 청소도 마다하지 않았다. 졸업생들이 건립한 이승훈 동상제막식 전날, 그는 학생들 앞에서 말했다.[70]

여기 내가 무슨 일을 했다고 동상을 세웠지만 나는 큰일 한 것도 없고 단지 학생들의 변소를 청소했을 뿐입니다.

이승훈의 가르침대로 졸업생들은 일제의 탄압 속에서 민족 독립운

---

68) 윤경로, 『105인 사건과 신민회 연구』, 일지사, 1990, 52.
69) 김도태, 『이승훈 전기』, 문교사, 1950, 205~206.
70) 조진석, '지행일치의 남강 정신: 이승훈 선생의 인간상', 「나라사랑」, 제12집, 외솔회, 1973, 82.

동의 귀중한 일꾼들이 되었다. 대표적인 사람들로 함석헌, 주기철, 한경직, 염상섭, 홍명희, 김소월, 백인제 등을 들 수 있다. 한편, 그는 신민회에서도 열성적으로 활동했다.

경술국치 직후 1910년 9월 이승훈은 기독교 신자가 되었다. 나라가 망하고 나니 자신도, 조국도 막막했다. 마음이 아프고 서러웠다. 답답한 심정으로 평양에 나갔다가 한석진 목사의 설교를 듣고 신앙을 갖기로 결심했다. 오산학교도 기독교 정신으로 바꿨다. 유교에서 기독교로 개종한 것이다. 이런 그의 기독교 신앙은 그 뒤 감옥에서 옥고를 치르면서 민족의식과 함께 깊어졌다.

일제는 1910년 말, 안악사건을 조작했다. 이승훈도 엮여 이듬해 2월 제주도로 유배되었다. 안악사건을 계기로 일제는 또 '데라우치 총독 암살 음모 사건'을 꾸몄다. 신민회 간부와 민족운동자 600여 명을 전격 체포했다. 이승훈은 주모자로 지목되어 제주도에서 경성 일본 헌병대로 압송되었다. 105명을 재판에 회부했다. 105인 사건이다. 이승훈은 유동열, 윤치호, 양기탁, 안태국 등과 함께 10년형을 언도받고 형무소에서 모진 학대와 고문을 받았다. 하지만 그는 옥중에서 날마다 기도하고 신약성경만도 100번 이상을 읽었다. 1915년 5월 가출옥으로 풀려난 그는 오산학교로 돌아와 학교와 교회 일에 더욱 심혈을 기울였다.

1919년 3·1 운동에서 그는 민족대표 33인 가운데 기독교계의 대표적 인물로 활약했다.[71] 1919년 2월 6일 잠입한 상해 신한청년당의 선우혁을 만난 뒤 그는 "그냥 누워 있다가 죽을 줄 알았는데 이제 죽

---

71) 김승태, '남강 이승훈의 민족의식과 민족운동 방략', 독립기념관 한국독립운동사연구소, 2002, 45.

을 자리가 생겼다."[72]며 뜻을 세웠다. 정주읍교회 담임 목사 최성주가 완전독립 요구보다 자치 허락을 총독부 당국에 요청하는 것이 나을 수 있을 것이라는 의견을 내자, 이승훈은 "그런 미지근한 태도로 무슨 독립운동을 하겠소? 그건 안 되오. 아예 이번 기회에 완전독립을 하도록 우리 목숨 내놓고 싸웁시다."라고 말했다.[73] 그는 3.1운동의 중추역할을 했다.

1930년 5월 3일 오산학교에서 자신의 동상제막식을 치를 때 한 연설의 한 토막이다.[74]

내가 오늘까지 오면서 내가 한 것은 조금도 없습니다. 모두 신(神)이 나를 그렇게 만들었습니다. 여러분이 다 아시는 대로. 나는 재래(在來) 불학무식(不學無識)합니다. 나는 아무것도 아는 것이 없었으나 신이 나를 이렇게 이끌어서 오늘까지 왔습니다. 이후도 그럴 줄 믿습니다.

그로부터 일주일 뒤 이승훈은 하나님의 부르심을 받았다. 눈을 감기 전 자기의 유골을 해부하여 생리학 표본으로 만들어 학생들의 학습에 이용하라는 유언을 남겼으나 일제의 금지로 실행되지 못하고 오산에 안장되었다.

(2) 김약연과 '명동촌', '명동학교'

김약연(1868~1942)은 함경도 일대에서 대표적인 유학자로 손꼽히는 탁월한 유인이었다. 그에게 꿈이 있었다. 관리들의 부정부패가 없는 간도 땅에 가서 빈부귀천이 없는 이상촌을 건설하고 민족의 운

---

72) 이만열, 『역사에 살아있는 그리스도인』, 한국기독교연구소, 2007, 51~52.
73) 김경옥, 『지조를 지킨 지도자들 1. 이승훈』, 월인, 2011, 44.
74) 함석헌, '민족 생명의 촛불 남강 선생: 종교가로서의 남강 선생', 나라사랑 제12집 외솔회, 1973, 74.

명을 바꿀 사람을 키우는 것이었다. 간도는 본래 우리 조상, 고구려의 땅이므로 개간하여 우리나라 땅을 만들어보자는 웅지를 품고 있었다. 1899년 2월 18일, 32세의 그는 고향 땅 함북 회령에서 주민 142명을 이끌고 두만강을 건넜다. 그래서 그를 "한국판 모세"라고 불렀다. 중국인으로부터 사들인 수백 정보의 땅에 한인 집단거주지를 조성했다. 그는 1901년 '규암재'라는 서당부터 세우고 주로 민본주의 정신을 담고 있는 『맹자』를 가르쳤다. 명동촌은 초기에는 유교적 전통의 마을이었다.

을사늑약 뒤 망명한 상동청년학원 출신들이 만주 대륙에서 시작한 사업은 교육사업이었다.[75] 1906년 이상설·이동녕·여조현 등이 민족교육을 통한 국권 회복을 꿈꾸며 간도의 중심인 용정에 '서전서숙'을 세웠다. 이 학교는 민족학교의 요람으로 애국독립사상을 고취하는 신교육을 실시하여 항일민족교육의 시초가 되었다. 용정은 함경북도 상삼봉 두만강 국경에서 60여 리 떨어진 중국 땅이다. 이곳에 이주한 한인들이 마을을 개척하여 용두레박 우물을 파고 용두레촌이라고 불렀다. 그것이 인연이 되어 '용정'이라는 이름을 갖게 되었다.[76] 그 뒤 숙장을 맡던 이상설이 고종의 밀사로 네덜란드 헤이그로 떠났고 이동녕은 국내로 잠입하여 안장호 등과 신민회를 조직했다. 학교는 재정난과 일제의 탄압으로 1907년 9월 폐교되었다.[77] 김약연은 학생 전부를 인수하고(1908) 그 전통을 이어받았다.[78] 이듬해 학교 이름을 '명동학교'로 바꾸었다.

---

75) 이호열, 『만주대륙의 역사와 기독교』, 한우리, 2015, 752.
76) 이성삼, 『한국감리교회사』, 기독교대한감리회 본부교육국, 1982, 152.
77) 이호열, 앞의 책, 753. 재인용.
78) 전택부, 『인간 신흥우』, 기독교서회, 1971, 109.

'명동'은 발해의 옛 이름인 '해동성국'과 한국의 옛 이름인 '대동', '동국'에서 '동'자를 따고 '이름을 밝힌다'는 뜻의 '명'을 합친 것이다.

명동학교에서 윤동주(김약연 누이동생의 아들)·나운규 같은 인재와 애국지사들이 많이 나왔다. 일제의 탄압으로 학교는 문을 닫고 1925년 용정의 은진중학교에 합쳐졌다. 김재준 목사가 교목이고 안병무, 강원용 등이 공부했다. 중심교사는 서전서숙 교사들을 주축으로 황의돈(국사), 장지영(국어), 박태환(성경, 윤리), 김홍일(산수) 등이었다.[79]

유학의 대가였던 김약연이 기독교를 받아들이게 된 것은 애국적, 교육적 동기 때문이었다. 그는 국민정신을 새롭게 개혁하고 나라의 힘을 기르려면 기독교가 유교보다 우월하고 개신교 선교사와 목사들을 통한 신문물, 신교육이 아니고서는 어렵다고 판단했다. 일본과 중국의 지배를 벗어나기 위해서도 기독교로 개종하는 것이 옳은 것으로 판단했다. 이는 사상 면에서 일대 변혁이었다. 그가 개신교인이 된 결정적 시발은 명동학교에 초대된 교사 정재면의 권유로였다.

22세의 청년 정재면(1884~1962)은 상동파요 '신민회' 회원이었다. 그는 성경을 가르치고 예배를 드린다는 조건으로 교사직을 수락했다. 정재면은 간도를 항일민족운동의 전초기지로 만들고자 했다. 김약연은 정재면과 함께 1909년에 명동교회를 설립했다. 명동교회에는 주일에 200여 명의 교인이 출석했다. 김약연은 1915년 명동교회의 장로가 되었다. 김약연과 정재면은 명동중학교(1910)와 명동여

---

[79] 오세도·오세종, 『만주감리교회사』, 삼필문화사, 1997, 128.

학교(1911)를 설립했다. 명동학교의 교과목은 국어, 역사, 과학, 사범 교육 외에도 애국심교육과 신앙교육이 중심을 이루었다. 명동교회와 명동여학교는 북간도 여성들의 의식과 지위에 큰 변화를 주었다. 조선 사회에서 이름을 갖지 못했던 여성들이 남자들과 마찬가지로 한자로 된 이름을 갖게 되었다.[80] 1928년, 60세의 나이에 김약연은 평양신학교에 입학했고 졸업 후 목사가 되었다. 본래 그의 꿈인 빈부귀천이 없는 이상촌은 기독교를 통하여 이룰 수 있다고 믿었다. 기독교적 '천당골'을 세우려고 했다. 그래서 명동촌 안의 마을 이름은 구세동·영생동·명신동·낙원동 등 이었다. 그들은 집단농장에서 함께 노동하고 함께 추수하고 축적된 자산은 가난한 이웃과 지역 사회를 위해 사용했다. 그들은 꿈꾸었다.[81] 사도행전적(행 2:42~47)삶이다.

그들이 꿈꾸는 천당골 사람은 첫째, 도덕적인 삶을 살며 둘째, 의를 위해 고난을 받고 셋째, 애국자의 삶을 살아가는 것이다.

김약연은 민족의 독립을 위해 종파와 이념을 초월하여 협력했다. 중국인들은 그를 "간도의 대통령"으로 불렀다. 그의 헌신적이고 포용력있는 지도력을 높이 평가한 것이다. 시인 윤동주는 「별 헤는 밤」에서 "어머님, 그리고 당신은 멀리 북간도에 계십니다."라고 썼다. 북간도는 고구려와 발해, 거란족의 근거지였다. 고구려의 옛 땅에서 신앙과 교육과 민족운동을 펼쳤던 김약연은 1942년 10월 24일 75세의 나이로 하나님의 부르심을 받았다. 그는 "나의 행동이 나의

---

80) 여성들 50여 명이 김신묵, 김신우, 김신영, 윤신현 등 '신'(信)자를 항렬로 삼아 이름을 지었다.
81) 양주삼, "남감리회 선교백년 기념활동",「신학세계」6호, 1918. 1.

유언이다."라는 유언을 남겼다.

(3) 이회영과 '신흥무관학교'

이즈음 독립투사들 사이에는 교육사업 하나만으로는 구국의 목표를 달성하기 어렵다고 판단하고 다른 방법을 모색했다. 1910년 3월 신민회 총감독 양기탁은 신민회 간부 회의를 열었다. 이 회의에서 국외에 독립군 기지 건설과 무관학교를 설립하기로 결정했다. 그리고 독립군 기지를 개척하기 위해 각 지역 담당자를 선임했다. 이회영(1867~1932)은 서간도 지역을 맡았다. 경술국치 다음 달, 9월 이회영은 독립군 기지를 물색하기 위해 이동녕·장유순 등과 함께 지물행상으로 변장하고 압록강을 건너 서간도 일대를 시찰했다. 돌아와서 그는 여섯 형제[82]를 모아 놓고 중국 망명을 제의했다. 여섯 형제는 선뜻 동의했다. 이렇게 이회영 일가는 조국독립을 위한 망명길에 오르게 되었다. 이회영은 오성과 한음으로 유명한 삼한갑족 이항복의 직계 후손이었다. '삼한갑족'이란 대대로 문벌이 높은 집안을 일컫는 말이다.

이들은 망명 자금을 위해 모든 재산을 헐값으로 팔아 약 40만 냥을 마련했다.[83] 지금의 시세로 환산하면 600억 원이 넘는다고 한다. 일제가 이 사실을 알면 방해하고도 남겠기에 급매로 헐값에 처분한 것이다. 1910년, 겨울 추운 12월 30일, 이회영 6형제 일가 62명의 대

---

82) 첫째는 이건영(1853~1940), 둘째 이석영(1855~1934), 셋째 이철영(1863~1925), 넷째 이회영(1867~1932), 다섯째 이시영(1869~1953), 여섯째 이호영(1875~1933)이고 망명을 주도한 이회영은 넷째였다.
83) 소 13,000마리 값이다. 당시 백미 1석이 3원 남짓했다. 오늘의 금액으로 환산하면 몇천억을 해당한다. 다 팔지도 못하고 일부는 버리고 갔다. 서간도지역 한인 단체는 사실상 이회영 일가의 재력으로 유지된 셈이었다.

가족은 예닐곱 대의 마차로 압록강을 건넜다. 그리고 2월 초 봉천성 유하현 삼원포 추가가에 도착했다. 그곳을 기지로 삼고 정착함으로 만주가 비로소 한인들의 무대가 될 수 있었다. 그 뒤 많은 국내 인사들이 들어와 한 마을을 이루었고 신흥강습소도 세웠다. 1912년 봄에는 통화현 합니하로 이주하여, 이동녕·장유순 등과 의논하고 자치단체인 경학사를 조직했다.[84] 주축은 이회영 6형제와 이상룡, 이동녕, 김동삼 등 이었다. 경학사를 모체로 신흥강습소를 신흥무관학교로 개편했다.[85] '신흥'은 신민회의 '신'자와 다시 일어난다는 '흥'자를 딴 이름이다.[86]

그는 상동파로 상동교회, 청년학원의 학감도 했었다. 그때 비밀조직으로 전덕기, 이동휘, 이동녕, 양기택, 이갑 등과 함께 신민회를 조직했고 교회를 세워 복음전파 사역을 함께 감당했다. 이회영은 1908년 10월 20일, 상동교회에서 한산 이씨와 재혼을 했다.[87]

이회영 여섯 형제는 우리 역사에서 명문 가문, 지도층이 노블레스 오블리주를 몸소 실천한 대표적인 보기로 칭송된다. 이들은 고종 때 이조판서를 지낸 이유승의 아들들이었다. 여섯 형제 가운데 넷은 독립운동 중 병사했고 넷째 이회영은 옥사했다. 다섯째 이시영(1869~1953)만 광복절을 맞았고 그리고 첫 번째 부통령이 되었다. 이들이 국내에 머물면서 일제와 타협했다면 부귀영화를 누렸을 터이지만, 오직 나라를 되찾겠다는 일념을 간직하고 끝까지 외길을 걸었던 것이다.

---

84) 전국역사교사모임 〈살아있는 한국사 교과서 2〉 휴머니스트 2003.4.28. 109.
85) 홍석창, "이회영(서간도 개척자며 독립혁명가)", 『한국감리교회를 세운 사람들』, 도서출판 에이멘, 1988. 120.
86) 서중석, 『신흥무관학교와 망명자들』, 역사비평사, 2006. 105.
87) 홍석창, 앞의 책, 119.

신흥무관학교는 민족교육과 군사훈련을 함께 실시하여 항일무장투쟁의 전사들을 양성했고 서간도 지역 독립군양성의 총본산이 되었다.

신흥무관학교를 신호로 여러 곳에서 많은 학교들이 세워졌고 독립투사들을 길러냈다. 이회영은 통화현에 분교를 설립하여 모든 교육기관을 통솔했다. 이 학교 출신들은 간도 일대에서의 무장 항일투쟁의 초석이 되었고 다수가 독립군의 일원이 되어 각지에서 활약했다.

3·1운동 후, 많은 젊은이들이 만주[88]를 찾았다. 국내의 제약에서 벗어나 독립운동에 맘껏 투신하여 잃은 나라를 되찾으려는 이들이었다. 일본 육사 출신 지청천·김경천, 윈난 사관학교 출신 이범석 등 유수한 무관들이 합류하면서 학교는 더욱 번창했다. 신흥무관학교[89]는 1920년 폐교될 때까지 2~3,000명의 병사들을 양성[90]했고 봉오동전투와 청산리전투, 그리고 훗날 광복군의 중심인물이 되어 일본의 침략에 맞서는 근원지 역할을 했다. 이렇게 북간도의 독립운동은 무장투쟁과 민족교육의 두 축으로 이루어졌다. 민족교육의 상징은 명동학교요, 무장투쟁의 상징은 1920년 봉오동 전투(6.6~7)와 청산리 전투(10.21~26)였다.

(4) 손정도와 '호조'

임시의정원 의장 손정도 목사(1882~1931)가 5년의 상해 시절을

---

88) 만주는 우리 전체 국토의 약 6배나 되는 광활한 땅이다. 한국인들이 만주 땅을 밟기 시작한 것은 구한말부터로 볼 수 있다. 처음에는 홍수와 가뭄, 관리들의 부패 등으로 도저히 살기 어려워진 국경 주변의 주민들이었으나 일제 때에는 빼앗긴 국권을 찾기 위한 독립운동가들이 줄을 이었다.
89) 광복 뒤, 1947년 서울 종로에 신흥무관학교의 역사와 전통을 계승한 신흥전문학원이 설립되었고 1955년에는 종합대학 신흥대학교로 승격되었다. 교사를 서울 회기동(현 경희대학교 서울캠퍼스)으로 옮기고 1960년대에 오늘의 경희대학교로 바꾸었다.
90) 윤병석, 『간도역사의 연구』, 국학자료원, 2006, 291.

마감하고 만주로 이주를 계획할 때 그의 진솔한 고백이다.[91]

"우리는 밥 먹고 나(나이) 먹고 한 일은 죽을 일만 하엿소. 로마 1:29, 32 보오. 우리는 독립운동 오년(5년)에 한 일이 무엇시오. 역시 죽을 일만 하엿소. 종이 조각에 떠다니는 일은 제 동포 죽이는 일이오. 우리는 먼저 자기를 죽음에서 구원하여야겟소. 또한 '호조'하는 몸이 생기야 하겟오. 죽음에서 나오지 아니하면 삶을 엇지 못하오."

그가 임시정부에서 뼈가 저리도록 가슴 아팠던 것은 나라 찾겠다는 사람들이 이곳, 남의 나라에 와서까지 적으로 삼고 싸우는 것이었다. 그는 좌절 대신 문제 앞으로 다가갔고 길을 찾으려 했다. 그는 기독교를 통한 민족구원을 확신한 대표적 기독교 민족운동가였다.

우리나라가 잘 되려면 지방색을 가르는 파당 싸움을 말아야 한다. 좁은 나라, 한 핏줄의 한겨레가 영남이니 호남이니, 남이니 북이니 하며 네 갈래, 열 갈래로 갈려 싸우는가? 이는 나라를 잃고도 정신을 못 차리기 때문이다.[92]

이런 조국의 현실 앞에서 그는 걸레의 삶을 살았다.

비단옷은 누구나 다 좋아하지만 비단옷 없다고 못 살지는 않는다. 그러나 걸레는 단 하루만 없어도 집안이 오통 더러워진다. 그러므로 걸레는 집집마다 꼭 필요하다. 나는 민족을 위한 걸레가 되어, 걸레처럼 살겠다.[93]

급하다고 행주를 걸레로 쓰면 안 되는 줄 알면서도 그는 스스로 걸레의 삶을 택한 것이다. 걸레는 쓰일 때 만 앞에 나타나고 쓰이고 나

---

91) "죽음에서 나와 영생의 참 사람을 어드라." 「손정도 목회 수첩」
92) 강흥복, "손정도 목사와 김일성", 『통일선교, 힘써 알아봅시다』, 북한회복감리교회연합 편, 굿보이스, 2021. 164.
93) 위와 같음.

면 구석으로 밀려난다. 민족을 닦는 삶, 그의 '걸레 철학'이다. 곧 밀알이요 십자가의 삶이다. 그는 사회주의, 공산주의까지도 변화시켜야 할 대상으로 목적이 같다면 대화와 협력이 가능하다고 보았다.

그가 복음을 영접하던 그 즉시 보물 같은 상투를 잘랐고 사당을 헐어 버렸다. 평소 괄괄하고 열정적인 성품이었던 그는 몸을 떠는 감동을 느꼈고 하룻밤도 안되는 사이에 기독교에 몸을 맡기는데 변신을 이룬 것이다.[94] "진실은 때로는 소설보다 더 화끈할 수 있다".(Mark Twain)

1904년 숭실중학교에 입학한 그는 1907년 2월 4일부터 시작된 숭실중학교 부흥회에서 큰 은혜를 받고 성령 충만을 체험했다. 그리고 그는 열정적으로 기도하기를 즐겨 했다. 한번은 잔잔한 솔밭, 어떤 탐스러운 솔포기 뒤에 엎드려 기도하며 밤을 새웠다. 등 뒤에 허연 눈이 키를 넘도록 쌓였다. 손정도는 이를 '삼층천 기도'로 설명했다.[95] 학교 기도실에서 밤을 새운 적도 한두 번이 아니었다.[96]

어느 날 새벽기도 가운데 사도행전 1:6~8절 말씀이 들려왔다.

나 자신 앞에 2천만의 남녀 동포가 하나도 빠짐없이 늘어선 것이 보였다. 사망에 빠지는 그들, 죄악의 멍에의 착고를 당한 그들을 구원하고 해방함이 나의 책임이라고 보여줌이다.… 그러나 기쁘다. 미덥다 할 만하다고 생각됨은 만능의 구주께서 나와 같이하시기 때문이다.[97]

그는 신앙의 영역에서 최선을 다하면 민족독립에 '하나님의 은

---

94) 손원일, '나의 이력서', 한국일보,1976년 9월 29일 자. 손원일(1909~1980)은 손정도 목사의 큰 아들이다. 대한민국 해군을 창설했고(해군의 아버지) 5대 국방장관을 역임했다.
95) 이덕주, 『손정도 자유와 평화의 꿈』, 92~93.
96) 최봉측, "고 해석손정도 목사 략전(二)」, 「기독교종교교육」, 1931.8.9, 63. 이덕주, 위의 책, 주) 79. 재인용.
97) 최봉측, 위의 책과 같음.

총'이 내리실 것으로 믿었다. 그는 독립운동을 초대교회 오순절 운동과 연결시켰다. 숭실대학을 중퇴하고 곧장 서울의 협성신학에 입학했다. 상동교회에 출석하여 전덕기 목사의 신앙지도를 받으며[98] '상동파'와 사귀었다.

그가 목회한 교회마다 사도행전적 부흥이 일어났다.[99] 정동제일교회(1915~1918)의 예배가 있는 날이면 길이 미어질 정도였다. 초대형교회를 이룬 것이다. 특히 청년 학생들이 전적으로 출석했다.[100]

유관순은 정동교회에 출석하면서 손정도 목사의 설교와 삶에서 항일 민족의식을 이어받았다. 전도는 하나님을 사랑하는 것이고 민족운동은 나라 사랑으로 이 둘은 하나다. 기독교는 하나님과의 관계를 이웃과의 관계로 확장 시키는 사랑의 관계이다. 그의 사명은 전도요, '민족주의 신앙'의 추구였다. 그에게 기독교 신앙과 나라 사랑은 별개 아닌 동전의 양면 같은 것이었다. 그는 "참된 신앙인은 민족을 사랑하고 나라의 독립을 위해 십자가를 져야 한다."고 믿었다.

임시정부 의정원의 의장이었던 손정도가 상해임시정부에서 손을 뗀 것은 국민대표회의가 결렬(1923.5.15.)되고 난 뒤였다. 그때 활동의 터전을 북만주, 길림으로 옮겼다. 임시정부와 함께한 상해 5년은 손정도에게 항일 민족운동의 전성기였으나 그곳은 갈등과 음모가 도사리는 한복판이었다. 목사로서 더는 감당할 수 없었기에 영과 육 그리고 민족을 살리는 생명 목회를 추구하며 북만주 길림으로

---

98) 김창수·김승일. 앞의 책. 49~50.
99) 그가 국내에서 담임 목회했던 교회는 진남포교회. 동대문교회. 정동교회의 셋이었다.
100) 김창수·김승일. 위의 책. 102. 1916년 교인수는 입교인 747명. 학습인 275명. 원입인 930명. 주일학교 820명으로 모두 2,772명의 교인으로 당시 우리나라 최대교회가 되었다.

옮긴 것이다. 만주지역은 아직은 일제의 통치력이 미치지 않아서 중국, 러시아, 북만주 일대에서 독립운동을 하는 애국지사들이 모여들었다. 이곳에서 김좌진, 김동진, 양기탁, 남사현 등과 독립운동에 함께했다. 그리고 그때 떨어져 살던 가족들을 불러 모았고[101] 자신을 되돌아보는 기회도 되었다. 그는 자신의 사상과 이념 그동안의 독립활동 등을 기록했다.[102]

길림에서의 손정도는 무엇보다도 충실한 목회자로의 삶이었다.

그것은 첫째, 교회 성장이요. 둘째, 민족의 독립의식을 높이고 민족이 하나가 되도록 교육하고 훈련하는 것이다. 2세들의 민족교육에 전력을 기울였다.[103] 셋째는 그의 평생의 꿈인 이상촌, '농촌생활공동체', '호조'설립이었다. '호조'는 말 그대로 '서로 돕는' 자급자족의 협동공동체이다.

그는 민족독립을 성취하고 차별이 없는 평등한 사회, 즉 사도행전적 세상을 꿈꾸었다. 그것의 최종 목적은 독립운동의 기지 구축이다. 생애 마지막이라는 각오로 '호조'운동에 혼신의 힘을 쏟은 그는 액목현에 3,000일경[104]의 넓은 땅을 매입했다. 고향의 막대한 유산도 모두 처분했다. 자금이 모자라 만주 일대의 애국지사와 농민들을 상대로 주식을 발행하여 나머지를 충당했다. 우선 주민 1백 호를 이주시켰다.[105] 드디어 1927년 4월 1일, '농민호조사'란 이름으로 집단

---

101) 김창수·김승일, 앞의 책, 273.
102) 그러나 애석하게도 그것은 모두 희실 되어 지금, 남아 있지 않은 것은 큰 유감이 아닐 수 없다. 이때 손정도가 쓴 글을 둘째 아들 손원태에게 주어 보관하게 하였는데 그가 상하이로 오면서 가지고 왔던 것을, 상하이에서 체포되어 경성으로 호송될 때 상하이 누님 집에 두고 왔는데 없어졌다는 것이다. 김창수·김승일, 위의 책, 277.
103) 이 때, 큰아들 원일도 큰 몫을 감당했다. 그는 우리말, 중국어, 산수, 음악, 체육 등의 과목을 담당했다. 김창수·김승일, 위의 책, 277.
104) 日耕 : 농민 1인이 하루 동안 일할 수 있는 넓이.
105) 김창수·김승일, 앞의 책, 319~320.

농장 형태의 농촌생활공동체가 발족되었다. 기독교 사회주의 원리 구현이다.[106] 그의 연설이다.

"기독교 사회주의가 실현되어야 합니다. 우리가 시하를 좇아 기독의 정신을 발휘하거나 조선 내지나 만주나 기독교적 신농촌이 조직되어야 하겠고 앞으로는 네게 있는 소유를 다 이 농촌에 드러놓겠느냐 하는 문답으로 그이가 교인 되고 못 됨이 나타나게 될 것이외다. 이는 성경이 증명하니 네 있는 바를 다 팔아 가난한 사람을 구제하고 나를 좇으라 한 즉 그가 물러갔습니다."

손정도는 공동으로 생산하고 판매하여 얻은 이익을 공평하게 분배함으로 함께 잘 사는 신앙 공동체를 결성하려 한 것이다. 오순절 신앙 공동체이다.(행 2:44~47) 만주에서의 손정도는 물 만난 물고기이듯 눈부시게 활동했다. 그러나 주위의 정치적 상황은 결코 호의적이지 않았다. 이같은 알찬 계획은 농민호조사 사업만이 약간의 진전이 있었을 뿐, 계속해서 일어나는 사정과 정변 그리고 9·18사변[107]으로 수포로 돌아갔다.

손정도는 평생을 호조(서로 돕는)를 실천했고 특별한 호조의 삶을 살아냈다. 고아와 과부[108]를 돌보는 일이었다. 상해임시정부 의상일

---

106) 이덕주, 『손정도 자유와 평화의 꿈』, 475~476.
107) 일제가 만주침략을 위해 1931년 9월 18일 '류타오후 사건'(柳條湖事件)을 일으켜 철도를 폭파하고 이를 중국군의 소행이라며 중국군에게 포격을 가한 사건으로 '만주사변'(滿洲事變)이라고도 한다. 장개석(蔣介石)의 국민당 정부는 북경을 점령하고 청일통상조약(1896년)의 폐기를 일본에 통고했다. 이 사건을 계기로 일본군부는 일본 정국을 장악하고 군국주의 체제를 확립하게 되었으며 그 뒤 1937년 중일전쟁, 1941년 태평양 전쟁을 일으키는 침략 전쟁의 시작이 되었다. 이이화, 『한국사 이야기21: 해방 그날이 오면』, 한길사, 2004, 143.
108) 야고보서 1장 27절 / 하나님 아버지 앞에서 정결하고 더러움이 없는 경건은 곧 고아와 과부를 그 환난중에 돌보고 또 자기를 지켜 세속에 물들지 아니하는 그것이라.

때 안중근의 미망인 김아려(김마리아)와 그의 자녀 현생(큰 딸), 준생(아들)을 집에 함께 살도록 했고[109], 길림에 있을 때 고아와 같았던 아이(당시 14세)를 돌보아 주었다. 김성주 곧 김일성이다.

손정도(1882~1931)는 대한민국 해군의 아버지인 손원일(1909~1980) 제독의 아버지이며, 북한의 김성주(일성, 1912~1994)[110]와 밀접한 연관이 있다. 김일성의 아버지 김형직(1894~1926)과는 숭실학교 동문이다.

김일성은 1992년 회고록 '세기와 더불어' 7권을 냈다. 제2권 제1장은 '손정도 목사' 편이다. 그는 손정도를 "국부, 민족을 위해 헌신한 애국자, 생명의 은인"으로 표현했다. "나와 비록 사상은 달랐지만 참으로 민족을 위해 헌신한 애국자, 한평생 목사의 간판을 걸고 항일 성업에 고스란히 바쳐온 지조가 굳고 양심적인 독립운동가였으며 이름난 애국자였다."고 칭송했다.[111]

복음통일을 위해 기도하고 소망하는 한민족에게 남과 북을 하나로 잇는 통로가 있다. 손정도 목사이다. 대한민국 국민 특히, 북한주민 모두가 존경하고 인정하는 유일한 목사가 바로 손정도 목사이기 때문이다.

---

109) 김창수 · 김승일, 앞의 책, 240.
110) 김일성의 본명. '일성' 은 '민족의 태양' 이란 뜻이다. 철주, 영주는 두 동생이다.
111) 강흥복, "손정도 목사와 김일성", 159.

8. 3·1 독립운동과 기독교

1) 3·1 독립운동의 꿈틀거림

 한말 민족주의운동은 성리학을 바탕으로 하는 '위정척사', 서양의 근대문명을 받아드려 개혁하자는 '동도서기', 농민운동에서처럼 반봉건·반외세, 여기에다 김옥균을 중심한 급진개혁세력의 네 가지로 나눌 수 있다. 이 네 가지가 하나로 뭉쳐도 어려운데 이들은 서로 갈등하고 싸우다가 일제라는 장벽과 마주하게 되었다. 이런 때, 이를 극복하고 민족주의 운동의 새로운 돌파구를 마련해 준 것이 3·1민족운동이다. 3·1운동은 3·1만세운동, 3·1독립운동, 3·1민족주의운동 등, 주로 '운동'으로 불리지만, '혁명'으로 불러야 한다는 주장도 있다. 왜냐하면 혁명은 운동과 달리 기존의 정치 체제에 대한 '변혁'이기 때문이다. 3·1운동 이전의 국권 회복운동의 목표는 왕조 회복이었다. 그러나 3·1운동은 반대로 백성이 주인이 되는 나라였다. 이는 나라 이름에서도 잘 나타난다. 3·1운동 이전의 나라

다. 그러나 그 겨울 속에서 우리 민족의 독립을 향한 봄은 일고 있었던 것이다.

3 · 1독립운동의 동인은

첫째, 한국은 '한' 민족으로 구성된 단일 민족국가이다. 반만년의 찬란한 역사와 전통을 지닌 문화민족이다. 한국의 역사는 일본보다 오래이고 외침을 받기는 했어도 국권을 잃은 적이 없다. 섬나라 저들 일본의 문물은 거의 한국과 중국을 통하여 전해진 것들이다. 이런 것들은 우리 민족의 자긍심이다. 이같은 자긍심에서 우러나온 저항심이 우리 민족의 속으로부터 솟구쳐 올랐다. 이 자긍심이 사회를 융합시키며, 기회만 되면 폭발케 마련이다. 누가 조절했거나 가르쳐 준 것이 아니다. 오로지 우리 민족 스스로가 역사의 주체가 되어 뭉치고 하나되어 폭발력을 발휘한 것이다.

1919년 4월, 익명을 요구하는 한 미국인 선교사의 서신이다.[3]

> 이 독립운동의 방법과 정신은 완전히 한국적이지 서양적인 데가 조금도 없다.

또 그는 한국교회의 귀뜸을 전혀 받지 못했음을 지적하고 "차라리 우리들이 소외되었다고 섭섭한 마음을 품었을 정도였다."고 덧붙였다.[4] 3 · 1민족 독립운동은 한국사람 스스로가 일으켰다는 증언이다.

둘째, 이때는 한국기독교 35주년을 눈앞에 앞둔 해로 비록 수는 적지만 기독교인들은 기독교 정신으로 무장되어 있었다. 기독교 정신이란 인간의 존엄성과 권리, 자유평등 사상이다. 그것은 창조주 하나님께부터 받은 특권이다. 곧 '자주민'의식이다. 독립선언서 첫

---

3) "삼일운동비사", 「기독교사상」 1966. 6월호. 93.
4) A.D.Clark, 앞의 책, 169. 참조.

머리⁵⁾의 "조선의 독립국, 조선인의 자주민"에서 '독립국, 자주민' 개념은 모두 성경에서 나온 개념이다.⁶⁾

일제는 기독교에 적개심을 가졌다. 3·1운동은 외부의 작용, 즉 민족자결주의로 말미암았다거나 '미국 선교사들의 선동'이라고 에둘러 책임을 전가했다.⁷⁾ 일제가 기독교에 적개심을 갖는 것은 당연했다. 그들의 주장대로 기독교는 3·1운동의 중추 세력이고 선봉이었다. 민족대표 33인 가운데 절반(16명)이 기독교이고 시위대의 중심에는 언제나 기독교인들과 미션스쿨 학생들이 있었다. 3·1운동의 직접적인 도화선이 되었고 중국 상해에서 결성된 신한청년당 역시 대부분 기독교인들이었다.⁸⁾ 대영 및 해외성서공회 연례보고서에 실린 글이다.⁹⁾

이 독립운동은 선교사들에게는 놀라움, 그것이었다. 아무도 그런 일을 할 능력이 있다고는 꿈에도 생각해 보지 않았기 때문이다.

셋째, 3·1운동 14개월 전인 1918년 1월 8일 미국 윌슨(T·W·Wilson) 대통령은 세계 제1차 대전의 종결을 앞두고 전후 평화에 대한 14개조 원칙을 발표했다. 윌슨이 강조한 것이 '민족자결주의'이다. 제5조가 "피지배 민족에게 자유롭고 공평하고 동등하게 자신들의 정치적 미래를 결정할 수 있는 자결권을 인정해야 한다"는 것이다. 즉 민주주의다. 일제에 참담하게 짓밟혀 온 우리에게는 '복음'이

---

5) "吾等은 玆에 我 朝鮮의 獨立國임과 朝鮮人의 自主民임을 宣言하노라." (조선의 독립국임과 조선인의 자주민임을 선언하노라)
6) 전택부, 『한국 기독교청년회 운동사』, 범우사, 1994, 244.
7) 김용덕, 『한국사수록』, 386. ; 「時事新報」, 1919.3.8일 자.
8) 김명구, 앞의 책, 352.
9) The Report of the British Forrein Bible Society, London, Vol.1 06(1920),184. 민경배, 앞의 책, 317. 재인용.

아닐 수 없었다. 나라를 찾을 기회로 받아들였다.[10]

3·1운동은 단지 일제 치하에서 벗어나고자 하는 것만이 아니었다. 그것은 천자의 나라 중국을 중심으로 둘레의 나라들을 조공의 대상으로 삼는 중국식 국제 질서와는 근본적으로 다른 것이다. 그같은 중국의 조공 망령을 떨쳐내고 볼셰비키의 공산주의가 아닌 윌슨의 민주주의를 택한 것이다. 미국이 제시하는 새로운 국제 질서에 동참하고자 하는 거대한 몸부림이기도 했다.

넷째, 1919년 2월 8일, 드디어 3·1운동의 전주곡이 울려 퍼졌다. 일본 동경 기독교청년회관(YMCA)에서였다. 일본 유학생 600여 명이 모여 「2·8 독립선언」을 한 것이다. 신한청년당이 발동기 역할을 했다. 상해 신한청년당의 조용은·장덕수 등이 동경으로 와서 궐기를 권유했고 북경에서 온 이광수는 이들과 합류하여 선언서를 기초했다. 이 선언에서 윌슨의 원칙이 우리에게도 마땅히 적용되어야 함을 강력하게 주장했다. 이 선언은 우리의 자긍심을 한껏 높혀 주었고 3·1운동에 결정적인 영향을 끼쳤다. 지핀 불을 더욱 북돋아 주었다. 최남선이 독립선언서를 기초할 때에 이 선언서를 참고했다.[11]

우리 민족의 정당한 방법은 우리 민족의 성낭한 사유들 수구하는 깃이머 그래서 만약 그것이 성공을 보지 못할 때에는 우리 민족은 생존의 권리를 위해 자유 행동을 취하되 최후의 한 사람에 이르기까지 반드시 자유를 위해 더운 피를 쏟을 것이니… 일본이 만약 우리 민족의 정당한 요구에 응하지 않을 때에는 부득

---

10) 그것이 전승국의 일원인 일본의 식민지배 아래 있는 한국에게는 적용되지 않음을 알면서도 독립 거사의 기회로 이용한 것이다. ; 한국사연구회 편, 『한국사연구입문』, 지식산업사, 1981, 484.
11) 최병헌편, "유여대선생 취조서", 『삼일운동비사』, 1959, 276~277. : 이만열, 앞의 책, 343. 재인용.

협력하는 조국을 건설하는 것이었다.[16] 이들은 처음부터 소수 정예주의원칙을 고수하여 회원이 많을 때에도 50명을 넘지 않았으나 독립운동에 어느 단체도 흉내내지 못할 만큼 큰일을 했다.[17] 이들은 당시 국제정세의 흐름을 파악하고 두 갈래로 독립운동을 펴나갔다. 하나는 국제사회에 우리의 독립을 호소하는 것이고 다른 하나는 나라 안팎에서 항일 독립운동의 폭발을 이끄는 것이었다. 1918년 12월 월슨 대통령에게 독립청원서를 보냈고 1919년 1월 파리 강화회의에 김규식을 대표를 보내 독립을 요구했다. 김규식은 출발에 앞서 신한청년당원들에게 한 가지를 주문했다. 독립 시위를 주문한 것이다.[18]

파리에 파견되더라도 서구인들이 내가 누군지 알 리가 없다. 일제의 학정을 폭로하고 선전하기 위해서는 누군가 국내에서 독립을 선언해야 된다. 파견되는 사람은 희생당하겠지만 국내에서 무슨사건이 발생해야 내가 맡은 사명이 잘 수행될 것이다.

국내에는 선우혁과 서병호, 일본에 장덕수와 이광수, 노령에는 여운형을 파견하여 이를 추진했다. 한편 미주지역에서는 안창호를 중심으로 활동하던 대한인국민회가 1918년 12월 '재미한인전체 대표회의'를 열고 이듬해에 열리는 파리강화회의[19]에 대표를 파견하여 조국의 실정을 알리고 독립을 호소할 것을 결의했다. 청원서를 제출할 대표로 이승만 · 정한경 · 민찬호를 선임했다.[20]

3 · 1운동에 앞서 1919년 2월 8일, 일본 동경 기독교청년회관

---

16) 신용하, 『한국근대민족운동사연구』, 일조각, 1988, 172.
17) 신용하, 앞의 책, 158.
18) 이정식, 『대한민국의 기원』, 일조각, 2006, 269.
19) 1919. 1~6, 제1차 세계대전의 승전 27개국이 전후 처리 문제를 위한 회의.
20) 김원용, 『재미 한인 50년사』, 1959, 345~350. ; 이만열, 앞의 책, 342.에서 재인용

(YMCA)에서 일본 유학생 600여 명이 모여 「2·8 독립선언」을 선포한 것이다. 적의 심장부, 그 한복판이다.

3) 3·1운동 진행과정

서울에서의 3·1운동 계획은 천도교 측과 기독교 측, 그리고 청년학생 측에서 같은 시기에 진행되고 있었다. 서울, 평양 등 주요 도시의 학생들은 송년회나 신년회 같은 합법적 모임을 가장해 독립운동 계획을 토의했다. 한위건, 김원벽, 강기덕, 주의 등 서울 학생 대표들은 1919년 1월 6일과 26일, 서울의 대관원에서 비밀 모임을 갖고 반일 독립운동을 벌일 것 등 대책을 논의했다. 특히 동경의 2·8독립선언이 있고 나서 서울 학생들은 2월 11일, 2월 20일 잇달아 모임을 갖고 독립운동 계획을 구체화하는 한편 천도교와 기독교 측의 태도를 주시했다. 천도교, 기독교, 학생들은 지적, 정신적으로 근대인의 상을 바탕으로 한 지식층이었다.[21]

동학은 1905년 12월, '천도교'로 이름을 바꾼 뒤 민중종교로 인식되어 당시 300만 명에 이르는 국내에서 가장 큰 교세와 강력한 중앙집권체제를 갖추고 있었다. 그러므로 자금확보, 독립선언서 작성과 인쇄, 배포, 지역 조직과의 연결에서 체계적으로 일을 처리해 나갈 수 있었다.[22] 천도교 측은 제1차 세계대전의 종전에 따른 국제정세의 변화를 독립운동의 기회로 삼으려는 진지한 논의를 하며 대중화, 일원화, 비폭력의 3대 원칙에 따라 운동을 전개하기로 했다.[23] 1918년

---

21) 한국사연구회 편, 『한국사연구입문』, 지식산업사, 1981, 485.
22) 이덕주·서영석·김흥수, 앞의 책, 218.
23) 박현서, "3·1운동과 천도교계", 동아일보사편, 『3·1운동 50주년 기념논집』(동아일보사, 1969), 226. ; 이덕주, 위의 책, 218. 재인용.

12월경 천도교의 최린, 송진우, 현상윤 등은 권동진, 오세창 등의 협조와 천도교 교주 손병희의 동의를 얻어 조선 민족 각계 대표의 이름으로 독립을 요구하는 의견서를 일본 정부에 제출하기로 결의했다. 같은 무렵 기독교 측에서는 종로의 YMCA와 세브란스병원을 중심하여 두 갈래로 독립운동 계획이 태동되었다. YMCA 측에서는 이상재, 윤치호, 신흥우 등의 지도로 많은 청년들이 민족의식을 깨닫게 되었다. 당시 YMCA 간사 박희도는 기독교 중심의 청년, 학생단을 조직하여 독립운동을 하기로 합의했다.[24] 박희도는 숭실학교를 졸업하고 협성신학을 중퇴한 뒤 YMCA와 영신학교에서 근무하고 있었기에 다른 교파 사람들과의 교류가 쉬웠다. 그는 절친한 친구, 동석기[25] 목사를 통해 세계정세를 파악했으며 독립운동을 계획하게 되었다.[26] 그리고 YMCA 한위건, 김원벽 등을 통하여 많은 회원을 확보할 수 있었다.

또 하나의 움직임인 세브란스 측은 학생으로 제약주임을 겸하고 있던 이갑성과 그의 동료 학생들에 의해서였다. 이갑성은 세브란스에서 선교사 에비슨, 스코필드를 통하여 세계정세의 흐름과 동경유학생들의 독립운동계획을 파악하고 있었다. 동지를 규합하는 한편, 기독교계 지도자인 이상재, 윤치호, 함태영, 손정도 목사를 찾아 독립운동에 관한 의견을 타진했다.[27] 뒷날, YMCA와 세브란스 측은 다같이 거족적인 독립운동에 합류하기로 의견을 모았다.

1919년 2월 6일 상해 신한청년당의 선우혁이 평안도에 잠입하여

---
24) 국사편찬위원회, 「한국독립운동사」, 국시편찬위원회, 1966, 155.
25) 감리교 목사로 3·1운동으로 옥고를 치렀으며 미국 유학 중 그리스도교회 신자가 되어 한국에 그리스도의 교회를 설립하고 발전을 위해 노력했다.
26) 김양선, "3·1운동과 기독교계", 「3·1운동 50주년 기념 논문집」, 1969, 241~242.
27) 이만열, 「역사에 살아있는 그리스도인」, 2007, 345.

종교계와 사회지도자들을 만나 독립운동을 의논했다. 선우혁은 장로교의 양전백 목사, 이승훈 장로, 길선주 목사를 만났다. 이승훈은 "그냥 누워 있다가 죽을 줄 알았는데 이제 죽을 자리가 생겼다."며 뜻을 세웠다. 정주읍교회 목사 최성주가 완전독립 요구보다 자치 허락을 총독부 당국에 요청하는 것이 나을 수 있을 것이라는 의견을 내자, 이승훈이 강한 어조로 말했다.[28]

"그런 미지근한 태도로 무슨 독립운동을 하겠소? 그건 안 되오. 아예 이번 기회에 완전독립을 하도록 우리 목숨 내놓고 싸웁시다."

이승훈은 선천으로 가서 김병조, 양전백, 유여대, 길선주 목사와 만났고 평양으로 가서 손정도 목사도 만났다. 이때 손정도는 중국으로 떠날 채비를 할 때 위장으로 기홀병원에 입원하고 있었다.[29]

손정도는 자기 대신 감리교의 신홍식 목사를 추천했고 그의 적극적인 동의를 얻었다.[30] 그 뒤 손병희, 최린 등을 중심한 천도교 측과 박희도, 이승훈을 중심한 기독교 측이 핵심이 되어 운동을 추진해 나갔다. 이승훈이 북쪽과 장로교 사람들을, 박희도는 남쪽과 감리교 사람들의 조직을 주도했다.[31] 따라서 평양에서는 이승훈, 서울에서는 박희도를 중심으로 움직였다. 이승훈은 12일 아침에 경성으로 올라와 천도교 측의 송진우, 김성수와 만났다. 이들은 천도교와 기독교의 합작에 의견을 나누었다. 이승훈은 평양으로 되돌아가서 2월 16일 손정도, 신홍식, 길선주, 태극서관[32] 총무 안세환을 만났다. 길선주와

---

28) 김경옥, 「지조를 지킨 지도자들 1 : 이승훈」, 월인, 2011, 144.
29) 김창수·김승일, 「해석 손정도와의 생애와 사상연구」, 넥세스, 2014, 126~127.
30) 이만열, 「한국기독교와 민족의식」, 지식산업사, 1991, 345~346.
31) 이덕주·서영석·김흥수, 앞의 책, 226.
32) 1908년 5월 이승훈·안태국 등이 평양에서 서적이나 유인물의 출판과 공급을 목적으로 설립한 서점. 신민회 산하기관 구실을 하였으며 신민회원들의 연락장소 및 집회장소로 활용되었다.

신흥식이 목사로서 정치에 참여하는 것을 꺼리자, 이승훈은 책상을 치며 소리를 내 질렀다.[33]

나라 없는 백성이 어떻게 천당에 가! 이 백성 모두 지옥에 있는데 당신들만 천당에서 내려다보면서 거기 앉아 있을 수 있겠소.

1919년 2월 18일 오후 2시경, 남대문 밖 세브란스병원 구내 이갑성의 집에서 이갑성, 안세환, 오상근, 함태영, 현순, 김필수 등이 만세운동을 위한 모임을 가졌다.[34] 다음 날에도 같은 집에 모여 3·1운동의 방법과 민족대표 서명에 관해 논의했다. 이승훈이 최남선과 만나 독립운동 합류를 논의했을 때 그의 반응은 미온적이었다. 그렇다면 기독교 단독으로라도 실행할 계획을 세우기로 하고 이승훈은 감리교, 장로교 대표들을 만났다.

2월 19일 밤 협성신학교 사무실에서 감리교 측 모임이 있었다. 이승훈도 참석했다. 박희도 YMCA 간사, 오화영 목사, 정춘수 목사, 신흥식 목사 등과 만났다. 여기에서는 독립선언보다 일본 정부에 독립청원서를 제출하기로 했다. 그리고 별도로 청원 사실을 알리는 포고문을 만들어 대중에게 배포하기로 했다. 이승훈이 내놓은 기독교-천도교 합작에 대해서는 의견이 분분했다. 박희도는 기독교와 천도교의 교리의 차이와 서로 교류가 거의 없었다는 점에서 행농 일지가 어려울 것이라는 부정적 의사를 보였다. 정춘수는 동학농민혁명의 예를 들어 천도교의 위험성을 지적하며 반대 의사를 나타냈다.

2월 20일 남대문 함태영의 집에서 다시 함태영, 이승훈, 안세환, 이갑성, 오기선, 현순, 박희도 등 장로교와 감리교의 대표들이 모였다.

---

33) 김기석, 『이승훈』, 현대교육도서출판, 1964, 184.
34) 현순의 자서전, 『현순자사』(玄楯自史)의 1919년 2월 18일 자.

거국일치로 이를 필행해야 될 것임을 심야까지 토의했다. 이 모임은 기독교를 대표할 수 있는 감리회와 장로회가 연합했다는데 의의가 있었다.[35]

2월 21일 이승훈과 최남선, 최린이 다시 만났다. 이들은 양측의 합작이 필요하다는 사실을 확인했다. 그날 밤 장로교, 감리교 양측 사람들이 이갑성의 집에 모여 독립운동의 방법과 천도교와의 합작문제를 깊이 의논했다. 장로교 측에서 이승훈, 함태영, 이갑성, 안세환, 김세환 감리교 측에서 박희도, 오화영, 오기선, 신홍식, 현순 등이 참석했다. 이날 회의에서 현순이 3·1운동과 직접 관련을 갖게 되었다.[36] 이들은 그 자리에서 기독교를 대표하여 간부회를 조직하고 천도교와 함께할 것을 결의했다. 그리고 영어에 능통한 현순을 '해외특파원'으로 선정하고 상해로 파견하기로 했다.[37] 현순에게 맡겨진 임무는 첫째, 독립선언서와 독립청원서를 파리 평화회의에 참석하는 윌슨 대통령과 각국 대표들에게 전달하고 둘째, 이를 상해 주재 각국 영사관에 전달하여 국제사회에 지지를 호소하고 셋째, 임시정부조직을 위한 기반을 마련하는 것이었다.[38] 그가 상해로 떠난 것은 2월 24일이었다. 이승훈으로부터 경비로 2,000원을 받았다.

2월 22일 이승훈과 함태영, 최린이 만났다. 최린은 독립청원서 제출과 독립선언을 병행하자고 했다. 그날 저녁에 함태영 집에서 모인 이승훈, 함태영, 오기선, 박희도, 안세환은 천도교 측의 제안을 받아들이기로 했다. 한편, 박희도는 3·1운동의 기독교-천도교 합작 가능

---

35) "박희도 신문조서(제3회)",「31독립선언 관련자 신문조서(경성지방법원)」,「한민족독립운동사자료집」 11권(삼일운동1)」,.:「판결문」(고등법원, 1920년 3월 22일).
36) 홍석창, "현순"(상해 임시정부수립 공로자),「한국감리교회를 세운사람들」, 도서출판 에이멘, 1988, 126.
37) 한국사연구회 편,「한국사연구입문」, 19081, 492.
38) "이갑성신문조서(4회)",「한민족독립운동사자료집」 11(삼일운동 1), 165.

성이 가시화되자 학생 측과 연합을 위해 청년, 학생대표인 연희전문학교의 김원벽과 보성전문학교의 강기덕 등과 의논하여 그들의 찬동을 얻었고 이승훈과 의논했다. 박희도는 처음부터 연희전문학교 사감으로 있으면서 서울 시내 전문학교 학생 대표격인 연희전문의 김원벽, 보성전문학교의 강기덕, 김형기, 한위건 등은 물론, 보성전문 졸업생인 주익 등과 접촉하고 있었으며 이들 학생들을 기독교-천도교 연합에 결합시킴으로써 3·1운동의 단일화에 크게 이바지했다. 학생들은 민족적 거사에서 전방의 호위역할을 맡았다.

2월 23일 밤 이승훈, 함태영, 박희도, 오화영, 신홍식, 안세환, 현순, 오기선 등이 모였다. 천도교의 방식[39]을 채택하기로 결정했다.

다음날인 24일 이승훈은 함태영과 함께 최린을 만나 기독교 측의 결정사항을 전달했다. 이날 불교계의 한용운, 백용성이 가세하면서 종교계를 중심 한 민족 연합전선이 형성되었다. 그리고 국장 직전인 3월 1일 오후 2시, 탑골공원에서 독립선언을 하기로 합의했다.[40]

27일 정동교회 이필주의 집에서 이필주를 비롯 이승훈, 박희도, 이갑성, 오화영, 함태영, 최성모, 김창준, 신석구, 박동완 등이 모여, 최남선이 기초한 독립선언서 초안을 회람하고 각각 서명했다. 함태영은 민족대표들이 투옥되면 이들과 가족을 돌볼 역할을 맡았으므로 서명은 하지 않았다. 서명 순서를 두고 실랑이가 일자 이승훈이 거침없이 말했다.[41] "순서는 무슨 순서야! 이거 죽는 순서야! 아무를 먼저 쓰면 어때! 손병희를 먼저 써"

독립선언서에 기독교계 16명(이승훈, 양전백, 오화영, 신홍식, 길

---

39) "독립청원서 제출과 독립선언을 병행하자."는 안.
40) 이덕주·서영석·김흥수, 앞의 책, 222~223.
41) 김기석, 「이승훈」, 현대교육도서출판, 1964. 위의 책. 189.

선주, 이필주, 김병조, 김창준, 유여대, 이명룡, 박동완, 정춘수, 신석구, 최성모, 이갑성, 박희도),[42] 천도교 15명(손병희, 권동진, 오세창, 이종일, 권병덕, 양한묵, 김완규, 홍기조, 홍병기, 나용환, 나인협, 박준승, 임예환, 이종훈, 최린), 불교계 2명(한용운, 백용성) 등, 모두 33인의 민족대표가 3월 1일 독립선언을 위한 만반의 준비를 갖추었다.[43]

2월 28일 밤 손병희의 집에서 독립운동 계획을 최종 점검했다. 이 자리에서 독립선언 장소를 탑골공원 대신 인사동의 명월관 지점인 태화관으로 바꾸었다. 유혈 충돌을 피하기 위해서였다.[44]

유교 측에도 연락을 했으나 호응이 없었다. 천도교, 기독교, 학생층과는 달리 유교는 봉건적, 반근대성, 비진취성으로 말미암아 지식층으로부터 배제되었다는 견해가 있다. 그러나 유림단은 뒤늦게나마 파리 평화회의에 긴 글의 탄원서를 보냈다. 그리고 3·1운동의 지방 확대에서 유교세력이 강한 남부에서 활발했던 것은 척양으로 일관했던 유림 측이 서양적 세계질서를 사실상 인정했던 것으로 볼 수 있다.[45] 그렇지만 천주교는 끝까지 외면했다.

2019년 한국천주교주교회의 의장 김희중 대주교는 3·1운동 100주년 기념 담화에서, 100년 전 역사의 현장에서 한국 천주교계가

---

42) 감리교는 (나이 순으로) 이필주, 신홍식, 신석구, 오화영, 최성모, 정춘수, 박동완, 박희도, 김창준이다.
43) 민족대표 33에서 망명한 김병조와 옥사한 양한묵을 제외한 31명에다, 박인호, 김홍규, 노헌용, 이경섭(천도교4명), 김도태, 안세환, 함태영, 김원벽, 김세환(기독교 5명), 임규, 송진우, 현상윤, 최남선, 강기덕, 정노식, 김지환, 한병익 등, 17명을 합쳐 '민족대표 48'로도 본다. 그리고 3·1운동 당시 참상을 사진으로 촬영, 미국과 캐나다, 영국 등에 알린 스코필드 역시 민족대표자로 보기도 한다.
44) 신복룡, "기미년 3월1일에 있었던 일", 『한국사 새로 보기』, 도서출판 풀빛, 2001. 199~210.
45) 한국사연구회 편, 『한국사연구입문』, 지식산업사, 1981, 485~486. 1919.3.29. 유림대표 17인(대표, 김창숙), 독립청원서를 빠리에 보냈다.('빠리 장서')

3·1운동과 민족의 고통을 외면했다면서 사과했다. 천주교가 정교분리 정책을 내세워 독립운동 참여를 막았고 일제 침략 전쟁에 참여할 것을 권고했다고 고백했다. 한국천주교는 두 명의 파리 외방전교회(선교회) 소속 주교의 관할 아래, 1911년 조선교구를 경성교구와 대구교구의 둘로 나누었다.[46] 그들은 일제로부터 한국에서의 선교권을 보장받고자 '정교분리 원칙'을 내세우며 한국인 신자들의 독립운동 참여를 금지시켰다.

서울 교구장 뮈텔 주교는 한국의 독립은 불가능하다고 보았고 한국 천주교회가 만세운동에 참여하지 않음으로써 일제에 좋은 모범을 보였다고 자부했다. 대구교구장 드망즈 주교는 한술 더 떠 신자들이 만세운동에 참여하면 '대죄'라고까지 경고했다. 당시의 천주교는 민족보다 교회를 우선시하는 교회중심주의와 선교우선주의, 선교지의 특성을 고려치 않는 보수적 선교정책이었고 민족문제는 묵살했다. 따라서 천주교는 일제의 박해를 받지 않았다.[47] 그러나 신자들은 개인 자격으로 만세운동에 참여했고 그 때문에 체포되고 수감생활도 했다.

4) 터지자 밀물같은 "대한독립만세"

기미년 3월 1일 정오, 민족대표 29인(길선주·김병조·유여대·정춘수의 넷은 지방에서 오느라 시간에 못 맞춤)은 학생들과의 약속장소인 탑골공원으로 가지 않고 인사동 태화관에서 선언서를 낭독했다. 한용운의 선창으로 독립만세를 불렀다. 종로서에 연락하고 대표자들은 경찰에 연행되었다. 길선주·유여대·정춘수는 자진하여 수

---

46) 이원순, 『한국천주교회사』, - 주고 받는 이야기로 된 -. 탐구당,1970, 242.
47) 안병욱, "기독교와 민족사상", 한국기독교문화연구소 편, 『한국의 근대화와 기독교』, 숭전대학교출판부, 1973, 75~76.

감되고 김병조는 상해로 망명했다.

거사 장소인 탑골공원에는 학생, 시민 4, 5천 명이 운집하여 민족 대표 33인을 기다리고 있었다. 피 끓는 학생들과 시민들은 이규갑 등의 연락으로 대표자들의 불참을 알게 되자 해주 엡윗청년회 출신 정재용이 팔각정 단상 위로 뛰어올랐다.[48]

> 우리는 오늘 조선이 독립한 나라이며 조선인이 이 나라의 주인임을 선언한다. 우리는 이를 세계 모든 나라에 알려 인류가 모두 평등하다는 큰 뜻을 분명히 하고 우리 후손이 민족 스스로 살아갈 정당한 권리를 영원히 누리게 할 것이다.…

독립선언서를 읽은 다음 대한독립만세를 불렀다. "터지자 밀물 같은 대한독립만세"소리는 탑골공원을 뒤흔들었다. 그리고 시위에 들어갔다. 한 대는 종로 광교, 시청 앞, 남대문을 거쳐 서울역을 돌아 의주로로 접어들어 프랑스 공사관 쪽으로 갔고 다른 한 대는 종로 대한문으로 행진하고 일부는 일경의 저지를 뚫고 대한문 안으로 들어가 빈전에 조례를 표하고 나와서 대한문 광장에서 독립연설을 한 뒤 구리개로 향했다. 또 한 대는 일본인들의 거리인 진고개와 일제의 보병사령부 앞까지 가서 독립 만세를 불렀다. 일부 군중들은 창덕궁으로 몰려갔고 또 일부는 각국 영사관을 순회하며 독립 만세를 외쳤다. 이날 시위에 참가한 수가 4, 50만 명을 헤아렸으나 단 한 건의 폭행 사고도 발생하지 않았다.

3·1독립만세 운동은 타오르는 불길이듯 전국으로 번졌다. 농어촌

---

[48] 吾等(오등)은 (자)에 我(아) 朝鮮(조선)의 獨立國(독립국)임과 朝鮮人(조선인)의 自主民(자주민)임을 宣言(선언)하노라. 此(차)로써 世界萬邦(세계만방)에 告(고)하야 人類平等(인류평등)의 大義(대의)를 克明(극명)하며 子孫萬代(자손만대)에 誥(고)하야 民族自存(민족자존)의 正權(정권)을 永有(영유)케 하노라.

이라고 예외가 아니었고 마을과 장터를 중심으로 계층이나 남녀노소의 구별이 없었다. 다음 날 정오, 탑골공원을 중심으로 400여 명이 다시 모였다. 일제는 약 20여 명을 긴급 체포했다. 시위는 함흥·해주·수안·강서 등으로 번져 나갔고 3일에는 예산과 개성·곡산·통천 등으로 이어졌다. 전국으로 확산된 시위는 의주·선천·정주·평양·진남포·안주·영흥·원산·옹진·시흥·연백·개성·대구 등에서도 같은 날 같은 시간에(지명을 일일이 다 못 적을 뿐) 열렸다. 이는 민족 대표지역의 기독교인들이 주동이 되었기 때문이고 이 지방들은 본래 기독교 세력이 왕성하여 민족정신의 토양 구실을 했기 때문이다.[49] 12일에는 만주 서간도를 시작으로 15일에 샌프란시스코와 하와이 17일에는 블라디보스톡 등으로 번졌다. 나라 안팎을 따질 것 없이 대한 사람이면 '대한독립만세'를 외쳤다. 만세운동은 3월 20일 절정을 이루어 4월 9일까지 계속되었다.[50] 이렇게 위대한 '대한독립만세운동, 3·1절'은 태어난 것이다. 당시 상해에서 발행된 독립신문은 1919년 3월 1일의 일을 아래와 같이 썼다.[51]

  3월 1일 오후 2시에 경성을 시작으로 개성, 평양, 진남포, 선천, 의주, 안주, 원산, 함흥, 대구, 각 도시에서 수천수만의 군중들이 일시에 회집해서 공식으로 한국의 독립을 선언하고 선언서 등을 배포하며 만세를 열창하니 소위 청천벽력이었다. 일본 헌병도 한동안 무엇을 할지 어쩔 줄을 몰라했다.

  만세시위가 벌어진 곳이 감리교 선교부가 설치된 곳, 혹은 교회나 기독교학교가 설립된 곳과 일치하는 현상이 나타났다.[52] 당시 기독

---

49) 민경배, 앞의 책, 308.
50) 김명구 앞의 책, 348.
51) 독립신문(상해판) 1919년 3월 2일자. 재인용, 김명구 위의 책, 348.
52) 이덕주·서영석·김흥수, 앞의 책, 229.

교인은 전체 인구 1,700만의 2%도 안 되었다.[53] 3·1운동은 국가가 위기에 놓여 있을 때에 한국민족의 참 기질과 용기 그리고 냉정한 자기 극기를 전 세계에 보여준 쾌거였다.[54]

　3·1운동 계획과 상해 임시정부 수립의 공로자인 현순을 비롯 손정도, 이필주, 신석구 목사 등은 민족운동과 교회운동을 하나로 보았다. 현순은 정동교회 담임목사로 성령충만을 체험한 부흥사였고 손정도는 개종할 때, 바울과 같은 갑작스런 회심의 성령 역사를 체험했다. 이필주는 군인으로서 동학을 진압하는 가운데 동족상쟁의 비극을 통하여 특유한 민족체험을 했다. 그는 어느 날 밤 꿈에 자신의 죽음을 바라보며 죽음을 체험하고 주 안에서 신생의 기쁨 충만함을 얻었다. 이들은 이런 민족체험과 성령체험이 결합된 가운데 겨레를 내 몸같이 사랑하는, 그리하여 빼앗긴 조국을 찾으려는 구국 민족운동에 나선 것이다.[55] 신홍식 목사는 3월 1일 독립선언 현장에서 체포되어 2년 6개월의 옥고를 치렀다. 그는 재판정에서도 확신을 굽히지 않고 거침없이 말했다.[56]

　　　　　조선은 언제든지 조선사람의 조선이 될 것이라!

　신석구 목사는 늘 설교는 했지만, 장님이 장님을 인도하는 것 같아 번민하다가 결심하고 친구들과 함께 산 기도에 들어갔다. 그는 자기 속에 있는 교만을 통회하며 며칠을 울부짖었다. 그때 주님의 십자가

---

53) 위의 책, 220. 1919년 3월 당시 조선의 전체 인구는 1,678만 8천 400명 이었다. 신복룡, 『한국사 새로보기 풀빛』, 2001, 216.
54) 송길섭, "3·1운동이 한국개신교에 미친 영향", 「신학사상 17호」, 신학연구소, 1977, 257.
55) 유동식, 『한국감리교회의 역사』, 1884-1992, 기독교대한감리회, 1994, 415.
56) 이병헌, 『3·1운동비사』, 시사시보사, 1959, 494, 497, 826.;유동식, 위의 책, 451~452. 재인용.

가 그의 앞에 나타났다. 그 순간, "북받쳐 오르던 죄 뭉치는 구름 허물어지듯, 안개 사라지듯 없어지고 말로 형용할 수 없는 평화와 기쁨이 충만하여 넘쳤다."[57] 그는 오화영 목사로부터 민족대표로 참여할 것을 권고받고 새벽마다 기도하다가 2월 27일 새벽에 하늘의 음성을 들었다.[58]

4천년 전해 내려오던 강토를 네 대에 와서 끊어버린 것이 죄인데 이제 찾을 기회에 찾아보려고 힘쓰지 않으면 더욱 죄가 아니냐!

그는 독립운동은 하나님의 뜻이요, 명령으로 이해했다. 그 뒤 그는 일제의 신사참배를 거부하고 정춘수의 혁신교단에 동참하지 않았다는 이유로 1943년 면직 처분을 당했다. 1949년 진남포에서 공산당에게 체포되었다가 6·25가 터지자 11월에 총살되었다.

3·1운동 당시 감리교의 주역들[59]

번호	이름	태어난곳	태어난해	다닌학교	소속직분	맡은 일	그 뒤
1	현순	서울	1880	협성1회	미감목사	임정수립 준비	
2	손정도	평남 강서	1882	〃5회	〃	의정원 의장	호조시 설립
3	이필주	서울	1869	〃15회	〃	민족대표	
4	신홍식	충북 청원	1872	〃2회	〃	〃	

---

57) 유동식, 위의 책. 449~451.
58) 신석구목사 자서전 한국감리교사학회, 53~55. ; 장광영(역사위원회편), 『한국감리교인물사전』, 기독교대한감리회, 2002. 250.
59) 나이순으로 정리했다. 유동식, 앞의 책. 455. 참조.

번호	이름	태어난곳	태어난해	다닌학교	소속직분	맡은 일	그 뒤
5	최성모	서울	1874	〃 2회	〃	〃	
6	정춘수	충북 청주	1874	〃 1회	남감목사	〃	변절
7	신석구	충북 청주	1875	〃 8회	〃	〃	순국
8	오화영	황해 평산	1879	〃 6회	〃	〃	
9	박동완	경기 포천	1885	배재	미감전도사	〃	
10	박희도	황해 해주	1889	숭실	〃	〃	변절
11	김창준	평남 강서	1890	협성5회	〃	〃	자진월북

5) 기독교의 역할

당시 천도교는 동학에서 천도교로 이름을 바꾼 뒤(1905년), 300만 명에 이르는 신도와 중앙집권의 강력한 조직을 갖고 있었다. 그러나 유사 종교와 함께 일제의 '보안법' 통제를 받고 있었다. 불교 또한 '사찰령'으로 모든 자치권과 운영권이 총독부에 귀속되어 있었다. 유림 측은 민족대표 서명 권유에 소극적이거나 거절이었고 '경학원 규정'으로 완전 통제되어 있었다. 천주교는 민족보다 교회를 우선시하는 교회주의 선교정책으로 민족문제를 외면했다. 일제는 우리의 모든 집회 결사의 자유를 박탈했다. 3·1운동은 종파와 계급을 초월한 전민족적 투쟁이었지만 그런 속에서 기독교는 주도적 역할을 했고 중심적 영도세력이었다. 따라서 가장 큰 참화를 입은 곳은 교회와 기독교인이었다. 독립선언서 문안을 작성한 최남선은 그 배경을 이렇게 밝혔다.[60]

---

60) 전택부, 『한국 기독교청년회 운동사』, 범우사, 1994, 244.

"당시 나는 의식적인 기독교 신자는 아니었습니다. 천도교 신자도 물론 아니오, 불교 신자도 아니었습니다. 허나 나는 대체로 어려서부터 기독교 서적을 읽었고 당시의 애국지사들은 대개가 기독교 교인들인 만큼 그들과 무시로 상종하는 동안 자연 기독교적인 사상을 가지게 된 것이 사실입니다.… 독립이니 자유니 평등이니 정의니 하는 말이 다 기독교에서 나온 것인 만큼 나의 사상에서 기독교적 영향을 빼면 도저히 이해할 수 없다고 봅니다."

기독교가 독립운동의 시작도, 확산도 주동이 된 결정적 요인은
첫째, 하나님이 우리와 함께하심을 확신하는 믿음이다.

> 네 민족을 네가 구원하라! 이때를 위함이라(에 4:14)

독립운동은 신앙심에서 우러나온 애국심이었다. 1919년이면 기독교가 우리 땅에 들어온 지 35년을 한 해 앞둔 해로 역사는 깊지 않았지만 한국교회는 이미 기독교 정신으로 무장되어 있었다. 기독교 정신이란, 인간의 존엄성과 권리, 자유평등 사상이며 그것은 태초부터 하나님께로부터 받은 특권이며 결코 남에게 속박될 수 없는 것이다. 이런 의식과 이데올로기는 일본의 억압적 식민통치체제와 황도정신에 대한 저항이론이 되었다. 그러므로 3·1운동은 하나님이 한국기독교에 재촉하셨다고 볼 수 있다.

둘째, 다른 종파는 모든 집회·결사의 자유가 박탈된 상태였지만 기독교만은 모일 수 있었고 정기예배를 드렸다. 그리고 단합할 수 있었다. 이는 하나님이 한국교회를 통해 독립운동을 위해 준비해 주셨다고 볼 수 있다. 또한 미국에서 기독교인이 된 서재필이 조직한 독

립협회가 1898년 해산되면서 독립협회의 주요 간부들이 대거 기독교에 입교함으로써 주요 도시에 있는 교회들이 민족운동의 중심이 된 것도 사실이었다. 기독교 학교에서 공부한 사람들은 교회를 중심으로 "교육받은" 사회세력 집단을 형성했고 곳곳에 조직망을 이뤘다. 그리고 가장 영향력있는 민족적 사회세력으로 자리를 잡았다.[61]

셋째, 기독교는 전국에 세운 교회, 학교, 기독교 기관과 선교부를 적극적으로 활용했다.

> 교회는 시위운동의 주요 거점지였다.

특히 감리교 선교부가 설치되어있는 지역이 압도적이었다. 3·1만세운동에서 여성교인들의 참가가 매우 높았다. 교회 여성들은 시위에서 다른 종파나 사회단체의 여성들보다 적극적이었다. 감리교 계통의 여학교들에는 민족운동성향이 강한 단체들이 설립되어 있었고 민족의식이 투철한 교사들이 있었다. 교회의 여성들은 교회의 정기적인 예배 외에 사경회, 기도회, 부흥회, 선교회 모임을 통하여 자주 만났고 소식을 나누었으며 중앙과 지역, 더 나아가 전국이 하나 될 수 있었다.[62] 3·1운동에서 짧은 동안에 서울과 지방, 전국에서 동시다발로 교회 여성들이 시위에 함께할 수 있었던 까닭이다.

시위는 1년여 동안 전국 220시·군 중 311개 지역으로 확산되었고 1,500여 회 있었다. 기독교인이 주도한 시위가 1,200여 회 가운데 340회, 기독교 주도 지역 78곳, 천도교 주도 지역 66곳, 기독교·천

---

61) 박영신, "기독교와 사회발전", 「기독교사상」, 28, 1984. 5월호, 152~153.
62) 이덕주·서영석·김흥수, 앞의 책, 237.

도교 공동 주도가 42지역이었다.[63] 기독교계는 이런 여건 아래 3·1운동을 주도했으며 상해임시정부와 대한민국이 '민주공화제'를 채택하는데에도 중요한 영향력을 행사했다.

교회는 만세운동의 구심점으로서 민족운동을 주도했던 만큼 당연히 피해도 컸다. 초기에 체포된 19,000여 명 가운데 기독교인이 3,373명(17%), 여성 구금자가 471명 가운데 기독교인이 309명이었다. 체포된 목사를 포함한 교역자는 244명으로 천도교나 불교의 2배에 달했다. 1920년 3월 1일까지, 사망자 7,645명, 부상자 45,562명, 체포자 49,811명, 가옥 소각 724채, 학교소각 3개교, 교회소각 59개 소였다. 역사학연구소에서는 참여 인원 2백만여 명, 전국의 만세시위 건수 1,542회, 사망 7,509명, 부상 15,961명, 체포 46,948명의 규모로 서술하고 있다.[64] 대표적 현장이 수원 제암리감리교회다. 3·1운동을 계기로 일제의 한국교회 탄압이 극심해졌다. 교인수도 자연히 감소 추세를 나타내기 시작했다. 감리교의 경우 1917년에 20,680명이었으나 1920년에는 18,193명으로 줄어들었다. 그러나 이후 3.1운동의 결과가 한국교회의 급성장을 가져오는 기회가 또한 되었다.

(1) 제암리감리교회

기독교는 혹독한 피해를 입을 수밖에 없었다. 가장 참혹한 사건은 수원 제암리감리교회 학살사건이다. 이 마을에 교회가 시작된 것은 1905년 8월 5일 안종후 가정을 중심하여 첫 예배를 드림으로부터였

---

63) 일제 당국의 기록에 의하면 3월 1일부터 10월 31일까지 재판받은 피고 수가 17,990명, 형을 받은 자가 5,156명이었다.
64) 역사학연구소편, 『함께 보는 한국 근현대사』, 서해문집, 2004, 139.

다.⁶⁵⁾ 마을 이장이며 교회 권사인 그는 교회 청년들과 뜻을 모아 독립 만세시위 계획을 치밀하게 계획했다. 1919년 3월 1일, 제암리 주민들은 예배당 마당에서 만세를 부르고 물레방아 거리에 야간 통행을 조사하던 일본 관헌 두 명을 타살했다.⁶⁶⁾ 1919년 4월 5일 발안 장날, 사람들이 가장 많이 모이는 시간에 교회 청년들이 발안 주재소 일경들 앞에서 "대한독립만세"를 외쳤다. 이때 장터에 모인 1,000여 명의 주민들이 전적으로 함께했다. 당황한 일경은 무력으로 시위를 진압하고 주모자를 체포했다. 이때 교회 청년 김순하는 심한 매를 맞아 창자가 튀어 나왔다. 격분한 시위 군중은 일본사람의 집과 학교를 부수고 이튿날부터 밤마다 산에서 봉화를 올리며 만세시위를 했다.

그로부터 열흘이 지난 4월 15일 오후 2시경 일본군 중위 아리타가 이끄는 일단의 헌병들과 순경들이 조희창⁶⁷⁾의 안내로 제암리에 들이닥쳤다. 그들은 "지난 4월 5일 일을 사과하고자 왔으니 15세 이상의 남자 신자들은 모두 예배당에 모이라"고 했다. 밭에 나가 있는 이들을 불러오게까지 했다. 그들은 교인들을 예배당 안에 모아 놓은 뒤 밖에서 문을 걸어 잠가 채우고 못질을 했다. 예배당을 짚으로 덮고 석유를 뿌려 불을 질렀다. 그리고는 예배당을 포위하여 집중 사격을 했다. 이때 달려와서 예배당 바깥마당에서 통곡하는 한 여인을 일경이 왼손으로는 그의 머리채를 휘어잡고 오른손으로는 목을 쳤다. 목이 떨어지지 않자 두 번, 세 번 거듭 쳤다. 그는 예배당 안에서 희생당한 3대 독자, 강태성의 아내로 결혼한 지 두 달도 안 되는 새댁이었다. 잠시 뒤에 홍원식 권사의 아내가 밭일을 하다가 달려와서 몸부

---

65) 강신범, 『제암교회 3·1운동사』, 도서출판 공동체, 1987, 29.
66) 홍석창, 『수원지방 3·1운동사』, 왕도출판사, 1983, 33.
67) 그는 제암리에 살면서 일경의 앞잡이 노릇을 했다. 그는 주모자들의 명단을 건넸다. 강신범, 앞의 책, 31.

림치며 슬피 울자 그에게 총을 난사하고 역시 볏짚을 올려놓고 불살랐다. 예배당 안에서 21명 바깥에서 2명, 모두 23명이 처참하게 희생되었다. 이어 그들은 초가마을 32가구를 모조리 불살랐다. 마을 전체가 잿더미가 되었다. 일제는 제암리에서 500m 떨어진 고주리로 달려갔다. 두 가정에서 천도교인 6명을 밧줄로 묶어 산으로 끌고 가서 총을 쏜 뒤 나무더미로 덮고 불을 질렀다. 기독교인과 천도교인이 연합하여 만세시위를 했기 때문이었다.[68] 이같은 만행은 이웃 마을 수촌리 감리교회(1919.4.5.)와 화수리 감리교회(1919.4.11.)에서도 있었다. 강서 사천교회, 정주교회, 강계교회, 위원교회에서도 수많은 교인들이 죽임을 당했다.[69] 미다니 시즈오(三谷靜夫)의 증언이다.[70]

> 제암교회 사건은 잔학의 극치였고
> 그것은 마치 이 세상에서의 지옥의 그림과 같았다.

이 사건 직후 제암리교회는 한동안 "예수 믿다 망한 동네, 예수 믿다 망한 집"이란 말이 좀처럼 지워지지 않아 신자들이 신앙을 유지하기 힘들었고 복음을 전하기는 더욱 어려웠었다.

스코필드(F.W.Schofield, 1889~1970) 박사가 제암리교회 학살소식을 들은 것은 이틀 뒤인 4월 17일이었다. 다음 날 4월 18일 제암리 학살현장으로 달려갔다. 그는 소아마비를 앓아 한쪽 다리와 팔이 불편했다. 자전거를 끌고 기차 편으로 수원으로 가서 현장에는 자전거로 달렸다. 도저히 상상도 할 수 없는 처참한 현실에 그는 몸을 떨었다. 그리고 이 참혹한 학살현장을 조사하고 카메라에 담았다. 오

---

68) 강신범, 위의 책, 32.
69) 김양선, 『한국기독교사연구기독교문사』, 1971, 115~117.
70) 강신범, 앞의 책, 34. 재인용.

후에는 수촌리를 방문하여 부상자들을 도왔다. 그가 작성한 「제암리의 대학살(The Massacre of Chai-Amm-Ni)」과, 「수촌 만행 보고서」는 미국 기독교연합회 동양관계위원회에 보내져 증거자료로 실렸다. 미국 교회연합선교회는 선교사들의 고발을 모아 책을 만들어 국회에 제출하는 한편 일본 정부에 대하여 박해의 중지와 행정 개혁을 촉구했다.[71] 그때, 수원지방 노블 감리사의 보고의 일부이다.[72]

…제암교회당에서 일병에게 피살된 자가 23인이나 되는 고로 금일까지 참배자는 여하히 변을 당할까 무서워하는 중에 있으며… 제암지경에 있는 교인들은 생각할 수 없는 변을 당하며 악형과 총검의 위험을 보았으되 신심이 더욱 독실하여가며 하나님을 더욱 의지하면서 말하기를 죽음은 어느 때나 올 터인즉 나를 위해 죽으신 주 예수께 전심 참으로 충성하겠다 하는데 불신자들은 항상 권하기를 예배당에 가지 말라. 일병이 또 올까 두렵다 하므로 이것이 어렵습니다.

노블 선교사의 아내, 마티 노블(Mattie Willcox Noble)의 그해 4월 16일 자 일기이다.[73]

"수요일에 레이몬드 커티스 부영사와 호레이스 언더우드씨, 그리고 A.W. 테일러씨가 제암리로 가서 직접 학살의 현장을 확인했다. 그들은 이야기로 듣던 것보다 훨씬 더 참혹한 장면을 목격했다.
교회 터에는 재와 숯처럼 까맣게 타버린 시체뿐이었고 타 들어간 시체의 냄새는 속을 메슥거리게 할 정도였다. 곡식 창고와 가축들도

---

71) 스코필드는 1916년 11월 캐나다장로회 의료선교사로서 아내와 함께 내한하여 세브란스 의학전문학교에서 세균학강의를 하고 있었다. 그는 한국인을 진정으로 동정하고 사랑했다. 3·1운동의 현장, 파고다 공원에 자전거로 달려가 사진을 찍어 3·1운동의 실상을 해외에 알렸다. 3·1운동 초기의 몇 안 되는 사진들은 모두 그가 찍은 것으로 알려졌다.
72) 「기독교미감리회 조선연회록」, 1919, 71~73.
73) 장광영(이주익 펴냄), 「삼일운동, 그날의 기록」, 도서출판 탁사, 1988, 73.

같이 타버렸다. 군인들은 집집마다 다니며 남자들을 불러 모았고… 도망치는 사람들은 쏴 죽였다. 남편이 어찌 되었는지 알아보려 두 여인이 교회로 오자(한 명은 19살, 또 한 명은 42살이었다) 군인들은 그들도 총으로 쏴 죽였다. 나중에 아들을 잃은 어머니가 군인에게 달려가 자기도 죽이라고 하자 그녀 또한 즉시 사살되었다."

미감리회 교인 총수[74]

연도 나눔	입교인	학습인	합계	세례인	주일학생
1914	10,951	9,828	20,779	2,005	27,190
1915	12,125	8,926	21,051	1,630	28,603
1916	12,124	8,456	20,580	1,366	29,098
1917	12,592	8,088	20,680	2,045	33,569
1918	12,346	7,197	19,543	1,876	32,234
1919	12,666	5,867	18,533	378	25,180
1920	12,293	5,900	18,193	1,481	24,461

(2) 유관순의 순국

제포된 사들은 혹독한 고문을 겪어야 했다. 그중 가장 극심한 예가 유관순(1902~1920)이다. 관순은 충남 천안군 목천면 지령리에서 유중권의 4 남매의 둘째 딸로 태어났다. 공주 명선여학당에서 이화학당 보통과 3학년에 편입한 것은 1916년이었다. 공주 및 천안지방 순회 선교사였던 선교사 샤프 부인, 애리스(Mrs. Alise A. Sharper)가 천거했다. 1918년 이화학당 보통과를 졸업하고 그해 고등과 1학

---

74) 「기독교미감리회 조선연회록」, 1920. 44.

년에 진학했다.

유관순은 정동교회에 출석하면서 손정도 목사의 설교와 삶에서 항일 민족의식을 이어받았고[75] 학교에서 학생 동아리 이문회의 하란사(사감)와 교사 박인덕에게 나라와 민족 사랑하는 정신을 배웠다.

105인 사건 뒤, 많은 민족운동가들이 투옥, 또는 해외망명으로 공백이 생겼다. 그러자 이를 기독 여성들이 메웠다. 평양 숭의여학교를 중심으로 조직된 송죽회가 그중 하나이다. 숭의여학교는 미북장로회와 미감리교 여선교회가 연합으로 경영했다. 송죽은 충절과 절개를 상징한다. 1913년 당시 숭의여학교 교사 황애덕, 이효덕, 김경희와 재학생 박현숙, 송복신, 최지혜, 박경애 등이 독립운동 비밀결사대를 조직했다. 점조직이었다. 이들은 졸업한 뒤에도 연결을 갖고 협력했다. 매월 15일 기숙사 지하 방에서 생일축하 명분으로 모였다. 기도회와 독립운동과 사회문제를 토론하고 독립운동 자금단체 지원을 위한 회비 모금에 힘썼다.

1900~1910년대 이화학당 안에는 이문회, 공주회, 십자가회선교회 같은 학생자치 단체들이 생겼다. 송죽회와 다른 점은 이들은 교사들의 지도를 받으며 학내에서 선교 활동을 펼쳤다.[76] 1910년대 들어서는 미국 유학을 다녀온 하란사를 비롯하여 박인덕 등 민족의식이 강했던 교사들이 지도했다.

1919년 3월 1일, 유관순은 학교의 제재와 감시 속에서도 대한문 앞에서 곡을 하고 남대문으로 향하는 시위 행렬에 동참했다. 학생들의 참여가 격렬해지자 일제는 전국에 휴교령을 내렸다. 유관순은 고향에

---

75) 이덕주, 『손정도 자유와 평화의 꿈』, 신앙과 지성사, 2020, 189.
76) 이덕주 · 서영석 · 김흥수, 『한국감리교회역사』, 245.

내려가 지령리교회 교인들과 함께 수천 명이 참여한 천안 병천면 아오내 만세운동을 일으켰다.[77] 아오내 장날을 하루 앞둔 날 밤, 관순은 동생 관복과 친척 유재한과 매봉산에 올라가 간절히 기도했다.

오오! 하나님이여, 이제 시간이 임박했습니다. 원수 왜를 물리쳐 주시고 이 땅에 자유와 독립을 주소서. 내일 거사할 대표들에게 더욱 힘과 용기를 주시고 이로 말미암아 이 민족의 행복한 땅이 되게 하소서. 주여! 같이 하시고 이 소녀에게 용기와 힘을 주소서.

1919년 4월 1일 아오내 장날, 만세운동에 수천 명이 참가했다. 유관순은 쌀섬 위에 올라가 연설했다. 일 헌병들은 군중을 향하여 닥치는대로 총을 쏘고 칼로 내리쳤다. 이때 유중권(유관순의 아버지), 유관순의 어머니 이 씨를 비롯 19명이 현장에서 순국했다. 부상자는 30여 명이나 되었다.[78] 유관순의 집은 불살라졌고 유관순은 주모자로 체포되어 공주지방법원에서 3년 형이 선고되었다. 복심법원에 상고하였으나 오히려 7년 형이 선고되었다. 재판거부 소란 등으로 법정모독죄가 가산되었다. 그는 옥중에서도 만세시위로 더 처절한 고문을 받았다. 3·1운동 1년 뒤 그날 오후 2시, 옥중에서 3·1절 첫 돌기념 만세운동을 주도했다. 3천여 명의 수감자들이 호응했다.

말로는 다 못할 무자비한 고문을 받던 유관순은 1920년 10월 12일 8시 20분경, 왜경의 칼에 사지가 토막 내져 죽고 말았다.[79] 만 열여덟 생일을 두어 달 앞두고였다. 일제는 그의 시체를 몰래 처리하

---

77) 위의 책, 236.
78) 홍석창, 『수원지방 3·1운동사』, 왕도출판사, 1983, 107.
79) 윤춘병, 『한국감리교수난백년사』, 기독교대한감리회본부교육국, 1959, 121.

려 했다. 이를 알아챈 이화학당 교장 프라이(L.E. Frey)와 미쓰 월터(Miss A.J. Walter)[80]는 형무소로 달려가서 시신을 요구했다. 일제가 들을 리 없었다. 만일 내어주지 않으면 미국에 알려 세계 여론에 호소하겠다고 하자 일제는 어쩔 수 없이 시신을 내줬다. 토막 난 시체를 정성껏 싸서 정동교회에서 조용히 장례식을 치뤘다. 그는 독립된 조국의 하늘을 그리며 하나님 나라 식구가 되었다.

8·15 해방을 맞아 유관순의 옥중 투쟁상황이 박인덕에 의하여 상세히 알려졌다. "일본은 망한다. 절대로 망하고야 만다." 그가 마지막 남긴 말이다.[81]

내 손톱이 빠져 나가고 내 귀와 코가 잘리고 내 손과 다리가 부러져도 그 고통은 이길 수 있사오나 나라를 잃어버린 그 고통만은 견딜 수가 없습니다. 나라에 바칠 목숨이 오직 하나밖에 없는 것이 이 소녀의 유일한 슬픔입니다.

3·1운동은 전 민족적 투쟁이었지만 그런 속에서 기독교는 주도적 역할을 했고 중심적 영도세력이었다. 민족대표 33인 가운데 서훈을 받지 못한 사람은 정춘수, 박희도, 김창준, 최린의 넷이다. 최린은 천도교이고 나머지는 감리교이다. 정춘수, 박희도, 최린은 친일로 변절했고 김창준은 해방 뒤 자진 월북하여 북한 정권에 참여했기 때문이다.

---

80) 초창기 이화를 이끌었던 여섯 명 가운데 하나로 5대 당장을 역임했다. 그녀는 귀국 뒤 자서전을 썼는데 자서전 143쪽에서 유관순 열사의 시신 수습 과정을 담고 있다.
81) 홍석창, 앞의 책, 178.

6) 3·1운동이 물려 준 것

(1) 하나 된 민족

　일제에게 국권을 빼앗긴지 9년에 접어들었다. 3·1만세운동은 우리 민족이 총동원하여 우리의 독립 의지를 하나로 집결하고 '하나 된 민족'임을 천하에 외친 민족의 선포였다. 우리 민족은 제아무리 큰 역경, 고난에서도 절망이나 좌절만 하지 않았다. 우리 민족 스스로가 역사의 주체가 되어 뭉침으로 하나 된 민족정신을 폭발케 했다. 여기에 우리의 '혼의 우렁참'도 '창조의 힘'도 있다. 마치 날마다 끊임없이 꽃을 피우는 무궁화[82]처럼 하나 된 민족운동은 식을 줄도, 지칠 줄도 몰랐다. 3·1만세운동은 또한 우리 민족이 봉건사회를 청산하고 새 나라, 독립국을 세우려는 결단이고 그 출발점이었다.

　　또한, 3·1민족운동은 우리 민족의 고질병이라는 분열의식을 깨뜨렸다.

　독립의 염원은 몇몇 특출한 애국지사들만의 전유물이 아니었다. 그것은 도시, 농어촌, 산간벽지를 따질 것도 없고 종파, 나이, 출신, 남녀를 가릴 것 없었다. 3·1운동은 온 민족이 하나 된 우리 역사상 최내 규모의 민족운동이었다. 3·1운동은 우리 민족은 반드시 하나 되어야 함을, 나아가서 분열을 넘어 '하나로 가는 통일로'의 길을 보여주었다. 즉 그것은 통일로 이어져야 함을 민족의 가슴에 새겨 주었다. 희망없는 상황은 없다.
　하나 된 우리의 민족운동은 세계가 주목했다. 비폭력 투쟁방식은 이웃나라로 번졌다. 인도의 「진리파지」(眞理把持)를 실천하는 「샤타

---

82) 김석겸, 『겨레 얼 무궁화』, 나라꽃 심기운동추 진회, 1978, 106.

그라하」[83] 운동이 4월 6일에 있었고 3·1운동 두 달 뒤에는 중국의 5·4운동이 있었다.[84] 인도의 네루 수상이 옥중에 있을 때, 그의 딸에게 써 보낸 글에서 "한국의 3·1정신을 본받으라."고 했다.[85]

(2) 기독교가 앞장, 피해도 앞장

민족대표가 기독교 측이 가장 많았고 가장 많은 피해를 입은 곳 역시 기독교였다. 기독교는 민족 해방이라고 하는 십자가를 당당하게 짊어졌던 것이다.

그러나 독립선언서에 기독교의 요소가 반영되지 않았을 뿐더러 기독교 독자적인 선언서 하나 나오지 못했고 타종교와의 협력에 수동적이었다는 등의 이유로 교회가 주도적인 역할을 못하고 통로역할에 그치고 말았다는 평가도 있다.

민경배 교수는 "(3·1독립운동에서) 그 핵심은 기독교회를 경로로 하고 있었다. 그러나 독립선언서의 내용 중에 기독교의 요소가 전혀 반영되어 있지 않았다. 교회는 3·1운동에서 주도로서 보다는 통로로서 공헌" 정도로 보았다.[86]

독립선언서에 기독교적 낱말이나 직접 표현이 없는 것은 사실이다. 그렇지만 기독교는 민족대표도, 피해도 가장 많았고 희생이 극에 달했다. 이같은 사실은 기독교가 주체였다는 사실을 웅변해 주고 있는 것이다. 독립선언서에 배타, 배일적 표현은 없으나 조선독립을 동양평화와 인류의 복지를 위한 필연적 추세임을 말하여 그 정신이 기독

---

83) "진리를 파악, 진리를 붙잡는다." 말로 간디의 비폭력을 통한 사상. 불의의 세력과 싸울 때 비폭력으로 해야 한다는 뜻.
84) 한국사연구회 편, 『한국사연구입문』, 지식문화사, 1981, 488.
85) 홍석창, 『한국감리교회를 만든 사람들』, 감리교교육국, 1987, 105.
86) 민경배, 앞의 책, 305~316.

교적 인도주의임을 보여주고 있다. 또 방법에서 비폭력 무저항이었음은 단언컨대 기독교적이다. 당시 국권 회복을 위해 투쟁할 수 있는 종교세력으로는 기독교, 천도교뿐이었다. 그리고 농민, 일반 민중의 잠재적인 힘이 있었다.[87] 그 가운데에서 기독교가 주도적 역할을 했다.[88] 독립선언문을 작성한 최남선은 고백했다.[89] "나의 사상에서 기독교적 영향을 빼면 이해할 수 없다." 독립선언서 첫머리의 '독립국, 자주민' 개념은 성경에서 나온 것이다.

이는 3·3절에서 3·1절로 바뀐 사실에서도 미루어 알 수 있다. 날짜를 처음엔 3월 3일로 잡았다. 그런데 그날은 고종의 '인산 날'(임금의 국장)이라 하루를 당겨야 했다. 그러면 일요일이어서 안성맞춤이었다. 그러나 아니다. 이날은 기독교의 '주일!', 하나님께 예배드리는 거룩한 날이다. 기독교 측의 강력한 요구에 따라 하루를 더 당겨 결국 3월 1일로 확정한 것이다. 3·1절이 3·3절 될 뻔했다.

(3) 선교사·일제의 변화

3·1운동은 조선의 멸망을 당연시하고 일본에게 긍정적이던 대부분의 선교사들과 외국 사람들의 생각을 바꿔 놓았다. 일제의 잔인한 진압은 선교사들과 지식인들이 일본을 부정적으로 보는 계기를 마련해 주었다.[90] 일제의 무자비한 폭력과 야만적인 테러에 격분한 것은 선교사들이었다. 막상 힘없는 한국민족이 당하는 처절한 참극에 그들은 더는 침묵할 수 없었다. 정교분리 원칙을 지킨다던 그들은 제암

---

87) 안병욱, "기독교와 민족사상", 한국기독교문화연구소 편, 『한국의 근대화와 기독교』, 숭전대학교출판부, 1973, 75~76.
88) 안병욱, 위의 책, 76.
89) 전택부, 『한국기독교 청년회 운동사』, 범우사, 1994, 244.
90) 「윤치호 일기」, 1919년 3월 5일, 5월 28일, 5월 31일 자.

리 학살에서 보듯 잔혹한 일제의 탄압과 포학을 보고만 있지 않았다. 세계에서 그 유례를 찾을 수 없는 일제의 만행, 비무장 시위군중과 수감자들에 대한 일제의 대처방식에 강력하게 항거했다. 그리고 이를 언론에 폭로하며 나라 안팎으로 여론을 환기시키기 위해 힘을 기울였고 세계의 이목을 집중시킬 수 있도록 힘을 썼다. 그것은 당연한 일이었고 곧 인도주의였다. 따라서 선교사와 일제의 대립은 깊어갔다.[91] 그들은 하나님의 도우심으로 국권 회복의 날은 반드시 올 것이며 열강의 도움을 가져올 것이라고 설교했고[92] 자신들은 백의민족과 동행할 것을 다짐했다.[93]

기독교는 우리 민족에게 이른바, '누가복음 10:30-37'이었다. 우리가 '강도와 착한 사마리아 사람'을 동시에 만난 상태에서 선교사들은 정교분리에서도 우리 민족을 동정하며 싸매고 정성껏 보듬어 주었다. 그들은 그들의 치외법권적 역량을 맘껏 발휘했다. 기독교는 우리 민족에게 '독수리가 날개 치며 올라감(사 40:31) 같은 새 힘'을 불어 넣어 주었다.

3·1운동이 터지자 일제는 한 국민의 하나 된 국민의 힘, 그리고 세계 여론에 굴복하여 더이상 잔인한 무단정치를 밀고 나갈 수 없었다. 일제는 3·1운동의 책임을 물어 총독 하세가와를 해임하고 후임으로 사이또(さいとう, 1919~1927)[94]를 앉혔다. 포악한 무단정치의 한계를 깨달은 것이다. 이후 사이또의 통치를 일본의 입장에서는

---

91) 이만열, 『한국기독교와 민족의식』, 지식산업사, 1991, 476.
92) 金龍德, 『韓國史의 探求』, 乙酉文化史, 1980, 180.
93) 민경배, 『한국기독교회사』, 206.
94) 강우규(1855~1920) 의사는 사이또가 취임하던 날(1919.9.2.), 그를 처단하려고 서울역 앞에서 폭탄을 던졌다. 폭탄은 빗나갔고 환영 나온 일제 관헌과 추종자들 37명에게 중경상을 입혔다.

성공적이었다고 보고 이를 '문화통치'라고 자랑한다. 헌병경찰제폐지, 한글신문허용, 교육과 정치참여 기회의 확대, 언론, 출판, 집회, 결사의 자유가 어느 정도 주어진 것은 사실이다.[95] 그러나 이는 조선의 저항을 누그러뜨리기 위한 고도의 전략이었다. "간교한 그들 특유의 회유책이며 우리 민족을 이간질하는 민족분열책이다."

일제와 타협하여 민족자치를 할 수 있을 것이라는 생각을 심어주어 숱한 친일매국노와 민족변절자를 낳았다. 실제로 일제는 많은 지식인, 갑부, 정치인을 회유하여 친일파로 만들었으며 투옥된 독립운동가들이 밀정, 스파이가 되기도 했다.

재취임(1929~1931)한 사이또는 10년을 통치함으로 조선통치 35년의 1/3을 차지한다. 1930년대~1940년대에 징용, 징병 등을 찬양하는 친일반민족행위자들이 본격적으로 늘어나고 독립운동의 계파간 균열이 시작된 것 모두는 그가 닦아놓은 기반이었다. 그는 선교사 관계에서도 재능을 발휘했다. 선교사들과의 대립이 결코 유익할 것이 없다고 판단하고 선교사 대책을 강경책에서 회유책으로 바꾼것이다. 이같은 그의 회유정책이 본격화되자 선교사들의 대일협력이 급속히 촉진되었다.[96] 그는 '선교사 담당'이라는 별명이 붙을 만큼 선교사 회유에 능란했다.[97] 그가 선교사들에게, 3·1운동 뒤 격양되었던 한국민족이 반일 감정을 약화시키는 역할을 기대했던 것은 말할 것도 없다. 이런 미·일관계는 1930년대 일제의 대륙침략이 재개될 때까지 지속되었다.

그러나 일제는 뒤에서는 당시, 교계 일각에서 일고 있던 반 선교사

---

95) 동아일보, 조선일보, 개벽, 조선지광, 동광, 신여성 민족신문 등의 잡지들이 출간되고 개신교 언론·출판 활동이 활발해졌다. 장·감 연합의 기독신보(1920), 신학세계(1916, 협성신학교), 신학 지남(1918, 장로회신학교)이 출간되었다.
96) 강동진, 『일제의 한국 침략정책사』, 한길사, 1980, 75.
97) 위의 책, 89.

운동을 획책했다.[98] 그 좋은 보기가 헤이스머(C.A. Haysmer) 선교사 사건이다. 이에 사이또는 친일단체 상애회를 내세워 조선인의 권익 옹호라는 미명으로 대대적인 반미운동을 전개했던 것이다.[99] 또한 이를 빌미로 경성학생연맹은 선교사들을 미제국주의의 침략자라고 규탄하며 반기독교운동을 맹렬하게 벌였다.

(4) 국민의 기독교에 대한 인식

개신교가 국내에 들어온 것은 우리 민족이 개화 근대사상과 국권 수호를 목표로 하는 2중의 시대적 과제를 안고 몸부림치던 때였다. 그렇다고 환영만 받은 것은 아니지만 같은 기독교이면서 참혹한 박해를 받았던 천주교에 비하여 민심의 애정을 받았다.

3·1운동에서 기독교가 보여준 활약과 희생은 국민들에게 기독교에 호의를 갖게 했다. 사실, 한 말 기독교의 민족주의운동이야말로 기독교가 한국민족의 삶에 뿌리내리는 사건이었으며 한국 민족사에 뚜렷한 발자취를 남긴 역사적 사실이었다. 만일 이때 기독교가 민족운동에 몸을 던지지 않았다면 기독교는 서양의 한 이방 종교에 불과했을 것이다. 그러나 개신교는 국권 회복에 동참을 넘어 몸을 던짐으로써 민족운동을 주도하며 민족과 한 몸, 하나임을 분명히 한 것이다. 당연히 극심한 피해가 뒤따랐다. 이렇게 하여 개신교는 서양의 소수 외래종교에서 단시일에 민족의 종교로 새겨지기 시작한 것이다.

3·1운동 당시, 기독교인은 전체 인구, 1,700만의 2%도 안 되었다. 이때 생사를 함께했던 사람들, 더구나 죽음을 불사하고 앞장섰던 동료들은 종교가 다르다는 이유로 배척하고 박대할 수는 없었다. 이

---

98) 이 글, 390쪽. "(4) '나쁜 사마리아 사람'" 참조. ; 「동아일보」, 1926. 3. 8일 자.
99) 김명구 앞의 책, 448.

미 동지가 되어 있었다.

민중 속에 뿌리를 내려 민중의 종교로 성장한 것이다.

이것이 한국기독교의 자랑스러운 특징이다. 당연히 3·1운동은 기독교가 급성장하는 계기가 되었다. 왓손(Alfred W. Wasson)은 3·1운동 뒤 1920~1924년간의 교회 부흥을 "두 번째 급속한 성장 시기"[100]라고 했다. 서명원(R.Shearer)의 지적처럼 한국인들이 옥고를 치르는 상황 속에서 그리스도께로 돌아오고 있었다는 사실은 복음에 대한 이 민족의 민감한 반응을 보여준 것일 뿐만 아니라 그 뒤 몇 년 동안에 이루어질 신속한 교회 성장의 실마리를 제공해 주었다고 했다.

3·1운동에서 기독교는 계획에서부터 조직, 진행에 앞장섰고 희생을 감수했던 것이다. 사실 개신교는 서민층으로부터 출발하여 점차 중산층, 지식층의 기반 속에서 한국 사회 구석구석 깊숙이 파고들어 일찍부터 교육, 문화, 계몽사업 등에 적극 참여, 민중을 지도함으로 한국의 근대화에 결정적으로 이바지했다.

7) 상해 임시정부

(1) 현순의 준비 작업

1910년 조선이 일제에 강점되자 애국지사와 유학생들이 상해로 몰려들기 시작했다. 상해는 1880년대부터 한인이 드나들기 시작했다. 초기에는 인삼 장사하는 상인들이었다. 1910년까지 거주 한인 수는 50여 명에 지나지 않았으나 한창일 때는 1,000명을 헤아렸다. 임시

---

[100] Alfred W.Wasson, Church Growth in Korea, New York, 1934, 98

정부를 상해에 세운 것은 상해가 중국 최대의 도시요, 교통의 요지인 까닭도 있지만 유럽의 공관들이 몰려 있고 그들의 조계지[101]가 설정되어 있어 외교를 펼치기에 유리했기 때문이다. 특히 프랑스는 우리에게 우호적이었고 프랑스 조계에서 정치적 활동이 자유로왔다.[102] 그리고 동제사[103]가 조직되어 독립운동의 기반을 닦아 왔다.

임시정부 조직의 기반을 마련하는 임무[104]를 띤 현순이 상해에 도착한 것은 1919년 3월 1일이었다. 현순은 이광수 · 선우혁 · 여운형 등과 협의하고 이승훈에게 받은 자금으로 상해 프랑스 조계 김신부로 22호에 '독립임시사무소'를 개설했다.

상해 독립임시사무소의 역할은 크게 세 가지였다. 첫째, 3 · 1운동 소식을 파리강화회의와 국외 교포들에게 알리는 일. 둘째, 국내외 주요 민족운동단체의 대표자들을 상해로 결집시켜 독립운동의 진로를 모색하도록 주선하는 일. 마지막으로 독립운동을 통일적으로 지도할 수 있는 '최고 지도기관'을 조직하는 것이었다. 총무 현순은 상해 주재 각국 공관에 「독립선언서」를 배포하고 국내 독립운동의 상황을 현지 언론에 알렸다. 동시에 독립운동의 '최고 지도기관' 수립을 위한 논의를 진행했다.

임시정부 수립에 착수한 현순은 날마다 애국지사들과 폭넓게 만났다. 독립운동의 방향을 깊이 있게 논의했다. 그는 3월 8일 북경으로

---

101) 외국인 거주지역. 외국이 행정권과 경찰권을 행사한다.
102) 한국사연구회 편, 『한국사연구입문』, 지식산업사, 1981, 492.
103) 신규식이 1911년 중국으로 망명하여 손문의 '동맹회'에 가입, '신해혁명'에 참가해 중국 측 요인들과 긴밀한 사이가 되었다. 청국 정부와 중국주재 일본영사가 그를 체포하려 하자 상하이 프랑스인 거주지로 도피하여 망명 한 독립운동가와 유학생들을 규합, 1912년 7월 이 단체를 조직했다. 표면적으로는 상하이 거류 한인 상조기관처럼 활동했으나 실제 목적은 독립운동이었다. 이사장에 신규식, 총재에 박은식, 중견 간부는 김규식 · 신채호 · 홍명희 · 조소앙 · 문일평 · 박찬익 · 조성환 · 신석우 · 윤보선 등 300여 명이었다.
104) "이갑성신문조서(4회)", 『한민족독립운동사자료집 11』, (삼일운동 1), 165.

갔다.105) 손정도를 만나기 위해서였다. 현순은 그때의 상황을 이렇게 말했다. 손정도 목사는 북경에 먼저 와서 합달문 내에 있는 감리교 소관 병원에 입원하고 최운정(최창식)도 함께 했다.

고종의 은밀한 계획 현순(1880~1968)은 정동제일교회 제3대 담임목사이고 손정도(1882~1931)는 4대 담임목사였다. 손정도는 1918년 연회에 정동제일교회 담임목사 휴직원을 냈다. 그리고 7월 9일 가족과 함께 평양으로 이사했다.106) 다음 해 2월 16일 상주로 변장하고 중국으로 망명했다. 그가 정동교회를 사임한 이유는 "건강상" 이외에 알려진 것이 없다. 그러나 짐작할 수 있다. 1918년, 고종황제는 파리에 밀사를 보낼 궁리를 하고 있었다.107) 매우 은밀한 구상이었다. 고종은 1907년(6.15~10.18.) 네덜란드 헤이그에서 열리는 세계평화를 논의하는 국제회의에 3명의 특사를 파견했었다. 일제의 부당한 처사를 호소하는 밀서를 전달하려는 것이었다. 그러나 일본의 방해로 뜻을 이루지 못하고 이준 열사는 현지에서 순국했다. 일제는 이 사건을 트집 잡아 고종을 강제로 퇴위시켰다. 그로부터 12여 년이 지났다. 세계 1차대전이 끝난 뒤, 그 후속문제로 1919~1920년, 프랑스 파리에서 평화회의가 열리게 되었다. 고종은 이를 기회로 삼아 하란사를 의친왕108)과 함께 파리강화회의에 극비리에 보내 민족의 독립 의지를 표명하려 한 것이다. 손정도는 당시 이화학당 교사요, 정동교회 신자였던 하란사109)와 가까웠다. 그리고 하란사와 의친왕은 미국감리교 계통

---
105) 이덕주, 『손정도 자유와 평화의 꿈』, 225.
106) '개인소식', 「기독신보」, 1918.7.24.
107) 이방자, 『지나온 세월』, 남영문화사, 1974. 49~52.
108) 이강(1877~1955), 고종의 다섯째 아들로 1897년 대한제국이 창건되면서 의왕에 책봉 되었고 1899년 미국 유학을 하고 돌아왔다. 이듬해 의친 왕에 봉해졌고 망명 기도 이후 공의 지위가 박탈되었다.
109) 1872~1919, 본래는 김씨이나 남편의 성을 따라 하란사로 불린다. 1896년, 결혼했기에 이

웨슬리대학 동문이다. 당시 배재학당 교장 신흥우의 증언이다.[110]

"하란사는 미국에서 유학할 때부터 의친왕과 친했습니다. 오하이오 델라웨즈에서 얼마동안 같이 있었습니다. 그래서 하란사는 의친왕과 매일 연락을 하다시피 했습니다.… 우리의 요구는 일본사람이 찾으려고 해도 못찾고 있던 1882년에 우리나라와 미국이 맺은 한미조약 원문을 찾으면 그것을 가지고 가서 윌슨 대통령에게 보이면서 '왜 일본이 우리나라를 합병할 때 그냥 무시해 버렸소' 하자는 것이었습니다."

그 일은 극비리에 추진되어야 했기에 중간 역할은 왕실과 친분이 있는 하란사가 하며 가장 신뢰할 수 있는 성직자이자 같은 지역 안에 살고 있어 쉽게 접촉할 수 있었던 손정도에게 임무가 맡겨진 것으로 볼 수 있다.[111] 손정도는 의친 왕의 파리 행선을 안전하게 안내하라는 고종의 밀명을 받은 것으로 보는 것이다. 손정도는 3년의 중국 선교사 경험이 있어 중국어와 중국교통에 익숙했다.[112] 1919년 1월의 만국평화회의에 맞추어 한창 망명준비를 하던 의친 왕에게 갑자기 일이 터졌다. 고종이 독살이라는 의문을 품은 채, 갑자기 죽음을 맞은 것이다.(1919.1.21.) 계획은 수포로 돌아갔다.[113] 국장이 선포되어 상주 의친왕은 자리를 지켜야 했다. 국장을 마친 뒤 하란사는 3

화학당에 입학이 안 되자 교장 프라이(L.E. Frey)를 귀찮도록 졸라 결국 허락받았다. 졸업 뒤 일본 게이오 의숙에서 1년을 수학하고 1900년 미국의 오하이오주의 감리교 계통 웨슬리대학에서 우리나라 최초의 여성 문학사 (B.A)학위를 받았다. 의친왕 이강은 이 대학 동창이다. 하란사는 돌아온 뒤에 메리 스크랜턴을 도와 여성 계몽운동에 앞장섰다. 1907년 이화학당의 교사로 학생 자치단체인 '이문회'를 지도하면서 민족의 현실과 세계정세를 가르쳤다. 유관순도 그의 학생이었다.

110) 전택부, 『인간 신흥우』, 정음사, 1971, 124.
111) 손정도와 하란사가 의친왕의 해외 망명을 위한 고종의 밀지를 받았다는 견해도 있다. 김창수 · 김승일, 앞의 책, 119.
112) 이덕주, 『손정도 자유와 평화의 꿈』, 217
113) 김창수 · 김승일, 앞의 책, 140.

월 7일 북경으로 왔다. 현순이 다음 날 도착했다. 이들 현순, 손정도, 하란사의 계획은 같이 상해로 가서 하란사는 의친왕과 함께 파리로 가고 둘은 임시정부조직에 참여하는 것이다. 그런데 또 일이 터졌다. 이번에는 하란사가 북경에 도착한 뒤 병원에서 숨을 거두었다. 유행성 독감설도, 독살설도 있다.[114] 의친왕은 그동안 항일 독립운동가와 상해 대한민국 임시정부의 지사들과 비밀리에 연락하며 묵묵히 독립운동을 지원해 왔다. 그는 손정도와 함께 상해로 탈출하려고 상복을 입고 국경을 넘는 데까지는 성공했으나 만주 안동에서 일제 경찰에 잡혀 국내로 압송되었다. 의친왕은 상해 대한민국 임시정부에 보낸 편지에 다음과 같이 적었다.[115]

"나는 차라리 자유 한국의 한 백성이 될지언정, 일본 정부의 친왕이 되기를 원치 않는다는 것을 우리 한인들에게 표시하고 아울러 임시정부에 참가하여 독립운동에 몸 바치기를 원한다."

(2) 임시정부를 세움

3·1운동 뒤 나라 안팎의 애국지사들은 독립운동에 더욱 역동적이었다. 그리고 3·1운동으로 독립을 선언했으니 임시정부를 수립해야 한다는 의견이 지배적이었다.[116] 독립운동을 총체적으로 영도할 수 있는 체계적이고도 효율적인 기구의 설립이 절실했다. 이런 추세에 따라 나라 안팎에서 임시정부 수립을 선포했다. 노령(러시아 영토)의 대한민국의회 정부, 상해의 대한민국 임시정부, 서울의 한성임시정부, 천도교도들이 중심이 된 조선민국임시정부, 평안도의 신한민국정부, 기호지역의 대한민간정부 등이 그것이다. 애국지사들은 각

---

114) 김창수·김승일, 앞의 책, 152.
115) 주명준, "의친왕의 상해 망명기도 사건", 『황실학논총』, 제7호, 한국황실학회, 2006, 87~109.
116) 박은식, 『한국독립운동지혈사』, 서울신문사, 1946, 153~54.

각 흩어져 있는 곳에서 독립운동을 하고 식민통치 아래 서로의 연락이 자유롭지 못한 상황에서 나름대로 정부 수립을 추진할 수밖에 없었던 것이다.[117] 그런 사정으로 막상 정부 수립을 발표하고 보니 여러 곳이 된 것이다. 그러나 앞의 셋은 실체적으로 부서와 집무실을 갖추었지만 나머지는 문서만 남겼을 뿐이었다.[118] 맨 먼저 수립한 임시정부는 노령에서의 '대한민국의회 정부'이다. 1919년 3월 17일(25일 설도 있음) 블라디보스톡에서 수천 명 군중을 모아 독립선언식을 가졌다. 독립선언서를 낭독하고 '대한민국의회'를 출범시켰다. 27일에는 문창범을 국민의회 회장에 추대하고 정부 각료를 공포했다. 대통령에 손병희, 부통령에 박영효, 국무총리 이승만, 총장 윤현진 · 이동휘 · 안창호 · 남형우, 참모총장 유동설, 강화 대사 김규식이었다.[119]

맨 나중에 수립한 것은 '한성임시정부'이다. 1919년 4월 2일 인천 각국공원(자유공원)에서 한남수, 홍진, 이규갑, 김사국 등이 대표자 회의를 열고 한성정부 각 책임자 명단을 선정했다. 4월 8일에는 강대현을 상해로 파견하여 임시헌법초안과 각원 명단을 전달했다. 4월 23일 서울에서 3 · 1운동에 직접 참여했던 국내의 독립지사들이 주동이 되어 13도 대표 24명의 이름으로 임시정부 수립을 선포했다.

한편 현순과 손정도는 3월 25일 북경에서 상해로 왔다. 이튿날부터 여운형과 선우혁 · 신규식 · 서병호 · 조동호 · 현창운 · 김철 · 신헌 · 김태영 · 김종상 등과 시베리아에서 온 이동녕, 만주에서 온 이

---

117) 1917년 7월, 상하이에서 김규식, 박은식, 신채호 등 14인이 「대동단결선언문」 발표했고 1919년 2월 1일 만주, 노령지역 독립운동가들이 '대조선독립단'을 조직하고 39명 명의로 「대한독립선언서」를 발표했다. 「무오독립선언서」이다. 무오년인 음력 1918년 11월에 선포되었다. : 안모세, 「대한독립선언서 총람」, 2019, 위드라인, 23.
118) 이현희, 「대한민국임정부사」, 집문당, 1982, 49.
119) 이현희. 위의 책, 52.

회영·이시영, 북경에서 온 이광·조성환·조소앙 등과 회합을 갖고 독립운동을 이끌어갈 '최고 지도기관' 수립안을 논의했다. 현순이 전면에 나섰다.[120] 노령과 만주지역의 지사들이 상해로 집결함에 따라 독립 임시사무소는 이동녕·이시영·조소앙·이광·조성환·신석우·이광수·현순의 8인으로 (특별)위원회를 구성했다. '8인 위원회'는 4월 초순, 여러 차례 모였지만 아무 결정도 내리지 못했다. 이 일은 결코 쉬운 일이 아니었다. 여러 곳에서 목숨을 바쳐 신념으로 활약하던 지사들이기에 의지도, 주장도, 명분도 확고했다. 주요 쟁점은 1) 주도권 문제였다. 민족대표 33인 등 국내 지도자와 해외 망명 독립운동가로 갈렸다. 2) 정부의 수반 문제였다. 이승만 지지와 반대로 나뉘었다. 신채호는 이승만을 극렬 반대했다.[121] 3) 나라 이름도 쟁점이었다. 「대한민국」, 「조선공화국」, 「고려공화국」 등이 대두되었다. 그리고 황실 예우 문제 등 이었다.[122]

그러는 사이에 마침 좋은 기회가 생겼다. 서울의 한성 국민대회가 강대현 편에 보내온 그들이 조각한 각료 명단과 임시정부헌법안을 전달받았다. 이 일은 상해의 지사들을 격노케 했다.[123] 따라서 상해 측을 단결케하는 계기가 되었다. 지금까지의 대립을 종결하고 최고 기관 수립을 위한 움직임이 급류를 탔다. 이들은 4월 9일 상해 프랑스 조계 김신부로 60호, 독립 임시사무소에서 정부 수립을 위한 회의를 밤을 새워가며 이어갔다.

이광수, 손정도가 임시정부 수립에 앞서 입법기관 설립안을 제의했

---

120) 김창수·김승일, 앞의 책, 162.
121) 위의 책, 165.
122) 위와 같음.
123) 李炫熙(禹尙烈 譯), 『大韓民國臨時政府主席李東寧研究』, 東方圖書, 1997, 233.

다.[124] 많은 회의와 토론 끝에 입법기관부터 세우기로 합의했다. 의원을 뽑아야 했다. 8도 강산을 기준으로 노령, 미국, 그리고 중국령의 대표까지 동일한 자격을 부여하고 이들로써 임시의정원을 구성하려 했다. 당시 상해에는 1,000여 명의 독립운동자들이 와 있었다.[125]

이들 모두가 직접투표에 참가하는 방식은 당시의 상황으로 무리였기에 그들 가운데서 선배급들을 추천하기로 했다. 간접선거방식이다.[126]

1919년 4월 10일 오전 10시 프랑스 조계 김신부로 회의실에서 '각 지방 대표회'가 소집되었다. 모인 대표는 모두 29명이었다. 이들은 자연스럽게 임시의정원 의원 자격을 획득했다. 그들 가운데에는 국내에서 3·1운동을 추진한 48인이 보낸 현순을 비롯하여 손정도와 최창식이 있었고 시베리아와 만주지방에서 온 이동녕·이회영·이시영·조완구·김동삼·신채호·조성환·조소앙과 일본에서 2·8독립선언을 선포했던 이광수·최근우·신익희, 미주에서의 여운홍 그리고 국내와 시베리아를 순역하고 돌아온 여운형·선우혁·서병호가 있었다.[127] 임시의장 현순은 국내의 운동을 지원하는 재외기관 설치안을 통과시키고 현순·이동녕·이시영·조소앙·이광·조성환·신한민·이광수 8명을 연구위원으로 선출했다. 이들은 밤을 새워가며 토의를 거듭했다. 회의체 이름을 입법기관인 '대한민국 임시의정원'으로 했다. 조소앙이 '임시의정원'으로 하자고 제청했고 신석우가 찬성함으로써 임시정부 수립을 위한 임시의정원 안이 가결되었다. 무기명 투표로 초대 임시의정원 의장에 이동녕, 부의장에 손

---

124) 『大韓民國臨時政府議政院文書』, 大韓民國國會圖書館, 1974, 38.
125) 김구(송건호 편), 『김구』, 한길사, 1976, 168.
126) 독립운동편찬위원회, 「임시정부사」, 『독립운동사』 제4권, 독립운동유공자기금 운영위원회, 1976, 62.
127) 한국사연구회 편, 『한국사연구입문』, 지식산업사, 1981, 492.

정도, 서기에 이광수, 백남칠을 선출했다.[128]

드디어 날이 밝았다. 3·1운동이 일어난 지 딱 40일 만인 1919년 4월 11일 대한민국임시정부가 수립되었다. 한국 역사상 최초의 민주공화국이 탄생한 것이다. 대한민국의 민주주의 역사가 시작된 것이다. 이날 제1회 임시의정원 회의를 열어 임시정부 수립절차에 들어갔다. 이 회의에서 나라 이름과 연호, 정체를 결정했다. 나라 이름은 신석우의 동의와 이영근의 재청으로 '대한민국'으로 정했다. 10년 전에 잃은 대한을 회복한다는 뜻에서 '대한'으로 하고 정치 체제는 군주제를 지양하고 민주주의에 입각한 국가를 건설한다는 뜻에서 '민국'을 채택했다. 제국은 황제가 주인이지만, 민국은 반대로 백성이 주인인 나라이다. 이어 국무원을 선출했다.[129]

행정 수반인 국무총리에 이승만을 추대하고 내무총장에 안창호, 외무총장에 김규식, 군무총장에 이동휘, 재무총장에 최재형, 법무총장에 이시영, 교통총장에 문창범 등 6부의 총장을 선출했다.[130] 그리고 조소앙·남형우·이시영·한기악 등이 기초한 '대한민국임시헌장' 10개 조를 통과시켰다. 핵심은 대한민국은 민주공화제이다. 헌장 제2조에는 "대한민국은 임시정부가 임시의정원의 결의에 의하야 이를 통치함"이라고 하여 임시의정원과 임시정부가 입법부와 행정부의 역할을 하는 것으로 규정했다. 헌장 제7조는 특별하다.

대한민국은 신(神)의 의사에 의하야 건국한 정신을 세계에 발휘하며 진하야 인류의 문화 및 평화에 공헌하기 위하야 국제연맹에 가입함이다.[131]

---

128) 『독립운동사』 제4권, 국가보훈처, 1972, 62~63.
129) 한국사연구회 편, 앞의 책, 492.
130) 최재형, 이동휘, 문창범은 연해주의 대한국민의회 계열이다.
131) 「大韓民國臨時議定院記念事業 第一回集」, 『한국독립운동사 자료 2』, 2권(임정편 11).

임시정부 명의의 선서문과 정강을 채택했다. 정강은 6개 항으로 이루어졌다. 민족·국가·인류 평등의 선전, 외국인의 생명과 재산과 보호, 모든 정치범의 특사 등 이었다.[132)]

상해임시정부는 나라의 3요소인 주권, 영토, 국민의 어느 하나도 갖추지 못했다. 그래서 임시정부('Provisional Government')이다. 그렇지만 상해 '대한민국임시정부'는 민족 독립운동의 발전소요, 구심점이고 깃발이었다.

4월 13일, 의장 이동녕이 이틀 만에 의장직을 사퇴하므로 손정도가 의장을 맡았다. 손정도는 의정원 의장 이름으로 '전 한국인에 고하는 서'를 발표하고 대한민국 임시정부 수립을 국내외에 정식으로 공포했다.[133)] 이렇게 상해 대한민국 임시정부는 4월 11일에 수립하고 4월 13일에는 국내외에 공식 선포한 것이다. 「대한민국 헌장」의 제1조이다. "대한민국을 민주공화제로 함" 국민이 주인이 되는 나라 "대한민국"이 탄생한 것이다. 이를 제정하고 공포한 이가 기독교인이다. 이 얼마나 가슴벅찬 일인가! "대한민국"을 부를 때마다 가슴이 뛴다.

수립할 때는 이동녕 의장, 공포할 때는 손정도 의장이다.

두 의장은 모두가 감리교인이다. 손정도는 감리교 목사이고, 이동녕 역시 전덕기 목사에게 세례를 받고 상동교회에 다니며 상동청년회 총무를 맡았었다. 그리고 이승만, 그도 감리교인이다.

그러나 여전히 큰 문제가 남아 있었다. 그것은 노령임시정부(연해

---

132) 채근식, 『독립운동비사』, 민족문화사, 1985.9.30. 영인본, 24.
133) 『民族獨立鬪爭史史料』 海外篇, 輿論社, 檀紀 4289년, 참조. ; 『大韓民國臨時政府議政院文書』, 大韓 民國國會圖書館, 1974, 참조. ; 김창수·김승일, 앞의 책, 170. 재 인용.

주 블라디보스톡), 상해임시정부, 한성임시정부의 셋을 통합하는 과업이다. 그것은 의정원 의장 손정도와 외무차장 현순 몫이었다. 현순은 8월 5일 내무차장에 임명되어 임시정부의 실질적인 운영을 담당했다.[134] 그들은 상해 임시정부가 독립 역량이 충족된 합법적 권위를 갖는 통합정부가 되게 하려고 모든 역량을 기울였다. 고생한 보람이 있어 통합은 빛을 보았다. 마침내 1919년 9월 11일, 상해를 거점으로 임시정부들을 개헌형식으로 통합하여 대한민국 임시정부를 탄생시켰다.[135] 그리고 의정원은 같은 날 의장 손정도가 임시정부개정안과 헌법개정안을 통과, 공포하고 대통령제를 채택했다. 이승만을 대통령으로 선출[136]하므로 '통합 대한민국 임시정부'가 정식으로 출범한 것이다.

(3) 애국부인회

애국부인회는 3·1운동 직후 교회 여성들이 조직한 항일비밀결사 여성 독립운동 단체이다. 처음에는 국내에서 투옥된 독립운동가들과 그 가족들을 돌보는 일을 하다가 시간이 흐르면서 상해임시정부와 연계하여 독립운동자금 모금과 국내로 파견된 독립투사들의 연락 활동을 지원하며 적극적인 항일투쟁을 펼쳤다.[137]

서울 중심의 대한민국애국부인회, 평양 중심의 대한애국부인회, 상해의 상해대한민국애국부인회가 있었다. 서울의 대한민국애국부인회는 1919년 3월 중순, 서울 정신여학교 교사였던 김마리아를 비롯,

---

134) 유동식, 앞의 책, 446.
135) 許政, 『雩南 李承晩』, 1970판. 太極出版社. 155~160.
136) 獨立運動史編纂委員會, 「臨時政府史」, 『獨立運動史』 제8권, 독립유공자사업기금 운용위원회, 1976, 234.
137) 이덕주, 『손정도 자유와 평화의 꿈』, 276.

오현주 · 오현관 · 이정숙 등의 장로교 여성들이 중심이 되어 혈성단 부인회를 조직했다.[138] 3 · 1운동으로 투옥된 애국지사들의 옥바라지가 목적이었다. 4월에는 최숙자 · 김희옥 등이 대조선독립 애국부인회를 조직했다. 두 조직은 그해 6월 '대한민국 애국부인회'로 통합하고 특별히 적십자부장과 결사부장을 각각 2명씩 두었다. 서울을 비롯 전국 주요 도시에 지부를 두고 지부에도 결사대를 두었다. 여성들을 각성시켜 국권과 인권을 회복하고 국민 된 의무를 다하게 하려는 것이었다. 대한민국 애국부인회는 1~2개월 만에 약 6,000원이라는 거액의 군자금을 모아 상해로 보냈다. 또 두 달 만에 백 수십 명의 회원을 규합했다. 교회지도급 여성과 여교사 · 간호사가 주축이었다. 그러나 그해 11월 말, 한 간부의 배신으로 서울과 지방의 간부와 회원들이 경상북도 고등계 형사들에 의해 일제히 체포[139]되어 취조를 받았다. 취조를 받은 사람은 52명이고 김마리아 · 황에스터는 3년, 이정숙 · 장선희 · 김영순은 2년, 유인경 · 이혜경 · 신의경 · 백신영은 각각 1년 형을 받았다.

대한애국부인회는 평양에서 감리교와 장로교의 여성이 주축이 되어 조직되었다. 먼저 감리교 측 애국부인회는 1919년 6월 중순 박승일 · 손진실 등이 임시정부를 원조하는 항일독립운동을 발의하여 조직했다. 같은 해 6월 하순 장로교 측 애국부인회는 한영신의 '아래' 발의에 찬동하는 교회 여성들로 조직되었다.

남자와 똑같이 독립운동에 참여하는 것이 동포된 의무이다.

---

138) 김창수 · 김승일, 앞의 책, 399~400.
139) 이덕주, 앞의 책, 277.

두 단체는 각각 대한민국임시정부를 지원하던 중 임시정부의 권유에 따라 그해 11월 '대한애국부인회'로 합쳤다.[140] 총재는 오신도,[141] 회장 안정석, 부회장은 한영신이었다. 활동목표는 민중을 계몽하고 수감된 독립운동가 가족들을 돌보며 군자금을 모아 임시정부에 보내는 것이었다. 평양에는 본부를, 지방에는 지회를 두어 동지를 규합, 활약하는 계통적 비밀결사로 통합·발전했다. 그러던 중 1920년 10월 15일, 평양의 애국부인회가 군자금 2,400원을 모금하여 임시정부에 송금한 일이 발각되어 관련된 106명이 검거되었다.[142] 1921년 2월 24일 평양 복심법원은 박승일은 징역 3년, 최매지·안애자·양진실·김성심·김용복·이겸량에게 각 6월, 안정석에게 2년, 박현숙에게 1년 6월, 오신도는 징역 1년을 선고받고 평양형무소에서 옥고를 치렀다.

국내에서 애국부인회가 활발하게 일하자 1919년 10월 13일 상해에서도 '상해대한민국애국부인회'가 조직되었다. 회장 이화숙, 부회장 김원경, 총무 이선실, 서기 이봉순·강현석, 회계 이메리·이교신, 출판부 및 교제·사찰 등이다. 임시정부의 활동을 보조하는 역할을 맡았다. 태극기를 만들고 회의장을 준비하고 상장을 만드는 것 등이다. 1920년대 후반부터 일제의 탄압이 강화되고 사회주의 사상의 유입으로 임시정부의 활동이 미비하사 상해 애국부인회의 활동도 미약해졌다.

---

140) 「매일신보」, 1920. 11. 7.
141) 그는 손정도의 어머니이고, 평양 감리회 서기로 평양 애국부인회 설립에 참여한 손진실은 손정도의 맏딸이다.
142) 독립운동사편찬위원회, 「대중투쟁사사료집」, 『독립운동사사료집』 제14집, 독립유공자 사업기금운용 위원회, 1978. 433. ; 「매일신보」, 1920. 11. 7.

8) 선교사들의 행로

1901년 9월, 장로회 공의회에서 선교사들은 '교회와 정부 사이에 교제할 몇 가지 조건'이라는 결의를 했다. 로마서 13:1~7, 디모데전서 2:1~2, 베드로전서 2:13~17, 마태복음 22:15~21, 17:24~27, 요한복음 18:36을 근거[143]로 5개 항의 결의안을 내놓았다. 한마디로 요약하면 '교인의 정치 운동은 가능하나 교회는 정치 운동을 하는 곳은 아니다'라는 것이다. 곧 교회의 비정치화이다. 결국 교회를 뛰쳐나가는 사람들이 있었고 출교되는 이들도 있었다. 이들은 거의가 애국 계몽운동을 목적으로 교회에 들어왔던 이들로 선교사들의 이같은 자세를 비판하며 교회를 떠났다.

이 시기에 선교사들의 입장은 대체로 네 갈래였다. 첫째, 정교분리 원칙에 따라 중립을 지키는 이들. 둘째, 우리와 아픔을 함께한 이들로 심지어는 "한국 사람보다 한국을 더 사랑했다."는 존경과 칭송을 받는 이들. 셋째, '드러내놓고 친일' 넷째, 우리 민족을 얕보고 야만시했던 이들이다.

(1) 정교분리 입장

선교사들은 식민지에서 선교하는 마당에 더구나 본국 정부의 정교분리의 방침[144]에 따라 그들 대부분은 공식적으로 비정치화 중간노선을 유지했다. 그들은 애써 '개인 구원'을 강조하며 성도들의 사회 참여를 막았다. 그러나 정교분리는 결국 일제에 순응하는 것이었다.

---

143) 이 구절들은 ①권세는 하나님이 주신 것이니 거기에 복종하고 ②권세자, 즉 국가에 적당한 세금을 바치는 등 국가의 제도에 순종하며 ③가이사의 것은 가이사에게, 하나님의 것은 하나님에게 바치라는 것으로 정교분리의 원칙을 말할 때에 인용되는 단골 구절 들이다.
144) 태프트 · 가쓰라 수상과의 밀약(1905.7.29.)으로 미국은 필리핀을, 일본은 한국을 지배하는 것이다.

북장로교의 게일이나 북감리교의 해리스 감독 등 지도층 선교사들은 통감부의 정책(정교분리)에 전적 동조했다.[145] 연동 교회 목사였던 게일은 구한말 한국 정부의 부패상을 심각하게 여기면서 상대적으로 서구화, 근대화되어 있는 일본의 식민통치가 한국의 부정, 부패한 정치보다는 차라리 낫다고 판단했다. 그러나 3·1운동에서 일본의 만행을 보고는 태도를 바꿨다. 그렇지만 정교분리의 입장에 묶여있던 대부분의 선교사들은 그것은 '사회 참여'라 하여 독립운동을 돕기는커녕 오히려 저지했다. 부흥사 등 적지 않은 목회자들도 이에 동조했다.

(2) 우리와 아픔을 함께한 이들

헐버트(Homer Bezaleel Hulbert, 1863~1949)는 우리 민족운동에 가장 뚜렷하게 우리와 함께했다. "미국은 물론 유럽에서 한국사 연구는 헐버트로부터 시작된 것으로서 그의 공로가 컸다." 이홍직이 펴낸 『국사대사전』에서 헐버트를 소개한 말이다.[146]

헐버트는 1886년 23살의 젊은 나이에 우리나라 최초의 근대식 관립학교인 육영공원 교사로 청빙되어 왔다. 1891년 계약을 마친 뒤 미국으로 돌아간 그는 절차를 밟아 감리교 목사안수를 받고서 선교사 자격으로 다시 들어왔다.(1893) 그는 그때의 정치 현실에 주목하여 일제의 침략에 저항하고 민중을 구하는 것이 필요하다고 판단하고 특히 교육 활동과 언론 활동을 펴면서 일제의 침략에 대항했다.

단 4일 만에 한글을 깨우친 그는 소리글인 한글의 배우기 쉽고 간편하고 과학적인 사실에 감탄했다.[147] 1892년 그의 논문 『한글』(The

---

145) 이덕주·서영석·김흥수, 앞의 책, 38.
146) 이홍직 편저, 『국사대사전』, ㈜학원출판공사, '97년 신판, 1575.
147) 김동진, 『헐버트의 꿈, 조선은 피어나리』, 참좋은친구, 2019, 74.

Korea Alphabet)에서 단정했다.

"한글과 견줄 문자는 세상 어디에도 없다." "조선은 영국이 라틴어를 버린 것처럼 언젠가는 한자를 버릴 것"이라며 한국어가 영어보다 우수하다는 결론을 내렸다.

또한 "한글은 현존하는 문자 가운데 가장 우수한 문자"이며 어려운 한자 대신 한글 전용을 주장하고 교육만이 살길임을 역설했다. 그 서문에서 "조선의 지배층이 한자만을 고집하고 한글을 업신여긴다"며 여간 안타까워하질 않았다.[148] 사실 내 나라말 글은 '온새미로'[149] 곧 '우리 얼'인 것이다. 선비, 백성 모두가 반드시 알아야 할 지식이란 뜻의 『ᄉ민필지』는 그가 순 한글로 쓴 우리나라 최초의 천문지리사회 교과서로 서양 세계를 체계적으로 소개했다. 그는 우리의 역사·문화·예술·풍속에도 전반에 걸쳐 깊은 탐구를 하고 우리 민족에 관한 15편의 저서와 200편이 넘는 논문, 신문 기고문을 발표했다.

특히, 그의 책 『한국사』(The History of Korea, 1905)는 800여 쪽에 이르는 우리나라 최초의 종합 역사책으로 그는 한국을 예찬했다.[150] "한민족은 영리하며 독창성과 자주성을 가진 민족이다."

한국인은 '즉흥곡의 명수'라며 우리 민족의 음악 재능에 탄복했다. 그때 벌써 K팝, BTS의 '한류'를 내다본 것이다. '아리랑'에 최초로 서양 음계를 오선지에 그려 세계에 알린 이도 그였다. 미국 연합 장로교 찬송가에 아리랑 곡의 찬송이 들어있다.[151]

을사늑약 뒤 그의 『대한제국 멸망사』(The Passing of Korea)에

---

148) 김동진, 위의 책, 84.
149) '자연 그대로', '언제나 변함없이'의 순수 우리 말.
150) 김동진, 앞의 책, 74.
151) 346장. "Christ, You are the Fullness."

서 그는 한국민족이 나라를 빼앗긴 가장 큰 원인은 미국이 조미수호통상조약을 위반하면서 친일정책을 폈기 때문이라며 그의 조국, 특히 루즈벨트 대통령(T.Roosevelt)의 친일정책을 언론에 맹렬하게 비난했다. 그는 고종의 대미특사로 을사늑약 저지를 미국 조야에 알리고 언론과 강연으로 미국에서 한국의 독립을 강렬하게 호소했다. 고종은 미국 정부에 그를 소개하면서 "내가 가장 신뢰하는 사람"이라고 했다. 이승만 서재필 등 독립운동가들을 적극 지원했고 독립신문의 영문 편집도 맡았다.

그는 사랑방에서, 거리에서, 유흥가에서 세월을 허비하는 젊은이들의 앞날이 걱정스러웠다.

나라 잃은 젊은이들이 이러면 못쓰는데…

그렇다고 딱히 젊은이들이 갈 곳도, 할 것도 없었다. 글방도, 도서관도, 공원도, 스포츠도, 운동장은 물론 공장도, 회사도 없었다. 그는 한탄만 하지 않았다. 유능한 청년들에게 근대적인 사회개혁 의식을 불어 넣고 교육과 계몽, 건전한 스포츠, 복음화를 목표로 삼고 그 실현 방안으로 한국 YMCA 창설을 착안, 산파역을 감당했다.

헤이그 밀사 파견 당시, 일본이 그를 감시하는 사이 이준이 시올을 빠져나갔다. 헐버트의 전략이었다. '헤이그 밀사'는 그가 고종에게 제안하여 이루어졌다.[152]

고종의 특사로 헤이그에 먼저 도착한 그는 각국 대표들에게 일본의 침략주의를 성토했다. 그는 당연히 한국으로 돌아와야 했으나 뜻을 이루지 못했다. 일제로부터 강제 추방을 당했기 때문이다.

---

152) 유동식, 앞의 책, 221.

나는 죽는 날까지 한국의 독립을 위해 싸울 것!

그는 항일 운동에 지원을 넘어 운동가로 줄기차게 활약했다. 안중근 의사는 일본 경찰에게 조사를 받던 1909년 12월 2일, "헐버트는 한국인이라면 하루도 잊을 수 없는 인물"임을 당당하게 진술했다.[153]

헐버트는 1895년 10월 8일 민비시해사건(을미사변, 1895)뒤 자원하여 선교사들과 함께 고종의 침전에 불침번을 섰다. 1896년 4월 서재필, 주시경 등과 우리나라 최초의 민간 신문이며 최초 순 한글 신문인 「독립신문」을 발간했다. 주시경은 배재학당 제자로 함께 한글을 연구하며 독립신문에 띄어쓰기, 마침표, 쉼표를 도입했다. 1901년부터 영문 월간지 「Korea Review」를 발행했고, 그의 아내(May Belle Hanna)는 이화학당에서 음악을 가르쳤다.[154]

헐버트 선교사야말로 기독교 정신을 진정으로 실천한 '착한 사마리아 사람' 이었다. 그가 다시 한국에 온 것은 1949년 광복절 기념식 때, 초대 대통령 이승만이 그를 국빈으로 초대했다. 자나 깨나 한국을 그리던 그는 나이 86세, 병약한 상태에서도 기쁘게 배를 탔다. 한 달이나 걸리는 배편 여행은 그에게 큰 무리였다. 결국, 도착 1주일 만에 그는 삶을 마감했다. 그는 외국인 최초의 사회장으로 1949년 8월 11일 양화진 제1 묘역에 안장되었다. 1950년 3월 1일에 건국공로훈장 독립장이 추서되었다. 묘비에 새겨진 글과 어록이다.

한국인보다 한국을 더 사랑했고 자신의 조국보다 한국을 위해 헌신한…
나는 웨스트민스터 사원보다 한국 땅에 묻히기를 원하노라.(I would rather be buried in Korea than in Westminister Abbey)

---

153) 김동진, 앞의 책, 24.
154) 위의 책, 128.

류대영 교수는 아펜젤러나 헐버트만큼 한국의 운명에 대해 깊은 관심을 가지고 적극적으로 한국을 변호한 사람은 없었다.[155]고 했다.

당시의 많은 선교사들이 열악한 환경 속에서 목숨을 담보한 채 자신은 물론, 자녀와 가족을 잃는 등 숱한 악조건과 싸우면서 꿋꿋하게 사명을 감당했다. 콜레라가 창궐하자 사경을 헤매던 사람들은 선교사가 세운 병원으로 몰려갔다. 그들이 병원에서 본 것은 앞선 의술만이 아니었다. 그들은 밤새워 환자를 돌보았고 환자가 죽으면 같이 울었다. 이방인이 흘리는 눈물을 본 조선 사람들은 "이 외국 사람들이 하는 것만큼 우리는 우리 가족을 위해 희생할 수 있을까?"라며 놀라워했다.

(3) 드러내놓고 친일

감리교에 헐버트만 있는 것은 아니었다. 친일, 그 이상의 친일이던 감독 해리스(M.C. Harris, 1846~1921)는 감리교였다. 통감 이토가 선교를 보장하고 선교사들이 정치에 간여하지 않도록 요청하자, 해리스는 "이토 공은 한국에 있는 기독교 선교사 단체에 호의를 베풀고 편의를 제공해 주었다.… 나는 그의 성실함을 믿기에 그의 말도 믿는다. 나는 여러 번 일본의 선언에 대한 의혹을 풀기 위해 변명했고 또한 그 사업이 성공했음을 강조했다."[156]고 했다.

엡윗청년회 활동이 사회문제가 되자 상동교회 담임목사 스크랜턴은 매우 곤혹스러웠다. 엡윗청년회가 본래 목적을 벗어났고 그의 직속상관인 동아시아 선교 관리 감독, 해리스의 정책과 어긋났기 때문

---

155) 류대영, 『초기미국선교사연구』 1884~1910, 한국기독교사연구소, 2001, 179.
156) 김명구, 앞의 책, 252.

이다. 해리스는 한국과 일본, 동시 관리 감독이었지만 오로지 친일이었다. 그는 "한일합방은 하나님의 축복"이라는 등 한일 감리교회의 합동을 획책했고 정교 분리정책을 고수했다. 그는 같은 선교사들로부터도 배척을 받았다. 노블(W.A. Noble) 박사는 그의 면전에서 이렇게 면박했다.[157]

먹장 같이 시커먼 흑인도 백인의 살빛같이 결백한 마음을 가진 사람이 있는가 하면, 눈같이 흰 백인도 흑인의 살빛같이 검은 마음을 가진 사람이 있다. 그 사람이 바로 해리스, 당신이다.
한국 사람은 솔직하고 정의가 두텁고 두뇌가 우수하여 세계 어느 곳에 가든지 동정과 사랑을 받고 있는데 유독 당신만은 사소한 일본의 뇌물에 눈 어두워 한일합방에 협력하고 한국교회에 많은 해를 끼치고 있으니, 같은 미국 사람으로서 용서할 수 없는 수치스러운 사람이다.

북 장로교의 스미스(W.E. Smith) 선교사는 "해리스는 기독교의 감독이라기보다 일본 정부의 앞잡이로 보는 것이 일반적이고 그의 지도 밑에 부역하는 사람들은 정치적이며 불신실한 추종자들이라는 정평을 이미 받고 있다."고 했다.[158] 게일 역시 해리스처럼 처음에는 일본의 한국 지배를 지지하는 입장이었다.[159]
해리스는 대학을 졸업하고 결혼하자마자 1873년 미감리회 일본 선교사로 임명되었다. 30여 년 그의 선교는 오직 일본에 맞춰져 있었다. 그가 한국과 일본, 두 나라 선교감독으로 선출된 것도 일본 미감리회의 요구에 힘입음이었다. 1904년 미감리회 총회는 일본감리회

---

157) Annual Report to the Board of Foreign Mission of the Presbyterian Church North, 1908, 269.
158) 이성삼, "노블(친일 해리스 감독을 면박한 선교사), 『한국감리교회를 세운 사람들』, 한국감리교회사학회 편, 도서출판 에이멘, 131.
159) 이덕주·서영석·김흥수, 앞의 책, 138.

의 요구를 받아들여 그를 선교감독으로 선출한 것이다. 따라서 그의 모든 선교행정과 방향은 일본 편향적일 수밖에 없었다. 누가 한국의 입장을 대변하면 몹시 못마땅하게 여겼다. 게다가 그는 제9회 연회(1916)에서 정년 퇴임하고서 본국으로 돌아가지 않고 1873년 일본 선교사로 임명받은 이래 살던 일본으로 갔다. 거기에서 삶을 마감했고 거기 묻혔다. '지극한 친일'임을 입증해 준 것이다.[160]

그는 '일본 사람같은 미국 사람'이었다. 일본 정부의 훈장도 받았다. 그러나 해리스가 남긴 업적도 있다. 그는 20년 전(1885), 일본에서 조직한 '조선선교회'를 '조선선교연회'(1904)로, 선교연회를 다시 '조선연회'(1908)로 격상시켰다. 1908년, 제4회 조선선교연회와 제1회 조선연회를 겸하여 열었다. 이때 그의 사는 곳을 잠시 조선으로 옮겼다.

스크랜턴은 미 선교본부에 해리스의 교체를 요구했으나 헛일이었다. 해리스는 다음 해 조직을 개편하면서 스크랜턴의 총리사 제도를 아예 없애버렸다. 그의 직책을 박탈한 셈이다. 스크랜턴은 1907년 6월 24일 연회에서 선교사직과 목사직을 사임하고 독자적인 의료선교에 힘쓰다가 결국 한국을, 감리교를 떠났다.[161]

"해리스에 의해 '감리교는 친일'이라는 오명과 비난을 면치 못하게 되었다." 많은 애국자들이 감리교회를 떠나는 까닭이 되었다.

---

160) 그는 '조선선교회'를 '조선선교연회'로 다시 '조선연회'로 성장하도록 공로를 쌓았다. 1885년, '조선선교회' 조직한 이래 20년이 지난 1905년 제1회 '조선조선선교연회' 조직(6.21~27, 정동, 3개 지방을 4개 지방으로 확대) 1908년 3.11~, '조선연회' 조직(제4회 '조선선교연회'와 제1회 '조선연회' 겸하여 엶. 해리스의 사는 곳도 조선으로 옮겨 조선 상주. 1908년 '조선연회'로 격상(5개지방, '선교연회' 시대 마감) 제2회 '조선연회'(1909.6.23.~29, 평양제일교회) 제5회 조선연회(1912.3.5.-12, 상동교회, 9개 지방으로 확대) 그는 제9회 연회(1916.3.8.)에서 정년 은퇴했다.
161) 이덕주·서영석·김흥수, 앞의 책, 183.

(4) '나쁜 사마리아 사람'

'착한 사마리아 사람'이 있었는가 하면, 반대로 백인의 우월감에서 인종차별을 하고 우리 민족을 야만시했던 이른바 '나쁜(?) 사마리아 사람'도 있었던 것, 또한 사실이었다. 평양 순안 병원장이던 안식교 선교사 헤이스머(C.A. Haysmer)는 1925년 9월 15일, 자기의 과수원에서 몰래 사과를 따먹은 소년 김명섭을 붙잡았다. 그를 사과나무에 묶어 매 놓고서 두 볼에 염산으로 '됴적'이라고 썼다. 1시간을 햇볕에 말린 뒤 풀어주었다. 염산으로 쓴 글자는 햇볕에 말리면 평생 지워지지 않는다. 명섭의 나이 12세였다. 이 일로 안식교는 한국에서 떠나야 했다. 이 사건은 조선인을 분노하게 했다. 전 조선 민족에 대한 모욕이었다. "조선 사람을 흑인과 같이 대우하겠다"는 노예시 하는 심리라고 단정하기에 이르렀다.[162] 그러자 일제는 때를 놓치지 않고 교계의 일각에서 일고 있던 반 선교사운동을 부추겨 교회와 선교사의 분열을 획책했다.[163] 그리고 친일단체 상애회를 내세워 조선인의 권익 옹호라는 미명 아래 대대적인 반미운동을 폈다.[164] 또한 이를 빌미로 경성학생연맹은 선교사들을 미제국주의의 침략자라고 규탄하며 반 기독교운동을 맹렬하게 벌였다.

1926년 11월, 구세군에서는 구세군 사령관 부스(W.Booth, 1829~1912)가 내한한 시기에 구세군 자체에서 서양인 구세군의 비행(非行)을 고발한 일이 있었다.[165] 핵심은 조선 구세군에 대한 민족차별이었다. 그래서 조선인 사관의 참모 임명, 조선인 사관 임명, 공문서

---

162) 「조선일보」, 1926. 6. 28일 자.
163) 「동아일보」, 1926. 3. 8일 자.
164) 김명구 앞의 책, 448.
165) 「동아일보」, 1926. 11. 4일 자.

의 한글 사용 등을 요구하고 비행 서양 구세군 사관의 추방을 진정했다.[166] 또한 그해 3월, 구세군의 서울 동대문 부인병원 나저셔 원장은 얼마 전, 간호원 양성소의 홍(洪)양을 괴롭혀 자살하게 한 일이 있어 면직당했다. 그럼에도 다시 그가 복직되자 사회 여론이 들끓게 되었다.[167]

당시 조선일보는 이는 모름지기 한국교회의 자주성 결여 때문이며 그것이 선교사의 인종적 우월감을 돕는 원인이 되었다고 지적했다. 즉 이런 사건들이야말로 당시 서구사람들이 갖고 있던 '문명진화론'에 영향받고 있었던 것으로 볼 수 있다.[168] 그때 많은 선교사들이 한국사람 보다 자기들이 우월하다고 생각했다. 그들은 서구 중심적 문명관과 우월의식을 갖고 있었던 것이 사실이었다. 그것이 그때의 서구사람들의 공통된 관념이었다.

---

166) 장형일, 「한국구세군사」, 구세군 대한본영, 1975, 94.
167) 「조선일보」, 1926. 3. 15일 자.
168) 이 글, 270, "(4) 선교사들, 그리고 미국의 변화" 참조.

9. 기독교의 공헌

1) 기독교가 들어오던 날의 정황

(1) 전통종교의 현황

종교란 본래 그 자체가 교의·진리를 가지고 내세 지향적 특수성으로 인간의 살아가는 현실, 삶의 정황(Sitz im leben)과 밀착되었고 그 역할을 감당해 왔다. 불교가 들어온 것은 372년, 고구려 소수림왕 2년 때이고 백제와 신라 순으로였다.[1] 불교는 1000여 년간 민중을 이끌어 오면서 '한국의 이상을 제시한 불교'[2]라는 명성을 얻었다. 그러나 고려조에 왕족불교와 귀족불교로써 특권을 누리다가 고려의 멸망과 함께 지도권을 잃었다. 조선의 억불숭유정책 아래에서 불교는 겨우 명맥을 유지했다. 유동식 교수는 일부 미신적 신봉자 외

---

1) 372년 중국 진(秦) 왕이 고구려에 승려 순도와 불경과 불상을 보내었다. 백제에는 384년 인도 승 마라난타가, 신라에는 눌지왕(417~457) 때, 고구려의 아도화상이 전했다. ; 유동식, 『한국종교와 기독교』, 대한기독교서회, 1983, 44~45.
2) 유동식, 『한국종교와 기독교』, 대한기독교서회, 1983, 73.

에는 아무도 타락한 불교를 향해 기대하는 이가 없었다고 했다.[3] 이만열 교수는 당시의 불교가 미신화하고 있었다고 했다.[4]

이런 중에 1653년 8월 15일, 하멜 일행이 제주도에 표착된 뒤 14년 만에 구사일생으로 탈출했다. 그가 남긴 『하멜표류기』(1668년)에서 그는 "한국에서 종교인은 노예보다 못한 취급을 받고 있다."고 했다.[5] 하멜은 장로교인으로 한국의 종교 생활에 관심을 가지고 있었다.

영국의 저명한 여행가요 민비와 절친했던 이소벨 비숍 여사는 당시 조선을 종횡으로 여행하고 나서, "조선사람들은 종교가 없는 민족인 것 같다. 다만 저급한 신령 숭배인 샤머니즘의 한 형태밖에 눈에 띈 것이 없다."고 지적했다.[6] 하멜이나 비숍이 말한 종교란, 불교나 미신을 두고 한 말일 수 있다. 헐버트는 이렇게 말했다.[7]

한국인들은 사회적으로는 유교도이고 철학적으로는 불교도이며 고난을 겪을 때는 영혼숭배자였다.

유교는 500년 조선왕조의 국가 이념이었다. 조선에서 유교는 종교가 아닌 것 같아도 유일종교였다. 백성들에게 삶의 의미와 방향을 절대적으로 제시해 주었다.[8] 그러나 유교는 왕족과 양반을 위한 힘으로 변질되어 힘없는 백성과 여성 등 약자를 탄압하는 수단으로 전락하고 말았다. 이들은 가엾은 일반 백성들에게 '이리 떼와 다름없는

---

3) 위의 책, 40. 한국종교와 기독교』 제2장의 제목이 "한국의 이상을 제시한 불교" 이다.
4) 이만열, 『한국기독교와 역사의식』, 지식산업사, 1981, 31.
5) 민경배, 위의 책, 135. 재인용.
6) I.B. Bishop, Korea and Her Neighbours, vol.1, p.68. Cf. C.H. Robinson, op.cit., p. 248. ; 민경배, 앞의 책, 121에서 재인용.
7) H.B.Hulbert(신복룡 역) 『The passing of Korea』, 집문당, 2019, 508.
8) 유동식, 앞의 책, 68.

존재'였다.[9] '윤리 종교'인 유가에서 '윤리'는 찾을 수 없게 되었다. 특히 구한말 백성을 보호할 힘도, 먹여 살릴 능력도 없고 나라가 망해가는데도 유학으로 무장한 힘있는 그들은 힘없는 백성을 탄압하기에 바빴다. 관리들은 저희끼리 뇌물로 관직을 사고팔았다. 샀으니 본전을 뽑아야 했다.

유교가 종교로서 지닌 약점이면서 독특한 특징이 있다면 사후 세계에 입을 다물었다는 점이다. 공자가 말한 "생도 잘 모르는데 어찌 죽음 이후의 세계를 알겠는가!"[10]라는 말은 대단히 합리적이고 매력적이고 또 인간적일 수 있지만 죽음의 공포와 허무감을 달래주는 데에는 전혀 도움이 되지 않았다.

유교가 빼놓은 죽음, 그리고 그 뒤의 세계를 대신 장악한 것이 '풍수지리'다. 풍수의 핵심은 '명당'이고 명당은 작은 것은 무덤 자리요, 넉넉하면 집터이다.[11]

명당에 묘를 쓰면 집안에 복이 되어 안심이라는 것이다. 풍수지리설은 인간의 '삶'과는 관계가 없고 다만 묘자리를 쓰는 '음택풍수'에 치중하여 주술적, 기복적, 미신적인 운명론적 자연관으로 변질되었다.[12] 그렇지만 풍수는 죽음이 풍기는 공포를 달래줄 수 있는 그래서 유교처럼 종교가 아니면서도 종교였다. 비공식 종교였던 셈이다. 풍수란 산수가 신비로운 생기를 품어 인간생활의 배후에서 인간의 길흉화복을 좌우한다고 믿고 거기에 인간과 사령을 일치, 조화시킴으로 인간생활의 복리를 추구하는 속신(미신적인 신앙 관습)이

---

9) 김호일, 『韓國開港前後史』, 한국방송사업단, 1982, 38.
10) '未知生'(미지생) '焉知死'(언지사)
11) 오세종, 『기독교인이 본 풍수지리설』, 동서출판 동서남북, 1994, 11.
12) 위의 책, 9.

다.[13] 부관참시[14]도 같은 맥락이다. 땅속에 묻혀 있는 유골을 파괴함으로 그의 집안을 멸문시킨다는 전제가 깔려있는 것이다. 같은 유교문화권이지만 일본은 이런 기복적 풍수신앙이 없으나 한국, 중국은 아직도 이것이 밑바닥에 남아 가물거리고 있다.

이처럼 이때의 전통종교는 전례 없는 정신적, 종교적 공백기였다. 이미 망가진 공자의 인륜이나 붓다의 만인 평등사상으로는 더이상 역동하는 현실에 대처하기란 불가능했다. 이런 공백은 새로운 종교에 대한 갈망이나 손짓으로 나타나게 마련이고 따라서 한편으로는 기독교를, 다른 한편으로는 동학을 널리 퍼지게 한 요인으로 볼 수 있다.[15]

(2) 성리학 세계관에 갇힌 나라

조선왕조의 건국과 성리학 급진 개혁파에 의해 개국된 조선 초기의 유교는 사회발전에 크게 공헌했다. 비록 억불숭유는 했지만 포용력 또한 가지고 있었다.

공자(B.C 552~479)는 그의 언행록『논어』에서 경전의 근본정신은 '인(仁)'에 있고 인의 근본이 '효(孝)'임을 가르쳤다.[16] '인'은 유교사상의 최고 원리이다. '어질다', '자애롭다', '인자하다'의 뜻이며 '선'(善)의 근원이자 '행'(行)의 기본으로 "남을 사랑하는 것"이다. 유교는 삼국시대의 부족 연맹 국가를 봉건 군주국가로 체제전환을 시키는데 이론적 뒷받침을 했다. 고려를 거쳐 조선에 이르러는

---

13) 이상일 외 6인, 『한국사상의 원천』, 박영사, 1980, 174.
14) 이미 죽은 사람이 사망 후에 큰 죄가 드러났을 때 처하는 극형.
15) 차기벽, '한국민족주의와 기독교', 한국기독교문화연구소 편, 『한국의 근대화와 기독교』, 숭전대학교 출판부, 1983, 65.
16) 유동식, 앞의 책, 68~69.

강력한 중앙집권의 군주국가·관료국가 체제를 완성시켰다. 또한 과거제도를 통하여 인재 등용의 기준을 삼으면서 전형적인 유교국가의 형태를 갖추는데에 공헌했다. 사상 면에서는 국민의 윤리·도덕의식을 높이는 일에 절대적 이바지를 했다.[17] 국정의 부패를 규탄하는 유생들의 상소나 항거는 유교의 참 면목이기도 했다.

조선 시대에 지식인을 선비라고 했다. '선비'는 학식과 인품을 갖춘 사람에 대한 호칭으로 유교 이념, '인'(仁)을 구현하는 신분계층을 말한다. 즉 이웃을 사랑하는 사람이다. 선비의 우리말 어원은 '어질고 지식이 있는 사람'이다.

본래 유교는 현실을 기반으로 하는 실천적 학문이다. '수신제가치국평천하'(修身齊家治國平天下)에서 보듯 실생활에 이용하기 위한 자기 계발론이자 처세술, 정치 윤리에 가까웠다. 공자·맹자는 먹고 사는 실용의 가치를 중시했다. 공자는 "먼저 백성을 부유하게 해주어라"했고 맹자도 "물질이 있어야 마음도 생긴다"(無恒産無恒心)고 했다.

이런 유교가 관념론으로 흐른 것은 주희(朱熹, 1130~1200)로 말미암는다. 그의 신봉자들은 그가 집대성한 '주자학'[18](성리학)을 바탕으로 하늘과 땅의 상하 관계를 인간 사회에도 그대로 적용했다. 그는 선불교·도교의 영향을 받아 우주론, 인간 본성론에 매달리면서

---

17) 이른바 '대인'·'소인'의 구별을 중히 여기어 군자 되기를 힘쓰고 소인됨을 부끄러워하는 윤리의식을 형성했다.
18) '朱子'라고 높여 이르며 그가 정리한 유학이 주자학이다. 그는 북송 유학자들의 학설을 종합, 계승하는 한편 그 시대의 불교와 도교를 섭렵, 송대의 성리학을 집대성했다. 곧 주자학이다. 공자, 맹자의 유교를 자기 나름의 논리 체계로 새롭게 해석했기 때문에 신유학이라고도 한다. 성리학은 주자학·신유학·정주학·이학·도학 등의 이름으로도 불린다. 우리나라에서는 주자의 유교 이론을 정설로 인정하며 과거시험의 학과로 채택하고 절대적인 영향력을 끼쳤다. 제사·장례·전통혼례의 형식은 대부분 그가 정한 규범들이다.

실천 윤리인 유교를 형이상학적 철학 체계로 바꿔 놓았다. 우주 만상을 무인격적인 '이(理)와 기(氣)'의 조화로 설명하고[19] '삼강오륜'을 내세워 인간 사회의 차별을 당연시했다. 곧 불평등한 봉건적 윤리 도덕이다.[20] 그런 점에서 그가 형성한 윤리를 주재용은 꼬집는다.[21]

> 뿌리없는 현실주의요 무신론적 공리주의의 세계관이다.

성리학은 중국에서는 유교의 한 분파에 불과했고 16세기 뒤엔 양명학에 밀려 퇴조했다. 그럼에도 조선에서는 그것이 모든 이설을 말살하는 압도적인 지배 이데올로기가 되어 물적 생산을 천대하고 실용적 변화에 문을 닫으며 '이(理)냐 기(氣)냐'의 관념 투쟁과 형식 논쟁에 전념하게 했다. 특히 '삼강오륜'은 조선사회를 지배하는 절대적 가치로 약자들은 가깝게는 양반들에게 괴롭힘을 당했고 또한 여성들은 삼종지도를 강요당했다. 조선은 그 논리를 엉뚱하게 대외 정책에까지 적용하여 스스로 '소(小) 중화'로 자처하며 "작은 나라는 큰 나라(중국)를 섬겨야 한다"는 참으로 황당한 주장을 했다. 이는 민족 자주 의식을 버리고 사대주의를 조장하는 비극적 결과를 낳았다.

따라서 학문과 지성은 교조적인 성리학에 질식되어, 자기만 옳다는 독선에서 생각이 다르면 적으로 모는 파당성, 세계와 변화에는 눈을 감고 젊은이들의 귀를 막고 기를 꺾었다. 상공업과 통상은 억압되어 생존 가능한 만큼만 경제를 유지했다. 약자들은 사람 아래 취급을 받고 힘있는 이들은 이들을 착취하기에 열중했다.

---

19) 유동식, 앞의 책, 93.
20) 강영수 엮음, 『재미있는 한국사여행』, 예문당, 1994, 274.
21) 주재용, 「先儒의 天主思想과 祭祀問題」, 京鄕雜誌社, 1958, 260~266. 참조.

김구가 젊은이들에게 주는 진솔한 충고가 있다.[22] "주자학을 주자 이상으로 발달시킨 결과는 손가락 하나 안 놀리고 주둥이만 까게 하여서 민족의 원기를 소진하여 버리니 남는 것은 당파싸움과 의뢰심뿐이다.… 주자님의 방귀까지 향기롭게 여기던 부유(완고하여 쓸모없는 썩은 유생)들…내가 청년 제군에게 바라는 것은 자기를 잃지 말란 말이다. 우리의 역사적 이상, 우리의 민족성, 우리의 환경에 맞는 나라를 생각하라는 것이다. 밤낮 저를 잃고 남만 높혀서 남의 발뒤꿈치를 따르는 것으로 장한 체를 말라는 것이다. 제 뇌로 제정신으로 생각하란 말이다."

유교 조선의 신분제 조선의 신분제는 매우 세분화되어 있었다. 반상제(양반과 상민) 또는 양천제(양인과 천인)라고 하나 실제로는 왕족-문반-무반-중인-상민-천민의 6등급제였다. 양반+상민의 자녀는 서, 양반+천민의 자녀는 얼이라고 하여 '서얼'이라는 양반도 상민도 아닌 중인 신분으로 분화했다.

천민은 다시 노비·기생·백정·광대·장이(대장장이·옹기장이)·승려·무당·상여꾼 등 8가지로 나뉘어 숨을 쉴 수 없도록 억눌렸다. 노비의 '노'는 사내종, '비'는 계집종을 말한다. 조선 시대 노비를 다루는 관청은 노예를 일컫는 '부릴 예(隷)'자를 쓰는 장예원이었다. 장예원은 짐승이나 물건처럼 매매·상속·증여가 가능했기에 사법기관이 아닌 장예원에서 전담했다. 노비가 노예였고 가축이나 물건처럼 주인의 재산이었다. 조선 후기, 여자 노비는 매매 대상이었다.

안동 김씨의 일당 독재가 진행되면서 국정은 농락당할 대로 당했

---

22) 김구, 『백범일지』, 소담출판사, 2021, 269~270.

고[23] 중앙이나 지방을 따질 것 없이 관리들은 착취를 일삼았다. 경제면에서 대·소지주의 관계는 농노의 그것이었다. 이를 두고 롱포오드(Longford)는 비유했다.[24]

> (한국의 노비제도는) 미국 개척기의
> 버지니아농장의 주인과 농노(negro)의 관계나 다름없다.

조선은 동족이 동족을 노예로 삼은 세계에서 하나밖에 없는 나라였다. 보통 노예는 전쟁 포로들이고 서구 사회에서는 아프리카 흑인을 노예로 삼았다. 조선은 이와 달리 힘있는 동족이 힘없는 동족을 노예로 삼았다.

조선왕조 최고의 성군으로 추앙받는 세종은 일반 백성들에게는 아닐 수도 있다.[25] '수령고소금지법'(부민고소금지법), 즉 종이 주인을 고발하면 즉시 목을 벤다는 법이 세종 4년에 제정되었다.[26] 수령의 반역, 살인죄의 고소는 용납하지만 그 외의 것은 안 된다는 것이다. 성리학적 유교의 입장에서는 당연하다. 또 있다. '노비종모법'이다. 어머니가 종이면 어머니 쪽을 따르는 노예 대물림법이다. 세종 때 제정되었다. 이 또한 세계에 유례가 없다. 종모법을 시행하고 나서 노비는 걷잡을 수 없이 늘어났다.[27] 고대 로마에서는 똑똑한 노예들은 주인의 자녀를 교육하기도 했고 교사나 의사가 되는 등 엘리트들이 많았다.

---

23) 이만열, "근대 시민의식 형성과 한국교회", 「기독교사상」, 대한기독교서회, (제278호), 1981년 8월호, 25.
24) 김호일, 앞의 책, 13.
25) 이영훈, 『세종은 과연 성군인가』, 백년동안, 2018.
26) 『세종실록』, 1422년 2월 3일 조.
27) 중국에서는 15C 이전에 일본에서도 곧 사라졌지만 조선은 1894년에 가서야 '갑오경장'으로 노비제가 사라지게 되었다.

양반[28]은 '공자왈 맹자왈' 하면서 일하지 않았고 그 대신 노비들이 온갖 궂은 일을 온몸으로 해냈다. 공노비는 왕실과 관아, 사노비는 양반가의 일꾼이자 몸종이었다. 노비의 이름은 성은 없이, 동물이나 식물, 얼굴, 성격 등에 빗대어 천하게 지었다. 갑돌이와 갑순이, 돌쇠, 마당쇠, 언년이, 간난이(간난이는 그나마 나은 편이다.) 개똥이(갓동이·실동이), 개떡이, 강아지, 똥개, 도야지, 두꺼비 같은 동물 이름은 물론 어린놈, 작은년, 뒷간이, 개부리, 소부리, 개노미, 개○○ 같은 막말 이름도 붙였다. 태어난 순서대로 일○, 이○, 삼○을 넣거나 마지막이나 끝을 의미하는 막동이나 끝동이, 끝순이로도 불렀다. 물 긷는 물담사리, 소 기르는 쇠담사리, 똥 푸는 똥담사리, 붙어산다는 더부사리, 집 담에 붙어 있다는 담사리, 청소 전담 빗사리, 아무개를 지칭하는 거시기… 식이었다. 더불어 살아갈 사람이라는 뜻의 다물살이나 이쁜이, 꽃분이, 곱단이, 바우 같은 긍정적 이름도 있긴 있었다. 매티 노블의 말이다.[29]

이 민족엔 거대한 카스트 제도가 존재하며 두 개의 분명한 계층이 있다. 막노동꾼이나 일꾼계층이 있고 또 양반계층이 있다. 양반들은 품위를 떨어뜨린다고 하여 육체노동을 전혀 하지 않는다. 미국에서는 상류층도 일해야 존중받는다고 알려 줬다.

조선의 땅은 양반들의 무관심과 절대 나태가 이 나라의 빈곤과 불행의 가장 큰 요인이다. 기근이 오면 자신들을 돌봐줄 아내가 없는 양반 홀아비들이 많이 죽어 나갔다.[30]

---

28) 본래는 문반, 무반을 가리켰으나 벼슬아치를 일컫는 말이 되었다.
29) 매티 윌콕스 노블(손현선 옮김), 『매티 노블의 조선회상』, 좋은 씨앗, 2011, 36.
30) Annual Report of the Board of Foreign Miision of the Methodist Episcopal Church, 1885, 236.

(3) 조선왕조의 멸망

'왜 조선은 근대화가 지체되었는가' '왜 조선은 망했는가'라는 두 물음의 답은 하나다. 한 집안이나 기업이 망하는 것은 분명한 이유가 있다. 하물며 500년이나 유지되던 나라가 망했다면 거기에는 반드시 망할 수밖에 없는 근본 까닭이 있다. 그것을 '유교가 조선왕조에 끼친 폐해'라고 말한 김경일 교수[31]에게 들어보자.

공자의 도덕은 현란한 수식어에도 불구하고 '사람'을 위한 도덕이 아닌 '정치'를 위한 도덕이었고 '남성'을 위한 도덕이었고 '어른'을 위한 도덕이었고 '기득권자'를 위한 도덕이었고 심지어 '주검(죽은 사람의 몸)'을 위한 도덕이었다.

그리고 그것은 사농공상으로 대표되는 신분 사회, 토론 부재를 낳은 가부장의식, 위선을 부추기는 군자의 논리, 끼리끼리의 협잡을 부르는 혈연적 폐쇄성과 그로 인한 분열 본질, 여성 차별을 부른 남성 우월의식, 스승의 권위 강조로 창의성 말살, 교육의 문제점들을 지속시키고 있다. 이것들은 오늘날 우리들 삶의 공간에 필요한 투명성과 평등, 번득이는 창의력, 맑은 생명들과는 너무나 동떨어진 것들이다.

그는 "유교의 유효 기간은 끝났다!" 결론 내렸다. 그래서 그의 책 이름도 『공자가 죽어야 나라가 산다』[32]이다. 그는 우리 사회의 병폐의 원인을 유교, 그 가운데에서 주자학을 주범으로 지목한 것이다. "유교 문화의 내부에는 스스로를 붕괴시키는 모순이 내재 되어있다. 컴퓨터 바이러스처럼 프로그램 곳곳에 숨어 적당한 타이밍이 되면 작동하여 프로그램을 마비시켜버리듯 그것을 '공자 바이러

---

31) 상명대학교 중어중문학과, 타이완 중국 문화대학에서 '갑골학'으로 학위를 했다.
32) 김경일, 앞의 책, 123.

스'라고 부르고 싶다."[33] "(조선은) 한 사나이(주희)가 만들어 낸 잘 못된 공식을 붙들고 500년이나 한반도의 문제와 삶을 풀어본 것이었다. 그리고 얻은 결론은 "나라가 망한다."였다.[34] 그래서 그는 주자학을 "위대한 사기극"이라면서, 그의 도덕이며 우주론은 모두 허황된 이야기이고 가면에 불과하며 그 주자학이 조선왕조의 기틀로 자리매김되면서 조선은 재앙을 잉태하게 되었다고 단정한 것이다.

윤치호는 이를 '(조선왕조의) 이기주의'로 표현하며 탄식했다.[35]

정부를 도적들에 의해, 도적들을 위한, 도적들의 정부… [36]
그들은 어려운 일이 있을 때는 겁쟁이가 되고 평화로운 때는 이리이며 어느 때나 위선자였다. 한국을 지옥으로 만든 것은 유교다.

김구의 진단이다. "중국을 끊임없이 내왕하면서 왜 이 나라의 좋은 것은 못 배워오고 궂은 것만 들여왔는고… 망하기 좋은 것 뿐이요, 이용후생에 관한 것은 없었다. 그리고 민족의 머리에 들어박힌 원수의 사대사상뿐이 아니냐. 주자학을 주자 이상으로 발달시킨 결과는… 남는 것은 당파싸움과 의뢰심뿐이다."[37]

조선왕조는 개항에서 오는 충격으로 조정의 통솔력이 허물어졌고 무관세 무역이 강제되면서 수공업에 의존하던 국내 경제 기반이 무너졌다. 외국 상인들은 서울과 개항장에 몰려들어 상업권을 점령해 나갔다. 일본 화폐의 유입을 대대적으로 허용하고 무분별하게 통화

---

33) 위의 책, 138.
34) 위의 책, 128~129.
35) 윤치호 『일기』 3권, 1893. 12. 12. 228., ; 유동식, 앞의 책, 129~130.
36) 윤치호, 『일기』 3권, 1894. 244. 1. 1, ; 유동식, 앞의 책, 128.
37) 김구(송건호 편), 『김구』, 한길사, 1976, 269~270.

를 찍어내면서 인플레이션이 유발되었다. 정부의 재정 위기는 날이 갈수록 가중되었고 월급을 받지 못하는 지방관리들의 조세 수탈은 더욱 기승을 부렸다. 조선의 관리로 일정한 봉급을 받는 것은 상급 관리에 불과했고 하급 관리나 지방관리는 수단과 방법을 가리지 않고 조세를 포탈하고 축재를 했다. 결국 대부분의 백성들이나 농민들은 더욱 가난해졌다.[38] 게다가 세계는 경쟁을 넘어 약자를 집어삼키는 제국주의적 야수로 탈바꿈하고 있는데 고종은 세계정세에 무지했고 국가 경영에 너무 무능했다.

(4) 유교 문화의 최대 피해자, 여성

아펜젤러가 부산에 상륙하여 한국 여인을 처음 본 인상이다.[39]

여성들은 외국인이 다가갈 때, 추한 얼굴을 돌렸다. 유교가 한국에 어떠한 영향을 주었느냐에 대한 가장 좋은 대답은 이 여성들의 얼굴이다. 눅눅하고 침울하고 가까이하기 어려운 이 얼굴들은 잔학과 비통의 역사를 말해준다.…

조선시대는 누구보다 여성이 혹독한 피해를 입었다.[40] 유교가 말하는 아름다운 여인상이란 어려서는 아버지를 따르고, 결혼해서는 남편을 따르고, 늙어서는 자식을 의존해서 살아야 한다는 '삼종지도'이다. 여성은 삼종지도 아래 아들을 생산하는 도구로, 밥 짓는 기구로, 남성에 의존하여 살아가는 존재일 뿐이었다.[41] 남자들에게 일방적으로 복종해야하고 이를 거부하거나 추문을 일으키면 심한 매질

---

38) 이호철, "개화기 한국경제의 구조와 전개", 한국농업경제학회, 『농업경제연구』 Vol. 23, 1982, 147~150 참조.
39) W.E.Griffis, H.G.Appenzeller : A Modern Pioneer in Korea, Fleming H.Revel Company, New York, 1912, 97. ; 이만열, 『아펜젤러』, 연세대출판부, 1985, 89.
40) 김경일, 앞의 책, 158.
41) 양미강, "초기 전도부인의 신앙과 활동", 『한국기독교와 역사』, 제2호 기독교문사, 1992, 92

을 당하고 심지어 죽임을 당하기도 했다.[42]

유교 속의 여성은 인간도, 여성도 아니다. 그것은 왜곡된 생명체에 불과했고 원한으로 뭉쳐진 카오스였다.[43] 유교 전통의 봉건사회에서 내외법은 엄격했다. 남녀관계는 남존여비, 부부유별, 여필종부, 삼종지도, 칠거지악, 출가외인, 일부다처, 남녀칠세부동석 등 철저한 수직관계였다.

가부장적 문화 전통에서 여성은 침묵과 굴종, 격리와 배제의 대상이었다. 이런 한국사회의 불평등한 부부관계, 남녀관계는 초기 선교사들의 눈에는 "부부가 아니라 주인과 노예"사이로 보였다.

감리교계의 신문 '대한그리스도인회보'는 "남녀를 같은 학문으로 가르치고 동등으로 대접함이 가하다."[44] "부인의 교육이 제일 급선무, 집안의 흥함과 나라의 부함과 백성의 강함이 전국 여인을 교육시키는데 달렸거늘…,"[45] "종래의 건강에 극히 해로운 남녀의 폐습(男女七歲不同席)을 없애고 선진국의 활발한 모습을 배워야 한다."고 논설했다.[46] 사람이 집안에만 갇혀 있으면 육체적, 정신적으로 건강할 리가 없기 때문이다.

다음은 1885년~1909년 사이에 감리교가 세운 학교들이다.[47] 이화학당 초기에 학생들의 의류, 침식, 학비가 보장되는 완전 장학제도였는데도 안방에 깊숙이 들어앉아 있는 여자들을 학생으로 구하기란 하늘의 별따기처럼 어려웠다.[48]

---

42) 김명구, 『한국기독교사 1-1945년까지』, 예영커뮤니케이션, 1992, 116.
43) 김경일, 앞의 책, 158.
44) 「대한그리스도인회보」, 제1권 48호 1898, 12월 29일 자.
45) 위 신문, 3권 제7호, 1899, 24.
46) 위 신문, 1899, 5월 10일, 제19호.
47) 윤춘병, 앞의 책, 61.
48) 장충량, 앞의 책, 11.

서울 ; 배재(1885), 이화(1886), 배화(1898)
평양 ; 광성(1894), 숭덕학교(1894), 정의(1894), 맹아학교(1898),
       정진학교(1895)
인천 ; 영화여(1892), 영화(1892)
수원 ; 삼일(1902), 매향(1902)
원산 ; 루씨(1903)
공주 ; 영명(1905), 명선여학당(1905)
개성 ; 송도(1906), 호수돈(1906), 미리흠(1906)
영변 ; 숭덕(1906), 숭정(1906)
춘천 ; 한영지서원(1909), 정명(1909) ※ 밑줄은 여학교

선교사 홀은 "여자는 여섯 살이나 일곱 살이 되면 집 안에서만 지내게 했다"고 했다.[49] 조선의 여성 인권은 열악, 그보다 훨씬 아래로 기본적인 권리조차 없었다. 대표적 보기가 이름이다. 여성은 이름을 가질 필요가 없었다. 신성한 족보에 여자의 이름이 오를 수 없는 것은 당연했다.[50] 어려서는 누구 집 딸로 결혼해서는 누구 댁으로 자식을 낳은 뒤에는 누구 어멈, 또는 할멈으로 불렸다. '이름 없음'은 곧 '존재 없음'의 뜻이다.[51] 로제타 홀의 기록이다.[52]

조선의 여성은 이름이 없었다. 그들은 작은애, 혹은 예쁜이라고 불렀는데 결혼하고 아들을 낳아야만 '장식이 엄니' 같이 아들의 이름을 따서 불렀나.

제사 때에도 여성은 참석하지 못했다. 그것은 남성들만의 축제이며 남성이 사회의 모든 가치와 재산과 권력을 계승해 가고 있다는 사내

---
49) 셔우드 홀(김동열 옮김), 『닥터 홀의 조선회상』, 동아일보사, 1984, 70.
50) 李瀷, 『星湖僿說』 卷之三 上, 경성문광서림, 1929, 9.
51) 이덕주, 『한국교회 처음 여성들』, 기독교문사, 1990, 68.
52) 「일기」,1890년 10월 20일, 『닥터 로제타 홀』, 다산북스, 2015, 283.

들만의 축제였다.[53] 아펜젤러는 "한국에는 가정이 없다. 남편은 결코 아내와 함께 식사하지 않는다."[54]고 말했다.

이능화의 말이다. "우리 조선인은 한 명의 처에 혹 여러 명의 첩을 두기도 하는데, 이는 유교의 다처의 도리를 따른 것이다.… 경대부나 사서인은 따라서 죽기도 하는데…조선사회는 계급사회였다. 크게 불평등하여 천인은 거의 인권이 없고 자유도 없었다."[55]

이광수의 글, '야소교의 조선에 준 은혜'에서 "조선에서의 여자는 견마나 다름없었다."고 했다. 개, 말 취급을 받았다는 충격적 실태를 실토한 것이다.[56]

1897년 12월 31일 정동예배당 청년회가 주최한 토론회에서의 서재필의 연설 한 토막이다.[57] "하나님께서 사람을 생(生) 하심이 무론 남녀하고 이목구비와 심(心)의 성정은 다 한가지며 만물 가운데 제일 총명하고 신령한지라, 동양풍속이 어찌하여 사나이는 기와집과 같다 하고 여편네는 초가집과 같다하여 남녀 간에 값이 높고 낮은 줄로 분별을 하는지 극히 개탄할 일이라."

(5) 절실한 새 정신·새 사람

천자의 나라요, 조선의 영원한 종주국이라는 중국(청)이 1842년 아편전쟁에서 서구에 무릎을 꿇었다. 천자의 위엄이 총과 대포 앞에

---

53) 김경일, 앞의 책, 133.
54) W.E. Griffis, H.G. Apenzeller : A Morden Pioneer in Korea, Fleming H. Revell Company, New York, 1912, 115. ; 「조선그리스도인회보」, 제1권 27호, 1897, 8, 4, 1. 참조.
55) 한국기독교사연구소역주, 「이능화 조선기독교와 외교사」, 도서출판 삼필문화사, 2010, 197.
56) 이광수, "야소교의 조선에 준 은혜", 「靑春」 제9호, 삼중당, 1962, 16~19.
57) 「독립신문」 3권 1호, 1898. 1. 4. (논설).

서는 맥을 못 쓰더라는 현실에 모두는 크게 당황했다.[58] "잠자는 사자"라던 중국은 형편없는 '종이 사자'임이 드러났다.[59] 서구연합군이 청의 심장부인 다구포대[60]를 점령하고 북경까지 함락시킨 사실(1860)에 조선에서는 한동안 생활이나 업무가 중단되는 소동까지 빚어졌다.[61] 조선은 잡고 있던 밧줄을 놓친 것이 아니라 삭은 밧줄을, 삭은 줄도 모르고 열심히 붙들고 있었던 것이다.

착한 사마리아 사람 당시 우리 민족을 둘러싼 안팎의 정황은 새 정신・새 능력・새 사람을 강력하게 요구하고 있었다.[62] 일본이 서양 문화를 재빨리 받아들여 국력을 키웠음을 깨달았고 우리도 그리해야만 부국강병을 이룰 수 있다고 상하가 호응하게 되었다.[63] 우리에게 '새 부대도 새 술'도 다같이 애타게 요구되던 바로 그때 기독교는 인천상륙에 성공한 것이다.

그런 뜻에서 기독교의 수용은 우리 쪽에서 간절했고 더 적극적이었다. 그러므로 기독교의 한국수용은 '요청된 기독교'로 써야 옳다. 선교사들이 복음을 전하고 교회를 세웠을 때, 기대 이상으로 많은 사람들이 몰려온 것도 같은 맥락이다. 처음에는 중하류층 사람들이었으나 갈수록 엘리트층, 선각자들도 늘어났다.

조선왕조는 개항과 더불어 아무런 준비도 없이 밀물처럼 닥쳐오는 외세 앞에 나라는 그만 초점을 잃고 말았다. 지도층은 세계정세에 너

---

58) 김경일, 『공자가 죽어야 나라가 산다』, 바다출판사, 1999, 88.
59) 김호일, 앞의 책, 13.
60) 太沽砲台. 중국 베이징 톈진 바다의 관문으로 따구, 현재의 톈진시 빈하이 신구에 외국의 공격에 대비, 구축된 포대이다.
61) 이선근, 『한국사 최근세편』, 을유문화사, 1961, 243.
62) 『韓國史 20. 近代』, 國史編纂委員會, 1975, 263.
63) 이만열, 『한말기독교와 민족운동』, 평민사, 1979, 143.

무 어두웠고 구습에 얽매어 국가를 어떻게 지탱해 나가야 할지를 알지 못했다.[64] 오랜 세월을 은둔과 유교의 가르침에 빠져있었기에 쉽게 적응할 수도 없었다.[65] 이런 상황에서 중국·러시아·일본은 조선을 놓고 한 치의 양보도 없이 치열한 각축전을 벌였다.

조선왕조가 이렇게 안으로는 반봉건, 밖으로는 반외세라는 국가적, 시대적 2중의 과제에 눌린 채 안에서 곪고 밖으로 찢기어 혹독하게 시련을 겪고 있던 날, 그때에 기독교는 성큼 들어선 것이다. 그것도 애정은 물론 실력과 박력과 함께 힘을 가지고 당당하게 들어왔다. 그리고 우리의 처지에 훌륭하게 발을 맞추었다. 한국은 그런 기독교에서 대책을 충분히 찾을 것으로 여겼다. 그 뒤의 민족 수난기에서도 상황은 다를 바 없었다. 왕비가 내 나라 내 안방에서 시해를 당했다. 이 참담한 비애와 굴욕, 좌절을 도대체 어떻게 풀어야 한단 말인가! 나라가 강도 만나 맞고 빼앗기고 쓰러진 처참한 모습이 아닌가?

선교사들은 들어오면서부터 왕실과 친화적이었다. 민영익 사건에서처럼 그들은 비극의 현장에 뛰어들어 서구 문명을 보여주었고 개화의 문을 여는데 훌륭한 전달자 역할을 했다.[66] 이때의 기독교는 우리 민족에게 영락없는 '착한 사마리아 사람'이었다.[67]

"그들은 찢기고 할퀴어 몸부림치고 있던 우리에게 약을 발라 주고 싸매며 구원의 손길을 내미는 자애로운 형태를 보여주었다."

---

64) 『韓國史 20, 近代』, 國史編纂委員會, 1975. 263. "위정자들은 세계정세에 몽매했고 구습에 얽매어 부패, 반동, 파벌, 의타의 고식지계(姑息之計)'를 되풀이하였고 국가의 장래에 대한 선모원려(善謀遠慮)'가 없었다."
65) Charles D. Stokes(장시철·김흥수 옮김), 『미국감리교회의 한국선교 역사』(1895~1930), 교보문고, 2010. 46.
66) 김용덕, "한국인의 미국관", 『중앙사론 제1집』, 1972년 12월호, 중앙대학교사학연구회, 215.
67) 차기벽, 앞의 책. 63.

이는 입교 동기에서 그대로 입증되었다. 당시의 입교는 두 가지 경우로 생각할 수 있다. 하나는 서민·민중의 경우이고 다른 하나는 양반 관료층의 경우이다.

서민·민중 층의 경우 선교 초기 교회에 들어온 사람들 대부분은 중하류계급 출신들이었다. 기독교는 의지할 곳 없는 백성들의 보호처요, 안식처였다. 이들은 지배계급층만을 위한 전근대적 사회에서는 인간의 정당한 생존권 같은 것은 생각조차 할 수 없었다. 특히 안동 김씨의 일당 독재가 진행되면서 국정은 극도로 농락되었고 중앙이나 지방을 막론하고 관리들은 착취만을 일삼았다. 일선에 있는 벼슬아치인 아전, 곧 행정관리들은 이리떼들이었다. 헐버트는 당시 상황을 이렇게 표현했다.[68]

그들의 업무는 인민을 겁박하는 것이므로 언제나 약탈의 새로운 계획을 조작하기 위해 밤잠도 못자는 것이 그들이었다.

백성들은 외국인에게는 무력하고 자기 백성에게는 약탈이나 일삼는 썩은 정부보다 한 가닥 구국의 희망을 기독교에 거는 심정이었나.[69] 따라서 이들은 전통적인 보수사고에서 벗어나 서구의 근대적인 기독교에 의지했고 기독교 학교나 병원, 교회로 찾아오는 사람들이 줄을 이었다. 조선 말의 기독교회는 백성들의 의뢰터였다.[70] 이렇게 기독교는 한국에서 선교 역사상 유례가 없는 전개를 보이게 된 것이다. 다음의 글은 선교사 샤프(Sharp)가 한국민의 심적 상태를, 한 관

---

68) Hulbert, The Passing of Korea, 53.
69) 윤춘병, 『한국감리교 교회성장사』, 478.
70) 이만열, 『한말기독교와 민족운동』, 평민사, 1979, 73.

찰사의 말을 예로 들어 설명했다. 기독교를 믿는 길 말고는 달리 도리가 없다는 것이다.[71]

어떤 지방 감사가 사경회의 저녁 예배에 참석했는데 그는 거기 모인 사람들에게 간단한 소감을 말하게 되었다.… 우리는 기독교의 하나님을 믿는 길 외에는 달리 아무 도리가 없다는 처지에 놓여 있다.

독립신문, 4권 185호(1899.8.14.)의 기사이다. "서도 관장들은 해(당) 지방 백성의 재산을 어떻게 보호를 하여 주는지… 지방 백성들의 말이 관장의 보호를 받다가는 큰 낭패를 보겠으니 다시는 관장을 믿지 말고 외국교에나 들어서 각기 생명과 재산을 보호받게 하자."

양반 관료층의 경우 양반 관료와 지식인들의 동기 또한 당시의 부패한 관리와 정부로부터 생명과 재산을 보호받자는데 있었다.[72] 양반 관료층의 경우로 초기에 입교한 이로는 서재필, 윤치호를 들 수 있다. 이들은 외국 생활을 통하여 기독교와 만났다. 정치적 한계를 느껴 구국 차원에서 기독교의 문을 두드린 사람들로는 이상재 등이 있다. 그는 벼슬하는 양반 계급이었다. 50세가 넘은 나이에 기독교인이 되기에는 여간한 자각과 결심과 용기가 아니고서는 못할 일이었다.[73]

일제 침략이 가중되던 시기에 기독교로의 입교를 통하여 통렬한 감정을 승화시키고 민족의 새로운 소망을 찾으려 한 이들이 있었다. 곧 남궁억·안창호·조만식·이승훈·유영모·함석헌·김약연·이승만·김구·이동휘·유일한 등이다. 또한 개화파 사람들도 정치적 한

---

71) 장희근, 『한국장로교회사』, 아성출판사, 1970, 101.
72) 이만열, "한말 기독교인의 민족의식 형성과정", 『한국기독교와 민족운동』, 보성출판사, 1986, 19.
73) 이광수, 『現代의 焉人 이상재翁』, 동광사, 1926, 7.

계를 느끼고 구국의 길을 모색하며 기독교를 찾았다. 이렇게 볼 때 구한 말(1863~1910), 일반 민중이나 선각자들이 개신교를 선택한 까닭은 그 시대의 사회, 기존 종교의 현상과 밀접한 관계가 있음을 알 수 있다.

독립신문 3권, 224호(1898.12.24.) 기사다.

서양 각국에 구세주를 숭봉하는 나라들은 하나님을 공경하고 사람을 사랑하는 고로 법률을 실시하고 정치가 문명하여 백성이 요족하고 나라가 부강하며…

한결같이 기독교를 믿는 나라와 세계 1등 국가와는 불가분의 관계에 있다는 것이며 기독교를 믿음으로 정치·문명·부국강병 국가를 이루는 요인이 되었음을 강조하고 있다. 그리하여 심지어는 동학에 들어갔던 사람들도 이런 이유로 입교자가 날마다 늘었다.[74]

맥켄지[75]는 "일본이 한국을 병탄하기 전에 많은 수의 한국인이 기독교에 입교했다.… 미션계 학교에서는 쟌 다르크(Joan of Arc)·조오지 와싱톤(George Washington) 같은 자유 투사들의 이야기와 함께 근대사를 가르쳤다. 무엇보다 선교사들은 세계에서 가장 다이나믹하고 선동적인 성서를 보급하고 또 가르쳤다. 성서에 젖어든 한 민족이 학정에 접하게 될 때에는 그 민족이 멸절되던가, 아니면 학정이 그치던가 하는 두 가지 중의 하나가 일어난다."고 말했다.

(6) 처음 선교사들의 조선회상

조선 사람들의 성정(性情)이나 생활관습은 서양인들의 호기심을 불

---

74) '日益甚衆', 이만열, 『한말기독교의와 민족운동』, 평민사, 1979, 73.
75) F.A.Mckenzie, Korea's Fight for freedom, 7.

러일으켰다. 셔우드 홀(Sherwood Hall)은 조선사람들의 생활방식은 "서양의 1천 년 전 생활환경으로 돌아간 느낌"이라고 했다.[76] 아펜젤러는 우리나라에 와서 두 가지 사실에 분노를 느꼈다고 했다. 하나는 외세의 한국 이권 탈취와 침략, 다른 하나는 관리들의 민중에 대한 억압과 착취였다.

헐버트는 그의 『한국사』(The History of Korea, 1905)에서 '한민족은 영리하며 독창성과 자주성을 가진 민족'이라고 예찬했다.[77]

헐버트는 또한 한국인을 이렇게 평했다.[78]

"한국인은 비교적 너그러워서 돈이 있을 때는 아까운 줄도 모르고 물 쓰듯하며 돈이 떨어지면 남의 돈이라도 쓰고자 한다.… 돈을 가진 사람은 자기가 봐서 가능성이 큰 곳에 모험을 한다. 그래서 벼락부자가 되든가 아니면 거지가 된다.… 한국인들이 가지는 성격 중에 특기할 만한 것은 그들의 강한 자존심이며 이 세상에서 체면을 차리는데 한국인들보다 더 기를 쓰는 민족은 없다."

그는 지배층은 무능했으며 외세에 대한 대항은 너무나 소극적이고 학정만을 일삼았다고 했다. 관직 매매와 횡령, 부패와 타락이야말로 한국사람의 뛰어난 능력과 발전 잠재력의 발현을 가로막는 최대의 장애물이라고 못박았다.

다블뤼[79]는 그의 책 『조선사 입문을 위한 노트』(1860년)에서 조선인들의 상부상조 정신에 크게 감동하여 서구인들의 '근대적 이기주의에 대해 증오와 가증스러움'을 느낀다고 했다. 조선을 두 번이나

---

76) 셔우드 홀(김동열 옮김), 『닥터 홀의 조선회상』, 동아일보사, 1984, 70.
77) 김동진, 『헐버트의 꿈, 조선은 피어나리』, 참좋은친구, 2019, 74.
78) H.B.Hulbert(신복룡 역) 『The passing of Korea』, 집문당, 2019, 41~44.
79) Marie-Nicolas-Antoine Daveluy, 파리 외방전교회의 선교사이며 천주교 조선교구의 제5대 교구장이었다. 우리나라에서 21년 동안 복음을 전파하다가 1866년 병인박해때 순교했다. 1984년 한국의 103위 순교자로 시성되었다.

찾은 영국의 화가 새비지 랜도어(Arnold Henry Savage Landor)나 헐버트는 조선 사람들의 교육열과 언어습득 능력은 중국인이나 일본인들을 뛰어넘는다면서 '말귀를 알아듣는 총명함'이나 '신속한 이해력과 추론력'에 놀라며 감탄했다.

그러나 대개의 경우 교인들은 복음을 받아들였다 해도 게으르고 나태하고 비상식적, 비윤리적이었다. 규칙과 규범을 배우려 하지 않았고 애초부터 지키려 하지도 않았다. 교회에 들어왔음에도 여전히 점을 보고 첩을 얻고 간음, 노름, 흡연과 음주를 즐기는 사람들이 적지 않았다. 어렵게 선교비를 후원받아 세운 예배당을 술집으로 팔아먹은 한국인 전도자도 있었다. 한국감리교 첫 세례인, 배재학생 박중상은 삼문출판사의 인쇄기를 훔치려다 발각되기도 했다.[80] 한국과 관계를 갖게 되는 일단의 외국인들은 인간적 야비가 한국인들 일상의 일이라고 조롱했다. 오죽했으면 아펜젤러까지도 답답해하며 이렇게 말했겠는가.[81]

<blockquote>
개처럼 게을러빠지고 돼지처럼 더러우며
늑대처럼 앙숙을 품고 위선자처럼 교만하다.
</blockquote>

아펜젤러는 이런 상황에서 도리어 소망을 갖고 기도했다.[82]

<blockquote>
인간적인 관점에서 볼 때 이 백성의 도덕 상태는 절망적인 것으로 보이지만, 나는 인간을 구원하시고 인간을 고양시키시는 하나님의 은혜를 믿는다. 그들의 심령에 쏟아 부으신 그리스도의 피가 아니고서는 아무것도 그들을 죄에서 구원
</blockquote>

---

80) Annual Report of the Board of Foreign Mission of Methodist Episcopal Church for 1892~1893 참조.
81) E. N. Hunt, Protestant Pioneers in Korea, New York, Orbis Books, 1980, 59.
82) H.G. Appenzeller's Diary, May, 1, 1887.

해 낼 수 없다. 그들은 그들의 세속적인 상황에 눈뜨고 있지만, 동시에 그들의 눈이 영적인 필요에 눈뜨게 되기를 바란다.

주님, 그날을 속히 허락하소서.… 지금은 씨 뿌릴 시기, 좋은 씨가 싹이 나고 뒷날 풍성한 추수를 할 수 있게 하소서.

그가 본 한국의 도덕성은 절망적이었고 세속적 타락의 현장이었다. 그러나 그럴수록 그의 영혼 구원 의지는 더욱 강렬했다.

스크랜턴도 마찬가지였다. 그가 말하는 '쌀 크리스천'[83]은 경멸의 대상이었고 이들은 선교비로 도움만 받는 쓸모없는 사람으로 간주하고 있었다.[84]

게일(James S. Gale, 1863~1937)은 돈을 벌거나 생업을 가지지 않고 놀고먹으려는 사람들의 게으른 태도를 지적하면서 배재 학생들에게 이렇게 훈시했다.[85]

"내가 대한에 와서 여러 해 동안 살펴보니, 대한 사람의 재주는 서양 사람과 비교해도 조금도 부족한 것이 없다. 다만 마음이 영악하지 못하여 만일 어려운 일을 당하면 뜻이 풀려 감히 어쩌지 못하니 크게 개탄할 일이다. 우리 서양인들은 그렇지 않다. 어떤 어려운 일이 생기면 흥미를 더 내고 힘이 넘친다. 그 이치는 모두 성경에서 나온다."

로제타 셔우드는 고베, 나가사키를 거쳐 1890년 10월 10일 부산에 도착했다. 당시의 광경을 고향의 가족에게 쓴 편지다.

"나는 한동안 제2의 고향이 될 이곳을 자세히 살펴보았습니다. 언덕과 산들은 구불구불하고 가파르며 바위가 많고 거의 불모지와 같았습니다. 부산은 일인(일본 사람) 거주지였습니다. 조선인은 머리부

---

83) 크리스마스나 특별한 절기 때에 교회에서 선물하는 쌀과 기타 물건들을 받기 좋아하는 한국사람을 지칭.
84) 윤춘병 외, 『한국감리교회 성장백년사 2』, 기독교대한감리회 본부교육국, 1987. 27.
85) "배재학당 하계방학", 「대한그리스도인회보」, 1900년 7월 4일 자.

터 발끝까지 하얀 옷을 입어서 마치 그림과도 같았습니다."[86]

2) 기독교가 한국 근대화에 끼친 영향

기독교가 한국 사회에 끼친 공헌은 다른 어느 종교에 비할 바가 아니다. 한국근대화에 촉진제 역할을 했다. 미국선교사들에 의한 공식 선교가 시작되고 교세가 확장, 발전함에 따라 기독교는 전통사회의 모순을 극복하고 근대적 가치를 구현하는데 전적으로 이바지했다.
백락준 교수의 말처럼 "기독교 문화 운동은, 단순히 외국문화 수입 운동이 아니라 서양의 문화를 직접 수입하여 서양문화를 배우는 동시에 우리의 문화 운동에 크게 기여하여 기독교 문화를 창작하는, 또한 창작하려는 운동이었다."[87]
그리고 민족적 각성과 자각을 일으켜 민족을 깊고 어두운 잠에서 깨워 주었다. 기독교가 한국 근대화에 끼친 공헌을 몇 가지로 살펴보려고 한다.

(1) 교육, 근대 교육의 선구

아펜젤러와 언더우드는 한국에 처음 들어와 기독교 복음을 직접 전하면서 학교를 세워 교육사업에 남다른 열정을 쏟았고 놀라운 성과를 거두었다. 물론 목표는 복음전도였다. 아펜젤러는 배재학교(1885)를 세웠고 언더우드는 경신학교(1885)를 시작했다. 두 선교사는 협력하여 대학을 세웠다. 연세대학교다. 또한 감리교 여선교사 메리 스크랜턴은 여성 교육을 위해 한국 최초 근대 여성학교 이화학당

---
86) 장광영(역사위원회 엮음), 『한국감리교 인물사전』, 기독교대한감리회. 2002. 535.
87) 백락준, "한국 기독교 문화운동", 「종교교육」, 1930. 9월호.

(1886)을 세웠고 한국 최초의 근대학교인 '배재학당'의 이름은 고종이 지어내려 보냈다. 처음에는 서양사람의 학교라서 학당을 배척했으나 국왕이 현판을 내리자 사정은 바뀌었다. 배재학당은 '출세의 지름길'로 통했고 관료로 출세하고 싶은 학생들로 붐볐다.[88] 실제로 배재학당은 정부 관리의 등용문이 되었다. 그때 영어를 배우고 서양식 근대문명을 배우는 것은 출세의 지름길이었고 영어를 말한다는 것은 사회적 신분의 상승이었다.

학교는 정치적 야망을 가진 젊은이들과 지식계층이 함께하는 만나기 좋은 곳이었다. 선교사들은 기독교 문명론에 입각하여 근대화를 추구하는 선교정책을 폈고 한민족 근대화와 사회변혁의 과제를 중요하게 여겼다.[89] 학생들은 서양인 교사와 접촉을 통하여 서양의 근대학문과 국제성을 갖게 되었고 기독교의 개인의식, 평등의식, 노동의 존엄성을 처음으로 깨닫게 되었다. 이런 깨달음은 대한제국 말기와 일제 침략기에 민족의 자주독립과 사회 변혁운동의 중요성을 인식시켜 주었고 이는 민주주의적 근대독립국가 사상으로 연결되었다.

교회는 사회 각 분야 전반에 걸쳐 뛰어난 민족지도자들을 배출했다. 교회는 위대한 인재의 저수지요 발전소였다.[90] 따라서 이들 가운데 조국과 민족의 운명을 걱정하면서 혁신운동을 진행한 지도자들이 속출했다. 기독교는 이런 전통을 계승·발전시켜 일제에 병탄 된 뒤에는 민족해방운동의 동력을 제공하는 역할을 담당했다. 다음은 함석헌의 지적이다.[91]

---

88) 이덕주, 『한국기독교의 역사』, 제30호, 2009년 3월, 40.
89) 이만열, 『아펜젤러』, 연세대학교 출판부, 1985, 475.
90) 이성삼(기독교대한감리회본부교육국 편), 『한국감리교회사』, 1982, 122~123.
91) 함석헌, 『뜻으로 본 한국역사』, 제일출판사, 1979, 319~320.

개신교는 마치 천주교의 하려다가 실패한 것을 네가 다시해 보라는 듯이 늦게야 보냄을 받아 (들어)왔다.… 쇄국주의를 집어치우고 세계에 대하여 나라를 열고 독립 국가가 되어야 한다는 사상, 한글을 쓰고 새 교육을 하고 사회에 꽉 박혀 있는 계급적인 풍속, 여러 가지 미신, 이런 것을 두들겨 부수고 문명의 국민이 되어야 한다는 운동이 개신교의 영향으로 된 것이었다. 이것 모두는 그전 천주교의 백년 넘는 역사에서 보지 못하던 것이었다.

이승훈은 총, 칼을 드는 사람도 있어야 하지만 그보다 더 급한 일은 사람을 깨우치는 것이므로 만분의 일이라도 나라에 도움이 될까 하여 학교를 세운다고 했다.[92]

(2) 의료, 왕도 백성도 감동하다

1884년 9월 미국공사관 공의로 들어온 알렌은 갑신정변에서 칼침을 맞아 생명이 위태롭게 된 민영익을 발달된 의술과 헌신적 치료로 살려냈다. 그는 왕실의 총애를 한몸에 받았고 한국 최초의 서양식 병원인 광혜원을 설립할 수 있었다. 광주 제중병원장 윌슨은 '문둥병'이라는 나병(한센병) 전문병원을 광주에 세웠고 스코틀랜드 선교사 맥켄지는 부산 나병원을, 대구 나병원은 캐나다 선교사 플레쳐가 각각 설립했다. 당시의 많은 선교사들이 열악한 환경 속에서도 목숨을 담보한 채 자신은 물론 자녀와 가족을 잃는 등 악조건과 싸우면서 꿋꿋하게 사명을 감당했다. 콜레라가 창궐하자 사경을 헤매던 사람들은 선교사가 세운 병원으로 몰려갔다. 그들이 병원에서 본 것은 서양의 앞선 의술만이 아니었다. 그들은 밤새워 환자를 돌보았고 환자가 죽으면 같이 울었다. 이방인이 흘리는 눈물을 본 조선사람들은 놀라워했다.

---

92) 김도태, 『이승훈 전기』, 문교사, 1950, 205~206.

이 외국 사람들이 하는 것만큼
우리는 가족을 위해 희생할 수 있을까?

헤론(1856~1890)은 이질로, 매켄지(1861~1895)는 일사병으로 장티푸스로, 목숨을 잃은 선교사는 홀(1860~1894) 이다.[93] 그들은 그때 모두가 다 34세의 젊은 나이였다.

"서양 의술은 죽은 사람도 살린다"[94]는 소문이 퍼졌다. 스크랜턴은 가난한 이들은 무료로 치료해 줌으로 병원의 인기는 대단했다. 넉 달 반 동안 환자가 842명이나 되었다. 스크랜턴은 1886년 7월 1일부터 1887년 7월 1일까지 1년간 혼자서 무려 2,000명의 환자를 치료했다.[95] 국왕은 1887년 6월 15일, '시병원(施病院)'이라는 이름을 내렸다. 왕이 감동한 것이다.

하워드는 1887년 이화학당 구내의 한옥을 개조하여 여성병원을 세웠다. 한국 최초의 여성 전용병원이다. 선교사 하워드는 첫해 10개월 동안 1,137명을, 다음 해에는 1,423명을 치료했다. 그는 질병이 귀신의 저주라는 샤머니즘 의식을 바꾸어 놓았다. 또한 여성에게도 남성과 똑같이 하나님으로부터 받은 특별한 권리가 있음을 똑바로 그리고 강력하게 일러주었다. 이같은 하워드의 헌신에 감동한 민 왕후는 1887년 10월, '보구여관(普救女館)'이라는 병원 이름을 내렸다.[96]

"널리 여성을 구하는 집"이란 뜻이다. 왕비도 크게 감동한 것이다. 그러는 동안 하워드는 건강을 잃게 되어 1889년, 2년 만에 본국으로

---

93) 매티 윌콕스 노블(손현선 옮김), 『매티 노블의 조선회상』, 좋은 씨앗, 2011, 89-90.
94) Annual Report of MEC, 1894, 245.
95) 이덕주 · 서영석 · 김흥수, 앞의 책, 30~31.
96) 위의 책, 67.

돌아가야 했다. 1년 뒤 1890년 여의사 셔우드(Rosetta Sherwood)가 들어왔다. 1892년에는 동대문 쪽에 분원을 설치했다. '볼드윈 시약소'이다. 이화여자대학교 의과대학 병원의 시작이다.

셔우드는 1917년 서울의 '동대문 부인병원'(이대부속병원)을 경영하면서 1920년에는 여자 의학강습소를 설립했다. 고려대학교 의과대학의 모체다.[97] 1900년대에 이르러서는 의료사업에 변화가 일기 시작했다. 그 하나는 초기에 선교활동을 위한 하나의 방편으로 시행되어 온 의료활동이 선교의 자유가 주어짐에 따라 그 자체의 중요성과 독자성을 갖게 된 것이다.

(3) 사회개혁, 전통적 '사회악'을 깨뜨리다

선교 초기부터 선교사들은 엄격한 도덕률을 요구했다. 그것은 선교사들의 청교도적 신앙생활의 결과이기도 하지만 조선사람의 신앙적 유익과 조선 사회의 개혁을 위한 의도였다.[98] 청·일전쟁 등 혼란한 시대적 상황으로 교회가 높은 성장률은 보였으나 교인들의 실제 생활의 변화는 기대 아래였다.

미감리회는 비교적 일찍부터 전통적 '사회악'을 깨뜨리기 위해 절제운동을 체계적으로 폈다. 1893년 8월 선교부 안에 절제위원회를 두고 1894년 9월, 금주를 공식 결의했다. 음주 행위를 4중 범죄로 규정했다.[99] 「죠션크리스도인회보」기사다.[100]

술로 패가망신하는 자를 종종 듣노니 어찌 애석지 아니리요. 우리 교회에는 술

---

97) 위의 책, 537.
98) 위의 책, 255.
99) 이덕주·서영석·김흥수, 앞의 책, 255. 첫째, 하나님께 범죄 하는 일, 둘째, 교회법을 어기는 일, 셋째, 부모형제, 처자에게 난폭하게 구는 일, 넷째, 자기 몸을 망하게 하는 일이다.
100) "戒酒論," 「죠션크리스도인회보」, 1897년 6월 23일.

을 많이 먹는 것만 금하는 것이 아니라 한두 잔이라도 금하고 또 그뿐 아니라 술장사하는 사람과도 상관이 있는지라. 강례에도 술을 금하라는 말씀이 있으니 우리 형제들은 조심하여 술 끊기를 바라노라.

나아가 "술은 모든 죄를 짓는 것과 패가망신의 근본"으로 규정하고 "술이 무서운 짐승보다 더 함"이라고 했다.[101] 김구는 백범일지에 어머니로부터 들은 이야기를 썼다.[102] "너희 집의 허다한 풍파가 모두 술 때문이니 두고 보아서 네가 또 술을 먹는다면 나는 자살을 하여 네 꼴을 안 보겠다." 당시 조선사회에는 전통적으로 '술을 탐닉, 폭음하는 습관'이 퍼져 있었다. 담배도 마찬가지였다. 「그리스도신문」은 이렇게 지적했다. "담배 먹는 사람은 죽을 때까지 불편한 것시 만흐니라. 이런 사람은 여러 가지 병이 잇나니 힘줄이 약하고 가슴이 답답하고 념통이 더 벌덕 벌덕하고 슈전증이 나고 안력에 대단히 해롭고 여러 가지 병이 만흐니라."[103]

당시 조선사람들은 흡연의 해악성과 부작용을 거의 헤아리지 못하는 영역이었다. 아펜젤러는 담배를 그리스도를 대적하는 마귀의 형태로 나타난 것으로까지 규정했다. 올링거의 말이다.[104]

담배를 가까히 하는 사람은 감리교인이 아니다.

담배도 한국에서 추방할 사회악이었다. 1923년 5월 세계기독교여자절제회에서 파견한 순회 강사 틴링(C.I. Tinling)이 들어와 전국을 돌며 기독교 학교에서 금주·금연강연회를 열었다. 이때 통역을

---

101) "술이 무서운 짐승보다 더 함", 「대한그리스도인회보」, 1899년 2월 8일 자.
102) 김구(송건호 편), 『김구』, 한길사, 1976, 31.
103) 「그리스도 신문」, 1897년 5월 7일자.
104) "계주론", 「조선그리스도인 회보」, 1897년 6월 30일.

맡았던 이화학당의 손메레는 장로교와 감리교 여성 지도자들을 규합하여 1924년 8월 조선여자기독교절제회를 창설했다. 감리교인 임배세가 작사, 작곡한 절제 계몽가인 '금주가'를 1931년 간행된 '신정찬송가'에 넣어 자주 불렀다.[105] 이같은 운동의 결과로 한국교회는 초기부터 술, 담배를 끊는 것으로 정착되어갔다. 따라서 한국교회 전통에서 주일성수, 조상제사 중지, 노름(도박)금지, 축첩반대 등과 함께 금주, 금연은 세례받을 때 가장 중요하게 다루었던 다짐이었다.

그런데 금주·금연운동은 단순히 건강상, 신앙상의 이유에서만이 아니었다. 그것은 민족운동과 관련된 것이었다.[106] 일제는 술과 담배를 총독부 사업으로 장려하면서 재정의 상당 부분을 주세와 연초 세금에서 충당했다. 총독부 예산의 절반을 차지할 정도였다. 3·1운동 뒤, 일제는 문화정책을 편다면서 일본의 갖가지 퇴폐문화를 들여왔다. 술, 아편, 공창 등이 급속히 퍼져나갔다. 1920년대 들어와서는 일본의 왜색 퇴폐문화가 들어왔고 많은 청년과 학생들에게 재빨리 오염되었다. 술과 담배, 아편, 성매매 같은 퇴폐 소비문화의 폐해가 심했다. 우리 민족의 문화적 전통은 무너지기 시작했다. 그 또한 "민족말살정책의 일환이다."

이같은 일제의 수익 챙기기와 민족정신 말살 정책으로 사회가 타락하는 것을 보고만 있을 수 없는 기독교인들은 절제운동을 더욱 적극적으로 편 것이다. 1930년에 제정된 감리교회의 '사회신경' 7조에

---

105) 1. 금수강산 내 동포여 술을 입에 대지 마라 건강지력 손상하니 천치 될가 늘 두렵다
    2. 패가망신 될 독주는 빗도 내어 마시면서 자녀교육 위하여는 일전 한 푼 안 쓰려네
    3. 전국 술값 다 합하여 곳곳마다 학교 세워 자녀수양 늘 식히면 동서 문명 잘 빗내리
    4. 천부주신 네 제능과 부모님께 받은 귀 체 술의 독기 밧지 말고 국가위해 일할 지라
    (후렴) 아 마시지 마라 그 술, 아 보지도 마라 그 술 우리나라 복 받기는 금주함에 잇나니라.
    이덕주·서영석·김흥수, 앞의 책, 256.
106) 이덕주·서영석·김흥수, 앞의 책, 254~255.

"심신을 패망케 하는 주초와 아편의 제조, 판매, 사용 금지"조항이 들어있다.

축첩문제야말로 고질적 사회악이었다. 그것은 성서가 금지하는 죄악이고 남성중심의 가부장적 문화가 빚어낸 것으로 여성 인권을 비롯, 각종 사회적 병폐를 일으켰다. 감리교회와 장로교회가 신자들의 생활규범을 제정할 때 가장 어려웠던 문제는 제사와 소실(첩) 문제였다. 첩 문제에 양주삼은 반대 입장이었으나 이상재(장로교)는 찬성 편이었다. 그 뒤 게일(장로교)이 불가 결의를 내렸다.[107] 1895년 미감리회선교회에서 단호하게 결의했다.[108]

어떠한 사람이라도 첩을 두는 것은 교회의 법과 규례에 어긋나는 것이므로 비록 교회에 나오더라도 출교시킬 것이며 또 그런 사람이 교회에 들어오는 것을 금한다.

이 연회에서 존스가 첩을 데리고 사는 한 남자의 문제를 내놓았다. 그는 3명의 아이를 둔 아내와 2명의 아이를 둔 첩과 살고 있는데 학습을 받는 중이었고 그 과정이 끝나면 세례를 받게 되어 있었다. 결론은 제명이었다. 하나님께서 정하신 일부일처를 철저히 지켜야 한다는 것이다.

1917년부터는 주일학교 '감·장연합공의회'가 발행하는 주일학교 장년 및 유년공과에 절제에 관한 내용을 넣어 절제교육을 실시했

---

107) 곽안련, 『한국교회사』, 대한기독교서회, 1961, 24.
108) 윤춘병, 앞의 책, 448.

다.[109] 선교사들은 한국인들이 버려야 할 풍습으로 게으름, 빈둥거림, '나는 할 수 없다' 등으로 이는 시급히 고쳐야 할 태도라면서 근로와 노동의 중요성을 강조했다. 또한 '산과 언덕을 임의로 파지 못하여 그 가운데 하나님이 주신 보화를 캐어 쓰지 아니하고 타국 사람이 취한 바 되게 하니…'[110] 광산채굴권 등을 외국에 빼앗겼다는 지적으로 그것은 전통적으로 신봉하고 있는 풍수사상 등 시급히 개혁되어야 할 폐습이라는 인식에서 온 것이었다.

기독교는 풍수지리·제례·占卜(점술-占術, 복술-卜術) 등 민간신앙을 우상숭배로 규정하고 타파에 진력했다. 선교사들은 혼인·장례에서도 구습을 타파하고 비과학적인 의식을 개조하려고 애를 썼다. 장례에서 '머리 풀고 크게 우는 것과 베옷 입고 삼년상 치르는 것, 음식을 많이 차려놓고 배불리 먹는 것은 없이 할 풍속'[111]으로 유교가례에 의한 허례를 버리고 죽은 이에 대한 진정한 추모를 드릴 것을 강조했다. 종래의 제사 제도는 우상숭배라 하여 폐지하도록 했다. 이는 사회적 반대에 부딪쳐 교회와 전통사회의 갈등요인이 되기도 했다. 영국의 대표적 일간지 『타임즈』는 논평했다.[112]

(조선의) 양반들은 개혁을 부패나 직권남용 같은 자신들의 공인된 권리의 상실로 자신들이 삶의 양식을 빼앗아가는 악으로 간주한다.

한국사회의 근대화에서 기독교의 공헌 가운데 빛나는 또 하나는 봉건적 유교전통 속에서 오랫동안 강제되어 온 남존여비의 사회윤리를 타파하고 남녀가 평등한 권리와 의무를 향유하도록 노력하고 실천한

---

109) 이덕주·서영석·김흥수, 앞의 책, 255.
110) 「그리스도신문」 5-32, 1901년 8월 8일.
111) 「독립신문」, 1899년 7월 20일.
112) 1897년 9월 17일 자.

것이었다.[113]

(4) 민족구원-복음화운동

선교사들의 가장 중요한 목표는 복음전도이고 또한 민족을 구원하는 것이었다. 이것이 기독교의 사명이다. 학교를 세우고 병원을 운영하는 것도 궁극의 목적은 복음전도이다. 갑오경장(1894)은 청과의 일체의 관계를 단절하며 내정개혁을 선포하고 독립을 외치기는 했으나 이는 일본이 적극적으로 한국에 침입하는 계기가 되었음에 불과했다. 1905년부터 1910년까지 일제는 조선의 외교권을 강탈하고 군대를 해산시켰다. 행정권·사법권·경찰권 등을 빼앗았고 마침내 국권을 찬탈했다. 청·일, 러·일 두 전쟁을 거치면서 망국의 날이 하루하루 다가오는데 대책없는 정부 때문에 백성은 불안했다.

> 수단 방법을 가리지 않고 약탈이나 일삼는 썩은 정부보다 백성은 구국의 희망을 기독교에 거는 심정이다.[114]

환난을 만난 사람들에게 교회는 안식처였고 흑암에 앉아있는 백성에게 소망이고 빛이었다. 교회의 배경에는 막강한 서양 세력이 있어 안전하고 또 교회는 신의를 중시하여 반드시 재산을 지켜줄 것이라는 소문은 청·일전쟁 때부터 나돌았다. 실제로 교회는 치외법권을 소유한 미국사람의 기관이어서 청·일 모두는 교회를 보호해 주려고 했다.[115] 따라서 기독교는 놀랄만한 성장을 보였다.

'평양대부흥운동(1907)과 100만명구령운동(1909)'이 일어난 것은

---

113) 이만열, "초기선교사들의 활동 – 선교초기의 의료사업", (앞의 책, 1998), 429.
114) 윤춘병, 앞의 책, 478.
115) 위의 책, 332~333.

바로 이 시기였다. 이 부흥운동의 불길은 1903년으로 거슬러 올라간다. 원산에서 지핀 부흥의 불길이 서울을 거쳐 1907년 1월 평양에서 폭발하고 100만명구령운동으로 이어진 것이다.

이 운동은 절망에 빠진 한국사람들에게 희망없는 상황은 없다는 믿음을 심어주었고 일제 35년 치하[116]를 견뎌낼 수 있는 힘을 주었다. 그리하여 일제의 모진 박해와 혹독한 수난을 극복할 수 있었고 윤리적으로 '변화된 삶'은 사회에서 '영적 권위'를 인정받게 되었다. 따라서 기독교인은 소수이면서도 민족운동과 사회운동에서 지도력을 발휘할 수 있었다. 3·1 민족운동 민족대표 33인 가운데 16명이 기독교인이다. 3·1 독립운동에서 교회는 전국을 연결하는 통로 역할을 했고 있는 곳마다 앞장을 섰다. 기독교계의 이같은 활동은 민중에게 기독교에 대해 긍정적인 자세를 갖게했고 기독교가 급성장할 수 있는 계기를 만들었다. 국가의 위태로운 시기에 백만 명이 그리스도에게로 나오면 국권을 보존할 수 있다는 희망찬 메시지는 백만명구령운동을 가속화시키는 동기가 되었다. 비록 목표만큼의 양적 성과를 거두지 못하였으나 이 운동은 대부흥운동과 함께 전도운동에 일대 전기를 마련하게 되어 한국교회의 양적 성장에 크게 기여했다. 한 자료에 따르면, 1905~1910년 사이에 미북감리회가 180%, 미북장로회가 250% 성장하였고 미남감리회는 700%나 성장했다고 했다.[117]

(5) 한글, 독수리의 두 날개를 달다

19세기 조선은 "교묘함이 서양 알파벳을 능가하는 문자의 편리

---

116) 정확하게 따져 말하면 34년 11개월 16일이다. 36년이라는 주장도 있으나 굳이 늘릴 필요가 있겠나?
117) 서명원(이승익 역), 『한국교회성장사』, 대한기독교서회, 1977, 79~80.

함을 모르는" 문맹률 90% 나라로 있었다.[118] 한국근대화와 관련하여 빼놓을 수 없는 기독교의 공헌은 한글의 재발견과 민중 문자화를 위한 노력이다.[119] 기독교는 민족개화와 선교과정에서 '한글 보급'이라는 엄청난 이바지를 했다. 「기독교 대사전」에 따르면 한국에서의 성경보급은 1886년까지 15,690권, 1887년 한해에 6,600권, 1892년까지 578,000권이 보급되었다.[120] 미국 성서공회 한국지부는 한문을 모르는 사람들이 한글로 번역된 성경 보내주기를 마치 배고픈 사람이 밥과, 목마른 사람이 물을 기다림과 같이 했다고 비유하고 있다.[121] 줄기차게 이어진 성경 번역 사업은 1887년, 마침내 『예수성교전서』라는 신약성경 전부가 간행되기에 이르렀다.

천덕꾸러기였던 한글 '훈민정음'은 줄여서 '정음'이라고 한다. 그러나 지식층은 19세기까지도 한글은 상것들이나 쓰는 글이라며 천시하여 '언문', 여인들이나 배우는 글이라는 '암클', 어린애들이 배우는 '아햇 글', '가갸글'로 불렸다. 심지어는 '가짜 글', '언서'라고까지 하며 한글을 구박했다. 그것은 한자를 진짜 글이라는 '진서'로 부른 데서 나온 학대였다.

내 나라 내 땅에서 태어난 내 글, 훈민정음은 태어나자마자 멸시, 천대부터 받았다. 나라가 끝 날 무렵까지, 500년 줄곧 그러했다. 나라를 지탱하는 지도층이 그리했으며 연산군은 한글을 탄압했다.[122] 당시 지도층은 남의 나라에서 태어난 남의 것, 한자에 속속들이 찌든

---

118) 혼마 규스케(최혜주 역), 『조선잡기』, 김영사, 2008, 19.
119) 이만열, 『한국기독교와 민족의식』, 15.
120) 이만열, 『한말 기독교와 민족운동』, 평민사, 1976, 27.
121) 「대한그리스도인 회보」 2권 18호, 1898. 5. 4. ; 위와 같은 책, 27~28.
122) 신병주, 『조선을 움직인 사건들』, 새문사, 2009, 102.

나머지 그것만을 숭상하고 추종하며 애써 베꼈다. 그 대신 내 것, 한글은 짓밟고 내 팽겨쳤다. 그리고 글이 백성과 공유되는 것을 막았다. 조선왕조 교육기관인 향교와 성균관에서 쓰는 배움 책은 2,000여 년 전 중국 공자, 맹자가 한 말과 글뿐이었다.

1896년도 「독립신문」에 당시 새로 학부대신이 된 신기선은 "국문을 쓰고 청국 한문을 폐지하는 것은 사람을 짐승으로 변하게 만드는 일이요, 서양 태양력을 쓰고 청국 황제가 준 음력을 폐하는 것은 도리가 아니라"라고 상소했다.[123] 학부대신이면 오늘의 교육부 장관이다. 함석헌의 뼈있는 한마디이다.[124]

"우리가 아름다운 우리말을 두고도 우리 글자를 쓰지 못하고 혹 우리 글자가 있어도 내버려 쓰지않고 어려운 남의 것을 빌려 썼다는 이 이상한 현상의 원인은, 하나는 일찍이 훨씬 먼저 발달하였던 중국문화에 그만 눌려 버렸기 때문이요, 또 하나는 문화를 지니고 있는 사람이 일부 적은 수의 권력 계급에 한정되어 있었기 때문이다. 그들에게는 글자가 어려울수록 좋다. 그래야 자랑이요, 그 지위의 존엄을 보호해 주고 백성 놈들이 감히 배울 생각을 못한다. 그렇기 때문에 상놈의 자식은 글을 감히 배울 생각도 못하였고 그랬기 때문에 영원히 누고 부려먹고 짜 먹기 좋았던 것이다. 선비요, 양반이요, 지도자요 하는 사람들 머리에는 의식적으로 하는 때도 많지만, 설혹 의식적으로는 아니더라도, 늘 이런 문화 독점의 사상이 있으며 그것을 문화의 존엄이나 신성으로 잘 못 알고 있는 때가 많다."

'**말 따로 글 따로**' 한글(훈민정음)이 창제되기 전까지 우리 조상들은

---

123) 「독립신문」, 1896년 6월 4일 자.
124) 함석헌, 「뜻으로 본 한국역사」, 제일출판사, 1979, 217.

말로 하는 언어(口語)와 글로 쓰는 언어(文語)가 따로따로였다. '말 따로 글 따로'였다. 이런 비정상적인 언어생활은 삼국시대와 통일신라 시대, 고려 시대를 거치면서 한문의 음과 훈을 빌려 이두, 구결, 향찰이라는 독특한 문자를 만들어 썼으나 백성들의 언어생활은 불편하기 짝이 없었다. 세종 임금이 안타깝게 여긴 것이 바로 이 점이었다. 세종대왕은 이를 "어엿비(가엽게, 안타깝게) 너겨" 1443년(세종 25년) 훈민정음(한글)을 짓고 3년 뒤 1446년(세종28년)에 반포한 뒤 이듬해 (1447), 첫 사업의 하나로 한문 서책을 한글로 풀어냈다. 당시 한글은 유신들의 반대로 공식 문서에는 쓸 수 없었다. 그래서 불경[125]을 먼저 언해 한 것이다. 이른바 '불경의 한글화 사업'이다.

그러나 불경의 한글화 사업은 곧 흐지부지되고 말았다. 불교인들은 뜻도 제대로 알 수 없는 어려운 한문 불경을 외우면서 부처에 절하게 했다. 한국불교는 한국 사회가 현대화되기 시작한 20세기 초가 되어서야 비로소 본격적으로 불경의 한글화 필요성을 느끼게 되었다. 그런데 불경을 한글로 옮겼다고 해서 저절로 한글화가 이루어지는 것은 아니다. 문제는 사찰에서나 수행과정에서는 여전히 '한문 경전'이 사용된다는 점이다. 인도에서 시작된 불교가 중국을 거쳐 삼국시대에 들어온 뒤 1700여 년을 한국불교는 중국 경전에 매달려 온 것이다. 한글이 없던 조선 초에는 그랬다 치더라도 한글을 지은 뒤로는 '한글 불경'을 가질 법도 한데 오로지 한역이었다. 사찰의 이름도 모두 한문이다. 글자마다 깊은 뜻이 담겨 있기 때문이다. 한글이나 순수한 우리말로 된 이름은 앞으로도 없을 것 같다. 말 따로 글 따로

---

125) 좁은 의미로는 석가모니의 가르침을 기록한 경장(經藏, Sutra)만을 가리키지만, 넓은 의미에서는 경장뿐 아니라 계율을 기록한 율장(律藏, Vinaya), 경전의 주석서인 논장(論藏, Abhidharma)까지 포함한 삼장(三藏, Tripitaka)을 불경으로 본다. 삼장을 비롯한 불교 관련 문헌 전체를 집대성한 것을 대장경(大藏經)이라고 한다. 분량이 엄청나게 방대하며 내용은 매우 철학적이고 심오하며 깨우치기가 쉽지 않다.

인 셈이다.

한글에 볕이 들다 그것은 1800년대 후반 조선 선교를 꿈꾸던 서양 선교사들에 의해서였다. 먼저는 중국을 거쳐서 우리나라에 들어오려던 나라 밖 선교사들이다. 영감도, 슬기도 함께 지니고 있던 그들은 조선에 조선의 글('한글')이 따로 있다는 사실에 놀랐다. 그리고 한글은 자기들이 쓰는 로마자와 같은 소리글자이며 한자와는 비교가 안 되는 무척 배우기 쉽고 쓰기 편하고 과학적이라는 사실까지 깨달았다.

사실 한글은 발음, 쓰기 모두에서 깨끗하고 정직하고 그리고 단순하다. 그들은 곧바로 한글을 익히며 성경 번역에 힘썼다. 그들이 주동이 되고 한국 사람이 역할을 다함으로 마침내 "합력하여 선"을 이룬, 성경 번역에 성공했다.

"성경 번역은 선교의 급박성 때문에서도 절실했지만, 한글전용과 한글보급에 결정적인 이바지를 한 것이다."

나라 밖에서 출간된 '한글 성경'을 권서들이 목숨을 걸고 들여왔다. 그리고 읽히기 시작했다. 권서들은 두루두루 다니며 성경을 퍼뜨렸다. 그리고 3년 뒤에서야 우리 땅에 선교사들이 들어왔다. 한글 성경은 한문을 읽을 수 없는 여성과 서민, 어린이들까지도 한글과 만나게 했다. 이는 복음선파는 물론 즉각 문맹률 감소로 이어졌다. '한글보급=성경 전파'라는 등식과 상생 구조 속에서 한글 성경은 문맹 퇴치와 한국근대화에 절대적 영향을 끼쳤다. 성경 66권속에는 1800년대 쓰이던 거의 모든 한글 어휘가 총망라되어 있다. 초기 성경이 곧 우리말 어휘 사전인 셈이다. 번역본이 편찬되면서 한글의 맞춤법과 띄어쓰기의 필요성이 생겨 오늘날 '현대 한국어'로 다듬어지는 계기가 되었다. 그 결과 '예수 이야기'를 한글로 써서 선교한 기독교는 단숨에 1700여 년 이상을 뿌리내려온 유교, 불교에 맞먹는 신자들을 가지게 되었다. 성장의 기적을 일으킨 것이다.

1893년에 한국교회는 '장로회 정치를 쓰는 미션 공의회'를 조직하면서 한 조항을 넣었다.[126]

모든 종교 서적은
외국 말을 조금도 쓰지 않고 순 한국말로 쓰도록 한다.

사실, 천주교는 자기들에게 유리하게 작성된 교리만을 신도들에게 가르쳤고 성서는 가르치기는커녕 읽기조차 못하게 했다.[127]

기독교가 뻗어 나가면 나갈수록 한글, 또한 그러했다. 둘은 같은 동력을 갖게 되었다. 오랫동안 멸시, 천대받던 한글이 비로소 우리 글로 정착하게 된 것이다.

종교가 언어나 문학은 물론 사회 전반에 걸쳐 결정적 영향을 준다는 사실은 역사가 증명한다. 루터가 신약성경을 번역(1521)하고 출판한 것은 독일어 보급과 사회에 지대한 영향을 미쳤다. 이로써 루터는 독일어의 아버지로도 알려져 있다.[128] 1611년 킹 제임스 버전(성경)이 출판되면서 영문학 발전에 엄청난 영향을 끼쳤다. 이는 한글성경이 끼친 영향과 비견된다.

문인 이광수는 그의 '야소교의 조선에 준 은혜'에서 강조했다.[129]

---

126) 민경배, 앞의 책, 194.
127) 윤춘병, 위의 책, 164.
128) 이후정, 『기독교영성이야기』, 신앙과 지성사, 2017, 213.
129) 이광수, "야소교의 조선에 준 은혜"에서 성경이 한글 보급에 미친 영향을 중요하게 평가했다. 『청춘』 제9호(1917년 7월호), 삼중당, 1962, 16~19.

아마 조선글과 조선말이 진정한 의미로 고상한 사상을 담는 그릇이 됨은 성경의 번역이 시초일 것이다. 만일 후일에 조선 문학이 건설된다 하면 그 문학사의 제1면에는 신구약의 번역이 기록될 것이다.

복음전도의 사명으로 성경을 출판하고 읽게 한 것이 한글 보급에 절대적인 영향을 끼쳤고 한글에 생명력을 불어넣어 준 것이다. '한글 지킴이' 역할을 충실히 해낸 것이다.

성경의 보급과 민족주체 의식 성경의 보급은 크게 세 가지 면에서 한글 운동에 이바지했다.

첫째, 성경은 하나님의 말씀을 기록한 거룩한 책이다. 마땅히 존중되어야 한다. 그러기에 거룩한 책을 기록하고 있는 글-한글 또한 존중하게 되었다. 성경은 유교의 사서삼경과 같은 지위를 갖게 되었고[130] 한문과 같은 지위를 누리게 되었다. 신앙인들에게는 훨씬 그 이상이다. 이광수가 주장했다.[131]

한글도 글이라는 생각을 조선인에게 준 것은 실로 야소교회외다. 귀중한 신구약과 찬송가가 한글로 번역되매 이에 비로서 한글의 권위가 생기고 또 보급되었오.

둘째, '성경 보급과 한글 보급'은 정비례했다. 둘은 늘 붙이 디녔다. 성경은 신앙생활이나 예배에서 필수요소이다. 기독교 신자는 글을 모른 사람이 없게 되었다.[132] 이런 과정에서 기독교인들은 한글을 사랑하고 감사하는 마음을 갖게 되었다. 한글은 하나님께서 이 민족

---

130) 최현배, "한글과 문화", 『외솔 최현배박사 고희기념 논문집』, 1968, 197~198.
131) 이광수, "야소교의 조선에 준 은혜", 『이광수 전집』 제17권, 삼중당, 1962, 18.
132) 김윤경, "그리스도교와 한글", 『김윤경 전집』 제5권, 196. ; 최현배, "기독교와 한글" 『신학논단』 제7집, 1962, 78~79.

을 위해 특별히 내려 주신 선물로 여겼으며 한글을 업신여기는 것을 죄악으로 여겼다.[133] 글이 없는 민족이나 글이 있다 해도 그것을 경시하는 민족은 가장 비참한 민족이라면서 기독교가 한글을 사랑하고 존중하는데 앞장서자고 주장하는 모습도 보였다. 교회는 일제의 한글 말살정책에 맞서 "우리의 생명을 근본부터 멸절하려는 위협"이라면서 온 민족에게 한글을 가르치는 사명에 섰다. 기독교계를 중심으로 주시경, 장지영, 최현배, 김윤경 같은 학자들은 한글학계의 귀중한 연구업적을 나타내었다.[134]

셋째, 한글 보급은 한국 사람의 주체의식, 나아가서 민족의식을 강화시켜 주었다. 「야소교서회」를 설립한 것은 1890년이었다. 그 취지문에서 언문(한글)을 숭상함이 바로 제가 저를 아는 것임을 강조하여 주체의식을 확립하고 높여 주었다.[135]

「야소교서회」는 당시 언문이라 일컫던 한글로 많은 책을 펴냈다. 어린이, 부녀자를 비롯 누구나 쉽게 읽을 수 있도록 길을 텄다. 교회는 한글 발전소 역할을 했다.

대한민국의 오늘의 한글의 시대가 열리기까지 특별히 기억해야 할 세 사람을 꼽는다면 서재필(1864~1951), 주시경(1876~1914), 선교사 헐버트(1864~1949)를 들 수 있겠다. 서재필은 1896년 4월 7일, 헐버트, 주시경 등과 「독립신문」을 창간했다. 그는 신문 체제를 명확하게 규정했다. '오직 한글만을', '떼어쓰는…' (띄어쓰기) 이었다. 그 목적은 '새 지각과 새 학문이 생기리라'는 것이었고, '남녀

---

133) 김성택 · 최정민, "조선민족에 복된 한글", 「기독신보」(1926.11.10., 11, 17).
134) 노치준, 『일제하 한국기독교 민족운동 연구』, 한국기독교역사연구소, 1993, 261.
135) 「그리스도신문」, 제5권 7호, 1901.1.14.

상하귀천이 모두가 읽기 쉽도록 함'이었다. 그는 한문으로 쓴 글은 아예 취급도 안했다.[136] 4일만에 한글을 깨친 언어학자, 헐버트는 소리글 한글의 배우기 쉽고 간편하고 과학적인 사실에 감탄했다.[137] 그는 "한글과 견줄 문자는 세상 어디에도 없다."고 단정했다. "조선은 영국이 라틴어를 버린 것처럼 언젠가는 한자를 버릴 것"이라며 한국어가 영어보다 우수하다는 결론을 내렸다. 배재학당에서 가르쳤던 주시경과 함께 한글을 연구하며 띄어쓰기, 마침표, 쉼표를 도입했다.

'한글'이라는 이름은 1910년대 주시경이 만든 것으로 알려져 있다.[138] 그가 우리 말과 글의 연구, 통일, 발전을 목적으로 '국어연구학회'를 조직한 것은 1908년 8월 31일이었다. 우리나라 최초의 민간 학술단체이다. 그리고 최초의 국어사전 원고 '말모이'를 집필하기 시작했다.[139] 1911년 9월 3일 '배달말글몯음'(조선언문회)으로 이름을 바꾸었다.[140] 그에게는 한글을 쓰는 자체가 한글을 지키는 것이고, 그 자체가 독립운동이었다.

(6) '친미'관

선교사들은 처음부터 왕실과 친화적이었다. 갑신정변 · 을미사변 · 청일전쟁 등을 거치면서 더욱 그랬다. 민영익 사건에서처럼 비극의 현장에 뛰어들어 서구 문명을 보여주었고 개화의 문을 여는 훌륭한 역할을 했다.[141] 이로써 미국의 선진 문명과 정신, 의술 등 미국에 대

---

136) 1896년 4월 7일 독립신문 창간호.
137) 김동진, 『헐버트의 꿈, 조선은 피어나리』, 참좋은친구, 2019, 74.
138) 정재환, 『나라말이 사라진 날』, 생각정원, 2020, 55.
139) 이는 조선어 사전편찬회로 이어져 우리말 사전 편찬의 기틀이 되었다.
140) 한글학회, 『한글학회 100년사』, 2009, 31.
141) 김용덕, "한국인의 미국관", 『중앙사론 제1집』, 1972년 12월호, 중앙대학교사학연구회, 215.

한 기대감이 높아졌고 서양사람에 대한 적개심은 존경심으로, 배타심은 친밀감 넘어 의존감으로 바뀌었다.[142] 특히 을미사변(1895)을 전후해서는 더욱 친밀해졌다. 국왕은 자신의 신변 보호를 미국 선교사들에게 맡겼다. 선교사들이 교대로 국왕의 불침번을 섰다. 고종이 궁궐 밖으로 이어 하려다가 실패한 '춘생문사건'[143]이 일어난 것은 이때였다.(1895.11.28.)

당시에 선교사들이 보호하는 신도는 일제도 함부로 못했을뿐더러, 그때의 미·일 관계에서 일본은 미국을 추종하는 형편이었다.[144] 이에 한국 사람은 선교사나 미국의 힘의 위대함을 느끼지 않을 수 없었다. 그러므로 일제의 침략에 맞서 독립을 지키며 의지할 수 있는 나라는 미국밖에 없다는 관념이 지배적이었다. 더욱이 선교사들의 인격과 업적에 매료된 한국사람들은 미국사람 모두가 선교사들처럼 훌륭한 사람들이란 오해마저 가졌다.[145] 그리고 이런 감정은 미국에 대한 강한 동경심을 불러일으켰다. 이같은 미국관은 갈수록 더해 '친미관', 그 이상이었다.

이때에 한국 사람의 눈에 비친 선교사들은 '양대인'[146]으로, 이들의 뒤에는 공사관이 있고, 공사관의 뒤에는 서구열강이 있다는 사실이었다. 선교사들은 치외법권을 누렸고 황제와 친밀한 관계여서 그들의 권세는 지방 관리들에게도 영향을 미쳤다. 교인이 실수를 하더

---

142) 김명구, 앞의 책, 89.
143) 1895년 11월 28일 새벽, 경복궁 춘생문에서 발생한 친미파 · 친러파 · 개화파 대 친일파 간의 무력 충돌 사건이다. 을미사변 그 뒤 친일세력에 감금되다시피 하여 불안과 공포에 떨고 있던 국왕을 궁 밖으로 나오게 하여 친일정권을 타도하고 새 정권을 수립하려고 시도했던 사건이다.
144) 김용덕, 앞의 책, 25.
145) 위의 책, 184.
146) 소인. 소인배의 반대말로 군자와 같은 의미.

라도 교인이라는 명분으로 선교사들의 세력을 빙자하면 그들도 어쩌지 못했다. 선교사들은 신도들의 빼앗긴 재산도 되찾아 주고[147] 부당세금에 항거하는 등 중앙정부와 연결하여 신도들의 힘이 되어 주었다. 선교사들이 지방 전도 여행을 할 때이면 마부, 짐꾼, 가마꾼 등 그 행차가 마치 고관대작의 행차와 같아 한국 민중들에게 권위, 위압의 대상이기도 했다.[148]

빼놓을 수 없는 또 하나의 사실은 아시아의 다른 나라들과는 달리 이들 선교사들은 그들 정부의 이른바 '자본주의 국책수행'이라는 정책과 관련을 가질 필요가 없었다.[149] 따라서 그들은 우리 민족과 호흡을 같이 할 수 있었다. 선교사의 숫자도 미국이 가장 많았다. 한 전직 선교사가 조사한 바에 의하면[150] 1893년에서 1993년까지 100년 동안 한국에서 활동했던 선교사는 1,952명으로, 그 가운데 1,737명이 미국 사람이며 이는 전체의 87.6%에 해당한다. 목적도 일본은 영토였지만 미국은 선교였다.

특히 '105인 사건'에서 한국민은 배후에 미국과 세계가 버티고 있다는 사실을 확인하게 되었다. 동시에 그것은 한국의 생존에 기독교의 힘과 보호가 절대적이라는 사실을 새겨 주었다. 그래서 3·1운동 뒤, 대한민국 임시정부 헌법 제1소에 '대한민국은 미합중국을 방(모방)하여 민주정치를 채용함'이라고 했다.[151]

그러나 종교와 정치가 늘 같이 가는 것은 아니다. 미국은 한국과 국

---

147) 「황성신문」, 1899.10.16.
148) 이만열, "한말 기독교와 관련된 외세의존의 문제", 「동방학지」, 연세대학원 국학연구원 (61집), 1989, 150~164.
149) 차기벽, 앞의 책, 65.
150) 이만열, 「한국기독교와 민족의식」, 445.
151) 위와 같은 책, 172.

교를 맺은 최초의 서방 국가이다. '미국은 한국의 안전과 이익을 존중'하겠노라고 약속[152]했건만 우리가 국권을 빼앗기던 날, 미국공사 모건(E.V. Morgan)은 일본인들과 함께 축배를 들고 있었다. 그러나 분명한 것은 우리는 그들에게 크게 도움을 받았다.

오늘날, 한국과 미국은 다양하고도 깊은 안보, 경제관계를 비롯한 생존의 문제로 '하나의 공동체'로 발전했다.

(7) 천주교 측의 입장

영·정조 시대에 남인은 정계에서 물러나 있었다. 그들은 주로 학구 생활로 일관하면서 서학을 연구했다. 곧 한국천주교 초기의 공로자들인 이벽·권철신·권일신·이가환·정씨 삼 형제(역전·약종·약용), 그리고 이승훈이 그들이다. 1783년 이승훈의 아버지 이동욱이 동지사의 서장관으로 중국에 갈 때 이승훈을 동행하게 했다. 이승훈은 지도자격인 이벽으로부터 북경의 신부를 만나 가톨릭의 내용을 배워 오라는 부탁을 받았다. 천주교 교리를 유교적 용어를 빌려 쓴 '천주실의'[153]가 이수광의 '지봉유설'에 의해 1614년에 이미 전래되었고 천주실의도 1631년 유입되어 실학자들은 천주교와 만나고 있었다. 이듬해 1784년 이승훈은 북경성당에서 그라몽(Jean Joseph de Grammont) 신부로부터 영세를 받았다. 이를 한국천주교회는 그 출발로 본다.[154] 개신교가 이 땅에 들어온 것은 이로부터 100년 뒤이다.

한국천주교가 느낀 위협 한국개신교 초기 천주교 측은 두 가지 면에서 위협을 느꼈다고 한다. 하나는 대원군의 재등장으로 말미암은 재박

---
152) H.B.Hulbert(신복룡 역), 『The passing of Korea』, 집문당, 2019, 580.
153) '天主實義', 중국 베이징에서 예수회 신부 마테오 리치가 1603년에 간행한 천주교 교리서.
154) 달레(안응렬·최석우 역) 『한국천주교회사』(상), 분도출판사, 1979, 299.

해이고[155] 다른 하나는 유럽에서 카톨릭을 궁지에 몰아넣었던 개신교 선교사들이 한국에도 들어왔다는 사실 때문이었다. 한국 사람을 천주교 신자로 만들려고 1백 년 동안 숱한 피를 흘린 이 땅에 열정적인 개신교 선교사들이 속속 들어온다는 것은 그들에게 위협이 될 수 있었다. 제7대 조선 교구장 블랑(J.M.Gustave Blance, 1844~1890) 주교는 크게 위협을 느껴 파리 외방전교회(선교회) 본부로 보낸 1885년도 보고서에 다음과 같이 적었다.[156]

우리가 위협받고 있는 또 다른 곤경은 프로테스탄트 목사들의 내한입니다. 이미 10명 이상의 목사들과 2~3명 여전도사들이 들어와 있습니다. 이들 모두는 아직 프랑스 영사가 없는 틈을 이용하여 정착하려고 온 미국인들입니다.
이에 비하면 우리 신부들의 위치는 아주 이색적인 면을 보일 뿐입니다. 오류를 설교하는 이 목사들은 활보하고 있는 반면 진리의 참된 자유의 설교자들인 우리는 나쁜 짓을 저지른 사람들처럼 숨어서 돌아다닐 수밖에 없는 말하자면 손과 발이 묶여있는 신세입니다.

그때까지 천주교 신부들은 치외법권을 갖지 못했다. 그들이 치외법권을 갖게 된 것은 1886년 6월 5일이었다. 그들은 치외법권을 가지면서부터 온갖 오만, 무례한 행동을 했다. 외출할 때이면 관찰사의 행차와도 같이 사인교를 타고 앞뒤에 순리를 세운 뒤 징죽을 물고 거드럭거리며 다녔다. 무지한 조선 백성에게는 권력을 보여주는 것이 곧 전도라는 것으로 생각했던 것이다.[157]
윤치호가 원산 감리로 있을 때의 일이다. 안변에 나 신부가 있었다.

---

155) 유홍렬, 『한국천주교회사』(하), 카톨릭출판사, 1962, 269.
156) 명동천주교회 200년사 자료집, 『서울교구연보』, (1), (1873~1903), 명동천주교회 1984, 44~45.
157) 김을한, 『좌옹 윤치호전』, 을유문화사, 1982, 326~327.

그때 신부들에게는 졸개들이 있었다. 나신부가 어떤 이에게 한 불만이 있어 지금의 경찰서 호출장과 같은 통지서를 까막바지[158]에게 써 주었다. 그는 통지서의 사람을 잡아다가 볼기를 치며 문초했다. 이런 억울한 일을 당했다는 호소문이 관아에 들어왔다. 윤치호는 즉시 나 신부의 까막바지를 체포하여 형벌을 내린 뒤, 그를 서울 프랑스 공사에게로 보내며 엄중히 항의했다. 이 일로 그는 안변에서 쫓겨났다.[159]

1923년 홍콩에서 발행된 『한국천주교회사』에 '한국 프로테스탄트의 위협'이란 글이 실려 있다. 이 글에서 당시 천주교 신부들의 눈에 비친 개신교의 장단점을 살펴볼 수 있다. 필요한 부분만을 뽑아 본다.[160]

그들은 짧은 시일에 어떻게 그렇게 성공했을까? 그들의 성공에는 여러 가지가 있다. 우선 목사들은 카톨릭 선교사와 비교도 안 될 만큼 유리한 점을 안고 있다. 그들에게는 무제한의 재원(경제적)이 있다. 인적 재원은 훨씬 많다. 카톨릭 선교사는 60명인데 목사는 542명이다. 더 이상의 비교는 필요 없을 것이지만 학교·시약소·병원·인쇄소·신문·잡지 등을 비교한다 해도 대답은 마찬가지이다.

가장 큰 이유는 이것이다. 프로테스탄트는 그들의 재정력과 그들의 조직력으로 그들의 많은 인재로 무엇보다도 지도 계급에 영향을 미치려고 노력한다. 현재 프로테스탄트가 정착한 지역에서 모든 카톨릭 선교사들은 카톨릭으로 개종할 희망이 전혀 없음을 체험하고 있다.

그러면 우리는 낙심해야 할 것인가?

프로테스탄트는 놀라운 성공에도 불구하고 자신 안에 분열이란 약점을 지니고 있다. 그들은 그들 자신의 교회를 다스리려고 한다.

---

158) 까막바지는 신부 밑에서 행패부리는 하수인인듯 싶다. 김을한, 앞의 책, 326~327.
159) 차재명, 앞의 책, 79.
160) 윤춘병, 위의 책, 165~166.

초기 한국천주교의 자부심 선교 초기의 한국천주교는 특별히 두 가지 면에서 독특한 자리를 차지한다. 하나는 실학자들이 스스로 천주교를 받아들였다는 점이다. 외국의 신부(선교사)가 들어오기 전에 먼저 실학자들이 중국으로부터 들어 온 책을 읽고 신자가 되어 교회를 세우기까지 했다. 다른 하나는 조상숭배를 중시하는 유교 사회에서 제사를 거부하여 끔찍한 박해를 받아 무려 1만여 명의 순교자[161]를 낸 일이다. 아프리카 땅을 선교사들의 무덤이라고 하는 말은 그들이 말라리아와 같은 열대 풍토병에 걸려서 많이 죽었기 때문이지만 아시아 땅은, 고대 그리스도인들이 신앙을 지키다가 떼죽음을 당한 순교자들의 무덤이라고 말할 수 있다. 지구의 구석진 한반도도 예외가 아니다. 로마제국 시대에 그리스도인들이 받은 박해는 과거 아시아교회가 받은 박해에는 비교도 안된다.[162] 이런 혹독한 박해 속에서 자생하여 교회를 유지시킨 한국천주교의 순교 영성은 바티칸을 비롯, 세계 종교사에 놀랍고 숭고한 신앙의 발자취를 보여준 '역사적 사실'이었다.

그러나 천주교는 민족공동체와 일체감을 조성하는데 문제를 남겼다. '황사영백서'[163] 사건이다. 정약용의 조카사위인 황사영은 조선의 천주교 박해와 그 해결 방안을 적은 글을 1801년 중국으로 떠나는 동지사 일행 편에 끼어 북경의 구베아(de Guivea)[164] 주교에게 전달하려 했다. 거기에 1785년 이후 한국 가톨릭교회의 사정과 박해

---

161) 『순조실록』(1838) 2권 순조 1년 1월 10일 조. 정해 1번 째 기사.
162) 이장식, 『세계교회사 이야기』, VERITAS PRESS, 2011. 8.
163) 그 내용은 62cm, 폭 38cm의 흰 비단에 아주 가는 글씨로 1만 3천여 자를 썼다. 민경배, 앞의 책, 73.
164) Guivea주교는 청나라 건륭태상황에게 충성을 맹세하고 벼슬을 받은 사람이다. 그는 처음에는 한국, 중국, 일본에 제사금지령을 내렸으나 1790년 조선 신자들에게만 제사금지령을 내렸다. 이 금지령은 1939년 비오 12세가 철회했다.

와 순교 상황, 그리고 조선 교회의 재건과 신앙의 자유를 찾는 방안을 적었다. 방안이란, 구베아 주교가 조선의 종주국인 청나라 황제에게 조선이 서양인 선교사를 받아들이도록 강요해 줄 것을 요청했고 만일 받아들이지 않는다면 조선을 청나라의 한 성으로 편입시켜 감독하게 하거나 서양의 배 수백 척과 군대 5~6만 명을 보내어 신앙의 자유를 허용하도록 조정을 굴복하게 하자는 것이었다. 그러나 백서는 발각되고 이로 인해 조야는 발칵 뒤집혔다. 천주교에 대한 탄압이 정당했다는 대의를 갖게 되었고 황사영은 1801년 12월 10일에 처형되었다.[165]

또 하나는 3·1운동을 비롯, 민족 수난기에 외면했던 점이다. 3·1민족운동을 준비하면서 민족대표 측은 천주교 측에도 함께할 것을 요청했다. 천주교는 반대하고 오히려 막았다. 대구교구장 드망즈(Florian Demange) 주교는 신자들에게 만세운동 참여를 금지하며 경고했다.

만세운동 참여는 '대죄'이다.

당시 서울 교구장 뮈텔(Gustave C.M. Mutel) 주교는 한국의 독립은 불가능하다고 보고 한국천주교회가 만세운동에 참여하지 않음으로써 일제에 좋은 모범을 보였다고 자부했다.

천주교와 안중근 우리 민족의 영웅 안중근(1879~1910)은 천주교 신자였다. 그가 조선과 중국, 동아시아 민족들의 원흉이던 이토의 암살을 계획하며 거사를 준비할 때, 간도 용정의 천주교회를 찾아가 신부

---

165) 『순조실록』(1838) 3권, 순조 1년 10월 5일 무신 2번째 기사.; 민경배, 앞의 책, 74.

에게 협조를 부탁했다. 단번에 거절되었다. 그를 도와준 것은 개신교인 김약연이었다. 마침내 1909년 10월 26일 이토를 처단했다. 그를 격살한 뒤 안중근은 "천주님이여 마침내 폭살자는 죽었습니다. 감사합니다."[166] 했다. 법정에서 "이토는 대한의 독립 주권을 침탈했으며 동양 평화의 교란자이므로 나는 대한의군 참모중장의 신분과 자격으로 그를 총살한 것"이라고 밝혔다. 그리고 1910년 3월 26일 여순 감옥에서 순국했다.[167]

이때, 한국천주교 대표 뮈텔 주교는 안중근 의사를 살인범으로 단죄하고 그의 신자 자격을 박탈했다. 그리고 안중근에게 성사를 베푸는 것을 금했다. 안중근은 순국 직전 자신이 18세 때 영세를 받은 빌렘(Nicolas J.M. Wilhelm, 1860~1938) 신부에게 고해성사와 성체성사를 받고자 했으나 뮈텔은 거부했다. 이를 어기고 집전한 빌렘 신부를 뮈텔은 명령 불복종을 이유로 징계했다. 안중근 의사는 성사를 받은 뒤 순국했다. 안 의사의 사형을 집행한 일본인들이 안 의사의 시체를 가족들에게조차 넘겨주지 않는다는 사실을 전해 듣고 뮈텔은 "그것은 매우 당연하다."고 논평했다.

뮈텔은 나라 잃은 백성들이 얼마나 많은 살상과 박해를 당하고 있는지에 대해서는 아무런 동정도, 연민도 없었다. 오히려 주장했다.

일제의 입장에서 도그마적 신앙 교리만을 강조했다.

그의 이같은 방침으로 안중근 의사는 수십 년 천주교에서 배교자 취급을 받았다. 1919년 3·1운동 민족대표 33인 가운데 천주교 대

---
166) 『한국독립운동사 Ⅰ』, 애국동지원호회, 1956, 56.
167) 이현희, 『인물한국사』, 청아출판사, 1992, 432~437.

표가 한 명도 없는 것은 그런 선교 방침과 무관하지 않다.[168]

1979년 안중근 의사 탄생 100주년 기념 미사가 명동성당에서 성대하게 봉헌되어 안중근 의사에 대한 긍정적 평가가 이루어졌다. 1993년 김수환 추기경은 안중근 의사 탄생 기념 미사에서 "안중근 의사의 행위는 살인이 아닌 독립운동이자 정당방위로 판단한다."는 취지의 강론을 통해 그의 평신도 신분을 복권했다.

뮈텔은 의병 활동에 대해서도 몹시 부정적이었다. 그는 의병들은 새로운 상황에 항거한다는 이유 이외에는 다른 뚜렷한 목적 없다고 단정했다.[169] "조직도 잘 안되고 규율은 더 엉망인 그들은 처음부터 실패하게 되어 있었습니다.(그들 행위는) 의병으로 가장한 노략질과 강도질이 되어버리고 말았습니다."

대구교구장 드망즈 주교가 총독부 25주년 기념식에 참가하고 나서 기록한 내용이다. "천주교회는 정치에 관여하지 않습니다. 천주교회는 합법적인 정부에 대하여 주님의 다섯 번째 계율의 의무를 알려주었을 뿐입니다.(5번째 계명은 '부모에게 효도하라', 일본 정부는 부모라는 뜻, 일본에 충성과 공경을 해야 한다는 것) 일본 정부는 합법적인 정부입니다. 합병 첫날부터 우리의 가르침은 전혀 주저함이 없었습니다."[170]

---

168) 결국 일제는 정교분리 원칙도 지키지 않았다. 종국에 신사참배를 강요하는 등 종교들을 천황제 이념의 전파 도구로 만들고자 했다.
169) 한국교회사연구소 역편, 『서울교구연보』, 천주교 명동교회, 1987. 31.
170) 『부산교구연보』, 1936년도 보고서, 249~250.

3) 감리교 선교의 성격·특징(공헌)

　기독교가 한국 사회에 끼친 공헌은 상상을 뛰어넘는다. 한국교회는 전반적인 문화 활동을 동반함으로써 한국근대화의 도관 역할을 담당했다.[171] 특히 감리교는 교육, 의료, 부흥운동, 여성사업, 사회개혁운동 등에 열정을 쏟았다. 이 사업들의 개척은 독보적, 그 자체이다. 기독교 교육기관의 문을 거쳐 나온 선각자들은 근대화 운동의 기수가 되어 민족적 자각의 계몽운동을 벌였고 단연 민중의 국권회복운동을 지도하는 입장에 서 있었다.[172]

기독교는 민중을 지도하는 횃불이다.

　안병욱 교수는 기독교는 사회사업의 보급, 지도적 인재 배출과 민족사상과 애국정신의 저수지 역할을 했다고 했다.[173] 아펜젤러는 지식을 전달하는 단순한 선생이 아니라 멘토이듯, 삶에서 우러나오는 영성을 통하여 우리나라를 올바르게 세우려고 있는 힘을 다 쏟은 참 지도자였다.

(1) 적극적·공세적 선교

　바야흐로 조선이라는 혼탁한 연못에 자정 작용이 일어나기 시작했다. 이는 거역할 수 없는 변화의 정신적 꼭지점이다. 그것은 새로운 영감을 주는 힘있는 변혁의 새 정신이었다. 아울러 배움에 굶주렸던

---

171) 유동식, 『한국종교와 기독교』, 기독교서회, 1965, 133.
172) 송길섭 외, 『한국감리교회성장백년사』, (Ⅰ), 감리교총리원, 1987, 82. ; 이성삼, 『궁정교회 80년사』, 궁정교회, 1991, 23.
173) 이성삼(기독교대한감리회본부교육국 편), 『한국감리교회사』, 1982, 122~123.

조선의 젊은이들에게 새로운 학문과 과학 지식과 자유 독립정신을 불어 넣어주었다.

아펜젤러는 1886년 11월 정동 언덕에 아담하게 르네상스식 교사를 지었고(배재학당) 스크랜턴 어머니는 1885년 6월 20일 서울에 들어오자마자 여성 사업을 시작했다.(이화학당) 이듬해 11월에는 'ㄷ'자 형 교사를 지었다.[174] 배재학당이나 이화학당의 설립과 건축은 감리교의 적극적이고 공세적인 과감한 사업이었다. 본래 감리교 선교정책의 큰 원칙은 적극적·공세적 탐색 순회전도이다. 그것이 감리교의 생리이다. 이런 방법은 웨슬리를 비롯하여 옛적 감리교 전도자들과 부흥사들이 자주 쓰던 방법이다. 아펜젤러나 존스, 리드는 지방 순회전도의 찬란한 본보기들이었다. 선교사들은 평민과 가난한 대중을 상대로 전도나 의료사업을 내지(내륙)로 확대시켜 나갔다. 이 기동성 넘치는 감리교의 선교는 한국감리교의 정신적 기동성, 곧 진취성을 배양하였음에 틀림이 없다.[175]

매클레이는 서울에 직접 들어와서 국왕의 윤허를 받아냄으로써 한국선교의 빗장을 활짝 풀었다.[176]

웨슬리는 교회 현장이나 교인들의 구체적인 삶의 자리를 떠난 사변적 신학에는 관심이 적었다. 그의 큰 관심은 어떻게 하면 죄 된 인간을 구원할 수 있을까 하는 실천적 신학의 문제였다. 이런 문제와 씨름하면서 웨슬리는 기독교 복음을 "민중을 위해 쉽게" 전달한 신학적 목회자 또는 목회적 신학자였다.[177] 미국감리교는 19세기 중엽 미

---

174) Anual Report of WFMS of MEC, 1887, 50.
175) 민경배, 앞의 책, 197.
176) 이 글, 54쪽, "4) 한국선교의 빗장을 푼 매클레이" 참조.
177) 랜디 매닥스 편(이후정 옮김), 『웨슬리 신학 다시 보기』, 기독교대한감리회 홍보출판국, 2000, 31.

국 최대 교단이 되었다.[178] '사도행전적 부흥'을 불러일으킨 것이다. 이같은 감리교의 눈부신 부흥은 특히 변방에서 일어났다. 순회설교자들이 '세계를 교구' 삼은 웨슬리 후예답게 말 타고 변두리 곳곳을 적극적, 공세적으로 파고들며 쉬운 말로 설교했기 때문이다.

젊은 아펜젤러는 웨슬리의 후예로 복음주의 입장에서 교육사업, 의료사업, 사회사업을 통하여 개인, 가정, 사회, 문화는 변혁된다는 확신이 넘쳤다. 그는 선교 열에 불타고 있었다. 한국을 진정으로 사랑했다. 44세의 젊은 나이에 삶을 마치기까지 17년 동안 한국을 위해 몸과 마음을 아낌없이 던졌다. 최종 목표는 예수그리스도를 전하는 것이었다.

(2) 돋보이는 과감한 사회선교

감리교는 선교 초기부터 돈이 많이 드는 기관선교, 즉 학교, 병원, 여성, 소외된 사람들을 위한 사역에 장로교보다 더 많은 힘을 기울였다. 그런데 병원과 학교 사역은 기대와는 달랐다. 학교는 근대 지식을 습득하는 곳으로 학생들의 복음에 대한 관심이 크지 않았다.[179] 그들이 설사 기독교를 받아들였다고 해도 서구 근대화나 국가 이데올로기로 이해하려 했고 출세의 수단으로 여겼다. 언더우드의 말처럼 "한국인들은 학교가 개설되기는 바라지만 기독교를 가르치는 것은 원하지 않았다."[180] 을사조약이 일방적으로 체결된 뒤, 감리교 선교사들은 교육기관의 설립을 더욱 강조했다.[181]

---

178) 김신홍, 『한국교회에 영향을 미친 미국교회사』, 359.
179) 김명구, 앞의 책, 132.
180) H. G. Underwood's letter to Dr. Ellinwood, 1886년 1월 22일 자.
181) "노불(친일 해리스 감독을 면박한 선교사)", 『한국감리교회를 세운 사람들』, '한국감리교사학회 편, 에이멘, 1988, 131

가혹한 전제정치 밑에서 신음하는 한국민족을 보면서도 이를 막지 못한다면 매우 부당한 처사이며 한국민족을 교육받게 하는 것은 자선사업이 아니라 기독교의 복음을 전하는 선교사업이다.

배재학당 개관식 때, 아펜젤러는 이 학교가 영적 기관이 되어야 하고 그렇게 만들겠다고 결심했다.[182] 그러자 감리교 선교사회 내부에서, "복음 사업에 치중하는 선교부는 수천에 달하는 신도들을 헤아릴 수 있는데 반해 기관사업에 치중하는 선교부는 겨우 수백의 신도만을 헤아릴 수 있을 뿐"이라는 비판이 나오기도 했다. 기대만큼 영적, 복음적 결과가 나오지 않는다는 말이다. 아펜젤러는 배재학당을 통하여 500여명 이상의 젊은이들을 배출해 냈다. 이승만을 비롯 그가 가르친 학생들은 인재들이 되었다. 그들이 적극적으로 독립사상과 민주주의 사상을 주장했던 것은 모두가 교육의 열매였다.[183]

나무는 산에서 자라지만 지도자는 교회에서 자란다.

아펜젤러는 그들이 독립협회와 만민공동회에서 주도적 역할을 하도록 아낌없이 후원했다. 그런 의미에서 아펜젤러야 말로 "조선 개화의 아버지"[184]로 볼 수 있다.

병원 또한 "은혜를 베푸는 곳"임엔 틀림이 없지만, 영적 영역이 기대만큼 확대되지는 않았다. 스크랜턴(W.B. Scranton)의 시약소와 병원, 그리고 보구여관은 7년 동안 5만여 명을 치료했다. 조선 민초들의 신뢰를 크게 얻었지만 선교 결실은 기대에 못 미쳤다. 그럼에도

---

182) Annual Report of the Missionary Society of the Methodist Episcopal Chruch, 1887, 314.
 ; 김세한, 『培材八十年史』, 培材學堂,1965, 134~136.
183) 김명구, 『한국기독교사』 1-1945년까지 예영커뮤니케이션, 1992, 107.
184) 김낙환, 위의 책, 341.

의료와 교육 선교에 대한 적극성은 계속되었다.

> 사회선교는 여전히 복음전파의 중요한 수단이고 접촉점이다.[185]

질병으로 고통받는 사회적 약자들은 보듬고 치료받아야 했다. 한국 민족을 개인적으로나 국가적으로 튼튼한 국민, 사회를 만들어야 했기 때문이다. 이 시기의 선교사들은 이런 사명감에 불타고 있었다.

감리교는 한민족의 미래를 위한 교육사업과 지식문화를 넓히는 출판사업에도 막대한 지원을 했다. 출판사업은 교회 성장, 한글 보급 운동, 독립운동에 크게 이바지했다. 출판문화는 사회 이념을 형성하고 변화시키고 확장시키는 원천이었다. 1887년 들어온 북감리교 선교사 올링거는 다음 해에 삼문출판소를 설립하고 1891년부터는 본격적으로 출판사업을 시작했다. 그만큼 사회선교에 과감하게 투자한 것이다.

감리교는 외국 유학을 장려하고 사회선교에 주력하는 동안 장로교는 평양신학교의 신학교육을 통한 영성과 신학을 겸비한 목회자를 배출하여 교회 성장에 주력했다. 류대영 교수는 아펜젤러나 헐버트만큼 한국의 운명에 대해 깊은 관심을 가지고 석극석으로 한국을 변호한 사람은 없었다.[186]고 했다.

(3) 민주 · 시민의식을 키움

교육에서의 바디매오적 현상 감리교는 교육 분야에서 장로교보다 훨씬

---

185) W. M. Baird, "Educational Mission Problems, The Korea Mission Field, 1914, Vol.X, 296.
186) 류대영, 『초기미국선교사연구』 1884-1910, 한국기독교사연구소, 2001, 179.

차원 깊은 애착을 갖고 있었다.[187] 장로교가 젊은이들을 교육해서 각각 출신 교회로 보내어 힘있는 전도자적 크리스챤을 양성함을 최후의 목적으로 삼았는데 반해, 감리교는 교육 일반에 주력함으로써 그것으로 복음 전도의 한 수단으로 삼는 폭넓은 방법을 사용했다.[188] 두 교회는 교육정책에서 간격이 넓혀졌다. 당시 조선의 교육은 유학 교육이 전부였다. 서당, 향교, 서원, 성균관 등은 유학, 하나만을 위한 교육기관이었다. 아펜젤러의 교육은 조선 젊은이들이 난생처음 만나 보는 서양식 근대교육이었다. 물론 교육은 기독교를 전하기 위한 수단이고 방법이었지만 그들에게는 듣지도, 보지도, 알 필요도 없었던 혁명적인 것들이었다. 중국만 바라보면서 유학에 파묻혔던 그들에게 그것은 새로운 세상을 향하여 새롭게 눈을 뜨게 하는 바디매오적 현상이었다.

아펜젤러에 의하여 처음으로 가르쳐진 과목들은 영어를 비롯하여 국어인 언문, 산수, 과학(화학, 물리, 생물), 천문학, 지리, 미술, 음악에다 야구, 축구, 정구 등 이었다. 이런 교육은 조선의 젊은이들에게 인류의 자유·평등사상, 민주주의의 의식, 조선 밖에 있는 새 하늘, 새로운 세계로 가슴을 열고 머리를 들게 했다. 코페르니쿠스(Nicolaus Copernicus)적 전환을 가져다 주었음이 틀림없다.

1925년까지 감리교회의 미국 유학 출신 목사들 40~50명이 배출되어 한국 사회에서 엘리트로 활동하고 있을 때 장로교회에는 1925년에 정인과 한 사람이 비로소 미국 유학을 마치고 돌아왔다.[189] 초기 교역자들은 미국 유학을 시키지 않는다는 네비우스 정책의 한 조

---

187) 민경배, 앞의 책, 197.
188) 서명원, 『한국교회성장사』, 기독교서회, 1966, 210~211.
189) 윤춘병, 앞의 책, 270.

항은 당시의 장로교 선교사들의 소견이라고 할 수 있지만 8·15 해방 때까지도 단일교파로서 보수신학을 지켜 왔다는 장점이 있다.

선교사들의 교육은 대한제국 말기와 일제 침략 초기에 민족의 자주독립과 사회변혁 운동이 중요하다는 사상을 심어주었다.

학생들은 서양의 근대학문과 국제화에 눈을 뜨게 되었고 기독교의 개인의식, 평등의식, 노동의 존엄성을 깨닫게 되었다. 이런 깨달음은 대한제국 말기와 일제 침략기에 민족의 자주독립의식과 사회변혁운동의 중요성을 인식하게 했다. 이는 민주주의적 근대독립 국가사상으로 연결되었다.

시민의식의 태어남 기독교는 처음부터 개화운동에 불을 당기는 역할을 했다. 자연스럽게 '민주주의'라는 새로운 이념을 옮겼고 의식화 시켰다. 이런 방편을 통하여 기독교가 본래 갖고있는 근대 시민의식적인 요소는 물론, 서구 사회가 역사적 경험을 통하여 창출해 낸 근대 시민의식도 함께 옮겨질 수 있었다. 아울러 인권과 민주주의 의식이 돋아났다. 이것은 거역할 수 없는 변혁의 정신이었고 복음의 자연스러운 열매였다.[190] 기독교계 사람들은 개인의 자유와 '평등' 사상을 자신들의 신념으로 여겼다.[191]

이런 의식 아래 3·1운동을 주도했고 상해임시정부와 대한민국이 '민주공화제'를 채택하는데 중요한 영향력을 행사했다. 게다가 기독교 학교에서 공부한 사람들은 '교육받은' 사회세력 집단을 형성했고 조직망을 이루었다. 그리고 가장 영향력있는 민족적 사회세력으로 자리 잡았다.

---

190) 위의 책, 132.
191) 박영신, "기독교와 사회발전",「기독교사상」28, 1984. 5월호, 152~153.

하나님은 애초부터 모든 사람에게 똑같은 권리를 주셨다는 의식과 이데올로기는 일본의 억압적 식민통치체제와 황도정신에 대한 저항 이론이 되었다.

선교사들은 대한제국 말기와 일제 침략 초기에 민족의 자주독립과 사회변혁운동이 중요하다는 사상을 심어주었다. 이런 사상은 필연적으로 민주주의적 근대독립 국가수립사상과 연결되었다.[192] 기독교, 민주주의, 자유, 독립, 개인, 인권, 등 우리 사회의 시민의식은 모두 배재학당을 통하여 탄생되고 가르쳐진 이념들이다.

청·일전쟁 뒤, 기독교 선교사들에 대한 의뢰와 근대교육에 대한 요구와 필요성은 더욱 높아졌다. 서구식 근대교육이 가지고 있는 힘이 입증되자 정부는 선교사들이 만든 학교가 국권 수호의 첨병들을 만들어 줄 것으로 믿었다. 즉 "인민의 기상을 회복시켜 줄 계책"[193]이라는 인식이 광범위하게 퍼져나갔다. 기독교학교야말로 국민을 교화시킬 수 있는 보루라는 의식이 확산된 것이다. 1895년 나라님이 '교육입국에 관한 조서'를 발표하면서 "교육이란 참으로 국가를 보존하는 근본"이라고 했을 때,[194] 근대학교의 위상은 더 말할 나위가 없었다.

오천석 박사는 "기독교가 전래되어 교육을 비롯하여 의료 기관, 교회, 사회, 각 분야에 걸쳐 수천 년 동안 전해 오던 고루한 사상을 깨우쳐 인간의 각성으로 자기의 위치를 발견하게 되었고 더 나아가 세계적인 사상적 조류에 따라 민주사상을 받아들여 진정한 민주사회를

---

192) 김명구, 위의 책, 107.
193) 「윤치호 일기」, 1889년 4월 29일 자.
194) 최규진, 『근대를 보는 창』 20, 서해문집, 2007, 29.

형성하는 터전을 확보하였다."¹⁹⁵⁾고 했다. 한국 사회는 유교적 폐단에서 탈피하려고 많은 변화를 겪었다. 각 분야에서 개방화·민주화가 진전되고 가부장적 억압, 정실·연고 중시의 폐습이 확연히 줄었다.

(4) 별처럼 빛나는 여성교육

스톡스(M.B.Stokes, 1882~1098) 박사의 지적처럼 감리교는 남녀 선교사 비율에서 여성 비율이 장로교보다 훨씬 높았다. 미감리교회는 최초선교사에 여성이 포함될 만큼 여성사업에 비중을 두었다. 따라서 여권신장에 결정적 역할을 했고 부녀사업에 남다른 공헌을 했다.¹⁹⁶⁾ 이것이 장로교와 다른 점이기도 하다. 여성사회사업관은 다른 교파에서는 생각도 못했지만 남감리교는 개성고려여자관, 춘천여자관, 원산보혜여자관, 철원여자사업부, 서울태화기독교사회관¹⁹⁷⁾을 설립하여 한국근대 사회복지사업의 문을 활짝 열었다. 이런 사회복지사업은 구미 각국에서 도입한 한국 최초의 사업으로 감리교는 여성 개화와 복음화 운동에 돋보이는 공헌을 한 것이다.

태화사회관은 명월관 지점으로 사용하는 건물과 부지를 남감리회 여선교부에서 20만원에 구입했다. 당시 20만 원이면 상당히 높은 금액이다.¹⁹⁸⁾ 감리교는 여성을 위한 병원도 먼저 설립했다. 1887년 10월 메타 하워드(Meta Howard)가 이화학당 구내에 보구여관을 세웠고 1890년 10월 셔우드(Rosetta Sherwood)는 여성을 위한 '의료강습반'을 설치하고 동대문 부인병원을 세웠다. 에드먼즈(M.E.

---

195) 오천석, 『한국신교육사』, 현대교총출판사, 1964, 75~76.
196) 박효생, "한국의 개화와 기독교의 관계에 관한 연구", 연세대학교 연합신학대학원, 1971년 석사. 논문 참조.; 민경배, 앞의 책, 197.
197) 윤춘병, 앞의 책, 249.
198) 위와 같음. 주) 49. 참조.

Edmens)는 1902년 간호원 양성소를 설립했다.[199] 최초의 감리교회인 정동교회는 7인 창립교인의 한 사람으로 '최씨 부인'이 포함되어 있다. 그녀는 1887년 10월 16일, 아펜젤러에게 세례를 받았고 그 다음 주일에는 우리나라 최초의 성례전(성만찬)에 참례[200]했다. 1893년도 감리교, 장로교 선교사의 업무별 배당 상황은 다음과 같다.[201]

감리교, 장로교 선교사의 업무별 배당 상황

교파 구분	복음전도	교육	의료	출판	부인	합계
감리교 부부	1.5	2	3.5	1	8	16
감리교 여자	3		2			5
장로교 부부	8		2		9	19
장로교 여자	3	1				4
합 계	15.5	3	7.5	1	17	44

조선 사회에서 여성은 열등한 존재였다. 김경일 교수는 유교를 강하게 성토했다.[202]

유교 속의 여성은 인간도, 여성도 아니었다. 여성을 소유하기 위해 만든 유교의 많은 장치들은 결국은 여성을 죽여버렸다. 그것은 왜곡된 생명체에 불과했고 원한으로 뭉쳐진 카오스에 불과했다.

당시 유교는 여자와 아이들을 노예처럼 취급했다. 조선 소녀들은 10살, 12살, 14살, 15살에 결혼하는 일이 흔했다.[203] 남편과는 수직

---

199) 민경배, 앞의 책, 198.
200) 이덕주 · 서영석 · 김흥수, 앞의 책, 앞의 책, 42.
201) C.D.Stockes, 앞의책, 126. ; 민경배, 앞의 책, 198. 재인용.
202) 김경일, 앞의 책, 158.
203) 매티 윌콕스 노블(손현선 옮김), 『매티 노블의 조선회상』, 좋은 씨앗,2011, 35.

관계였다. 남자에게 일방적으로 복종해야 했고 남편이 버리면 언제든 쫓겨나야 했다. 가부장제 질서 속에서 남성에 의존하여 살아가는 존재일 뿐이었다.[204] 유교의 다처의 도리에 따라 남자는 아내 하나에 여러 명의 첩을 두기도 했다.[205]

1930년 조선감리교회가 설립될 때, 감리교는 남성과 마찬가지로 여성에게도 교회의 책임과 권한을 주었고 여성 목사 안수와 평신도 총대권을 갖게 했다. 세계감리교 역사상 최초의 시도였다. 남녀가 평등함은 인간을 창조하신 하나님의 뜻이다.

> 남녀를 같은 학문으로 교육하며 교육의 동등권을 주는 것은 하나님의 뜻에 따르는 당연한 일이다.[206]

1955년, 한국인 최초로 여자 목사가 탄생(전밀라, 명화용 목사)했다. 당시로는 다른 교파[207]에서는 꿈도 꿀 수 없는 사건이었다. 메리 스크랜턴은 1886년 6월 20일 이화학당에 이어 1888년 부인성경반을 개설하여 전도부인 제도를 정착시키는 공을 세웠다. 또한 청·일 전쟁 당시 평양에서 몸을 돌보지 않고 환자들을 돌보다 희생된 홀의 아내 셔우드(Rosetta Sherwood Hall, 1865~1951)는 남편을 기념하여 평양 최초의 병원, 기홀병원을 설립했고 맹인 농아학교(한글용 점자 도입)와 어린이 병동, 그리고 여자 의학교(경성여전-수도의대-

---

204) 양미강, "초기 전도부인의 신앙과 활동", 「한국 기독교와 역사」, 제2호, 기독교문사, 1992, 92~93.
205) 한국기독교사연구소역주, 『이능화 조선기독교와 외교사』, 도서출판 삼필문화사, 2010, 197.
206) "녀학교론", 「대한그리스도인회보」, 1898년 8월 3일자, 「독립신문」, 1898년 1월 4일 자 논설.
207) 각 교단 여자 목사 안수 : 장로교(통합) 1996, 장로교(기장) 1977, 기하성 1997, 기성 2005, 장로교(백석) 2012, 기침 2013.

고대 의대)를 설립했다.[208] 이광수는 기독교가 한국에 준 은혜로서 8가지를 들었다. ① 서양 사정의 전달 ② 도덕의 진흥 ③ 교육의 보급 ④ 여자의 지위 향상 ⑤ 조혼의 폐지 ⑥ 한글의 보급 ⑦ 사상의 자극 ⑧ 개성의 자각이다. 남녀가 평등함은 하나님이 인간을 창조한 뜻이고 '남녀를 같은 학문으로써 교육하며 동등권을 주는 것'은 당연했다.[209] 이것이 기독교의 정신이다.

'속회'는 감리교의 자랑이고 핵심이다. 속회 제도는 1742년 2월 15일 웨슬리가 처음 시작했다. "속회 부흥이 곧 교회 부흥"이었다.[210] 한국선교 초기에 미국감리교회가 강조한 특징은 속회조직이다. 목사가 부족하던 시절, 속장은 교인을 심방하고 교인들의 영적 성장을 도우며 성경을 가르치고 재정적인 일도 감당했다.

속장은 작은 목사로 활동했다.
그런데 속장은 놀랍게도 여성이었다.

웨슬리는 몇 명의 남성 설교자들의 반대에도 불구하고 남녀를 불문하고 설교할 수 있는 권한을 공식적으로 허락했다.(1787) 웨슬리는 그때 여성 설교자를 세웠던 것이다.[211]

오늘날 루터나 칼빈보다 웨슬리에 대한 연구가 더 활발하게 일어나서 '웨슬리 연구의 르네상스시대'가 열리게 된 것은 그의 설교에 여

---

208) 서우드 홀(김동열 역), 『닥터 홀의 조선회상』, 「동아일보사」, 1984, 47.
209) "녀학교론", 「대한그리스도인회보」 1898년 8월 3일 자, 「독립신문」, 1898년 1월 4일 자 논설.
210) 속회는 브리스톨 감리회관 건축 때 부채를 갚기 위해 시작. 속장(class leader)은 회원집을 방문하여 매주 1페니씩 헌금을 받아 유사(steward)에게 전달했다.
211) 그러나 그가 세상을 떠난 뒤(1791), 1803년 맨체스터 연회에서 여성 설교자 반대가 결정되었다.

성신학, 해방신학, 경제윤리, 사회성화, 성령론적 이슈들이 재해석되고 있기 때문이다.[212] 하나님의 뜻에 따라 남녀 차별 없이 모든 인권을 존중하는 것은 웨슬리 때부터 내려온 감리교의 전통이자 유산이다.

(5) 충군 · 애국의 기독교 민족주의

기독교 민족주의 을사늑약 뒤 의병운동이 일어났다. 그러나 곧 한계에 부딪히게 되었다. 이들은 기독교의 문을 두드렸다. 여기에서도 한계를 느낀 이들은 기독교 이외의 길을 모색한 이들도 있었으나 오히려 기독교 정신에 충실, 그것을 바탕으로 민족운동을 펴는 이들이 많았다. 이들은 기독교의 신앙체험과 신학적 이념을 바탕으로 민족운동을 폈다. 이들에게 신앙과 민족운동은 별개가 아니었다. 목표는 신앙 자체이면서 전도가 민족운동이었다. 그것은 복음 전도의 일부가 아닌 전부였으며 이에 몸을 던진 것이다.

개화파가 기독교 수용을 갈망했다고 하는 것은 기독교를 당면한 구국의 한 '요소', 개화의 한 '인자'로 보았기 때문이다. 유교는 제아무리 개혁한다 해도 그것의 정치이념으로는 전제정치나 계급주의를 타파할 수 없다는 판단이었다. 이미 정치적 한계를 느낀 상황에서 기독교만이 해결책이었던 것이다.

한국기독교의 모든 역량은 민족의 운명을 안고 하나님께 부르짖는 신앙운동(교회 내적)과 정치적, 사회적 현실에 참여하는 사회운동(교회 외적)에 집중되어 있었다. 이때 항일 독립투사, 반일투사 아닌 사람이 없을 정도였다. 그러기에 일제 강점기는 곧 항일독립

---

212) 김홍기, 『감리교회사』, 150.

운동사[213]이며 교회의 사업은 민족운동이었다. 즉 '기독교적 민족주의', '민족주의적 기독교'였다.

기독교는 국권 회복의 동력이고 서구 세계와의 통로였다.

이런 역사적 상황에서 잠재적이든 실제적이든 개신교는 근대문명의 추진과 국권 수호를 목표로 하는 민족주의와 밀접하게 결부될 수밖에 없는 소지를 갖고 있었다.[214] 그러므로 기독교는 이미 조선 후기 옛(구) 전통사회 내부에서부터 자생한 실학사상 위에다 외세를 맞으면서 더욱 양성되기 시작한 민족주의로 응집되어 갔다.

이런 민족운동은 3·1운동에서 절정을 이뤘다. 그리고 8·15 해방 뒤에 있었던 유신과 군사정권 시대에까지 저항신앙으로 이어져 내려왔다.[215] 조선은 같은 아시아 민족인 일제에게 지배당했다고 하는 사실 때문에 다른 아시아·아프리카의 민족주의와는 달리 친서구, 항일로 굳어졌다. 이 점은 개신교의 수용을 수월하게 해준 요인도 되었다.

충군·애국 아펜젤러는 1896년 11월 21일 독립문 기공식에서 국가번영, 황제의 만수무강을 위한 기도를 했다. 1897년 8월 13일 독립협회 기원절 행사에서 '한국에 대한 외국인의 의무'라는 제목으로 강연했다. 고종이 아관에서 경운궁으로 돌아올 때, 배재학생들이 길가에 국기를 세우고 행렬을 지어 축하했다. 학당에 돌아와서는 함께 애국가를 불렀다. 애국 신앙은 배재학당 교육, 만민공동회의 정부 비리

---
213) 김용덕, 『한국사의 탐구』, 258.
214) 한배호, 『한국의 근대화와 기독교』, 1983, 157~158.
215) 윤춘병, 앞의 책, 272.

규탄운동, 한말 격동기의 구국운동으로 줄기차게 전승되었다. 개화파 인사들이 정치적 한계를 절감했을 때, 기독교를 찾아 구국의 길을 모색했던 것처럼 일제 침략이 가중되던 시기에 민중들은 기독교 입교를 통하여 통분한 감정을 승화시키고 민족의 소망을 찾으려 했다. 즉 민중들이 정부의 봉건적 압박을 피하고 보호받을 목적으로 입교했던 것처럼 지금은 일제의 침략으로 교회의 문을 두드리는 사람들이 줄을 이었다. 이렇게 교인이 된 이들은 한결같이 애국충군적이며 항일적일 수밖에 없었다.

여기에 기독교의 신봉을 개화의 논리로 이끌려는 주장이 뚜렷했다. 기독교를 믿으면 부국강병은 말할 것도 없고 임금에게 충성할뿐더러 어버이에게도 효도한다는 논리이다.

한 보기를 들어 본다.[216] "혹이 말하되 서양국 사람들이 조선 아이들을 유인하여 잡아먹는다 하였으며… 그 교를 믿는자는 제 부모도 배반하고 임금께도 불충하고 단지 하나님만 믿는고로 오륜과 삼강이 아주 없다 하니 진실로 우습고 미련하도다.… 하나님의 도를 믿는 자라야 임금에게도 충성하며 부모에게도 효도하나니 그런고로 서국의 개화한 백성들은 제 몸이 죽을지언정 임금과 나라를 위해 싸움하고 전국 인민이 항상 일심이 되거니와 하나님을 섬실 줄 모르는 백성들은 입으로는 오륜과 삼강을 말하되 마음에는 자기 몸만 생각하는 고로…

다음은 기독교야말로 내면으로부터 우러나오는 애국·충군하는 종교라는 기사이다.[217]

---

216) 「독립신문」 1권 59호, 1877.6.30.
217) 「독립신문」 1권 59호, 1896. 8. 26.

세상에 교가 많이 있으되 예수교같이 참 착하고 참 사랑하고 참 남을 불쌍히 여기는 교는 세계에 다시 없는지라. 어느 교에서 이 예수교와 같이 사람을 천하만국에 보내어 자기의 돈을 들여가며 온갖 고생을 다하며 남의 나라 사람을 이렇게 간절히 가르치며 도와주리요.

당시 YMCA 총무 질레트(P.L. GILLET)의 증언이다.[218]
"애국지사들의 눈은 기독교에 쏠리지 않을 수 없었다. 일반 민중은 기독교야말로 유일한 희망이며 구원이라고 생각하게 되었다. 그네들은 기독교 국가가 세계에서 가장 강대한 나라이며 기독교만이 조국을 부강하게 만들 수 있다고 확신하게 되었다. 이것을 그네들은 거의 미신처럼 확신했다.… 사실상 기독교회는 오늘날 한국인의 국민생활에서 가장 힘있고 영향력이 있는 단체이다. 그리고 기독교인이야말로 진정한 의미의 애국자이기 때문이다."

교회는 성탄과 교회 절기에 십자기와 태극기를 강대상 좌우에 세웠다. 주일(일요일)에도 집과 교회당 위에 태극기를 달고 애국가를 불렀다. 황제의 안녕을 기원하는 예식을 가졌다. 이같은 애국·충군의 식은 외세를 벗어나 독립을 고수하려는 자세로 직결되었다. 그러므로 이 시대의 기독교 민족운동의 성격을 규정짓는다면 민족을 보존하려는 민족주의요, 거기에 철저한 배외가 뒤따랐기에 그 민족주의는 당연히 '배외적 민족주의'인 것이다. 그러므로 이를 한 데 묶어서 '애국·충군의 배외적 민족주의'로 쓸 수 있다.

---

218) 전택부, 『한국기독청년회 운동사』, YMCA, 1976, 94.

(6) 한국교회 부흥운동을 주도

한국교회 부흥운동은 감리교회로부터 도입되었다.[219] 노블(1876~1913, W.A. Noble)과 존스(1867.8~1919.5, G.H. Jones) 두 선교사가 주인공이다. 노블[220]은 1896년 평양에서 사경회에 부흥회의 성격을 더한 부흥사경회를 시작했다. 1899년 12월, 인천과 강화에서 사역하고 있는 존스를 초청하여 평양 서문밖교회에서 함께 부흥회를 열었다. 집회 분위기가 너무나 뜨거워 시간을 연장해야 했다. 많은 사람들이 지은 죄를 통회했고 죄사함의 기쁨을 갖게 되었다.[221] 이에 고무된 노블은 해마다 부흥회를 열었다. 노블의 소감이다.[222]

존스의 부흥회는 설교와 간증이 중심이었는데 성령 충만한 시간이었다. 존스 형제가 1월 중 여러 차례 인도한 열정적인 부흥회는 감리교회의 전통을 가진 영적 부흥운동이었다. 이 부흥회는 영적으로 매우 고양된 것이었고 참석자들의 신앙을 견고케 해주는 부흥회였다.

존스는 웨일즈 가계의 성향을 지니고 있었다. 선교사 사이에서 존스는 부흥사요 '감리교 열정의 소유자'로 알려져 있었다.[223] 1903년 1월 서울에서 존스의 인도로 북감리교와 남감리교의 연합사경부흥회가 열렸다. 두 주간의 집회에서 참석자들은 뜨거운 성령체험을 했다. 선교사들은 전형적인 웨슬리 예배를 경험했다며 흥분을 삼추지 못했

---

219) 기독교대한감리회 전국부흥단, 『한국감리교회 부흥운동사』, 2001. 91.
220) 노블은 1892년 10월 15일 미감리회 선교사로 내한하여 배재학당 교사로 3년간 재직했으며 홀 선교사를 이어 1895년 평양에 파송되어 15년 동안 평양지역 선교를 담당했다. 1908~1911년까지 평양과 서울지방 감리사로 한국 감리교 70%를 관할했다. 1930년 남.북감리교회 합동 시절 미감리회 전권위원으로 활약했다. 1933년 5월 은퇴했다.
221) W. A. Noble's Report, Minutes of Annual Meeting of the Korea Mission of the Methodist Episcopal Church, 1899, 31.
222) 「신학월보」, 1901년 10월, 제1권 12호, 493~495.
223) Official Minutes and Reports of the Annual Session of Korea Mission Conference of the Methodist Episcopal Church, 1903, 45. 참조.

다. 수십 명의 간증자들이 지은 죄를 앞다투어 고백했다. 존스의 사경부흥회에 대한 스웨워러(W.C. Swearer)의 진술이다.[224)]

집회의 열기가 뜨거웠고 성령의 분명한 임재와 능력이 나타났다. 웨슬리의 감리교 부흥운동이 재현된다고 믿었다.

1903년 원산의 하디가 불 지핀 남감리회 부흥운동이 서울을 거쳐 1907년 평양에서 폭발했다. 이어진 백만명구령운동(1909)은 계획부터 남감리교가 중심이었다.[225)] 남감리교 개성의 선교사들이 일으킨 20만 구령운동에 장로회 선교사들이 가담하면서 1백만 명으로 늘려 잡은 운동이다.

이 부흥운동이 1965년 김활란 박사가 주도한 전국복음화운동과 1960~1980년대 여러 번의 여의도 대형 집회의 시발점이었다. 한국교회 부흥운동은 대부분 감리교로부터 비롯되었다. 장로회는 본래 사경회가 있었다. 장로회의 사경회와 감리회의 부흥회가 합쳐서 부흥사경회로 정착된 것이 오늘의 한국교회의 부흥운동이다.

2012년 한국기독교 역사학회 회장을 역임한 한동대학교 류대영 교수는 1900년대 초기 한국 대부흥을 다음과 평가하고 있다.[226)]

20세기 초 한국의 부흥운동은 감리교가 시작하고 전파하고 끝까지 주도한 전형적인 성결-오순절운동이었던 것으로 보인다. 대부흥운동이 평양부흥을 중심으로 알려지게 된 것은, 평양대부흥운동이 정점이었기 때문일 것이다. 그러나 그렇게 된 것은 한국교회 전체를 주도하게 된 장로교회가 평양대부흥을 감리교 부흥운동의 전반적인 맥락에서 분리시켜 부각시킨 이유도 있지 않은가 한다.

---

224) W.E.Swearer, "Training Classes", Official Minutes of MEC, 1903, 45.
225) 윤춘병, 앞의 책, 435.
226) 류대영, 『한국 근현대사와 기독교 푸른역사』, 2011, 143.

존 웨슬리는 1738년 5월 24일 밤, 올더스게잇 집회에서, "(그분이) 나 같은 죄인의 죄를 사하시고 죄와 사망의 법에서 나를 구원하셨다."는 확신이 생겼다.[227] 1739년 1월 1일, 페터레인의 밤샘 기도에서는 하나님의 능력이 강하게 나타나면서 울면서 회개하고 경련을 일으키고 소리를 지르고 바닥에 쓰러지는 종교적 현상이 나타났다.[228] 웨슬리는 은혜의 체험을 강조함으로 '가슴의 종교'라고 불렀지만 영국교회는 열광주의 혹은 광신주의라고 비판했다. 그러나 웨슬리의 가슴속에 붙은 성령의 불은 영국교회를 개혁하는 불이 되어 영국 사회를 성화시키고 해방시키고 구원하는 불로 붙어 갔다.[229]
　이렇게 감리교의 전통이요, 특성인 웨슬리식 사경회와 부흥회가 부활한 것이다. 그의 철야기도(매주 금요일), 새벽기도(매일 새벽), 속회(매 금요일) 운동은 오늘날 한국교회 속에 살아있는 전통이 되었다.

(7) 한국교회의 신앙유형

　한국에 처음 발을 들여놓고 개신교의 보루를 구축해서 한국교회 선교의 첫 장을 찬란하게 장식한 주인공들은 미국 선교사들이었다. 그들은 그 신앙의 기질이 한결같이 순수한 복음주의자들이요, 부흥회적인 형태의 감리교적 생태의 선교사들이었다.[230] 그래서 그들은 기독교 문명에 대한 우월감이나 편견의식 없이 다만 '복음의 삶'만을 중추로 삼았다. 이 계통의 선교사들이야말로 서양의 기독교가 식민주의적 확장의 앞잡이라거나 동맹이라는 오해를 해소할 수 있었던

---

227) 박창훈, 『존 웨슬리, 역사비평으로 읽기』, 대한기독교서회, 2007, 58~59.
228) 박창훈, 위의 책, 66~67, 81.
229) 김홍기, 『세계교회이야기』, 신앙과 지성사, 2009, 215.
230) 민경배, 앞의 책, 148~149.

유일한 부류의 사람들이었다. 즉 한국에서 프로테스탄트교가 성공한 직접적인 동기, 그리고 한국개신교의 초기 신앙형태의 근거 노릇을 한 것은 경건주의와 복음주의였다. 경건주의는 교리보다 생명, 제도적인 것 보다 영적인 것, 경건의 모양보다 경건의 능력을 강조한다.

경건주의 시조 스페너(Philipp Jacob Spener, 1635~1705)는 이성주의신앙에 반대하고, 영적 경험과 경건을 강조한다. 서구의 기독교 문명에서 과학이나 정치, 문화적 우월성 등을 떠나 다만 순수한 복음의 삶만을 중추로 삼는 신앙이며, 의롭다하심과 거듭남을 중요시하는 마음의 종교를 강조한다. 그래서 한국교회는 뜨거워질 수 있었고, 급격한 양적 성장을 이룰 수 있었다.[231]

'105인 사건' 등 일제의 강도 높은 탄압을 겪으면서 그 강도가 높을수록 교회는 성령운동에 치중했다. 아울러 애국·민족주의운동도 또한 깊어 갔다. 즉 나라를 빼앗긴 뒤 일제의 혹독한 탄압과 이에 대항하면서 교회는 두 가지 신앙유형이 형상화되었다.[232]

하나는 민족의 운명을 안고 하나님께 부르짖는 신앙 운동(교회 내적)과 또 하나는 정치적, 사회적 현실에 참여하는 사회운동(교회 외적)이었다. 하나는 내세·개인 구원의 신앙이고 다른 하나는 개인 구원은 물론 민족구원의 사회참여 신앙이다. 전자는 장로교회가, 후자는 감리교회가 걸어온 신앙노선이다.

감리교는 심령구원과 민족구원의 차원에서 '민족구원'과 '독립'을

---

231) 김홍기, 『세계교회이야기』, 신앙과 지성사, 2009, 264. 그러나 선교 열정은 강하나 세속 직업에서의 소명의식 없는 기독교인들이 많게 된 것도 경건주의의 영향이라 하겠다. 또한 세속과 종교의 분리를 당연하게 보거나, 아니면 세속에 무관심하게 되는 생태를 가진다.
232) 윤춘병, 앞의 책, 438.

위한 애국적·민족주의적인 신앙형태를 띠었다. 구원의 성경 원리는 개인구원이다. 구원은 자신의 믿음으로 받는다. 믿음 없이는 구원은 없다. 그러나 내가 구원받았으면 반드시 이웃을, 사회를 구원해야 한다. 일상의 삶 속에서 그리고 세상 속으로 침투하는 것, 이것이 감리교의 특징으로 드러난다.

> 개인 구원이 씨라면 사회구원은 그 열매다.

이것이 기독교의 원리다. 그리스도는 "너희는 세상의 빛이라"고 하셨고 온 천하에 다니며 만민에게 복음을 전하라고 강권하셨다. 그리스도는 이를 위해 오셨고 사셨고 십자가에 달리셨다. 개인 구원을 강조하는 쪽을 '보수'라고 한다면 사회구원 쪽은 '진보'라고 한다.

선교사들이 정교분리 정책을 고수하자 장로교 총회는 대대적으로 비정치적 복음화 사업을 계획하고 이를 조직적으로 실천하기 위해 전도대 조직과 축호 전도를 본격화시켰다. 이것은 교회 성장에 크게 영향을 미쳤다. 보수측은 일제의 탄압에서 일제에 맞서는 직접적 투쟁보다는 교회 내적 운동 쪽이었다. 감리교회는 당시 선교사들의 공통된 비정치화 강요에도 아랑곳없이 민족구원의 입장을 현실화시켜 나갔다.

믿음으로 구원을 받았으면
그 확증은 행함으로 나타나야 하고 그 열매는 사랑으로 드러나야 한다.
- 웨슬리 목사 -

불의의 일본을 이 땅에서 물리쳐 주소서,
이 민족에게 불의에 굴하지 않는 힘을 주소서.
- 남궁억 선생 -

세상이 병들었으므로 의사 되시는 예수를 갈망하는 것이요,
시대가 컴컴하고 어두워서 예수가 오시어 광명한 세계를 만들어야 하오.
- 길선주 목사 -

현대의 교인은 '괴이한 예수'를 요구하매
현대 목사는 괴이한 예수를 전한다.
참 예수를 저희들이 죽여 버리고 말았구나.
- 이용도 목사 -

2부
기독교조선감리회
자치 선교 시대
〔1919~1945〕
2-1(1919~1930)

1. 1920~1930년대 민족운동

1) 독립을 위한 전투

1920년대와 1930년대의 독립운동은 여러 방면에서 다양하게 펼쳐졌다. 3·1운동을 계기로 무장독립전쟁이 독립의 빠른 길이라는 인식이 퍼져나갔다. 1910년대 한일병탄을 앞뒤로 많은 의병 출신과 애국지사들이 간도와 연해주 지방으로 이주했다. 그리고 한민족 집단 거주지역을 개척, 확장해 나갔다. 산업을 일으켜 경제적 토대를 이루고 청소년을 모아 근대적 민족교육과 군사훈련을 강화했다. 앞으로 있을 독립전쟁에 대비하여 독립군을 양성했다.

봉오동전투·청산리전투 1920년대에 만주의 여러 지역에서 서로군정서, 북로군정서, 대한독립군, 광복군총영 같은 무장독립군 부대가 조직되었다. 1920년 6월, 홍범도 장군이 이끄는 대한독립군은 안무의 국민회군, 최진동의 군무도독부와 연합하여 대한북로독군부를 결성했다. 이들은 길림성 왕청현 봉오동으로 일본군을 유인하여 큰 승리를 거뒀다.(봉오동 전투) 이 전투는 독립군과 일본 정규군 사이에 본격적으로 벌어진 최초의 대규모 전투였다.[1] 독립군은 중앙으로 진격해 온 일군을 집중 공격, 협공하는데 성공했다.[2]

김좌진 장군의 북로군정서 부대는 청산리전투(1920.10.)에서 역시 대첩[3]을 거두었다. 청산리 전투는 1920년 10월 김좌진 · 나중소 · 이범석이 지휘하는 북로군정서군과 홍범도가 이끄는 대한독립군 등이 청산리 일대에서 일본군과 10여 차례 전투 끝에 대승한 전투이다. 독립군은 김좌진과 이범석의 지휘 아래 청산리 계곡 양쪽에 매복해 있다가 일군 추격대가 매복지점에 들어서자 일제히 사격했다. 일군 200명 정도가 사망하고 나머지는 도망쳤다.[4] 대한독립군은 수적, 전력 열세에도 불구하고 일본군을 상대로 두 차례나 큰 전투에서 승리하여 항일무장투쟁에 큰 원동력을 불어넣는 계기가 되었다. 대한독립군이 승리를 거둔 주요한 까닭은 독립군은 함경도 산악지대의 특성을 잘 알고 있어 일군보다 지형을 이용한 전투에 능숙했고 민중의 절대적 지지와 성원이 있었기 때문이었다.[5]

훈춘사건 · 신한촌참변 · 간도참변(경신참변) 1920년대의 독립운동은 민족해방의 확고한 사상 밑에서 민중적 규모로 크게 기여했다고 평가되고 있다.[6] 봉오동전투에서 참패한 일본은 간도 지역과 그 부근을 여러 차례 보복 공격했다. 훈춘성 공략이 가장 심했다.(훈춘사건,

---

1) 윤병석, 『간도역사의 연구』, (국학자료원, 2006) 72.
2) 이이화, 『이이화 선생님이 들려주는 이야기 한국사 2』, (파란하늘, 2008), 143.
3) 대첩은 '큰 승리'란 뜻이다. '큰 싸움'이란 뜻이 아니다.
4) 이이화, 『한국사 이야기 21:해방 그날이 오면』, (한길사, 2004), 56.
5) 신용하, "홍범도 의병부대의 항일무장투쟁" 『한국근대민족운동사연구』, 일조각, 1988, 39.
6) 한국사학회 편, 『한국현대사론』, 을유문화사, 1986, 502.

1920.10.) 일군은 먼저 총부터 쏘며 위력수색을 했다. 일군은 이를 '암탐사격'이라고 했다. 1920년 10월부터 1921년 5월까지 계속된 일군의 만행으로 수천 명의 한국사람이 학살되고 독립운동의 근거지가 소실되는 등 간도 지역의 독립운동이 큰 타격을 입었다.

훈춘사건이 있기 전, 1920년 4~5월 일제는 러시아 연해주[7] 지역의 독립운동 중심지인 신한촌 마을을 초토화시켰다. 일군은 마을을 습격한 뒤 무차별 총질로 3백여 명의 양민을 학살했다. 일반 가옥, 교회, 학교, 신문사 등을 불태웠다.[8] 마을은 잿더미가 되었고 거리는 온통 피로 물들었다. '연해주 4월 참변' 또는 '신한촌 참변'이다.

봉오동전투와 청산리전투에서 독립군 토벌은커녕 독립군에게 잇달아 참패를 당하자 일본은 분풀이로 정규군 5만 명을 투입하여 1920년 10월부터 이듬해 4월까지 간도 지방의 민간인, 군인의 구별 없이 수만 명을 학살하는 만행을 저질렀다.(간도 대학살 또는 경신참변) 1920년 10월 9일에서 11월 5일까지 27일 동안, 간도 일대에서 살해된 확인된 수만 3,469명에 이른다. 확인되지 않은 수와 4~5개월에 걸쳐 학살된 수를 합하면 피해자는 수만 명으로 추정된다. 칼로 찔러 죽이고 때려 죽이고 불 태워 죽이고 생매장하고 솥에 삶아 죽이고 작두로 잘라 죽이고 방화, 체포, 강간, 학살 등, 일제는 온갖 악독하고 잔인한 짓을 다 했다.[9]

대한독립군단 독립군을 대수롭지 않은 민병 정도로 여겼다가 거듭 참

---

7) 연해주는 러시아의 8개 연방관구 중 하나인 극동지역으로 연해주, 하바롭스크, 사할린 등 11개 행정구역이 있다. 행정중심지는 블라디보스톡(동방을 점령하라'의 뜻으로 해삼이 많이 잡혀 '해삼위'로도 불렸다.
8) 車成璣, 「獐岩洞慘案에 關한 硏究」, 『獨立運動史의 諸問題』, 범우사, 1992, 202~204.
9) 박은식, 『韓國獨立運動之血史』, 上海 : 維新社, 1920, 165~166.

패를 당한 일본은 독립군 토벌 전략을 세웠다. 이에 흩어져 있던 10여 단체의 독립군은 이를 피하여 만주 국경 부근인 밀산에서 겨울을 지나고 다시 집결해 대한독립군단을 창설했다. 러시아는 독립군단에 무장해제 뒤 식량, 군복, 무장을 책임지는 조건으로 러시아의 자유시[10]로의 이동을 권유했다. 김좌진은 공산주의자들을 믿을 수 없다며 자유시 합류를 끝내 거부하고 이범석·김홍일 등과 함께 만주로 돌아왔다. 그리고 임시정부의 노선을 따랐다. 그러나 북간도의 무장단체 중 가장 강력한 전투력을 보유한 대한독립군의 홍범도 부대를 비롯, 나머지 부대들은 자유시로 이동했다. 이들은 러시아의 지원을 받아 일제의 추적도 피하고 분산되었던 독립군부대들을 하나로 묶어 효과적인 대일항전을 전개하자는 것이었다. 소련의 혁명 지도자 레닌은 약소민족에게 지원을 아끼지 않겠다는 말을 입버릇처럼 했다.

자유시 참변(흑하사변) 자유시에 집결한 한인무장부대는 이동휘 계열 부대, 상해파[11]와 최고려·오화묵 계열, 이르쿠츠크파[12]의 크게 둘로 나뉘었다. 최고려 등은 러시아 공산군에 편입되고자 했다. 그는 세계 공산화가 이룩되면 민족문제는 자연히 해결될 것으로 보았다. 이들은 자유시의 한인 세력을 독점하려고 다툼을 벌였다.[13] 1921년 6월 28일 최고려 등은 러시아 적군과 함께 편입을 거부하는 독립군

---

10) 러시아어로 '스보보드니'이며, '자유로운'이라는 뜻. 독립군은 이를 '자유시'로 불렀다.
11) 1918년 5월 하바롭스크에서 이동휘·박애·전일 등이 중심이 되어 '한인사회당'을 만들었다. 정통 공산주의라기보다는 민족해방을 위해 공산주의를 이용하는 편의적 공산주의였기에 상해 임시정부에 참여했다. 1921년 5월 상해에서 고려공산당으로 개명했다.(상해파) 그 뒤 조선인 빨치산부대인 '니항 부대'를 합쳐 사할린부대(대한의용군)를 만들었다.
12) 대한국민의회계열 사람들이 주도했으며 '자유대대'(고려혁명군)라는 무장단체를 조직했다. 1919년 9월 이르쿠츠크에서 김철훈·오하묵 등이 중심이 되어 '전로한인공산당'을 만들었다.(이르쿠츠크파)
13) 김창순, "자유시사변", 『한민족독립운동사』 4, 국사편찬위원회, 1988, 142.

에 장갑차와 기관총을 앞세워 기습 공격을 단행했다. 실로 참극이었다. '자유시 참변'(흑하사변) 이다. 간신히 살아남은 이들은 홍범도 등을 앞세운 러시아 소비에트 정부의 재판을 받았다. 가해자인 고려군정의회 측에서는 사망 36명, 행방불명 59명, 포로 864명으로 집계한 반면, 간도 반일단체들이 연명한 참변 성토 문에서는 사망 272명, 익사 31명, 행방불명 250여 명 등 대략 550여 명이 희생되고 917명이 포로로 잡힌 것으로 집계되고 있다.[14] 이로써 대한독립군단은 완전히 와해되었다. 독립운동사상 전에 없었던 동족간 참극이었다. 자유시로 가지 않은 김좌진은 1930년 고려공산청년에게 암살당했다.

자유시 참변은 대한독립군의 소탕을 요구하는 일본군과 볼셰비키[15] 공산당의 협상 결과였다. 연해주를 점령하고 있는 일본군을 철군시켜야 했던 볼셰비키는 동맹국 일본의 요구도 충족하고 독립군 병력을 흡수할 기회도 놓치지 않았던 것이다. 이는 자유시로의 이동을 권유할 때부터 한인 내부의 분열을 활용하여 독립군을 흡수하려는 공산당의 계획된 기만전술이었다. 러시아를 등에 업고 독립전쟁을 벌이려던 이동휘는 러시아에 철저히 속았고 당했다. 일본군과 싸우는 적군파(공산당)가 우군인 줄 알고 손을 잡았다가 이용만 당한 꼴이다. 그들은 말로는 협력도, 동정도 강조했지만 자기들 속셈만 챙긴 것이다. 자유시사변은 상해파와 이르쿠츠크파의 싸움이라는 한인 내분에 일차적 원인이 있지만 러시아 공산당 혹은 코민테른이 말하는 피압박 민족해방이라는 슬로건 내부에는 짙은 자국 중심주의 색채를

---

14) 尹炳奭 外, 『再發掘 韓國獨立運動史』, (한국일보사, 1987), 257.
15) '다수파'의 뜻. 1903년 제2회 러시아 사회 민주 노동당 대회에서 레닌을 지지한 급진파를 이르던 말. 볼셰비키는 1917년 10월 혁명을 지도하여 정권을 장악했다. 1918년 당명을 '러시아 공산당'으로 1952년에 다시 '소비에트 연방 공산당'으로 바꾸었다. 1990년, 소련의 해체와 함께 해산되었다.

띠고 진행된 것이었다.[16] 자유시 참변은 불완전했던 임시정부를 분열시키는데 결정적인 타격을 입혔고 만주지역의 항일 무장단체들은 오랫동안 부대를 만들 수 없었다. 이로써 한국의 반공주의는 개화기까지는 없었으나 자유시 참변 등을 계기로 많은 민족진영의 독립운동가들이 공산주의자들을 배척하게 되었다.[17]

2) 만주에서의 종교활동

만주지역 선교개척자는 존 로스이다. 그는 최초의 한글성경을 펴냈다(1882). 그가 쓴 『History of Corea』(1879)는 영어로 된 최초의 한국사 통사이다. 그는 만주나 한국을 야만 지역으로 보는 중화사상에 반대하고, 만주나 한국을 고유문화를 지닌 인종이 거주하고 중국사에 큰 영향을 준 중요한 세력으로 보았다. 그러면서도 한국사를 만주의 관점에서 바라본 것이고, 일본과 한국을 하나로 보는 이른바 식민사관을 수용한 편견을 지녔다.[18]

서간도와 북간도 지방을 비롯하여 만주, 노령에서의 한인, 무장독립군의 사상과 종교(대종교, 천도교, 기독교, 천주교, 불교)는 다양했지만 민족의 해방이라는 기치 아래 모인 이들이었다. 따라서 신앙생활을 잘하는 편이었다.

만주 선교는 상동 청년학원 출신들로 시작되었다. 이들을 중심한 독립운동가들이 만주로 건너가 선교에 힘을 쏟았다.[19] 선교와 독립

---

16) 위의 책, 232~233.
17) "자유시 참변을 아십니까?", 『미래한국』, 2016년 7월 29일.
18) 옥성득, "존 로스의 한국 개신교-로스의 첫 한글 복음서 출판 140주년에 부쳐-" 존 로스 한글 성경 번역 140주년기념 학술 심포지엄, 2022. 4. 26, 새문안교회, 15.
19) 이호열, 『만주대륙의 역사와 기독교』, 한우리, 2015, 751~752.

운동을 병행한 것이다. 이는 만주 각지에 독립군 기지를 창설하는 계기가 되어 무장 독립운동으로 발전했다. 이때 '서전서숙'이 간도의 중심인 용정[20]에 세워져 민족학교의 요람으로 애국독립사상을 드높이는 항일민족교육의 효시가 되었다. 그러나 학교는 재정난과 일제의 탄압으로 1907년 9월 폐교되었다. 서전서숙이 폐교되자 김약연은 학생 전부를 인수하고(1908) 그 전통을 이어받아[21] 이름을 '명동학교'로 바꾸었다. 이후 '명동학교'는 1925년 '은진중학교'와 통합하며 문을 닫았다. '은진'은 '하나님의 은혜로 진리를 배운다.'는 뜻으로 은진중학교는 당시에 보기 힘든 3층 벽돌집에 스팀 보일러로 난방을 했다.[22] 일제가 금지하던 우리말 교육은 물론 영어, 성경, 국사 등 민족의식을 일깨우고 지식인을 양성하는 수업이 이뤄졌으며 당시 진화론을 언급한 교사가 학생들의 항의를 받기도 했다.

민족 교육의 산실로 민족정기의 맥을 이어갔다.

이곳에서 오리선생 전택부, 크리스찬아카데미 강원룡 목사, 청년문사 송몽규, 민족시인 윤동주, 민중신학의 창시자 안병무 목사 등 한국 근현대사의 수많은 인물이 청년기를 담금질했다.

일제의 대륙 침략이 본격화하고 괴뢰정부인 만주국이 세워지면서 은진중학교에 대한 핍박도 심해졌다.

---

20) 용정은 함경북도 상상봉 두만강 국경에서 60리 떨어져 있다. 이곳에 이주한 한인들은 마을을 개척하고 용두레박 우물을 파서 '용두레 촌'이라고 불렀다. 이런 인연으로 '용정'이라 부르게 되었다. ; 이성삼,『한국감리교회사』, 기독교대한감리회 본부교육국, 1982, 152.
21) 전택부,『인간 신흥우』, 기독교서회, 1971, 109.
22)「주간경향」, '북간도 민족교육산실 은진중학교', 2004년 4월 29일자.

3) 언론 · 계몽운동

역사연구 · 문학계와 음악계 역사연구는 사대주의적 역사관에서 탈피하여 무지와 무관심 속에 매몰되었던 민족사의 영광을 부각시켜 민족적 긍지를 선양하는 것이 당면 과제였다. 또한 그것은 일제의 동화정책에 대한 단호한 대결사상으로 일제 치하에서 가물거리는 민족주의의 순수성을 지키기 위한 수단이었다.[23] 박은식, 신채호 등 민족주의 사학은 한국사의 자주적 발전과 민족의 정신을 중시했다. 민족주의 사학은 객관성이 결여되어 있다는 비판을 받기도 했으나 우리 민족의 우수성, 창조성을 강조하는 역사서를 펴내 민족에게 긍지와 희망을 주었다. 조선학 연구를 주도한 안재홍과 정인보 등이 여기에 해당한다. 정인보는 민족의 '얼' 확립을 강조했다. 박은식은 '한국통사'와 '한국독립운동지혈사' 등을 썼고 민족 '혼'을 강조했다.[24]

> 옛사람이 이르기를 나라는 없어질 수 있으나 역사는 없어질 수 없다고 하였으니 그것은 나라는 형체이고 역사는 정신이기 때문이다. 이제 한국의 형체는 허물어졌으나 정신만이라도 오롯이 남을 수 없는 것인가.

신채호는 1908년에 『독사신론』과 『을지문덕』, 『최영』, 『이순신』 3대 영웅전을 썼고 역사를 애국심의 원천으로 여겼다.[25] 그는 영웅주의적 역사관을 통하여 '왜놈들을 처부숴 줄 영웅'의 등장을 기대했다. 그의 대표작 『조선상고사』는 1931년 6월부터 10월까지 「조선일보」에 연재(103회)했다. 그는 역동적 애국주의 계몽사가로

---

23) 김용덕, 『한국사수록』, 을유문화사, 1984, 29.
24) 박은식(김승일 역), 『한국통사』, 범우사, 2011, 서문.
25) 「대한매일신보」, 1909. 8. 10.

항일 투사로서의 지조를 지키며 독립운동으로서의 민족사학의 수립을 위해 힘들게 싸웠다. 그는 역사를 '아(我)와 비아(非我)'의 투쟁으로 보고 '조선 민족을 아의 단위'로 삼았다. 주체적 입장에 선 쪽이 '아'이고 그 외는 '비아'이다.[26] 그는 역사를 우리 민족의 이익과 우리의 민족적 입장을 기준으로 해서 보는 주체적 민족사관의 초석을 놓은 것이다. 그것은 뿌리 깊은 모화적 사관의 극복을 의미했고 아와 비아와의 투쟁에서 승리하려면 2천만 민족의 애국심과 독립정신을 일으켜야 한다는 것이 그의 신념이었다.[27]

이병도, 손진태 등은 랑케의 실증 사학을 기반으로 객관적 사실에 근거한 사료와 문헌 고증을 통해 역사를 연구해야 한다고 보았다. 이들은 1934년 '진단학회'[28]를 조직하여 『진단학보』를 발간했다. 진단학회는 일본의 압제 밑에서 한글, 역사를 지키고자 했다. '진단(震檀)'은 고대로부터 한국 또는 한민족을 이르는 이름이다. '떨칠 진, 벼락 진(震)'으로 지진과도 같이 산하를 온통 뒤흔드는 기상을 품은 박달나무('단군·檀君'의 상징)의 땅, 또는 그 부족을 일컫는다. '진단(震壇), 진국(震國), 진단(震旦), 진역(震域)'으로도 불렀다. 광복 뒤에 진단학회 내부에서 친일파 제명 운동사건이 일어났다. 일제 말기부터 손진태, 조윤제 등이 친일파 제명을 주장하고 나섰던 것이다.[29] 이병도는 조선일보에 "단군은 신화 아닌 우리 국조-역대왕조

---

26) 신채호(김종성 옮김), 『조선상고사』, 시공사, 2023, 21.
27) 김용덕, 앞의 책, 30.
28) 일본 학자에 의하여 연구되던 한국의 역사·언어·문학 등을 한국 학자의 힘으로 연구, 한글로 발표하려는 목적, 조선사편수회(친일역사단체인) 회원인 이병도 등이 주동이 되어 조직한 단체로 24명의 발기인 가운데 실무는 이병도·이윤재·이희승·손진태·조윤제 등이 맡았다.
29) 역사비평편집위원회, 『남과 북을 만든 라이벌』, 해방과 남북 선택, 그리고 역사연구, 역사비평사, 2008, 177~192.

의 단군제사, 일제 때 끊겼다"라는 제목으로 단군조선의 실재성을 주장했다.[30]

사회경제사학은 사회주의 유물사관의 영향을 받아 세계사의 보편적인 문명 발전 법칙이 한국사에도 적용된다는 것을 강조했다. 대표적 학자는 백남운으로 그는 『조선사회경제사』를 썼다.

문학계와 음악계 방면에서도 다양한 활동이 일어났다. 최남선, 이광수 등은 큰 업적에도 불구하고 뒤에 친일로 변절했다. 광야, 청포도, 절정 등의 민족 정서를 자극하는 시를 써 국민들의 마음을 달랜 민족시인 이육사, '어린이'란 말을 처음 사용하고 어린이들의 자존감을 높여 준 방정환, 윤극영의 반달, 홍난파의 봉선화, 이은상의 가고파, 안익태의 애국가 등의 민족의 정기와 향수를 노래한 곡들이 나왔다. 영화계에서는 나운규가 아리랑을 만들어 특유의 민족 정서를 뿜어내며 민족의 정체성을 자극했다. 백락준은 위험을 무릅쓰고 연희전문에 조선어학을 우선 선택과목으로 교수하게 하면서 아울러 조선사를 동양사 과목 속에 포함하게 하고 한문학 속에 국문학을 함께 강의하게 했다.[31] 조선학의 연구교수, 정인보의 '조선문학원류초본'과 최현배의 '품사유별'이란 형태로 그 결실이 맺어졌다. 이런 국학적 관심은 '조선적 신학'의 형성 모색 역시 동반했다. 조선어학을 우선시 했던 백락준의 조선신학에 대한 뼈있는 충고이다.[32]

조선예수교장로회가 있지만 그 신경은 조선 사람의 신앙의 결정이 아닌 듯하고… 더욱이 우리가 부르는 찬송가에는 조선 예수교인의 오묘한 신앙을 시적으로 표현한 것이 별로 없다. 성경해석은 배와서 아는 이와 스스로 연구하여 아는

---

30) 「조선일보」, 1986년 10월 9일자.
31) 백락준, 『시냇가에 심은 나무, 나의 인생관』, 서울, 휘문출판사, 1971, 42~70.
32) 「기독신보」, 1933, 5월 31일자.

이가 만흐나 아직까지 그 결과를 집합한 주석과 논문이 업서 기독교사상에 새로운 공헌은 없다. 이때는 조선교회의 형식을 만들려 하는 것보다 교회의 혼을 만들 때 일 듯하다."

조선·동아일보 창간 3·1운동 그 뒤 일제의 이른바 문화통치라는 것은 허울 좋은 겉치레였고 내면적으로는 우리 민족을 이간질하여 민족분열을 조장하려는 고도의 술책이요, 더욱 가혹하게 꾸며진 탄압정책이고 가증스러운 미소작전이었다. 그러나 언론, 문화, 예술, 종교, 학문, 노동의 모든 방면에서 국권 회복을 향한 정신을 다지게 했고 다양한 활동을 가능하게 했던 것도 사실이다.

1920년 봄에 조선일보(1920.3), 동아일보(1920.4.)가 창간되었다. 그러나 기사가 일제의 마음에 들지 않으면 없애버리거나 얼마 동안 휴간되었다. 이같이 갖은 방해검열과 삭제, 정간, 폐간을 무릅쓰고 두 신문은 끊임없이 일본 식민통치의 문제점을 지적하고 우리 민족의 나아갈 길을 보여주었다. 이들 신문을 중심으로 국민들의 의식 수준을 높이기 위한 계몽운동이 일어났다.

총독 사이토가 '내선일체(內鮮一體)'의 동화주의를 표방하자, 일제의 의도대로 나라 안에서 갈등이 시작되었다. 자치론을 제기한 민족주의 우파진영은 조선총독부의 지원을 등에 업고 우익세력단체인 연정회를 조직하려고 했다. 이에 앞서 이광수는 '민족적 경륜'이라는 논설을 동아일보에 실었다. 1924년 1월 2일부터 6일까지, 5회에 걸쳐 실었는데 이것이 갈등에 불을 붙였다. 핵심은 "총독부가 허하는 범위 내에서" 민족운동을 전개해야 한다는 것이었다.[33] 이 논설이

---

33) "우리는 조선 내에서 허락되는 범위 안에서 정치적 결사를 조직해야 합니다. 이런 공식적인 결사조직이 있어야 민족의 권리와 이익을 옹호할 수 있기 때문입니다. 또한 조선인을 정치적으로 훈련하고 단결하여 민족의 정치적 중심세력을 만들어야 앞으로 이어질 정치 운동의 기초를 다질 수 있습니다." 「동아일보」, 1924. 1. 3.

격렬한 반발을 불러일으켰고 결국 연정회 조직계획은 미수에 그치고 말았다. 그것은 일본의 현실적인 힘을 인정하고 힘을 키우는 대신 자치권만 갖자는 주장이었다.[34] '민족적 경륜'은 민족주의 진영 안에서 타협주의 세력과 비타협주의 세력의 대립을 표면화시키는 계기가 되었다. 1925년 1월 21일 조선일보는 사설을 통해 이광수의 주장이 동아일보의 입장이라며 자치론을 거세게 비판하고 나섰다.[35] 그러자 송진우와 김성수는 최린, 최남선 등과 여러 차례 만남을 갖고 자치가 가능한 것인지 연구를 계속했다. 동아일보는 독립을 위해 일단 자치권부터 먼저 확보하자고 했고 다른 쪽은 그것은 일본에 타협하는 것이라며 비판했다.

조선일보사에서는 1929년 여름부터 방학에 귀향 학생들의 계몽 활동을 주선하기 시작했다. 문자보급운동이라는 명분 아래 한글보급을 중심으로 한 농촌계몽운동을 전개했다. 동아일보는 1931~1934년까지 전국적인 문맹 퇴치운동을 폈다. 처음에는 이름을 '브나로드(v narod)'라고 했다가 제4회부터는 '계몽운동'으로 바꾸었다.[36] 브나로드는 러시아어이다.

방학이면 민족운동에 불타는 학생들이 농촌으로 몰려갔다. 교회의 여름성경학교 활동은 한글보급에 커다란 영향을 끼쳤다. 전도활동이었으나 교재가 한글 성경이었기 때문이다. 학생들은 농촌에서 농사

---

[34] 「동아일보」, 1924. 1. 6일자 참조.
[35] 조선일보 1925년 1월 21일자. 1924년 9월 이후 조선일보는 동아일보의계의 점진적 실력양성운동, 민족 개량주의와 자치론에 대한 비판을 강화한 한편 사회주의적인 색채도 드러내기 시작했다. 3번째 정간되는 1925년 9월 8일까지 조선일보는 총 88건의 기사를 압수당하는데 그중 13건이 사회주의 색채를 담고 있었다. 김명구, 앞의 책, 408~409, 주) 229. 참조.
[36] '브나로드'는 '민중 속으로'라는 뜻의 러시아말로 러시아 말기에 지식인들이 이상사회를 건설하려면 민중을 깨우쳐야 한다는 취지로 만든 구호이다.

와 가사를 돕고 강연회를 열고 야학을 개설하여 문맹퇴치는 물론 농민의 사상을 깨우치고 지식을 보급했다. 신문들은 농촌야학의 부족한 교원실정을 소개하며 방학을 맞은 학생들에게 애국적 봉사를 호소했다. 이들은 고향에서 농민운동의 지도자로 자리잡기도 했다.

교육·물산장려운동 일제는 말로는 문화통치를 한다면서 한국인을 위한 교육은 그들 식민지 정책 달성에 유용한 최소한도의 교육에 그쳤다. 대학은 허가해 주지 않았다.[37] 문화통치라는 명분으로 교육제도가 나아지긴 했으나 조선사람은 기초학문과 기술교육만 받을 수 있을 뿐 고등교육이나 민족교육은 우리 스스로 해결해야 했다. 이에 지식인들은 근대화에 발맞추어 국민 의식을 일깨우고 일제에 저항했다. 그러려면 교육을 서둘러야 했다. 서당식 교육이 아닌 신식학교를 세워 근대식 교육을 하며 동시에 기업을 설립하여 산업을 발전시키고 실력을 길러야 했다. 이를 위한 민간인 대학설립운동, 형평운동 등 실력을 양성하여 민족의 힘을 기르기 위한 움직임이 있었다. 1922년 이상재, 윤치호, 김병로, 김성수 등이 주동이 되고 발기인 1,170명을 확보하여 민립대학 기성회를 출범시키고 모금활동을 했다. 그러나 일제의 탄압으로 실패하고 말았다.[38]

나라의 주권을 빼앗긴 뒤 한반도에는 일본 상품이 물밀 듯 밀려들어 왔다. 일제는 한국에서 경제적 실권을 장악하고 있었으므로 한국민은 싫든 좋든 일제 공산품을 써야 했다. 민족 산업은 살아남기 어려웠고 많은 기업이 문을 닫거나 비싼 이자를 내고 일본 사람의 돈

---

37) 한국사연구회 편, 「한국사연구입문」, 지식산업사, 1981, 502.
38) 이이화, 「한국사 이야기 20:우리 힘으로 나라를 찾겠다」, 한길사, 2006, 290.

을 빌려 써야 했다. 이같은 현상이 계속되다 보니 경제에서도 일본의 지배는 날로 심화되었다. 이런 속에서 땅을 빌려 농사짓는 소작농들의 소작쟁의, 공장의 노동자들의 노동쟁의, 국산품을 사용하여 민족기업을 살리기 위한 다양한 경제적 독립운동이 진행되었다. 자본가들과 지식인들을 중심으로 조선물산장려운동을 벌였다. 이승훈 등은 국내자본 세력을 규합하여 일본 상인들에 대항했다.[39] 이들은 우리 민족경제의 자립을 외치며 조선물산장려회도 만들었다. 조만식의 주도로 1920년 7월 평양에서 가장 먼저 만들었고 1923년에는 서울에서도 만들어지면서 전국적인 조직으로 발전했다.

물산장려운동의 구호이다. '내 살림, 내 것으로!, 조선사람, 조선 것!, 우리가 만든 것, 우리가 쓰자!' 국산품 사용하기, 소비 줄이기, 금주·금연 등의 운동도 함께 펼쳤다. 이런 운동에 많은 사람들이 그리고 적극적으로 참여하면서 전국적인 운동으로 넓혀 나갔다.

4) 농촌 계몽운동

1920년대에 들어 일제의 본격적인 수탈정책으로 한국경제는 물론 농촌경제도 피폐되었다. 이로 인해 만주나 연해주 등으로 많은 이주민이 떠나면서 교인이 급격히 줄었다. 헌금이 격감했고 농촌교회는 유지가 어렵게 되었다. 예배당이 폐쇄되는 지역도 적지 않았다.[40] 한국교회의 위기가 아닐 수 없었다. 총독부 식산국 보고에 따르면 당시 한국 인구의 80% 이상이 농민이고 농민 중 80% 이상이 소작농인데 그들은 30%내지 48%의 이자 돈을 빌려 소작료를 지불하고 있었다.[41]

---

39) 김명구, 『한국기독교사 1-1945년까지』, 예영커뮤니케이션, 2018, 246.
40) J.S. Gale, The Christian Movement in Korea The Christian Movement, 1922, 334. ; 김명구, 위의 책, 470. 재인용.
41) 민경배, 앞의 책, 260.

농민 대부분은 절대빈곤의 상태에서 노예처럼 시달렸다. 동아일보는 이렇게 썼다.[42]

죽도록 일해도 먹을 수 없고 입을 수도 없고 결국 죽을 수밖에 없다.

이런 상황에서 기독교계는 시대적 현실에 눈을 돌리지 않을 수 없었다. 협성신학교에서 강의하던 조민형은 당시 농촌상황을 이렇게 말했다.[43]

근년의 농촌경제공황의 모진 타격으로 말미암아 일반 교인의 생활은 극도로 어려워지고… 연보를 청한대야 내지도 아니할 뿐 아니라, 이것으로 관련하여 교회에 나오기를 꺼리는 일…

더욱이 1925년, '을축년 대홍수'로 농촌은 마비되었다.[44] 한국기독교는 YMCA의 선도로 농촌사업을 시작했다. 그해 11월 YMCA는 농촌부를 설치했다. 농민을 상대로 의식계몽운동과 문맹퇴치운동을 비롯, 농민잡지「농촌청년」을 발행하고 농사법 개량을 통한 생산증가 등 다양한 내용을 전개했다. 이때 1928년(3.24~4.8) 예루살렘에서 세계선교대회가 열렸다. 교파를 초월하여 신흥우·양주삼·정인과·김활란·노블·마펫을 파견했다. 이 대회는 그 동안의 국제 선교대회와는 달리 아시아, 아프리카, 라틴 아메리카 대표들이 서구 개

---

42) 「동아일보」, 1927년 6월 24일자, 김명구, 앞의 책, 474. 재인용.
43) 조민형, "농촌사회의 피폐와 구제책(9), 「기독신보」, 1931년 3월 18일자. ; 김명구, 471.
44) 7월 11일부터 이틀간 황해도 이남 지방에 300~500mm의 호우가 내려, 한강, 금강, 만경강, 낙동강 등이 범람했다. 16일에서 18일까지 또다시 650mm의 비가 내려 임진강과 한강이 크게 범람했다. 8월 들어서는 관서지방의 호우로 대동강, 청천강, 압록강이 범람했다. 8월 말에는 남부지방에 많은 비가 내려 낙동강, 영산강, 섬진강이 범람했다. 당시 피해액은 1억 300만 원으로 조선총독부 1년 예산의 58%에 해당되었다. ; 김명구, 앞의 책, 471.

신교 국가들과 동수로 참석했다. 농촌문제는 한국 대표들의 특별한 관심을 끌었다.

사례 발표에서 미국 사회학자 브루너(E.de S. Brunner)가 작성한「한국 농촌 조사보고서(Rural Korea; A Preliminary Survery of Economic Social and Religious Conditions)」가 인용 자료가 되었기 때문이다.[45] 브루너의 발표에 자극을 받은 김활란과 신흥우는 귀국 길에 2주 동안 유럽의 대표적 개신교 농업국인 덴마크를 방문했다. 선진 농업기술과 농촌사업을 시찰하며 많은 자극을 받고 돌아온 그들은 덴마크의 농촌사업을 국내에 접목시키려 했다. 김활란(1899~1970)은 '신앙생활의 사회화와 실제화'를 선언했다.

개인 구원에 머물러 있었던 것에 대한 반성이었고 구원의 영역을 일반 사회까지 확대해야 한다는 주장이었다. 복음을 사회화하는 것이 복음의 실제를 이루는 것이고 그것이 한국교회의 나아갈 방향이라고 믿은 것이다.[46] 그는 YWCA 안에 농촌부를 설치하고 교회 차원에서 농촌사업을 적극 펴기 시작했다.[47]

협성여자신학교는 1929년부터 농촌사업과를 설치했고 그해 미국 유학에서 돌아온 황애덕이 주임교수로 부임하여 농촌사업과와 YWCA를 연결하여 농촌계몽운동을 폈다. 이 과정에서 최용신이 황교수에게 발탁되어 농촌운동가로 활동하게 된다.[48] 이 조직을 기초로 전국 각 지역의 농촌 부녀자와 아동을 대상으로 문맹퇴치운동, 부녀자들의 농가 부업, 아동보건사업 등을 실시했다. 교회는 전국적인

---

45) 전택부,『한국에큐메니칼 운동사』, 한국기독교교회협의회, 1979, 102~106. ; 김명구, 471. 재인용.
46) 김활란, "예루살렘대회와 금후 기독교",「청년」, 1928년 11월호, 4.
47) 이효재,『한국 YWCA반백년』, (한국YWCA연합회, 1976), 56~57.
48) 이덕주 · 서영석 · 김흥수, 앞의 책, 251.

조직을 갖추었고 지식층 신자가 상대적으로 많았으며 공간을 갖추고 있어 농촌계몽사업에 도움을 줄 수 있었다. 경기도 안산 샘골에 최용신이 YWCA 회원으로 파송되었다. 그는 주부들을 상대로 '농촌부녀지도자수양소'를 열었다. 황에스더, 황은경, 최이권, 모윤숙, 김활란, 홍에스더, 최마리아, 박마리아, 장정심 등의 YWCA 농촌부 위원들이 강사로 활동했고 많은 여성 지도자들을 양성했다.

　YMCA 총무 신흥우[49]는 소작인과 공장 노동자들의 생활상에 깊은 우려를 가졌다. 반기독교 운동이 일어난 것은 당연하다고 본 그는 "모든 농민들의 경제적 향상과 사회적 단결과 정신적 소생을 도모한다."는 계획을 세웠다. 그는 "하나님과 이웃과의 올바른 관계를 농촌사업의 목적으로 삼았고 하나님의 정의가 중심이 되는 하나님의 나라를 내세웠다." YMCA 농촌사업에 이 땅을 하나님 나라로 만들고 한국의 농민들을 그 백성으로 삼는다는 사회복음 신학이 담겨 있었다.

　미감리회, 남감리회는 연회 안에 농촌사업위원회, 혹은 농촌부를 설치하고 지방교회 조직을 이용하여 협동조합 결성과 농촌 강습소 설치를 추진했다. 장로교는 1928년 9월, 장로교 총회에서 정인과가 농촌부설치를 제안하자, 장로교의 주류는 여전히 교회의 사회참여 문제라며 냉소적이었다. 수락은 했지만 실질적인 체계는 갖추지 못했고 지역 교회들도 적극적이지 않았다. 1930년부터는 해마다 10월 셋째 주일을 '농촌주일'로 지키며 농촌운동에 대한 교인들의 인식 확대를 꾀했다.

---

49) 신흥우. 1883~1959, 개화 운동가이자 감리교 목회자이다. YMCA 총무(1920~1935)로 기독교를 통한 농촌개조와 문맹 퇴치, 사회운동, 실력양성 등을 목표로 독립운동을 추진했다.

그 뒤 1933년 배민수가 주도하는 장로교 농촌운동은 그 성격이 확 바뀌었다. 그는 정인과와는 달리, 농촌운동을 경제적 목표가 아니라 신학적 목적 아래 진행한 것이다. 이 땅에 하나님 나라를 건설하기 위한 운동임을 분명히 한 것이다. 공산주의자들이 굶주려 죽어갈 수 밖에 없는 사람들에게 유물론적 유토피아를 꿈꾸게 할 때, 그는 기독교의 이상을 통해 이를 막으려 한 것이다. 배민수는 주장했다.[50]

반 기독교 운동과 공산주의는 악마이고
기독교의 농촌사업이 악의 창궐을 막을 수 있다.

그는 자신들의 농촌사업을 영적 영역에서 해석했고 농민들의 생활을 윤택하게 하려는 경제운동이 아니라고 주장했다.[51] 그는 최저 생활비와 표준생활비를 설정하고 도와주는 상호부조의 분배를 주장했다. 그것은 '이기심이 죄악'이라는 사회복음주의 신념에서 나온 것이다.[52] 그는 자신의 농촌운동의 신학을 '복음주의'라고 믿고 있었다.

5) 주일학교연합회

한국에서 주일학교를 맨 처음 조직한 교파는 감리교회이다.[53] 아펜젤러가 1886년도 미국선교본부에 제출한 한국선교 연례보고서에 "주일학교 한 곳 학생 12명,[54] 1887년도 주일학교 두 곳 학생 20

---

50) 김명구, 위의 책, 480.
51) 배민수, "기독교농촌운동의 금후" 「농촌통신」, 제4호, 1935년 9월 1일자. 김명구, 480. 재인용.
52) 김명구, 앞의 책, 481.
53) 윤춘병, 앞의 책, 34.
54) Annnual Report MEC, 1886, 236.

명, 1888년도 주일학교 세 곳 학생 43명"이라고 했다. 그런데 이때의 주일학교는 청장년주일학교였고 오늘날과 같은 유년 주일학교는 1893년 노블 부인이 아현교회서 맨 처음으로 시작했다.[55] 1905년 감·장선교사 연합으로 '재한복음주의개신교선교사통합공의회'를 조직하면서 그 안에 주일학교위원회를 둔 것이 주일학교연합회의 시작이다. 오늘의 대한기독교교육협회(KCCF)의 전신이다.

1911년 조선주일학교연합회는 세계주일학교연합회 대표로 1908년 4월에 이어 다시 들어온 브라운[56]과 협의하여 지금까지 선교사 중심의 조선주일학교위원회에 한국 사람도 참여키로 했다. 1907년 로마, 1911년 워싱턴의 두 차례의 세계주일학교대회에 윤치호가 참석하여 연설하고 실행위원으로 연속 피선되었다. 워싱턴대회에는 윤치호, 이승만, 존스와 장로교의 마펫 선교사가 참석했고 마펫이 명예부회장으로 추대되었다. 존스는 강사로 활동했다. 1913년 스위스 취리히 제7회 대회에서는 신흥우가 실행위원이 되었다.[57] 초기 기독교교육에서 남감리회는 주일학교 발전에 획기적 기여를 했다.

감·장의 주일학교연합사업이 구체적으로 시작되기는 1920년, 제1회 조선주일학교대회가 열린 때로 본다.[58] 1920년 10월 5일부터 14일까지 일본 동경에서 제8회 세계주일학교대회가 예정되어 있었다. 1920년 5월 29일 평양에서 열린 조선주일학교연합회 임원회에서 한국에 배당된 '총대 2백 명, 선교사 총대 50명'을 각 교파, 교단별로 배분하고 참가 신청을 받기로 했다. 세계 각국에서는 1천여 명

---

55) 「기독신보」, 영인본 제2권, 339. ; 윤춘병, 앞의 책, 343.
56) 1908년 4월 세계주일학교연합회의 브라운과 해밀이 내한하여 조선주일학교사업 협조문제를 협의하고 조선주일학교 실태를 시찰하고 돌아갔다.
57) 엄요섭, 「한국기독교육소고」, 기독교교육협회, 1959, 10.
58) 이봉구, 「한국기독교교육사」, 대한기독교교육협회, 1974, 249.

이 예정되어 있었다. 1920년 상해의 '대한민국예수교진정회' 회장 손정도 목사와 상해 한인교회 담임목사 김병조의 이름으로 국내교회에 서한을 발송했다. 그것은 동경 세계주일학교대회에 한국교회 대표를 파송하지 말아 달라는 호소였다. 일본 정부가 대회를 정치적 목적으로 이용하려는 의도를 가졌기 때문이다. 일본 정부는 1천 명 이상의 세계기독교 지도자들이 참석하는 대형 국제행사를 3·1운동으로 악화된 국제 여론을 만회하는 기회로 삼으려 한 것이다.

특히 한국 참석자들에게 왕복 경비(80원)에다 식비를 부담하고 일본 황족들이 묵는 동경 제국호텔을 숙소로 제공한다는 것이었다. 대회 뒤에는 일본 관광이 포함된 '공짜 여행'에 관심이 폭증할 것은 당연했다. 동아일보는 이 내용을 "일요학교 대회 참석은 조선인의 대치욕"으로 보도했다.(1920. 9. 22)[59] 이 기사로 동경 주일학교대회에 부정적인 여론이 빠르게 확산되었다. 감·장은 대표를 선정하지 않았고 신청자도 없었다. 한국교회 대표단은 감·장의 선교사들 40명으로 구성되었다. 결국, 일본은 동경 주일학교대회를 일본에 불리한 세계여론을 반전시키려다가 수포가 되고 만 것이다.[60]

사실 우리나라가 일본에 강제로 합방 당한 지 10년밖에 안 되고 바로 1년 전, 3·1독립만세운동으로 일본에 민족적 항거를 했는데 참가할 수 없다는 여론이 있다.[61] 그 대신 한국교회는 두 가지를 결의했다.[62] 하나는 동경대회에 참가하는 사람들을 통해 비공식으로 각국의 대표들을 한국에 유치하는 일, 또 하나는 1921년 서울에서 조선주일학교대회를 열자는 것이었다. 그 결과 동경대회를 마친 세계교회 지

---

59) "일요학교대회에 출석함은 조선인의 대치욕",「동아일보」, 1920. 9. 22.
60) 이덕주,『손정도, 자유와 평화의 꿈』, 신앙과 지성사, 2020. 327.
61) 엄요섭,『한국기독교교육사소고』, 대한기독교교육협회, 1959. 10~11.
62) 윤춘병, 앞의 책, 54.

도자 54명이 한국을 찾아 주일학교연합회와 기독교청년회 지도자들을 만나 한국교회상황에 대한 간담회를 가졌다.[63] 그들은 또한 서울을 비롯, 평양, 개성, 대구 등지를 순회했고 한국교회는 그들을 대대적으로 환영했다. 그들은 강연회와 예배와 설교로 성도들을 격려하고 위로해 주었다. 그리고 주일학교사업에 일대 자극을 주었다. 엄요섭 목사는 그때 외국인을 맞이했던 감상을 이렇게 술회했다.[64]

우리 교계는 마치 아침에 일어나 창문을 활짝 열어놓고 새 공기를 호흡하는 기분이었다.

조선주일학교대회를 앞두고 대회 임원들은 2~3개월 전부터 간사장 한석원의 계획과 지휘 아래 대회를 꼼꼼하게 준비했다. 개회 날인 1921년 11월 1일, YMCA에서 등록 6백 명 예정에 1천 명을 초과했다. 대회는 8일 동안 이어졌다. 한국에서 처음 가진 국제대회였음에도 강의, 토의, 다채로운 프로그램, 숙박-숙식, 진행 모두에 나무랄 데 없는 대회였다. 한국교회의 소망과 용기는 물론 주일학교 발전에 일대 전환점이 되기에 충분했다. 대회장은 장로교의 남궁혁 목사였으나 대회를 주도한 이들은 한석원을 비롯, 감리교 사람들이었다. 대회에서 강의를 맡았던 강사는 모두 10명이다. 다섯은 미국 사람이고 한국 사람은 5명인데 감리교 측이 4명, 장로교 측이 1명이었다.

한국교회 주일학교교육 초기에는 아펜젤러, 메리 스크랜턴, 노블 부인, 데밍 부인 등이 개척 역할을 담당했고 1910년대에는 크램, 한석원, 홍병선, 현순 등이 주일학교를 전국교회에 보급하는데 힘을 썼

---

63) "세계주일학교 54명 환영회", 「기독교신보」, 1920. 10. 27.
64) 엄요섭, 앞의 책, 10~11.

다. 1920~1930년대에는 미국 각 신학교에서 전문교육을 받은 김창준, 김종만, 변성옥, 김형식, 유형기, 김준옥, 김보린, 이환신, 배덕영, 송흥국 등이 주일학교의 제도 확립, 전문적인 교양도서와 교재 발간, 깊이 있는 강습회와 지도자 양성으로 기독교교육의 기초를 세우고 틀을 잡아 놓았다. 한국교회 기독교교육발전에 감리교회의 공은 실로 큰 것이 아닐 수 없다.[65]

---

65) 윤춘병, 앞의 책, 560.

2. 공산주의의 도전

1) 공산주의의 유입

3·1운동으로 곧바로 해방이 된 것은 아니었다. 국민의 심정이 크게 허탈했음은 물론 3·1운동을 주도한 민족주의 세력에 기대가 컸던 만큼 실망도 컸다. 윌슨의 민족자결주의에 따른 희망은 환멸로 바뀌었다.[1] 3·1운동에 따른 반성으로 맨주먹의 만세 함성만으로는 독립이 이루어질 수 없다는 인식 아래 새로운 출구를 찾게 되었다. 이런 상황에서 혜성처럼 나타난 것이 사회주의였다. 사회주의는 당시 한 줄기 빛처럼 보였고 독립을 향한 부푼 기대 속에 민족해방을 위한 새로운 이념으로 떠올랐다. 사회주의는 공동 생산, 공동 분배의 체제를 추구하므로 공산주의라고 한다.

우리나라에 사회주의 사상이 처음 소개된 것은 일제강점기인 1920

---

1) 한국사학회 편, 『한국현대사론』, 을유문화사, 1986, 134.

년대이고 3·1운동 뒤 빠르게 번졌다. 1920년 7월 말부터 8월 초에 걸쳐 개최된 코민테른[2] 2차 대회에서 레닌은 '민족·식민지 문제에 관한 테제'를 통해 "혁명적인 식민지 민족해방운동에 대한 적극적인 지지를 표명"했다.[3] 레닌과 러시아혁명세력들은 제국주의의 침략성을 격렬하게 공박했고 피압박민족의 해방을 열렬히 지지했다. 공산 사회주의는 나라 안팎 독립운동가와 지식인, 청년, 학생들에게 충격을 주면서 폭발적으로 확산되었다.

한국의 공산주의는 두 개의 경로로 유입되었다. 먼저는 시베리아 교포사회로부터이고 다음은 일본 유학생이다. 일본에서의 경우, 1920년대 초 일본에서 진보적인 유학생들이 사회주의와 만나면서 적지 않은 학생들에게 파급되었다. 이미 1919년 동경유학생들의 2·8독립선언서에 다음 구절이 들어갈 정도였다.[4] "군국주의적 야심을 포기하고 정의와 자유를 기초로 한 러시아는 신국가의 건설에 종사하는 중…"

이들 유학생들과 러시아혁명에 영향받은 몰락한 양반과 지식인들, 그리고 일부 민족주의 계열들을 통하여 사회주의는 적극, 유입되었다.

시베리아로부터의 경우, 1917년 11월 7일 발생한 '러시아혁명'('10월 혁명' 또는 '볼셰비키 혁명')으로[5] 레닌의 공산주의자들이 볼셰비키 정권을 세웠다. 이렇게 태어난 소련 정권은 평화 선언, 민족독립,

---
[2] 레닌주의 국제공산당 연합. 1919년 3월 레닌의 주도로 모스크바에서 창립. 국제 공산주의 운동을 지도했다. 선진 자본주의 사회의 계급 혁명과 식민지 민족의 해방투쟁을 연결시켜 세계적화혁명이 목적이다. 한국사학회 편, 위의 책, 134.
[3] 전명혁, "1920년 코민테른 2차대회 시기 박진순의 민족·식민지 문제 인식", 『한국사연구』, 134호, 2006, 195.
[4] 아(我, 러시아)국은 이미 군국주의적 야심을 포기하고 정의와 자유를 기초로 한 신국가 건설에 종사. 김명구, 앞의 책, 191~192.
[5] 러시아 달력으로 '10월 25일' 일어났기에 '10월 혁명'으로 불린다.

무배상, 무병합의 원칙을 발표하는 등 식민지 민족의 해방을 전적 지지했다. 이런 공산주의는 시베리아 지역의 한인사회에 곧바로 유입되었다. 1919년 9월 5일 노령 이르쿠츠크에서 김철훈을 대표로 전로한인공산당을 결성하고 이듬해 7월 '전로고려공산당'(약칭 고려공산당)으로 이름을 바꾸었다. 이동휘는 1918년 5월 11일 노령 하바로프스크에서 '한인사회당'을 결성했다. 그는 이때만 하더라도 볼셰비키 사상을 구체적으로 알지 못했다. 다만 독립운동에 러시아의 힘을 의존하려 했다.[6] 그러나 상해임시정부 국무총리 시절, 완전히 공산주의자로 변했다. 1921년 한인사회당의 이름을 '고려공산당'으로 바꾸었고 레닌의 촉망받는 공산주의자가 되었다. 레닌은 한국 사람을 우대했다. 그는 태평양 진출의 교두보 등 한국의 가치를 알고 있었다.[7]

1925년 4월 17일 서울에서 조선공산당이 조직되었다. 김재봉·조봉암·박헌영 등이 참여했다. 다음 날, 박헌영의 집에서 조선공산당 고려공산청년회가 결성되었다. 김재봉과 박헌영은 이 대회에서, "타도 일본제국주의, 조선민족해방 만세, 국제공산당 만세"를 외치며 반일 공산주의운동을 시작했다.[8] 이동휘의 고려공산당과 이르쿠츠크파 고려공산당은 같은 공산당으로 소비에트식 정부 수립이 목표이나 서로 유일 정통성을 내세우면서 치열하게 싸웠다. 둘은 완전 별개였다. 공산당은 그 뒤 이동휘를 수령으로 하는 상해파, 안병찬·여운형을 두목으로 하는 이르쿠츠크파, 그리고 일본에 유학하는 학생들로 조직된 김준연 등의 엠엘(ML, 막스-레닌의 준 말)당 파로 나뉘었다.

---
6) 신복룡, "한국 공산주의자의 발생 계기", 「한국정치학회보(34권 4호)」, 한국정치학회, 2001, 58.
7) 신복룡, 위의 책, 65. ; 김명구, 앞의 책, 398. 재인용.
8) 이균영, "김철수 연구", 「역사와 비평 Vol.3」, 1989, 276~277. ; 김명구, 앞의 책. 398.

엠엘당은 상해에서는 미미했으나 만주에서는 크게 활동했다.[9]

독립운동가들 일부는 소련에 의지하려는 생각을 가졌다. 특히 민족적·계급적 억압을 받고 있던 농민·노동자 등 절대 다수의 서민대중에게는 그들의 숙명적 신분을 깨뜨릴 단 하나의 길이었다. 이런 상황에서 피지배계급 중심의 혁명 철학인 사회주의 이념은 식민 조선의 민중들을 사로 잡을 수 있었다.

그때 우리나라와 미국, 소련과의 관계를 살펴보면,

첫째, 지리상으로 미국은 멀고 소련과는 국경이 맞닿아 있다. 그러나 그것은 거리문제만은 아니었다. 당시 소련은 약소국들의 환심을 사려고 무던히 애를 쓰며 경제적 지원도 아끼지 않았다. 그러나 구미열강, 미국·영국·프랑스는 일본을 지지했고 한국·중국·베트남의 독립운동에 부정적이었다. 우리에게 마음을 써 준 것은 소련뿐이었다.

둘째, 일제의 압박과 수탈로 신음하던 때에 '재산을 사회에 환원하여 공유하고 모든 계급을 타파한다'는 '사회주의 강령'은 복음처럼 들렸다. 타고난 운명을 뒤집을 절호의 기회였다.

셋째, 소련은 애타게 동맹 파트너를 찾고 있었다. 처음에는 유럽에 기대했으나 실패하자 아시아의 약소민족 국가들에게 눈을 돌렸다. 일부 민족주의자들에게 소련을 활용, 독립을 쟁취하자는 인식이 부풀었다. 볼셰비키와 손잡는 것이 유일한 방법인 줄로 여겼다.

---

9) 송건호 편, 『김구』, 한길사, 1980, 163.

2) 이승만과 공산주의

  임시정부 안에서 외교론(이승만), 실력 양성론(안창호), 무장투쟁론(이동휘)의 이념대립이 날카로왔다. 외교론의 대표는 이승만이다. 이승만은 당시 우리의 역량이 무력투쟁을 감행할 수준에 이르지 못한다는 것을 알았다. 나중의 일이지만, 청산리대첩의 댓가로 경신참변(1920)이라는 무차별 학살을 당한 사실에서도 알 수 있듯이 당시의 무장투쟁은 민족의 희생을 가중시킬 수 있는 것이었다. 이승만은 미국에 기대를 걸었다. 태평양의 패권을 두고 일본은 미국과 충돌하게 될 수밖에 없고 미·일 전쟁이 일어나면 독립의 기회가 올 것으로 보았다.

  이승만은 원래 고종의 전제적 통치에 반기를 든 독립협회의 소장 급진 애국자였다. 고종을 몰아내고 입헌군주제 혁명을 도모하다가 체포되어 종신형을 받았다. 러·일전쟁에서 일본이 승리하면서 러시아에 의존하던 고종은 궁지에 몰리게 되었다. 마침 미국이 러·일 강화회담인 포츠머스 회담을 주재하게 되자, 고종은 미국의 도움을 청하려고 이승만을 특사로 파견했다.[10] 이승만은 큰 기대를 품고 미국으로 갔다. 미국에서 국무장관을 만났고 대통령 특사 태프트(W.Taft)도 만났다. 그리고 대통령 루스벨트(Theodore Roosevelt)를 만난다. 이들은 모두 이승만 일행에게 극진했고 이승만은 감격했다. 하지만 이승만이 모르는 사실이 있었다. 즉 가쓰라-태프트 밀약의 '배신'이었다. 태프트와 일본 외상 가쓰라는 "필리핀에서는 미국의 권리를, 한국에서는 일본의 권리를 인정한다"는 밀약을 이미 맺은

---

10) 유영익, 『이승만의 삶과 꿈』, 중앙일보사, 1996, 44.

뒤였던 것이다.

 이승만의 방미는 큰 의미가 없었다. 대신 미국에 머물러 공부하기로 했다. 조지 워싱턴 대학, 하버드 대학, 프린스턴 대학에서 공부하며 '국제공법'으로 정치학 박사학위를 했다. 당시 프린스턴 대학 총장은 국제정치학 교수 윌슨이었다. 이승만은 그때 윌슨 대통령과 개인적 친분을 맺을 수 있었다. 그 뒤 이승만은 하와이에서 교육사업을 하며 독립운동의 기초를 닦아나갔다. 출발은 미국 감리교단 소속으로였다. 이승만이 볼 때, 미국은 세계 최강일 뿐 아니라 최고의 문명국이었다. 이승만은 윌슨 대통령과의 친분을 과신했다. 윌슨은 장로교 목사의 아들이고 장로교인 이었음에도 미국감리교회가 채택한 사회복음주의 신학 영향 아래 있었다. 그는 민주당원이었기 때문이었으며 그때 유행처럼 번지고 있던 사회복음주의 신학을 자신의 정치 이데올로기와 연결시키고 있었다. 윌슨은 한국의 민족자결주의를 이루기 위해 즉각적인 독립이 아닌 위임통치를 제안했다. 국제적 공동관리를 통해 민족자결, 혹은 자치를 먼저 실시하고 점진적이고 단계적으로 독립시키자는 것이다. 그가 말하는 국제적 공동관리는 국제연맹을 의미했다.

 이동휘는 통합임시정부의 국무총리에 취임함으로 상해 임시정부와 대한국민의회의 통합이 성사되었다.[11] 이동휘는 구한말 군인 출신으로 독립의 전략은 오직 무장투쟁에 있다고 믿었다. 그는 러시아 소비에트 혁명에 크게 감화를 받고 레닌 정부의 지원에 전적 기대를 걸었다. 국제연맹과 미국에 의존하는 임시정부의 외교 노선을 소련과 코

---

11) 金榮秀, 『大韓民國臨時政府憲法論』, 삼영사, 1980, 92.

민테른 쪽으로 틀어 소련과 동맹을 맺고 항일해방전쟁에 성공하고자 했다. 당시 식민지국가의 해방을 공약하고 실질적 지원에 나선 서구 제국으로는 러시아뿐이었다. 더욱이 일본이 러시아혁명을 방해하려고 군대를 파병했듯이 소비에트 러시아와 일본의 대결 가능성도 예측할 수 있었다.

우리의 민족 지사들이 러시아 아니면 미국에 기대하는 것은 당연한 일이었다. 세계적 차원의 두 패권 국가의 자기장은 한반도에서 이미 충돌하고 있었던 것이다.

이승만은 1913년까지만 하더라도 이동휘(1873~1935)에 대해 매우 긍정적이었다. 이동휘가 두 살 위이며 같은 상동파였다. 이동휘는 1899년 무관학교를 졸업하고 육군 참령(지금의 소령)이 되어 강화 진위대를 이끌었다. 그는 일본의 무력 침략으로 나라를 잃고 비통해하던 때에 나라를 구할 수 있는 방편으로 기독교를 받아들인 것이다.[12] 그가 기독교에 입교한 것은 1905년 3월 강화도 진위대장직을 사임한 뒤였다. 강화읍교회 권사가 되고 선교사 존스와 협력하여 강화 전역에 복음을 전파했다. '1동 · 1교회' 운동을 펼쳐 2년 사이에 강화도에 20개가 넘는 교회와 학교가 설립되었다. 이때 '교회 옆에 학교, 학교 옆 교회'란 말이 생겼다. 그는 강화읍교회 김우제 전도사와 교인들 앞에서 "죄를 회개하고 주님께 자기 자신을 바치겠다."[13]며 술, 담배를 끊었고 옛 동료들을 찾아가 죄과의 용서를 빌었다. 그리고 그는 고백했다.

"하나님의 은총과 도움 없이는 나라를 구할 수 없다." 그는 이때,

---

12) 이덕주 · 조이제, 『강화기독교 100년사』, 밀알기획 신앙과 지성사, 1984, 135.
13) 김명구, 앞의 책, 399.

보창학교를 세워 매일 1시간씩 군사훈련도 시켰다. 이를 모델로 개성, 김천, 장단, 풍덕, 안악, 호흥, 함흥에도 같은 보창학교를 세웠다.[14] 그의 신앙은 성격만큼이나 열정적이었다. 선교사들은 그에게 '강화의 바울'이라는 별명을 붙여주었다. 을사늑약 뒤 그의 '유고'에 담긴 내용이다.[15]

기독교가 아니면 상애지심이 없고 기독교가 아니면 애국지심이 없으며 기독교가 아니면 독립지심이 없다. 자수자강의 기초가 기독교에 있으며 충군애국의 기초가 기독교에 있으며 독립단합의 기초가 기독교에 있다.

그가 고향, 함경도로 돌아간 것은 1909년이다. 함경도 담당 캐나다 장로회 선교부 책임자 그레이선(R.G. Grierson) 선교사를 찾아갔다. 그는 그레이선의 조사와 개척 전도자가 되어 전도에 힘썼다. 그가 가는 곳마다 숱한 사람들이 몰려들었다. "무너져가는 조국을 일으키려면 예수를 믿어라. 자녀를 교육시켜라. 단발하라. 그래야 우리도 서양 문명국과 같이 잘 살 수 있다"고 호소했다. 동아일보에 그에 관한 기사다.[16]

한 손에는 성경을, 또 한 손에는 교육사상을⋯
이르는 곳마다 산전이 떠나길 듯한 목소리로 첫마디부터 영혐이 뚝뚝 떨어져서 수많은 청중이 흑흑 흐느껴 울고 그 마당에서 반드시 학교가 설립되었으니⋯

함경도 이원, 단천 일대에 많은 교회들이 세워졌다. 1911년 2월, 북간도 일대에서 한 달 정도 부흥사경회를 인도하고 성진으로 돌아

---

14) 신용하, "신민회의 창건과 국권회복운동"『한국민족운동연구』, 을유문화사. 1985. 63~65.
15) 반병률, "이동휘와 한말 민족운동",『한국사연구』, 한국사연구회. 1994. 87.
16)「동아일보」, 1935. 2. 15.

오자 그는 105인 사건에 연루되어 구속되었다. 인천 앞바다 대무의도에 유배되었다. 그해 8월 15일, 제2회 함경노회는 그를 신학생 취교자로 이름을 올렸다.[17] 취교자란, 신학교 입학 추천 대상자를 말한다.

유배에서 풀려난 그는 부흥사경회를 이용하여 그레이선의 도움으로 북간도로 망명했고[18] 다시 1913년 초 노령으로 망명했다. 1917년 블라디보스톡에서 독립운동에 힘쓰던 때에 러시아 당국에 체포되었다. 그때 볼셰비키 혁명이 일어났다. 그는 감옥에서 러시아어를 학습했다. '공산당 선언'과 레닌의 '유물론, 경험비판론'을 탐독하며 결국 공산주의자가 되었다. 볼셰비키의 도움으로 풀려난 그는 하바로프스크로 이주하고 1918년 초, 볼셰비키당을 모방하여 '한인사회당'을 만들었다. 그의 강령 및 선언은 자본주의 체제는 반드시 제국주의로 발전함으로 독립운동은 근원적으로 자본주의 타도, 즉 사유재산제도의 전복과 함께 수행되어야 하며 그러기 위해서는 소비에트 정부와 동맹을 맺어야 한다는 것이었다. 최종목표는 독립이었다. 그는 임시정부 국무총리로 레닌의 원조자금을 끌어드려 임시정부를 아예 공산주의로 바꾸어 놓으려 했다. 그에게 공산주의는 독립의 수단이며 민족독립과 사회혁명이 과제였다.[19]

열정적 기독교 전도사가 사회주의와 만나자 하루아침에 기독교 신앙을 버리고 열정적 공산주의자로 무신론자로 돌변해 버린 것이다.

빨리 끓는 물, 빨리 식은 물이 아닌 아예 얼음장이 되어 버린 것이다.

17) 양전백 · 함태영 · 김영훈, 『조선예수교장로회사기 하권』, 한국기독교사연구소, 347.   )
18) 홍상표, "북간도", 「신동아」, 1965. 4월호. 300.
19) 김방, 『이동휘 연구』, 국사편찬위원회, 1990. 78~79.

그는 사회주의야말로 민족독립 쟁취에 가장 적합한 방법이라고 믿었다. 그의 유언은 "나는 조선의 혁명이 성공하는 것을 보지 못하고 죽소. 동무들은 반드시 고려소비에트공화국을 성립하시오"였다. 동아일보에서 그에 관한 기사이다.[20] "그 후에 상해를 떠나 노령으로 건너가서는 사상적으로 공산주의에 공명하여, 믿어오던 예수교도 버리고 이 운동에 진력했다."

그때 상해 임시정부를 장악하고 있던 공산주의와 반공주의자 이승만의 충돌은 예고되어 있었다. 이동휘는 한 치의 양보없이 임시정부의 주도권은 물론 이승만을 저지하려 했고 소련과 밀착하여 임시정부를 장악하려 했다. 반공 사상이 투철한 이승만은 이런 이동휘를 강하게 거부했다. 이승만은 미국식 자유 민주주의를, 이동휘는 소련식 사회주의 혁명을 내세워 대립한 것이다. 이승만의 꿈은 미국과 같은 대통령중심제의 자유 민주국가를 이루는 것, 동양에서 표본적 민주주의 문명국가를 구현하는 것이었다. 이승만을 반대하는 임시정부의 임원들은 그를 제거하려고 했다. 이런 살벌한 정세에 익숙지 못한 이승만은 신변에 위험을 느꼈고 숙소를 전전하면서 몸을 피해야 했다. 결국 그는 1921년 5월 20일 미국으로 떠났다. 명분은 워싱턴회의(일명, 태평양 회의) 참석이었다.[21] 이렇게 이승만의 상해에서의 대한민국 임시정부 초대 대통령직은 막을 내렸다. 그 뒤의 독립운동 전선은 민족주의운동과 사회주의운동의 두 노선으로 갈라졌고 결국 독립운동 전선은 점점 분열로 치달았다.[22]

---

20) 「동아일보」, 1935. 2. 15.
21) 국사편찬위원회, 『한국독립운동사』 (3), 36.
22) 한국사연구회 편, 508.

3) 신간회 운동과 공산주의

동아일보 1925년 9월 27일자 기사이다.[23]

　지금 우리 사회는 두 가지 조류가 있다. 하나는 민족주의 운동의 조류요, 또 하나는 사회주의운동의 조류인가 한다. 이 두 가지 조류가 물론 해방의 근본적 정신에 있어서는 조금도 다를 것이 없다. 그러나 운동의 방법과 이론적 해석에 이르러서는 털끝의 차이로 1,000리의 차이가 생겨 도리어 민족운동의 전선을 혼란스럽게 하여, 결국은 일제로 하여금 어부의 이를 취하게 하며 골육의 다툼을 일으키는 것은 어찌 우리 민족의 장래를 위해 통탄할 바가 아니랴!

6·10 만세운동, 신간회 1924년 중국에서 민족주의 단체인 국민당과 사회주의 단체인 공산당이 제1차 국·공 합작을 맺었다. 코민테른은 제국주의 세력을 몰아내기 위해서 사회주의와 민족주의의 단결을 역설했다. 1926년 6월 10일은 순종의 국장 날이었다. 장례행렬을 따라 만세시위가 일어났다. 학생들이 중심이었지만 준비과정에서 정치적 이념이 다른 민족주의, 사회주의 두 계열이 연대함으로 민족협동 전선의 토대를 마련한 것이다. 만세운동은 많은 시민들이 호응했고 지방으로 확산되었다. 제2의 3·1운동이라 불렸다.

　신간회는 1927년 2월 15일, 3·1운동 뒤 불타오른 절대 독립의 의지를 실천하기 위해 안재홍·이상재·김병로 등의 민족주의자와 홍명희·허헌 등 사회주의자, 즉 좌·우파가 손을 잡고 세웠다. 신간회 창립을 주도한 민족주의 세력은 민족주의 좌파 또는 비타협적 민족주의자라고 불리는 사람들이었다. 이들은 당시 민족주의 우파 또는

---

23) 「동아일보」, 1925. 9. 27.

타협적 민족주의 세력이 주장하던 자치운동을 극도로 경계했다. 왜냐하면 그들은 일제의 식민통치를 인정하고 있었기 때문이다. 신간회는 "기회주의를 일체 부인한다."는 강령으로[24] 타협적 민족주의를 배격하고 완전독립을 목표로 세웠다. 신간회는 삽시간에 전국 140여 개소의 지회와 약 4만 명의 회원을 가진 대규모 단체로 발전했고 광주학생독립운동·원산노동총파업과 같은 학생·노동·농민·야학운동 등 적극적인 항일운동을 펼쳐 나갔다. 신간회 광주지부는 1929년 11월 3일의 '광주학생항일운동'에 진상조사단을 보내 항의하며 사건의 진상을 밝히려 했다.

광주학생항일운동은 1929년 11월 3일 광주에서 일어난 학생들의 항일 만세운동이다. 1929년 10월 30일 나주역에서 광주중학교의 일본 학생들이 광주여고보의 조선 여학생을 희롱한 것에서 터졌다. 한국 학생과 일본 학생 사이의 충돌로 번졌다. 경찰은 광주고보와 광주농업공업학교 학생들을 구속했다. 이것이 발단이 된 '광주학생항일운동'은 광주 신간회 지부 청년들의 후원으로 11월 3일에 항일 독립 만세운동으로 발전했다.

신간회 창립 당시, 민족주의 계열에서 사회주의 계열에 이질감은 있었지만 혐오감을 갖고 있지는 않았다. 기독 언론인「기독신보」도 공산주의와의 연대를 권했다.[25] "진정한 사회주의는 기독교인이 아니더라도 그를 기독인과 동일시 간주하겠다." 민족을 최우선 가치로 보았기 때문에 민족주의와 공산사회주의가 단합할 수 있을 것으로 본 것이다. 이상재는 "민족주의는 사회주의의 근원이요, 사회주의는

---

24) 신간회 강령은 ①정치적·경제적 각성 촉진 ②공고한 단결을 공고 ③기회주의 일체 부인이었다.「동아일보」, 1927. 1. 20.
25) "기독교와 사회",「기독신보」, 1924년 10월 15일.

즉 민족주의의 지류"라고 했다. 조병옥도 같은 생각이었다. 그는 민족의 절대 명제, 곧 독립을 위해 하나로 연합할 수 있기를 기대했다. 상해임시정부의 예를 따른 것이다.[26] 이때만 하더라도 공산주의와 사회주의에 대한 정확한 이해가 없었고 무엇이 다른지 알지 못했다.[27]

그러나 이들 기독교 민족주의자들의 판단은 오판이었고 공산주의와의 합작은 실패로 끝났다. 공산주의 계열은 신간회가 봉건적 부르주아 단체이므로 신속히 해체하고 민족혁명, 무산계급 해방을 목표로 투쟁해야 한다고 주장했다. 여기에 코민테른의 지시가 있었던 것이다. 이에 사회주의 세력은 신간회의 해소를 주장했고 결국 해체되었다.

좌우합작 운동은 결국 공산사회주의자들의 일방적 결정에 따라 실패로 끝났다. 기독교민족주의계는 기독교와 공산주의 간의 협력과 합작이 불가능하다는 것을 확인했다. 이상재는 공산주의자들에게는 사상적 목표와 전략적 접근만 있었을 뿐 민족이라는 개념이 없었다고 지적했다.[28] 해방 뒤 조병옥은 공산주의자들을 "사탄과 같은 존재"라고 규정지었다. 그는 공산주의를 강하게 비판했다.

> 공산주의가 법과 질서를 존중하지 않고 사리와 판단력이 박약한 청소년층과 천진 무지한 노동자, 농민을 선동과 모략을 동원해 파괴와 살상을 일삼는다.

그가 공산주의와는 어떠한 타협이나 합작이 있을 수 없다고 강력히 주장했던 것도[29] 이때의 경험 때문이었다. 러시아의 붉은 혁명 후에

---

26) 조병옥, 『나의 회고록』, 서울;민교사, 1959, 96~97.
27) 김명구, 앞의 책, 453.
28) 이상재, 「청년」 6권 2호, 1926, 2월, 3.
29) 김명구, 앞의 책, 454.

드러난 공산주의, 사회주의운동은 국내의 독립운동에 스며들며 독립운동자들 사이에 사상적 분열과 대립을 낳게 했다. 또한 공산주의는 남, 북만주와 시베리아에서 활동하는 무장 독립세력에 깊이 침투하여 항일보다는 사상적 대립이 독립운동 노선으로 대두하게 했다.[30]

근우회 근우회는 여성들을 중심으로 만들어진 신민회의 외곽조직이다. 1927년 여성운동가들이 좌우를 초월하여 설립한 단체로 김활란, 고황경, 박차정, 정칠성, 박순천 등이 주동이었다. 1927년 5월 27일에 YWCA 강당에서 창립총회를 열고 여성계의 민족유일당으로 출범했다. 조선여자기독교청년회연합회의 유각경, 교육자인 차미리사, 김활란, 황신덕, 언론인 최은희, 조선불교여자청년회의 김일엽, 김광호, 사회주의 계열 항일운동가인 정칠성, 의사인 유영준 등이 참여하여 각계각층의 여성이 망라되었다.[31] 근우회의 목표이다. '조선 여성의 지위 향상을 도모한다.'

근우회는 조선 여성의 지위가 불리한 이유로 구시대의 봉건적 유물과 현대의 모순 두 가지를 들었다. 구체적인 운동 방향으로 ① 여성에 대한 사회적·법률적 일체 차별 철폐 ② 봉건적 민습과 미신타파 ③ 조혼폐지 및 결혼의 자유 ④ 인신매매 및 공창 폐지 ⑤ 농민부인의 경제적 이익 옹호 ⑥ 부인노동의 임금 차별 철폐 및 산전, 산후 임금 지불 ⑦ 부인 및 소년공의 위험노동 및 야업폐지를 들었다. 그리고 여성들의 문맹률이 높던 시기라서 문맹 퇴치를 위한 단기 교육에 힘을 썼다. 근우회는 1928년 초부터 1930년 초까지는 사회주의

---
30) 『한국사 연구입문』, 496.
31) 한국여성연구소 여성사연구실, "일제 강점하의 여성운동", 『우리 여성의 역사』, 서울:청년사, 1999, 339.

계열이 주류로 자리잡아 정치적 이념화를 추구했다. 한국의 민족주의와 사회주의는 일제로부터 해방이라는 공통된 목표를 갖고 있었던 터이라 둘의 합작은 이루어질 수 있었다. 그러나 1931년 일제의 교묘한 탄압과 민족주의와 사회주의 진영의 이념대립과 주도권을 둘러싼 갈등의 격화로 신간회도, 근우회도 1931년 해체되었다.

4) 조선공산당의 반기독교운동

(1) 마당을 만들어 준 사이또 총독

3·1운동 뒤 총독 사이또(齊藤實)는 이른바 문화정치를 표방하며 공산당의 활동 마당을 만들고 넓혀 놓았다. 그로 인해 민족 문화에 대한 대망이 자극되기도 했지만 공산주의와 세속사상도 격류처럼 휩쓸려 들었다. 조선 사회는 기독교만이 서양 문명과 사회 개진의 실체가 아님을 보기 시작했다.[32] 양주삼의 말이다.[33]

> 교회는 이제 한국에서 위기에 직면하고 있다. 기독교에 대한 민족의 일반적인 태도는 전일과 판이하다. 이것은 놀라움이 아니라 충격이다.

사이또의 문화정치로 전국에서 4천 9백여 사회주의 청년단체가 조직되었다.[34] 당시 청년운동의 특징 가운데 하나는 반기독교 운동이었다. '기독교가 제국주의의 침략 도구 역할을 한다.'는 것이다. 1923년부터 1925년까지 국내의 사회주의 청년들은 반자본주의·반제국주의라는 측면에서 반기독운동을 천명했다. 1925년 4월 전조선민중

---

32) 민경배, 앞의 책, 332.
33) 양주삼, K.M.F. 1927, 7월호, 152.
34) 總督府 警務局 朝鮮의 治安狀況, 1922, 76. ; 유춘병, 앞의 책, 526.

운동자대회의는 제국주의 시대의 기독교 역할을 비판하고 반종교운동을 일으킬 것을 요구했다. 동아일보 역시 반기독교운동을 두둔하고 나섰다.[35] "조선의 기독교가 미신과 허위로써 무지한 민중을 농락한다."

공산주의자들에게 기독교는 '제국주의의 옹호자', '노동계급의 발흥을 막는 방해자', '정신적 마취를 가져오는 아편 장사'였다. 이들은 기독교는 '가상적 대상을 설정하고 그에 대한 존숭과 친미의 신념으로 설립되는 것'이고 '자본주의 호위병으로 자본주의 사회 자체와 운명을 같이 한다'고 비난했다. 이들은 기독교를 증오하며 잔인하게 공격했다. 전국에서 공산 청년들에 의해 예배가 방해되고 목사가 구타당하는 일이 빈번해졌다.[36] 이런 교회에 대한 만행은 1930년대 초반까지 절정을 이루었다. 감리교 연회록의 기록이다.[37]

현재 기독교의 확장을 저해하는 조직과 운동이 퍼져 있다. 국내 신문에는 반기독교에 관한 기사가 넘쳐있다. 어떤 청년들은 예배시간에 일어나서 설교를 방해하고 신앙을 저해하는 투쟁을 벌인다. 이런 반대는 지금 대중 속에 퍼지고 있는 공산주의 사상에서 파생된 것이다.

반기독교운동의 근본 원인은 사회주의 사상의 영향에서였다. 1921년 이동휘의 상해파 '고려공산당'의 강령은 "종교적 미신의 기반으로부터 모든 무산 군중을 해방시키기 위해서 과학적 문화 운동 및 종교배척운동을 실행해야 한다."며 종교비판의 행동강령을 명시했다. 이런 종교비판은 상해파와 밀접한 관계에 있던 '서울청년회'를 통해

---

35) 「동아일보」, 1926년 1월 5일.
36) 「동아일보」, 1926. 3. 5. ; 1926. 5. 21.
37) "Report on the Korea Conference", Annual Report of MEC, 1926, 115.

수용되었고[38] 서울청년회는 그 아래 기구인 '조선청년총동맹'에 영향을 미쳤다.

사회주의자들의 공식적인 반종교운동은 서울청년회 주최로 1923년 3월 24일부터 29일까지 진행된 '전조선청년당대회'에서 나타났다. 여기에서 그들은 종교의 존재를 부인하기로 결의했다.[39]

기존의 청년단체들은 '혁신총회'라는 형태로 사회주의적 청년단체로 전환하거나 사회주의 이념 아래 새로운 청년단체를 결성했다. '혁신'의 이유는 "회원 중심의 충실한 단체로 전환하여 민중해방과 신사회 건설에 청년운동이 사회적 역할을 하기 위한 것"이었다.[40] 1925년부터는 레닌주의에 대한 강연이 곳곳에서 열렸다.[41]

그런데 반기독교운동을 하는 사회주의자들은 대개가 교회에서 자라난 청년들이며 그들의 대부분이 교회학교에서 수재로 자라난 청년들이요, 교인과 직원(임원)의 자제라는 기독교 언론 기사도 연일 나왔다. 이들의 공격의 핵심을 주목할 필요가 있다.[42]

① 3·1운동 뒤 기독교계의 총독부와의 타협적인 태도 그리고 신사참배 ② 선교사들의 정교분리 원칙에 따른 한국기독교의 정치참여와 민족운동 방해 ③ 일부 백인우월주의 선교사들의 모욕적인 인종차별 등 때마침 헤이스머(C.A. Haysmer) 사건은 한국 사람의 분노는 물론, 사회주의와 일제에게 공격의 빌미를 사기에 충분했다.

---

38) 1921년경부터 나라 밖 한인 사회주의운동과 국내의 사회주의 비밀결사운동의 영향으로 국내에서 합법 사상단체들이 만들어졌다. 대표적인 단체는 서울청년회(1921.1), 무산자동지회(1922.1), 신사상연구회(1923.7), 화요회(1924.11), 북풍회(1924.11) 등이다.
39) 金俊燁, 金昌順, 『韓國共産主義運動史』 2권, (서울: 청계연구소, 1986), 118.
40) 기존의 청년단체는 회장을 중심한 간부 위주여서 그 운영이 비민주적이며 또한 장년층이 중심이어서 시대적 요구를 충실히 반영할 수 없다는 판단에서였다. 또 회원의 회비를 통한 재정운영으로 지방유지의 영향력을 배제하려는 것이었다.
41) 강연의 주제는 레닌의 생애, 레닌과 레닌이즘, 레닌이즘과 마르크시즘, 레닌의 무산계급 독재정치, 레닌과 볼셰비키, 레닌이즘과 민족문제, 레닌과 약소민족운동 등이었다.
42) 전영택, "현대교회는 조선을 구할 수 있을까?「기독신보」, 1931년 11월 11일.

박헌영, 김단야 등은 기독교를 성토하는 반기독교주의 강연을 열었다. 반기독교 운동은 전국 각지로 확산되었고 간도에까지 퍼져나갔다. 전국에서 반기독교 강연회와 연설회가 잇달았다. 각종 교회 활동을 둘러싸고 공산사회주의자들과 기독교인들이 충돌했다. 반기독교 운동과 공산사회주의자들의 사상적 비판이 고조될수록 비례하여 동조하는 교회 젊은이들이 늘어났다. 북장로교 베어드 선교사는 이렇게 말할 정도였다.[43]

젊은이들 중에 붉은 사상에 다소라도 물들지 아니한 자가 없다.

박헌영을 비롯한 사회주의자들은 기독교는 정치와 결탁하여 봉건주의, 자본주의와 제국주의를 옹호하며 예언자적 목소리를 내기보다는 현재 질서를 하나님의 이름으로 정당화하는 역할을 해왔다고 거칠게 몰아쳤다. 병고침으로 유명한 김익두 목사는 사회주의자들로부터 '고등무당'이라는 비판을 받았다.

그런데 반기독교운동은 1926년 12월까지 계속되다가 갑자기 약화되었다. 그것은 1925년 중국 국공합작의 필요성을 강조한 코민테른의 정책이 알려지면서 좌우합작 운동이 추진되었기 때문이다. 공산사회주의계가 신간회 참여를 적극 고려하고 있던 상황이어서 전략적으로 기독교에 대한 공격을 잠시 멈춘 것이다.[44] 사실 공산주의자들이 외치는 개혁은 대안 없는 타도와 파괴일뿐, 그들의 선전내용은 기독교 지성인들의 반박과 주장을 따를 수 없었다. 그리고 중국에서 발생했던 반기독교운동의 무모함이 좋은 본보기가 되어 더 이상 교

---

43) R.H.Baird, Present Day Regious Problem 「The 50Th Annivertary Celebration Paper 5」, 1934, 138. ; 김명구, 위의 책, 448.
44) 김명구, 앞의 책, 49.

회를 배척할 수 만은 없었다.

(2) 기독교의 반응-반공주의

한국의 반공주의는 자유시 참변 등을 계기로 많은 민족진영의 독립운동가들이 공산주의자들을 배척하게 되었다.[45] 공산주의가 처음 나타났을 때, 한국의 지식사회는 긍정적으로 인식했다. 민족해방과 독립을 표방한다고 보았기 때문이다. 그러나 대부분의 목회자들은 이들 유물론자들을 부정했다. 그들의 반기독교 운동이 전국적으로 확산되고 그들의 난동이 격해지자[46] "기독교의 진수도 모르고 함부로 날뛰는 자들"이라며 그들의 기독교에 대한 '무지'를 비판했다. 그들의 폭력적 반민주적, 반기독교적 형태를 경험하고부터는 그들을 철저히 거부하게 되었다.[47]

3·1운동의 민족대표였던 신홍식은 공산주의 청년들이 "무절제한 행동", "경거망동", "몰상식한 행동"을 한다며 강하게 질책했다. 기독 청년, 전도사 가운데 공공연히 공산주의를 지지하고 주장하다가 교회에서 쫓겨나기도 했다. 민족주의자들과 기독교 계열 인사들은 이렇게 그들을 비판했다. "공산주의가 당장 시급한 민족해방보다는 계급해방을 부르짖는다는 점에서 시대착오적이다."

공산주의자들의 코민테른 활동은 독립이 아닌 소련에의 종속을 위한 것이라고 주장했다. 일부 사회주의자들은 순전한 계급혁명노선이 우리나라 현실에 맞지 않으며 오히려 민족의 독립이 시급하고 중요

---

45) "자유시 참변을 아십니까?". 미래한국. 2016년 7월 29일. 한국에서의 반공주의 기원은 공산주의 사상이 소개 되던 1920년대로 본다. 이 시기 공산주의에 대한 비판은 민족주의자들과 기독교인, 그리고 일본 식민지 권력에 의해 제기되었다.
46) 양주삼, K.M.F. 1927, 7월호, 152.
47) 이상재, "余의 經驗과 見地로부터 新任宣敎師諸君의게 씀함", 「신학세계」, 제8권 6호, 29. ; 김명구, 앞의 책, 457.

한 과제라는 것을 점차 자각하게 되었다.[48] 국내에서 교회와 공산주의의 충돌은 일제의 강압 아래에서는 별로 없었으나 국경지대에서는 끔찍한 유혈사태가 있었다.[49]

YMCA계 일부 진보적 지식인들은 사회주의자들의 비판을 수용하여 기독교계가 현실 사회문제에 관심을 갖자는 주장을 했다. 신흥우·이대위·조병옥 등은 기존의 기독교계가 복음만을 강조해온 것을 비판, 사회와 경제 분야 등의 문제점을 신학과 관련지은 분석을 시도했다. 이대위[50]는 YMCA연합회 학생부 초대간사로 러시아 공산주의자를 지지하고 영국 사회주의의 차별성을 파악, 비폭력 사회주의를 적극적으로 옹호했다. 그는 기독교와 사회주의를 결합시키려 했고 양자를 적대적으로 보지 않았으며 공통점을 찾으려 했다. 그는 새로운 세계를 꿈꾸었고 '사회주의 이상은 기독교'라고 소리를 높이고 사회주의가 그것을 이룰 수 있다고 믿었다. 심지어는 예수나 모세를 사회주의로 규정했다.[51] 그의 주장이 젊은이들에게 영향은 주었지만 확산되지는 않았다.

기독교계 일부에서는 반기독교운동의 대응으로 자기비판의 움직임을 보이기도 했다. 이광수는 1920년 발표한 '금일 조선교회의 문제점'에서 조선교회의 문제점을 크게 비판했다. 그도 당시는 기독교 신자였고 머리말에 충고성 비판임을 전제했다.[52]

첫째, 교회의 '계급사상'이다. 성서의 진리인 만인 평등사상이 교

---

48) 강영수 엮음 『재미있는 한국사여행』, 예문당, 1994, 539.
49) 민경배, 앞의 책, 404.
50) 이덕주, 『손정도 자유와 평화의 꿈』, 신앙과 지성사, 2020, 580
51) 이대위, "民衆化할 今日과 理想的 生活의 實現", 「청년」, 1924, 3호, 14~15.; 김명구, 앞의 책, 481, 재인용
52) 정종훈, 『생활신앙으로 살아가기』, 대한기독교서회, 115~116.

회에는 있지 않다는 것이다. 둘째, '교회지상주의'라는 완고한 사상이다. "불신자는 악인, 죄인, 이방인으로 여기고 혼인도 교제도 금하는 엄격한 구별, 전문학교나 외국에 유학가는 자는 이미 지옥에 발을 넣은 듯이 생각하는 세상 지식의 천대, 교역(사역) 만을 신성시하고 상공업, 교육, 문필, 예술까지도 세상일이라며 말류로 여기는 것은 멸망의 근본"이라고 했다. 그는 계속해서 비판한다.

조선교회는 너무 권위적이고 계층적이다. 조선교회는 세상과 교회를 너무 이분화해서 교회에만 치중하고 그리스도인들의 소명인 세상일을 통한 하나님의 역사는 외면한다.
상당수 개신교 목사들의 학문 수준이 형편없다. 비합리적이고 미신적인 신앙들이 너무 많다. 기도가 만병통치약인 줄 안다. 한민족을 계몽하자면서 미신적 신앙을 전수하니 이게 웬 말이냐? 조선의 기독교는 감정적이고 개인주의적이며 신비적인 체험만을 강조한다.

사실 3·1운동 이후, 공산주의가 거세게 유입될 때 한국교회의 형편은 잠시 침체기로 문제점이 생기고 병적현상이 드러나던 시점이었다.

김구가 젊은이들에게 공산주의에 대한 따끔한 일침을 주었다.[53]

요새 일부 청년들이 제정신을 잃고 러시아로 조국을 삼고 레닌을 국부로 삼아, 레닌의 말 한마디에 돌연히 민족혁명이야말로 그들의 진명목인 것처럼 듣고 나오지 않는가! 레닌의 똥까지 달다고 하는 청년들을 보게 되니 한심한 일이다.
내가 청년 제군에게 바라는 것은 자기를 잃지 말란 말이다. 우리의 역사적 이상, 우리의 민족성, 우리의 환경에 맞는 나라를 생각하라는 것이다. 밤낮 저를 잃고 남만 높혀서 남의 발뒤꿈치를 따르는 것으로 장한 체를 말라는 것이다. 제 뇌로 제정신으로 생각하란 말이다.

---

53) 김구(송건호 편,) 『김구』, 한길사, 1976, 181~182.

김구는 소련을 추종해 공산당 활동을 하는 사람들을 친일파와 다름없는 기회주의자들로 보았고 이들의 활동을 임정 주류세력에 대한 도전으로 생각하고 곱게 보지 않았다. 그는 공산주의 활동을 독립의 수단으로 받아들였느냐(여운형, 조봉암, 이동휘), 실제 공산주의 이론을 받아들여 민족을 넘어선 사회주의 계급투쟁을 주장했느냐(박헌영)를 모두 부정적으로 본 것이다. 그는 일단 민족이 있어야 인민 혁명이든 뭐든 한다며 민족을 떠나 노동자끼리 뭉친다는 식의 사회주의개념에 동의할 수 없었다. 김구의 정치 이념이다.[54]

"지금, 공산당이 주장하는 소련식 민주주의란 것은 이런 독재정치 중에서도 가장 철저한 것이어서, 독재정치의 모든 특징을 극단적으로 보여주고 있다. 즉, 헤겔의 변증법, 포이어바흐의 유물론 이 두 가지에 애덤 스미스의 노동가치론을 가미한 마르크스의 학설을 최후의 것으로 믿어, 공산당과 소련의 법률과 군대와 경찰의 힘을 한데 모아서, 마르크스의 학설에 일점일획이라도 반대는 물론 비판하는 것도 철저하게 금지하여, 이것을 위반하는 자는 죽음의 숙청으로써 대하니, 이는 옛날 조선의 사문난적을 대한 것 이상이다.… 마르크스의 학설의 기초인 헤겔의 이론이란 것이 이미 여러 학자의 비판으로 전면적 진리가 아닌 것이 알려지지 않았나."

사회복음주의자로 1930년대 장로교 농촌운동을 주도했던 배민수도 공산주의 타도를 운동의 핵심으로 삼았다.[55] 그는 반기독교 운동과 공산주의를 악마로 보았고 자신들의 농촌사업이 악의 창궐을 막을 수 있다고 주장했다. 공산사회주의가 기독교를 타도하려고 하는 것은,

---

54) 위의 책, 13~14.
55) 김명구, 『한국기독교사 1-1945년까지』, 예영커뮤니케이션, 2018, 457, 480.

첫째, 공산주의는 무신론이다. 영혼을 부정하고 물질만 인정하는 유물론이다. 기독교와는 반대이다. 따라서 공산주의자들은 기독교를 공산혁명에 가장 큰 장애물로 본다. 막스(Karl Marx, 1818~1883)의 공산화 운동에서 종교 말살은 필수이다. 공산주의나 사회주의는 사람을 하나의 '물질'로 보기 때문에 사람 목숨 빼앗는 것을 예사로 한다. 사람을 죽이고도 죄책감을 느끼지 않는다.

둘째, 공산주의는 생산수단(토지, 공장 등)의 사적 소유의 철폐와 공유화로 노동자들의 해방을 실현한다며 지배와 피지배의 사회적 계급이 소멸되는 사회주의를 추구한다. 소수인 부르주아는 생산은 하지 않으면서 생산수단과 부를 독점하며 직접 부를 생산하나 가진 것이 노동력밖에 없는 힘없는 다수의 프롤레타리아는 혹사당한다. '노동하지 않는 자본가'는 타도의 대상이다. 공산주의는 제1차 세계대전의 책임을 대자본가들에게 돌리며 공동 소유를 통한 평등사회를 주장한다. 내세의 천국 대신 현세의 천국을 약속한다. 사회주의는 공산주의라는 최종목표를 이루기 위한 수단이자 통로다.

셋째, 종교는 신앙이라는 이름으로 현실을 신의 계획의 일부로 받아들이게 하여, 비참한 처우와 현실에 순응하도록 만든다는 것이다. 그래서 막스와 레닌은 말한다. "종교는 인민을 노예로 만드는 인민의 아편이다. 현대 종교는 노동계급의 억압에 그 뿌리를 두고 있다." 프롤레타리아가 부르주아를 타도하고 사회계급을 파괴하여 자본주의 체제를 공산주의 체제로 대체시켜야 하는데 이같은 목적달성을 위해서 폭력, 혁명은 절대 필수이다. 레닌은 공산화 과정에서 폭력을 정당화했다. '말로 해서 안되면 폭력을 쓰라.'

공산주의에서 개인의 양심과 자유는 무의미하다. 오직 혁명의 미래만이 유일한 목적이다. 양반층으로부터, 일제로부터 노예처럼 혹사당하며 시달리던 때에 '재산을 공유하고 모든 계급을 타파한다'는 피지배계급 중심의 혁명 철학, '사회주의 강령'은 이들에게 복음일 수밖에 없었다. 타고난 숙명적 신분이 소멸될 절호의 기회였다.

(3) 만주·시베리아의 극동 선교

'간도(만주)' 지역은 본래 우리 조상들을 비롯 조선 시대까지도 우리의 영토요, 우리의 독립운동 기지였다. 만주와 시베리아, 극동지역 선교를 위해 남감리회는 1908년 이화춘, 이응현, 함주익을 파송했다. 그러나 1909년 캐나다장로회와의 선교지역 협정에 따라 강원도 캐나다장로회 구역을 이양받고 간도지역 선교를 접었다.

1920년 만주 이주자는 10만 5천 명에서 46만[56]으로 불어났다. 이에 발맞추어 그해 5월 남감리회 조선매연회(1920.9.15.~19)는 미남감리회 100주년 기념사업의 하나로 만주, 시베리아 선교[57]를 재개하기로 결의했다. 램벗트 감독(Bishop W.R. Lambuth)은 '총괄적인 감리교 협공전략:시베리아 동쪽과 서쪽의 동시 선교 진행' 전략을 제시했고, 양주삼 목사는 '아시아를 구하려면 아시아의 대부분인 시베리아를 구해야 한다'고 강조했다. 선교사 크램(W.G. Cram)을 감리사로 임명하고 양주삼과 정재덕을 관할 목사로 파송했다. 크램과 양주삼은 할빈, 블라디보스톡, 니콜로스크 등지를 순회하면서 교인들을 보살폈다. 1년 동안 30여개 교회가 설립되었다.[58] 1921년 5월 간도와 시베

---

56) 이덕주·서영석·김흥수, 앞의 책, 292. 국내에서의 1920년 만주 이주자는 10만 5천 명에서 46만 명이 되었다.
57) 1920년, 조선 남감리회 선교연회(1920.9.15.~19)
58) 이호운, 『그의 나라와 그의 생애』, 감리교대전신학대학 출판부, 1965, 68.

리아 지역에 5개 지방회와 17개 구역회를 조직할 만큼 성장을 보였다.

그럼에도 1922년 미감리회와의 선교구역 협정에 따라 길림을 중심한 북만주 지역 선교는 미감리회에 북간도 지역은 장로회와의 선교지역 협정에 따라 캐나다장로회에 각각 이양했다. 캐나다장로회로의 두 번째 이관이다. 남감리회의 만주선교는 많은 노력에 비해 결과는 타 선교회에 이관에 그친 셈이다.

대신 남감리회는 블라디보스톡, 니콜로스크를 중심한 시베리아 선교에 치중했다.[59] 성과는 놀라웠다. 1924년, 간도 선교를 처음 시작했던 이화춘이 간도지방 관리자로 부임하고 이듬해 도인권, 신광현, 이호빈 등이 합류했다. 이들은 시베리아를 중심으로 간도까지 뻗어나갔다. 1920년부터 시작된 소련 영토인 연해주를 비롯, 극동지역 전도는 엄청난 성장을 이루었다. 그러나 러시아가 공산화되면서 시베리아에서 기독교를 집요하게 탄압하기 시작했다. 결국 남감리회는 시베리아선교 사업에서 손을 떼야 했다.

한편, 1911년 손정도 목사를 할빈에 파송했던 북감리회도 이 지역 선교의 중요성을 인식하고 2차로 1918년 6월 배형식 목사를 파송, 만주선교를 다시 시작했다.[60]

배형식은 우선 할빈을 거점으로 북만주 전역과 시베리아 일대를 순회하면서 선교지 상황을 두루 살피고 돌아왔다. 미감리회는 1921년 3월, 준비를 갖추고 배형식, 정재덕, 최수영 목사를 파송했다.

1922년에는 북간도 지역으로 옮겨 그곳에서도 왕성한 전도활동을 폈다. 더욱이 1923년 1월 남감리회에서 관장해 오던 길림지역의 신

---

59) 이덕주 · 서영석 · 김흥수, 앞의 책, 293. ; 이호열, 앞의 책, 761.
60) 「기독신보」, 1918. 10. 30.

안촌, 신참, 화전, 액목, 돈화동 등지의 교회들이 편입함에 따라 교세는 더욱 확장되었다. 그 해(1923)에 만주지방회가 별도로 조직되고 배형식은 감리사로 선임되었다.[61] 그리고 액목에 이광태, 장춘에 이홍주, 길림에 김응태, 봉천에 동석기, 화전에 허영백, 청령에 김성흥 등의 목회자가 파송되었다. 1923년 6월 말 당시 남만주 일대의 미감리회의 교세는 교회 32개, 세례교인 463명, 학습인 169명, 유아세례 88명, 원입인 632명으로 교인 총수 1,353명이나 되었다.[62] 1년 사이에 3배가 된 것이다.

미감리회 조선여선교회는 1924년 양우로더 선교사를 할빈에 파송하여 배형식 목사와 함께 북만주 전역의 여선교회 활동을 지원할 수 있도록 했다. 여선교회는 이배세, 남경순 등을 파송하고 1930년대 후반까지 만주선교를 추진했다. 1930년 남북감리교회가 합동할 때 만주선교사업도 기독교조선감리회 만주선교연회로 단일화했다.

(4) 극동에서 공산당의 공격

이 지역에서의 기독교는 처음부터 박해의 씨를 안고 있었다. 1917년 볼셰비키 혁명으로 러시아가 공산화되면서 시베리아에서 기독교를 탄압하기 시작했다. 소비에트의 종교정책은 모든 종교세력을 축출하는 것이었다. 중국 정부까지도 교회에 혹독한 핍박을 자행했다. 2년도 못 되어 기독교 학교는 전부 폐지되고 해삼위교회당은 몰수당했다. 갈수록 박해는 가혹했다. 예배당 몰수, 교역자 투옥, 신도들의 노동권 박탈, 식료품 불매, 세납 과중 부과, 미납자의 가산 차압, 주 5일에 하루씩 휴일을 정하고 주일에 결근하면 공민권을 박탈하여 오

---

61) 한국기독교역사연구소, 『한국기독교의 역사 II』, 기독교문사, 1990, 122.
62) 김창수·김승일, 앞의 책, 269.

도가도 못하고 앉아 죽게 만들었다. 신도들 가운데는 우선 살기 위해 공산당에 입당하거나 간도지역, 또는 조국으로 넘어오는 이가 부지기수였다. 「감리회보」의 기록이다.[63]

> 그곳에 남아 있는 수 백 호의 천 여명 교우는 가지도, 있지도 못하고 날마다 조국을 향하여 하나님께 부르짖는 정황은 차마 볼 수가 없읍네다.

김영학 목사(1877~1932)[64]는 1922년 북감리회 연회에서 파송 받아 시베리아 신한촌에서 사역했다. 그가 시베리아 선교를 자원했다. 블리디보스톡에서 교회와 학교를 세우며 이주한 동포들을 상대로 애국심을 키우며 신앙의 길잡이 역할을 했다. 소비에트 정부가 들어서면서 기독교에 대한 탄압이 시작되고 위해가 닥쳐왔다. 모든 선교사들이 철수했다. 감리교 본부는 그에게 귀국을 종용했지만 가족만 내보내고 선교지를 지켰다.

> 한 사람의 기독자가 남아있는 한 남겠다.

그것이 순교의 길이 되었다. 1930년 1월 소비에트 정부에 눈엣가시 같은 존재가 됐던 김 목사는 결국 악질적인 반동분자로 낙인찍혀 체포되었다. 10년 강제노역을 선고받고 시베리아에서 중노동을 하다가 1932년 9월 참화를 당했다.[65]

김 목사를 돕던 김태덕 전도사 역시 연해주에 계속 머물며 남은 신

---

63) 김득수, "간도로 피난하는 교우들의 정황", 「감리회보」, 제125호, 1930. 3. 9.
64) 그는 3·1운동이 일어나던 1919년 양양감리교회 담임목사로 양양지역 만세운동을 주도하다가 1년 6개월의 옥살이를 했다. 출옥한 뒤 다시 조국독립을 위한 비밀조직인 철원 애국단 활동을 하여 2년 여를 서대문형무소에서 보냈다.
65) 露領 金永鶴牧師殉敎, 「조선일보」, 1934년 10월 31일.

도들을 돌보다가 1930년 1월 3일 소련 공산당 경찰에 체포되었다. 그리고 사형당했다.[66] 1931년 가을에는 길림 남방에 쌍거천에서 최태봉, 김광욱 등 7명이 공산당 가맹거절을 이유로 공비들이 잔혹하게 살해한 일도 있었다.[67] 이런 기록도 있다.[68] "만주의 전도자들은 생명이란 잊어버린 지 오래였다."

이 지역에서 공산당에 의한 한국교회 최초의 피해는 자료상으로는 1925년 동아교회(침례교회)에서 생겼다. 그해 길림성에 파송되었던 윤학영, 김의주, 박문기, 이창희, 안성찬, 김상준이 9월 하순에 공산당들에게 붙잡혀서 일본의 밀정이라는 구실로 만주 공산비적단에게 죽임을 당했다. 이국에서 벌어진 동포간의 비운, 그것은 장차 교회와 공산당과의 대결의 비극적 상징 노릇을 한 셈이다.[69]

1932년에는 간도의 종성동교회당에 공산당원 30여 명이 난입하여, 부락민을 예배당에 모은 뒤 신자와 불신자를 갈라 앉히고 협박했다. 김영국, 김영진 형제 목사는 "잔인하고 무도한 악형으로 가죽을 벗기고 죽이는 참혹"을 당했다. 같은 날 정춘우 집사는 총살로 순교했다. 동만교회의 장로교 서창희 목사가 기독신보에 그 참화를 알렸다.[70] "동만 각지에 산재한 동포들이 매일같이 무참히 살상과 피해당함을… 애매히 남모르게 피 흘리고 동분서주하는 고생과 한숨의 눈물을 하나님 외에 누가 알리오. 그런 중에도 본교회(동만교회) 안에 있는 각 교회에서 교인의 살상피해가 너무나도 극한 고로 참다 못하야 할 수 있는 한도 내에서 아는대로 기재하나이다."

---

66) 민경배, 앞의 책, 406.
67) 김인서, "7성도 순교의 피", 「신앙생활」, 1932년 10월호. ; 민경배, 앞의 책, 406.
68) 산성동예배당, 『김인서저작전집』, V, 219. ; 민경배, 앞의 책, 406 재인용.
69) 대한기독교침례회 총회, 『大韓基督敎浸禮會史』, 1964, 43~44. ; 민경배, 앞의 책, 404.
70) 「基督申報」, 1932. 11. 9.(1932년 10월 31일자 편지). 민경배, 위의 책, 405.

1935년 1월 4일에는 장로교의 한경희(1881~1935) 목사가 북만주 호림현에서 순행전도 중 오소리 강에서 공비 40여 명을 만나 총에 맞아 죽고 얼어붙은 강에 파묻혀 순교의 관을 썼다. 장로교 총회는 송창근(1898~1950) 박사를 보내어 이를 시찰하게 했다. 송창근의 보고를 들은 김인서는 다음과 같이 썼다.[71]

북만교회는 순교의 피로 쌓은 교회다. 우리는 북만의 순교자라면 한 목사만을 알되… 다 헤아릴 수 업시 만타. 잔악을 극한 공산당의 몽치에 맞아 죽은 순교자, 정수리에 못박혀 죽은 순교자, 머리 가죽을 벗겨 죽은 순교자, 말못할 학살을 당한 여 순교자, 기십 기백에 달했다 한다. 죽임을 당하지 아니하여서도 김현점 목사와 갓치 공산당의게 살을 찢겨 벗긴 핍박을 당한 자도 있다 한다.

배형식 목사가 현지에서 본국에 보낸 글이다.[72] "共黨… 에 包圍되다가 요행 伊슈에 日軍 討伐로 인하여 活路를 得하였습니다." 민족 말살을 표방하던 일제의 간악, 그것보다 내 겨레, 공산당의 악독이 더 했다는 것으로 결국 공산당은 겨레도, 민족도 없다는 비통한 탄식이다. 일제 치하에서 나라 안에서의 교회와 공산주의의 충돌은 일제의 강압이라는 분위기 때문에 별로 없었다. 그러나 만주, 시베리아에서의 공산주의 도전은 무섭게 전개되었고 유혈은 물론 교회의 피해가 컸다.[73]

---

71) "북만주교회에 나타난 하나님의 섭리", 「신앙생활」, Vol.5, 1936. 4. 3. ; 민경배, 앞의 책, 406. 재인용.
72) 배형식, "본국 형제자매님께", 「감리회보」, 1933년 4월 10일자. ; 민경배, 앞의 책, 407.
73) 민경배, 위의 책, 404.

3. 감리교의 민족운동

1) 엡윗청년회 재건

1905년 을사늑약이 체결되자 전덕기, 정순만 등 상동교회 엡윗청년회원들이 이에 항의하는 무력시위를 벌였다. 이 일을 빌미로 1906년 6월 해리스 감독이 주재한 미감리회 연회에서 엡윗청년회 해산안을 추인했다. 해리스는 "교회의 목적을 왜곡하고 정치 목적으로 이용"한다 해서 단체를 해체시켰다.[1] 그것이 친일로 이름 높은 해리스(M.C.Harris)의 정책이었다.

1916년 조선연회에서 이익모, 이하영, 손정도, 김유순 등의 청원으로 엡윗청년회의 재조직이 결정되었다. 교회마다 청년회를 속속 재건했다. 재건된 엡윗청년회는 전도대회를 개최한다든지, 전도강연회를 개최하여 청년들에게 복음을 전하는 일에 앞장섰다. 엡윗청년회의 가장 두드러진 활동은 교육활동이었다. 각 교회 청년회는 유치

---

1) 민경배, 앞의 책, 228.

원, 야학, 주일학교 등에서 문맹퇴치, 한글교육 등, 부녀·아동들을 대상으로 계몽활동에 크게 이바지했다. 체육대회나 연극공연을 열어 체육·예술 활동에서 큰 활약을 보였다. 특히 3·1운동 뒤 청년운동 전체가 활성화되었고 엡윗청년회의 전도운동을 일깨워 주었다.

엡윗청년회는 농촌운동과 절제운동에 앞장서서 조국을 살리려는 금주, 금연운동 등 계몽운동과 교육활동 및 민족운동에도 앞장섰다.[2] 심훈의 『상록수』 주인공 최용신이 대표적이다.

동아일보 기사이다.[3]

"엡윗청년회를 연합하여 새로이 전도를 크게 하려고 작년(1919) 4월 이래로 우리의 사상계의 일대 변동이 생기어 바람불듯 불일듯 발흥하는 이때를 당하여 기독교에서는 전에 없던 대 활동을 하는 중 강연회로, 전도회로, 음악회로 대대적인 활동을 개시하여 전후 10여 회 대전도로 수천 명의 교도를 새로이 예수 앞으로 인도하였으니…"

엡윗청년회는 20세기에 들어서면서 교회의 감독에서 벗어나 독자적인 단체로 흐르는 경향이 짙게 되자 미감리회에서는 1924년에, 남감리회에서는 1930년에 총회 교육국 산하단체로 제도화시켰으며 이름도 감리교 청년회(Methodist Youth Fellowship, 약칭 MYF)로 바꿨다.[4] 1925년 9월에 남감리회 웹윗청년회 전국연합회가 먼저 결성되었고 1929년 6월, 미감리회 웹윗청년회 전국연합회도 그 뒤를 이었다. 1930년 남북 감리교회가 통합함에 따라 엡윗청년회는 새로 조직된 총리원 교육국의 지도를 받게 되었다. 이로써 엡윗청년회는 이

---

2) 이덕주·서영석·김흥수, 앞의 책, 앞의 책, 263.
3) 「동아일보」, 1920. 6. 8.
4) 그러나 한국감리교회에서 MYF 제도를 도입, 청소년 활동을 벌인 것은 그로부터 50년이 지난 1950년대 후반이었다. : 윤춘병, 앞의 책, 351.

름 그대로 감리교회를 대표하는 청년조직으로 자리잡게 되었다.

1931년 7월에는 '조선엡웟청년회연합회 창립총회'를 열고 거듭나기에 이르렀다. 그 뒤 청년회연합회는 1933년까지 26개 지방, 177개 청년회로 성장했다.[5] 그러나 중·일전쟁 뒤 일제의 종교간섭이 심화되고 조선감리회는 일본 감리교회의 영향을 직접 받기 시작하면서 엡웟청년회는 또다시 해산의 시련을 겪어야 했다.

1938년 엡웟청년회의 지도 감독을 맡고 있던 총리원 교육부 총무가 전 교회에 보낸 공문에서, "엡웟청년회 현하 비상시국에 감하여 지난 제3회 총회에서 엡웟회는 정지하고 교회 내 청소년들의 전신수양은 주일학교 청소년부에서 하기로 결정하였사오니 하량하시고 엡웟회는 해산하시옵소서."

1938년 10월 27일 교육부 총무 유형기[6]에 의해 공식적으로 해산되었다. 일제 말기 개신교 교파들이 「일본기독교조선교단」으로 통폐합되었다가 해방 뒤 속속 재건하면서 감리교회도 1949년 4월 29일 「기독교대한감리회」로 재건되었다. 이에 따라 그해 10월 21일 「기독교대한감리회 청년회전국연합회」가 창립되었고 오늘에 이르고 있다.

2) 남궁억과 나라사랑

'남궁억(1863~1936) 하면 무궁화, 무궁화 하면 남궁억'이다. 감리교의 민족운동가 남궁억은 교육과 아울러 나라꽃 무궁화를 지키고 널리 퍼뜨린 애국지사이다. 친구 윤치호의 권유로 종교교회에서 세

---

5) 「감리회보」, 제1권 제3호, 1933. 3. 20~22 ; 임영빈, 「엡웟회 예배와 봉사」, 총리원 교육국, 1936. 20~39
6) 「조선감리회보」, 11월 1일자.

례받았다.⁷⁾ 1915년 종교교회 '본처사역자' 직임을 받고 평신도 사역자로 섬겼다.

그가 1894년 내부토목국장으로 중용되었을 때에 탑골공원을 세웠다.⁸⁾ 고종의 아관파천(1896.2.11~1897.2.20) 뒤, 7월 서재필·이상재 등과 독립협회를 창립했다. 1898년 9월 나수연·장지연 등과 황성신문사를 창간하고 국민 계몽과 독립협회 활동 지원에 힘을 썼고 11월 왕정 타도와 공화정을 수립하려 한다는 이유로 16명의 지도자와 함께 체포되었다. 1899년 11월 6일(음력) 보부상 두목 길영수가 독립협회를 탄압하는 과정에서 주도 인물 윤치호, 남궁억 등 기독교인들을 살해하려는 난동을 부렸다.⁹⁾ 1899년 12월 독립협회가 강제로 해산당하자 언론 활동에 전념했고 1902년 황성신문에 러시아와 일본이 한반도 분할 안을 토의한 것을 폭로하여 일제의 침략야욕을 세상에 알렸다.¹⁰⁾ 1906년 2월 양양군수에 임명되었다. 이듬해 7월 양양의 동헌 뒷산에 현산학교를 설립하고 구국교육을 했다.

1910년 8월 경술국치 뒤로는 정치보다 교육의 필요성을 절실히 느껴 교육을 통한 구국 운동에 들어섰다. 그해 10월 배화학당 교사로 부임하여 8년을 가르치면서 여학생들에게 남학생 못지않은 민족의식과 투철한 독립사상을 불어 넣어주었다. 그는 여학생들에게 무궁화 13송이로 한반도를 그린 수틀을 나누어주고 그 위에 무궁화를 수 놓게 했다.¹¹⁾ 1912년부터는 상동청년학원 원장을 겸하면서 독립사상

---

7) 현재호 엮음, 『삼천리반도 금수강산 하나님 주신 동산』, 홍천군, 2006, 49.
8) 기독교대한감리회, 『한국감리교 인물사전』, 2002, 118.
9) 鄭喬, 『大韓季年史』 卷上, 國史編纂委員會, 1957, 350~371.; 민경배, 앞의 책, 179.
10) 이덕주·서영석·김흥수, 앞의 책, 263.
11) 현재호, 앞의 책, 51.

일으키기에 힘썼다.

1918년 그는 건강이 극도로 악화되어 선향, 강원도 홍천 모곡리(보리울)로 내려갔다. 고향에서 사재를 털어 예배당을 세우고 교회 안에서 모곡학교를 시작했다. 문맹 개선이 꼭 필요하여 20대에서 30, 40대의 학생들도 가르쳤다. 낮에는 학교 교사로 밤에는 마을 지도자로 주일에는 교회에서 전도사로 설교를 했다. 자기의 뽕나무밭에 무궁화 밭을 일구고 7만 주 묘목을 가꾸어 전국의 기독교 학교와 교회, 기독교단체, 가정에 나누어 주었다.[12] 곧 '무궁화동산가꾸기운동'이다.

특별하다 무궁화는 자랑할 말 하도 많다. 여름 가을 지나도록 무진무궁 꽃이 핀다. 그 씨 번식하는 것은 씨 심어서 될뿐더러 접붙여도 살 수 있고 꺾꽂이도 성하도다.…

그는 '무궁화동산' 노래를 지어 널리 퍼뜨렸다. 학생들 가슴에 우리 역사의 강함과 소중함을 일깨워 주며 '무궁화심기운동'을 대대적으로 폈다.[13] '무궁화심기운동'은 일제가 우리의 민족정신은 말살하고 대신 일장기와 벚꽃을 보급하고 장려하는 정책에 대한 항거요, 우리의 민족정신을 일깨우기 위해서였다. 우리의 옛 어른님들은 우리나라를 의례 껏 '근역(槿域, 무궁화 나라)'[14]이라 했고 고려 때에는 스스로 근화향이라 즐겨 불렀으며 이웃 나라에도 그렇게 알려졌나. 그는 뒷산, 유리산에 올라 날마다 기도했다.

불의의 일본을 이 땅에서 물리쳐 주소서, 이 민족에게 불의에 굴하지 않는 힘

---

12) 김광휘, 『무궁화와 사꾸라』, 다니엘123, 2013, 30.
13) 기독교대한감리회, 『한국감리교 인물사전』, 2002, 120.
14) 강흥복, "차미리사(민족독립의 씨를 여성교육으로 뿌린 여인)", 『한국감리교회를 세운 사람들』, 한국감리교교사학회편, 에이멘, 1988, 89.

을 주소서.

그는 기도하면서 받은 영감으로 1922년 읊은 찬송이 '삼천리 반도 금수강산'이다. 일제는 애국성이 짙다 하여 이 찬송을 금지시켰다.(금지 찬송 제 1호)

일제는 무궁화 묘목을 불태우고 남궁억을 구속했다. 무궁화를 꺾고 뽑고 불살랐다. 대신 그 자리에 사꾸라꽃을 심게 했고[15] 또한 무궁화를 옴 옮는 꽃, 부스럼 꽃, 진디물 꽃이니 하며 거짓 선전을 서슴없이 했다.

1939년 4월 5일 일제의 고문 후유증으로 삶을 마쳤다. 그는 제자들과 친지들에게 유언을 남겼다.

내가 죽거든 무덤을 만들지 말고
과목나무 밑에 묻어 거름이 되게 하라.

그는 평생을 민족운동가로 하나님 신앙과 나라 사랑은 일치되는 것이며 동포와 나라 사랑은 곧 신앙운동이라 믿었다.[16] 그가 지은 『조선이야기』는 중국 떠받들기 사상(모화사상)을 깨뜨리고 자주정신을 길러주기 위한 책이다.(5권)[17]

---

15) 김석겸, 『겨레얼 무궁화』, 나라꽃 심기추진회, 1978, 236~238.
16) "西湖問答", 「大韓每日申報」(1908년 3월 12일). ; 이덕주, 앞의 책, 265.
17) 『동사략(東史略)』은 단군조선부터 3·1운동의 역사를 기록했다.(4권) 『가정교육』, 『조선어보충』, 『신편언문예법』, 『조선어문법』, 『우리의 역사』, 『무궁화 지도』, 『육아법』 등을 집필하여 발간하고 시와 노래를 지었다. 이 책들은 기독교 계열 학교의 교과서, 교재로 활용되었다. 그가 지은 창가(노래) 무궁화동산, 기러기 노래를 비롯 조선의 노래, 운동가, 조선지리가 등은 민간에 널리 유행했다.

2) 최용신과 상록수

최용신(1909~1935)은 1909년 8월 12일 함경남도 덕원군 현면 두남리에서 태어났다. 두남리는 원산시에서 10리쯤 떨어진 전형적인 농촌 마을로 일찍부터 기독교 전래와 함께 교회학교를 운영하는 등 근대 문물을 적극적으로 받아드렸다. 그의 아버지 최창희는 1920년 한국을 방문한 미국 의원 한국 방문단에게 한국의 독립의지를 전하려다가 체포된 적이 있고 그 뒤 신간회 덕원지회 부회장을 역임하며 민족운동을 했다. 최용신은 이런 아버지의 영향을 받아 일찍부터 민족의식이 싹텄다. 용신은 어릴 때 천연두를 심하게 앓았고 그 흔적이 남아 있어 동네 아이들이 짓궂게 놀려댔다.

1916년 용신은 8세에 마을의 사립학교에 입학했고 2년 후 원산 루씨여자보통학교로 전학했다. 루씨여자고등보통학교는 당대 이름난 개신교 여학교 5곳(이화, 배화, 숭의, 호수돈) 가운데 하나였다. 용신은 농촌계몽운동에 지대한 관심을 가졌다. 용신은 「조선일보」[18]에 '교문에서 농촌으로'라는 글을 실었다. 용신의 나이 19세 때였다.[19]

"나는 농촌에 자라난 고로 현실 농촌의 상태를 잘 안다. 그러므로 내가 절실히 느끼는 바는 농촌의 발전은 여성의 분투에 있음을 안다.… 농촌 여성의 향상은 중등교육을 받은 우리들의 책임임을 알아야 할 것이다. 그러면 중등교육을 받고 나아가는 우리로 화려한 도시의 생활만 동경하고 안일의 처지만 꿈꾸겠는가? 그렇지 않으면 농촌으로 돌아가 문맹 퇴치에 노력하려는가? 거듭 말하노니 우리 농촌

---
18) 1928년 4월 1일 자.
19) 홍석창, "최용신, 농촌 계몽운동의 선구자", 『한국감리교회를 만든 사람들』, 1987, 감리교교육국, 151.

으로 달려가자! 손을 잡고 달려가자!"

 루씨여자고등보통학교를 졸업한 최용신은 교목 전희균의 권유로 1929년 협성여자신학교 신학과 본과에 진학했다. 신학교에서 농촌사회지도교육과 교수, 황에스더[20]를 만나 큰 영향을 받았다. 황 교수는 여성비밀결사체의 모체인 송죽회, 2·8독립선언, 3·1운동, 애국부인회에서 활동한 민족운동가이며 미국에서 농촌사업 교육 과정을 전공한 농촌문제 전문가였다.[21] 그리고 그는 이렇게 가르쳤다. "이론을 익히는 것에 그치지 말고 현장에서 직접 체험해야 한다."
 용신은 그 가르침을 삶으로 직결시켰다. 1929년 여름방학을 이용해 황해도 수안군 천곡면 용현리에서 첫 봉사활동을 했다. 용신은 농촌에서 가난에 찌들고 무지한 농민들과 함께 살면서 신학 공부에 힘쓰지 못했다. 결국 그는 학업을 중단하고 1931년 10월 10일 경기도 수원군 반월면 샘골마을에 한국 YWCA '농촌지도원'으로 파견되었다.

 용신은 샘골마을에서 예배당을 빌려 어린이들을 교육하고 부녀자들을 대상으로 재봉, 수예, 등 여성 부업 장려운동을 비롯, 생활개선, 부녀회, 청년회 활동에 쉼없는 노력을 기울였다. 그들은 여성에 대한 고정관념으로 처음에는 그녀를 별로 달가워하지 않았다. "책상물림의 젊은 처녀가 무엇을 안다고 이러니저러니 하는가."하며 핀잔을 주곤 했다. 주민들은 차츰 변해가는 마을을 보며 그의 활동에 호응하기 시작했다. 그가 교육시설 증축을 위한 모금 운동을 열자 주민들은 자발적으로 돈을 냈고 근처 솔밭의 소유주였던 박용덕은 토지 1,500평

---

20) 1892~1970. 황애덕. Esther는 세례명이다.
21) 역사위원회, 『한국감리교 인물사전』, 기독교대한감리회, 2002, 489.

을 기증했다. 운영하던 교회 부속 야학은 천곡강습소로 인가받고 증축 공사가 완료되어 '천곡학원'이라는 정식 교육기관으로 발전했다. 학생은 110여 명에 달했다.[22]

용신은 지역사회 발전에 필요한 모든 운동을 폈다. 학교 주변에 뽕나무 심기와 누에치기를 권장하고 감나무 등 유실수를 나누어주었다. 여기에서 나오는 수입의 일부는 강습소 유지비나 농기구 구입으로 사용했다. 학생들에게 학용품 등을 주기 위해 수업시간 외에 밭에 나가 김을 매는 등 노동활동도 했다. 오전, 오후반, 야학수업, 가정방문을 계속했고 샘골마을에서 10리 떨어진 야목리로 가서 윤흥림과 함께 농촌진흥운동에 관하여 토론을 정기적으로 열었다. 힘에 겨운 업무에다 몸을 아낄 줄 모르는 열정으로 일하다 보니 제아무리 나이 20대라도 그의 몸은 쇠약해졌다. 좀 쉬라는 둘레의 권유도 뿌리쳤다. 주민들은 그런 그녀를 진심으로 존경했다.

1934년, 용신은 돌연 일본 유학을 결심했다. 한 일간지에 따르면 그 계기는 다음과 같았다.[23] "이만큼 자리잡은 샘골을 위하여 지금으로부터 새로운 농촌운동의 전개가 필요합니다. 그러나 나의 좁은 문견으로는 도저히 능력이 부족합니다. 만일 이대로 간다면 (농촌운동은) 곧 침체되어 이 모양조차 유지해가기가 곤란할 것입니다. 이곳을 이 땅의 농촌운동의 한 도화선으로 만들자면 새로운 지식과 구상이 필요합니다."

1934년 3월 일본으로 건너간 최용신은 고베여자신학교 사회사업

---
22) 위의 책, 489~490.
23) 「조선중앙일보」, 1935년 3월 4일자.

학과에 입학했다. 그러나 갑자기 각기병이 생겨 6개월 만에 샘골마을로 돌아왔다. 용신은 스스로를 지탱하기조차 힘든 몸임에도 전보다 더 열심히 활약했다. 그런 가운데 한국 YWCA가 샘골학원 보조금 지원 중단을 통보해 왔다. 경제적인 부담까지 가중되었다. 이에 용신은 1934년 10월, 여성잡지 「여론(女論)」에 '농촌의 하소연'을 실어 샘골을 살리기 위한 각계 지원을 호소했다. 그러나 사회의 반응은 냉담했다. 그녀는 피로와 각기병 및 정신적인 고통의 누적으로 1935년 1월 경기도립 수원병원에 입원했다. 마을주민들의 간절한 기도와 정성에도 그는 다시 일어나지 못했다. 1월 23일, 짧은 25년 6개월의 삶을 끝으로 영원한 안식처로 떠났다. 숨을 거두면서 남긴 말은. "나는 갈지라도 사랑하는 천곡강습소를 영원히 경영하여 주십시오… 어머님을 두고 가매 몹시 죄송하오… 유골을 천곡강습소 부근에 묻어주오."[24]였다.

용신은 죽는 순간까지 샘골의 영원한 친구이자 동반자였다. 학생들에게는 다정다감한 참다운 스승으로, 주민들에게는 영원히 잊혀지지 않을 불사조로 기억되고 있다. 식민지 시절 일제의 수탈로 피폐해진 농촌을 살리고 계몽과 자립으로 민족역량을 키우려 했던 용신의 생애는 그래서 더 가슴 뭉클하고 그리고 아름답다.

이광수의 『흙』, 심훈의 『상록수』는 이런 농촌광경을 감동적으로 묘사했다. 심훈은 '상록수'에서 최용신을 '채영신'으로 부활시켰다.[25]

---

24) 역사위원회, 『한국감리교 인물사전』, 기독교대한감리회, 2002, 490.
25) 위와 같음.

4. '기독교조선감리회'의 탄생

1) 남북감리회 합동

[7] **6. 남북 감리회 합동**[1] 3·1운동 이후 한국교회의 자립 의지가 높아지면서 미감리회와 남감리회 지도자들은 교회 합동을 논의하기 시작했다. 1924년 두 교회 '교회진흥방침연구회'를 중심으로 교회 합동을 추진키로 하고 1925년 '남북 감리교연합기성위원회'가 조직되어 교회 합동을 위한 실무작업에 착수했다. 미감리회와 미남감리회 총회에서도 한국교회의 합동 운동을 인정하였고 1930년 11월 18일 남북감리회 내표 22명으로 합동 전권위원회가 구성되었다. 그리고 마침내 1930년 12월 2일 '기독교조선감리회' 창립총회가 서울에서 열려 초대 총리사로 양주삼 목사를 선출하고 한국 감리교회의 '자치교회 시대'를 열었다. 한국감리교회는 그 설립 취지로 '진정한 기독교회',

---

1) 「교리와 장정」, 24~25.

> '진정한 감리교회', '조선적 교회'의 3대 원칙을 선포하였으며 신앙 및 신학 원리로 8개 조 '교리적 선언'과 16개 조 '사회신경'을 채택했다. 그리고 모든 의회 구성을 평신도와 성직자 동수로 하여 평신도의 역할을 증대시켰으며 여성 성직의 문호를 개방하여 1931년 연합연회에서 한국 최초로 미국 여선교사 14명이 목사 안수를 받았다.

미국교회는 노예 문제로 남북이 갈라졌지만 한국에서는 둘이 처음부터 협력했다. 미감리회는 남감리회가 들어올 때에 이를 반겼고 '의 좋은 형제'이듯 도왔다. 상동교회 스크랜턴은 자기 교회 청년 김주현과 김흥순을 남감리회 리드에게 보내어 돕게 했다. 김흥순은 1911년 남감리회 최초의 목사가 되었다.[2] 1901년 10월 20일 미감리회는 자기 선교지역인 원산과 동해안 일부를 남감리회에 양도했다. 그만큼 둘의 관계는 우호적이었다. 1905년 5월 미감리회는 "감리회 신학당을 공동으로 운영하자"는 남감리회의 제안을 받아들여 함께 운영했고 1907년 6월에는 학교 이름도 '협성신학당'으로 바꾸었다. '협성'은 서로 협력한다는 뜻이다. 미감리회는 지금까지 써오던 '미이미교회'를 남감리회와 같이 '감리교회'로 고쳐 '미감리회'라 했다.[3]

'오순절 성령 체험'의 1903년 원산, 1907년 평양대부흥운동 뒤 두 감리교는 물론 장로교까지 선교를 비롯, 모든 분야에서 일치와 연합 운동을 활발하게 추진했다. 남북 교회는 양적, 질적으로 함께 부흥하

---

[2] 송길섭 외, 한국감리교회 성장 백년사 (Ⅰ)기독교대한감리회본부 교육국, 1987, 82.
[3] 이덕주·서영석·김흥수, 앞의 책, 267.

면서 1916년부터 '하나 됨'의 논의를 시작했다. 3·1 민족운동에서 둘은 민족대표를 함께해서 뽑았다.[4] 3·1운동 뒤에는 단순한 협력관계를 넘어 두 교회가 합동하여 '자립과 독립' 교회를 설립하려는 의지가 높아갔다. 이런 뜻으로 1924년 '남북감리교회 진흥방침연구위원회'를 두었다. 합동으로 가는 첫걸음이었다. 남북감리교회의 통합 문제는 미국에서도 논의되었으나 그해 남감리회 총회에서 부결되었다. 그러나 조선 남북감리교회는 단독으로라도 통합하겠다는 각오를 다졌다. 1926년 6월에 모였던 미감리회조선연회와, 그해 9월의 남감리회 조선연회에서 남북감리회가 통합할 방침을 연구키로 하고 위원 5인씩을 내었다. 곧 남북감리 통합운동의 공식적 출발이다.

1925년에는 '남북감리교 연합기성위원회'를 두고 실무작업에 들어가 토론했다. "전도사업, 교육사업, 출판사업과 예문 사용을 공동으로 하며 직임의 명칭을 통일할 것" 그리고 10명의 위원을 뽑았다.[5] 1926년 이들 위원은 합동문제를 적극 논의했다. 1927년에는 6차례 모임을 가져 합의안을 도출하고 마침내 9월 미감 조선연회와 남감 조선연회가 합동하여 '조선감리회'를 조직할 권한을 미국감리교 총회에 청원했다. 이 안은 1928년 5월 미감리회와, 1930년 5월 남감리회의 두 총회에서 각각 승인되었고 '조선감리교회 합동전권위원회(The Joint Commission)'도 승인되어 이를 적극적으로 지원했다.

1928년 미감리회 총회에서 웰치는 피츠버그 연회감독이 되어 한국을 떠났지만 1930년 11월 18일 한국에서 열린 미감리회 총회대표로

---

4) 이 글, 285쪽. "3·1운동 당시 감리교의 주역들" 참조. 북감-이필주, 신흥식, 최성모, 박동완, 박희도, 김창준.(6) 남감-정춘수, 신석구, 오화영.(3)
5) 송길섭 외, 앞의 책, 83.

기독교조선감리회 합동전권위원회에 참석하기 위해 돌아왔다.[6] 그는 한국감리교회 탄생의 산파역을 했다. 합동전권위원회는 미감리회를 대표하여 웰치와 남감리회 컨(P.B. Kern)을 비롯한 15명의 미국교회 지도자들, 한국교회를 대표하여 신흥우와 양주삼을 비롯한 16명의 한국교회 지도자들로 구성되었다.[7] 웰치가 위원장으로 선출되었다.

1930년 11월 29일 미국감리교 총회 대표 웰치 감독, 니콜슨(T. Nicholson) 감독, 쇼(W.E. Shaw) 박사, 서더랜드(G.F. Sertherland) 박사, 애번(Mrs.J.M. Avann) 여사, 미남감리교 총회 대표 컨(P.B. Kern) 감독, 크램(W.G. Cram) 감독, 무어(J.W. Moore) 박사, 매딘(P.D. Maddin) 박사, 하웰(Mrs.M.K. Howell) 여사, 미감리회 조선 주재 감독 베커(James C. Baker), 조선 대표 노블(W.A. Nobel)·신흥우·변성옥·오기선·김종우, 남감리교회 조선 주재 감독 컨(Paul B.Kern), 조선 대표 와그너(Miss. Wagner. E)·윔(C.N. Weems)·양주삼·윤치호·정춘수 등 22명이 서울에서 연합위원회를 조직하고 미조선연회와 미남조선연회가 합동하여 자치하는 조선감리교회를 창립하며 조선감리회 제1회 총회개회 초에 성명서를 제출하는 즉시 두 연회는 자동 폐지되는 것으로 했다.

2) 기독교조선감리회

1930년 12월 2일(화) 10시, 협성신학교 강당에서 역사적인 '기독교조선감리회' 창립총회가 열렸다. 총회는 남북 두 감리회 전권위원

---

6) 그는 1916~1928년 미감리회 동북아 선교감독으로 임명되었을 때, 전임자 해리스와는 달리 처음부터 서울에서 살았다.
7) 『基督敎朝鮮監理會 제1회 총회록』(영인본), 1931, 11~15.

20명, 특선위원 20명, 한국 대표 60명 등 모두 1백 명으로 구성되었다. 출석 98명에 결석이 2명이었다.[8] 임시의장 웰치 감독의 사회로 신석구 목사가 기도했다. 회기는 12월 12일까지였다. 베커 감독이 전, 미국 대통령 링컨(Abraham Lincoln)이 쓰던 책상 목으로 만든 의사봉(槌子, gavel) 1개를 회장에게 전달하며 회기 동안 사용하자는 청원을 회중이 박수로 받았다. 의장은 기독교조선감리회의 탄생을 밝히는 성명서와, 두 조선연회가 폐지됨을 선언했다. 그리고 '교리적 선언'을 축조 심의하여 제정하고 채택했다. 무엇보다 피 선교국에서 선교국보다 먼저 교단이 합동된 것은 대단한 의의가 있었다. 1844년 노예제도문제로 남북감리회로 나뉘었던 미국감리교의 합동은 한국보다 9년 뒤인 1939년, 분열된지 95년 만이었다. 기독교조선감리회는 초대 총리사로 양주삼 목사를 선출했다.[9] 이로써 한국감리교회는 새 시대를 열게 되었다. "선교사들이 주도하는 '미감리회선교시대'를 끝내고 한국교회 스스로 한국선교를 펴나갈 '자치선교시대'가 열렸다."

기독교조선감리회는 본부를 서울에 두며 이름은 '기독교조선감리회총리원'이라 하고 '본원의 목적을 분담 실행하기 위해 전도국, 교육국, 사회국, 부녀국을 설치' 했나. 26,184명의 교세를 이룬 조선감리교회의 탄생은 한국교회가 독자적인 선교사업을 펼칠 수 있는 역량을 당당하게 보여 준 것이다.

미감리회에서 장유회, 남감리회에서 당회로 부르던 것을 당회로 통일했다. 남북이 다같이 계삭회(구역 내 교회 전 임원회)로 부르던 것

---

8) 위의 책, 3.
9) 제7일(12월 8일), 제4차 만에 총표수 95에 65표로 양주삼 씨가 총리사로 피선되었다. ; 위의 책, 12.

은 구역회로 바꾸었다. 북감리회에서 연회, 남감리회에서 매 연회라고 부르던 연차회의(annual conference)는 '연회'로, 4년마다 열리는 최고의 의회는 총회(general conference)로 정했다.

교회의 의회제도는 당회, 구역회, 지방회, 연회, 총회의 5 의회제이며 장로사는 감리사로 통일했다. '집사목사', '장로목사' 제도는 준회원 기간을 거쳐 목사안수를 받는 것으로 했다. 평신도 제도는 탁사, 유사, 속장, 권사, 본처 전도사로 하고 모든 의회는 목회자와 평신도를 같은 수로 구성하도록 규정했다. 여성들에게도 교회의 책임과 권한을 부여했다. 특히 여성목사 안수와 평신도 총대권을 제도화한 것은 세계 감리교 역사상 최초의 쾌거였다.

당시 한국의 여성 인권은 매우 열악하고 기본적인 권리조차 박탈당한 상태에 있었다. 가정에서 여자는 남자와 겸상할 수 없었고 남편과는 수직관계였다. 여성은 교육받을 권리가 박탈되었고 투표권은 생각조차 할 수 없었다. 그럼에도 감리교회는 남녀가 평등한 권리를 갖게 했으며 이를 위한 법적 제도를 마련한 것이다. 이듬해 1931년, 미국감리회보다 특별한 행사가 있었다. 여성 목사 안수가 있었다. "양주삼 총리사는 미국인 여선교사 14명에게 목사 안수를 했다. 한국감리교회의 상징적이고 역사적인 중요성을 가지는 사건이었다. 미국감리회는 남북이 합치는 1939년에 가서야 비로소 여성 안수를 허용했다."

이렇게 '기독교대한감리회'는 훌륭하게 탄생했다. 한국 최초의 여성 안수는 전밀라·명화용 목사[10]로 1955년이다. 한국에서 감리교

---

10) 강흥복. "전밀라, 우리나라 최초의 여자목사". 『한국감리교회를 세운 사람들』. 한국감리교회사학회편. 에이맨. 1988. 40~46.

이외 장로교 통합 측이 1994년에 이르러서 여성 안수제도를 제정했다.[11]

통합 감리교회는 한국의 전통적, 문화적 유산과 세계적 기독교 신앙을 접목하여 생명력 있는 종교를 만들겠다는 의지를 천명했다. 감리교는 외국 유학을 장려하고 주일학교와 문서선교사업의 확대, 미션스쿨 사역, YMCA, YWCA, NCC, 주일학교연합회 등 초교파 사업에도 힘을 썼다.

교단 책임자를 미국처럼 '감독' 아닌 '총리사(General Superintendent)'로 했다. 총감리사를 줄인 말이다. 임기는 단기 4년, 장기 8년으로 종신제인 미국교회 감독(Bishop)의 권위주의를 배격한 평민적이요, 민주적인 것이었다. 미국감리교회는 1784년 처음에는 총리사였으나 1787년에 감독으로 고쳤다. 영국, 호주, 인도 등 세계의 감리회에서는 본래부터 총회장 제도를 채택하고 있다. 기독교조선감리회 총회산하에는 중부연회, 동부연회, 서부연회 및 만주선교연회가 조직되었다.

기독교조선감리회가 독립은 되었으나 "선교사들의 복무와 선교부들의 재정의 도움을 앞으로도 다년간 더 받아야 될" 형편이었다. 그리하여 미국교회와 한국교회와의 연락기구로 '중앙협의회'를 조직했다. "미국에 있는 교회와 연락을 보존하는 동시, 우리의 형편을 따라서 우리가 처리할 수 있는 자치교회였다."[12] 엄격히 말해 완전한 독립교회가 아니라 선교교회와 독립교회의 중간형으로 미감리교 선교부의 재정 원조를 받으면서 한국교회 행정적인 사안에 한하여 자치하는 반자치 교회라 할 수 있다.[13]

---

11) 민경배, 앞의 책, 266.
12) "신설되는 조선감리교회에 대하여", 「기독신보」, 1930. 10. 8.
13) 윤춘병, 앞의 책, 601.

양주삼 총리사는 제2회 총회에서 "미국 총회에서는 조선에 '자치' 교회를 설립하고 '독립교회'를 조직하려고 아니했으므로 세 교회(미국 남북감리회와 조선감리회)가 연락하기 위해 중앙협의체를 조직했다."고 했다. 그러면서도 양 총리사는 자치교회의 명목을 살리려고 총리사실의 경비는 조선교회의 부담으로 충당코자 했다. 미션교부에서는 조선 총리사의 생활비도 계산에 넣고 있었으나 양주삼은 거절하고 조선교회에서 부담하게 함으로써 교인들에게 자립정신을 길러주고자 했다.

3) 감리교의 3대 원칙

전권위원장 웰치 감독은 그동안의 과정과 3원칙을 설명했다.

> **[14]** 기독교대한감리회 총회 설립에 대한 전권위원장 웰취 감독의 설명 (1930년 12월 2일 제1회 총회 석상에서) [14]
>
> 한국에서 남북 감리교회가 합동될 방침을 제정하라는 명령을 받은 연합전권위원회는 31명으로 조성되었는데 남북 감리교 총회 대표 각 5명씩과 남 북감리교 연회 대표 각 5명씩과 또 두 연회에서 특선한 회원이 11명이었습니다. 회원 중에 한국인이 16명이요, 미국인이 15명이었으며 그 중에 여자가 6명이요, 남자가 25명이었습니다. 전권위원들의 정식 회의는 11월 18일부터 29일까지였으나 예비 회의로 미국 워싱톤시와, 한국 서울에서 출석할 수 있는 회원들을 여러 번 회집하여 5분과위원으로 토의할 재료를 준비하기에 여러 주일 동안 노력하였습니다. 본인이 기쁜

---

14) 「기독교대한감리회 교리와 장정」, (재)기독교대한감리회 도서출판kmc, 2022, 29~32.

마음으로 말씀하는 것은 토의하는 동안에 한국인과 미국인, 미감리교인과 남감리교인이 서로 갈린 일이 절대로 없었던 것입니다. 모든 결의가 전부 일치 가결된 것은 아니로되 모두가 단체의 최선을 도모한 주견과 연구로 된 결과라 하겠습니다. 우리가 의논하는 동안에 선결적으로 목적한 바가 있었는데,

첫째로 이 새 교회는 반드시 진정한 기독교회가 되게 하고자 한 것입니다. 다시 말하면 그리스도의 요구하시는 조건대로 행하여 그 친구가 되어 그리스도를 배우고 그를 따르고자 하는 이들에게 문을 활짝 열고 환영하여 모든 교인이 될 수 있도록 한다는 말씀입니다. 더 자세히 말하면 이 새 교회에서는 할 수 있는 대로 남녀와 귀천의 구별이 없이하여 주 앞에서 빈부와 유무식자와 남녀와 교역자와 교인이 다같이 모여 이 교회로 하여금 서로 경애하고 사모하는 가정과 학교와 사업장소가 되게 하자는 말씀입니다. 사람의 받은바 재질은 다를지라도 남에게 기회를 주는 것과 남을 존경하는 것은 다름이 없어야 될 줄 압니다. 기독교회는 전도와 교육과 사회사업을 통합하여 한 사업으로 보며 개인은 진리와 사랑의 권능으로 구원하고 사회는 예수 그리스도의 정신으로 봉사하며 그의 정신으로 변화시켜야 할 줄 아는 교회일 것입니다.

둘째로 이 교회는 진정한 감리교회가 되게 하자는 것입니다. 이 말씀은 편협한 교파주의를 가지고 옛날의 바리새인들과 같이 교만과 자존심으로 독립한다는 뜻이 아니요, 감리교회 창립자 존 웨슬리 선생처럼 우리의 관계와 광범한 동정을 가진다는 것입니다.

이 교회는 복음이 우주적인 것과 내심에서 신령한 경험을 얻은 것과 행위가 성결하게 된 것과 종교가 정신적이요, 의식적이 아닌 것과 권위보다 신앙과 이성에 호소하는 것과 성신을 받음으로 종교는 자유와 희락과 권능이 되는 것을 믿으며 또 예배의 형식과 치리의 제도가 유익한 것인 줄 믿으나 승려주의는 부인하는 것입니다. 진정 감리교회는 진보적이므로 생명이 있는 이의 특색을 가졌으니 곧 그 시대와 지방을 따라 자라기도 하며 변하기도 할 것입니다.

셋째로 이 교회는 한국적 교회가 되게 하자고 한 것입니다. 한국적이라는 말은 이 교회를 한국인으로만 조직하자는 말은 아닙니다. 이 나라에서 한국 신자들과 같이 복음전파와 동역하는 사람들 중에 중요한 부분이 다른 나라에서 온 이들입니다. 또 한국적이라는 말은 교회생활 중에 무엇이든지 한국에서 된 것이 아니면 내버린다는 협소한 말이 아니며 수천 년 동안 기독교 역사에 유전하여 온 바를 경시하거나 부인한다는 말도 아닙니다. 우리는 고금을 통하여 전래한 바를 감사한 마음으로 받아서 예배나 치리나 규칙에 잘 이용하되 한국문화와 풍속과 습관에 조화되게 하고자 하는 것입니다. 어떤 것은 어느 시대나 어느 지방을 막론하고 통용하기에 편리하고 적합하나 어떤 것은 지방적이요, 임시적인 것도 있습니다. 이 교회에서 작성하는 바가 일시적인 것도 있으나 영구적인 것이 많기를 바랍니다.

우리 전권위원들의 협의한 바와 결정한 바가 여러분이 기독교적,

감리교회적, 한국적인 교회를 건설하는데 유조하다면 우리의 힘 쓴 바는 충분히 보상되었다고 하겠습니다. 이 회에 제출된 방침에 대하여서는 특별히 설명하지 아니하고 어떠한 조건에 대하여서든지 설명이 요구된다면 아직까지 남아 있는 전권위원들 중에서 대답하기를 아끼지 아니하겠습니다. 여러분의 앞에는 큰 기회의 문이 열리어 있습니다. 이날은 과연 큰 날이라 하겠습니다. 전능하신 아버지가 계시고 사랑하시는 구주가 계시고 도와주시는 성신이 계십니다. 이날은 여러분에게 좋은 소식을 전하는 기회가 되며 하나님을 위하고 한국을 위하여 성취하는 바가 있는 날이 되기를 바랍니다.

웰치 감독이 제시한 3원칙은 한국 감리교회의 나아갈 방향과 성격을 규정한 것으로 한국 감리교회는 이를 기본 원리로 삼았다.[15] 그것은 한국의 전통적, 문화적 유산과 세계적 기독교 신앙을 접목하여 생명력 있는 종교를 이루겠다는 의지를 천명한 것이다.

다시 말하면 한국감리교회는,

첫째, '진정한 기독교회(truly Christian Church)'는 예수 그리스도를 구주로 믿고 이웃을 그의 제자 삼는 사랑공동체, 제자공동체이다. 그것은 한국의 전통사회 속에 깊숙이 뿌리박혀 있는 성별, 직업, 경제, 가문, 학벌 등의 모든 차별과 폐쇄성을 극복하고 주 안에서 하나 된 '평등 교회', '활짝 열린 교회'를 세우는 일이다. 전도와 교육과 사회사업을 하나로 통합하고 그리스도의 사랑과 정의와 헌신의 정신으로 봉사하며 그의 정신으로 사회를 변화시키고 구원하는 교회이다.

---

15) 이찬석, 『감리교는 무엇을 믿는가?』, 1993, 도서출판kmc, 15.

둘째, '진정한 감리교회(truly Methodist Church)'는 편협한 교파주의를 극복하고 복음이 우주적이고 보편적인 진리임을 믿으며 "성령을 받음으로 자유와 희락과 권능을" 가져다주는 성령의 역사에 따라 '살아 역동하는 교회'이다. 사도행전, 웨슬리의 올더스게잇, 페터레인 체험에서처럼 성령을 받음으로 왕성[16]한 변화를 일으키며 성결하게 된다. 왕성한 변화는 왕성한 생명력에서 나온다. 감리교회는 생명있는 특색을 가졌으므로 시대와 지방을 따라 자라기도 하고 변하기도 하며 '에큐메니칼 교회'를 지향한다. 그런 의미에서 감리교는 끊임없이 성장한다. 그리고 진보적이다.

셋째, '한국적 교회(Korean Church)'라는 말은 교회를 한국인으로만 조직하자는 말이 아니다. 그리스도의 사람이 되었다고 해서 내 것은 다 못 쓸 것으로 여겨 구박해서도 안 된다. 신앙의 사람일수록 내 것을, 내 나라를 사랑하고 존중하여야 한다. 기독교의 역사와 전통을 존중하며 이를 감사한 마음으로 받아서 한국문화와 풍속과 습관에 조화를 이루게 하자는 것이다. 현실 도피적 이기주의 신앙을 극복하고 '민족주의 신앙'을 추구하여 '민족 전통'과 '기독교 전통'의 창조적 융합으로 이루어지는 바람직한 '토착교회'를 추구하자는 것이다. 이렇게 하여 한국 감리교회는 세계기독교 전통과 한국 토착종교 전통과 연결되면서 세계기독교에 이바지하자는 것이다.

[15] 합동과 조직에 대한 성명서 [17]

1927년 9월에 미감리교회 한국연회가 남감리교회 한국연회와

---

[16] 행6:6 '왕성', 12:24 '흥왕'
[17] 「기독교대한감리회 교리와 장정」, (재)기독교대한감리회 도서출판kmc, 2022, 32~35

합동하여 한국 감리교회를 조직할 권한을 미감리교회에 청원하였던 바 1928년 5월에 총회가 그 청원을 찬성하고 전권위원 5명을 임명하여 남감리교회 총회가 임명한 같은 수의 위원과 두 한국연회가 임명할 위원들과 회합하기를 승낙하였으며 1927년 9월에 남감리교회 한국연회가 미감리교회 한국연회와 합동하여 한국 감리교회를 조직할 권한을 남감리교회 총회에 청원하였던 바 총회가 1930년 5월에 그 청원을 찬성하고 전권위원 5명을 임명하여 미감리교회 총회가 임명한 5명의 위원과 두 한국연회가 임명할 같은 수의 위원들과 회합 처리하기를 승낙하였으며 두 한국연회가 5명씩 전권위원을 1927년 9월에 미감리교회 한국연회가 남감리교회 한국연회와 임명하는 동시에 특선위원 5명씩 더 선정하여 전권위원들과 같이 협의하되 투표권은 없게 하였다. 이상 두 미국교회와 두 연회의 지시에 순응하여 상술한 전권위원들과 특선위원들이 1930년 11월 18일(화요일)에 한국 서울에서 회합하여 각기 신임장을 제출한 후에 정식으로 회를 조직하고 여러 날 동안 계속하여 위임받은 의무를 이행하였다. 상술한 권한 하에 아래와 같은 결의를 선언한다.

1. 미감리교회 한국연회와 남감리교회 한국연회가 합동하여 자치하는 한국 감리교회를 창립하며 한국 감리교회 제1회 총회개회 초에 이 성명서를 제출하는 즉시에 재래 두 연회는 해체됨을 선언한다.
2. 한국 감리교회 제1회 총회는 두 연회가 정식으로 택정한 회원으로 조직할 것이며 그 회는 1930년 12월 2일(화요일) 오전 10시

에 서울 냉천동 협성신학교 내에서 개최될지니, 교회 조직을 완전히 하며 모든 사무를 처리할 권한을 그 회에 위임한다.
3. 전권위원들이 한국 감리교회 헌장안과 입법안을 협정하여 제출한다. 최후로 우리 위원들은 전능하신 하나님께서 우리의 협의를 지도하여 주심을 감사하고 한국 감리교회에 은혜를 풍부히 주시기를 기도한다. 본 전권위원회는 그 임무를 마치었으므로 무기폐회함을 이에 선언한다. 이상 결의를 입증하기 위하여 그 성명서를 한국문과 영문으로 각 8부씩 작성하고 전권위원들과 미감리교회 한국주재 감독과 남감리교회 한국주재 감독이 이에 서명한다.

1930년 11월 29일

미감리교회 총회 대표 허벗 웰취, 토마쓰 니클슨, 윌리암 이 쇼, 지 에프 써덜랜드, 오파씨 에벤
남감리교회 총회 대표 더블유 지 크램, 제 더블유 모아, 메불 케 하웰, 포올 비 커언, 피 디 매딘
미감리교회 한국연회 대표 신흥우, 오기선, 변성옥, 더블유 에이 노불, 김종우
남감리교회 한국연회 대표 양주삼, 정춘수, 윤치호, 엘라슈 왜그너, 씨 엔 위임스
미감리교회 한국주재 감독 제임쓰 씨 베이커
남감리교회 한국주재 감독 포올 비 커언

1929년 남북감리교회가 자치와 독립으로 가려함에 긔독신보는 기뻐하면서 사설을 실었다.[18]

"조선은 언제나 선교만 밧던 나라가 아니다. 우리도 선교를 한다. 미국이나 영국에 선교를 밧는 것이 아니오 우리도 그들과 갓치 힘을 합하야 적극적으로 하나님 나라 조선에 온 선교사나 조선 교인이 피차 이 정신으로 나간다면 긔독교 운동은 좀 더 활긔를 띄울 것이다."

(중 략)

"조선은 넷조선이 아니라 새조선이다. 십여 년 전에는 부흥식으로 우후죽순으로 세계를 놀랠 만하게 긔독교가 휴왕하던 것이 근대는 침체된 상태에 빠진 것 갓흐나 기실은 아기를 나으려는 어머니의 고통과 침묵이다. 조선긔독교는 지금 새것을 나려 하며 겁즐을 벗고 나오려는 것이다. 조선긔독교는 큰 소리치고 뛰여 나오랴고 지금 잠간 몸을 도사리는 것이다.… 조선은 세계긔독회운동 천국건설운동에 억개가 부스러져도 한 모퉁이를 질머지고 공헌하고야 말 것이다."

4) '교리와 장정' 제정

아펜젤러는 1890년 미감리회의 「도리와 장정」을 「미이미교회강례」라고 번역하여 사용했다. 그것은 1850년대 미국교회에서 사용한 것으로 중국과 일본에서도 사용했다. 이는 세 부분으로 되어 있다. ① 교리 ② 임원(속장) ③ 예문(성찬식, 장례식)이다.[19]

미국은 그들의 교회법과 규칙을 정한 책을 'The Book of Discipline'이라고 한다. 법과 규정을 정한 책을 '헌법'이라 하지 않고 'Discipline'

---

18) "선교의 기초적 신학", 「기독신보」, 1929년 8월 14일자.
19) 윤춘병. 앞의 책, 186.

이라 한 것은 웨슬리가 감리교 운동을 시작할 때, 신도회(society)에 속한 교인들이 규칙적인 신앙 '훈련'을 통하여 신앙생활을 했기 때문이다. 웨슬리의 메도디즘은 실천하는 기독교, 즉 기독교의 실천이다.[20] 이런 역사적 배경과 함께 기독교 조선감리회가 독립하면서, 이를 '장정'으로 번역했다. '교리와 장정'은 기독교대한감리회의 법전(헌법)이다. '교리와 장정'에는 몇 줄로 압축된 '감리교 역사'와 '교리', 그리고 거의 '장정(조항)'들로 채워져 있다.

'장정'이란 조목조목 따져 정한 규정, 법칙들로 감리교회 운영의 법과 규칙을 말한다. 구한말 개화기에 어떤 조직체의 회칙을 조목으로 나누어 정한 규칙, 조례나 세칙이다. 결국 '장정'은 구한말 시대의 유물일 뿐 지금은 쓰이지 않는다. 미국감리교회의 특징은 훈련(discipline)에 있다고 말한다. 웨슬리는 규칙쟁이(methodist) 였기에 영적 훈련을 통하여 하나님의 구원의 길에 이를 수 있다고 강조했다.

규칙없이 좋은 그리스도인이 될 수 없다.[21]

웨슬리는 신성클럽에서부터 엄격한 규칙에 따라 생활했다. 1743년에는 감리교도를 위한 일반적인 규칙(General Rules)을 만들었는데 그 뒤 30번이나 개정했다. 이 규칙이 미국감리교회의 행정적인 핸드북 역할을 했고 한국감리교회의 장정으로 발전하게 되었다. 그리스도의 선한 군병으로 이기려면 철저한 영성훈련이 필요하다.

(1) '교리적 선언'

기독교조선감리회 제1회 총회(1930.12.2.~11) 제3, 4일 회의에서

---

20) 김진두, 『존 웨슬리의 생애』, 도서출판kmc, 2012, 78.
21) 위의 책, 217.

한국감리교회의 정체성을 밝히는 신앙고백인 '교리적 선언'을 채택, 선포했다. 웰치 감독이 영문으로 초안을 작성하고 양주삼이 번역했다. '교리적 선언과 헌법 제정준비위원'의 교열을 받았고 미감리회 한국주재 감독 베이커와 합동 전권위원회의 검토를 거쳤다. 그때 선언된 교리적 선언이다.[22]

교리적 선언

1. 우리는 만물의 창조자시요 섭리자시며 온 인류의 아버지시요 모든 선과 미와 애와 진의 근원이 되시는 오직 하나이신 하나님을 믿으며

2. 우리는 하나님이 육신으로 나타나사 우리의 스승이 되시고 모범이 되시며 대속자가 되시고 구세주가 되시는 예수 그리스도를 믿으며

3. 우리는 하나님이 우리와 같이 계시사 우리의 지도와 위안과 힘이 되시는 성신을 믿으며

4. 우리는 사랑과 기도의 생활을 믿으며 죄를 용서하심과 모든 요구에 넉넉하신 은혜를 믿으며

5. 우리는 구약과 신약에 있는 하나님의 말씀이 신앙과 실행의 충분한 표준이 됨을 믿으며

6. 우리는 살아계신 주 안에서 하나이 된 모든 사람들이 예배와 봉사를 목적하여 단결한 교회를 믿으며

7. 우리는 하나님의 뜻이 실현된 인류사회가 천국임을 믿으며 하나님 아버지앞에 모든 사람이 형제됨을 믿으며

---

22) 본래는 고어체로 쓰여 있으나(믿으며, 믿노라. 등) 이 글에서는 현대문으로 풀어 실었다.

8. 우리는 의의 최후 승리와 영생을 믿노라. 아멘.[23]

모든 사람에게 생명과 자유와 환희와 능력이 되는 이 복음을 선전함이 우리의 신성한 천직인 줄 알고 헌신함.

'교리적 선언'은 한국 감리교회의 정체성을 밝히는 신앙의 알맹이이다. '제정 목적'은 "감리교인들을 올바로 훈련하고 이끌어 감리교회를 부흥 발전"시키는데 있다.[24] 전문 8개 조로 앞의 넷은 '하나님과 하나님의 은혜'에 관한 것이고 뒤의 넷은 '사람의 종교적 노력'을 말한 것이다. 감리회의 기초 교리이다.[25]

기독교 개신교파가 공통적으로 믿는 복음주의 신앙에 기초한다. 이 교리는 존 웨슬리의 설교와 강론 그리고 찬양시집과 우리 교회의 신앙적 개요, 교리적 선언 및 신앙고백에 설명되어 있다.

(2) '교리적 선언'의 논쟁

그러나 교리적 선언이 채택되는 과정에서 적지 않은 이의와 논쟁이 일었다.[26] 그래서 이틀에 걸친 토의과정을 가졌다. 거기에는 한국감리교회의 신학적 변화가 담겨 있었다. 곧 '사회복음주의'를 명시함으로 한국감리교회 신학의 변화를 선포한 것이었기 때문이다. 초안

---

23) 본래 웰치의 초안은 '8조, 부록 1조'이다. 부록은 "모든 사람에게 생명과 자유와 능력이 되는 이 복음을 선전함이 우리의 신성한 천직인 줄 알고 헌신함." 이나 번역, 인쇄과정에서 이 부록이 8조로 들어가고 8조는 9조가 되어, "8조, 우리는 모든 사람들에게 생명과 자유와 환희와 능력이 되는 주의 복음을 선전함이 우리의 신성한 천직임을 밋으며"로 되었다.
24) 「기독교대한감리회 교리와 장정 (재)기독교대한감리회 도서출판kmc, 2022, 17.
25) 위의 책, 64.
26) 「基督敎朝鮮監理會 제1회 총회록」(영인본), 1931, 6~7.

을 낭독한 김지환 목사는 소리를 높였다.[27]

감리교의 신학이 사회복음주의적이어야 한다.

제일 먼저 문제가 된 것은 제2조였다. 내리교회를 담임했던 신흥식 목사가 "(그리스도의) 성신의 잉태와 십자가의 유혈 속죄와 부활 승천과 최후 심판이라"를 2조에 첨가하자고 제안했다. 그는 3·1운동의 민족대표로 영적 신앙을 추구하고 있었다.

교리적 선언이 성경의 절대적 권위를 약화시키고 성경의 말씀을 교사의 교훈 수준에 머물게 한다는 지적이었다.

교리적 선언이 지나치게 '자유주의적' 성향임을 지적하면서 기독교 근본주의를 첨부하자는 외침이었다. 진보성향에 대한 보수주의측의 마땅한 이의 제기였다. 총회에서 이틀에 걸친 토론은 격렬했으나 "제5조, 구약과 신약에 있는 하나님의 말씀이 신앙과 실행의 충분한 표준이 됨을 믿으며"에 그 의미가 포함되어있다는 소리도 높았다. 표결로 갔지만 신흥식의 제안은 무시되었다.[28]

결국, 기독교 2천 년의 근본 교리와 웨슬리의 김리교 탄생의 신학을 버리고 사회복음주의를 채택한 것이다.[29]

7조에서도 문제 제기가 있었다. 초안 낭독자 김지환이 "제7조, 우리는 하나님의 뜻이 실현된 인류사회가 천국임을 믿으며"를 언급하

---

27) 김지환, "개인적 복음주의와 사회적 복음주의", 「기독신보」, 1931년 1월 14일.
28) 위의 책. 28~29.
29) 김명구, 「한국 기독교사 1」, 예영커뮤니케이션, 2018, 510.

면서 "하나님의 뜻을 인류사회에 실현하려면 자기중심주의, 개인 복음주의 또는 신비주의를 버리고 사회적 복음주의를 가지고 협력과 봉사를 중심으로 하여야 할 것"이라고 주장했다. 그것은 당시의 경제적 참극의 시대적 상황을 반영한 것이고 교회와 신학의 시대적 요청에 응답하고자 했던 것은 틀림없다.

이런 주장은 복음주의를 자기중심주의, 사회복음주의의 방해물로, 성령체험을 한낱 신비주의로 비하한 것이며 한국감리교회 시작의 정체성과 신학적 이념과의 단절을 요구하는 것이었다.

한국 감리교회 50년 가까운 역사에서 감리교가 다른 교파와 비교할 때 상대적으로 진보적임을 반영하는 것이었고 근본주의 신학 입장에서 보면 '급진적' 자유주의 신학으로 인식될 수 있었다. 그는 복음주의 신학에 대한 이해가 미진했던 것이다.[30]

감리교회의 신학과 전통을 오해하도록 한 것이다. 그 뒤 한국감리교회 안에 복음주의와 사회복음주의에 대한 간극이 생겨나게 되었다. 결국, 한국감리교회의 신학을 양분시킨 것이다.

5) 자치시대의 신학(사회복음주의)

(1) 미국에서 대립 되었던 사회복음

미국은 1880년대에 이르자 급격한 산업화 및 도시화, 규제 없는 시장 자유화로 빈부의 격차, 빈곤, 실업 등의 사회적·노동적 문제들이

---

30) 위의 책, 513.

급증했다. 대기업은 노동자의 위치를 약화시켰고 노동력을 착취했다. 보수 성향의 주류 교회들은 정치적·경제적 기득권과 결탁하고 빈부격차, 노동자의 인권, 어린이 노동 등의 사회와 문제들에 침묵했다. 이런 때 교회 안에서 침묵 대신 이를 변혁하는 일에 교회가 적극 참여해야 한다는 진보주의가 대두되었다.[31] "교회는 사회적·경제적 정의를 실현하고 사회악에 갇힌 사람들을 구원해야 할 책임을 가진다는 주장이었다."[32]

사회복음운동을 주창한 회중교회 글래든(W. Gladden)은 교회는 부를 취하는 과정에서 사회적·경제적 정의를 수립하고 노동자의 이익을 대변하는 역할을 감당해야 한다고 주장했다. '땅에서의 하나님 나라' 사상을 강조한 리츨(1822~1889, A. Ritschl)[33]의 영향을 받은 라우센부쉬(1861~1918, W. Rauschenbusch)는 사회에 내재 되어있는 죄악과 투쟁할 때 현세에 하나님 나라를 실현할 수 있다고 믿었다.[34]

사회복음운동은 1880년대부터 대공황이 발생한 1929년까지 활발하게 전개되었다. 더욱이 1919년 주식시장의 대폭락으로 야기된 대공황으로 실업률이 치솟고 은행의 80%가 문을 닫는 엄청난 경제적 위기가 닥쳤다. 루즈벨트(Franclin O, Roossevelt) 대통령은 '뉴딜(Now Deal)' 정책을 내놓으면서 강도 높은 사회주의적 정책들을 실행했다.[35]

---

31) 위의 책, 291.
32) 존 딜렌버거·클라우드 웰취, 앞의 책, 325. ; 김신호, 위의 책, 291.
33) 19세기 고전적 자유주의 신학의 전성기를 장식한 인물로 강력한 윤리적, 사회변혁적 힘이 사회복음으로 드러나, 죄는 사랑을 거스르는 것으로 인간의 이기심을. 구원은 죽어서가 아닌 이 땅에서 이루어지는 나라를. 또한 그는 예수에 대한 정통교리를 거부하고 가치에 대한 판단이 중요하다고 주장하고, 교회는 현세적인 측면에서 하나님 나라가 실현되는 곳으로 보고 있다.
34) 김신호, 위의 책, 291~292.
35) 후스토 곤잘레스,『현대교회사』375~376, 379~380. ; 김신호, 위의 책, 294.

18~19세기까지 일반적으로 복음주의자들은 개인 구령을 더욱 강조했다. 이들은 부흥회를 전도의 장으로 활용했다. 웨슬리가 주장하는 사회적 성화는 개인의 성화를 바탕으로 자연스럽게 표출되는 현상일 뿐, 무게의 중심이 실려 있는 것이 아니라고 판단했다.[36]

1908년 미국감리교 총회는 사회복음주의를 지지하는 결의안을 통과시켰다. 노동자들의 기본적인 권익과 노동조건의 개선을 요구하는 '사회신경(Social Creed)'도 채택했다.[37]

그러나 사회복음주의가 채택되었지만 미국 보수 교회는 20세기 중반까지 어떤 교파도 실질적인 면에서 사회복음에 의해 변형되지 않았다. 미감리회 조차도 목회자들과 일반 교인들은 이를 반대했다.

결국 1930년 미감리회의 사회신경은 감리교 규율에서 사라졌다.[38] 미국감리교회가 사회신경을 없앨 때, 한국감리교회는 사회복음주의를 선언한 것이다.

사회복음운동은 그동안 기독교가 등한시했던 사회적 책임을 강조하고 자본주의 사회에서 억압받는 이들의 복지를 위해 노력했다. 그런데 그것이 사회 구조악의 개선에 중점을 두다 보니 정작 전통 기독교가 강조해 온 개인의 죄로부터의 구원은 등한시했다.

예수님이 죄를 대속하기 위해 십자가에서 죽으셨다는 사실을 거부했고 성경의 초자연적 요소들을 부정하며 고등비평을 받아들였다. 자유주의 신학은 '지상에 하나님의 나라를 세울 수 있다'는 신념을

---

36) 김명구, 앞의 책, 510.
37) 류대영, 『미국종교사』, (파주:청년사, 2007), 404.
38) 이는 1939년 미국의 감리교회들이 합동이 되면서 다시 거론되었고 1940년 총회에서 채택되었다. 김명구, 앞의 책, 511. 재인용.

강조함으로 사회복음운동의 태동에 영향을 주었다.[39] 1932년 하버드 대학 호킹(W. Hocking) 교수는 개종으로서의 전도나 선교를 반대하고 사회사업으로서의 선교를 주장했다. 교회는 복음전파보다 사회개선사업에 역점을 뒀고 이런 입장은 당시 사회복음운동에 대한 이해를 대변했다.

그러자 보수 진영은 사회복음운동이 교회의 사역을 개인의 영혼 구원 아닌 사회사업으로 대처해 버렸다는 비판을 했다. 사람들이 교회에 나오는 것은 영적 구원을 위해서이지 사회봉사가 주목적이 아니라는 것이다. 라인홀드 니버(1892~Reinhold Niebuhr)는 현대 산업사회의 문제 해결에 사회복음운동과 자유주의 신학이 부적합함을 지적했다. 그의 책 『도덕적 인간과 부도덕적 사회』에서 '인간은 악(원죄)에 의해 특정 지어진다'고 주장했다.

> 니버는 사회복음운동이 부정했던 원죄 사상과 종교개혁의 믿음으로 말미암아 의롭게 된다는 개혁사상을 복원했다.

그는 인간성에 내재한 악과 사회에 내재해 있는 악의 문제를 정면으로 배치시켜 새로운 해결책을 내놓았다.[40] 즉 인간 본성의 죄악성을 사회 구조악의 원인으로 강조함과 동시에 인간 본성이 하나님의 형상임을 강조했다. 웨슬리의 감리교운동이 18세기 산업혁명 과정과 위기 가운데 있던 영국 사회에 커다란 구원의 빛줄기가 되었던 것처럼[41] 같은 맥락에서 그는 1930년대 경제 공황 속에 있는 미국 사회를 구원코자 했다.

---

39) 김신호, 앞의 책, 291.
40) 존 딜렌버거 · 클라우드 웰취, 『프로테스탄트 교회의 역사와 신학』, 343. ; 김신호, 앞의 책, 295.
41) 김홍기, 『세계교회이야기』, 신앙과 지성사, 2009, 231.

1920년대에 들어서면서 미국은 보수와 진보 사이에 논쟁이 치열했다. 보수주의자들은 진보주의자들을 신앙의 파괴분자로, 진보주의자들은 스스로를 신앙본질의 구세주로 생각했다. 전통적 복음주의는 예수 그리스도의 복음, 개인구원, 하나님 나라에 대한 기다림을 계속 강조했다. 진보주의자들은 그리스도를 속죄주로 믿기보다는 선생으로 부르기를 좋아했다. 그리고 저 세상에 대한 복음주의적 관심을 이 세상적인 것으로 바꾸고 하나님 나라를 이 세상에서 실현한다며 천국 건설에 인간적인 책임을 강조했다. 이것은 웨슬리의 사상에서 더 과격하게 벗어나는 해석학적 변화라고 볼 수 있다.

사회복음운동은 인간을 원죄를 갖고 태어난 죄인으로 보지 않고 사회제도만 고치면 지상에 낙원이 이루어진다는 유토피아를 강조했다.[42]

(2) 한국감리회와 사회복음주의

웰치는 '교리적 선언' 초안을 작성했다. '합동전권위원회' 위원장이 되어 한국감리교회 탄생의 산파역을 했고 합동 총회에서 사회를 맡아 회의를 주도했다. 그는 자신의 신학은 '사회적 복음주의'라며 기독교는 '사회적 기독교(Social Christianity)'가 되어야 하고 '하나님 나라'가 사람이 사는 땅에 나타나야 한다고 강조했다.[43] 아무리 개인적 성화와 신비적 체험을 했을지라도 그것이 이웃과 하나님 나

---

42) 김홍기, 『감리교회사』, 도서출판kmc, 2019, 537~538.
43) 미감리회의 대 사회원칙의 전신인 감리교 사회신경은 1908년 미국의 산업화와 경제성장이 급속도로 일어나던 시기 공장, 광산 등 산업도시에서 일하는 수백만 노동자의 노동 착취에 대한 우려를 표하기 위해 시작되었다.
대표로는 선교와 전도 담당자 프랭크 메이슨 노스, 오하이오 웨슬리안대학 총장 허버트 웰치(뒤에 감독, UMCOR 창설), 출판국 편집인 앨버트 랍 자링, 사회사업 담당자 월스 티피, 시카고 지역 목사 해리 워드 등 다섯이었다. 그들은 교단 내 사회를 위한 사역을 담당할 기관이 필요하다고 믿었다.

라를 위한 헌신으로 연결되지 않는다면 비기독교적으로 정의하며 그것이 사회 전반으로 확대되어야 복음이 완성된다고 보았다.

> 복음주의 신학에서 죄는 '하나님에 대한 불순종'이지만 사회복음주의에서는 '이기심'이 죄였다.[44]

이같은 웰치의 신학과 미감리회의 신학의 변화는 1920년대에 한국 감리교회에 나타나기 시작했다. 양주삼·정경옥 같이 미국 유학을 다녀온 이들은 사회적 복음주의에 심취해 있었고 신진 선교사들도 이런 신학 사조의 영향 아래 있었다.

1920년대 한 때, 공산사회주의가 한 줄기 빛처럼 보였듯이 사회복음주의야말로 영적 영역과 사회적, 민족적 영역을 합치시킬 수 있는 최고의 신학으로 떠올랐다. 이는 한국 땅을 하나님이 다스리는 나라로 만든다는 의식과 연결되어 일제에 탄압받고 있는 현실에서 강한 반일구조를 갖게 되었다. 그래서 이승만, 이상재 같은 기독교 독립운동가와 민족주의자들은 이 신학을 반겼다.[45]

그러나 감독제도라는 특성 때문에 노출이 되지 않았을 뿐, 한국 감리교회 전체가 이를 일방적으로 따르지는 않았다. 내부에서 적지 않은 반발이 일었다. 사회복음을 주장하는 이들 가운데에는 그것이 영적 영역과 사회적 사명을 합치하는 것이라고는 하지만 개인의 성화,

---

44) Walter Rauschenbusch, A Theology for the Social Gospel(New York: The MacMillan Company, 1917), 47. ; 김명구, 앞의 책, 431. 주 276) 재인용.
45) 사회복음주의는 미국에서 활동하던, 이승만과 같은 민족운동가들 활동에 정치적 활동 이론이 되기도 했다. 미국 민주당 내부에 사회복음주의 신봉자들이 많았고 이들에 사상적 주장이 민주당 정책으로 연결되어 있었다. 이승만 등은 사회적 약자나 약소국에 호의적이었던 민주당을 지지했고 관계를 맺었다.

구령, 성령체험 등의 영역을 '개인 중심주의', '신비주의', '복음의 초보단계'로 매도하고 깎아내리며 개인 구원의 문제와 성령의 문제를 약화시켰기 때문이다. 그렇게 되면 교회의 성장면에서 지장을 가져올 수 있다. 이때부터 감리교 내부, 그리고 감리교신학교의 신학과 감리교 교회 사이에 신학적 괴리가 극명히 드러나기 시작했다.[46]

사회복음주의는 1907년의 영적 대각성의 신학을 능가할 만큼 한국교회를 장악하지는 못했다. 대부분의 감리교회는 여전히 '성신충만'을 외치며 복음주의 전통을 굳게 했다. 그 중심에 이필주가 있었다. 그는 정동교회의 담임 목사로 3·1운동에 참여했다. 그러나 1921년 11월 4일 경성 감옥을 출옥한 뒤로는 '민족'보다 '신앙'을 앞세웠다. 감옥에서 하나님의 임재를 체험한 그는 전도 강연을 할 때면, "회개하라"를 외치며 언제나 개심을 강조했다.[47] 기독신보는 한 집회를 보도했다.[48]

맹렬한 성신 불은 뭇사람의 맘에 통회자복과 풍성한 은혜를 넘치게 했다.

교회의 원로요 민족지도자의 뜨거운 외침을 한국 감리교회 목회자들은 당연한 것으로 받아들였다. 이는 하디의 전통이기도 했다. 웰치의 신학과는 단연코 거리를 둔 것이었다.

한국감리교회는 둘로 갈라졌다. 영적 구령을 앞세우는 그룹, 곧 하디의 전통과, 그리고 신학을 바꾸고 한국의 사회적 과제를 강조한 그

---

46) 「基督申報」, 1932년 9월 21일자. ; 1933년 5월 14일자.
47) 「동아일보」, 1926년 10월 14일자. "창천교회 전도 강연", 경성지방의 교역자들은 이필주 목사의 권면에 따라 시대의 질곡을 복음으로 극복하고자 했다. 1931년 4월 20일 오후 7시 30분부터 23일 밤까지 수양회를 개최했을 때도, 표어는 역시 "성신 충만"이었다.
48) 「基督申報」, 1931년 12월 16일자.

룹으로 나뉜 것이다. 결국 남북감리교 둘이 하나 되던 날, 둘은 갈등의 요소를 끌어안게 된 것이다.

　감리교의 교리적 선언이 가지는 한국교회사적인 의의는 한국교회가 가지고 있던 보수적 복음주의 신학에서 진보적 신학으로의 전환이 이루어졌다는 사실이다.

　이것은 단순히 신학적 입장표명이 아닌, 한 교단의 합동 원리로 받아들인 것이다. 1930년대 한국교회는 진보·보수 신학 사이에 첨예한 갈등을 겪게 되었다.[49]
　윤춘병은 '감리교 신학은 자유주의'라면서 '교리적 선언'에 나타난 감리교회의 신학 노선을 다음같이 정리했다.[50]

　1. (감리교는) 제도나 교리보다 영적 삶을 특성으로 삼는다. 축자영감설, 문자무오설 같은 경직된 교리주의가 아니다. 영적이며 도덕적인 삶에 기초를 둔 인격적인 종교이다. 성령 안에서 자유와 희락과 힘의 삶을 강조하는 것이 감리교 교리의 핵심이다.
　2. 감리교 신학 노선은 진보적이다. 웰치 감독이 선언한 진보의 뜻은 생명을 소유했다는 특색이 있다. 프로테스탄트를 탄생시킨 개혁자들의 산 믿음을 소유한 생명력있는 종교이다. 시대와 시방에 따라 형성되고 선포된 한국교회의 토착적 교리이다.
　3. (감리교는) 자유주의 신학을 택한다. 자유주의 신학의 상대는 근본주의 신학이다. 근본주의 신학의 핵심은 성경의 영감설과 무오설을 전제로 한 그리스도의 동정녀 탄생, 십자가의 구속, 육체의 부활

---

49) 「교리와 장정」, 25.
50) 윤춘병, 『한국감리교 교회성장사』, 1997(감리교출판사), 589～590.

과 최후의 심판을 위한 그리스도의 재림, 천년왕국설 등이 꼽힌다.

미국감리회의 사회복음 선교정책에 따라 선교사 조지 오글(George E. Ogle)이 1954년, 한국의 산업 현장 전도자로 파송 받아 왔다. 그는 듀크대학원을 졸업하고 위스컨신대학교에서 국제노동문제로 박사학위를 했다. 1961년 인천 화수동, 한 초가집에 '도시산업선교회'를 세우고 억울하고 힘없는 노동자들 편에서 헌신했다. 그는 1974년 12월 강제추방을 당했다.[51]

한국장로교회의 교리 한편, 한국장로회는 1907년 대부흥운동의 영향으로 급성장하고 장로교 4개 선교부(미 남북 장로교, 호주 장로교, 캐나다 장로교)가 합동하여 그 해 첫 노회를 설립했다.(독노회) 1912년에는 7개 노회가 '조선예수교장로회' 총회를 창립했다. 교리는 인도 장로교 12신조를 서언만 바꾸고 그대로 가져왔다.[52] 12신조는 성경의 무오, 하나님의 절대, 삼위일체, 하나님의 창조, 부활과 심판 등이다.

한국장로회는 12신조의 미흡함을 극복하기 위해 1963~74년대에 들어와서 교회론의 체계를 가장 완벽하게 정립한 「웨스트민스터 신앙고백」을 채택했다. 그러나 미국연합장로교회(UPCUSA)가 웨스트민스터 신앙고백을 폐기하고 칼 바르트(Karl Bart)의 입장을 따라 화해신학적 교회론을 구성하는 「1967년 신앙고백서」를 발간하면

---

51) 나는 그때 인천에서 중 · 고등학교를 다녔다.(1958~1963) 미국사람이 영어를 가르쳐 준다는 바람에 '기독반'에 들어갔는데 "예수님은 전적으로 약자 편이셨다."를 귀가 따갑도록 듣던 기억이 아물거린다. 그는 1974년 서울대학교 교수를 하면서, 인혁당사건으로 군사재판에서 사형선고를 받은 피해자들을 위해 기도회를 열고 이 사건의 부당함을 폭로하는 등 민주화 운동에 몸을 사리지 않고 헌신했다. 선교사 조지 오글(George E. Ogle) 이다.
52) 박일민, 『개혁교회의 신조』, 성광문화사, 1998, 538~40.

서 개혁교회 신조들의 교회론은 심각한 도전을 받았다. 박형룡[53]은 「1967년 신앙고백서」가 사회복음을 주장하는 자유주의적 입장임을 제시하고 「웨스트민스터 신앙고백」의 전통과는 전혀 다른 고백이라고 주장했다.

사실, 인도(印度) 장로교회의 12신조는 신학적인 면에서 조선장로교회라고 말하기 어렵다.[54]

"한국장로교는 독립은 했으나(1912) 독자적 신앙고백과 경전 및 정체의 부재라는 애로에 시달려 왔다. 그러나 감리교는 한국교회의 신앙이 미국교회의 역사적인 필연성과는 무관한 사실을 들어 미국 선교부로부터 독립하여 한국적 감리교회 형성을 이룰 수 있었다. 한국교회사에 신기원이 여기 높이 솟아난 것이다."[55] 한국장로교에서 1920년대 이전까지만 해도, 칼빈(1509~1564, John Calvin)은 소개되는 정도였다.[56]

1934년에 비로서 장로교의 조선예수교장로회신학교의 잡지 「신학지남」에서 본격적으로 칼빈 특집을 다루었고,[57] 그 뒤 평양신학교를 통해 칼빈을 내세우기 시작했다. 장로교 정통성을 확실히 하기 위해서였다.[58]

---

53) 1897~1978. 평안북도 벽동 출신. 박윤선과 더불어 한국장로교회 신학의 양대 산맥이며 한국의 대표적 개혁주의 장로교 신학자이다. 켄터키주 루이스남 침례교 신학교에서 기독교 변증학으로 박사학위를 했다.
54) 윤춘병, 앞의 책, 584.
55) 민경배, 앞의 책, 388.
56) 1916년 11월 29일부터 1917년 6월 20일까지 「기독신보」에 "칼빈약한전"(요한 칼빈 일대기)이 최초로 소개되었다. 장로교 평양신학교에서조차 집중해서 가르치지도 않았다. 김명구, 앞의 책, 438. 재인용.
57) 「신학지남」 제16권 4집(1934. 7.) 통권 76호 칼빈특집호.
58) 김석수, 『1930년 이전 한국장로교의 복음주의 신학 연구:미국 북장로교한국 선교 중심으로』, 156~157. 참조. 김명구,앞의 책, 438. 재인용.

6) '교리적 선언'에서 '감리회 신앙고백'으로

정경옥 교수는 "정확하고 무오한 신조를 갖는 것이 구원을 얻는 데 큰 관계가 있다는 것을 의심할 여지가 없다.… 교리는 구원을 가르키는 손가락"이라고 했다.[59] 교리가 이정표나 안내판 역할을 한다는 말이다. 한국감리교 제2회 총회에서 '교리적 선언'을 각 교회에서 예배 때 매월 1차 이상 낭독하도록 규정했다.[60] 그러나 다수의 교회가 이를 지키지 않았다. 그것은 대체로 보수적이고 복음주의적인 교회들이 자유주의 정신으로 염색된 교리적 선언을 못마땅하게 여기고 있었기 때문이다.[61] '교리와 장정'을 제정하는 목적은 "… 예수 그리스도께서 우리에게 위탁하신 복음을 전파하여 온 민족과 세상을 구원하고 복음을 통해 개인, 가정, 사회, 국가를 변혁하는 일이다. 이를 위해 잃은 자를 찾아 구원하고 오순절과 같은 성령 충만한 삶을 실천하며 성서적 성결을 우리의 삶 속에 성취하여야 한다.… 이와 같은 감리교회의 사명을 완수하기 위해 기독교대한감리회의 역사와 전통적 교리를 밝히고 헌법과 규칙을 제정함으로 교인들을 올바로 훈련하고 이끌어 감리교회를 부흥 발전시키는데 있다."[62]이다.

그로부터 67년이 지나서 교리와 장정은 손질을 보게 되었다. (1997.10.29. 제22차 총회)[63]

21세기를 맞이하면서
삶의 변화하는 환경 속에서 새로운 신앙고백이 필요하다.

---

59) 정경옥, 『기독교원리』, (서울:기독교대한감리회 교육국, 1991), 11.
60) 『교리와 장정』, 56.
61) 웨슬리복음주의협의회, 『웨슬리복음주의 총서Ⅱ』, 1994, 166.
62) 『교리와 장정』, 17.
63) 웨슬리복음주의협의회, 『웨슬리복음주의 총서Ⅱ』, 54.

"교인들을 올바로 훈련하고 이끌어 감리교회를 부흥 발전시키는 데 있다."는 '교리와 장정'의 제정 목적에 한계를 깨달은 것이다. 이름도 '교리적 선언'에서 '감리회 신앙고백'으로 고쳤다. '교리선언'과 '교리적 선언'은 차이가 있다. 접미사 '적'은 "그 성격을 띠는 관계된, 비슷한"의 뜻이다. '교리적 선언'과 '신앙고백'은 차이가 매우 크다. '교리적(doctrinal)'이나 '선언(statement)'은 '교리(Doctrine)'나 '신조(Creed)' 보다 가벼운 표현이다. 어디에도 얽매이지 않는 이른바 '열린 교회'를 나타내려 했던 것으로 볼 수 있다. 그러나 그것은 당시의 미국감리교회의 자유주의 신학의 영향을 너무 많이 받았기 때문에 성경적이고 복음적인 교리라고 볼 수도 없을 뿐 아니라, 웨슬리 전통의 감리교적 요소도 표현되어 있지 않다는 비판을 오랫동안 받아 왔다.[64] 그리고 이런 주장들이 터져 나왔다.[65]

1930년대. 자유주의 신학의 영향을 받은 소수 신학자들의 신학과 주장이 중요한가? 한국감리교회는 웨슬리의 복음주의에 뿌리를 박고 있는 교회이지, 자유주의에 뿌리를 박고 있는 것이 아니다.

즉 자유주의 신학의 흐름은 막고 초기 웨슬리 복음주의 신학과 신앙을 회복하려는 움직임이었다.

여기서 말하는 복음주의는 교리와 장정 62단 "그리스도교의 교회의 근본적 원리가 시대를 따라 여러 가지 형식으로 교회 역사적 신조에 표명되었고 웨슬리의 『종교강령』과 『설교집』과 『신약주석』에 해석되었다. 이 복음적 신앙은 우리의 기업이요, 영광스러운 소유이

---

64) 김진두, 『우리의 교리』, 도서출판 감신, 2003, 296.
65) 웨슬리복음주의협의회, 『웨슬리복음주의 총서Ⅱ』, 164.

다."⁶⁶⁾이다. 이것이 웨슬리가 말하는 복음주의이다. 감리교회의 신앙 노선은 분명히 웨슬리의 복음주의다.⁶⁷⁾

미 연합감리회의 신학분과 위원장이던 알버트(Albert C. Outer) 박사는 주장했다.⁶⁸⁾

웨슬리는 복음주의자로 그의 신학은 복음주의적 공교회 신학이다.

웨슬리의 신학적 핵심은 구원론이다. 그의 설교의 90% 이상이 구원론에 초점을 맞추고 있다. 웨슬리는 의인화(루터)뿐 아니라 성화도 구원론의 중심임을 강조했다. 의인화가 믿음으로 이뤄지듯 성화도 믿음으로 출발함을 강조한다. 그러나 믿음이 행위로 나타나야 함을, 즉 믿음의 본질은 내적이지만 믿음의 증거는 사회적 행동임을 강조한다.⁶⁹⁾ 그러나 분명한 것은 본질인 믿음이다.

루터는 로마서를 '믿음의 책'이라고 추켜세우면서 야고보서는 '지푸라기 복음'이라며 구박했다. 그러나 웨슬리는 믿음으로 의롭다 하심을 받은 자의 선행으로 역사하는 믿음을 강조하면서 야고보서도 높혔다. 산상설교는 그의 성화 신학을 잘 표현해 주고 있다.

믿음으로 구원을 받았으면
그 확증은 행함으로 나타나야 하고 그 열매는 사랑으로 드러나야 한다.

웨슬리는 이데올로기적 해방 운동이나 폭력적 혁명으로서의 해방을 말하지 않고 성령의 능력 안에서의 해방, 성령의 사랑과 자유의

---

66) 「교리와 장정」, 54.
67) 웨슬리복음주의협의회, 『웨슬리복음주의 총서 II』, 1994, 163.
68) Albert C. Outer, John Wesly(New York Oxford University Press, 1964), 122.
69) 김홍기, 앞의 책, 225.

은총을 힘입어 사회의 구조적 악과 제도적 모순에서 해방시키는 운동을 이끌어 나갔다. 그러나 미국연합감리교회는 웨슬리의 사회적 차원으로 관심을 기울이면서 그의 영적·내면적 성화를 잃어버리게 되었다. 한국 감리교회는 그 반대적 측면이 있다. 올바른 웨슬리의 초대 감리교 운동으로 돌아가려면 이 두 면의 조화를 이루는 참다운 성령운동, 영성운동, 사회참여 운동으로 이루어져야 한다.[70] 감리교 신학은 성경적 복음주의에 충실하며 복음전도에 봉사하는 일이며 그 도구이다.

> 초대교회 이후 교회사에 감리교만큼 복음적이고 복음을 분명하고 평이하게 그리고 확신있게 잘 해설하며 또한 단언컨대, 복음전도를 강조하는 신학 전통은 없었다. 복음주의 신앙과 복음전도는 감리교 부흥운동의 동기이며 감리교의 뿌리이며 원동력이다. 감리교 신학은 성경적 복음주의 신앙을 충실히 지키고 복음을 전파하고 그 실천을 위해서 형성되고 발전되었다.[71]

웨슬리의 영성은 무엇보다도 하나님의 말씀인 성경, 그중에서도 특히 신약성경의 복음에 우선순위를 두었다. 그리고 그 핵심은 이것이다.

성령의 놀라운 역사!

웨슬리는 자신의 부흥운동의 근거를 초대교회 원시 그리스도교의 첫 순수한 시대에 나타난 하나님의 역사를 재현하는 것으로 보았다. 초대교회는 성령의 시대였다.[72]

---

70) 위의 책, 236~237.
71) 김진두, 『우리의 교리』, 도서출판감신, 2003, 37.
72) 이후정, 『기독교 영성 이야기』, 신앙과 지성사, 2017, 299~310.

개정된 '감리회 신앙고백'과 '교리적 선언', '사도신조'의 비교[73)]

조	교리적 선언(1930)	감리회신앙고백(1997)	사도신조(A,D 33~300)
1 하나님	우리는 만물의 창조자시오 섭리자시며 인류의 아버지시오 모든 선과 미와 애와 진리의 근원이 되시는 오직 하나이신 하나님을 믿으며	우리는 우주 만물을 창조하시고 섭리하시며 주관하시는 거룩하시고 자비하시며 오직 한 분이신 아버지 하나님을 믿습니다.	전능하사 천지를 만드신 하나님 아버지를 내가 믿사오며
2 예수님	우리는 하나님이 육신으로 나타나사 우리의 스승이 되시고 모범이 되시며 대속자가 되시고 구세주가 되시는 예수 그리스도를 믿으며	우리는 말씀이 육신이 되어 우리 가운데 오셔서 하나님의 나라를 선포하시고 십자가에 달려 죽으셨다가 부활 승천하심으로 대속자가 되시고 구세주가 되시는 예수 그리스도를 믿습니다.	그 외아들 우리 주 예수 그리스도를 믿사오니, 이는 성령으로 잉태하사 동정녀 마리아에게 나시고 본디오 빌라도에게 고난을 받으사, 십자가에 못박혀 죽으시고 장사한지 사흘만에 죽은자 가운데서 다시 살아나시며 하늘에 오르사, 전능하신 하나님 우편에 앉아 계시다가, 저리로서 산 자와 죽은 자를 심판하러 오시리라.
3 성령님	우리는 하나님이 우리와 같이 계시사 우리의 지도와 위안과 힘이 되시는 성신을 믿으며	우리는 우리와 함께 계셔서 우리를 거듭나게 하시고 거룩하게 하시며 완전하게 하시며 위안과 힘이 되시는 성령을 믿습니다.	성령을 믿사오며

73) 「교리와 장정」, 56. [63] 감리회 신앙고백(1997년)

조	교리적 선언(1930)	감리회신앙고백(1997)	사도신조 (A.D 33~300)
4 은혜 성경	(은혜) 우리는 사랑과 기도의 생활을 믿으며 죄를 용서하심과 모든 요구에 넉넉하신 은혜를 믿으며	(성경) 우리는 성령의 감동으로 기록된 하나님의 말씀인 성경이 구원에 이르는 도리와 신앙생활에 충분한 표준이 됨을 믿습니다.	* 교리적 선언은 "은혜"가 먼저이고 그러나 감리회 신앙고백은 "성경"이 먼저이다.
5 성경 은혜	(성경) 우리는 구약과 신약에 있는 하나님의 말씀이 신앙과 실행의 충분한 표준이 됨을 믿으며.	(은혜) 우리는 하나님의 은혜로 믿음을 통해 죄 사함을 받아 거룩해지며 하나님의 구원의 역사에 동참하도록 부름받음을 믿습니다.	
6 교회	우리는 살아 계신 주 안에서 하나 된 모든 사람들이 예배와 봉사를 목적으로 단결한 교회를 믿으며	우리는 예배와 친교, 교육과 봉사, 전도와 선교를 위해 하나가 된 그리스도의 몸인 교회를 믿습니다.	거룩한 공회와,
7 천국 선교	(천국) 우리는 하나님의 뜻이 실현된 인류 사회가 천국임을 믿으며 하나님 아버지 앞에 모든 사람이 형제됨을 믿으며	(선교) 우리는 만민에게 복음을 전파함으로 하나님의 정의와 사랑을 나누고 평화의 세계를 이루는 모든 사람들이 하나님 앞에 형제됨을 믿습니다.	성도가 서로 교통하는 것과,
8 영생 천국	(영생) 우리는 의의 최후 승리와 영생을 믿습니다. 아멘.	(천국) 우리는 예수 그리스도의 재림과 심판, 우리 몸의 부활과 영생 그리고 의의 최후 승리와 영원한 하나님 나라를 믿습니다. 아멘.	죄를 사하여 주시는 것과, 몸이 다시 사는 것과 영원히 사는 것을 믿사옵나이다. 아멘.

'교리적 선언'과 '감리회 신앙고백', 둘의 차이를 살펴보면, 무엇보다도 신흥식의 주장이 제 자리를 찾았다.

성신의 잉태와 십자가의 유혈속죄와 부활 승천과 최후 심판!

67년 만이다. '삼위일체 하나님' 대신 진선미 차원의 도덕적 하나님이라는 사회복음주의적 표현은 정리했다. "웨슬리는 삼위일체의 신관을 인정치 않는 것은 신성모독"이라고 했다."[74]

그렇지만 '감리회 신앙고백'에서 웨슬리의 '종교의 강령' "제1조 성 삼위일체를 믿음"[75]에 명시된 '삼위일체 하나님'에 대한 표현이 미흡한 것으로 보인다. '아버지 하나님'(1조), '예수 그리스도'(2조), '성령'(3조)의 세가지로 나누었는데 이 삼위가 각각 온전하신 하나님이시요 삼위가 일체 되신 하나님이라는 표현이나 내용이 없다. 삼위일체 표현은 정확하고도 명백해야 한다. 또한 '감리회 신앙고백' 3조, "거듭나게 하시고 거룩하게 하시며 완전하게 하시며…"에서, 웨슬리가 강조한 구원의 과정(질서)은 구체적으로 ① '선행은총(prevenient grace)' ② '회개(convincing grace)' ③ '칭의(justifying grace, 의인화 거듭 신생)' ④ '성화(sanctifying grace)' ⑤ '완전(perfection grace)' ⑥ '영화(glorification)'[76]인데 '선행은총, 회개와 칭의'가 생략되었다. "완전하게 하시며"는 성화의 목표인 '완전'을 확실하게 명시한 것이다. 완전은 인간이 본래

---

74) William R., Cannon, The Theological of John Wesley (New York: Abingdon, 1946), 101. 웨슬리복음주의협의회, 『웨슬리복음주의 총서Ⅱ』, 총서 172.
75) 「교리와 장정」, 36. ; 「교리와 장정(1997년판)」, 서문 중 "새 교리와 장정 출판을 축하하면서", 28.
76) 「교리와 장정」, 47. ; 김홍기, 『존 웨슬리 신학의 재발견』, 대한기독교서회, 1993, 86. ; 김홍기, 『세계교회이야기』, 218~231.

적인 하나님의 형상을 회복하고 완성하는 것이다.

1930년도의 "은혜를 믿으며"(4조)를 1997년도에서는 "은혜로… 부름받음을 믿습니다."로 했다. 1930년도의 7조, 천국을 "하나님의 뜻이 실현된 인류사회"로 정의했으나 1997년도에는 "형제 됨"을 강조하면서 '교리적 선언'의 천국 정의를 삭제했다. 8조는 1930년도의 "의의 최후 승리와 영생을 믿는다"를 1997년도에는 이렇게 고쳐 복음주의 신앙을 대폭 강화했다.

예수 그리스도의 재림과 심판, 우리 몸의 부활과 영생, 그리고 의의 최후 승리와 영원한 하나님 나라를 믿습니다.

전체적으로 보면 '감리회 신앙고백'은 복음적 표현을 명료하게 하고 있다. 교리적 선언이 "예수 그리스도와 재림과 심판, 우리 몸의 부활과 영생"에 대한 신앙고백이 약했던 것은 당시 미국의 자유주의 신학의 영향이었다.

7) 웨슬리는 경건한 복음주의

(1) 웨슬리 신앙과 신학의 전통

루터로부터 촉발된 16세기 종교개혁 시대의 복음주의는 개신교(Protestant)라고 불렀다. 반 가톨릭이라는 뜻이다. 그 뒤 기독교 역사에서 한동안 뜸했던 복음주의는 웨슬리(John Wesley)의 대각성운동기인 18세기 중엽에 다시 일어났다. 종교개혁가들은 칭의를 강조했고 웨슬리에 이르러서는 '회심', '영적 각성', 성화와 성령의 체험을 부르짖었다. 그 뒤 복음주의 신학은 감리교도들뿐만 아니라 영국과 웨일즈, 스코틀랜드, 미국에서 일어난 대각성운동에 크나큰 영향을 끼쳤다. 미국의 해외 선교운동의 바람은 영국 복음주의부흥운동의 여파였다. 웨슬리의 사도 바울에 비견되는 전도여행은 전설적인 수준으로 존경받고 있다.

웨슬리 당시 18세기의 유럽은 근대적 세계관이 자리 잡으면서, 자연과학과 이성주의, 즉 인간중심주의가 지배하고 있었다.

종교는 매우 위축되었고 살아계신 하나님을 체험하고 구원의 길에서 하나님과의 깊은 영적 교제를 누리는 삶에는 별로 관심이 없었다.

웨슬리는 이같은 이성의 시대에 살면서, 그리고 이성의 기능을 인정하면서도 그런 시대를 거스르고 그것을 초월하는 신앙을 체험에서 찾으려 했다. 그리고 참된 영성, 참된 마음의 종교, 살아 있는 신앙을 발견했고 전파한 것이다. 그의 영성은 무엇보다도 하나님의 말씀인 성경, 그중에서도 특히 신약성경의 복음에 우선순위를 두었다.[77] 그리고 그 핵심은 '성령의 놀라운 역사'에 있었다.

웨슬리는 자신의 부흥운동의 근거를 초대교회 원시 그리스도교의 첫 순수한 시대에 나타난 하나님의 역사를 재현하는 것으로 보았다. 그는 젊은 시절부터 특히 신약성경에 몰두하면서 사도들의 시대에 나타난 초대교회의 '거룩함의 영성'을 지극히 사모했다. 자신도 그 원시 그리스도교로 돌아가는 것을 목표로 삼았다. 초대교회는 성령의 시대였다.

---

77) 이후정, 위의 책, 310.

그리고 그다음에 초대교회의 전통, 이성, 체험을 모두 다 종합, 포괄하는 형태를 이루었다. 웨슬리는 교회 역사 속에서 '위대한 실천적인 영성의 대가'로 빛을 비췄다. 그가 남긴 영적인 삶의 유산은 성화와 그리스도인의 완전이란 주제에 집중되어 있다. 그런 거룩함과 온전함이란 곧 순결하고 거룩한 하나님 사랑으로 충만해지는 것을 뜻한다. 그것은 이것이다.

> 곧 그리스도의 연합과 일치,
> 성령으로 충만하게 됨으로 가능해 진다.[78]

초기 한국교회의 주류를 형성한 신학은 근본주의도, 자유주의도, 진보주의도 아닌 '복음적 경건주의 부흥운동'이었다. 한국에서 개신교가 성공한 직접적인 동기, 그리고 한국개신교의 초기 신앙형태의 2중 근거가 된 것은 경건주의와 복음주의이다.

한국에 들어온 초기 미국 선교사들은 그 신앙의 기질이 한결같이 순수한 복음주의자들이요, 부흥회적인 감리교적 생태의 선교사들이었다.[79] 웨슬리식 부흥회는 한국교회의 전통이 되었고 그의 밤샘기도(매주 금요일), 새벽기도(날마다), 속회(매주 금요일) 운동은 한국교회 속에 살아 있는 신앙의 표본이 되었다.

아펜젤러 또한, 분명한 체험적 신앙의 소유자였고 기도의 사람이었다. 구원의 능력, 부활, 하나님의 섭리를 믿는 순수한 경건주의적 복음주의자였다.

선교역사의 대가 라투레트(K.S. Latourette)는 초기 한국에 온 선

---

78) 위의 책, 324.
79) 민경배, 앞의 책, 148~149.

교사들은 부흥운동, 개인주의, 경건주의적 복음주의였다고 해석한다.[80] 한국에서 개신교가 성공한 직접적인 동기, 그리고 한국개신교의 초기 신앙형태의 근거가 된 것은 경건주의와 복음주의이다. 경건주의는 한국교회의 주류를 형성한 신학이다.[81]

셀(C.G. Cell) 박사는 그의 『존 웨슬리의 재발견』에서 밝힌다.

웨슬리는 은총의 신학자였지 결코 자유주의 신학자가 아니다.[82]

"1790년 이후에 감리교 신학자들의 신학이 서서히 웨슬리에게서 이탈되어 마침내는 웨슬리가 도덕론자 또는 인본주의자처럼 오인되어 왔던 것"이라고 했다. 셀은 그러나 19세기 말, 이같은 자유주의화, 합리주의화했던 그릇된 웨슬리 학자들의 글에서 떠나 웨슬리야말로 과거의 종교개혁자들이 외쳤던 은총만으로의 기독교를 구원하는 또 하나의 종교개혁을 일으켰다고 주장했다. 웨슬리의 신학사상을 한마디로 표현하면 '하나님 중심의 신학', 또는 '은총의 신학'이다.[83]

캐논(W.R. Cannon) 박사는 그의 『웨슬리 신학』[84]에서 웨슬리의 신학은 하나님의 은총을 강조하는 신본주의 신학이라는 점에서 칼빈이나 어거스틴과 다름이 없다면서 이렇게 경고하고 있다.[85]

---

80) 김홍기, 『감리교회사』, 511.
81) 김홍기, 앞의 책, 252.~254, 제2의 종교개혁을 시도한 운동이었다.
82) C.G. Cell The Rediscovery of John Wesley(New York: Henry Holt & co. 1935), 25. ; 웨슬리복음주의협의회, 『웨슬리복음주의 총서II』, 1994, 171.
83) 조종남, 『요한 웨슬레의 신학』, 대한기독교출판사, 4.
84) 위의 책, 7~9. ; 웨슬리복음주의협의회, 『웨슬리복음주의 총서II』, 172.
85) 김진두, 『우리의 교리』, 도서출판감신, 2003, 37.

그는 분명히 신본주의적 복음주의자요, 결코 인본주의적 자유주의자가 아니다. 오늘날 감리교신학이 이 사실을 경시한다면 감리교 신앙은 급속히 쇠퇴하고 죽음에 이를 것이다.

자유주의 신학은 종교개혁 전통에 대한 도전으로 나타났다. 신앙, 은총, 그리스도, 성서 중심의 종교개혁 전통에 의문을 제기하면서 이성 중심의 철학적 영향과 자연과학의 발전에 힘입어 이성적, 합리적 신학해석을 도모하려고 했다. 18세기 철학사상, 즉 영국의 이신론, 프랑스의 자연주의, 독일의 합리주의 등에 깊은 영향을 받았다. 이들은 예수의 기적을 부인한다. 파울루스(Paulus)는 예수의 물위를 걸으신 사건은 날이 어두워 제자들이 착각했다는 식으로 보며 부활도 제자들이 시체를 훔쳐 간 것이라고 한다. 이들은 역사적 예수를 강조하여, 모범, 교사, 예언자, 도덕적 영웅으로 묘사한다.

유토피아를 소망하고 지상천국을 실현한다며 종교개혁신학의 의인화 사상(개인 구원)을 비판하고 이성의 활동에 의한 사회적 구원을 도모한다. 그리고 계시신학보다 자연신학을 강조한다. 특수계시로서의 십자가 사건보다 자연 속에 나타난 일반적 계시를 주장하며 타종교와의 대화를 활발히 시도한다.[86]
자유주의 신학은 '지상에 하나님의 나라를 세울 수 있다'는 신념을 강조함으로 사회복음운동의 태동에 큰 영향을 주었다.[87]

---

86) 김홍기, 『세계교회이야기』, 265~268.
87) 김신호, 앞의 책, 291.

(2) 웨슬리의 종교강령

> [16] 교리와 장정 2장 교리 제1절 신앙과 교리의 유산 [89]
> 1784년 존 웨슬리(John Wesley)는 영국 성공회의 39개조 종교강령을 ① 25개조로 줄여서 감리회 종교강령이라는 이름으로 발표했다. 웨슬리는 39개조 중에서 칼빈의 예정론이 들어간 17조, 칼빈의 출교정신을 반영한 33조, 영국국교로서 영국 성공회가 세속권세에 복종할 것을 강조하는 37조 등 모두 ② 14개조를 삭제하고 25개조로 감리회의 종교강령을 확정했다.

위 ①은 '25개조'가 아니라 24개조이다. 웨슬리는 오래전부터 국교회 교리들에서 어떤 것들은 그 건전성을 의심하고 있었으며 아메리카의 감리교인들의 긴급한 요청이 직접적인 동기가 되어 1784년 39개의 교리에서 ② 15개조를 삭제하고 24개로 축약했다. **그러므로 ② 14개조는 15개로 고쳐야 한다.** 이를 '웨슬리의 종교강령'이라고 한다. 1784년 12월 14일 미국감리교 창설총회(X-mas Conferance, 볼티모어)에서 웨슬리가 축약한 24개 교리에다 하나를 보태어 25개로 만들어 미국감리교 교리로 선언했다. 추가된 하나는 "제23조 북미 합중국 통치자"로 "대통령과 국회와 각 주 주립 의회와 내각은 국민의 대표로 연방헌법과 각 주 헌법에 의하여 북미 합중국의 통치자들이다. 이 합중국은 주권적 독립국이므로 어떤 외국 치리하에 붙지 아니할 것이다."[89]이다. 본래 영국국교회의 "제37조 국가의 통치자에 관하여"를 "북미 합중국의 통치자들에 관하여"로 바꾼 것이다. 그러나

---

88) 「교리와 장정」, 36.
89) 「교리와 장정」, 42~43.

이 23조는 미국감리교회에 해당되는 것이지 한국감리교회와는 전혀 관련이 없다. 따라서 23조는 삭제하든지 개선해야 한다. 물론 '친미, 반미…' 하고는 전혀 관계가 없다.

'웨슬리의 종교강령'은 웨슬리에 의하여 개정되었고 역사적으로 미국과 영국, 한국에서 공인되었다고 하더라도 오늘의 감리교회를 위해서는 타당성이 부족한 점이 있다. 아직도 영국국교회적 요소가 남아있다. 더욱이 감리교가 강조하는 은혜·믿음·신생·성령의 증거·성화·완전 등의 중요한 교리가 잘 나타나지 않았으며 성화와 완전에 관하여는 아무런 직접적이고 분명한 언급이 없는 것이 결점이라고 할 수 있다. 그러나 이 교리에는 종교개혁전통의 신앙이 분명히 포함되어 있다. 특별히 인간의 원죄와 타락(제7조)에 성경적인 기초에서 펠라기우스의 사상을 반대하며 어거스틴과 종교개혁자들의 사상을 따르고 있다. 인간의 자유의지(제8조)에서는 우리에게 상식적으로 인식된 것처럼 긍정적으로 표현되지 않고 부정적으로 표현되어 있으며 동시에 자유의지보다는 하나님의 은혜가 더 강조되어 있는 것에 주목할 필요가 있다. 이신칭의(제9조)에서 개혁자들과 상통하는 표현을 하고 있으며 선행(제10조)에서 영국교회에 긍정적 표현을 한 것으로 볼 수 있다.[90]

웨슬리와 초기 감리교는 분명히 기독교의 실천과 함께 교리를 중요시했고 성경적이고 역사적인 정통교리를 엄격하게 가르쳤다.[91] 웨슬리는 구원의 완성은 믿음과 행함으로 성취됨을 주장한다. 구원의 출발은 오직 믿음이지만 구원의 완성은 믿음과 선행으로 되어진다고

---
90) 김진두, 앞의 책, 56~57.
91) 위의 책, 282.

확신한다. 그런 의미에서 웨슬리는 로마서와 야고보서를 종합했다.

8) 사회신경

[64] 사회신경(1930)

인류는 계레와 나라의 차별이 없이 천지의 주재시며 오직 하나이신 하나님의 같은 자녀임을 믿으며 인류는 형제주의 아래에서 이 사회를 기독주의의 이상사회로 만듦이 우리 교회의 급무로 믿어 우리는 아래와 같은 사회신경을 선언하노라

감리회는 하나님의 뜻을 따라 정의로운 사회구현에 깊은 관심을 기울여 온 전통을 가지고 있다. 1930년 제1회 총회에서 사회신경을 채택하고 이를 신앙의 실천적 목표로 삼아 더욱 나은 사회를 이루는데 이바지하여 왔다.

1. 인종의 동등 권리와 동등 기회를 믿음.
2. 인종과 국적의 차별 철폐를 믿음.
3. 가정 생활의 원만을 위하여 일부일처주의의 신성함을 믿으며 정조문제에 있어서 남녀간의 차별이 없음을 믿으며, 이혼의 불행을 알고 그 예방의 방법을 강구 실행함이 당연함을 믿음.
4. 여자의 현대 지위가 교육, 사회, 정치, 실업 각계에 있어서 항상 발달하여야 할 것을 믿음.
5. 아동의 교육받을 천부의 권리를 시인하여 교육에 힘쓰고 아동의 노동폐지를 믿음.

6. 인권을 시인하여 공, 사창제도, 기타 인신매매의 여러가지 사회제도를 반대함이 당연함을 믿음.
7. 심신을 패망케하는 주초와 아편의 제조 판매 사용을 금지함이 당연함을 믿음.
8. 노동 신성을 믿고 노동자에게 적합한 보호와 대우가 당연함을 믿음.
9. 정당한 생활 유지의 품삯과 건강을 해하지 않을 정도의 노동시간을 가지게 함이 당연함을 믿음.
10. 7일 중 1일은 노동을 정지하고 안식함이 필요함을 믿음.
11. 노동쟁의에 공한 중재제도가 있음의 필요함을 믿음.
12. 빈궁을 감소케 함과 산업을 진흥케 함을 믿음.
13. 불건전한 오락과 허례 사치 등으로 금전과 시간을 낭비함은 사회에 대한 죄악임을 믿음.

13개 조항으로 이루어진 '사회신경'은 감리교회의 대 사회원칙이다. 이러한 원칙은 웨슬리가 강조한 사회적 성화에 대한 실천적 의지의 표현이다. "웨슬리의 사회적 성화는 성육신적 요소로서 세속성으로부터 분리된 성별의 힘을 갖고 세속을 찾아가는 성육신의 참여 곧, 사랑의 적극적 행위를 세상 속에서 실천하여 세상의 빛과 소금이 되는 것"[92]이다. 1930년 제정할 때에는 13개조였으나 1997년 개정하면서 11개조로 줄였다.

---
92) 위의 책, 324. ; 김홍기, "존 웨슬리의 사회적 성화와 희년사상", 『존 웨슬리의 역사신학적 조명』, 김홍기 외 3인 공저(서울: 감리교신학대학교출판부, 1995), 302.

[65] **사회신경(1997)** [93] 감리회는 하나님의 뜻을 따라 정의로운 사회구현에 깊은 관심을 기울여 온 전통을 가지고 있다. 1930년 제1회 총회에서 사회신경을 채택하고 이를 신앙의 실천적 목표로 삼아, 보다 나은 사회를 이루는데 이바지하여 왔다. 우리는 오늘의 시대가 안고 있는 새로운 문제들을 앞에 놓고 우리의 사회적 삶의 새로운 실천 원칙을 받아들여야 할 시점에 도달하였다. 예수 그리스도를 구주로 믿는 우리 감리교인은 우리에게 선한 의지를 주시는 하나님의 은혜에 힘입어 우리의 가정, 사회, 국가, 세계 그리고 생태적 환경 속에서 빛과 소금의 역할을 수행하기 위해 다음과 같이 선언하는 바이다. 우리는 만물을 선하게 창조하시고 섭리하시는 성부, 성자, 성령, 삼위일체 하나님을 믿으며 이 땅에 하나님의 뜻을 실현하는 일에 부르심을 받았다.

1. 하나님의 창조와 생태계의 보전
우리는 하나님의 명하심을 따라 우주 만물을 책임있게 보존하고 생태계의 위기를 극복해야 하는 사명이 있다.

2. 가정과 성, 인구정책
우리는 가정과 성이 하나님께서 정하신 귀한 제도임을 믿는 바 가정을 올바로 보존하며 성의 순결성을 지키는 것은 우리의 사명이다. 그리고 우리는 인구 문제로 인한 세계적 위기를 극복하기 위해 책임있는 인구 정책이 수립되도록 노력한다.

3. 개인의 인권과 민주주의
우리는 하나님의 형상대로 지음 받은 인간에게 자유와 인권이 있음을

---

93)「교리와 장정」, 58.

믿는다. 따라서 정권은 민주적 절차와 국민의 위임으로 수립되어야 하며 국민 앞에 책임을 져야 한다. 우리는 정권 유지를 위해 국민을 억압하고 언론의 자유를 위협하는 어떠한 정치 제도도 배격한다.

4. 자유와 평등

우리는 모든 사람들이 하나님 앞에서 자유롭고 평등하기 때문에 성별, 연령, 계급, 지역, 인종 등의 이유로 차별하는 것을 배격하며 모든 사람들이 더불어 사는 사회 건설에 헌신한다.

5. 노동과 분배 정의

우리는 자기 실현을 위한 노동의 존엄성과 하나님이 주신 소명으로서의 직업을 귀하게 여긴다. 동시에 우리는 그 과정에서 나타나는 빈부의 격차를 시정하여 분배 정의가 실현되도록 최선을 다한다.

6. 복지 사회 건설

우리는 부를 독점하여 사회의 균형을 깨뜨리는 무간섭 자본주의를 거부하며 동시에 인간의 자유를 억압하는 전체주의적 사회주의도 배격한다. 우리는 온 국민이 사랑과 봉사의 정신으로 서로 도우며 사는 복지 사회 건설에 매진한다.

7. 인간화와 도덕성 회복

오늘의 지나친 과학 기술주의가 비인간화를 가져오고 물질 만능주의가 도덕적 타락(성도덕, 퇴폐문화, 마약 등)을 초래한다. 따라서 우리는 올바른 인간 교육, 건전한 생활, 절제 운동(금주, 금연 등)을 통하여 새로운 가치관의 형성과 도덕성 회복을 위해 앞장선다.

8. 생명공학과 의료윤리

우리는 근래에 급속히 발전한 생명 공학이 하나님의 창조의 질서와 인간의 존엄성을 파괴할 수도 있다는 사실과, 근대 의학의 발전이 가져오는 장기 이식 등에 대해 교회의 책임 있는 대책과 올바른 의료 윤리의 확립이 시급함을 강조한다.

9. 그리스도의 유일성과 정의 사회 실현
우리는 예수 그리스도가 우리의 유일한 구주임을 믿는다. 또한 오늘의 현실 속에서 정의로운 사회 건설을 위해서는 타종교와 공동 노력한다.

10. 평화적 통일
우리는 반만년의 역사를 가진 하나의 민족이 여러 가지 국내외적 문제로 분단되어 온 비극을 뼈아프게 느끼며 이를 극복하기 위해 민족의 동질성 회복과 화해를 통한 민족, 민주, 자주, 평화의 원칙 아래 조속히 통일되도록 총력을 기울인다.

11. 전쟁 억제와 세계평화
우리는 재래적 분쟁은 물론, 인류를 파멸로 이끄는 핵무기 생산과 확산을 반대한다.
동시에 세계의 기아 문제, 식량의 무기화, 민족 분규, 패권주의 등의 해결을 위해 모든 나라와 협력함으로 세계 평화에 이바지한다.

사회신경은 "온 마음과 정성과 뜻과 힘을 다하여 하나님을 사랑하고" "이웃을 내 몸같이 사랑"하기 위한 삶을 추구한다.(마태 22:37-40, 마가 12:30-31) 이는 세상을 변화시킬 뿐만 아니라, 세상에서 남들과 다르게 살아가기를 촉구하고 더 나아가 지금 우리가 누리고 있는 세상보다 더 좋은 세상을 만들어 가기를 요구한다.

5. 교회의 영적 갱신과 신학의 발전

[8] **7.영적 갱신과 신학의 발전**[1] 1930년대 한국교회가 점차 신앙적 영성과 사회적 지도력을 상실한 채 비판을 받고 있을 때, 이용도 목사는 부흥회를 통해 영적 각성과 교회의 갱신을 촉구했다. 그의 몰아적이고 체험중심적인 신비주의 신앙이 일부 교회로부터 견제와 비판을 받았지만, 그가 보여 준 진솔한 '예수 중심'의 신앙과 삶은 큰 위기에 처한 한국교회의 영성 회복에 중요한 전기가 되었다. 또한 1930년대 한국교회는 진보보수 신학 사이에 첨예한 갈등을 겪고 있었다. 그러나 웨슬리 복음주의 전통에서 진보적 신앙을 수용하였던 정경옥 목사는 '신앙에서는 보수주의, 신학에서는 자유주의' 의견을 취하면서 '신학의 현대화'와 '신학의 향토화'를 추구했고 경건적 신앙실천을 바탕으로 성서의 절

---

1) 「교리와 장정」, 25~26.

> 대 권위를 강조했던 변홍규 목사는 보수적 신학 전통을 계승하여 한국감리교의 신학발전에 기여했다.

1) 영적 갱신의 촉구

1919년부터 부흥운동이 전국 곳곳에서 일어났다. 3·1운동 뒤 이른바 일제의 '문화정치'라는 것은 독립운동을 방해하려는 일제의 고도의 간교한 술책이었다. 독립에 대한 기대는 갈수록 절망으로 대치되었고 적극적 독립운동을 위해서는 조국을 떠나야 했다. 그러나 다행인 것은 3·1운동으로 기독교가 서양종교가 아니라는 등식과 함께 기독교 지도자는 곧 민족지도자라는 등식이 생겼다.[2] 그리고 민초가 위로받을 곳은 교회뿐이라는 감정이 지배적이었다. 이런 자괴감과 일제의 교묘한 탄압, 그리고 3·1운동 뒤 침투한 사회주의 사상의 확산으로 교회가 동력을 잃고 신음하고 있을 때 부흥운동이 일어난 것이다.

이때의 부흥운동은 특정한 개인의 카리스마적인 영적지도력에 의존했다. 대표적 지도자로는 장로교의 길선주, 김익두 목사와 감리교의 이용도 목사 등 이었다.

(1) 장로교의 부흥운동

1919년의 3·1민족 운동을 계기로 바뀌게 된 일제의 문화회유정책으로 한국교회는 교육, 계몽, 문맹퇴치운동과 교회의 진흥운동을 활발히 전개했다. 이런 1920년대의 시대적 상황 속에서 길선주 목

---

2) 김명구, 앞의 책, 411.

사, 김익두 목사는 전국을 순회하며 신유 이적을 나타내 보이면서 한국교회의 영적 성장을 이끌었다. 길선주 목사는 요한계시록을 풀어 교인들에게 원기와 소망을 주었고 김익두 목사는 좌절된 심령들에게 통회와 신유로 위로를 주었다.

길선주 목사의 부흥운동 길선주(1869~1935) 목사를 비롯한 몇몇 교회 지도자들이 내면적 신앙체험을 위한 심령부흥회를 열기 시작했다. 말세 신앙에 기초한 시한부 종말론운동을 편 그는 재림의 날짜까지 제시했다. 그는 전국을 다니며 임박한 재림과 심판을 설교했다.[3] 1869년 3월 15일 평안남도 안주에서 태어난 길선주는 1897년에 기독교에 입교하기 전까지 한학, 수학, 선도(9년간 심취) 수양, 의학을 공부했고 1903년 평양신학교에 입학하여 1907년 6월에 졸업했다. 장로교 최초의 7인 목사 가운데 한 분으로 요한계시록을 1만 2백 회를 독파하여 거의 암기했고 신약 성경 1백 회, 구약성경 30회 이상, 요한 1서는 5백 회를 읽었다. 그의 설교의 특징은 넘치는 영력과 함께 전부가 성경 구절을 구슬처럼 꿰어 메는 해석으로 일관했다. 1935년 11월 18일부터 있었던 평서노회 사경회 마지막 날 새벽기도회를 설교하다가 쓰러질 때까지(1869.3.15~1935.11.26) 그는 복음 선포에 전적 헌신했다. 그는 한국교회의 보수주의적 신앙형태를 형성하는데 큰 영향을 끼쳤다.

그는 1907년의 대부흥운동 때에도 크게 활약했으며 특히 마지막 날, 저녁 설교자는 길선주였다. 그때 그는 회중들에게 회개와 고백을 강력하게 외쳤다. 그의 얼굴과 그의 언어는 그가 아니었다. '위엄과

---

3) 전택부, 『한국교회발전사』, 홍성사, 2018, 227~231 참조.

능력', '순결과 거룩함'에 불타고 있었다. 그 자리에 있던 사람들은 이렇게 고백한다.[4] "하나님의 그 부르심을 피할 수 없었고 이전에 경험하지 못한 죄에 대한 공포가 그들에게 왔다."

김선주 목사의 신학 사상은 첫째, 성서 무오설과 축자영감설을 중심한 청교도적 보수신앙으로서 성경의 압도적 권위에 대한 부동의 신앙이었다. 성경 통독 및 성경공부를 강조했고 유형기의 아빙돈 단권 주석문제[5]를 언급하는 등 자유주의적 성서해석을 절대 용인해서는 안 된다고 주장했다. 둘째, 기도를 강조했다. 박치록 장로와 같이 시작한 평양 널다리 골(장대현)교회 새벽기도회를 비롯하여 가정기도회, 금식기도, 철야기도, 직원들 끼리의 특별기도의 습관을 가르쳤다. 특히 새벽기도회는 교인들의 신앙과 열심을 불러일으켰다. 셋째, 뜨거운 전도열로 1907년의 대부흥운동 때부터 채택했던 일일연보(날 연보) 제도를 강조하여 평신도들의 전도에 대한 열심을 자극시켰다.

그의 유일한 신학 작품인 말세론에서 말세 신앙에 기초한 시한부 종말론운동을 편 그는 재림의 날짜까지 제시했다. 그러나 그는 연대가 맞지 않을 수도 있다는 단서를 붙였다.[6] 한국교회가 그리스도의 재림을 뜨겁게 갈망하기까지의 이유로 시대적 암흑기를 예로 들어 주의 재림을 고대했다.

> 세상이 병들었으므로 의사 되시는 예수를 갈망하는 것이요, 시대가 컴컴하고

---

4) 박용규, 『평양대부흥운동』, 생명의 말씀사, 2007, 247. ; 김명구, 앞의 책, 289. 인용.
5) 1934년 유형기 목사 주도로 '아빙돈 『단권 성경주석』' 번역, 출판되었다. 감리교, 장로교의 목회자 52명이 함께했다. 그러나 장로교 총회는 이 주석이 성경무오설과 축자영감설을 부정한다는 이유로 금서로 규정했다. 판매는 많이 되었으나 본격적인 신학 논쟁과 교회 분열을 가져왔다. 당시로는 매우 파격적이고 진보적인 것이었다.
6) 송길섭, 『한국 신학 사상사』, 대한 기독교 출판사, 1987. 4. 277.

어두워서 예수 그리스도가 오시어 광명한 세계를 만들어야 하오.

당시 교인들은 그의 설교를 들어 보지 못한 사람이 없을 정도였다. 전국을 다니며 임박한 재림과 심판을 설교한 그는 40년 동안 설교 2만여 회, 신자 380여만 명, 세례받은 이는 3천여 명, 개종자 7만여 명을 내었다.[7] 그는 길 대사, 영계의 지도자, 교회의 아버지, 민족의 지도자로도 불리었다. 길선주는 '독립협회' 평양지부의 지도자였고 1905년 11월, 을사늑약 뒤 전국교회가 나라 위해 1주일간 기도할 것을 제안하기도 했었다.

김익두 목사의 부흥운동 1874년 1월 3일 황해도 안악군 대원면 평촌리에서 태어난 김익두(1874~1950)는 한학을 공부하며 16세 때 과거에 응시했으나 떨어졌다. 17세부터 상업에 종사했다가 실패하고 20세부터 방탕하여 악명 높은 불량배가 되었다. 그는 1900년 27세 때 안악교회 스왈론(W.L. Swallon) 목사가 인도하는 집회에 참석했다가 영생에 대한 설교를 듣고 믿기를 결심했다. 그는 스왈론 목사에게 세례를 받았다. 세례받기 전 그는 언행을 삼가면서 성경을 수십 번 읽었다. 1901년 28세 때 재령읍교회의 조사(초기에 목사를 도와서 전도하던 교직)가 되었다. 1902년 2월에 한문 신약성경 100독을 했다. 1906년 평양신학교에 입학하고 1910년 3회로 졸업했다. 1913년 신천교회를 건축하고 위임 목사가 되었다.

그에게 신유은사가 나타나기는 1919년 12월 경북 달성의 현풍교회의 사경회에서였다. 그는 이적과 초자연적 치유능력으로 부흥회 이끌었으며 만주, 시베리아에 걸쳐 776회의 부흥회와 설교 2만 8천여

---

7) 전택부, 앞의 책, 227~231.

회, 150여개 교회를 건축했다. 그의 설교로 회개하여 목사가 된 사람이 2백여 명에 이른다고 한다. 그의 설교의 중심은 주님의 십자가와 부활, 천국, 회개 등의 순수 복음적 설교였다. 그의 부흥회의 특징은 금식과 기도로 무장하고 설교했으며 신유의 은사가 나타났고 신유 체험과 은혜 체험자의 현장 간증으로 신앙을 고백케 하는 형식이었다.[8]

1920년대 한국 지식사회와 공산주의자들은 한국교회를 비판하면서 특별히 김익두 등의 부흥사들을 겨냥했다. 이들은 한국교회 목회자들이 무식하다는 것, 이들의 가르침이 미신적이라는 것, 그리고 사회적 문제를 내세 지향적이고 피안의 세계로 유도한다는 것 등이었다. 특히 공산주의자들은 부흥회를 중시하는 한국교회가 '자본주의 주구'라며 비난을 퍼부었다. 사회복음주의를 주장하며 나선 교회지도자들도 이같은 비판에 동조했다. 1922년 1월 7일 동아일보는 논설을 실었다. "종교가여 가도에 출하라(거리로 나오라)"

예수의 사역이 소외된 계급과 계층에 있었음을 환기시키고 교회가 찬송과 기도, 교회 예식에만 몰두한다며 비판했다. 덧붙여 사회의 불의와 억압받는 '민중'을 위해 거리로 나서라고 촉구했다.[9] 그해 6월 「신생활」은 김익두의 신유부흥회를 비판하며 그가 무식한 미망자요, 사기꾼이라며 그를 몰아세웠다.[10] 당시 언론계에는 적지 않은 공산사회주의 기자들이 포진하고 있었다. 동아일보 영업부장 홍준식은 공산주의자였다.[11] 동아일보만이 아니었다. 공산주의자들은 「조선

---

8) 김우영, 앞의 책, 49.
9) 「동아일보」, 1922. 1. 7일자.
10) 김명구, 앞의 책, 442.
11) 강동진, "일제하 한국 사회운동사 연구", 학술지(건국대학교) vol. 11(1978), 109~111.

일보」, 「개벽」 등에서도 활동하고 있었다.[12]

김익두는 일경의 강요로 신사참배를 한 적도 있으며 북한의 기독교 연맹의 총회장이 되어 김일성을 찬양하며 북한 노동당에 협력하기도 했다. 1950년 10월 14일 후퇴하는 공산군은 그를 변절자라며 예배당 안에서 방아쇠를 당겼다. 77세 나이였다.

(2) 감리교회의 부흥운동(이용도 목사)

이용도(1901~1933) 목사하면 신비주의이다. 1930년대는 식민지로 굳어가던 때요, 사회는 침체에 빠져 돌출구가 막힌 상태였다. 감리교는 교리와 제도가 정착되어 조직을 앞세우며 복음을 교리화하면서 진보·보수가 대립하고 있었다. 교회는 역동성과 사회적 지도력을 잃은 채 사회로부터 비판을 받았다. 이같은 시대적 상황에서 이용도는 사랑의 신비주의 부흥운동의 꽃을 열정적으로 피웠다. 그는 당시의 교회를 이렇게 말했다.[13]

예수는 죽이고 그 옷만 나누는 현대교회!

육만 남아있고 영이 없는 고목, 화석같이 생명이 없는 죽은 교회라고 비판했다. 그는 말씀과 찬송, 기도와 봉사가 있어도 감격과 고백이 없는 찬송, 회개와 중생이 없는 설교, 사기 부인과 순종이 없는 기도, 감사와 사랑이 없는 전도…, 이런 문제가 발생한 것은 예수와의 신비적 합일이 없기 때문이라고 생각했다.[14] 이용도 목사는 민중에게 하나의 불로 나타나 열광주의의 제물이 되었다.[15]

---

12) 김명구, 앞의 책, 443.
13) 邊宗浩 편, 『李龍道牧師의 日記』, 新生館, 1966, 106.
14) 이덕주·서영석·김흥수, 앞의 책, 305.
15) 『웨슬리복음주의 총서Ⅱ』, 153.

이용도는 1901년 4월 6일 황해도 금천군 서천면 시변리에서 태어났다. 시변리 교회 전도부인이던 어머니를 따라 어려서부터 교회에 다녔다. 3·1운동 때 송도고보 학생으로 만세운동에 참여했다가 두 달 동안 구금되었다. 1924년 협성신학교에 입학하기까지 4차례에 걸쳐 3년 이상 옥살이를 했다.[16] 송도고등보통학교 교장 왓손(W.A. Wasson) 선교사의 추천으로 협성신학교에 입학했다. 1928년 1월 28일, 협성신학교를 14회로 졸업한 그는 졸업 이튿날, 강원도 통천으로 파송 받아 첫 목회에 들어갔다.[17] 그해 청년 박재봉과 금강산에 들어가 10일을 금식기도 하고 영적 능력을 받았다. 그 뒤 그는 기도하는 전도사가 되었다. 교인 50명이 160명으로 부흥했다. 1930년 9월 28일에 목사안수를 받았고 순회부흥사로 활동했다. 그는 열정적으로 부흥회를 인도했고 회개와 새로운 삶, 신비적 합일, 특히 아가페적 사랑을 강조했다. 신학보다는 삶으로, 형식보다는 은혜로 제도·율법보다는 사랑의 은사를 강조했다. 특히 영혼구원에 집중했다. 그의 부흥회는 새로운 스타일이었고 선교사들과는 다른 토착적, 신비적 타입의 집회였다.[18]

현대의 교인은 '괴이한 예수'를 요구하매 현대 목사는 괴이한 예수를 전한다. 참 예수가 오시면 꼭 피살 될 수밖에 없다. 참 예수를 저희들이 죽여 버리고 말았구나. 그리고 죄의 요구대로 마귀를 예수와 같이 가장하여 가지고 선전하는구나.
화 있을진저 현대교회여! 저희의 요구하는 예수는 육(肉)의 예수, 영(榮)의 예수, 부(富)의 예수, 고(高)의 예수였고, 예수의 예수는 영(靈)의 예수, 천(賤)의 예수, 빈(貧)의 예수, 비(卑)의 예수니라. 예수를 요구하느냐, 하나님의 아들 예수를 찾으라. 사람의 예수, 너희가 만들어 세운 예수 말고! 예수를 갖다가 너희 마음

---

16) 한국기독교역사학회, 「한국기독교의 역사 II」, 한국기독교역사연구소, 2012. 187~190.
17) 송길섭, 「한국 신학 사상사」, 대한 기독교 출판사. 1987. 4. 301.
18) 변종호 편저, 「이용도 목사전집」 제3권. 87.

에 맞게 할 것이 아니라, 너를 갖다가 예수에게 맞게 하라.

이용도는 "예수는 신비적이요, 또 구체적이다.… 신비의 사람은 하나님을 본다. 그리고 그 환상에서 무한대한 용기와 환희를 얻는다."[19]며 예수와의 직접 접촉을 촉구했고 깊은 내면의 세계에 들어가 예수를 만나야 된다고 외쳤다.

그의 진솔한 '예수 중심'의 신앙은 위기에 처한 한국교회의 영성 회복에 중요한 전기가 되었다. 그는 깊은 기도와 찬송을 통하여 그리스도와 하나가 되는 신비체험을 했다. 한번 강단에 서면 찬송하고 설교하고 기도하기를 4~5시간, 그의 열광적이며 몰아적이고 생생한 체험 중심적 신비주의는 일부 교회들로부터 교파를 초월한 거센 저항을 받긴 했으나 삽시간에 전국의 전 교계를 흔들어 놓았다. 유동식 교수는 이렇게 말한다.[20] "그의 신앙과 부흥운동은 한국적, 한국 문화에 토착화한 신비주의로 한국인의 영성에 뿌리내린 복음의 이해요, 영적 체험의 극치이다."

또한 그는 인간 언어의 한계를 고백하며 침묵을 강조했다. 그래서 스스로를 '시무언(是無言)'이라 했다. 그의 단점을 꼬집어본다면 신학적 훈련의 부족이라고 할 수 있다. 그래서 신비주의라는 비난을 받았고 그의 기성교회와 목회자에 대한 강한 비판은 장로교단과 감리교단의 제재를 받았다.[21]

1933년 그는 휴직 처분을 받았다. 얼마 뒤, 해주에서 여러 교인들의 돌에 맞고 원산에 와서 치료를 받다가 지병(폐병)이 악화되어 1933년

---

19) 변종호편, 위의 책, 66.
20) 유동식, 『한국감리교회의 역사』, 1883~1992, 기독교대한감리회, 1994, 580.
21) 김우영, 『교회와 부흥회』,반석 문화사, 1995, 50.

10월 2일 숨을 거두었다. 나이 33살이었다.

김익두와 길선주는 '신유와 기적을 수반한 부흥운동', '내세지향적 부흥운동'을 불러일으켰고 이용도는 '신비주의적 부흥운동'으로 한국교회를 휩쓸었다.[22]

이런 부흥회는 1907년의 대각성운동이 재현되는 듯했고 모였다 하면 울고 회개하고 그리고 웃고 또 울었다. 1915년에 시작된 한국 산상기도회와 신유집회, 노상집회와 심령부흥회의 효시가 되는 강화 마리산부흥회, 1920년대 김익두의 신유집회, 1930년대 이용도의 원산에서의 신비주의 활동은 모두 이런 토양적 특성에서 나온 것이다.[23] 1920~30년대의 부흥운동을 이끈 이들로는 성결교회의 이명직, 정남수, 감리교회의 김종우, 유석홍, 신홍식, 장로교의 김인서 등이 있었다. 이때의 부흥운동은 교회와 그리고 민족과 함께했다.

암울한 민족현실 속에서 민중의 희망을 선포했다.

또한 '말세', '재림'을 강조하여 내세 지향적 성격과 내면적 신비주의적 신앙성격을 지니게 했다. 이는 당시 사회주의 계열이나 교회 내의 진보 계층으로부터 '내세지향적', '신비주의적'이라는 지적을 받기도 했다. 이런 신앙 성격은 오늘날까지도 한국교회에 영향을 미치고 있음이 사실이다.

---

22) 한국기독교역사학회, 앞의 책, 187.
23) 김명구, 앞의 책, 296.

2) 1930년대 한국교회의 동향

(1) 진보 · 보수의 대립

1930년 한국교회는 안팎으로 위기를 맞았다. 안으로는 교회의 분열 조장이고 밖으로는 일제의 더욱 흉폭해진 위상과 공산주의의 도전이었다. 게다가 사회의 냉대까지 있었다. 교회 내의 숱한 분파 작용과 총독부의 교묘한 분파에의 방조 등은 산란한 교회 풍토의 아슬아슬한 분위기를 설명해 주기에 족했다.[24)]

공산주의의 도전은 무섭게 전개되었다. 국내에서는 일제의 강압 통치로 공산주의의 난폭한 공격은 소강인듯했으나 국경지대에서는 끔찍한 유혈사태가 있었다.[25)] 이런 견해도 있었다.[26)]

"오늘날 모든 사람은 다 사회주의 사상에 물들어져 있는 것 같다. 소년 소녀들이 공산주의 서적을 정독하는 것을 막을 길이 없다.… 한국에서는 어떤 문화 기관보다도 교회가 이 공산주의의 침해에 더 시달리는 것 같다. 이들 젊은 층은 사회주의자로 자처하면서, 안하무인격으로 신의 존재까지 대놓고 부인한다."

이용도와 간격이 없을 만큼 친숙했던 송창근[27)] 목사는 교회 파산의 위기를 가슴터지는 듯한 심정으로 바라보면서 그 진단을 서둘렀다. 그는 이렇게 강조했다.[28)]

---

24) 민경배, 앞의 책, 403.
25) 이 글, 513쪽. '(4) 극동에서의 공산주의의 공격.' 참조.
26) Frank Y.Kim, Glimpse of Korea after Ten Year's Absence, K.M.F. VXXVIII, No. 1, 1932, 3~4. ; 민경배, 앞의 책, 404. 재인용.
27) 1898년~1951, 프린스턴 신학교에서 한경직, 김재준과 함께 공부했고 콜로라도 덴버의 아일리프대학교에서 신학박사(1931년) 학위를 받았다. 그의 진보적인 '신신학'은 교회와 마찰을 일으켰고 1940년 평양신학교가 폐교한 뒤 조선신학교(현 한신대학교)를 김재준과 함께 설립했다.
28) 송창근, "오늘 조선교회의 사명", 「기독신보」, Vol. XV. No.6, 1933.14, 2~22. ; 민경배, 앞의 책, 403. 재인용.

교회는 결코 사회, 노동, 평화, 국제 문제를 말하는 곳이 아니고… 예수 그리스도의 속죄의 복음, 중생의 복음이 중심이 되어야 하며… 초자연적 실재와의 교통… 지극한 동경과 경건과 신비의 열정과 엄숙한 성령의 움직임이 있는 곳이 되어야 한다.

그는 경건의 부재를 통탄하면서 그 이유로 "50년 전에 기독교가 조선을 찾을 때 이 나라 사람들은 기독교의 진리 문제와 소위 서양 문명을 가를 줄을 몰랐다."고 분석했다.[29] 이것은 한국교회의 신앙은 역사적으로 순수한 신앙이 아니었고 다만 민족운동, 교화 운동, 그래서 "민족의 비운을 만회"[30]하는 동기가 혼돈되어 있었다는 말이다. 결과는 당시의 새로운 기풍으로 등장한 세속적인 교화 운동과, 민족의 소망인 양 떠오른 사회주의 사상의 준동으로 교회이탈 현상이 두드러졌다는 것이다. 송창근은 또한 이때를 이같이 말했다.[31]

요즘에는 조선사회가 교회에 향하여 욕도 않고 화도 않고 그저 몰교섭입니다. 오히려 박해보다 냉소, 탄압보다도 무둔착(無鈍着, 무관심, 무심), 저항보다도 묵살이 현대 조선 사회가 기독교를 대하는 태도입니다.…
사상적으로 보아도 사회복음주의를 주창하여 하나님과 예수보다도, 십자가보다도, 사람과 사람 사이의 윤리적 관계를 주장하는 자도 있고…

1930년 전후 시대는 반보수, 반교권, 반교파 등 '반' 사상이 솟구친 시대였다. "여권 문제를 고집하는 보수주의", "정통주의의 오류", "축자영감설의 허구" 등에 대한 규탄이 있었다.[32]

---
29) 송창근, "조선기독교의 위기", 위의 책, Vol.XVI. N.3. 1934. 6. 23.
30) 위의 책, 24.
31) 위의 책, 402.
32) 윤춘병, 앞의 책, 636.

윤인구는 선교사들의 신학교육 정책이 조선교회 신학 부재의 현상을 초래했다고 지적했다. "조선 혼이 없는 선교사가 조선에서 신학을 교수하니 조선신학은 부재일 수밖에 없다."고 본 것이다.[33] 백락준은 "… 우리가 부르는 찬송가에는 조선 예수교인의 오묘한 신앙을 시적으로 표현한 것이 별로 없다. 성경해석은 배와서(배워서) 아는 이와 스스로 연구하여 아는 이가 만흐나 아직까지 그 결과를 집합한 주석과 논문이 업서 기독교 사상에 새로운 공헌은 없다.… 이때는 조선교회의 형식을 만들려 하는 것보다 교회의 혼을 만들 때일 듯하다."고 충고했다.[34] 「기독신보」는 사설에서, "선교사들의 치외법권적 의식을 철폐하고"[35] 조선인과 형제의식을 가져야 한다고 권고했다. 한석진은 선교사들과의 회의에서 대놓고 험하게 공박했다.[36] "선교사 여러분들, 우리나라에서 할 일은 다 했으니 본국으로 돌아가든지 그렇지 않으면 하나님 앞으로 가셔도 좋을 줄 압니다. 그것이 참으로 한국을 위하는 것입니다." 많은 젊은 신학도들이 감리교나 캐나다교회로 옮겨간 것이 이때라고 의식있는 교인은 개탄했다.[37]

(2) 한국 최초의 조직신학자, 정경옥

1930년대는 한국교회가 진보·보수의 첨예한 갈등을 벌이고 있을 때였다. 송길섭 교수는 교리적 선언 작성에 참여한 정경옥(1903~1945) 교수를 "그는 유학 중 당시 미국 신학계의 거성이었던 롤(H.F. Roll)에게 사사하면서 그리스도 중심주의 신학에 심취했다.

---

33) 윤인구, "조선신학의 수립문제", 「기독신보」, 1936. 11. 27. 5.
34) 「기독신보」, 1933. 5월 31일자.
35) "선교사의 치외법권", 「기독신보」, 1936. 5. 29. 윤춘병 앞의 책, 636.
36) 채필근, 『한석진 목사와 그 시대』, 대한기독교서회, 1971, 120.
37) 김춘배, "장로회 총회에 올리는 말씀", 「기독신보」, 제176호, 1934. 8. 22. 8.

그에게는 완전한 종교란 신과 인간과의 인격적 관계를 가르치는 동시에 인간 사이의 관계로 보고 이 인격적 관계란 결국 도덕적인 이상의 성취, 완전한 인격적, 도덕적 인간의 성취로 본다. 따라서 그의 기독교 이해도 도덕적 인격주의에 기초를 두고 있다. 이것이 그의 사회변혁을 목적하는 사회복음운동의 원동력이 되었던 것"[38]이라고 했다.

정경옥은 신앙의 진리는 시대에 따라 항상 새롭게 형성해 가는 것이 개신교의 원리라고 보는 신학적 경향이었다. 그는 전형적인 자유주의 신학자이다.[39] 1939년 그가 한국 최초로 저술한 조직신학 개론인 『기독교 신학개론』은 1930년대 한국신학의 정초기를 장식하는 꽃과도 같았다. 그는 자신의 신학적 입장을 이렇게 정리했다.[40]

> 나는 신앙에 있어서 보수주의요 신학에 있어서 자유주의란 입장을 취한다. 신학을 구태여 자연신학과 계시신학의 두 가지로 구분하고 나더러 그중에서 꼭 한 가지만을 내 것으로 택하라고 하는 군색한 질문을 한다면 나는 슐라이막헬이나 으룻셀(리츨)이나 발트를 주저할 것 없이 취하였으리라고 생각하는 바, 복음주의적 입장에 있어서의 계시신학을 택할 것이다.

그는 자신의 신학적 입장을 "신앙은 보수주의요, 신학은 자유주의"라고 상큼하게 밝힌 것이다. 즉 단순히 자유주의 신학 노선만을 추구하지 않았다는 말이다. 그는 복음주의 입장과 계시신학의 입장을 함께 갖고 있으며 바르트 신학의 근본정신에 찬동하는 신학자였다. 갈등과 대립보다는 조화와 대화를 중시하는 감리교 특유의 중용 노선을 유지한 것으로 볼 수 있으며 나아가서 '종합하는 신학'이라

---

38) 웨슬리복음주의협의회, 『웨슬리복음주의 총서Ⅱ』, 1994, 169~170. ; 송길섭 외, 『한국감리교회 성장 백년사(1)』, 한국감리교사학회, 1987, 43.
39) 유동식, 『한국감리교회의 역사』, 1883~1992, 기독교대한감리회, 1994, 560.
40) 정경옥, 『기독교신학개론』, 감리교신학교, 1939, 5~6.

고 말할 수 있다.[41]

그는 신학의 사명을 '시대화'와 '향토화'로 제시했다. 시대화가, 기독교의 독자적인 전통을 "시대가 이해하고 요구하는 방법에 의하여" 진술하는 작업이라면 향토화는 그 전통을 "각각 자기문화에 대한 자아반성"을 바탕으로 "각자의 문화 형태에 비추어" 설명하는 작업이다. 그는 이런 시대화와 향토화 측면에서도 신학은 기독교 메시지를 새로운 상황과 상호 관련시키는 작업이라고 보았다. 그는 웨슬리 복음주의 전통에서 진보적 신학을 수용하여 '신학의 현대화'와 '신학의 향토화'를 추구한 것이다. 그는 신학의 궁극적 방향이 토착화로 나타나야함을 주장했고 그의 예수전, 「그는 이렇게 살았다」에서 그를 실현하고자 했다.

장로교회에서 감리교 신학을 자유주의 신학으로 해석하여 '이단적' 요소를 지닌 것처럼 보기 시작함에 감리교의 신학이 '개신교의 역사의 신학 전통'을 계승한 보편적 기독교 전통에 서 있음을 변증할 필요가 있었다. 이런 동기에서 나온 것이 「기독교 원리」이다. 그 서론에서 한국 감리교회의 교리적 특색을 언급했다.[42]
"하나는 종교적 경험을 강조하는 것이요, 또 하나는 선교의 정신을 고취하는 것이다. 전자는 경건주의라 한다면 후자는 복음주의이다."
그는 성서의 역사 비평학을 수용했다. 자유주의 신학을 받아들이고 있는 것이다. 그러나 바르트의 경우, 그가 성서비평학을 받아들이므로 성서비평학을 수용했다고 해서 모든 신학을 '자유주의' 신학이라

---
41) 이덕주·서영석·김흥수, 앞의 책, 319.
42) 위의 책, 325.

고 부르기에는 무리가 있다.[43]

정경옥은 신앙의 눈으로 성서를 보아야 하나님의 말씀을 잘 이해할 수 있다고 했다. 성서는 하나님의 책이면서 인간의 책이다. 그러므로 "성서를 볼 때에는 무엇보다도 먼저 이것이 하나님의 말씀인 것을 알아야 한다. 하나님의 계시라는 관념을 떠나서는 성서의 근본정신을 바로 이해할 수 없다"는 것이다.[44]

현대의 성서에 대한 태도는 먼저 성서의 내용을 아무 가림이 없이 그대로 비판하고 연구하고 음미하고 생명으로 삼자는데 있다. 선입관을 가지고 신학적 입장을 씌워서 해석하려는 것은 결국은 성서를 성서로 보려고 하지 않고 자기의 의견이나 교리를 증명하는 도구로 사용하려는 태도밖에 더 다를 것이 없다. 그러므로 현대적 해석에 의하여 성서는 성서 그대로 가장 자연스럽게 그리고 자유롭게 비판하여야 한다는 것이다.

김영한 교수는 그의 글 '최근 한국신학의 재조명'에서 정경옥 교수를 평가하며 그는 당시 바르트신학의 영향을 강하게 받으면서도 신학적으로는 김재준보다 더 자유로운 입장을 가졌다. 그는 1939년 한국 최초의 조직신학 개론인 『기독교 신학개론』을 저술했다. 그가 정영옥 교수에 대해 더 분명하게 밝힌 내용이다.[45]

"그의 조직신학에는 기독론과 성경론이 매우 불분명하다. 그는 그리스도 중심주의를 역설하고 있으나 십자가의 부활에 대한 신조가 그의 조직신학에는 결여되어 있다. 지면이 무려 533쪽이나 되는 방

---

43) 정경옥, "위기신학 사상의 연구", 「신학세계 21권 3호」, (감리교신학교, 1936), 41~42 ; 위의 책, 322.
44) 정경옥, 『기독교의 원리』, 감리교신학교, 1935, 396.
45) 김영한, 「목회와 신학」, 1992년 6월호(서울:두란노서원), 118. ; 웨슬리복음주의협의회, 『웨슬리복음주의 총서 II』, 1994, 170. 재인용.

대한 『기독교 신학개론』 속에 성령론이란 항목조차 없다."

그는 죄인이 그리스도의 보혈로 구속함을 받고 의롭게 되는 대속의 복음보다는 "평화와 기쁨, 건강과 소망, 정의와 사랑을 위해 가르치는 그리스도의 사회복음을 내세웠다. 그에게 기독론과 구속론, 성령론이 불분명한 것은 그의 인간론, 죄론, 역사관이 기독교적이기 보다는 계몽주의적 이라는 데에 연유한다."

박봉배 교수는 "그는 자유주의에서 신정통신학으로 전향하려다 43세의 나이로 삶을 마쳤다."고 했다.[46] 그 말은 만일 그가 더 오래 살았더라면 자유주의와 결별할 수 있었다는 말인가?

(3) 보수신학 전통을 계승한 변홍규

변홍규(1899~1976) 목사는 경건적 신앙을 바탕으로 성서의 절대 권위를 강조했고 보수적 신학 전통을 계승하며 감리교회의 신학발전에 기여했다.[47] 1899년 5월 28일 충청남도 공주에서 태어난 그는 선교사의 권유로 공주 영명학교를 졸업하고 만주 안동으로 갔다. 청도에서 루터교회 독일 목사를 만나 그의 주선으로 그곳 덕화서원에서 공부했다. 이어 미국 유학길에 올라 1928년 드루(Drew) 신학교에서 구약학으로 석사학위를 했다. 그는 어학에 능하여 재학 중에 독일어 강의를 맡기도 했다.[48] 1929년 뉴워크 연회에서 목사안수를 받았고 1931년 드루신학교에서 구약학으로 신학박사학위를 받았다. 학업을 마치고 1933년까지 하와이 호놀룰루의 한인교회에서 목회를 했다. 그 뒤 만주 할빈교회에서 1년여 목회했다. 귀국하여 1934년에 감리교신학교 교수로 부임했고 1937년 한국 사람 최초로 한국성서위원

---

46) 『웨슬리복음주의 총서Ⅱ』, 155. ; 「교리와 장정」, 25.
47) 「교리와 장정」, 26.
48) 역사위원회, 『한국 감리교 인물사전』, 기독교대한감리회, 2002, 198.

회의 회장으로 선출되었다.

　1939년에는 일제에 의해 해임된 빌링스 교장 후임으로 한국 사람 최초의 감리교신학교 제6대 교장이 되었다. 1940년 6월, 반일 전단이 교정에서 발견되어('감리교신학교 삐라 사건')[49] 기숙사 사감이던 정일형과 함께 구속되고 학교는 10월 무기 휴교에 들어갔다.[50] 6개월 뒤 석방된 그는 1941년부터 1943년까지는 종교교회에서, 그 뒤에는 동대문교회에서 담임목회를 했다.(1944~1946) 종교교회 담임목사 시절, 1942년 12월 2일, 정춘수가 주도한 특별총회에서 정춘수를 이은 조선감리회 총리사로 추대되었다. 이때 변홍규 총리사는 대동아전쟁(성전)에 모든 교회가 비행기 헌납으로 적극 참여한다는 담화문을 발표했다. 비록 형사가 입회한 상황이긴 했어도 대단히 충격적인 사건이었다.[51] 「기독교 신문」에 친일설교문을 기고했고 1943년 2월 정인과·양주삼 등과 국민총력조선연맹 주최 미·영 격멸간 담화에 발기인으로 참여했다. 1945년 7월에는 일본기독교 조선교단 교학국장에 임명되었다.

　해방 뒤 감리교회가 복흥파와 재건파로 분열되자 그는 교단 내 친일 청산에 적극적이었던 재건파[52]의 지도자로 부각되었다. 1945년 9월 초교파적 기독교 단일교단을 유지하기 위해 개최된 남부대회에서 김광우·나사행·이규갑 등과 함께 퇴장한 그는 감리교회 재건중앙위원회를 결성하여 감리교회의 재건을 선언했다. 이어 1946년 재건된 감리교신학교의 제8대 교장에 취임하고 동부연회장으로도 선출

---

49) 신사참배, 창씨제도 등을 반대한다는 전단이 구내에서 발견되었다.
50) 윤춘병, 앞의 책, 400.
51) 이덕주·서영석·김흥수, 앞의 책, 337.
52) 재건파는 일제 말기 실세였던 정춘수에게 소외되었던 이들이 중심이 되었으며 친일 경력을 가진 교역자들의 사퇴를 요구했다.

되었다. 1948년 신학교 교장을 사임하고 남산교회 담임목사로 부임했다. 6·25전쟁 중에는 부산에서 교회를 설립했고 수복 뒤 부산 대교교회·남산교회에서 목회했다. 1967년 특별총회에서 성화파·호헌파·정동파 등이 각축을 벌이던 상황에서 제10대 감독에 선출되어 교단의 화합과 발전에 노력했다.[53] 1970년 퇴직한 뒤 미국으로 이주하여 로스앤젤레스한인성서학원 및 신학교 교장을 역임하고 콜로라도주 덴버시 한인교회 목사로 시무하다가 1976년 7월 27일 삶을 마감했다.

그는 보수주의 신학자로서 일상생활에서도 경건주의 원리를 철저히 실천한다는 평판을 들었다.

성서를 읽는 것과 기도하는 것밖에 모르는 사람!

그는 한국감리교의 대표적인 보수주의 신학자이자 경건주의 신앙인이었다. 새벽 4시가 되면 반드시 무릎을 꿇고 기도했으며 금요일 밤마다 철야기도를 했다. 양복 주머니에는 언제나 헬라어 성경이 들어 있었다. 학생들은 그의 학위논문 주제인 '성(聖)'에 빗대어서 '세인트 변(Saint Pyun)'이란 별명을 붙였다.[54]

---

53) 윤춘병, 앞의 책, 199.
54) 나는 신학교 2~3학년 시절, 남산교회에서 고등부 교사를 했다. 그때 그의 말씀, 설교 내용, 행동 하나하나는 경건, 거룩 일색이었다. 검은 옷을 즐겨 입으셨고 걷는 모습조차도 늘 엄숙하셨다.

역사는
오늘을 변화시키는 힘이요,
내일을 창조하는 동력이다.

한국감리교의 역사는 정신적 꼭지점으로
바디매오 현상이요, 코페르니쿠스적 전환이다.

기독교는 기도교로
깊은 회개를 통해 강력한 성령의 역사가 드러난다.

개인 구원(믿음)이 뿌리와 씨라면 사회구원(행동)은 그 열매다.

- 강흥복 목사 -

Sola Holy Spirit

고마움의 말씀

찾아보기

고마움의 말씀

 첫 권을 쓰면서, 첫째도 둘째도 온통 감사한 정신뿐이다. 무엇보다도 하나님의 은혜에 감사요, 도움을 준 여러 고마운 이들에게이다. 그동안 나는 분에 넘치는 사랑을 받으며 신세를 지며 살아왔다. 우선 감사의 정을 몇 만 적어보려 한다.

1) 장용익 원장 (성모안과 원장)

 목회에서 심방은 대단히 중요하다. 환자 심방은 더욱 그렇다. 그때의 기도는 정말 큰 은혜가 된다. 회당장 야이로(막 5:21~43), 벳세다 연못(요 5:2~9), 나사로의 상가집 방문(요 11~44)… 들은 하나같이 예수님이 의도하신 심방이었다.
 나는 15여 년 전에 백내장 수술을 받았다. 두 눈 다였다. 쌍문역 '성모안과', 장용익 원장에게서였다. 우리 권사님이 안내했다. 수술 의자에 길게 누었다. 수술에 들어가기 앞서 그는 정중하게 양해를 구하는 것이었다. "제가 기도하고 시작해도 되겠습니까?" 물론 나는 고개를 끄떡였다. "수술은 의사인 제가 하지만 치료는 하나님이 하십니다."하는 것이었다. 순간, 나는 코끝이 찡했다. 주책없이 눈시울이 뜻뜻해 지더니… 그리고 아주 편안한 마음으로 수술을 받았다. 수술은 성공이었다. 나는 목회자로서 남을 위한 기도만 했지 내가 수

술기도 받기는 태어나서 처음이다. 수술도 처음이지만…나는 그에게서 예수님의 손길을, 음성을 느끼는 듯 싶었다.

앞이 환~했다. 깨끗하고 밝았다. 방바닥에 머리카락의 토막의 토막까지 또렷이 보였다. 세상이 온통 새로워진 느낌이었다. 정신도 머리도 신선해지는 것 같았다. 마음조차 편안해졌다. 안경도 필요 없어졌다. 비교할 것은 못되지만. 바디매오 그림이 그려졌다. 본래 나는 심방을 강조했는데 그 뒤 심방 목회에 더욱 열중했다. 특히 환자 심방에 우선을 두었다. 담임 목회자의 심방, 간절한 기도, 병상 기도는 단순히 위로만이 아니라 마음의 평안에 따른 빠른 회복을 가져다준다. 내 아내도 같은 수술을 받았다. 그는 의사로써 실력도 실력이지만 목회자의 심정으로 환자를 섬기는 것 같았다.

선교초기, 서양 의료선교사들의 모습이 떠올랐다. 조선사람들이 선교사병원에서 본 것은 그들의 앞선 의술만이 아니었다. 그들은 밤새워 환자를 돌보았고 어떤 때는 환자와 같이 울었다. 이방인이 흘리는 눈물을 본 조선사람들은 "이 외국 사람들이 하는 것만큼 우리는 우리 이웃을 위해 희생할 수 있을까?"하며 놀라워했다. 그래서 나라님 내외를 비롯, 백성들이 감동·감격했던 것이다. 국왕 고종은 스크랜턴(W. B. Scranton)에게 '시병원(施病院)', 민 왕후는 하워드(M. Howard)에게 '보구여관(普救旅館, 여성전문병원)' 현판을 내린 것이다. 의사의 현주소는 늘 환자 곁이다.

그로부터 10여 년이 지나자 또 두 눈이 침침한게 뻑뻑하고 쉽게 피로해지며 많이 불편해 졌다. 오랜만에 안과를 찾았다. 많은 장비, 여러 검사 끝에 이번엔 왼쪽 눈에 녹내장 끼가 생겼다는 것! 그때가 한창 책을 쓰고 있던 때라서 정말 시간이 없었다. 마땅히 다음으로 미

뤄야 했다. "치료에는 때가 있다. 방치하면 안된다"는 따끔한 충고에 따라 나는 내 계획을 확 바꿔 진료에 들어갔다. 원장 장 박사는 목회자 내외, 해외 선교사들에게는 봉사를 한다. 나는 목회자, 선교사 여럿을 소개했고 모두가 하나같이 만족을 얻었다. 그는 그것을 선교의 하나로 여기는 것 같았다. 실제로 그는 해외 의료선교를 많이 하고 있으며 신학도 별도로 공부했다고 했다. 아마도 목회와 선교에 동참한다는 뜻 아니겠나? 병원에 들어서면 뒤쪽에 '예배실' 표시판이 보인다. 안쪽으로 들어가면 '특수검사실'이 있고 그 안창에 '다니엘 룸'이란 표시가 보인다. 예약보다 일찍 가는데도 언제나 오래 기다린다. 환자들이 늘 많다. 15여 명도 더 되어 보이는 간호사, 직원들은 친절, 정성을 다한다. 그건 환자의 이름 부르는 소리나 설명할 때를 들어보면 단번에 알 수 있다. 안과를 찾는 이들은 학생, 젊은이들도 많지만 어르신들이 더 많다. 노인이 되면 눈뿐 아니라 귀도 나쁘게 마련이다. 말의 뒤 끝이 늘 부드럽다. 원장과 특별히 이야기를 나누어 본 적은 없다. 다만 진료를 받으면서 틈틈이 오간 토막이야기일 뿐이다. 나는 해마다 성탄 카드를 보낸다. 받아본 적은 없다. 받으려고 보낸 게 아니니까…

2) 이요한 박사 (전 선교국 총무– 전 목원대 총장)

학교 때부터 가까이 지냈다. 내가 한 해 위다. 그는 선교국 총무를 했고 목원대학교 총장, 실천신학대학원대학교 총장을 지냈다. 클레아몬트에서 D.M, 풀러세계선교신학대학원에서 Ph. D를 한 그는 선교부 총무로 영성이며 실력, 세계적인 안목을 두루 갖춘 한국감리교의 보배다.

목원대 총장 시절, 그는 날마다 2시간을 앞당겨 출근했다. 채플로 직행했다. 간절하게 기도드린 다음, 주님의 음성을 듣고 주님과 함께 총장실로 들어갔다. 그때는 총장들의 수난기로 강제 삭발을 당하기도 했다. 4년 임기를 채운 이가 없을 정도였다. 그의 임기 동안 학내문제는 안정이 되고 학교는 정상으로 가게 되었다. 그는 스탠스를 둘도 아닌 셋이나 넣고 있다. 나는 그를 '현대판 다니엘'로 일컫고 싶다. 그는 학자이면서 기도의 사람이다. 그의 아버지 이경재 감독님이 '기도하는 성자 목회자'로 존경을 한 몸에 받으셨다. 그 아버지에 그 아들인 셈이다. 이 총장이 기도드릴 때, 그는 '아빠 아버지!'를 불렀으리라고 나 나름대로 생각한다.

우리 주님은 기도하실 때, 한 번도 '하나님!' 하지 않으셨다. 요 3:16 절에서처럼 진리를 설명하실 때에나 '하나님' 하셨지 기도하실 때는 아니다. 절대로 아니다. 그럼 누굴 찾고 누구에게 부르짖으셨나… '아버지'다. 반드시 '아버지!' 하셨다. 더욱이 겟세마네 동산에서, 사느냐 죽느냐로 기도하실 때에는 '아빠 아버지', '아빠!' 하셨다.(막 14:36, 참조 갈 4:6, 롬 8:15) 같은 아버지라도 '아빠'와 '아버지'는 또 다르다.

"이순신 하면 거북선, 거북선 하면 이순신!"이듯, "이 박사 하면 선교, 선교하면 이 박사!"다. 그는 부드러우면서도 화끈한 성격을 지녔다. 그래서인지 'sure, Okay'를 입에 달고 산다.

마크 트웨인(Mark Twain)의 말대로 "진실은 때로는 소설보다 더 화끈할 수 있다."

선교국 총무 시절, 그는 화끈하게 나라 안팎을 누볐다. '세계감리교 대회(WMC)'를 유치하여 치르므로 세계에서 미국 다음으로 성장한 한국감리교답게 그 위상을 지구촌에 알렸다. 그는 '한국 세계 선교전략연구소'를 세워 '예수 2000운동'을 일으켰고 세계 80여 곳에 훈련된 선교사를 파송했다. 그가 세운 '왜그너 교회 성장 연구소'는 교파를 넘어, 한국교회의 성장 발전소가 되었다. 그가 번역한 책들 가운데 '교회 성장의 아버지'로 존경받는 맥가브런(Mc Garvren)의 『교회성장』은 한국의 모든 목회자 책꽂이마다 어김없이 꽂혀 있을 정도다.

내가 교단 문제로 한창 어려움을 겪고 있을 때였다. 그때 그는 총장 임기를 마치고 유성에 머물고 있었다. 하루는 냉면이나 하자며 전화가 걸려왔다. 아~암, 좋구말구. 겸사겸사 일 있을 때 만나자고 했다. 당장 올라오겠다는 것이다. 그리고는 KTX로 쏜살같이 달려왔다. 우리는 오랜만에 을지로 우래옥에서 냉면을 맛있게 먹었다. 그리고는 그는 곧바로 대전으로 내려가겠단다. 표를 예약해 놓았다. "웬 이런 싱거운 친굴 봤나? 그래 냉면 한 그릇 하자고 이 더위에 대전에서 일부러…" 그는 자리를 뜨기에 앞서 봉투 하나를 쥐어주는 것이었다. 집에 와서 열어보니… 순간 나는 멍~~해졌다.

그는 동료, 후배들의 말 못할 사연이 있으면 확실하게 덮어주고 지켜주고 끝까지 챙겨준다. 요즘엔 '사마람'(착한 사마리아 사람, 눅 10:33-37)이라는 단체를 만들어 생활이 극도로 어려우신 원로목사님들을 섬기는 일에 열과 정을 온통 쏟고 있다. 후원 회원이 늘어가고 있단다. 후원 회비 월 3만 원이라던가? 나는 지금까지 살면서 그를 헐뜯거나 않 좋게 말하는 사람은 듣도, 보도 못했다. 그는 확실히 우리 주님이 으뜸으로 아끼시는 "사랑하는 요한"이다.

3) 상계광림교회

　나는 상계광림교회에 큰 빚을 졌다. 갚을 길이 없다. 사랑의 빚이다. 상계광림에서 13년을 목회했다. 나를 감독회장으로 만들어 준 교회다. 늘 감사하고 고마운 마음이다.

　나는 한 번도 어려운 선거를 세 번이나 치뤘다. 1차에서는 졌다. 승자의 손을 높이 올려 주었다. 그리고 내 본연의 사명인 목회에 전력을 쏟았다. 그런데 1차 선거에서의 당선이 무효가 된 것이다. 재선거(2차)를 치루었다. 그런데 그 선거에서 특이한 사건이 터져, 서울남연회와 충청연회 두 연회는 우편투표를 실시하게 되었다.(3차) 이미 모두를 소진한 상태였다. 3차에서 당선이 되고 취임했으나 또 문제가 생겼다. 이번에는 선관위 탓이었다. 결국 나는 내려놓아야 했다. 그동안 성도님들이 애를 태워가며 엄청난 많은 고생을 했다. 정말 많은 폐를 끼쳤다. 말로 다 못한다. 거듭, 거듭 죄송하고 송구스러울 따름이다. 기도며 마음, 격려로 성원 주신 모든 성도님들, 한 분 한 분에게 참맘으로 감사드리며 허리 깊게 굽혀 고마운 말씀을 올린다.

　상계광림교회는 자리가 참 탐스럽다. 그만큼 아름답고 선교적이다. 교회성장의 대가이신 김선도 목사님(감독 훨씬 이전), 내외분이 심혈을 기우려 세우신 교회이다.

　교회가 아파트 밀림 한복판에 있는 네나 공원으로 둘러씨어 있고 양쪽에 초·중학교가 있다. 교회 바로 옆에 버스 정거장이 있고 전철역(4, 7호선)에서 10분 안팎 거리다. 노원구는 강북 제일의 교육 도시이며 서울시에서 두 번째로 크다. 성도님들은 남달리 순수하고 하나같이 열정적이다. 나는 '강남에 광림, 강북에 상계광림'이라는 나의 특유의 목표, 기질에 따른 자부심으로 목회에 온 힘을 쏟았다.

특히 기도에 힘을 썼다. 새벽기도를 3부로 나누었다. 1부(5시), 2부(6시), 3부(9시, 녹화)로 드렸다. 교회가 잘도 성장했다. 나는 성장목회·친화목회를 했고 아이들 이름까지 알았다. 아니 외워졌다. 나는 '민족교회'를, 남북을 복음으로 크게 품는 교회를 꿈꾸었다. 하나 아쉬운 점은 교회 대지가 공원녹지라서 제한되어 있다는 점이다. 적어도 2,000여 평은 되어야 하는데…

생각할수록 김선도 감독님 내외분, 그리고 사랑하는 상계광림 성도님들에 대한 뜨거운 감사의 정은 가실 길이 없다. 또 고맙고 감사한 일은 내 뒤를 대단히 훌륭한 후임자가 이었다. 감독님의 심지 깊으신 배려이다. 그는 감독님 밑에서 착실하게 훈련받았고 광림의 모두를 닮으려고 무던히 애를 쓰고 있다. 나는 그가 내가 다하지 못한 성장의 꿈을 그 이상으로 이룰 것으로 믿어 확신한다. 오늘도 상계광림교회는 성장을 거듭하고 있다. 모든 교인들이 담임목사와 하나 되어 열심히, 부지런히 하나님의 꿈을 일구고 있다. 기대가 자못 크다.

김선도 목사님은 한국이 낳은, 백 년에 하나 나올까 한 세계적 교회성장 대가로 믿는다. 그가 일군 광림교회는 세계적인 교회가 되었다. 수도권 주요 도시 노원(상계광림), 분당, 부천, 광명, 안산, 일산에 각각 교회를 세웠고 크게 성장했다. 모스크바, 짐바브웨, 튀르키예(안디옥)에도 마찬가지다. 박관순 사모님의 역할을 빼놓을 수 없다. 가까이에서 본 그분은 ① 기억력 ② 추진력 ③ 성취력 ④ 친화력 ⑤ 감사력이 빼어나시다. 두 분은 바늘과 실이었다. 김정석 감독은 어버이의 DNA를 지녀 교회성장과 개척선교에 뛰어난 영성을 발휘하고 있다.

전임자와 후임자의 관계에서 전임자는 후임자가 목회에 승리하도록 전적으로 바라고 기도하고 밀어야 하는 것으로 정의한다. 왜냐하면 교회는 하나님의 교회이고 우리 주님이 피로 값 주고 세우신 주님의 몸이기 때문이다. 전임자가 교회를 진정 사랑했다면 그럴수록 교회의 안정과 후임의 목회 성공, 교회 성장에 도움이 되도록 기도하고 성원해야 한다. 교회는 반드시 성장해야 한다. 그것이 하나님의 소원이고(딤전 2:4) 주님의 뜻이요 성령님의 사업이다. 그리고 살아있음의 증거다.

  감사의 보기를 우선 간단히 몇만 들어보았다. 사실 우리 감리교 안에는 이같은 목회자, 장로~성도님들의 보석 같은 보기들이 수도 없이 많다. 갚아야 할 터인데 길이 없다. 그래도 반듯이 찾아야한다. "가장 늦다고 생각할 그때가 빠르다." 우선 남을, 후배들을 높이고 섬기며 존중하고 그리고 한껏 칭송하는 일부터 시작하련다. "…뭇 사람의 끝이 되며 뭇사람을 섬기는 자가 되어야 하리라."(막 9:35) 그리고 언제나 어디서나 늘 감사하며 기뻐하는 감사의 노래와 긍정적인 바램(기도)은 하늘 아버지께 반드시 상달되어 기뻐 받으실 줄로 믿는다.

끝으로 보잘 것 없지만
지금은 하늘나라에 계시는
나의 아버지 강환국 목사님 · 전재희 장로님,
나의 어머니 최순임 사모님 · 전혜진 전도사님께
이 글을 바칩니다.

Soli Deo gloria!

찾아보기

국내사람

강기덕 340, 345
강대현 374, 375
강우규 293
강원용 322
강인걸 191
강현석 381
강흥복 43
고영필 96
고 종 43, 45, 51~61, 95, 104,
　　　107, 123, 130, 161, 163,
　　　192, 193, 202, 214, 220,
　　　240, 286, 287, 293~299,
　　　304, 321, 338, 365, 371,
　　　372, 385, 386, 416, 434,
　　　456, 472, 492, 520, 595
고황경 501
구연영 283, 314, 315
구정서 283, 314
권동진 341, 346
권신일 191
권일신 125, 436
권철신 436
길선주 257, 259, 267, 278, 292,
　　　342, 347, 576, 577~579
길영수 520
김경일 401, 452
김경희 360
김광욱 515
김 구 281, 305, 306, 307, 398,
　　　402, 410, 420, 508, 509

김규식 298, 339, 374, 377
김근형 309
김기범 89, 139, 141, 144, 152,
　　　187, 188, 189, 190
김남수 313
김대건 157
김더커스 149
김동삼 325, 376
김동수 283, 313, 314
김마리아 379, 380
김명구 43, 160
김명섭 390
김범우 125
김보린 487
김사국 374
김상옥 294, 316
김성수 342, 477, 478
김성심 381
김성주(김일성) 331
김소월 150, 319
김수환 442
김순하 356
김약연 410, 441, 472, 320, 321,
　　　322, 323
김양선 68
김영구 313
김영국 515
김영순 380
김영학 514
김영한 590
김옥균 42~46, 51, 54~58, 333
김용복 381
김우권 191
김원경 381
김원벽 340, 341, 345
김윤경 432
김윤식 123

김응조 284, 309
김인서 516, 584
김일엽 501
김재준 322, 590
김점동 107, 228
김정식 236, 298
김종만 487
김종상 374
김종우 530, 540, 584
김좌진 330, 467, 469, 470
김주현 165, 168, 528
김준옥 487
김지환 545
김진기 72
김찬성 268
김창식 89, 128, 145~150, 187,
    188~190, 203, 227
김창준 132
김 철 374
김철훈 490
김태영 374
김형식 487
김형직 331
김홍일 469, 322
김흥수 241
김흥순A 165, 169, 241
김흥순B 241
김활란 460, 480~482, 501
나운규 322, 475
남궁억 172, 291, 295, 303, 309,
    316, 410, 519~522
남형우 377, 374
노병선 204, 245, 277, 278
노병일 133, 139, 189
대원군 35, 58, 66, 129, 157, 436
동석기 341, 513
류순천 76

리수산나 148, 149, 150
명화용 453, 532
모윤숙 482
문창범 374
민경배 44, 111
민영익 40, 45~52, 408, 417, 433
민영준 192
민찬호 233, 339
박경애 360
박동완 284, 285, 316, 345, 346,
    352
박석훈 284, 315, 316
박순천 501
박승일 380, 381
박에스더 107, 228
박영효 46, 52, 53, 293, 374
박용만 281, 296, 303
박재봉 582
박중상 88, 109, 203, 413
박태환 322
박현숙 360, 381
박형룡 555
박희도 132, 284, 285, 316, 341,
    342~346, 352, 362
방정환 475
배민수 483, 509
백남운 475
백남칠 377
백락준 82, 294, 415, 475
백사겸 165, 166, 170, 180
백신영 380
백인제 319
백헬렌 140
백홍준 72, 76
변성옥 487, 530
변홍규 576, 591, 592
사 라 83, 121

서경조 76, 81
서기풍 283, 284, 309, 316
서병호 339, 374, 376
서상륜 72, 75, 76, 80, 81, 82, 111
서재필 109, 207, 294~297, 353, 385, 410, 432, 520
선우혁 319, 338, 339, 341, 370, 374, 376
선 조 69
세 종 399, 428
손병희 341, 342, 345, 346, 374
손승용 191
손원일 331
손정도 235, 261, 291, 294, 316, 326, 327~332, 341, 342, 351, 360, 371~375, 378, 379, 485, 512, 517
손진실 380
송진우 341, 342, 477
송창근 516, 585, 586
송흥국 487
순 조 62, 63
신규식 374
신기선 125, 427
신석구 284, 285, 316, 345, 350, 352
신익희 376
신채호 375, 376, 473
신 헌 374
신홍식 283, 285, 316, 342, 343, 344, 350, 351, 506, 545, 562, 584
신흥우 298, 341, 372, 480~482, 484
심 훈 518, 526
안경록 283, 284, 309, 316
안병무 322

안세환 309, 342~345
안익태 475
안정석 381
안종후 355
안중근 386, 440~442
안태국 281, 303, 308, 319
양기탁 281, 303, 308~310, 319, 324, 324, 330
양전백 342, 345
양주삼 181, 422, 480, 502, 511, 527, 530, 531, 534, 540, 551, 5932
양진실 381
양태순 294
어윤중 161
엄요섭 486
여운형 338, 370, 374, 376, 490, 509
여운홍 376
염상섭 319
오기선 237, 343, 344, 530, 540
오봉엽 126
오세창 341
오신도 381
오천석 450
오현주 380
오화묵 469
오화영 283, 285, 306, 316, 343, 344, 351, 352
우연준(우덕순) 293
유각경 501
유관순 155, 284, 316, 329, 359, 360~362
유길준 45, 48
유여대 342, 346, 347
유영모 317, 410
유영준 50

유원식 124
유인경 380
유일한 410
유중권 361
유치겸 112, 204
유형기 487, 519, 578, 218
윤극영 475
윤동규 112, 204
윤동주 322, 323
윤병구 233, 234
윤성근(윤승근) 166, 179, 180
윤치호 52, 55, 109, 159, 161~171,
　　　　175, 195, 283~285, 291,
　　　　295, 298, 308~310, 316,
　　　　319, 341, 365, 402, 410,
　　　　437, 438, 478, 484, 519,
　　　　520, 530, 540
윤현진 374
이가환 436
이갑성 341, 343, 344, 346
이강(의친왕) 371~373
이겸라 96
이겸량 381
이경숙 83, 91, 121, 152
이 광 375
이광수 375~377, 406, 430, 431,
　　　　454, 476, 477, 507, 526
이규갑 348, 374, 592
이능화 279, 406
이대위 507
이덕수 166, 178
이덕주 41, 42, 43, 44, 160
이동녕 281, 296, 303, 312, 321,
　　　　324, 325, 374~378, 472
이동휘 281, 293, 296, 303, 312,
　　　　313, 325, 374, 377, 410,
　　　　469, 470, 490~492, 497,
　　　　503, 509
이만열 393
이메리 381
이범석 326, 467, 469
이 벽 436
이병도 474
이상재 291, 295, 296, 298, 341,
　　　　410, 422, 478, 498, 499,
　　　　551
이성하 72
이수광 436
이수정 50, 53, 56, 73, 74, 224,
　　　　298
이승만 98, 221, 273, 291, 294,
　　　　296, 297, 298, 305, 309,
　　　　312, 339, 374, 375, 377,
　　　　379, 385, 446, 484, 492,
　　　　492, 497, 551
이승훈 125, 436
이승훈(남강) 291, 299, 308, 309,
　　　　312, 317~320, 342
　　　　343~345, 410
이시영 281, 303, 324
이완용 181, 286, 287, 293, 306
이용도 270, 575, 576, 581~585
이위종 304
이육사 475
이은상 475
이은승 191, 257, 261, 268
이응찬 71, 72
이응현 235, 511
이익모 191, 517
이장식 122
이재명 293
이정숙 380
이 준 281, 303, 304, 371, 385
이필주 283, 285, 303, 306, 316,

이항복 345, 346, 350, 351, 552
이항복 324
이화숙 381
이화춘 235, 241, 511, 512
이환신 487
이회영 324~326, 375
이효덕 360
이희영 281, 303
임배세 421
임치정 284, 285, 307, 309
장락도 191
장선희 380
장유순 324
장인환 233, 292
장지영 432, 281, 303, 322
전계은 250, 268
전덕기 135, 136, 191, 203, 241,
280, 281~285, 291, 292,
303~309, 312, 314, 316,
325, 329, 378, 517
전밀라 453, 532
전봉준 191
전삼덕 84
전창혁 191
전희균 524
정경옥 551, 556, 575, 587~590
정순만 303, 305, 517
정약전 125
정약용 439
정연희 95
정인보 473
정일형 592
정재면 322
정재용 348
정재홍 294
정주현 284, 309
정춘수 241, 242, 250, 268, 283,

285, 316, 343, 347, 351,
362, 530, 540, 592
정칠성 501
정한경 339, 233
정희순 309
조동호 374
조만식 236, 261, 291, 410, 479
조민형 480
조병갑 191
조병옥 500, 507
조성환 375, 376
조소앙 375~377
조한규 220
조희창 356
주공삼 237
주눌루 84
주기철 316, 319
주시경 281, 303, 386, 432, 433
주한명 241
차미리사 501
채영신 526
최고려 469
최근우 376
최남선 303, 337, 343~345, 352,
365, 475, 477
최 린 341~346, 362, 370, 477
최매지 381
최병헌 132, 190, 241~245, 254,
255, 277, 278, 280,
최성균 72, 110, 111
최성모 236, 283, 285, 316, 345,
346, 352
최성주 320, 342
최숙자 380
최용신 481, 518, 523~526
최운정(최창식) 371, 376
최은희 501

최재형 377
최제우 191
최지혜 360
최진동 466
최창희 523
최태봉 515
최현배 432, 475
하란사 360, 371~373
하영홍 205
한경직 319
한경희 516
한남수 374
한석진 128, 236, 319, 587
한영신 380, 381
한용경 109, 112, 204
한위건 340, 341, 345
한필호 309
함석헌 319, 410, 416, 496
함주익 235, 511
함태영 341, 343~346, 496
허 헌 498
현상윤 341
현 순 187, 191, 233, 241, 343, 344, 350, 369, 370~376, 379, 486
현창운 374
홀나파 475
홍명희 319
홍범도 466, 467, 469, 470
홍승하 191, 233, 241
홍영식 42, 45, 46, 48, 52, 60
홍 진 374
황메례 83
황사영 439, 440
황애덕 241, 242, 360, 481
황에스터 380, 482, 524
황의돈 322

국외사람

가우처(John F. Goucher) 40, 45, 48, 49, 54, 56, 276
고니시 유키나가(小西行長) 69
고든(E.A. Gorden) 68
광복(George) 155
광서제(1871~1908) 129
구베아(de Guivea) 439, 440
구츨라프(karl A.F. Gutzlaff) 62, 63
굿셀(D.A. Goodsell) 138
그라몽(Jean J. de Grammont) 436
그래함 리(Graham Lee) 257, 258
그레이선(R.G. Grierson) 495, 496
그리피스(W.E. Griffis) 48, 49, 70, 94, 221, 222
글래든(W. Gladden) 547
길맨(E. W. Gilman) 47
길모어(G.W. Gilmore) 61
네루 364
노블(W.A. Noble) 119, 133, 148, 149, 195, 242, 358, 388, 400, 459, 480, 530
노울즈(M.H. Knowles) 176, 246
니콜슨(T. Nicholson) 530
달레 70
데라우치(寺内正毅) 283, 287, 308, 319
데이비스(J.H. Davis) 223
도마 66, 67
드망즈(F. Demange) 347, 440 442
라우센부쉬(W. Rauschenbusch) 547
라인홀드 니버(Reinhold Niebuhr) 549
라투레트(K.S. Latourette) 565
랜도어(A. H. Savage Landor) 413
램벗트(B.W.R. Lambuth) 511
레닌 469, 489, 493, 496, 508, 510
로드와일러(L.C. Rothweiler) 107

로빈슨(O.H. Robinson) 122
로스(John Ross) 71, 72, 75, 76, 77, 81, 110, 111, 138, 216, 471
로스(J. B. Ross) 176
로저스(J. Rogers) 66
로제타 홀(Rosetta Sherwood Hall) 83, 107, 145, 147, 226~230, 405, 414, 415, 453
롤(H.F. Roll) 587
롭(A.F. Robb) 250
롱포오드(Longford) 399
루미스(Henry Loomis) 46, 73
루비 켄드릭(Rubye Kendrik) 229, 230
루시 거닝햄(Cunningham) 176
루즈벨트(T.Roosevelt) 385, 547
리드(C. F. Reid) 52, 159, 160, 163, 164~169, 174, 177, 179, 197, 218, 275, 444, 528
리츨(A. Ritschl) 547, 588
링컨(Abraham Lincoln) 531
마릴리(Ma Ri-Li) 69
마에무라(前村) 294
막스(Karl Marx) 510
매컬리 246
매켄지(W J. McKenzie) 225, 232, 418
매클레이(Robert. S. Maclay) 40~44, 48, 51, 54~58, 61, 73, 90, 93, 138, 140, 187, 214, 444
매킨타이어(John MacIntyre) 71, 72
매티(Mattie W. Noble) 117~119, 400
맥길(W.B. McGill) 106, 133, 151, 152, 154, 175, 190, 247
맥큔(G.S. McCune) 258
머라(W.B. Murrah) 241
메리 스크랜턴(Mary F. Scranton) 44, 83, 90, 97, 101, 102, 106, 112, 118, 120, 121, 134, 135, 152, 204, 207, 444
멘데스(Juan Mendes) 69
모건(E.V. Morgan) 436
모리스(Charles David Moris) 150
모리슨(Robert Morison) 62
묄렌도르프 51
무디(M.L. Moody) 89, 242
무어(David H. Moore) 188
무어(F.S. Moore) 148, 202
무어(J.Z. Moore) 270~273
무어(J.W. Moore) 530
미드 양(Miss Mead) 135
미쓰 월터(Miss A.J. Walter) 362
밀러((H.Miller) 78
방위량(W.N. Blair) 259
버스티드(J.Bernard Busteed) 134
벙커(B.A. Bunker) 148
베커(James C. Baker) 530
베커 261
베크(S.A. Beck) 779
벤톤(E. Benton) 90
벨테브레(John J. Veltevre) 69
보울비(Mr. Bowlby) 221
본넬(W.B. Bonnel) 161, 52
볼드윈 부인(Mrs.L.B. Baldwin) 107, 137
부스(W.Booth) 390
브라운(A.J. Brown) 276, 484
브루너(E.de S. Brunner) 481
브룩스(A.M. Brooks) 152
블랑(J.M.Gustave Blance) 125, 437
블레이어(W.N.Blair) 256
비숍 (I. Bishop) 69, 147, 202, 393
빌렘(Nicolas J.M. Wilhelm) 441
사이또(齊藤實) 293, 366, 367, 368, 502
샤프(R.A. Sharp) 154, 155, 231
샤프부인 애리스(Alise A.Sharper) 231, 359
서더랜드(G.F. Sertherland) 530

서명원(R.Shearer) 369
셔우드 홀 229, 412
셀(C.G. Cell) 566
손문(孫文) 130
쇼(W.E. Shaw) 530
쉬이러(Roy E. Sheare) 78
슈펠트 57
스미스(W.E. Smith) 388
스왈론(W.L. Swallon) 579
스웨어러(W.C.Sweare), 209, 309
스크랜턴(William B. Scranton) 40~590
　　　 전체 141회
스코필드(F.W.Schofield) 341, 357
스톡스(M.B. Stokes) 140, 216, 264, 275, 451
스티븐스 233, 292
스페너(Philipp Jacob Spener) 462
아서(C.A. Arthur) 47, 57
아펜젤러(Henry G. AAppenzeller)
　　　 40~562 전체 194회
알렉산더(C.McCallon Alexander) 276
알렌(Horace N. Allen) 51, 52, 96, 97,
　　　 103, 108, 110, 161, 201, 202,
　　　 208, 224, 417
알버트(Albert. C. Outer) 558
암즈(Loulue. W. Arms) 90
에리스(Annic Ellers) 181
애번(Mrs.J.M. Avann) 530
애즈베리(Francis Asbury) 186, 198
앨리스 콥(Alice Cob) 176
언더우드(H. Grant Underwood) 50, 51,
　　　 71, 73, 77, 78, 86, 87, 93, 94,
　　　 95, 100, 103, 115, 138, 181,
　　　 200, 201, 224, 358, 415, 445
에드먼즈(M.E. Edmens) 108, 207, 451
에디스(Eith M. Hall) 229
엘라 닷지(Ellar G.Dodge) 92

엘러스(Miss Annie Ellers) 202
엘린우드(F. F. Ellinwood) 51
오장경(吳長慶) 129
올링거(F. Ohlinger) 108, 133, 138, 188,
　　　 203, 226, 420, 447
와그너(Miss. Wagner. E) 530
왓손(Alfred. W. Wasson) 582, 369
원세개(袁世凱) 129, 130
웨슬리(John Wesley) 39~586
　　　 전체 175회
웰치(H. Welch) 274, 529, 530, 531,
　　　 534, 537, 543, 550~553
웹스터(James Webster) 77
윌리암스 155
윌리암슨(A. Williamson) 64
윌슨(T·W· Wilson) 336, 337, 339
　　　 344, 372, 488, 493
윌슨 감독 174, 175
육상산(陸象山) 124
이토 히로부미(伊藤博文) 129, 235
　　　 286, 293, 307
이홍장(李鴻章) 123
쟌 다르크(Joan of Arc) 411
정관응(鄭觀應) 38
조세핀 하운셀(J. Hounshell) 176
조오지 와싱톤(George Washington) 411
조이스(I.W. Joyce) 119
조지 오글(George E. Ogle) 554
존스(Gh.H. Jones) 138~144, 152, 190,
　　　 197, 232, 242, 244, 262, 267,
　　　 459, 484, 494
주원장 59
주희(朱熹) 396, 402
채프만(J.W. Chapmann) 276
칼 바르트(Karl Bart) 554
칼빈(John. Calvin) 555, 566, 568,
캐논(W.R. Cannon) 566

캔들러(W.R.Candler) 52, 163
캠벨(J.P.Camphell) 164, 167, 168, 171
컨(Paul B.Kern) 530
케이블(E.F.Cable) 141, 195, 256, 309
코크(T. Coke) 185, 186
콜리어(C.T.Collyer) 164, 167, 170, 174, 178
쿡(E.F.Cook) 309
크램(W.G. Cram) 486, 511, 530, 540
크리케트(C. Crichett) 145
키엘케고르(Kierkegaard) 248
태프트 (W. Taft) 285, 492
토마스(R.J. Thomas) 63~65, 77, 223, 232
토인비(A.J. Toynbee) 9, 12
틴링(C.I. Tinling) 420
파울러 (C.H. Fowler) 49, 5, 92, 93
파울루스(Paulus) 567
페르낭 브로델(Fernad Braudel) 13
폴크(Foulk) 95
푸트(Foote) 41, 45, 46, 55, 58, 161
프라이(L.E. Frey) 255, 362
프란손(Rev.F. Franson) 250
하디(R.A.Hardie) 152, 168, 170, 173, 174~179, 180, 242, 244, 245~256, 259, 265, 268, 275, 460, 552
하멜(Hendrik Hamel) 69, 70, 393
하몬드 샤프(A. Hammond Sharp) 409
하운셀(C.G. Hounsell) 173, 176, 195, 246, 253
하워드(M. Howard) 207, 226, 418, 419, 451, 595
하웰(Mrs.M.K. Howell) 530, 540
하지(John Reed Hodge) 155
학니스(R. Harkkness) 276
해리스(Frederick. B. Harris) 274
해리스(L. Harris) 230, 231
해리스(M.C. Harris) 187, 211, 387~389, 517
허드(A. Heard) 127
헌트(W.B. Hunt) 257
헐버트(H.B. Hulbert) 61, 66, 77, 108, 215, 222, 304, 383, 385, 386, 387, 393, 409, 412, 413, 432, 433, 447
헤겔 509
헤론(John W. Heron) 51, 97, 103, 224, 225, 232, 418
헤론 부인(H.E. Gibson Heron) 202, 224
헤이스머(C.A. Haysmer) 368, 390, 504
헨드릭스(E.R. Hendrix) 52, 53, 159, 160, 163
호스(E.E.Hoss) 276
호킹(W. Hocking) 549
호튼(Miss Lillias S. Horton) 202
홀(Basil Hall) 84, 107, 145~149, 188, 226~229, 405, 418
화이트 246, 275
황준헌(黃遵憲) 124
휘센(Freling Huysen) 58

지명, 사건, 기타

100만명구령운동 424, 425
105인 사건 283~285, 298, 306~313, 316, 319, 360, 435, 462, 496
1967년 신앙고백서 554, 555
2·8 독립선언 337, 338, 340, 376, 524
3·1운동 132, 172, 283, 284, 306, 313, 326, 333~347, 350~355, 361~370, 373, 374, 376~380,

383, 435, 449, 456, 466, 476,
485, 488, 489, 498, 502, 504,
506, 508, 518, 524, 527, 529,
545, 552, 576, 582
5·4운동 364
6·10 만세운동 498
9·18사변 331
가쓰라·태프트 밀약 285, 492
가야국 67
간도대학살(간도참변) 467, 468
감·장·침연합사경회 250
감독 48~595 전체 98회
감리교선교회 89, 419
감리사 100, 104, 149, 150, 154, 181,
184~187, 189, 195, 358, 513,
532, 533
감리회 신앙고백 556, 557, 560, 563
감리회보 514
갑신정변 35, 42, 43, 51~55, 60, 81,
91, 97, 127, 129, 161, 193,
417, 433
강도지(江都誌) 142
강화 마리산(마니산)부흥회 270
개화파 42, 46, 50, 51, 97, 129, 159,
161, 298, 410, 455
걸레철학 328
격문사건 172
경건주의 37, 200, 201, 482, 565, 566,
589, 593
경교(景敎) 67, 69
경성일보 309
경성제국대학 288
경술국치 37, 172, 319, 324, 520
경신학교(학당) 127, 300, 415
계삭회 113, 114, 142, 183, 184, 531
고려문 71
고려소비에트공화국 497

개성고려여자관 181, 207, 451
고베여자신학교 525
고양읍교회 165
곤당골교회(승동, 1893) 137, 296
공리주의 397
공옥학교 301, 303, 281
공주회 360
광산채굴권 423
광주학생항일운동 172, 499
광혜원 52, 97, 103, 104, 417
광희문교회 168, 205
교리와 장정 117, 541, 542, 556~558,
568
교리적 선언 528, 542~545, 550, 553,
556, 557, 560~563, 587
구세군 212, 390, 391
구세병원 159, 176, 209
국민회군 466
국사대사전 383
국수주의 35
국채보상운동 302, 3303, 315
굿셀청년회 119
권서(colporteur) 70, 72~83, 85~87,
110, 111, 139, 145, 149, 154,
165, 177, 294
규암재 321
규칙쟁이 542
근역(槿域, 무궁화 나라) 521
근우회 501, 502
금금령 125, 126, 201
금주·금연강연회 421
금주가 421
급진개화파 46
기독교대사전 426
기독교대한감리회의 법전(헌법) 542
기독교 사회주의 331
기독교 신학개론 588, 590, 591

찾아보기 613

기독교 원리 589
기독신보 499, 515, 541, 552, 587
나가사키 41, 54, 93, 95, 96, 414
날 '연보' 전도운동 276, 578
남감리회 52~540
　　　　전체 169회
남산현교회 147, 189, 190, 257, 260, 261, 262, 284, 316
내리교회 89, 96, 139, 140, 141, 189, 190, 232, 233, 545
내선일체(內鮮一體) 476
널다리골(장대현) 교회 257, 260, 578
네스토리우스 67
노비종모법 399
노예 대물림법 399
농민잡지 「농촌청년」 480
농민호조사 331
농촌생활공동체 330
뉴딜(New Deal) 정책 547
뉴욕 헤럴드(New York Herald) 46, 310
다이아몬드식 선교부 181
단군 474
단군조선 59, 288, 475
달성교회(상동) 83, 89, 119, 134
달성궁 134, 163, 167
당파성론 290
당회(남감리회) 183, 184, 531, 532
대각성운동 89, 250, 253, 256, 266, 267, 272, 273, 564
대강령과 규칙 238
대동서시 131, 132
대영성서공회 75, 83, 336, 64
대한그리스도인회보 404
대한독립군 466~470
대한민간정부 373
대한민국 375, 377, 378, 432, 435, 449
대한민국애국부인회 379, 380

대한민국예수교진정회 485
대한민국의회 정부 373, 374
대한민국임시헌장 377
대한애국부인회 381
대한인국민회 339
대한자강회 304, 315
대한제국 59, 98, 112, 171, 194, 287, 293, 334, 384, 416, 449, 450
대한제국멸망사(The Passing of Korea) 384
덕돌교회 153
도덕적 인간과 부도덕적 사회 549
도리급 장정 183, 238
도리와 장정(The Book of Descipline) 541
도시산업선교회 554
독립선언서(문) 335, 337, 340, 344, 345, 348, 352, 364, 365, 370, 374
독립신문 109, 125, 349, 385, 386, 410, 411, 427, 432
독립임시사무소 370
독립협회 98, 211, 295~297, 354, 446, 456, 492, 520, 579
독사신론 473
동대문교회 136, 137, 141, 209, 264, 592
동대문진료소 136
동도서기 124, 333
동아교회(침례교회) 515
동아일보 476, 477, 480, 495, 498, 503, 518, 580
동양의 예루살렘 216
동제사 370
동학농민혁명 35, 191~193, 317, 343
동학당사건 125, 127
드류신학교 92
러 · 일전쟁 194, 216, 253, 268, 472, 492

러시아정교회 168
러시아혁명(10월혁명, 볼세비키혁명) 489
런던타임스 263
만민공동회 98, 221, 295, 296, 446, 456
만세보 282
만종일련 279, 280
말모이 433
매일신문 109
매일신보 309
메도디즘(methodism) 185, 542
멕시코 메리다에(1908) 233
면양학교(현 면천초등학교) 158
면천감리교회 158
명동촌 320, 321, 323
명동학교 320~323, 326, 472
명례방 125
명선여학당 359, 405
명월관 181, 346, 451
무궁화동산가꾸기운동 521
무장투쟁론(이동휘) 492
무지내교회 156, 205
문맹퇴치운동 477, 480, 481, 518, 576
문화통치 367, 476, 478
물산장려운동 298, 478, 479
미국연합장로교회(UPCUSA) 554
미남장로회 214
미다니 시즈오(三谷靜夫) 357
미드메모리회당(Mead Memorial Chapel) 133, 135
미북장로회 180, 214, 218, 276, 277, 360
미션스테이션 216
미시아(彌施訶) 67
미이미교회 528
미이미교회 강령 115, 238
미이미교회강례 541

민비 시해 163, 338, 386
민족자결주의 336, 488, 493
민족학교의 요람 321, 472
민주공화제 355, 377, 378, 449
박달나무 474
반기독교운동 368, 482, 502~509
반도적 성격론 290
반상제(양반과 상민) 298
배달말글 음(조선언문회) 433
배재학당 88, 96~98, 102, 103, 108, 109, 112, 118, 120, 127, 138, 139, 140, 191, 197, 204, 220, 231, 233, 240, 253, 294, 295, 299, 300, 372, 386, 413~416, 433, 444, 446, 450, 456, 459
배화학당 159, 171~173, 253, 301, 405, 520, 523
백범일지 420
버지니아농장 399
법주(法主) 67
벧엘예배당 88, 99, 110, 113, 115, 127
변증신학 277~279
병자호란 129, 150
보구여관(普救女館) 145, 197, 207, 226, 228, 230, 418, 446, 451, 595
보빙사절단 40, 42, 43, 45, 46, 48, 60
볼드윈 예배당 136, 137
볼드윈 시약소 107, 137, 419
봉오동전투 326, 466~468
부인성경학교 82, 204, 453
북로군정서군 466, 467
브나로드(v narod) 477
사대주의(론) 125, 288, 290, 397, 473
사도행전 29장 86
사찰령 352
사회신경(Social Creed) 422, 548, 550, 570, 572, 574

사회진화론 271
삼막골교회 204, 205
삼문출판사 108, 109, 143, 447
삼신(三神) 67
삼일분신(三一分身) 67
삼일여학교 153
삼일천하 129
삼포막 170, 174
삼한갑족 324
상동교회 97, 133~139, 165, 167, 187, 188, 209, 264, 280, 283, 292, 296, 303~306, 314, 325, 329, 378, 387, 389, 517, 528
상동병원 133, 134
상동파 281, 284, 293, 303~306, 312, 313, 322, 325, 494, 472
상리교회(원산중앙교회) 175
상애회 368
상하이대한민국애국부인회 379
상해임시정부 329, 355, 378, 379, 449, 490, 500
새문안교회 111, 137, 197
새술막(현재 학사리) 166, 174, 176, 179, 180
샌프란시스코 45, 47, 48, 92, 93, 233, 292, 349
샤타그라하 363
서울구역교회 113
서울남송현선교부 167
서울청년회 503, 504
서울태화기독교사회관 181, 208, 451
서전서숙 321, 322, 472
서학 69, 121, 127, 436,
석교교회 169
석왕사 151, 247
선교공의회 252
선교우선주의 347

선교지 분할협정 210, 217
선상세례 143
성리학 59, 121, 333, 395~397, 399
성산명경 279
성서와선교회 89
세계주일학교대회 484
세기와더불어 332
세브란스병원 134, 150, 209, 341, 343
세인트 변(Saint Pyun) 593
세존(世尊) 67
소설 『양화진』 95
속회 115, 116, 177, 180, 184, 247, 454, 565
솔내 76, 81, 82, 87
솔내교회 80~82, 87
송죽회 360, 524
쇄국정책 35, 47
수구문교회 168
수구파 42, 46, 47, 50, 126, 127, 129, 296, 297
수령고소금지법(부민고소금지법) 399
수원읍교회당(수원종로교회) 153, 154
수촌 만행 보고서 358
수표교교회 168
숭덕학교 260, 300, 301, 405
숭실학당(학교) 260, 261, 279, 301, 312, 328, 329, 331, 341, 352
숭의여학교 138, 260, 301, 360
스페인 독감 334
시무언(是無言) 583
시베리아 194, 234, 238, 374, 376, 489, 490, 501, 511, 516, 579
시병원 88, 97, 98, 101, 103, 104, 197, 111, 114, 134, 197, 208, 418, 595
신간회 298, 498~502, 505, 523
신도회 116, 185, 542

신라정복설 289
신민회 306~313, 318~325, 338, 342, 472, 495, 501
신성클럽 542
신유집회 263, 270, 584
신정 찬송가 421
신학세계 279
신학월보 101, 109
신학지남 109
신학회(협성신학 전신) 89, 100, 101, 190, 241, 2443, 262, 315
신한청년당 319, 336~341
신한촌참변 467, 468
신해혁명 130
신흥무관학교 324, 325
실력양성론(안창호) 492
실학 71, 121
심훈의 『상록수』 518, 523, 526
십자가회선교회 360
십자기 268, 458
ㅅ・민필지 384
쌀 크리스천 414
아관파천 193, 295, 520
아리랑 384, 475
아메리칸 드림 38
아빙돈 단권주석 578
아실리교회 153
아오내 장날(만세운동) 361
아주사(Azusa) 263
아편 79, 421, 422, 503, 510, 571
아편전쟁 37, 39
아프카니스탄 194
안동교회 141
안명근 사건(안악사건) 307
알딘클럽(Aldin Club) 310, 311
알미니안주의 240
애오개 132, 133, 196, 208, 209

애오개교회 133
애오개진료소 108, 133
야소교서회 432
약육강식의 논리 272
양명학 124, 397
양이관(洋夷觀) 126
양천제(양인과 천인) 398
언더우드의 기도 95
에딘버러국제선교협의회 269
에모리대학 52, 161, 163
엠엘(ML, 맑스-레닌의 준 말)당 490
엡윗청년회 88, 89, 117, 119, 120, 168, 229, 283, 303, 305, 314, 348, 387, 517~519
연못골교회(연동, 1894) 137
연정회 476, 477
연해주 4월 참변 468
영국성서공회(BFBS) 72, 75
영명학교 154, 156, 231, 300, 405, 591
영은문 295, 296
영화학교 140, 190, 301
예수성교전서 72, 426
외교론(이승만) 492
외방전교회(선교회) 347, 437
요코하마 54, 93, 95
올더스게잇 집회 199
요단강 세례 71
용두레촌 321
은진중학교 322
워렌청년회 119
원산 부흥운동 173, 251, 252, 291
원산보혜여자관 451, 181
원산성경학원(보혜성경학원) 176
월은회 120
웨스트민스터 사원 386
웨스트민스터 신앙고백 554, 555
웨슬리의 종교강령 562, 568, 569

웨일즈 244, 263, 459, 564
위정척사 121, 123, 125, 126, 333
유사 113, 117, 153, 532
유학경위 125
육영공원 43, 60
윤허 42~44, 52, 55~58, 61, 95, 97, 214, 444
은둔의 나라 35, 48, 49, 70, 203
을지문덕 473
을사보호조약 37, 285, 286
을축년 대홍수 480
음택풍수 394
의식계몽운동
의열단 294
의주교회 72, 80
의화단운동 194
이르쿠츠크파 469, 470, 490
이문회 360
이완용 습격사건 293
이화학당 83, 88, 101~103, 107, 112, 113~115, 118~120, 136, 152, 196, 197, 207, 254, 255, 284, 292, 293, 359, 360, 362, 371, 372, 386, 415, 418, 421, 444, 451, 453
인도(印度) 장로교회의 12신조 554, 555
일선동조론 289
임나일본부설 289
임오군란 35, 129
자골교회(종교교회) 169, 172, 173, 177
자급자족의 협동공동체 330
자유시 참변(흑하사변) 469, 470, 471, 506
장·감연합공회 210
장로교 선교지 분할위원회 210
장예원 398
장유회(북감리회) 531, 183

장정 규칙 238
장지교회(장지내교회) 152
장티푸스 90, 146, 225, 227, 230
재일본대한기독교회 237
재일본동경조선예수교연합교회 237
저항신앙 456
전능자의 사자 202
전도부인 82, 85, 91, 121, 140, 148, 149, 152, 207, 216, 241, 453, 582
전로고려공산당(약칭 고려공산당) 490
전조선청년당대회 504
정교회 168, 212
정동계삭회 113
정동장로교회(새문안) 71
정동제일교회 89, 109, 110, 111, 113, 120, 253,254, 329, 371
정미7조약 287, 293, 313
정의학교 148
정주오산학교 312
정주읍교회 320
정체성론 289
제너럴 셔먼호 35, 57, 64
제물포 44~46, 52~55, 74, 89, 94, 95, 96, 100, 103, 119, 120, 131, 138~144, 152, 163, 184, 190, 192, 209, 219, 225, 240, 250
제물포교회(내리) 119, 120, 140, 141, 142, 152, 204
제암리감리교회 284, 355, 357
제암리의 대학살 358
제중원 52, 96, 97, 103, 224, 225
조계지 370
조미수호통상조약 161, 385
조선공산당(고려공산청년회) 490, 502
조선교회사 70

조선문학원류초본 475
조선민국임시정부 373
조선반도사 288
조선불교여자청년회 501
조선사 288
조선사 입문을 위한 노트 412
조선사편수회 288
조선사학과 288
조선사회경제사 475
조선상고사 473
조선선교회 187, 389
조선여자기독교절제회 421
조선여자기독교청년회연합회 501
조선연회 187, 389, 517, 529, 530, 531
조선일보 391, 473, 474, 476, 477, 523
조선적신학 475
조선주일학교연합회 484, 486
조선청년총동맹 504
조이스청년회 119
조이스회 120
종교변증론 279
종로서점 130
죠션그리스도인회보 206, 419
주자학 121, 124, 396, 398, 401, 402
주체적 민족사관 290
죽첨정(충정로) 241
죽악교회 130, 131, 132
중앙보육원(중앙유치원) 132
중추원 297
중화민국 130
지방회 183, 184, 187, 190, 233, 316, 512, 513, 532
지봉유설 436
직인회 184
진단학보 474
진단학회 474
집사(deacon)목사 92, 175, 1817, 188, 191, 241, 532

창내(창천)교회 256, 264
채가구(蔡家溝)역 293
척사윤음 122
척사파 124~126
척왜양(斥倭洋) 운동 127
척족세력 192
천곡강습소(천곡학원) 525, 526
천당골 323
천당집 154, 231
천존(天尊) 67
천주교 69, 71, 73, 121, 126, 129, 133, 157, 247, 279, 293, 346, 347, 352, 368, 417, 430, 436~442, 471
천주실의 436
청·일전쟁 35~37, 52, 130, 133, 141, 145~147, 188, 189, 191, 193, 194, 195, 216, 227, 268, 317, 419, 424, 433, 450, 519
청산리전투 326, 466~468, 492
총리사 389, 527, 531~534, 592
춘천여자관 181, 207, 451
춘천읍교회 177
치외법권 127, 141, 195, 247, 268, 366, 424, 434, 437
침례교 168, 212
칼빈주의 92, 201, 240
캐나다장로회 175, 210, 212~214, 226, 235, 246, 250, 276, 495, 511, 512, 554
캐롤라이나 학당(배화학교) 171, 253
코민테른 470, 489, 498, 500, 505, 506
쿠마가와마루선 220
쿠바 마단시스 233
크리스마스연회 198

타율성론 289, 290
탁사 115, 117
탐색 순회전도 197, 203, 444
탑골공원 345~348, 520
태극서관 342
텐진조약 192
통리기무아문 60
파리 강화의 339, 344, 346, 370, 371
파혹진선론 278
팍스 브리태니카 194
평양 기독병원 209
평양대성학교 299, 312, 318
평양기홀병원 147, 148, 342, 453
평양대부흥 251, 256, 257, 259,
평양여맹학교 228
포츠머스 회담 194, 285, 492
품사유별 475
풍수지리 · 제례 · 占卜 423
하멜표류기 48, 70, 393
한국 농촌 조사보고서 481
한국감리교출판사 109
한국기독교회사 44
한국남지방회 184
한국복음주의선교회 연합공의회 252
한국북지방회 150, 184
한국서지방회 141, 184
한국천주교회사 438
한미수호조약 35, 45, 57, 66, 123~125
한불수호통상조약 125
한성임시정부 373, 374, 379
한영서원(송도고등보통학교) 159, 170, 301
한인사회당(고려공산당) 490, 496
한인협성협의회 233
한일병탄 37, 234, 267, 285, 291, 299, 306, 416, 466
할빈역 293

합동전권위원회 529, 530, 550
해서교육총회 307
해주구세병원 209, 229
해타론 278
헌병경찰제도 334, 367
혁신총회 504
현산학교 520
현토한한신약전서 73, 74
협성성경학원 240
협성여자신학교 91, 241, 481, 524
협성회 94, 233
협성회보 109, 233
호수돈여학교 159, 170, 171, 209, 300, 405, 523,
호조 326, 327, 330, 351
호주장로회 210, 212, 213, 214
홍경래의 난 150
환구단 59
활인서 132
황사영 백서사건 439
황성기독교청년회(YMCA) 132, 211, 231, 236, 296, 298, 310, 337, 340, 341~343, 458, 480, 482, 486, 507, 533
황해해전 192
훈민정음 426~428
훈춘사건 467, 468
휘장세례 111

되새길 말들

가슴속에 붙은 성령의 불 199
가장 완전한 문자 71
간교한 특유의 회유책 367
간도의 대통령 323
감리교 1번지, 감리교 선교의 요람 142

감리교 열정의 소유자 244
감리교의 세기 198
감리교적 회심 250
개인구원이 씨, 사회구원은 그 열매 463
개척의 최선봉에 선 사람 85
개혁하는 불 199
겨레의 스승 317
고도의 간교한 술책 576
공자 바이러스 401
광기의 열광주의자 202
괴이한 예수 582
교육이 곧 구국 299
교회는 인재의 위대한 저수지 291
교회는 한글 발전소 432
교회성장의 어머니 82
국왕의 환심보다 민중의 환심 106
굴종과 빈곤과 무지를 낳는 곳 162
그의 품에 영혼을 안고 222
기도소리는 수많은 악기가 내는 화음 263
기독교는 국권 회복의 동력 456
기독교는 기도교이다 255
기독교는 민족운동의 원동력 267
기독교는 불령선인의 소굴 299
기동성 넘치는 감리교의 선교 219
깊은 감동 속에 철저한 회심 91
끌어들이는 자, 영글게 하는 자 216
나는 민족을 위한 걸레로 살겠소 327
나무는 산에서 지도자는 교회에서 446
나의 행동이 나의 유언이다 323
날연보 전도운동 276
내리의 아버지 140
네 민족을 네가 구원하라 353
담배는 한국에서 추악한 사회악 420
독일어의 아버지 430
또 하나의 밀알 223
뛰어난 미국 여성 200명 중의 한 사람 147
레닌의 똥까지 달다고 하는 청년 508

마지막 심판대 앞에 선 것처럼 259
무부무군(無父無君)의 敎 126
민족운동의 요람지 281
민족의 고질병, 분열의식 363
민족적 거사에서 전방의 호위역할 345
민족적 분노에 휘발유를 쏟아부은 격 338
바디매오 현상 447
반기독교운동과 공산주의는 악마 483
복음전도의 접촉점이요, 선교기지 106
본회퍼는 독일판 전덕기 목사 282
부드럽게 만드는 써레 106
북한지역 최초의 서양식 건물 147
빈사의 중병환자 36
빨리 끓는 물…, 아예 얼음장이 496
뿌리없는 현실주의 397
사도행전 29장 86
사도행전적 부흥 445
사망의 빗장을 산산히 깨뜨리고 95
사망의 우환을 면코자 함 282
사회적 성화사상의 실현 305
살아있는 신앙의 표본 565
상호보완과 상호협력 관계 211
서양은 서양이고 동양은 동양 270
서학은 경천 아닌 패천 127
선교사들의 무덤 439
선교사의 선구자, 권서 78
순교의 피로 쌓은 교회 516
순교자의 발자취가 있는 지경터 180
술은 무서운 짐승보다 더 악함 303
신앙은 보수주의요, 신학은 자유주의 588
암흑세계에서 광명세계로 48
열광주의의 제물 581
영계의 지도자, 교회의 아버지 579
영남이니 호남이니, 남이니 북이니 327
영력의 결핍과 무능 248
영적체험의 극치 83
예수 도를 하는 사람 166

찾아보기 621

예수는 죽이고 옷만 나누는 현대교회 581
우리 농촌으로 달려가자! 524
위대한 실천적인 영성의 대가 565
음흉한 훼방꾼, 최악의 매국노 130
웨슬리는 규칙쟁이 542
웨슬리적 사회성화운동 92
이교도의 집안 잔치 247
이론가의 원리가 아닌 부흥가의 원리 197
자생적예배 공동체 154
잔학과 비통의 역사 403
잔학의 극치, 이 세상에서 지옥의 그림 357
적의 심장부, 그 한복판 340
전능하신 폭군 239
전설적인 전도자 165
정신적 꼭지점 443
제국주의의 옹호자 503
조선 민족에 대한 모욕 390
조선선교의 양아버지 57
조선의 삭개오 165
조선인의 대치욕 485
조작한 대규모 날조 사건 307
죄에 대한 공포가 임하다 259
주자님의 방귀까지 향기롭게 398
주자학은 위대한 사기극 402
주체적 민족사관 474
죽음 속에서 살아가는 곳 162
즉흥곡의 명수 384
지게꾼 전도자 178
지옥의 지붕을 열어젖힌 것 260
진솔한 참회와 고백 259
천개의 생명이 있다면 230
체험적 신앙의 소유자 565
최초의 한국사람 권서 75
최초의 한글 점자법 개발 228
최초의 해방신학자 280
축첩문제, 고질적 사회악 422
토기장이의 손에 있는 진흙 47

통치의 화근 299
페터레인의 밤샘 기도 461
편견을 무너뜨리는 쟁기 105
편협한 교파주의 극복 538
평양의 영웅 148
하나님의 선물 중 최고의 선물 253
하나님이 교사 262
하늘과 땅의 하모니 258
한 손에는 성경을, 한 손에는… 495
한국 개화의 아버지 446
한국교회 부흥의 아버지 250
한국 최초의 개신교 결혼예식 112
한국 최초의 교회 · 의주교회 81
한국 최초의 구역회 113
한국 최초의 근대식 건물 220
한국 최초의 근대 사회정치단체 295
한국 최초의 근대학교 416
한국 최초의 대관식(간호사) 207
한국 최초의 목사 188
한국 최초의 민간학술단체 433
한국 최초의 성찬식 165
한국 최초의 여목사 532
한국 최초의 여성전용병원 418
한국 최초의 여성주일학교 118
한국 최초의 여의사 207
한국 최초의 유년주일학교 133
한국 최초의 청년주일학교 118
한국교회 새벽기도 시작 254
한국교회 최초의 신학잡지 101
한국교회는 성경중심의 기독교 79
한국교회의 창건자 78
한국에서 최초 국제대회 486
한국을 위한 최초의 기도 95
한국의 마게도냐 사람 50
한국의 사도바울 189
한국의 스데반 139
한국의 중앙지대, 부와 번영의 도시 189

한국인 최초의 여성 세례자 110
한국인이 최초로 쓴 기독교 변증론 278
한국판 모세 321
한국판 사도행전 86
한국판 오순절 성령운동 246
확장의 기회는 무제한 78
휘장철폐 최초의 교회 141
희망없는 상황은 없다 363
힘쓰지 않으면 더욱 죄가 아니냐 351

'교리와 장정'과
한국감리교회사

인쇄일 2024년 8월 15일
발행일 2024년 8월 30일

지은이 강흥복
발행인 김화인
펴낸곳 바울서신
편집인 김진순
주 소 서울 중구 을지로20길12 405호(인현동1가, 대성빌딩)
전 화 (02)2273-2408
팩 스 (02)2272-1391
출판등록 2024년 8월 6일 신고번호 제2024-000082호
ISBN 979-11-988809-0-1
정 가 35,000원

• 오직 하나님의 마음으로 책을 만드는 **바울서신**입니다.
• 펴낸이의 허락없이 이 책의 전체나 부분을 어떤 수단으로도 이용할 수 없습니다.
• 잘못된 책은 구입처에서 바꾸어 드립니다.